農學博士　藤本實也著

# 開港と生絲貿易　上巻

阿蘭陀船

吉田勘兵衛埋立前に於ける吉田新田の
土取場及附近一帯の横濱（明暦萬治年間）

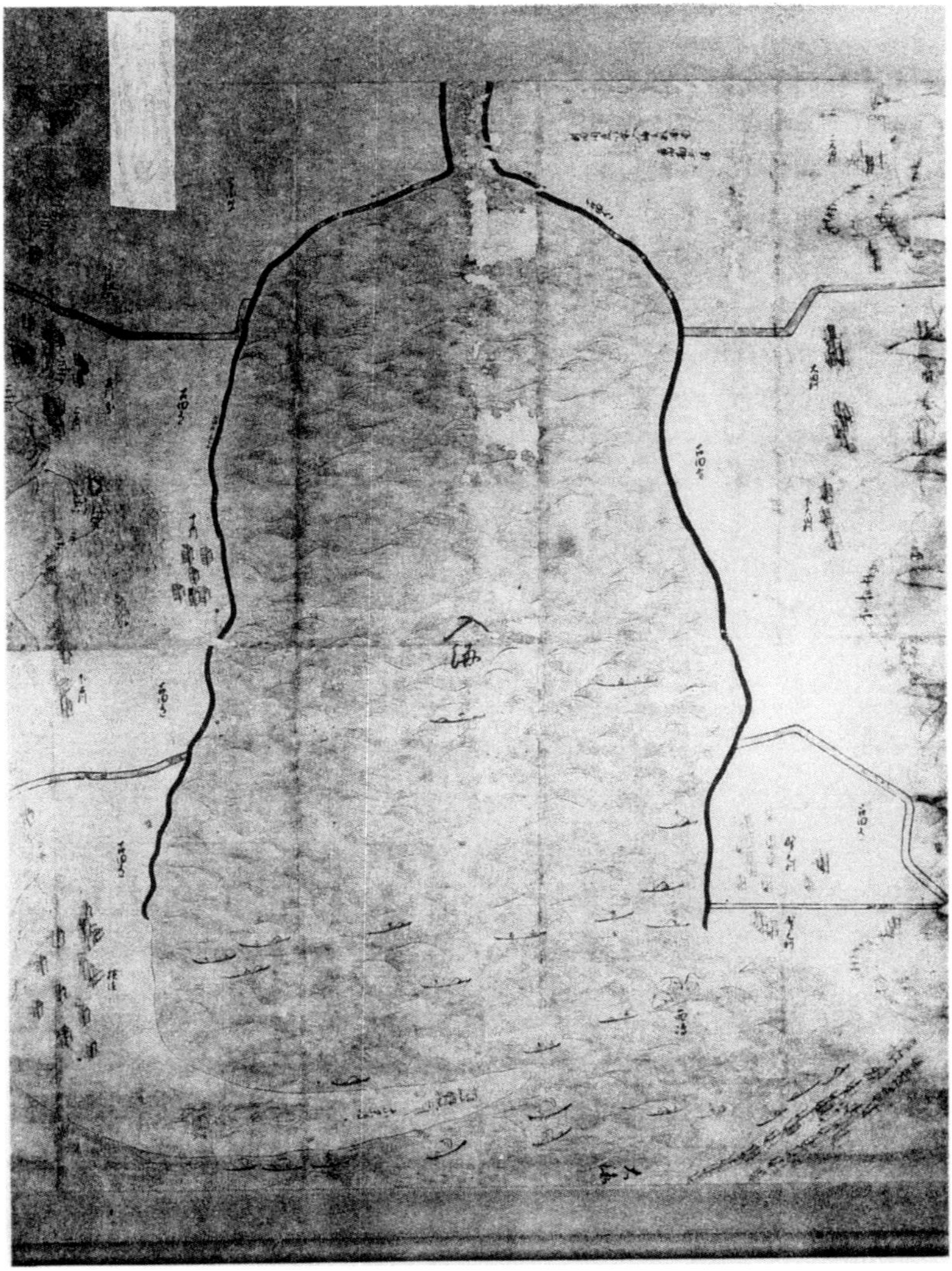


（吉田一太郎氏藏）

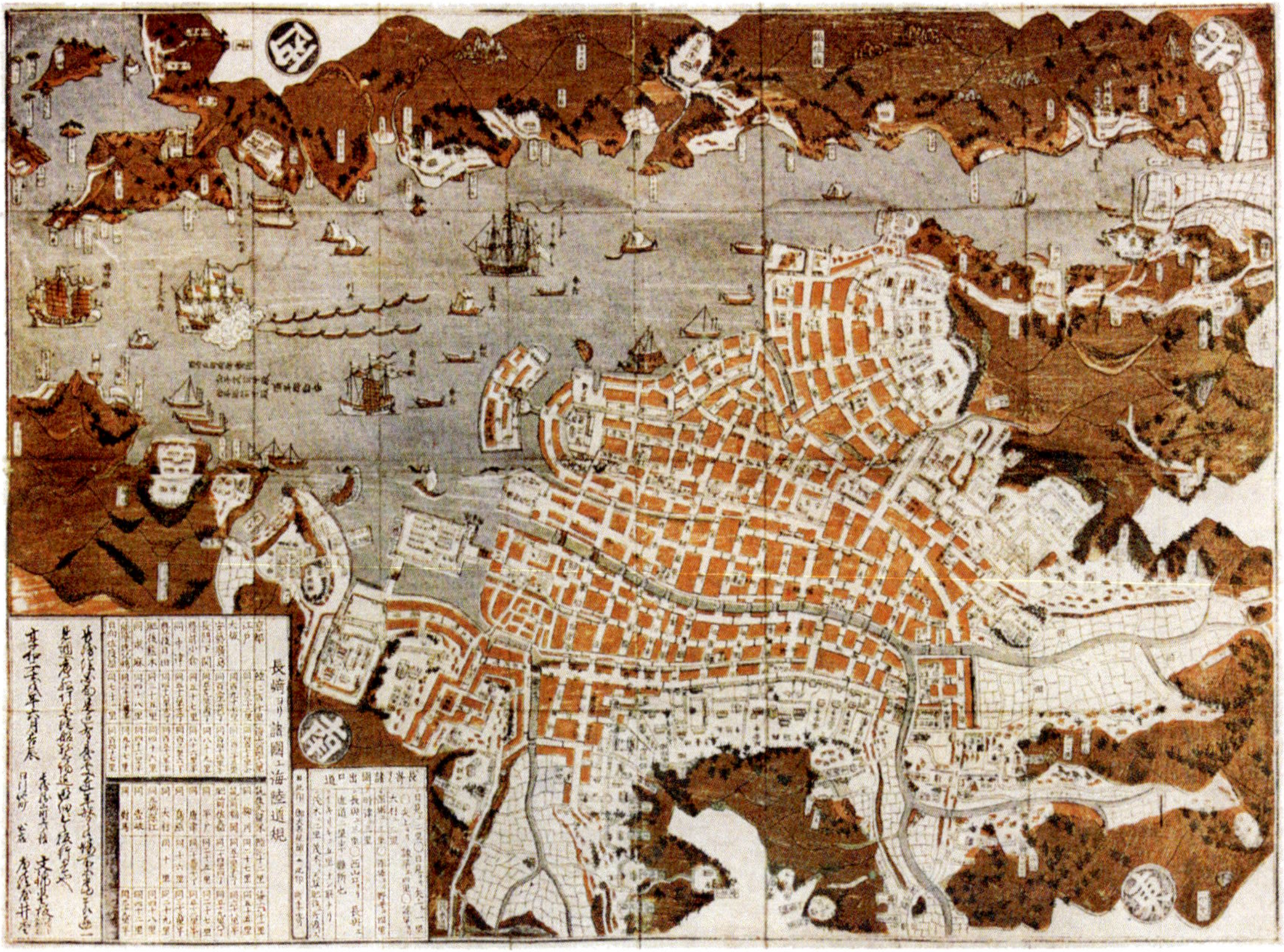

長崎港之圖（享和二年）

嘉永四年横濱繪圖

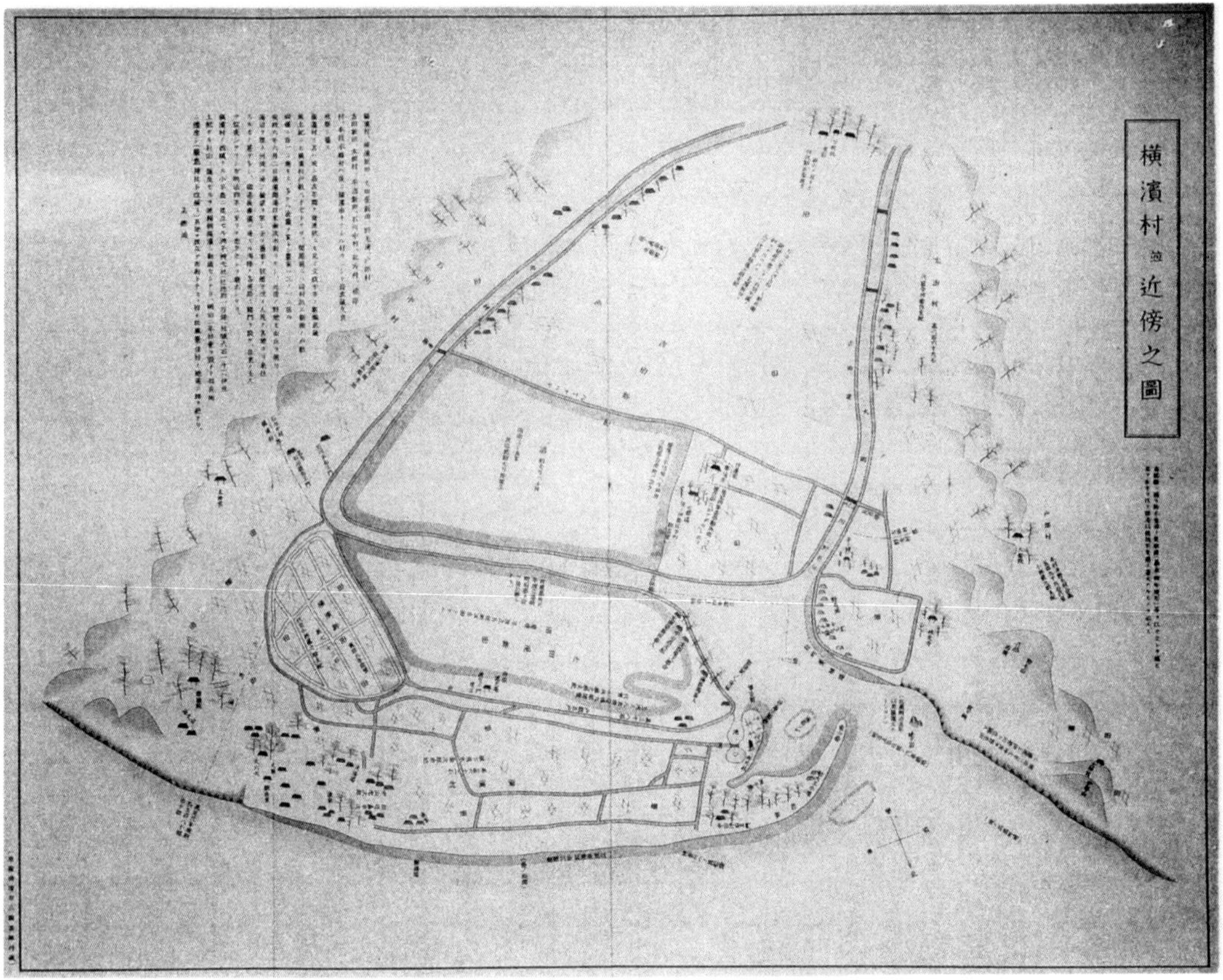


(横濱市圖書館藏)

嘉永六年ペルリ久里濱上陸圖

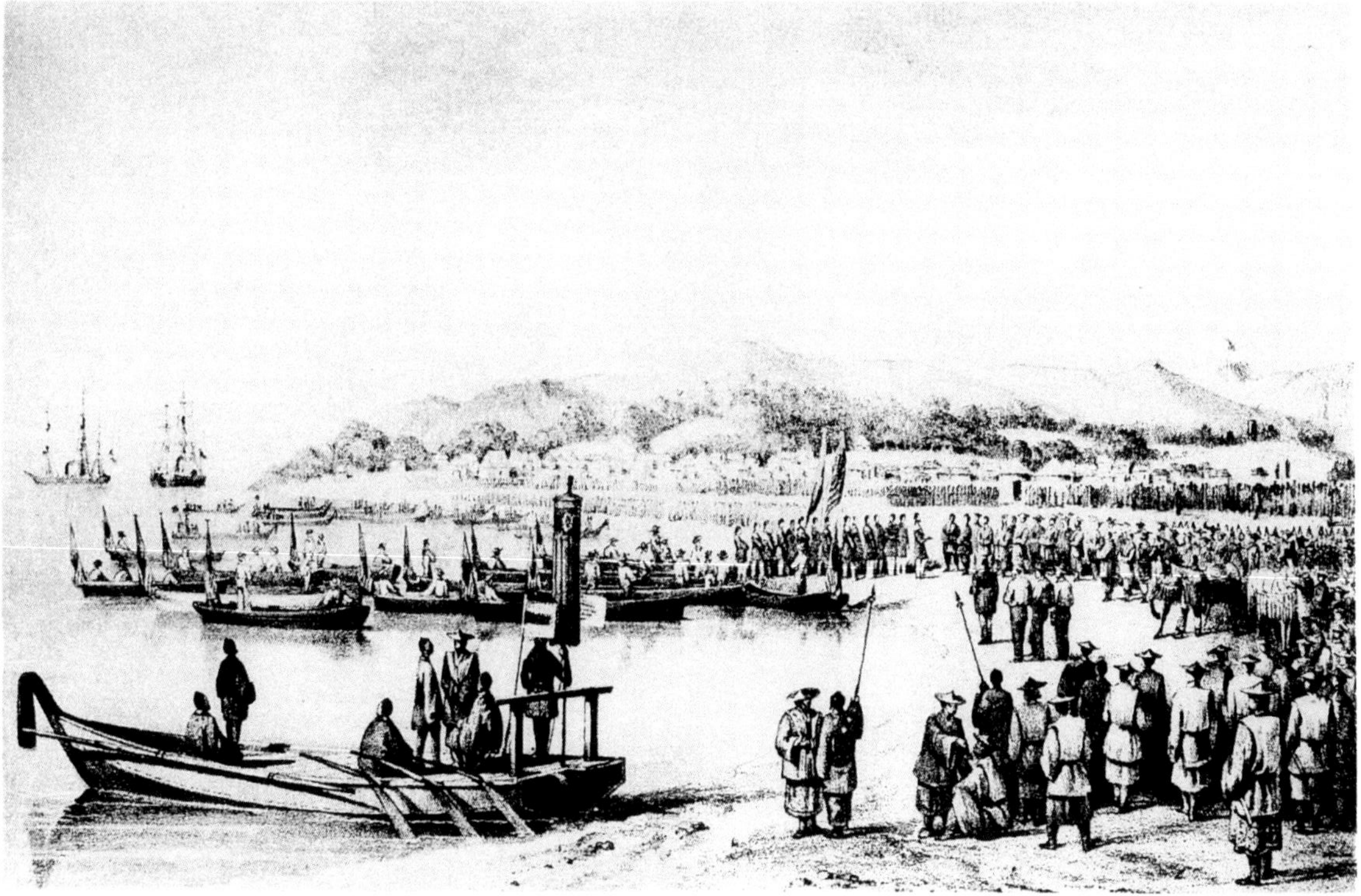

（ペルリ提督日本遠征記）

原本肉筆
羽田桂之進氏舊藏寄贈

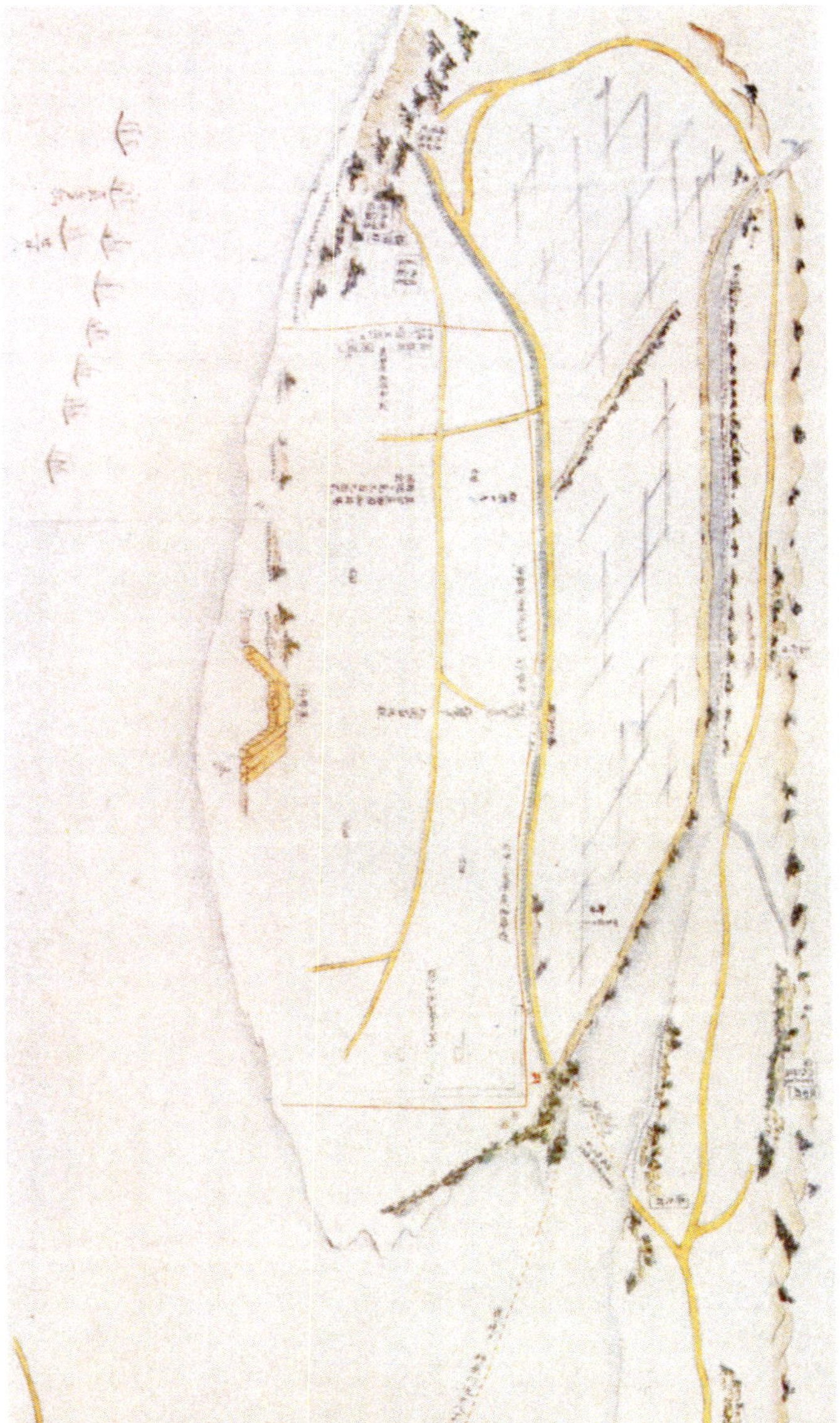

安政元年横濱圖

御開港横濱之圖　(萬延文久年間)

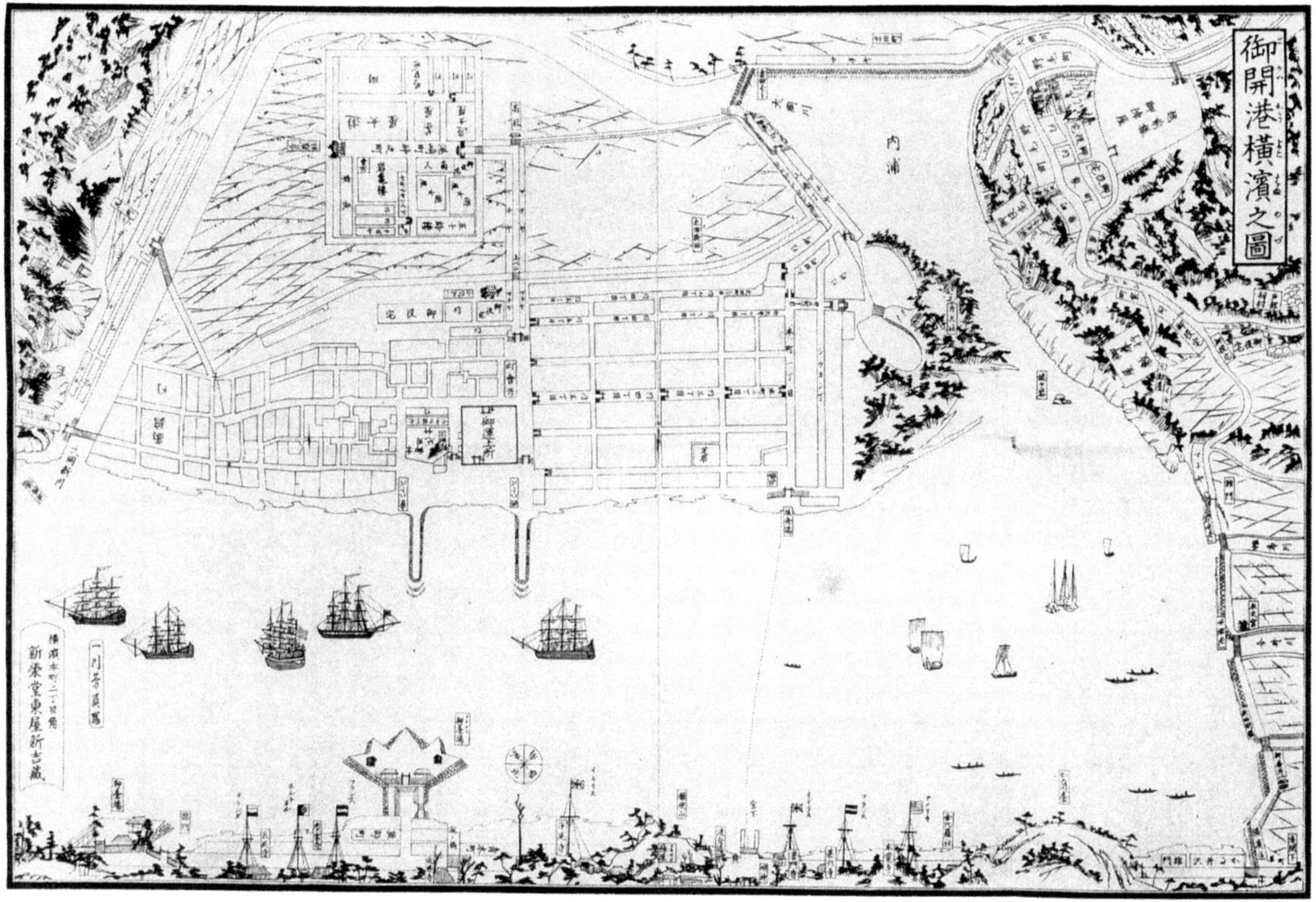

横濱風景（萬延元年）

（丹波恒夫氏藏）

横濱明細全圖（元治元年）

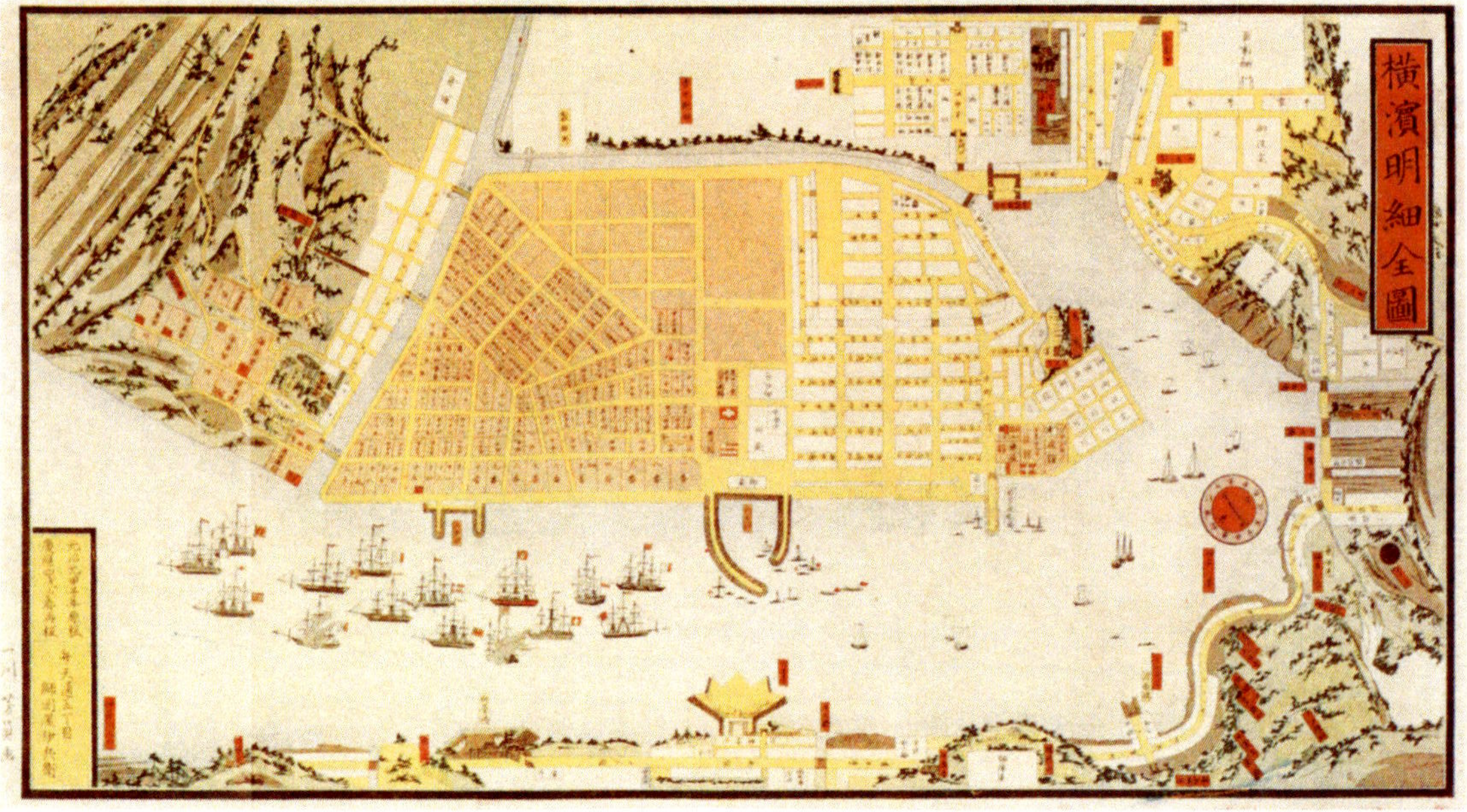


（横濱市圖書館藏）

横濱案内繪圖（明治九年）

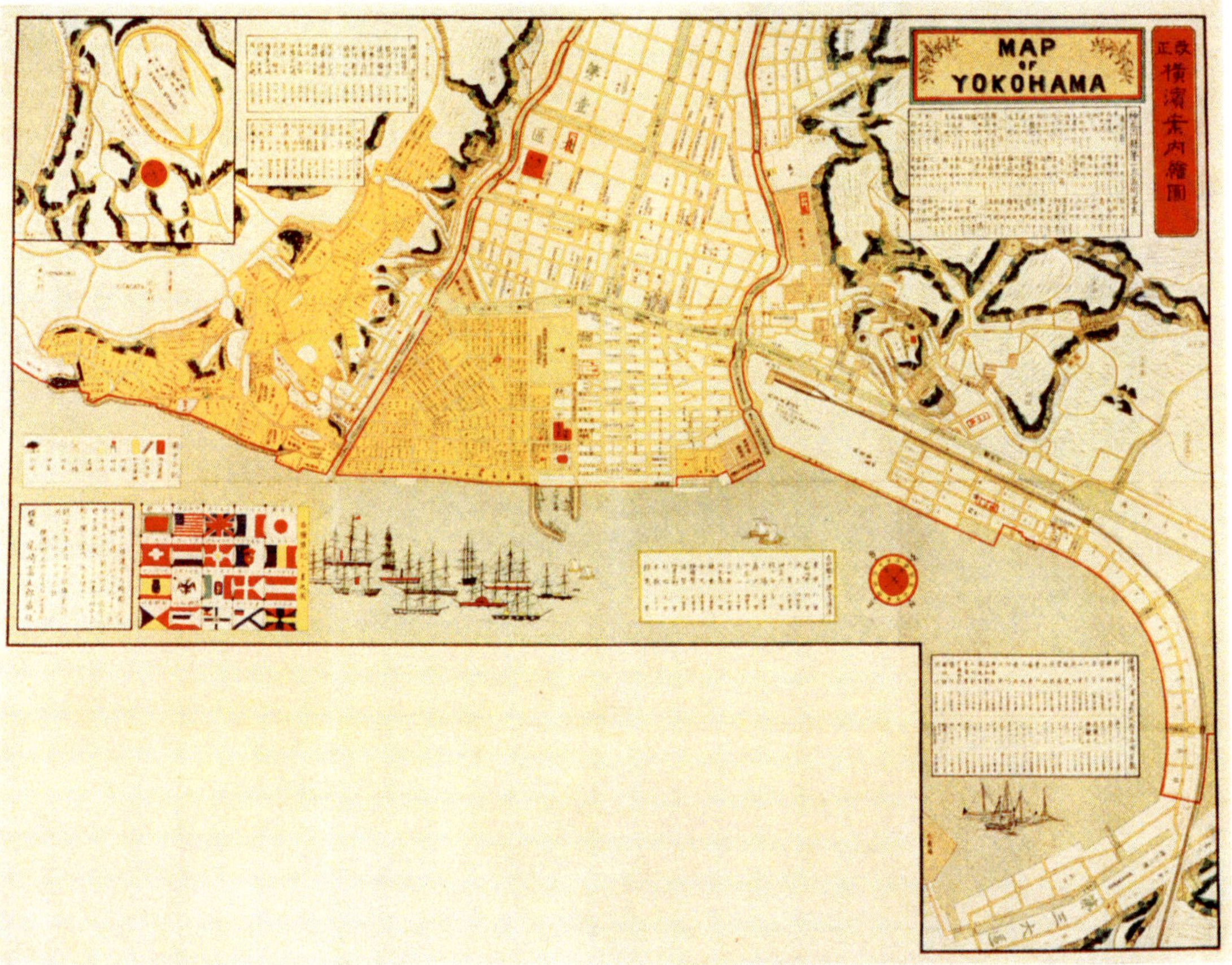


（横濱市圖書館藏）

# 覆刻にあたって

一、本書は、藤本實也著『開港と生絲貿易』全三巻(昭和十四年刊)を覆刻したものである。

一、覆刻にあたり、別冊として、内海孝氏による解説・索引の他、総目次等を付した。

昭和六十二年七月

株式会社　名著出版

# 序

生絲は本邦に於ける最も光輝ある歴史を有する國際商品であり全世界に獨占的地位を誇る重要輸出品の一である。横濱開港が生絲貿易によつて繁榮の鍵を握り大震災を一轉機として稍々その趨勢を異にしたりとは云へ。生絲貿易と横濱市は過去七十餘年の間に確固不拔の地歩を築き更に將來を目指して邁進しつゝあるのである。

今般農學博士藤本實也君が多年研鑽せられたる資料を蒐錄し蘊蓄を傾けて「開港と生絲貿易」の大著を上梓され、その間の經緯を詳にされんとするは寔に慶賀に堪へない次第である。

藤本君は元農林省生絲檢査所技師として職を横濱に奉ずる事三十

八年、實に半生を捧げて輸出生絲向上の爲に貢献され生絲貿易の木鐸として既に從來多くの書を公にして江湖を益する事多大である。刻下帝國が未曾有の重大時局に際會して、之が打開の爲には資源の充實と產業貿易の振興こそ國運の懸るところとして大いに意を用ふべきの秋、溫故知新の好個の參考資料として本書が生絲貿易の振興に寄與貢献せん事を衷心より翹望して熄まぬものである。以上

昭和十三年十二月二十八日

横濱商工會議所會頭　有吉忠一

# 序に代へて

大正十二年の關東大震災で横濱に存せる文献の多くは灰燼に歸した、私は豫て横濱の開港と結び付けたる生絲貿易史の編著を試みたい意圖を有してゐたので、寡からぬ衝動を受けた、一時は到底目的を達し得られないかと憂慮したるも運よく弊廬は震火を免かれて多年に渉つて多少蒐集して置いた材料は幸に無事なるを得た爲に之れを微かな手懸として本著の著手を決意したが、素より一己の微力では容易ならぬ事業であるので其の成功の困難に怯へつゝ公務の餘暇徐々に資料の探索に心懸けて居た。

會々昭和五年一月大日本蠶絲會に於て日本蠶絲業史の刊行が企てられ其の編纂委員を依囑されたが此の事業が自己の念願と一致せる

ものあるを以て之れを受諾すると共に自著の開港生絲貿易史にも機會あらば力を用ひんものと思ひを潛めた、丁度其年十二月二十一日曩に臺灣總督を辭して歸京されたる上山滿之進氏を訪問せる折柄、談會々近業を尋ねられたので、生絲貿易史編著の計畫あるを語りたるに、氏は直ちに之れに賛意を表され獨力完成の困難に同情して多少の後援を洩らされたので私は意外の感に打たるゝと共に大に勇氣を鼓舞されて此の編著の業に全力を注ぐべき決意を固めた、然れども先づ第一著手としては大日本蠶絲會より依囑されたる日本蠶絲業史の編著に專念し其の完成を俟つて本著に著手すべきと爲し、其間資料の共通せるものは併せて蒐集補綴しつゝ日夜奮勵大に其の業の進捗する所があつた。而して大日本蠶絲會の日本蠶絲業史中私の擔當せるものは昭和九年一月に脫稿したので爾來本著に心魂を傾倒すること丶なつた。

想ふに上山氏は永らく農商務省に在官せられ極めて淸廉潔白の聞え高く儋石の資を積まれざることを聞知せるが故に、私の計畫を聞かれて後援を與へらる丶事の意想外に驚いた。當時氏の告げらる丶所に據れば「從來歷代總督辭任の時の慣例に依り自分も官民有志から惜別記念の資として贈金を受けたが私用には使ひたくないので大部分を臺北帝國大學に寄附して蕃族に關する硏究事項二種を依賴した、但其内の僅かの金をもつて臺灣人で美術學校出身の畫家陳澄波なるものに臺灣東海岸風景を描かせ自宅に揭げて臺灣在住の記念とした。其後大學では幾分金が餘つて返すとのことであるから之れを廻してよい」と云ふことであつた。茲に圖らずも氏の後援を得て日本蠶絲業史と本書の編著の資となすことを得て多大の恵澤を蒙つた次第である。

其後聞く處に據れば昭和八年十月に至り臺北帝大教授小川尙義氏は「原語による臺灣高砂族傳說集」を、同教授移川子之藏氏は「臺灣高砂族系統の研究」を完成發表し、後共に帝國學士院の推選となり前者は恩賜賞を後者は帝國學士院賞を拜受するの光榮に浴せられた。

又其後上山氏は其の出身地の關係より周防國府の研究に著手せられ文學博士渡邊世祐修訂、文學士三坂圭治著として昭和八年十二月公刊されたる「周防國府の研究」は實に氏が創意に成り編纂資金を投じ二氏に依囑し自らも亦屢々出張古蹟を踏査し、舊記を探究したる苦心に成れるものなるが、其の際偶然發見せる史料により周防國府にあつた勤王僧淸尊、敎乘が足利尊氏に抗し千餘人の同志を募り周防國矢筈が岳の敷山験観寺に立籠り戦死した記錄を精探して之れを世に公にしたるが如きは氏の一大業績であつた。畏くも昭和十年七月二十五日には特旨を以て淸尊は正五位を、敎乘は從五位を追贈せられた。尙矢筈が岳の山腹に淸尊、敎乘を祀る神社が建設せらるゝに至つたのも實に氏の盡力に依るものである。

又昭和十一年八月刊行されたる「英雲公と防府」なる一書は氏が防長の史實に精通せる香川政一氏を煩はして毛利家中興の藩主と仰がれし六十一代重就公の傳記の一節とも見るべきものを編纂せしめられたものである。

更に最後に氏は私財を抛ちて郷里防府市に三哲文庫三哲とは氏自ら撰ばれた松陰先生、品川子爵、乃木大將を創設して後進の敎化を計畫せられたが之を果さずして昨年七月三十日易簀せられた、此の計畫は遺族に依つて受繼がれ將に其の實現を見んとしてゐる。

氏が多年廉直を守り私心を去つて公事に盡瘁さるゝ高風は夙に世人の知悉せる所であるが、前に揭ぐるが如き是等幾多の美擧と共に私が日本蠶絲業史及本書の編著に當つて受けたる惠澤は洵に忘るゝ能はざる恩誼であるから此の機會に於て特に記して感謝の微衷を捧げたいのである。

然るに又此の著の完成を告げんとするに垂んとして尙幾多の難關に逢著し、資料の蒐集に尠からざる苦惱を訴ふるものありて服部報公會の深厚なる援助を受くるに至りたることは編著上の遂行及公刊に向つて多大の便宜を得たることは衷心肝銘に堪へざる所なるを以て玆に併記して感謝の意を表する次第ある。

昭和十三年十二月十五日　　於橫濱霞ケ丘寓居

著　者　識

# 凡例

一、本書は横濱開港時代より明治初期に於ける生絲貿易の變遷史を編述するの目的であるが事件の關係上或る項目に就いては引續き現代に至るまでの梗概を附記せざるを得ざることゝなつた。

一、曩に大日本蠶絲會に於て發行された日本蠶絲業史中著者の執筆に係る生絲貿易史の內に多少目次の共通のもの又記事の重複せるものあるも、彼は古代より現代に至るまでの廣汎なる範圍に涉れるを以て本書とは趣向を異にし記述の內容を別にする所あれば兩書併行せば或は以て我が生絲貿易史をして一層充實に近きものあらしむるに至らんか。

一、本書上卷は我邦安政開國の起りより橫濱開港時代の史實の梗概を叙述し、中、下兩卷に於て專ら生絲貿易の發達過程を精細に編成したるも兩者は自然外觀に於て其の機構を異にせるが如く思はれ別途の發表に俟つもの妥當ならんかとも考へられざるにあらざるも、横濱開港と生絲貿易が密着して引離し得難き實態にあるが爲、玆に一括して本篇に纏めたる次第ある。

一、開港以後生絲貿易の衝に當りたるものは內國商と外國商とであるが、內商は賣込問屋、外商は輸出業として判然と區劃されてゐたが、其後內商中より新に輸出業者を顯出し、茲に內商輸出業者が漸次勢力を發揮し彼に取つて代りて遂に今日の如き外國商館の寂寞を極むる情勢に展開したことは我が生絲貿易史上に於ける興味深き變化であるが、是等の盛衰興亡を詳叙せんが爲本書は殆ど內外各商店個々に涉りて其の沿革を記述したるは或は勞多くして効寡きかの批難を受くるかも知れないが、著者は又此の點に於て後世得難き文献を殘すものあらんかを考慮し、煩鎖を忍びて之れを敢行したる所以である、而も尙多少逸漏の遺憾無きを期し難いことを畏るゝものである。

一、開港以來生絲貿易の發達は時勢の潮流に隨伴せるものありと雖も是が根幹を爲すものは人的要素である、開港場裡に驅馳せる幾多の人士は直接間接に我が國運進展に寄與せるもの素より寡しとせない、國家が効績を彰表せる先人は世已に定評ありと雖も尙未だ其の恵澤に均霑せざるもの、或は已に均霑せるも調査不備より薄遇と認むべき遺漏無しとせない、本書中に網羅せる人物中自ら其人を見出すに難くないと思ふ。是れ著者の寓意を籠めたる記述であることを一言し置く次第である。

一、本書及曩に發表したる日本蠶絲業史中著者擔當の各卷の完成に當り、文献資料、書籍、寫眞、繪畫等の寄贈借覽及書中に採錄、轉載の便宜を得、又談話說示の勞を辱ふしたる各位の芳名は本書に列擧して謝辭を掲げんと志せしも非常の多數に上れるを以て茲に之を止め只心中深く銘記し機に臨みて感謝の微意を竭したいと思ふ、幸に寬恕を冀ふ。

# 開港と生絲貿易目次

## 上巻

## 第三章　開港種々相

開港と生絲貿易目次（終）

# 開港と生絲貿易　上巻

藤本實也

## 第一章　鎖國より開港へ

### 第一節　ペルリ來航と日米和親條約

嘉永六年六月三日午後五時西紀一八五三年七月八日浦賀海岸見馴れざる怪物が顯はれた、黒船來……黒船來……と浦人をして驚倒絶叫せしめた、蓋し邦人の目には珍しく映じた蒸汽船で、而も斷崖絶壁の仰ぐも攀づべからざる巨大なる武裝戰艦である。是れこそ米國東洋艦隊司令官海軍少將マッシュー・カルブレース・ペルリ（Commodore Matthew Calbraith Perry）が擧國民の期待を擔ひ非常の決心を抱いて鎖國日本の開港を迫るべく四隻の艦隊舳艫相啣んで見參したのである。遠雷の如き殷々たる砲聲は寛永鎖國二百四十年來の永夢を破るべく充分であつた。當時の光景を物語れる種々舊記に據つて概要を略述せんに

米艦の來航を見て逸早く浦賀奉行は早船を江戸に送り老中まで屆出でた。

今三日未之上刻（午後二時）相模國城ケ嶋沖合に異國船四艘相見候趣三崎詰之者より申出候に付早速爲見屆組之者出張爲仕御固四家へ爲心得相達候處唯今千駄崎迄迅速に赱入候依之此段御屆申上候　以上

丑六月三日　　　　　　　　　　戸田伊豆守

尙續て同日第二回目の屆出は。

先刻御屆申上候異國船相糺候處アメリカ合衆國政府仕立之軍船にて貳艘は大炮貳拾挺餘貳艘は惣肨鐵張の蒸汽船にて一艘は大炮三四拾挺バッティラ七八艘是又鐵張の樣に見受壹艘は大炮拾貳挺据進退自在にて艪械不相用迅速に出沒仕應接之者寄セ付不申候漸申諭壹人乘込相論候處國王之書翰護送致し奉行へ直に相渡可申旨申開組之者談等は引受不申旣に江戸表へも其段相通置候旨申立泰然自若と罷在猶同樣の軍艦數艘渡來致候段申聞候一切船近き邊へ近寄候事相斷申候尙御國法相諭可申候得共不容易軍艦にて此上の變化難計唯今應接中に御座候得共先は此段早々申上候　以上

六月三日　　　　　　　　　　戸田伊豆守

（北亞墨利加渡來記）

當日早五ツ時（午前八時）米艦下田沖通過の注進狀は下田在勤の浦賀同心飯田勝郎左衛門、臼井藤五郎より浦賀奉行用人宛に通信あつたが是は六月五日着であつた。浦賀奉行から急報した御固め四家は豫て相模安房上總警備に宛てたる彦根（井伊掃部頭）會津（松平肥後守）川越（松平大和守）忍（松平下總守）の四藩の用人宛であつた。

當時浦賀附近の住民は驚異の目を瞬つて緊張し扨こそ外夷と開戰に及ばんかと人心恟々海陸警報を齎らし江戸

へ急報し上下混雜鼎の沸くが如しと形容されてゐる。

忽ち砲臺から二發の砲聲が響いた、是は合圖の狼烟であつたが海上には無數の警備船が艦隊目がけて押寄せ來た、米艦は之を拒んで近づけしめなかつた、其內一艘の小舟が旗艦サスケハンナに向つて近づき佛文で認めた書類を示した、是は米艦に速に此處を去れとの文意で、且艦梯を下さむことを求めたが、彼は是を拒絕し、更に支那語の通譯と蘭語の通譯とをして「提督は最高の役人でなければ面會しないから速に陸に還れ」と刎ね付けた、然れども我が方よりは是非とも上艦して來意を尋ねばならぬと切りに要請するので彼は漸く艦梯を下した、浦賀奉行の支配組與力中島三郞助は蘭語通譯堀達之助と共に甲板に上つて副官コンテー大尉と應接した、彼は和親條交の來意を告げたれば我は日本の國法であるから長崎で取扱はんと避けた、彼は斷じて長崎に行かない、國書捧呈の爲め相當の禮儀を執られたいと告げ、且彼は和親の目的であるにかゝる警備船が軍艦を取り捲くのは不都合だ速に退散せよと迫つた、已むなく與力は群船に向つて大聲之を命令したので皆一齊に引還した。

彼理《ペルリ》が最高の役人で無ければ面會しないと謂つたので、翌日は又人を換へ與力香山榮左衞門を堀通詞を付して遣つた米艦よりは艦長ブカナン（Buchanan）參謀長アダムス（Adams）副官コンテーの三人をして應接せしめた。香山は又もや浦賀では國書は受取られない、假令受取つても其の返書は長崎で渡さねばならぬから速に此地を去つて長崎に赴かんことを反覆したるに、彼等は飽迄も此地で渡さんことを主張し、若し日本政府が適當の人を選で國書を受けないとあれば干戈を以てするも上陸して自ら之を皇帝に奉らんと豪語して屈せないので、香山も遂に行き詰つて然らば四日間の猶豫を願ひ其間に江戶の命令を仰がんと交涉し遂に折衝して三日を諾した。其間米艦は測量船を率ゐて江戸灣に向つて闖入し日暮大砲を發射した、上下震駭色を失ひ夜半閣老以下武裝して登城し曉に至つて退出した。

**註**　當時老中より達には異國船萬一乘入候注進次第早半鐘打鳴らし火事具着用登城又は各持場々へ急速可被相詰候との觸である、市民は警鐘に心を配り訛言浮說上を下への動搖は想像外であつた、「續泰平年表」に「浦賀諸家の陣屋より晝夜を分たず注進の汗馬、海陸飛脚の往來、櫛の齒を挽くよりも忙がはしく、江戸の大都繁華の巷も俄に修羅の衢に變じ、萬の武器調度を持運び、市中古着商ふ家には陣羽織、小袴付、簑笠等をかけならべ、鍛冶を業とする者は、家每に甲冑刀槍を鍛ひ武器商ふ店には、古き武器を累ねて、其價平時に倍せり、海邊に家宅ある士民老幼婦女の立退かんとて、家具雜具を持運ぶ樣。さしもに廣き府下の街衢も奔走狼狽して、錐を立つべき處もなし、訛言隨て沸騰し、人心恟々として定まらず」とあるはちと大袈裟に書き立てゝあるが尙當時坊間目に觸るゝ落首等數限りがない、其の內一二

甲冑は異國のかげで土用干

神風は昔のことよ千早振神や佛に俄ついしやう

太平の眠を覺ます正喜撰（蒸氣船）たつた四はいで夜も寢られず

此時のことを大津畫節に作つて雨の夜と云ふ歌が流行つた、其の文句は

雨の夜に日本近く寢耄けて流込む唐模樣、黑船に乘組み八百人大筒小筒を打竝べ、羅紗猩々緋の筒つ袍襦袢、黑人坊は水底仕事する、大將軍は部屋に構へて眞地目顏、中にも髯の長いジヤタラ唐人が海を眺め、キクライ〳〵キンニヨー〳〵と貰ひし大根土產に亞米利加差して歸り行く。

ペルリの遠征記にも浦賀入港の前は霧に包まれてゐて碇を下ろす少し前から空が晴れて富士山の絕頂が見えたとあるから其前に雨が降つたものと思はれる、此歌は當時の狀況を滑稽に語つて面白い。作者は井伊大老の僚友間部詮勝と云ふ

説もある。

斯くて幕府は浦賀奉行戸田伊豆守、井戸石見守を委員として九日九里濱に接待所を設け、ペルリと會見せしめた、ペルリは三百の兵を率ゐて上陸し莊嚴儀禮の下に國書の捧呈を了つた。卽ち大統領の親書は次ぎの通りである。

北亞米利加合衆國大統領ミラード・フィルモーア書を日本國帝殿下に呈す、予今水師提督マッシウ・シー・ペルリを以て書を殿下に呈す此者は卽合衆國の海軍第一等の將にして今次殿下の領地に航到せる一隊軍艦の總督なり。

予已に水師提督ペルリに命じて予が殿下に對し且つ貴國の政廷に對し極めて懇切の情を含むことを告明せしめ又且今次ペルリを日本に遣はすは他の旨趣あるに非ず唯我が合衆國と日本とは宜しく互に親睦し且交易すべき所以なるを告げ知らしめんと欲するにあるのみ。合衆國の憲法及び法律は固より共各個人民に禁戒を下して他邦の民の教法政治を妨ぐることを得ざらしむ、予特に水師提督ペルリに命じて是等の事を嚴禁せしむ、是貴國の安穩を妨げざらん事を欲してなり。

北亞米利加合衆國は大西洋より大東洋に達するの國にして就中共のオレゴン州及びカリホルニアの地は正に貴國と相對す我が蒸汽船カリホルニアを發すれば十八日を經て貴國に達することを得るなり。

我がカリホルニアの大州は每年凡そ金六千ダラー共他銀若干水銀若干寶石若干種及其他諸種の物件を產す日本も亦豐富肥沃の國にして幾多貴重の物品を出す。

貴國の民も亦諸般の技藝に長ぜり予が志兩國の民をして交易を行はしめんと欲す是を以て日本の利益となし兼ねて又合衆國の利益とならん事を欲してなり。

貴國從來の制度支那人及和蘭人を除くの外は外邦と交易することを禁ずるは固より予が知る所なり。然れども世界中時勢の變換に隨ひ改革の新政行はるゝ時に當つては其時に隨ひて新律を定むるを智と稱すべし蓋貴國舊制の法律初めて世上に布かれし時は今より是を見れば既に甚だ古りたり此の時代に當りて亞米利加州始めて見出され或は之を新世界と名け歐羅巴人これに住棲せり、久しき間亞米利加は人民稀少にして其民皆貧陋なりしが當今は人口大に蕃殖し交易亦甚だ弘博となれり、故に殿下若し舊律を改革し兩國の交易を允準するに於ては兩國の利益極めて大なる事疑なし然れども殿下若し外邦の交易を禁停せる古來の定律を全く廢棄するを欲せざる時は五年或は十年を限りて允準し以て其の利害を察し若し果して貴國に利なきに於ては再び舊律を囘復して可なり、凡そ合衆國他邦と盟約を行ふには常に數年を限りて約定す、而して其事便宜なるを知る時は再び其盟約を尋ぐことゝす。

予更に水師提督に命じて他の一事を殿下に告明せしむ合衆國の船舶毎年カリホルニアより支那に航するもの甚だ多し又鯨獵の爲め合衆國人日本海岸近づく者少からず、而して若し颶風ある時は貴國の近海にて往々破船に逢ふ事あり、若し是等の難に遇ふに方つては貴國に於て其難民を撫卹し其の財物を保護し以て本國より一船を送り難民を救ひ取るを待たれんこと是予が切に請ふ所なり。

予又水師提督ペルリに命じて次の件を殿下に告げしむ蓋日本に石炭甚だ多く又食料多きことは予が嘗て聞知す

る所なり我が國にて用ふる所の蒸汽船は其の大洋を航するに當つて石炭を費すこと甚だ多し、而して其石炭を亞米利加より搬運せんとすれば其不便知るべし、是を以て予願はくは我國の蒸汽船及其他の諸船石炭食料及水を得んが爲に日本に入ること許されん事を請ふ、若し其償は銀價を以てするも或は貴國の民人好む所の物件を以てするも可なり請ふ殿下貴國の南地に於て一地を擇び以て我船の入港を許されん事を是予が深く願ふ所なり。

右の故を以て予今水師提督ペルリに命じ一隊の軍艦を以て貴國有名の大府江戸に到らしむ和親交易石炭食料及合衆國難民の撫卹は卽其件々なり。

予更に水師提督ペルリに命じて殿下に菲徵の土產物を献ぜしむ願はくは是を容れん事を其物固より甚だ貴からずと雖も亦以て合衆國中に於ける諸物製造局の概を見るに足るべく且予が正實敬愛の微衷を表するに足らんか伏して祈る皇天殿下の爲に祥を垂れん事を。

爾書し畢りて爰に合衆國の大印章を印し且つ自ら名姓を署す時に千八百五十二年第十一月十三日 我嘉永五年壬子十月二日

華盛頓府にて

ミラード・フィルモーア 親筆

大統領の命を受けて

國務卿 エドワード・エベレット 親筆

（大日本古文書幕末外國關係文書に據る）

ペルリは渡來の目的を達するや直ちに辭去して明年改めて囘答に接せんと謂つたので、奉行等もほつと一息したが彼は去るに望んで故意に再び堂々艦隊を揃へて測量をなしつゝ江戸灣に入込んだ、香山等は驚き且激して其の理由を詰つた、ペルリは一向齒牙に掛けないで平然と之に答へて曰ふ、明年多數の軍艦を率ゐて來航するが浦賀は波荒く船の碇泊に不都合であるから他の場所に適當な碇泊所を見付けて置くと謂つて威嚇的運動を試み測量を行つて後浦賀附近まで引返したが一時は日本側をして手に汗を握らしめた。

愈々彼理は目的を遂げて去らんとするので香山は贈物を持參した、絹布、漆器、扇子等を出し之を提督に呈せんことを求めた、ペルリは答へて答禮として彼方よりの贈品を納め吳れなければ受入れられないと謂つた、香山は國法が許さないと謂つたが多くの物品を積み重ねた內、三箇の刀劍を除き洋酒其他のものを納めて去り午後香山再び訪問し鷄卵五函鷄百五十羽を贈つた。午餐の饗應あつて提督は又香山及其妻女へ夫々贈物をなした、斯くて七月十七日（我六月十二日）愈々ここを退去した。

**註**　應接前日に當り米國大統領より幕府へ壜詰罐詰其他箱詰の贈り物尙又閣老へも贈物をペルリより獻上し、其他ペルリよりも幕府に獻上物を爲し浦賀奉行にも贈物を爲した。此品々は江戸に伺濟みの上ペルリが出帆の翌日浦賀の波止場にて燒棄した。夷等の持ち來りし者は請取れずと擯斥し見識を立てたる譯である、此等の品を取置くときは後來國に祟りあるも計られず如何敷物は江戸に持込むことなるべからずと云ふ沙汰ありしに依り燒棄てたのである（當時名主兼水主差配役とし一部警衞の任に當つた小川茂周談話）

斯くて突然の來航で朝野を震駭せしめたペルリは國書捧呈の後幕府の回答を要請しないで退去したのは幕府も意外であつたが此間の消息はペルリの「日本遠征記」に詳述してゐる、夫れに據るとペルリは日本の鎖國事情を

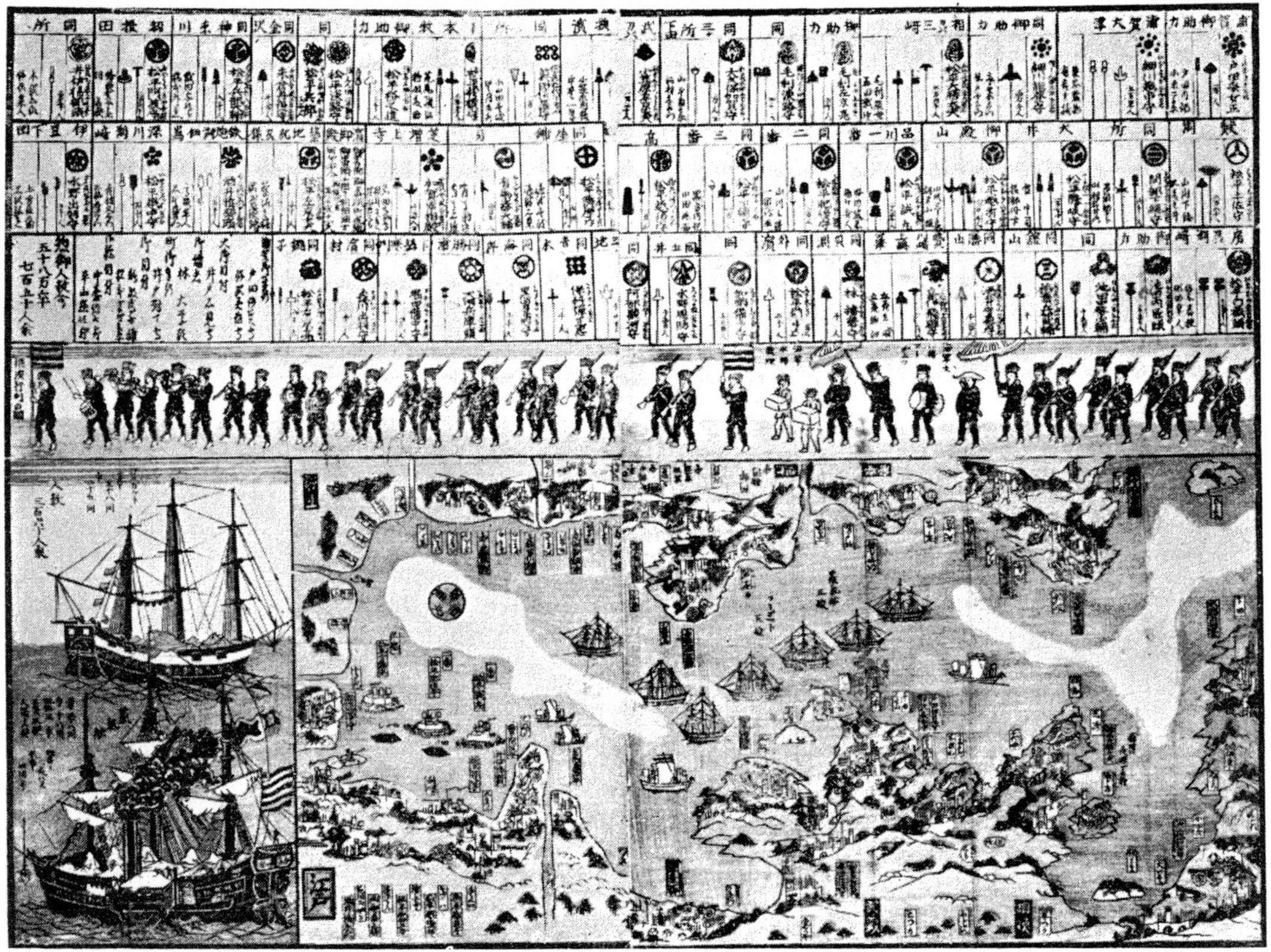

米使來航と我諸藩警備配置

(丹波恒夫氏藏)

知つてゐるからかゝる國家の大法を幾分か覆さねばならぬ重大問題である故に審議に相當の時日も要するであらう、然るに艦隊も糧食薪水の缺乏で此の先一ヶ月を支へるだけの準備しかなかつた爲に、若し日本の官憲が明白な理由を設けて滿足な返答をせないで諸侯を召集して討議するの、其の上内裏の裁可を仰ぐ必要もあるので一日延ばし二日延ばす內に、艦隊は否應なしに出帆しなくてはならぬ破目に至ることは見え透いてゐるから最後の睨みが聞かない、以上の外當時支那には內亂があつて在留亞米利加人の生命財產も幾分か危險を感じたので夫を保護する爲軍艦派遣の必要があつた、所が到着すべき筈の軍艦は未だ本國から來ないので夫に此儘日本に滯在する以上は僅か四艘の軍艦を割いて派遣する事も出來なかつたのみならず、日本政府から大統領の親翰に返答のある時捧呈すべき贈物を積込んだベルモント號は未だに來着しなかつたので其の用意も出來て居なかつた譯である。夫故一先づ日本を辭し去つて來春再び返答を聞くべく來航する旨を告げ六月十二日（陽曆七月十七日）出帆した所以である。

想ふに米國は歐洲諸國が東洋に進出してゐるを羨望することは一通りではなかつた、今過去に於ける日米交涉を振り廻つて見ると「通航一覽」に寬政十年（一七九八年）亞米利加人ステワルトなるもの長崎近海に於て破船す云々とありて米人の初めて來航せる旨を記してあるが此の記事は全然誤謬ではないが所謂ステワルトの初めて日本に來たのは其の前年であることが洋書の記する處によりて疑ふべくもない、「ヒルドレス」の言ふ處に據ればナポレオンが歐洲を卷席するや和蘭も亦其の厄に遇ひて佛軍の占領する處となり爲に和蘭船は其の商船の捕獲に遇ふの危險を感ずるのみならず、其の東洋にある數箇の殖民地を危殆に陷らしめ、併せて日本との貿易に障碍を釀すこととなつた、バタヴィアの和蘭人は英國船の捕獲を免るる手段として米國旗を揭げたる紐育エリザ號に英人スチュワルトを船長となし日本に向けバタヴィアを發せしめた、然るに船は長崎に着するや其の乘組水夫が和蘭語でないことを話したので我が通譯の疑ふ所となつて日本の役人側では容易ならざる形勢を呈したが種々交渉の後是等の水夫は英語を話すと雖も英國人にはあらずして只單に其の荷物をして英國の捕獲を免れしむる爲めに米國旗を揭げたと云ふことが日本役人の納得する處となつて遂にエリザ號は和蘭船として取扱はるることとなつた。スチュワルトは其の翌年再び同一の船にて長崎に來り樟腦及び銅を積みてバタヴィアに歸航せむとするに當り暗礁に觸れて船が沈沒したれば種々手を盡したが引揚ぐることが出來ないので日本の一漁夫が之を引揚げた、後スチュワルトは種々手段を換へて獨自の通商を得んと試みたが遂に目的を達することが出來なかつた。惟ふに不撓不屈のスチュワルト船長は和蘭人にもあらず、將た米人にもあらずして自ら米人なりと稱して和蘭人を欺き、依つて以て日本貿易の遺利を拾はむと努めたる英國人なること殆ど疑ふべくもない、故に彼の來航を以て米人の初來となすと其當を得ざるものである。（大日本文明協會「日米交渉五十年史」）

千八百三十二年（天保三年）米國は暹羅及ムスカット政府と條約を締結すべくエドモンド・ロバーツを派遣するに當り、之に我が將軍に捧呈すべき信任狀を交付し、若し好機あらば日本と交通の端緒を開くべく訓令したが此時は周圍の事情不可能となつたが後二年を經て、右二國の條約批准書交機の爲再び東洋に派遣せらるゝに當り國務卿は大統領アンドリュー・ジャクソンより將軍に宛てたる漢文及拉句文の書柬を授け、右二國に對する使命を果さば、直ちに日本に到りて開港談判を爲すべきを命じ、且訓令して曰く長崎に至らば和蘭陀人は利害の關係上必ず妨害を試むるであらうから成るべく江戸に近き港に入るべしと。乃ちロバーツは贈品として無雙の金側懷中時計、金鎖、洋劍ライフル銃、小砲、拳銃、毛色美麗なる羊十頭、牝羊八頭、牡鹿二頭を携へ、且條約締結の望ある場合には必要に應じて一萬弗以内の贈物を爲す權利を帶ばしめて出發した。然るに翌千八百三十六年ロバーツは瑪港《マカオ》に客死した爲此の使命を果すに至らなかつた。

是より先、天保の初に當り、日本船一艘太平洋に於て難破し、船員の生存者僅々三名米國西北岸に漂着し、土人に捕擒せられたるがコロンビア河口に於て英國毛皮會社の派遣員に救助せられ、ハドソン灣會社之を英國に送り、英國より更に之を英國東印度會社に托して瑪港に送りグッツラフ（Gulzlaff）の家に依らしめた、グッツラフは獨逸の宣教師にして、支那語に通じ、且歷史家として有名である。會々フィリッピンに於て難破したる日本人四名あり、亦瑪港に送られた、時に廣東に合衆國の組織せるオリファント會社（Olyphant）が廣東貿易を營みて盛大である所から日本政府を勸誘して從來の鎖國主義を放棄せしむるには此の好機逸すべからずとなし、モリソン號（Morrison）始めて支那に入りたる英國宣教師の名に因みて命名したる船を艤裝して、此の漂流者を送還する任務に當らしめた。其の一行中には醫士で宣教者たる米人ドクトル、バーカー（Dr. Barker）あり、ウェルス・ウイリアム（Wells Williams）もあり、此の二人は米國傳道教會の代表者として乘船したものである、オリファント商會員キング夫妻も亦一行中に加はり、グッツラフも琉球より乘船した。當時の風習として何れの商船も、海賊其他不慮の變に備ふる爲、大砲小銃等を搭載すれども、武裝を以て臨みては、日本人をして惡感情を懷き、來航の旨趣を誤認せしむる虞あるを以て、一行の目的が平和にあることを示さん爲、故ら武器を撤去し、之に代ふるに、我が官憲の注意を促すに足るべき諸種の贈品、即ち渾天儀、望遠鏡、晴雨計、合衆國貨幣、同國出版の學術書、歴史類、ワシントンの畫像等を以てし、且我が官憲に提出すべき覺書は、漢文を以て書いてある、其の内容の大略を覽るに、先づ派船の目的は、主として本邦漂民の護送及贈品の捧呈に在るを說き、次に船中には醫士、藥劑、醫療器械等一切完備せるを以て、無料で病者を救護すべく、又其の齎す所の書籍の內容に關して當局者に說明する爲數日間の逗留を許されんことを請ひ、更に進んで合衆國建國の歴史の極めて優秀なること、及其の財源の豐富なることを論じ、其の對外政策の常に平和を以て一貫し、到る處に商業を營むも斷じて侵略又は殖民の政策を行はざるを辨明してゐる。傳ふる所に由れば當時此の船は少量の商品を搭載し來り萬一幕府が開國を承諾せば直に需要に應じて之を販賣せんと企てた、而して當時長崎は本邦唯一の外國貿易場たることを知れるも同地の和蘭陀人は利害の關係上他國人の日本と貿易するを好まざる事情あるを察し、モリソン號は故さら之を避けて、江戸灣近く進み千八百三十七年七月三十日（天保八年六月二十八日）浦賀に入つた。

モリソン號が浦賀に入り港口に投錨すると、二百餘の小舟は忽にして其の周圍に蝟集し守備の任に當れる浦賀奉行太田運八郎は、之を江戸に報じ海岸に放列を敷きて戰鬪の準備を爲し、對岸なる富津の營にも信號した、モリソン號は言語不通の爲漂流民を日本に返して、水及糧食を求むる繪を帆布に描き、之を水に投じたが、日本人は之を拾ひ上げても毫も意に介しない、既にして運八郞は遂にモリソン號を砲擊したのでモリソン號は外港に遁れ出た、船內の漂民は非常に落膽し、若し直接日本人と談話することを許されたならば、此の如き失敗はあるまいと悔恨した。

モリソン號は更に成否を試みんとして海岸に沿ひて西走し八月二十二日鹿兒島に入港し、先づ漂民をして陸に上り一漁村に至らしめたるに、美裝した武士一人若黨數名を從へてモリソン號に來り謂ふ、初め海賊ならんと思ひ防戰の準備をしたが漂民の言に依り然らざることを知つたと、因て薩州侯及幕府に宛てた書面を武士に交付したるに武士は之を受取り上官に提出を約し、船內に水先案內一人を留めて去つた、然るに數時間の後に至り武士數名來つて書面を返却して鹿兒島より上官來着するまで更に深く港內に入りて命を得て、糧食も給すべしと云つたが此の約を履行せないのみならず後ち兩岸より激しく砲擊したのでモリソン號は遂に漂民護送の任務も果さないで遺憾を忍びて瑪港に歸帆した。（ヒルドレス日本古今誌）

是より先モリソン號の日本に渡來せんとするや、蘭人は直ちに風聞書を作つて長崎奉行に提出し、奉行久世伊賀守之を幕府に豫告したので水野越前守は文政八年打拂の令を實行して之を擊攘するに決した、是は天保九年十月十五日の事である、之を聞いた蘭學者高野長英渡邊華山は大に其の不得策なるを爭論し、長英は夢物語を、華山は鴃舌小說、及愼機論を著して幕府の處置の誤れるを諷したので却て罪を獲、華山は投獄され獄中に自刃し、長英は遁亡せんとして追跡され自殺した。

乍併此の結果幕府も亦覺る所あつたと見え天保十三年 一八四二年 を以て文政八年の打拂令を緩和し漂民送致の外船、又は難船に限り、長崎に送りて薪水食料を給することに改めた。

弘化二年 一八四五年 は殊に多數の外國船が遣つて來た年である、合衆國捕鯨船メルカトル號（Mercator） ヒルドレスに據る他書にはマンハタン號とあり はクーバー船長之を指揮し日本北海を巡航するとき日本漂民二十二人 通航一覽所載浦賀奉行伺書には十八名とあり を載せ三月二十一日浦賀に入つた、此時幕府の待遇は從來より甚だ親切であつた、即ち江戸より指令ある迄碇泊することを許し例に依りて總ての武器を陸上に保管し四百の武裝したる小舟で之を圍んだ、碇泊四日の間に漂民は上陸し船は奉行より薪水食料の供給を受けたが更に奉行は以後若し漂民あらば之を蘭國の港に送り蘭人の手を經て我國に護送されたし、我が政府は寧ろ少數の漂民を犧牲にするも異船の本邦に來るを好まないと述べ、糧食薪水は言ふに及ばず、何なりとも不足の品は供給するから早く出帆して貰ひたいと謂つて多量の糧食を給し武器を返却した後、數百の小舟をして船を港外まで曳き出さしめた。

斯くの如く米人の素志は幾度か挫折されたが其の開國の意氣に至つては益々熾烈となつた。同年米國代議士プラット（Pratt）は前年即ち千八百四十四年 弘化元年 には支那と通商條約を締結したので一日も早く日本及朝鮮とも通商關係を創始すべく適宜の處置を取らんことを建議したので、政府も決意する所あつて翌千八百四十六年には、東印度艦隊司令官海軍少將ビッドル（James Biddle）に訓令して支那に駐在せる合衆國外交官エヴェレット（Everett）が日本國君に捧呈すべき信任狀を有するから協議の上之を受取り日本に至り從來の目的遂行を試むべしとあつたので現役軍艦コロンブス（Columbus）及ヴィンセンス（Vincennes）の二隻を率ゐて千八百四十六年七月七日 弘化三年閏五月二十七日 清國舟山を發し日本に向ひ七月二十日 五月二十八日 浦賀附近の野比村沖 米國出版の書には何れも單に江戸灣と記せり に着した。浦賀奉行大久保因幡守忠豐通辭を以て來航の目的を質さしめ、例によつて乘組員は一人たりとも上陸を許さず、不日幕府よりの使命を俟つてと命じ、武器の引渡を要求したが軍艦であるからとて應じなかつた。二十二日幕府よりの諭告を交附した、即ち外人應接は長崎の一港に限らるること且通商は國禁である旨を答へ薪水糧食を與へて速に去らしめた。

千八百四十八年 弘化五年 六月米國捕鯨船ラドカ號（Ladoga）乘組員十五人蝦夷に上陸した、彼等は船體破壞した爲と云ふも其實脫走船らしく內八人は米人で七人は布哇島人である、前年にも米捕鯨船ローレンス號（Lowrence）が蝦夷で破船し、水夫の生存者が松前より長崎に轉送の上和蘭陀人に引渡されたとあるが今回の者も共に蘭人に托し本國に送還せしめんとしたが屢々逃亡せんとするので嚴重に拘禁してあるとの報導が千八百四十九年 嘉永二年 一月廣東駐在の和蘭陀領事から同地駐在米國事務官ヂーセンゼァー（Geisenger）の許に達したので、米國東印度艦隊司令官グリン（Glynn）は一隻の軍艦單桅船プレブル號（Preble）に乘つて嘉永二年四月十七日長崎に入港したが、奉行は和蘭陀商館長をして謂はしめた、漂民受領後は直ちに長崎を出帆すべく向後漂民護送の事は我が政府より支那人又は和蘭陀人に托するから特に船艦を派し來ないと云ふ條件で引渡した。グリンが歸米して其の復命書中に於て日本開國の時機正に到來した、其の手段としては兵力を以て脅嚇するを得策とすると說いたと云ふ。（日米交渉五十年史）

其後嘉永三年 一八五〇年 日本政府は和蘭陀船に托し亞米利加人水夫三名米國ロバーッタオンの捕鯨船エドマンド號に屬する船員三十一名と共にバタヴィヤに送つた。外人の書に傳ふる所に據れば日本の或る地方に於ては此の頃沖合を通過する黑船の數八十六隻を算した。此の如く米人の遠洋に於ける冒險事業の著しく發達し來つたのは露國が米人に對して自由の政策を採つた結果に外ならない。

千八百二十四年 文政七年 露國は米國と結びたる第一回條約に依り兩國民の太平洋に於ける航海及漁業の自由を宣

言した、次で千八百三十八年天保九年ジェームス・ブキァナン及ネッセル・ロード子爵調印の第二回の條約に於て、米國民は、露國の保護の下にアラスカ沿岸のあらゆる港灣河川に出入するの自由を得た、而して合衆國捕鯨船の我が近海に出沒するものが斯の如く多かつたのは、當時大頭鯨の北太西洋に於て殆ど其の跡を絶ちたるも北太平洋に於ては尙甚だ多く、之が爲に捕鯨業の基地は漸次太平洋岸に移りたるに因るのである。

捕鯨業が其の好望の頂上に達したのは千八百四十五年で米國の資本一千七百萬弗以上は極東に於ける此の事業に投ぜられ少なくとも一萬人は之に從事したと謂はれる。而して此等の捕鯨業者は何れも難船の際其の救助を求め、且薪水、食料の缺乏を補充せんが爲に日本の港灣に入らんと欲するも我國の之を許さざるに甚しく不便を感じたるは勿論で、不幸難破の厄に遭ひ已むなく上陸するときは束縛に慣れざる外人の眼より見て慘酷なる待遇を受けなければならない、是に於て合衆國政府たるもの到底日本の開放を要求せずして已むべきでない、況や捕鯨以外に於て尙多くの原因は太平洋岸の開發を促進した。

其の一は英淸阿片役の結果淸國が世界の間に開放せられたことである、蓋し第十八世紀の末より米國の綿花は淸國を其の最大華主の一とした。第二は蒸汽船の發明である、ヴィクトリヤ女皇登位の後久しからずして始まつた蒸汽船の使用は年を逐ひて完全の域に達し、千八百三十八年には既に大西洋を橫斷した、又モールスは千八百四十四年に於て其の電氣發明を完成し、千八百五十年始めて英佛間に海底電信を布施した。

是より先、合衆國は千八百四十五年より千八百四十七年に至る間に墨西哥と戰ひ千八百四十八年嘉永二年の條約を以てカリフォルニヤ洲を併せ、同年カリフォルニヤ洲に金鑛の發見あり、墨西哥、南米サンドウイッチ諸島より採鑛の爲集り來る者千八百四十九年中に十萬人に達した、而して千八百五十年まで合衆國大西洋海岸の人民は南米を迂回して太平洋海岸に出でゐたが米國人は千八百五十年三月九日太平洋及大西洋船舶運河會社を起し其の事業の一端として千八百五十一年汽船を以てサンジュアン河及ニカラガ湖を通航する營業を開き、紐育よりサンジュアン河に至る鐵道及ニカラガ國の太平洋岸よりサンフランシスコに至る鐵道を連絡し、以て合衆國の大西洋岸よりカリフォルニヤに赴く幾萬の旅客に便利を與へた。而もカリフォルニヤの金鑛は無盡藏でなく千八百五十四年以後は頓に其の產額を減少したので、此の方面に集つた人民は多く支那貿易に志を轉じ此が爲日本に寄港して薪水の補給を受くる必要を感ずること益々切なるに至つた。此等の事情は卽ちペルリをして日本占領の案を合衆國政府に献するに至らしめた所以である。(大隈伯開國大勢史)

今此の機會に於てペルリ起用の經緯及ペルリ其人に就て一瞥せんとすることは決して無用の措辭であるまい、否寧ろ日米國交開始の鼻祖たる大立物であるの關係上最も興味深いものがあらう。千九百六年「ノース、アメリカン、レヴィウ」にウイリヤム・エス・ロッシターなる者の寄稿が我帝大教授高橋作衞博士に由り國際法雜誌第八巻第八號に紹介されて、其の初に於て次ぎの如く說かれてある。

千八百五十一年(嘉永四年)合衆國の三桅船アゥクランド號は海上にて漂流日本人の一群を救助し、之を桑港に伴ひ歸つた、此の事件よりして熱心なる日本開國論者アウリック提督は日本と交通を開くべき計畫に就き、國務卿ウェブスターの心を動かし、ウェブスターは公文を海軍卿グラハムに致し、此の事件が日本と通商關係を開くの好機會なること、縱令然らざるも當時に於ける不利益の情態を幾分か改良すべき好機會なることを提議した。

**註**　此の漂流者はジョゼフ・ヒコ即ち亞米利加彦藏（干時十四歳）等の群である、ジョセフ・ヒコ自叙傳に曰ふ「榮力丸は嘉永三年十月廿日江戸を出帆、同三十日遠州灘にて暴風雨に逢會し、太平洋を漂流する事五十餘日、十二月二十一日漸く米船オークランド號に救助され、翌四年二月三日（一八五一年）桑港へ入、一行十七人税關船ポルク號に移管され滿一ヶ年間米國官憲の保護を受けた。米國は折しも日本開國を要求せんと企圖せる刹那であつたので、大に一行を歡待し、彼等を送還することによつて國交開始の端緒を捉へやうと圖つた」。

ウェブスターは千八百五十一年（嘉永四年）五月十日を以て大統領より日本君主に呈すべき國書を起草し、アウリック提督を支那艦隊の司令官として日本に向はしめたが、提督は本國より支那に航行の途次政府の許可なくして私人を其の軍艦に搭乗せしめたる等の過失ありて召還せられペルリが其の後任に指定された。

當時合衆國の官吏中能く此の如き重要なる任務を全うすべきものはペルリを措きて他に其の人なかつた、マシウ・カルブレィン・ペルリは有名なる千八百十三年のエリー湖上戰の英雄オリヴァー・ハザード・ペルリの弟である、千八百九年、十三歳を以て少尉試補となり、英國との第二次戰爭に於て、ブリガット型プレシデント號に乗組み、ロッジャースの指揮下に、英軍を擊退した、是れ其の十七歳の時で十八歳に及びて中尉に進み、二十五歳の時、十二砲スクーネル型の艦長となつた。此後戰鬪艦及フリガット型艦にて巡洋を爲し、或は墨西哥戰爭に於ける名譽あつて且最も重大なる任務に就き、或は又幾多の研究と忍耐なる經驗を以て、蒸汽を戰艦に應用することに奏功し、以て「蒸汽海軍の父」と推稱せられた。ペルリが日本遠征の大任を託せられたのは、實に彼れが滿四十年間現役に服して幾多の功を樹てし後である。

ペルリは曩に述べたるが如く米國が日本に通商を求めて皆失敗に終つた原因に就て考察し、進んで日本國情や其他日本民族性等を始め日本に關する事物に就て多年熱心に研究し、自ら確信を懷くに至つて遂に公然建白書を提出して日本通商を試むること及自己が其局に當らんと申出でた、時に彼は六十二歳であつた、大統領フイルルモア、國務卿ウェブスター、海軍卿ケネリー等は彼の人物と手腕を信賴し愈々彼に命じて此の大事を決行するに至つたのである。

ペルリ提督

斯くてペルリは千八百五十三年四月六日香港に投錨し、五月四日上海に着し六月三日琉球王及幕僚と會見し同九日には小笠原群島を訪れた、此島には八人の白人があつて殆ど百エーカーの土地を開墾し、鯨獵者に新鮮なる穀菜類を賣つてゐた、ペルリは牛羊種子其他日用品及アメリカ國旗を與へて六月二十二日再び那覇に歸港して七月二日此地を發して八日浦賀に投錨し、爾來十日間震天驚地の大活動を遂げ未開の鎖鑰を握つて其の素志を遂げんとして兎も角も目鼻を付けたるは前記述したる通りである。

浦賀を去つてペルリ一行は西航し琉球に向ひ香港に入り遂にマカオに安着してこゝに足場を定めて越年した。

想ふに既に是迄英露を始め外國諸艦が屢々邊境を窺ひ來り人心恟々たるの矢先、ペルリの示威的一大壓迫には我が國民の血を沸かしめた、嘉永六年六月九日幕府米艦渡來の旨を朝廷に奏し同月二十二日將軍家慶薨し七月二十二日喪を發した。

ペルリ乘船ミシシピー號

米艦退去の後六月二十六日閣老阿部正弘は米國書翰の譯文を諸有司に示し、翌二十七日之を親藩三家及溜間詰諸藩主に示し、愈々七月朔日各藩主の登城を求め意見を徵したるに尾張藩主德川慶勝、水戶藩主德川慶篤、一橋刑部卿德川慶喜、越前藩主松永慶永、津藩主藤堂和泉守高猷《タカユキ》、桑名藩主松平越中守定猷《サダミチ》、長門藩主毛利敬親、肥前藩主鍋島齊正、松代藩主眞田信濃守幸教《ユキノリ》、盛岡藩主南部美濃守利剛《トシモサ》、二本松藩主丹羽長富等の如き强硬拒絕論や、薩摩藩主島津齊彬《ナリアキラ》、川越藩主松平典則《ツネノリ》、今治藩主松平駿河守勝道、飯田藩主堀石見守親義等の如く決否を延期し軍備の整ふを待ちて拒絕すべしと云ふが如き、或は宇和島藩主伊達宗紀《ムネタダ》の如く通商を許し軍備の整ふを待ちて拒絕し或は我より進擊すべしと云ひ、又阿波藩主蜂須賀齊裕《ナリヒロ》、沼津藩主水野出羽守忠良《タダナカ》の如く彼の要求を拒絕すべしと言ふ者、又加賀藩主前田齊泰《ナリヤス》、仙臺藩主伊達陸奥守慶邦、肥後藩主細川越中守齊護《ナリモリ》等の如く寬裕を以て彼を遇し軍備の整ふを待ちて强硬の手段を採るべしと云ふ者等大勢は開國反對論であつた。而して彼の要求を許容すべしと言ふ者には中津藩主奧平昌服《マサモト》、郡上藩主靑山幸茂《ユキシゲ》、暫く彼の要求を許容すべしと云ふ者に佐倉藩主堀田備中守正睦《マサヨシ》、村松藩主堀丹波守直央《ナオヒロ》がある、長崎に限り交易を許すべしと言ふ者に筑前藩主黒田美濃守齊溥《ナリヒロ》、津山藩主松平越後守齊氏、忍藩主松平下總守忠國、制限を附して交易を許すべしと言ふ者掛川藩太田資始《スケモト》、小濱藩主酒井忠義等であつた。而して許否を明言せぬ者に安藝守淺野齊肅《ナリタカ》、彦根藩主井伊掃部頭直弼、足守藩主木下備中守利安等があつた。（阿部正弘事蹟）

阿部伊勢守正弘

併しながら井伊直弼の說は大船製造の禁を解き我より進んで商船を蘭領咬𠺕吧に出して通商すべしと謂ひ、堀田正睦は最も明快に彼に堅牢の軍艦有之我用船は短小軟弱是れ彼に及ばざるの一也、彼は大砲に精しく我は器械整はず是れ彼に及ばざるの二也、右のみにて勝算無之候間先づ交易御聞届に相成十年も相立深く國益に不相成候はゞ其節御斷それまでに武備嚴重致度候それとも國益に候はゞ其儘可然と奉存候（日本外交の先覺堀田閣老傳）

是は過激でなく極めて圓熟した老練の手段であるから正弘心中其說を是として他日外交紛糾に當つて卽ち安政二年十月九日自ら次席に退き正睦を老中首座に推薦したものは正睦の意見手腕を信じたるものであらう、正弘の意中は既に開港已むを得ざるものと決心した。

是より先き六月七日越前藩主松永慶永は書を老中正弘に贈り、目下の大事に就き水戸齊昭と協議すべきを勸告し、當時歸藩の途にある島津齊彬も亦書を尾張藩主徳川慶勝に贈り、閣老等は動もすれば米人の要求を容れんとする傾向あるを以て今回の事は水戸老公に委任して處理せしむべきを主張したので七月三日幕府より徳川齊昭に隔日登城し大議に參與すべきことを命じた。同十日齊昭「海防愚存」を草し不可和理由十條を擧げ防備の要目五項を提出した、然れども彼又當時幕府財政の窮乏と士氣の廢頽を憂慮し外戰內和の秘策を持し居たるものと稱せられる、然れども國防の充實と戰備の急務は心あるものの血を沸騰せしめてゐた、八月幕府は嫌疑入牢中の砲術家秋帆高島四郎太夫（喜平）の禁錮を免じ、江川太郎左衞門を輔けて海防に從事せしめ九月十五日幕府は令して大船製造の禁を解き品川灣砲臺を築くこととした。

我が對外國論の確立を見ない內早くも明くれば嘉永七年正月十六日一八五四年二月十三日ペルリは艦隊八隻內一隻は遲れて二月六日上海より來り合すを率ゐて約の如く再び來つて江戸灣に驀進した、蓋し彼は媽港に在つて靜に明年を俟たむと欲したが其年嘉永六年十一月碇繫せし佛國軍艦が突然出發し、之と前後して露國使節プーチヤーチンが上海より長崎に向つたので日本開國に向つて各國に魁られては一大事と玆に決意して危險なる冬期航海を敢てし早くも媽港を出發し琉球を經て遣て來たのである、今回は浦賀を過ぎ進んで杉田小柴沖に投錨した。

幕府當局の狼狽一方ならず、十五日には大學頭林煒、町奉行井戸對馬守（覺弘）、浦賀奉行伊澤美作守（政義）目付鵜殿民部小輔（長鋭）の四人を應接委任と爲し（後松崎滿太郎を追加）浦賀に向け出張せしめ十九日着、翌二十日浦賀組頭黑川嘉兵衞を小柴沖にある米艦に派し浦賀で會商せんと交渉したが艦長アダムス之を諾せず、直に江戸に赴き老中と直談せんと主張し折衝纒らず、米艦は進んで大師河原沖に乘込んだので江戸より急遽飛脚を

横濱邑應接場ペルリ上陸之圖

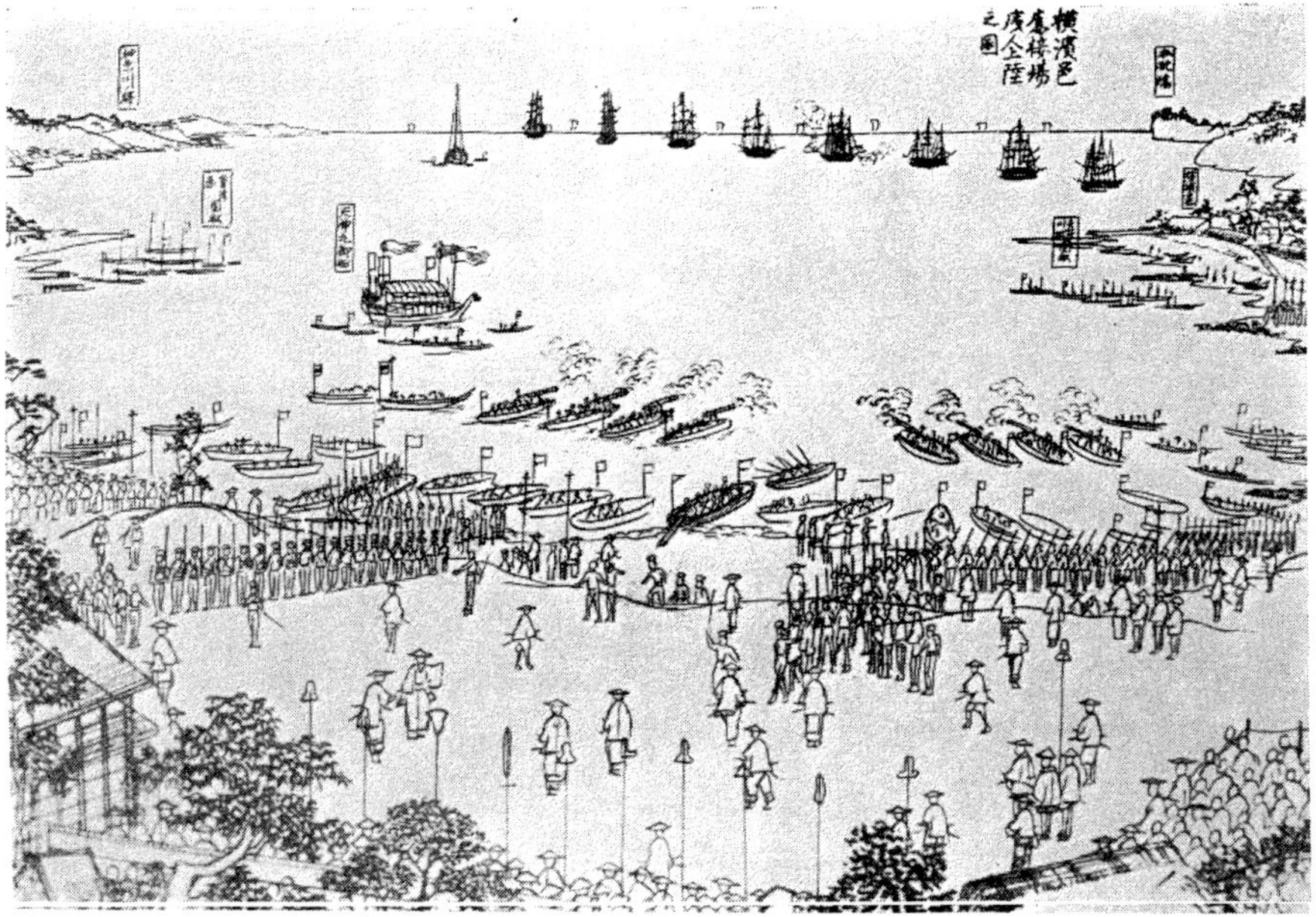

米艦八隻は次の順序ならん右方本牧端より
一、レキシントン帆船　二、サスクハナ汽船
三、ポーハタン汽船　四、マセキドニア帆船
五、ミシシッピー汽船　六、ヴアンダリヤ帆船
七、サラトガ帆船　八、サウザンプトン帆船
外に運送船サップライ號

ペルリ來朝の時松代藩は小倉藩と共に應接所周圍の警衞に當つた，藩醫高川惟文は餘技として書を文晁に學び文筌と號した。又藩の調役助樋畑翁輔は餘技として歌川國芳に就き浮世繪を學びたる關係上文筌醫師の藥籠持或は侍大將望月主水の刀持として互に應接所に入り其の實況を矢立の筆にて「スケッチ」せしものが傳へられた。（樋畑雪湖氏藏並解說）

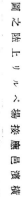

## ペルリ横濱上陸

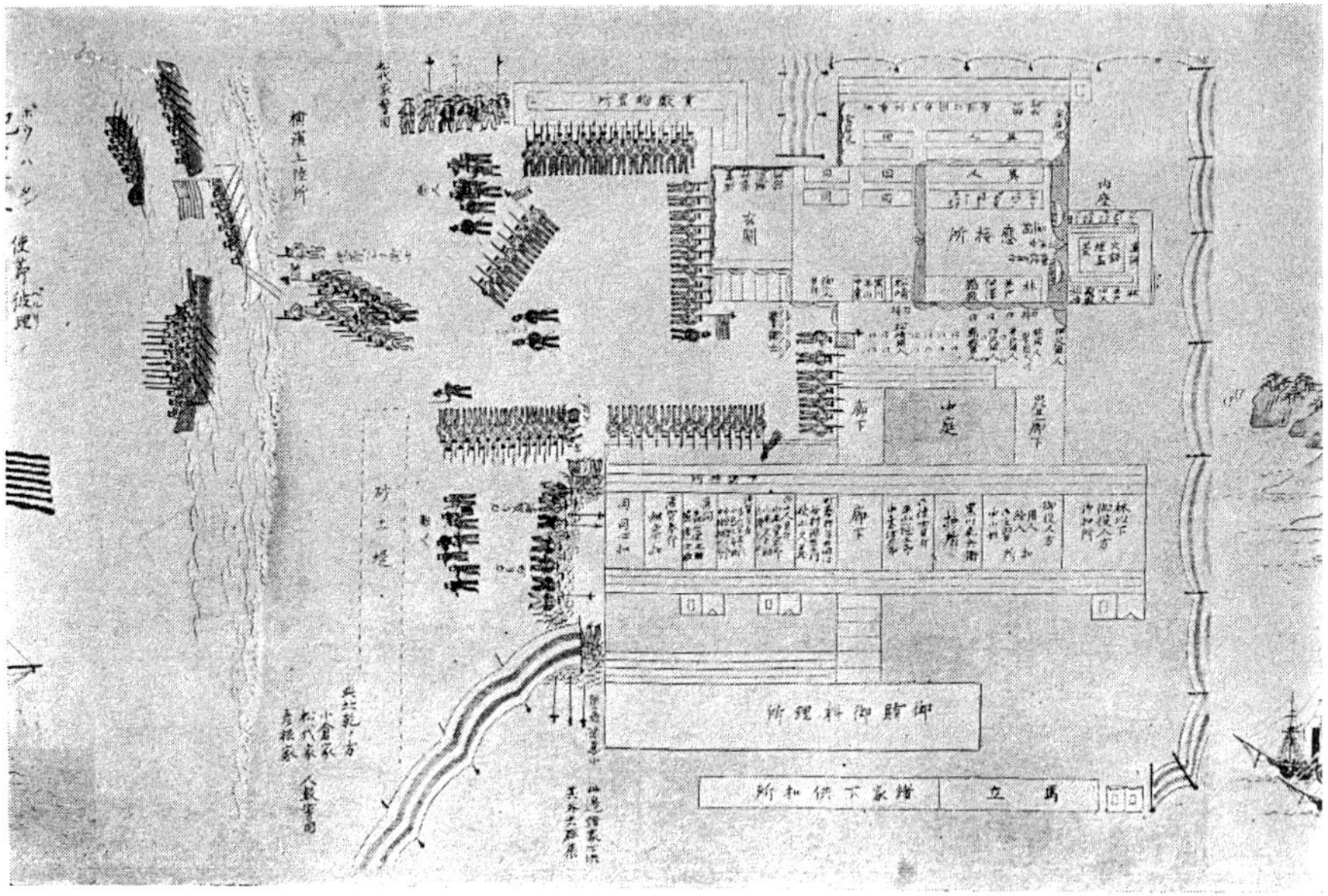


（大槻茂雄氏藏）

仙臺藩主伊達公の命に依り藩士大槻磐溪が横濱に於て米使接見の際通詞森山榮之助の草履取に紛裝して場內に入込み內外の光景を寫生したるものなり。尙藍梁關研と共に當時の種々狀景を畫き藩主に複命したるものはこの卷物となつて金海奇觀と名づけられ今尙大槻家に珍藏せらる本圖は其一なり走らせ金川驛にて應接すべしとの指令が下つて大學頭等浦賀を發して神奈川に來り香山榮左衞門米艦に至り應接所を横濱とすべきことを交渉し承諾を得之に決定した。

斯くて愈々二月十日陽曆三月八日第一回の會見となつた、九隻の米艦は横濱港內に戰列を作り將校士卒五百人をして正裝せしめ三艦の音樂隊を合して別に一隊と爲し端舟二十七隻に分乘して上陸し海岸に整列してペルリの上陸を待つ、ペルリ及隨員の談判所に入る時米艦より日本の主權に對し二十一發、日本の全權委員に對して十七發の祝砲を發した。而して愈々談判に入るに當つて林より大統領の書簡に對する答書をペルリに交附した。其の概略は「祖宗の遺法に反けるを以て今直に米國の希望に應じ難い、然れども只徒に舊法を株守するは當今の時勢に合はない、只君主新に位に就き國內多事の爲俄に如此大事を決し難い、近くは露使の長崎に來りたるも亦拒むに此事を以てした、其の薪水食料の供給、難船若くは漂流者の救助等に至つては固より之を許諾し、而して今より五年の後に於て港を開き、以て漸次貿易を行はんと欲す……」と云ふのであるからペルリは之を顧みないで米淸條約の基礎により日米條約を締結せんと要求し其の謄本を示し、又開國の必要及利益を說き鋭く肉薄し來つた。

此時ペルリが差出した書翰及口上書の內に

先般申上候兩國有益、且貴國治穩繁昌之次第、再應相述不レ申候、我國主之志望は私を使節として差遣し、双方有益之取極相立、向後爭論無レ之樣談判ニ及可レ申、左樣無レ之、兩國之因み、當時之振合にて時日を經候へば爭論難レ免有レ之候

と述べ進んで米國被難民が日本に漂着せる時仇敵同前に取扱はないで貰ひたい希望や、米大統領より懇切なる

横濱ペルリ上陸の時米國端艇の圖

（大槻茂雄氏藏）

大槻家金海奇觀より轉寫



贈物を持參したること等を告げ、此の好意を承知で貴國政府が思慮をかへず和親の取扱無之時は甚以て奇怪之至りで却つて向後爭端を相招く樣になるであらうと告げ、次に

西域人民（歐州人）は我國（米國）の如く貴國安穩を思念致し候者無レ之義は分明に可レ有レ之候但我國之一方は貴國海濱の裏面に在りて、其商船往來、太平洋又日本海に限り無レ之、且鯨獵之爲、此邊に航海之船々五百艘に下らず、其乘組之者、薪水幷食料缺乏之患有レ之時、貴國港内に到候を、寛容之應接有レ之候はゞ莫大之慈恩に候

唐國政府我國と取極、相互に港之益有レ之候、彼國我人民と茶商商法、當年の金高三百六十萬タイル（兩）に有レ之、絹絲幷絹布の商況凡三十萬タイルに有レ之候、但一タイルは皇國の銀拾匁ニ相當申候

唐國帝之臣下之者、凡三萬人我國に來り、丁寧之應接有レ之、我國法を以、工商之業を隨意に試み、寺院造營致し、其宗旨取行ひ、金錢を集め彼國に囘歸致し候

者有レ之、其金高三百タイルより一萬タイルに至候

と歐洲人に對し米人は日本に好意を持つてゐることや、支那との貿易事情を語り且支那人の移住までも報告してゐる。最後に

右之通相述候者、只今般差出し候取極にて、出來可レ致利益を告げ、兩國人民之和親、前に申述候通之次第ニ而不レ得レ已儀を相示し候爲ニ有レ之候、實ニ私自國ニ歸帆難レ仕國主之主旨に對し。充分報答承候迄此場所ニ逗留可ニ罷在一候、恐惶（德川實紀「溫恭院殿御實紀」）

と脊水の陣を張つて此事成立しなければ日本を去らないと頑張つた。種々折衝を重ねたが日本側の長崎港一點張にはペルリは絕對的反對を述べ曰く。

長崎港は從來和蘭及支那人に開かれ其景況を察するに蘭人の如きは出島に閉居せしめられ唯商業を營むのみで和親の實は擧らない、米國人は此の如き蔑視を甘ずることは出來ない、故に長崎は米國人に適せない、米國の爲に五港を開き眞に和親通商の實を擧げて貰ひたい、尤も目下の所は松前、浦賀、鹿兒島或は琉球の三港丈でよいと云ふのであつたが幕府側も遂に松前に換るに函館、浦賀に換るに下田を以てすることに讓步した、ペルリは直に二艦を下田に派遣し港灣の良否を檢査して良好なりとの報告によつて之を承諾し、函館は測量の上諾否のこととし自ら出張して之を檢し適當と認めて遂に下田函館の二港を新に開くことに協定した。

斯くて面倒であつた談判も三月三日第五回の會見を了へ條約は成立した、其の條項は左の如し。

日本國米利堅合衆國和親條約

安政元年（嘉永七年）甲寅三月三日（西暦千八百五十四年第三月三十一日）於神奈川調印安政二年乙卯正月五日（西暦千八百五十五年第二月二十一日）於下田批准書交換　安政五年千八百五十八年條約第十三條ニ「安政元年三月三日取替シタル條約ノ中此條令ニ齟齬スル廉ハ取用セスト」アリ

亞米利加合衆國と帝國日本兩國の人民誠實不朽の親睦を取結び兩國人民の交親を旨とし向後可レ守箇條相立候ため合衆國より全權マツシユー・カルブレース・ペルリを日本に差越し日本君主より全權林大學頭井戸對馬守伊澤美作守鵜殿民部少輔を差遣し勅諭を信じて双方左の通取極候

第一條

日本と合衆國とは其人民永世不朽の和親を取結び場所人柄の差別無レ之事

第二條

伊豆下田松前地箱館の兩港は日本政府に於て亞米利加船薪水食料石炭缺乏の品を日本にて調候丈は給し候爲め渡來の儀差免し候尤も下田港は條約書面調印の上卽時相開き箱館は來年三月より相始候事

給すべき品物値段書の儀は日本役人より相渡可レ申右代料は金銀錢を以て可ニ相辨一候事

第三條

合衆國の船日本海濱漂着の時扶助致し其漂民を下田又は箱館に護送致し本國の者受取可レ申所持の品物も同樣に可レ致候尤漂民諸雜費は兩國互に同樣の事故不レ及レ償候事

第四條

漂着或は渡來の人民取扱の儀は他國同樣緩優に有レ之閉籠候儀致間敷乍レ併正直の法度には服從致候事

第五條
合衆國の漂民其他の者共當分下田箱館逗留中長崎に於て唐和蘭人同樣閉籠窮屈の取扱無レ之下田港內の小島周り、凡そ七里の內は勝手に徘徊いたし箱館の儀は追て取極候事
第六條
必要の品物其外可ニ相叶一事は雙方談判の上取極候事
第七條
合衆國の船右兩港に渡來の時金銀錢並品物を以て入用の品相調べ候は差免し候尤日本政府の規定に相從可レ申且合衆國の船より差出候品物を日本人不レ好して差返候時は受可レ申候事
第八條
薪水食料石炭並缺乏の品求る時には其地の役人にて取扱すべし私に取引すべからざる事
第九條
日本政府外國人へ當節亞墨利加人へ不ニ差許一候廉相許候節は亞墨利加人へも同樣差許可レ申右に付談判猶豫不レ致候事
第十條
合衆國の船若し難風に逢はざる時は下田箱館兩港の外猥に渡來不レ致候事
第十一條

兩國政府に於て無レ據儀有之候時は模様に依り合衆國官吏下田に差置候儀も可レ有レ之尤約定調印より十八箇月後に無レ之候ては不レ及二其儀一候事

第十二條

今般の約定相定候上は兩國の者堅く相守可レ申尤合衆國主に於て長公會大臣と評議一定の後書は日本大君に致し此事今より後十八箇月を過ぎずして君主許容の約定取換はし候事

右の條々日本亞墨利加兩國の全權調印せしむる者也

嘉永七年三月三日　林大學頭　花押

千八百五十四年三月三十一日　井戸對馬守　花押

伊澤美作守　花押

鵜殿民部少輔　花押

マッシユー・カルプレース・ペルリ手記

是は世に所謂假條約で卽ち和親條約であつて眞の通商互市の條約では無いが先づ初は是の程度で兎も角もペルリの目的は達した。始め談判を開始して後二月十五日（西暦三月十三日）米國政府よりの献上品は總て四十七點外農具類なども數多あつたが其の目錄を擧ぐれば

二月十五日貢献物目錄

各物献

## 君主目録

一、小火輪車格式連煤炭架連路全副（模型汽車一式）
一、亞美理駕合衆國大會館史記凡四卷
一、雷電傳信機一副連銅線（電信機一式）
一、銅保命小艇一隻頭尾有機箱不能沈水（銅製端舟）
一、銅小艇一隻能過大浪不妨沈永以保命（銅製端舟）
一、極幼花紅絨十九尺長
一、花剪一足
一、玻璃銀盖着飾一箇
一、亞美利駕各處林禽圖傳此圖寫同生物同大共成九部
一、亞美理駕條約省土產圖傳凡十六卷
一、亞美理駕各信館名一本
一、倣火輪機法則一本
一、亞美理駕條約省院之書名
一、鐵火爐一箇連筒能燒煤炭或柴可也
一、亞美理駕條約省大小會館日記
一、亞美理駕條約省律例
一、亞美理駕海濱埠頭各處地理圖照使知水深淺水手埋岸
一、農政二卷內教耕田植樹養蓄法則圖

---

一、亞美理駕開國史共四卷
一、建造光樓二本此光樓建在海邊夜船望見能入埠
一、炮手力六口（砲兵軍刀六振）
一、小手鎗二十管（軍隊ピストル二十挺）
一、過山鎗一管（六連發ピストル一挺）
一、信袋二個連鎖合此袋國驛寄信用（道中用袋）
一、香鹼香水胭脂等料
一、千里鏡連架一箱（臺附望遠鏡）
一、亞美理駕數省地理
一、亞美理駕天秤量斗司碼各器
一、鳥鎗五管（ライフル銃五挺）
一、兵丁鎗三管（メーナルド小銃三挺）
一、馬甲劍十二箇（騎兵軍刀）
一、頂上香茶三
一、亞美理駕白酒一桶
一、紅酒一樽
一、三鞭酒一箱
一、全櫻香酒一箱

一、香白酒一箱
一、農夫各器具數目別開

此　三　物　献
皇　后

一、描金玻璃粧飾箱一個（鏡臺類）
一、香鹼香水胭脂牙粉料（香水類）
一、繡花閃緞一足（花縫織物）

---

此物呈林大學頭

一、亞美理駕各處獸類圖傳凡五卷
一、亞美理駕白酒一小桶
一、瓷器茶具一大副
一、頂上香茶三箱
一、頂上花紅絨一丈
一、大時辰鐘一個
一、大鳥鎗一枝
一、三鞭酒一箱
一、火爐一個能燒石炭及柴
一、六響手鎗一管另兼火藥一箱
一、馬甲劍一枝
一、香鹼香水物二十四桶

---

此物呈阿部伊勢守

一、墨西圖戰場圖傳此圖畫每戰場之處
一、六響手鎗一管另兼火藥一箱
一、亞美理駕白酒一小桶
一、三鞭酒一箱
一、香鹼香水等物二十四件
一、大時辰鐘一個
一、大鳥鎗一管
一、鐵火爐一個能燒石炭及柴
一、頂上花紅絨一丈
一、頂上香茶三箱

---

一、馬口劍一口

此物呈牧野備前守

一、亞美理駕開國毎戰場地圖傳二本
一、𠌃約省博物院各物各土人之衣服圖
一、客樓一間圖
一、時辰鐘一個
一、亞美理駕白酒一桶

此物呈松平和泉守

一、學建宮廟法則圖一本
一、香鹼香水等物十二件
一、華盛敦京圖一幅另有街道一幅
一、亞美理駕白酒一桶

此物呈松平伊賀守

一、𠌃約省史記
一、大火輪船畫一幅
一、大鳥鎗一管
一、六響手鎗一管

此物呈久世大和守

一、保命銅小艇隻連槳

---

一、六響手鎗一管
一、香鹼香水等物十二件
一、馬口劍一口
一、大鳥鎗一管

---

一、時辰鐘一個
一、馬口劍一口
一、鳥鎗一管
一、六響手鎗一管

---

一、香鹼香水十二件
一、時辰鐘一個
一、馬甲劍一口
一、亞美理駕白酒一小桶

一、建造鄉閭新屋法圖
一、金山大埠匣圖一幅
一、六響手鎗一管
一、鳥鎗一管

此物呈內藤紀伊守

一、美呢蘇打省土産圖傳二本
一、芶知敦村畫一幅
一、時辰鐘一個
一、六響手鎗一管

此物呈井戸對馬守

一、學工藝各政此書內能知各機之法
一、埠阿連大䨇畫一幅
一、櫻桃香酒一小箱
一、馬甲劍一口
一、鳥鎗一管

此物呈伊澤美作守

一、大火輪畫船畫幅
一、保命小艇格式一箱

一、馬甲劍一口
一、時辰鐘一個
一、亞美理駕白酒一小桶
一、香鹼香水等九件

---

一、鳥槍一管
一、馬甲劍一口
一、亞美理駕白酒一小桶
一、香鹼香水等九件

---

一、香鹼香水等物九件
一、亞美理駕白酒一桶
一、六響鐘鎗一管
一、時辰鐘一個

---

一、亞美理駕白酒一小桶
一、櫻桃香一小箱

一、時辰鐘一個
一、鳥槍一管
一、六響手鎗一管
一、馬甲劍一口
一、香鹼香水九件

此物呈鵜殿民部少輔

一、象畫一幅此象係亞美理駕國所出
一、香鹼香水九件
一、亞美理駕各信館住名
一、鳥鎗一管
一、亞美理駕白酒一小桶仔
一、櫻桃香酒一小箱
一、時辰鐘一管
一、馬甲劍一口
一、六響手鎗一管

此物呈松崎滿太郎

一、火輪船畫圖一幅
一、時辰鐘一個
一、櫻桃香酒一小桶
一、馬甲劍一口
一、亞美理駕白酒一桶
一、香鹼香水六件
一、六響手鎗一管

獻貢農具品書

此農夫器俱係亞美理駕新樣器物如或貴國堪用卽照此格式可做也

一、先開耕田六齒犂大件
一、修整花木鐵剪力二具用修籬用
一、犂二把用犂馬移之
一、大個二馬車乘用以運物耕田可用

一、馬二輪車乘運石所用
一、手車一乘在花園運用輕物大磨刀圓石
一、架一具用一足可動之
一、小磨刀石架一具用手動之
一、割稈草刀一具以畜牛馬或以落肥
一、取牛乳油架一具以牛乳用手快々攪之便有牛乳油出
一、磨割草刀石十二具
一、割樹枝之力鋸釵一具以修樹用
一、小花園雙面爬鏟三具
一、開落肥之鐵釵六個
一、割草之一具
一、開穢之小鋤一具
一、開石之鐵尖鋤一具
一、斧一個
一、鐵活斧一具用以削樹身屋根椽用
一、木匠斧一具
一、磨稼非粉器一具
一、修樹枝鑿一具
一、剪綿羊皮剪刀一七

一、牽牛鐵鍊一條
一、鐵爬具用馬以牽之
一、割穀力三具連架以收穀用
一、大鐵鏟十把
一、風櫃一個用以分辨穀糠所用
一、打鐵匠火爐一個
一、手牽鐵物鐵練二條
一、收穀架一個以來穗所用
一、小手犂一具在花園開泥用
一、三角犂爬一個開園園坭行用
一、小花園鐘一個以鬆花根坭用
一、能開能合軟梯三具用以登樓登樹所用
一、鐵粗粉磨一架
一、做取牛乳油架一個
一、鐵尖犂頭六個
一、磨米舂糠碓一架
一、開落之肥鐵鉤二把
一、開坭鋤頭一把
一、花園開輕坭鋤十具

一、平鐵鏟大小十九具
一、開乾單章起千章之鐵釵五具
一、空心鐵鏟四個
一、三角鐵鋤一個
一、圓口鐵鏟一個
一、鎌刀一把
一、鐵手爬六個

一、牽車繩革四副
一、開行自種子器一具
一、龍吐水拒一個
一、運馬圓架個打穀用
一、牛軛個
一、木手爬六個
以上五十五品

## 菜蔬種子目録

一、至早青豆
一、藍　豆
一、白粟米
一、紫色花野菜
一、西洋生菜
一、大白葱頭一包
一、大紅葱頭一包
一、早出和蘭羅蔔一包
一、黄色和蘭羅蔔一包
一、紅色長羅蔔二包
一、長藤紅豆

一、藍孖鷹國豆
一、早出灰色豆
一、早出長頸瓜一包
一、帶葉白羅蔔一包
一、早出牛心野菜一包
一、英國早出野菜一包
一、白痕黄瓜一包
一、玉蔮香瓜一包
一、英國英雄豆二包
一、大紅羅蔔二包
一、早出黄羅蔔二包

一、山茄一包
一、和蘭生菜
一、紫色蕃茄
一、羅　蔔
一、青色長黄瓜
一、英國白芥菜二包
一、長黄羅蔔二包
一、大卷生菜一包
一、大紅蕃茄四包
一、扁頭野菜一包
一、小黄瓜一包以作酸果用
一、氷涼西瓜一包
一、矮肥豆二包

一、唐山矮豆
一、早出紅羅蔔二包
一、灰色殘豆一包
一、亞美理駕長頸瓜
一、好野菜
一、早出青豆
一、自塘蒿
一、和蘭生菜
一、大肥豆
一、長血蘿蔔
一、高樹豆
一、大花野菜
一、濶殘豆

（林大學頭遺稿應接錄）

斯くて彼我談判進行中に於て曩に米國大統領よりの献上品に對する返禮として我が幕府より彼に賜物を呈出した。即ち二月二十六日（西暦三月二十四日）の事である。其の目錄左の如し。

二月二十六日被下物幷被遣物目錄

大統領へ

横濱村應接所

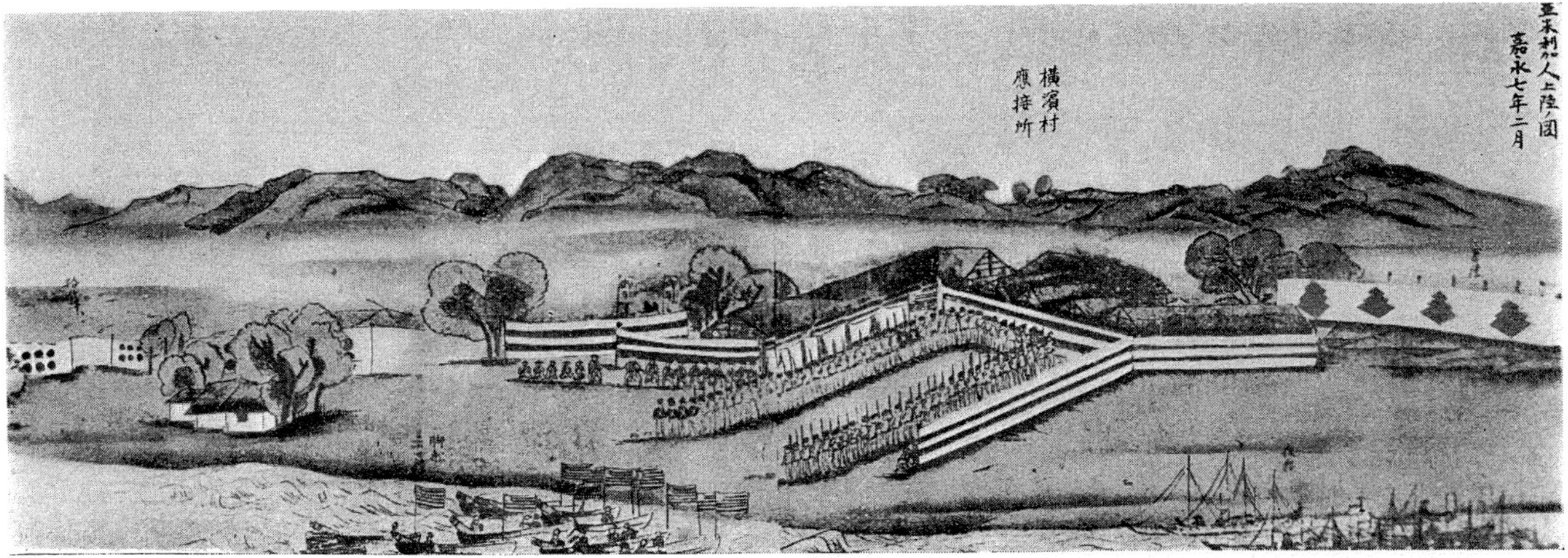

横濱村應接場米使饗應の光景

此の原圖は松代藩高川文筌と樋畑翁輔が内命により宴席の次室に於て描きしものなり

一、硯　匣（梨地蒔繪松竹梅　硯函一箇）　一副
一、紙　匣（同文庫　一個）　一副
一、書　棚（同銀金具吉野山繪　金地塗書棚　一箇）　一架
一、書　架（黑蠟色蒔繪桐に鳳凰机一箇）　一張
一、銀花銅牛香爐卓附（金銀丑花籠置物）　一座
一、合子筐（花の丸廣蓋）　一具

一、挿花筒卓附　蒔繪銀地罍竹花生置臺付　一個
一、煖　爐　罍蒔繪四季折枝銀ホヤ手焙一對　二個
一、紅光絹（紅羽二重）　十疋
一、素光絹（白羽二重）　十疋
一、花縐紗（花紋縮緬）　五疋
一、紅纈縐紗（友禪縮緬）　五疋

使節へ

一、硯　匣（黑蒔繪獅子硯函）　一副
一、紙　匣（同　文庫）　一副
一、花縐紗（花紋縮緬）　二疋

一、紅光絹（紅白羽二重）　三疋
一、素光絹（白羽二重）　二疋
一、紅纈縐紗（友禪縮緬）　三疋

アダムスへ

一、紅素光絹（紅白羽二重）　三疋
一、紅纈縐紗（友禪縮緬）　二疋

一、髹　椀（吸物椀）　二十副

ポットメンへ

一、紅素光絹（紅白羽二重）　二疋
一、紅纈縐紗（友禪縮緬）　二疋

一、髹　椀（吸物椀）　二十副

ウイリアムスへ

一、同三種

ペルリへ（提督の甥）

一、同　三　種

蒸汽車テレガラフ其外工匠五人へ

一、紅纐纈紗（友禪縮緬）　十副ヅツ　—　一、椀　椀（吸物椀）　十副ヅツ

乗船惣人數

一、米　（五斗入）　二百俵　—　一、鶏　鶩　三百羽

右伊勢守殿御差圖

一、武備流鳥銃　一匁一挺　二十匁　一挺　三十匁　一挺

一、白　鞘　刀　二腰

一、通用金銀十三匁壹分

五兩判　二　小判　二　一分判　二　一分銀　二　二朱金　二

右はワシントン政府并プレシデント手元へ差出申度由にて、使節より所望致候に付、奉行衆持料を被レ遣候姿を以、御渡相成候事

次ぎに老中及談判委員等よりの贈品は左の如し。

阿部伊勢守殿より

一、柳　條　峽　絹（甲斐絹）　十五匹

牧野備前守殿より

一、同　　松平和泉守殿より　　十匹

一、同　　松平伊賀守殿より　　十匹

一、同　　久世大和守殿より　　十匹

一、同　　內藤紀伊守殿より　　十匹

一、同　　十匹

亞墨利加へ差贈候目錄

林大學頭より

一、硯　匣　（漆塗硯箱）　一副

一、濃州紙　一箱

一、玉彩箋　一箱

一、彩匣折簡紙　五箱

一、各種文具百件　（貝殼百個入）　四箱

井戶對馬守より

一、紙　匣　（漆塗文庫）　一副

一、珊瑚藻銀毫具　（枝珊瑚と銀細工の函）　一箱

一、携　盒　（漆塗重箱）　一箱

一、三套酒盃　（漆塗三組臺付杯）　一箱

一、飲水螺螺盃　（猪口匙螺鈿の杯臺付杯等）　七箱

一、餝板二枚（漆塗盆二枚入）　二箱
一、シュロ箒　三十本　一箱
一、雨傘　二十柄　二箱

伊澤美作守より

一、紅綾（モミ）　一段
一、素綾（無地綾）　一段
一、人形　十三個　八箱
一、織竹各器（竹細工籠）　一箱
一、竹几二脚　二箱

鵜殿民部少輔より

一、柳條縐紗（縞縮緬）　三段
一、瓷盌二十個（磁器の猪口）　二箱
一、醬油十瓶　一箱

松崎滿太郎より

一、瓷盞（磁器臺付猪口）　三箱
一、花紋席（花筵）　一箱
一、櫟炭　三十五苞

以上の贈物の內米二百俵に就て續徳川實紀「溫恭院殿御實紀」には次ぎの樣に書いてある。

右者淺草御藏より取出し、浦賀へ廻航、但角力取五十人、幷御藏小揚之者、力量勝れたる者を携、右米俵の取次致させたる由、此時小柳者異人共之目に留り候よし、白眞弓八俵持、或は手玉に取、又者頭に上て運候由、右相濟、異人共小柳と角力取試度旨、內々願出候に付許容に相成アメリカ船中に而大力大兵之者三人取掛候處一人を脇へ搔込、一人を押伏一人を上へ差上候よし、異人共手を打て感じ、通譯森山榮之助へ、いかにしてかかる大力無双の者有レ之哉と尋に付、日本之上米を食し上酒を呑候故にと答候由。とある。又此時餘興の角力があつたことは當時の種々の錦繪にもあるが長軀肥大の外人が毎に日本人の矮軀短少を輕蔑してでも居るであらうかと調子外れの大男大力を觀せて彼等の度膽を拔いてやらうと思ふ茶目氣分も混じてゐたか定めて奇異の觀に打たれたことであらう。

又ペルリの進物中に在つた電信機や汽車は組立てられて實驗したので大に我が邦人を驚嘆せしめた。

其後談判も進行し三月二十七日にはペルリは日本委員五名と通譯森山榮之助外六十人餘の隨行員をポーハタン艦に招き盛なる饗宴を張つた。

斯くて談判は好調に進みペルリが最初希望した浦賀鹿兒島の內一港と、蝦夷の松前、琉球那覇の三港は容認せられないで函館、下田を開港することとなつたことは前掲ぐる日米和親條約全文にある通りである。

尙下田開港の曉に於ける貿易章程とも云ふべき附錄條約を締結し置かんことをペルリより提議したるが、日本側では卽刻決定し難い故其間多少の日子を要求せる故、ペルリは其の間を利用し箱館港を視察し、更に五月下旬下田にて會商することと爲し、五月十二日ペルリは下田に入航し、此地に彼我談判を開始し次ぎの協定を行つた。

幕府は其の用意として四月二日には町奉行井戸對馬守、目付鵜殿民部少輔、勘定奉行石河土佐守、松平河內守川路左衞門尉、吟味役竹內淸太郞、堀越藤助の七人を下田取締掛に任命した。七日には亞米利加應接掛林大學頭井戸對馬守、鵜殿民部少輔、松崎滿太郞の四人に下田出張を命じた。又井戸對馬守は組與力、谷村源左衞門、都筑十左衞門、秋山久藏、同心大八木四郞三郞、山本啓助、板倉九十郞、鈴木定次郞、神田權太夫、田中茂七郞等を下田取締掛下役に任命した、十三日には徒目付新見參左衞門、小人目付高横淸八の兩人は下田へ向つて江戶を立つた。御用金千兩も支配組頭黑川嘉兵衞等へ差立つることとなつた、更に十五日には徒目付組頭格田中勘左衞門、徒目付安藤傳藏、中臺信太郎、小人目付小林猪三郎、三橋啓五郎、山本覺太郎、中川鐵助、前田右太郎、藤田榮次郎等が下田取締掛の下役に任命せられた。二十日には浦賀奉行組頭與力合原操藏、近藤良次を下田奉行組與力に同見習合原猪三郎を下田奉行組與力見習に、同組同心太田量兵衞、込山喜太郎、服部健藏、山本謙兵衞、今西宏藏、齋藤莊之進、高津丑右衞門、其他三名を下田奉行組同心に任命した。斯くて廿二日には佐渡奉行であつた都筑金三郎峯重が下田奉行に任命せられ、廿五日には富士見寶藏番伊佐新次郎岑滿を下田奉行支配組頭に任命することになつた。是等人々は相前後して江戶を發して各下田に向つた。五月八日には伊澤美作守が下田へ到着して寶福寺に宿泊した、九日には井戶對馬守が大安寺へ、鵜殿民部少輔は稻田寺へ、十日には林大學頭が海善寺へ、松崎滿太郎が泰平寺へ、都筑駿河守が本覺寺へ、竹内淸太郎が福泉寺へ、到着宿泊した。寶福寺を假役所として翌十二日には是等人々が集つて打合を爲した。

斯くて愈々十三日にはペルリは大に威容を示すべく大砲四門三百人を引卒して上陸應接所たる了仙寺に於て調練して後彼我會見となつた、我が應接掛林大學頭以下揃つて出席し、ペルリ外士官二十人へ饗應があつた。次いで十四日には應接掛等はペルリに種々の贈物をした、其の目錄は左の通り。

大銃の回禮　　井戶對馬守
　　　　　　　伊澤美作守

一、偃月刀　一柄　一、槍　一柄

一、短刀　二口　　一、鏡　一箇

一、小鐘　一口　　一、抽替彩畫笥　一副

一、華紋席　百舗　　一、青花瓷器　七種

一、硯匣　一副　　一、紙匣　一副

一、机　一脚　　一、遞書函　二箇

一、髹繪小箱　大小合一副　　一、紅纈縐紗　五匹

一、紫纈縐紗　五匹　　一、雨傘　百柄

以上

送鑑使節

林大學頭

一、掛壁畫幅　二幀　　一、織金繪　二卷

以上

同上

井戸對馬守

一、螺鈿箱　一棹

以上

同上

伊澤美作守

一、鏡架　二張　　一、硯匣　一副

一、紙匣　一副　　一、遞書函　二副

以上

安政元年六月八日ペルリ一行下田に於て日本委員と會見の爲上陸の圖

（高洲太助氏藏）

同　上　　鵜殿民部少輔

一、掛壁畫幅　二幀

一、手爐　二個

以　上

（備考）大銃の回禮とあるは前に四月七日附で井戸對馬守、伊澤美作守の兩人より鐵砲玉藥御用掛へ提出した文書によれば米國使節から大砲一挺車臺附にて贈られたことがあるので其の回禮とある。夫によれば銅三貫目ホウキッスル大砲一挺兩人が貰つたので幕府へ献上したいとて阿部伊勢守へ伺ひ許可を得たものである。

尚此日下田警衛に就て交迭があつた、卽ち從來江川太郎左衛門が引請けて居たのが、大久保加賀守、太田攝津守、水野出羽守が委任さるることとなつた。

斯くて日々應對談判を遂げ愈々二十二日附錄條約が調印せられ、二十五日に交換された。

嘉永七寅年五月廿二日於下田約定　日本合衆國より

の使節提督ペルリと、日本大君の全權林大學頭、井戸對馬守、伊澤美作守、都築駿河守、鵜殿民部少輔、竹內

淸太郎、松崎滿太郎、兩國政府の爲取極置候條約附錄

第　一

一、下田鎭臺支配の堺を定めんが爲關所を設くるは其意の儘たるべし然れどもアメリカ人も亦已に約せし日本里數七里の堺關所出入するに障ある事なし但日本法度に悖る者あれば番兵之を捕へ其船へ送るべし

第　二

一、此港に來る商船捕鯨船のため上陸場三ケ所定め置候其一は下田其二は柿崎其三は港内の中央に有る小島の東南にあたる濱邊に設くべし合衆國の人民必日本官吏に對し叮嚀を盡すべし

第　三

一、上陸アメリカ人許しを不受して民家町家に一切立寄るべからず
但寺院市店見物は勝手次第たるべし

第　四

一、徘徊の者休息所旅店を設る迄下田了仙寺柿崎玉泉寺二ケ所を定め置べし

第　五

一、柿崎玉泉寺境内に亞墨利加人埋葬所を設け粗略ある事なし

第　六

一、神奈川にての條約は箱館に於て石炭を得べき由なれ共其地にて渡し難き趣き出來提督ペルリ承諾致し箱館に

て石炭用意に及ばざる様其政府に告べし

第　七

一、向後両國政府に於て公顯の告示に蘭語譯司居合ざる時の外は漢文譯司を取用る事なし

第　八

一、港内取締役一人港内案内者三人定置べし

第　九

一、市店の品は撰むに買主の名と品の價を記るし御用所に送り其價を用所にて日本官吏に辯じ品は官吏より渡すべし

第　十

一、鳥獸遊獵は都て日本に禁ずる所なりアメリカ人も亦此制度に服すべし

第　十　一

一、此度箱館の境日本里數五里を定置其他の作法は此條約第一ヶ條に載る所規則に倣ふべし

第　十　二

一、神奈川にての條約取極の書翰を差越し是に答ふるには日本君主に於て誰に委任あるとも意の儘たるべし

第　十　三

一、茲に取極置所の規定は何事によらず若し神奈川の條約に違約の事あるとも又是を變ずる事なし

右の條約附錄イギリス語日本語に取直し認名判致し蘭語に飜譯して書面を合衆國並日本國全權取替すもの也

曆數千八百五十四年第六月十八日下田に於て名判す

日本嘉永七年五月廿二日

ペ　ル　リ

林大學頭花押

井戸對馬守花押

伊澤美作守花押

都築駿河守花押

鵜殿民部少輔花押

竹內淸太郎花押

松崎滿太郎花押

右眞譯いたし候

ポ　ッ　ト　メ　ン

右之通和解申候以上　寅五月

本木昌造印

堀達之助印

談判無事結了してペルリは亞米利加難破船及漂流民の有無に就て問合せたり、玉泉寺に米人埋葬に就ての打合せ等を濟し愈々六月一日及二日に涉り米艦五隻を率ゐて下田を退去した。

**註**　ペルリは下田港碇泊中其の休憩所に指定せられた了仙寺と大安寺とへ謝禮として贈つた其の目錄が黑川等から應接掛

へ上申した、夫れに據れば

一、白木綿　三反　　一、縞木綿　二反　　一、無地木綿　一反

右は使節ペルリより了仙寺住僧へ送物に有之候（四月三日）

一、白木綿　一反　　一、縞木綿　二反　　四月九日

右は使節ペルリより大安寺住僧へ送物に有之候

久里濱ペルリ上陸記念碑

ペルリは其の使命を達し七月十二日米國に歸りて之を報告したれば大統領フランクリン、ピアースは之に批准を與へ艦長アダムスは批准書の交換を爲すべく、安政元年十二月九日一八五五年一月二十六日（十一月二十七日改元）全權として下田に來り幕府からは井戸對馬守、伊澤美作守、都築駿河守、儒者古賀謹一郎等の全權委員を下田に派し接見の後安政二年正月五日交換を終つた。

茲に於て多年米國が介意せる極東通航の安全と他の歐洲諸國に魁けて日本通商の機會を摑み得てペルリは實に史上の偉勳者たる月桂冠を贏ち得たのである。

**註**　初めペルリ出發の事歐洲に傳はるや諸新聞紙は孰れも冷笑的態度を以て之を觀た、倫敦「エキザミナー」新聞は曰く頑固にして半開的なる日本人に對し僅々二千の兵力を以て其目的を達せむことは甚だ覺束なき次第なりと云ひて、其徒

勞に歸すべきを諷した。（日米交渉五十年史）又倫敦の「タイムス」新聞は之を嘲弄して「是れ巧妙なる輕業師をして、風船に乘じて一遊星に達せしむるが如し」と謂ひ、又他の一新聞は「米人は決して其軍艦より出づべからず」と戒め皆其の失敗を危み此行も亦從來各國の企圖と同一の覆轍に終らんと豫言した。而も米國にてもバルチモーアの一新聞は此行の停止すべきを主張し「徒らに內外の笑を買ふのみ」と叫んだ。（米山梅吉「提督ペルリ」）

嗚呼日本の鎖國を解かしめたるはペルリの功績で其の事は卽ち米國の一大成功と千歳の末に漾へらるるが米國に先だち屢々船艦を我國に派遣し通商を開かんと企てたものには露英の二國がある。

同記念碑裏

露國の我が北邊を窺窬したることは一朝一夕の事でない。元來露國が西比利を領せしは千五百五十五年弘治元年ウラル山脈の東邊西比利地方の酋長エヂゲルが露國に臣事したるを手始とし千五百七十九年天正七年ウラル哥薩克の長エルマックがウラルを踰えて當時西比利と稱せる地方を平定して之を露帝イヴアン四世に獻じてから露國が東方に手を染むるの端緒を發した。千六百三十三年寛永十年始めて東察加《カムチヤツカ》に出でた。千六百九十七年アトラツソフなるものが數多のコサック兵を率ゐてアナデイルスクより初めてカムチヤツカ半島に出征し、土民と戰ひ克ちて上カムチヤツカの塞を建て被征服者より毛皮を徵集せし事實は古記錄已に之を明記され、當時彼は二年以前に於て此地に漂着したりし日本人一人と邂逅したと云はれる、是れ日露兩國關係の記

錄に存する最初の事件である。アトラツソフは此時夥多の獸皮を此地に得てモスクハに歸り具さに事情をピートル大帝に開陳したので露西亞政府は始めて眼を此の極東荒寒の未開地に注ぐに至つた。

ペートル大帝は殊に其の晩年亞細亞、亞米利加兩大陸の關係を究め、又露領各地を探檢するの一大事業を畫策した。大帝の死後ペーリングを首領としスハンゲンベルグ、チリコク等の航海士により屢々實行せられた、千七百三十八年六月元文三年アンナ女帝の命に依りスハンゲンベルグの一行は三船を率ゐてオホックを發し千島及日本の近海に至り翌年第二回の航海で仙臺領及安房に着岸した、爾來露國は極東に著眼し日本漂流民を救ひては日本語の傳習を爲し日本の研究に志し遂に千島を蠶食し、エカテリナ女帝二世《カザリン》の時千七百七十八年安永七年イルクック知事の命によりジャバリンなる者擇捉の島民四十七名を露籍に入れ日露の交易を志し來りて、根室の領內に上陸して通商を求めた、松前藩吏之に應接し明年の返答を約して歸らしめ、翌年再來の時我が國の通商は長崎に限れる旨を諭して歸らしめた。是より露人の我が北邊に來る者多くなつた。

千七百九十二年寛政四年女帝の勅を受けイルクック總督ピーク將軍は日本政府に送る一書を認め、日本漂流民救助の顚末を詳記し、此擧に盡力せし博物學者ラクスマンの子アダム、ラクスマン大使となつて來航して根室に入つた、根室官吏之を松前侯に飛報し、松前侯更に之を江戶に上申したので、江戶より御目付石川將監村上大學を談判委員に命じ漂流民は受取り、開國は國法の禁ずる所なれば之を拒絕し、且長崎渡航許可證明書を與へたので一行遂に不得已引取つた。

其後、千八百四年十月九日文化元年九月六日露國使節レザノフ（Resanoff）長崎に來り通商を迫つた、文化二年三月六日日露談判の結果國法に觸れる理由で通商拒絕され携ふる所の漂流民を屆けて退去し北向樺太探檢に赴いたが、レザノフは失望憂憤の極病となつて逝いた。レザノフと同船にあつた船將クルセンステルンは北邊を探るに及び早くも樺太の容易に奪略して據るべきを看破し其の慾望を懷くに至つた、殊にレザノフの部下フヴォストフ及ダヴィドフ等日本の所置を憤慨し爾來北邊に寇し村落を燒却し人質を捕へ物品を奪略する抔亂暴狼藉の擧動多かつたので幕府は兵備を北邊に固うした。

千八百七年文化四年の夏ワシリー・ミハイロウイッチ・ゴローゥニン（Vassili Mičhaclovitch Golvnin）が露國海軍卿の命に由て千島群島より滿洲沿岸一帶の海岸を測量すべき任務を托せられ來航中文化八年一行の內七名國後島に上陸したる處を我が戍兵之を捉へ箱館の獄に投じた、露國士官リコルドは之を奪回せんと志し、文化九年國後に來り、會々航海中の漁船を裝ひ高田屋嘉兵衞を人質として捉へ露國に連れ歸り、後嘉兵衞の努力に由つて千八百十三年十月文化十年ゴローゥニンは解放された。（ゴローゥニン日本幽囚實記）

爾來露國は久しく來たることなく北邊事故少きこと殆ど二十年に垂んとした。其後千八百四十九年露國ニコラス一世は總督ムラウィエフ將軍をして海軍根據地をオホックより東察加のペトロパゥロスクに移し、千八百五十一年嘉永四年には滿洲沿岸の諸要港を占領し千八百五十三年嘉永六年には樺太を侵した、是より先き其の前年九月露國は海軍中將イュフィミユス・プチャーチン（Vice-Admiral Eupimius Poutiatine）をして軍艦パルラダ（Pallada）號を以て東洋に派遣せしめた、卽ち十月七日クロンスタットを出發し翌千八百五十三年八月二十二日嘉永六年七月十七日に長崎に入り通商互市を迫つた、丁度ペルリの始めての來航に後る一ヶ月であつた、長崎滯留三ヶ月の後上海に向つたが翌安政元年十月十四日再び來つて下田に入り修好談判を重ね十二月二十一日日露條約を調印するに至つた。

一方に又英國が十六世紀の終に於て和蘭の東洋貿易と競爭せんが爲め東印度會社を起せし以來、東洋通商は同會社の獨占に屬したりしが、同會社は千六百二十三年に平戸の商館を閉ぢたる後、千六百三十四年嘉永十一年英人ウェルデル七艘の艦隊を率ゐて日本に來航したるも貿易上陸ともに拒絶せられた。其後英國東印度會社は千六百七十一年寛文十一年四月商船を日本に送るに決し、更に日本商館の事務員數名を任命し同九月商船三艘出發し翌年七月臺灣に着し、其の翌年七月一艘は長崎に到り互市を求めたるも拒絶された、此の後又千六百八十一年天和三年及千六百八十三年天和三年の兩度にもバンタン、廈門、臺灣、東京、及暹羅の官吏を介して日本と交渉せんとせしが成功しなかつた。

千七百九十一年寛政三年英の商船アルゴナゥトが獸皮貿易の爲我が近海に來りて拒まれ、尋いで千七百九十五年寛政七年乃至九年カムテン、ブロートンの來航があつたが又拒まれた。

千八百十八年文政元年六月に英國海軍將校ゴルドンが六十五艘の船を率ゐるオホツク海より來りて江戸灣に入港したるが我が警備船に騒がれ要領を得ないで去つた。千八百二十二年文政五年にも亦一艘の英船浦賀に渡來し薪水を乞ふた。千八百二十四年文政七年英船の船員數名水戸海岸に上陸し數日間大津に抑留せられたが筆談と手眞似で應接の結果薪水及船内病者の滋養に供する野菜、豚肉、鷄肉を得んとするものなることが分り之を與へて歸帆せしめた。

此の前後に英國漁船の我が近海に出沒し或は上陸せんとする者多かつたと見え、幕府の天文方、高橋作左衛門は文政七年之に對する處分に就て意見書を提出した位である。殊に同年七月鹿兒島に上陸した英船員は牧牛を殺し、其の番所に發砲したことがあつた、其の結果として翌文政八年（一八二五年）二月幕府は有名なる外船打拂令を發した。

千八百三十年（天保元年）英國罪人の一群はサィプラス號にて濠洲に護送せらるる途中、叛亂を起して船を奪ひ、五ケ月間海洋に漂ひて薪水の缺乏に苦しみ、日本海外に投錨せしが陸上より砲撃せられ一物も得ずして去つた。

千八百四十五年（弘化二年）英國測量船サラマング號（Salamang）が長崎に入港した、其の港口に近づくや、數隻の番船が之を圍繞し、其の一艘より蘭文及佛文の書束を交付し、臨檢の終るまで港外に碇泊せしめた、日本官吏は曰ふ、此の船の來航は前から和蘭陀人の報導に由つて分つてゐた、叉此船が旣に琉球及附近諸島に於て測量を爲したることも知つてゐたと告げた、船員は上陸して天文上の觀測を爲すの許可を請ふたが拒まれた、强て切願するに及び、僅に一回の觀測を許したが上官の指令あるまで再び觀測せない樣にと求めた、船は自由に糧食を補給することを許されて去つた。英國士官は慨して日本人の行狀方正にして威嚴あり、且禮節に嫺へることを稱讚した。（ヒルドレス日本古今誌）

此の後千八百四十九年（嘉永二年）五月二十九日英艦マリナー號（Marinar）はマゼソン少佐（Matheson）之を指揮し浦賀港に近く投錨した、其の初め江戸灣に入らんとしたので日本の番船は蘭語及佛語で命令書を差出し停船を求めた、マゼソン之に應じないで深く灣內に進入し其の艦內に伴ひ來た日本語の通譯者をして來航の目的を告げ上陸の上奉行を訪問せんとする旨を漢字にて名刺に書き加へ之を提出した、浦賀奉行は之を禁じ戒めたのでマゼソンは灣内の測量を終へ三十一日轉じて下田灣に入つて測量の上マゼソン上陸したので日本官吏は之を引止め切願して魚類の補給をして歸航せしめた。（同）

彼のペルリが合衆國の手に於て琉球を占領し、之を根據として日本を開發するの意見を立てたる原因の一は、合衆國よりも更に忌憚なき他の外國卽ち英國に先ぜられんことを恐れたるに依るもので、事實英國の我が開國を迫る運動の劇烈なりしこと及び其の着眼の遙かに米國に先んじたるも唯千八百四十八年（嘉永元年）の佛國第三革命以後は歐洲一般に多事であつて、英國はナポレオン三世の侵入を恐れて、急に陸兵を増加し、千八百五十二年（嘉永五年）以後は土耳古問題の爲に何時開戰の必要を見るも測り難く、千八百五十三年（嘉永六年）七月八日ペルリが伊豆近海に達したるは露軍がルーマニヤに入りたる四日の後にして千八百五十四年三月三十一日（嘉永七年三月三日）下田條約に調印したるは英佛が露西亞に向つて宣戰したる四日の後であつたるが如き、形勢此の如くで英國は日本の開發を遂に合衆國の專行に委する外なかつた。（大隈伯「開國大勢史」）

以上遡りて說く如く米國以前に夙に露英兩國は如何にもして日本開國通商の希望を達せんものと手を換へ品を換へて接近したが我が對外方針が鎖國一點張で遂に其の目的を達し得なかつた。所謂一人娘に婿八人深窓に育つた處女が引手數多の勸誘を振り切つて遂に最後の訪問者と握手した感がある、此の月桂冠を得たる米國は當時の國情が極めて正義觀に富んで而も使節は最も其人を得たる賜と謂はねばならぬ。

初め開國を迫つたペルリは豫め其の成功に就き確信を有せざりしが、其の初より英人の香港を得たる如く、日本の一港を得、若成功しなかつたらば琉球又は小笠原を占領せんと思つたのは事實である。夫は海上權に於ける合衆國の大競爭者たる英國が印度及支那に於て占領地と防備ある港灣とを得たる以上、合衆國も亦之に對抗すべき避難港を日本に於て得ざるべからずと云ふに在つたが、合衆國政府は日本と戰端を開くと云ふことは避けたい方針であつた。幸に彼が遣口がきびくして我が虚を衝いて案外の成績を修めたのは彼我の天裕であつた。當時ペルリの艦內に在つた世界旅行者たるベーヤード、テーロルの紀行に曰。

此の迅速なる思ひがけなき日本側の讓步は吾人一同をして實に喫驚せしめた、余は是れ全く提督が、初より交渉に就て毅然たる態度を取られし故なりと確信す、レザノフの下の露人が笑ふべき日本人の要求に服從し其上六ケ月も滯在して終に空しく逐ひ返されたりしものをば吾人は日本の一法律にだも屈することなく僅四日にして之を得た、交渉の徑路に就て之を察するに、是れ取扱振の至極其の所を得たるの結果に外ならず、吾人は日本の役人に對しては、彼等の好意を博せんが爲に慇懃なる友誼的の應接を以てせしも、吾人の重きを置ける事に向ては一步も讓る所なかつた、吾人は果敢と威儀と勇猛とを示して、日本人の智巧、其の得意の手段をして、其の間に乘ずる隙なからしめた、此の一事と吾人の事實上有する武力とは、是れ從來日本に來りし使節の全く備へざりし所のものである、吾人は過ぐる二世紀の間、何れの國民も終に遂げ得なかつた事をば僅々十日にして全く行ひ果した、一行は皆之を以て竊に得意の色あり、日本人の慣手段たる延緩と譎詐とに對するには、如何にもペルリ提督の取れるが如き、單純卒直の態度こそ最も適當なりしなれ、余は我が遠航艦隊の成功は毫も周圍の事情が吾人に都合よかりし爲の結果に非ずして、全く司令長官の豫め案出したる周到深慮の畫策に起因するものなるを信ずるものである云々。

然り彼が云ふが如くペルリの採つた機敏にして膽略ある擧動は確に彼が畢生の大業を成功せしめたのであるが彼が始め自ら進んで此の重任に當らんと願ひ出でたる熱心と勇氣は燃ゆるが如き熾烈なものであつた。而も彼は是迄歐洲人が日本と通商の道を開き得なかつた諸種の原因を先づ調査した。

第一　歐洲諸國政事上の有様　即ち外國に向つて版圖を擴めるとか或は殖民をするとか云ふやうな國々が多い爲に日本人が兎角其國々と交はる事を好まない。

第二　諸外國間の猜疑競爭　即ち一國が日本に通ぜんとすれば他國が妨害するとか云ふやうなことが行はれてゐるが爲に相手方の日本が疑念を起して遂には双方が失敗する事になる。

第三　使節共人を得ざる事　即ち其使命の局に當る所の人物が日本の事情に暗く又日本人の性質を知らず、唯已れの力と條理とを頼みとして無闇に通商を强うるが如きに氣を發し、或は傲慢にして日本人に無禮を加へる、又は脅喝手段を以て國を開かしめんとする様子がある、是等の擧動は日本人の甚だ憤る所なるのみならず却て疑念を深からしむるものである。

第四　日本人の性質を知らざる事　即ち日本人は話合に由つては男らしく讓り合つて仲を好くするを拒まざる所の人間である、所が其事を知らざる爲に應對の際に適當の處置を施すことが出來ぬ。

第五　日本人よく外國を知る　合衆國以外の諸外國は色々な事情からして日本人に不向である、且つ諸外國人は心附かざるも日本人は久しく歐洲人に接して能く其缺點を知つて居る、第一ポルトガル人は宗教を以て日本人を欺いた廉がある、その無禮な到底日本人の看過する所で無い、第二英吉利人は一度通商の許諾を受けながら自ら引去つて顧みなかつたとこがあるのみならず、其國主がポルトガルと親類であつた廉がある、又彼のベリューなるものは和親を求むる爲めに渡來しながら長崎に於て亂暴し日本國を侮辱した、到底許し難き夷人だと思はれてゐる、第三に露西亞人は蝦夷千島の方へ手を附けて黑龍江に近い日本の島を占領して砲臺を築き日本に迫るの勢ひを示すのみならず、數度蝦夷地に狼籍を働いたが爲めに頗る嫌はれて居る。第四に和蘭人は何うかと云へばそれは天草の亂後千六百四十一年長崎の出島に追こくられて何事も爲し得ぬ二百數十年間唯々諾々日本の命令に從つて居る故に日本人は頗る蘭人を侮どつて何事を申出だしても取合はない。

以上の理由は日本が鎖國の有様にある原因たることを發見してペルリは大に之に備ふるの方策を攻究し、而も非常の苦心を積んで日本研究に當つたことは尋常一通の苦心では無かつたのである。明治初年日本に在つて能く吾が事情に通じた米人「グリッ クィス」の著「御門帝國史」中に左の一節がある。

ペルリが日本訪問に使用したる所の海圖は多く和蘭より來れるものにして政府はこれに三萬弗を擲ちたり、日本人の中には如何にしてペルリが我國人に關する知識を得たるかを知らんと欲するもの多く、筆者も屢々この問を受けたることありしが、筆者は之に答へてペルリは書籍及人に就て之を學びたりと云へり、實にペルリはあらゆる必要なる書籍の購求を政府に請ひたり、歐羅巴の著作家が準據するフオン、シーボルドの大著述の如きは當時輸入商の手を經て之を購ふに五百三弗を要したり。

シーボルドは日本に永く在つて日本の事情が明るかつたがペルリは之が同行を肯んぜざるのみならず一切の外國學者等の同乘を全然拒絕し且軍艦乘組員をして決して檢閱なくては本國へ通信を許さないで極めて注意周倒であつた。又彼が其の日本國情を精しく研究するに努めたこともホークス（Dr. Hawks）博士の筆に成つたペルリ遠征記中にもあるが如く、先づ日本研究の題目を二十に分ち具さに之を研究してゐる、(一)日本の名稱廣袤及地理(二)人種(三)政事(四)宗教(五)天產物(六)木材の細工(七)紙(八)ガラス製造(九)織物(一〇)製革(一一)農業(一二)園藝(一三)航海(一四)理學の知識及應用(一五)內地の商業(一六)醫藥(一七)天文學(一八)文學及教育(一九)商業(二〇)圖畫及繪畫である、而して政事に至つては外國と事情を異にし調査難事であるにも拘らず極めて詳細に研究してゐる、是等も來航の際のみの調査でなく出發に先つて豫て研究に盡した所は尠くない。

是等の事例を鑑みるにペルリが歐洲列國を出し拔いて破天荒の偉勳を奏したことも決して偶然でないことが知悉さるる。サリナガラ眼を轉じて熟々其の此處に至つた原因を考ふるに開港の幕明は獨りペルリの彈壓に據つて贏ち得られたるものではない。露英始め他の歐洲諸國は競ふて通商を迫り來るのみならず、和蘭は始より通商が許されてゐるが殊に弘化元年（一八四四年）に和蘭國王は特に親書を幕府に捧げ、英清戰爭の結果や、世界の大勢を告げて「謹んで古今の時勢を通考するに天下の民は速に相親むものにして其勢は人力のよく防ぐ所にあらず」と稱して多年獨占的特權あるにも拘らず、一般諸國との開港を忠告してゐる。若し假すに日子を以てせば早晚對外貿易は行はるゝに至つたのである。开は鎖國其物は德川氏の社稷を維持するには必要であつたが我が國民性の膨脹發展力を停止すべくもない、熟すれば栗の實も毬を破つて飛び出づる如く、豆は自ら莢殼を彈き割つて顯はるゝが如く、精鋭進取の海國日本人は何時までも猫額大の小天地に跼蹐し能はざるは看安き定理である。既に徳川氏以前に於ける我が大和民族の海外發展の事情を觀れば蓋し思ひ半に過ぐるであらう。

遙に遡つて我が對外政策を考ふるに鎖國前に於ては海外通商は寛大で而も徳川幕府が海外貿易に對する意圖は實に積極的のものであつた、卽ち徳川家康が始て歐羅巴人に向つて正式通商を許したるは、慶長十八年一六一三年のことで、それは英國人であつた、その特許狀左の如し。

覺

一、イギリスより日本へ今度初めて渡海の船萬商賣方之儀無相違可仕候渡海仕候ては諸般可令免許事

一、船中の荷物の儀は用次第に目錄にて可否定の事

一、日本の內何の湊へ成共着岸不可有相違若難風に逢帆楫を絕何の浦へ寄候共異儀有之間敷事

一、江戶に於て望の所に屋敷可遣之間家を立致居住商賣可仕候歸國之儀は何時にてもイギリス人可仕心中立置候家イギリス人可爲儘事

一、日本の內にてイギリス人病死などは候はゞ其者の荷物無相違可遣事

一、荷物おしかひ狼藉仕間敷事

一、イギリス人の內徒者於有之者依罪輕重イギリス人の大將次第可申付事

右如件

慶長十八年八月二十八日

朱印　インギラティラ　（英國）

（ルドウィグ、リースの平戸英國居留史に據る）

リオン、リヴィの英國商業史によればこの條約は東印度會社が徳川幕府と締結したものであつて一八八七年出版の Fortnightly Reuiew に掲げられたる家康と英國の代表者サー・トーマス・スミスとが訂結したる條約——即ち其の第一條に於て「英國民は日本香港何くにても自由に碇泊貿易居住する事を得せしむるの許可を與へたり云々」とあるは此の特許狀を指すものである。

家康時代に於てかゝる進歩的開港を許可して居たが後年鎖國令を下して以て二百四十年間榮螺の殼籠を餘儀なくするに至つたことは不得已成行であつたとは謂へ、洵に感慨禁じ難きものがある。

## 第二節　ハリスと日米通商條約

安政三年七月二十一日 一八五六年八月二十一日 タウンセンド・ハリス（Harris, Tawnsend）は新任米國總領事の肩書嚴めしく雄大なる抱負を藏し覇氣滿々と下田に乘込んだ。最初ペルリに由りて締結したのは和親條約であつて未だ眞の通商條約までは到着せぬので其の第十一條にある「兩國政府に於て無據儀有之候時は模樣に依り合衆國官吏のもの下田に差置候儀も可レ有レ之、尤約定調印より十八箇月後に無レ之候ニは不レ及ニ其儀一候事」に基き領事駐在の事は單に一方の政府にて其の必要を認めた時は之を實行するを得と定めてあるからである、米國側では素より豫定の行動で其の主なる目的を實現すべく派遣されたものである。

ハリスは其父が支那貨物の輸入商であつて彼も亦東洋方面で商業に從事してゐたが、米國政府に見出され任官したものである。彼は東洋の事情に通じてゐたのみならず、後來日本人に對し大なる好感を以て遇し日米國交上有望なる外交官であつた。

ハリスは老中及下田奉行に宛てたる着任の挨拶狀各一通と米國々務卿マーシーより日本帝國外國事務宰相宛信任狀たる書翰とを提出した、當時下田駐在の奉行は岡田備後守忠養一人であつたが足痛の爲め面會を延期し、廿五日に至り始めてハリスは士官十二三人引率して上陸し奉行所にて岡田備後守と面會し翌廿六日再び上陸して組頭若菜三男三郎と會見し官吏駐劄問題に就て論議し中々決しない、折柄在府中であつた下田奉行井上信濃守が下田出張を命ぜられ八月三日にはハリスが上陸奉行所に於て兩奉行と會見したるが、井上信濃守は老中の意向を帶しハリスに退去を迫つたがハリス抗辨して屈せざる故、其旨老中へ上申し尙談判を續くる必要上滯留の爲、遂に下田柿崎の玉泉寺に一先づ假居することとなつて、八月五日（九月三日）ハリスはヒユースケンと支那人四名と共に上陸玉泉寺に入り領事館旗を飜した。斯くて幕府は如何ともすることが出來ない、ハリスは玉泉寺を領事館として交渉を始めた、九月廿五日には下田奉行に宛て次ぎの書翰を呈した。

下田鎭臺足下に呈する書翰譯文

千八百五十六年九月二十五日下田の合衆國コンシュル、ゼネラール館に於て

下田鎭臺足下

一今月十三日貴君に呈せし書翰に就て使者を以て口上の返答を得たり

一、予願ふは以來我が書翰の返答は書面にて達し給らん事を其故は貴君に明らかにして再び述るに及ばざればなり

一、右書面にて返答の事は前日高官林井戸伊澤鵜殿等よりコモトール官名ペルリ人名に屢々送られし時と同様に處法あるべし

一、銀錢と日本通用銀と替る事の我が願望の返答は左の二條に由るべし

ハリス

第一條　條約中亞墨利加人に送る諸物は政府役人より渡し其價も亦役人に拂ふべし

第二條　亞米利加人に通用銀を渡す事は日本の掟によりて禁ずること

一、予答ふ條約に因て總て亞米利加人日本に來れば食料其外は政府役人の手を經て得る事は實なり、然れども此規定は爰に彼邦より事を計ふ爲在住する所のコンシュル、ゼネラールには聊か關係なし故に賢良の世一統に行はれる國法に違法することなくしてはコンシュルより除く事を得べからざる法則を備へり

一、此法則中は其人其家及其召仕に就て卑められざる事あり

一、爰に綏めるの仕法にて自分及び召仕或は勤仕する者そして隨意にすることを得決して無官の人を無理にす

る法則に依りて閉ることなかれ

一、予是迄他の術を用ひ事の役あらざりし故必要の物は政府役人の手を經て得たるあり然れども今月三日にスユゥフルニコール鎮臺次等に告しは役人の手を經てする事は唯當分の所置とせんことを今爰に再び述るは速に住所取建られ諸等の職人退出され當時我に仕給判を拂ふものの外餘分の人は用ひる事を斷らんことを

下田玉泉寺とハリス記念碑

(記念碑のことはこの第三章第二節第一項ハリスの部参照)

一、日本通用銀は亞米利加人に渡されざる事情に就て予答ふ此の如き法則は前に述し譯柄に因りてコンシュル、ゼネラールに關係する事なし

一、或人予に告しには日本銅錢何つかフレガット船サンゼシント船號の士官に御用所に於て與へられし事は亦日本役人も掟に從はざるならん

一、爰に述るはドルラル貨名の位一般に日本人に知れざるの間は市必要の物件を得る事能はざらん事を予夫を買ふ爲に日本の通用銀を得ればなり

一、尚爰に一條あるは最初下田に於てドクラルを壹分に算當せり是は大抵壹分三個の量目あり

一、箱館に於てドクラルは眞の位を以て壹分三個に取れたり

一、予我が政府より命ぜられしは日本政府に於て此事に心を付られん事を且日本政府の廉直正潔なる事に就て我政府證せしは疑ふ事なく此不正を直に改正あらん事を

一、貴君予に約せり我の必要とする所の諸品は日本人と同様の値を以て得ん事を今や此約束を遂ん事を貴君に願ふなり其故は一ドルラル唯壹分に通用する間は日本と同價にて拂ふべき所に予買ふ所の諸物に三倍多き價を出すことを望むに當れり

ハリス記念碑表

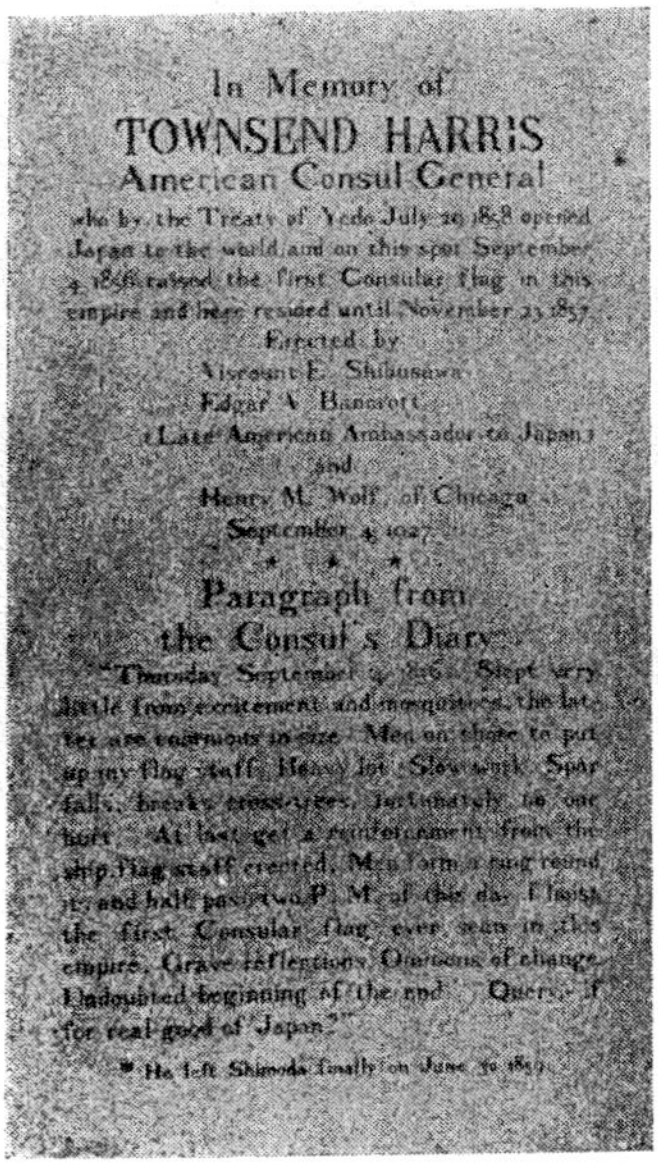
In Memory of
TOWNSEND HARRIS
American Consul General
who by the Treaty of Yedo July 29 1858 opened
Japan to the world and on this spot September
4 1856 raised the first Consular flag in this
empire and here resided until November 23 1857
Erected by
Henry M. Wolf of Chicago
September 4 1927
Paragraph from
the Consul's Diary
"Thursday September 4 1856. Slept very
the first Consular flag ever seen in this
empire. Grave reflections. Omens of change.
Undoubted beginning of the end. Query, if
for real good of Japan."
He left Shimoda finally on June 30 1859

一、予貴君に願ふ日本の政府外國と條約を結び自然に條約取極より生ずる處の諸民の掟に從ひ行はれしと勘考あらん事を且貴國國掟の二三條故に予希ふ次第の事を容れられん事を是は日本の全權よりコモトール、ペルリに送られし書翰中にあり全權曰く我國に於て古き掟に隨從するは我等に於て今の時勢にすればあしかるべしと見ゆ

前條の趣尊敬して述る所なり

帝國日本に於て　アメリカ合衆國コンシュル、ゼネラール

トゥンセント・ハルリス

右は眞譯也　ハセイ・ヒュースケン

右の通和解仕候以上

立石得十郎

志筑辰一郎

一、本文隨意と有之候は諸買物を氣樂にすると申事に御座候

二、日本政府の意を勘考いたせと申す事に無之萬民に都合宜敷法度にて世界の振合立ち居る意を勘考せりと申事

三、本文和解一覽仕候處相違無之候

辰八月

森山多吉郎

本文和解一覽仕候處相違無之候

辰八月

伊藤貫齋

ハリスは下田奉行に對して石炭其他の必要品買入や、金銀兩換の問題及び港の設備測量等に就て交渉を開始し、續いで開港場變更問題をも提出して來たが更に要領を得なかつたので江戶に出府して直接老中に會見の上是等の問題を解決せんとした、卽ち九月二十七日老中に提出した文書は左の如し。

帝國日本の外國事務宰相に上つる

吾國の政堂、日本事務に大關係ある至重至大の事件を余に委任せるよしを閣下に告げ、且帝國政堂に上告せしむべしと命ぜり、合衆國の大統領、皇帝陛下に呈する一書を余に命じて送り達せしむ二大國人に拘りたる諸事

は至高至貴の官人に其處置を命ずるをぞ良策とす、已に此官に任ぜる人、躬自ら會同し、十分に心腹を披て自由に互に其處置の諸件を議定するより良策はあらざるべし、何となれば定に依て取用ゆべきの尤好きは、何の處置なるやを彼等直に察知すればなり、若し別様に是の如き事體を書簡にて處置せんとすれば甚不幸の事たるべし、何となれば依之大なる稽を起すべし、且兩國の言語各々文法を異にすれば、多くの誤解を生ずるを知るべし、余是の如き不幸を避るが爲め、江戸に行かんと決定す是帝國の高官と直に議定せんと欲する志なり、閣下此地より江戸に行く旅途の好き供給の處置を指揮し、此用意既に整ひたる時、先是を余に告知する事あらば、余に於て感謝に堪へず、余下田に來れる後、三五週の後を經て、江戸に往くを好みとすと思へり、若し軍艦を乘入るれば無智の衆人に少しの騷動を起す事あればなり、旅行には吾秘書及二三の使役のみを携ふべく、余が合衆國より日本に來る途中、暹羅の二王と交易の條約を爲せり、今其條約を和蘭文に飜譯して附呈す、仰願くは閣下此條約を反覆披覽し玉はん事を、香港總督シル・ヨン・ボゥリング鄕に英吉利政堂にて帝國日本の事に就て志願せる處及其思ひ企たる事を余に十分に說明せり、余江戸に至れる後、閣下に是を傳へんと欲す、今余が大に謹て閣下を崇敬せる意を表す

トゥンセント・ハリス

翌日下田奉行は此の書を江戸に贈つた、然るに老中よりハリスの出府を差止むべしと命令したのでハリスは不平の極屢々下田奉行に迫り奉行も持て餘し老中に上申し老中からはハリスに返翰を與へて曰ふ、下田、箱館は奉行所あれば假令重大事件と雖も其地で交涉然るべしと避けたのでハリス益々不滿に堪へず種々の問題を提出して奉行と接衝した。

閣老阿部正弘は鎖國の行ひ難きを知り岩瀬肥後守を下田に遣はし親しくハリスに就き內情を探査し、其の結果として、翌安政四年下田奉行井上信濃守はハリスと屢々會見の上彼の要求主張の大部分を容れ左の協定を行ふに至つた。

### 規定書

帝國日本に於て亞米利加合衆國人民の交りを猶處置せむ爲に全權下田奉行井上信濃守、中村出羽守と合衆國のコンシュル、ゼネラル、エキセルレンシー、トウンセント・ハルリスと各政府の全權を以て可否を評議し約定する條々左の如し

第一條　日本國肥前長崎の港を亞米利加船の爲に開き其他に於て其船の破損を繕ひ薪水食料或は缺乏の品々を給し石炭あらば又夫をも渡すべし

第二條　下田幷に箱館の港に來る亞米利加船必要の品日本に於て得がたき分を辨ぜむ爲に亞米利加士人（米國民）を右の二港に置き且合衆國の下官吏を箱館の港に置くことを免許す但此箇條は日本安政五年六月中旬合衆國千八百五十八年七月四日より施行すべし

第三條　亞米利加人持來る處の貨幣を計算する時は日本金壹分或は銀壹分を日本分銅の正しきを以て金は金、銀は銀と秤し亞米利加貨幣の量目を定め然して後吹替入費の爲六分丈の餘分を日本人に渡すべし

第四條　日本人亞米利加人に對し法を犯す時は日本の法度を以て日本司人罰し亞米利加人日本人へ對し法を犯す時は亞米利加の法度を以てコンシュル、ゼネラール或はコンシュル罰すべし

第五條　長崎下田箱館の港に於て亞米利加船の破損を繕ひ又は買ふ處の諸缺乏品代等は金或は銀の貨幣を以て償ふべし若し金銀共所持せざる時は品物を以て辨ずべし
第六條　合衆國のエキセルレンシー、コンシュル、ゼネラールは七里境外に出づべき權ある事を日本政府に於て辨知せり然りと雖も難船等切迫の場合にあらざれば其權を用ふるを延す事を下田奉行望あり此に於てコンシュル、ゼネラール承諾せり
第七條　商人より品物を直買にする事はエキセルレンシー、コンシュル、ゼネラール幷に其館内に在る者に限り差免じ、尤其用辨の爲に銀或は銅錢を渡すべし
第八條　下田奉行はイギリス語を知らず合衆國のエキセルレンシー、コンシュル、ゼネラールは日本語を知らず、故に眞義は條々の蘭語譯文を用ふべし
第九條　前條の內第二條は記す處の日より其餘は各約定せる日より行ふべし
右の條々日本安政四巳年五月二十六日亞米利加合衆國千八百五十七年六月十七日下田御用所に於て兩國の全權調印せしむるものなり

井上信濃守（花押）
中村出羽守（花押）

此の條約は前の神奈川條約の不備を補ひたるものなれども是に由て領事裁判權卽ち治外法權の制度を設立したるものである。後年永く條約改正の癌となつた治外法權が何故に重大懸案たる通商條約の締結に先ち下田協約の

下に斯くも簡單に片付けられたるかは聊か不審に思はるるが是れに就てハリス日記は曰く。「一代將軍以來。外國人に關する事項は外國人自ら始末を付くべし。との習慣あり、即ち明白に治外法權をも承認し來りたるものなるが故に當時の幕府は此の先例と習慣とに據りて言下に治外法權を解決したるに外ならず」と記してゐる、正に其通りである。（前第一節の末にある家康の特許狀參照）

斯くてハリスは大統領の書翰を直接將軍に呈せんが爲め謁見を乞ひたるに幕府は先例なしと斥けたがハリスは執拗に要請し、遂に八月出府謁見を許さるることに內決した。九月三十日彼の日記に

> 余の健康を佳良ならしめたる最大原因は、素より將軍謁見の聽許せられたるに歸せざる可らず、着任以來一日として余の胸中を去らざりし此問題が喜ぶべき結着を告げたるは余の精神を鼓舞作興するに於て非常の效果ありしは冗說を待たずして明なり、余は謁見の事終りて、江戶滯在中、通商締結の交渉を完了せんことを期す。

とありて漸く其の目的を達すべき曙光に接し彼が胸中始めて希望に耀いて來た。是より先き老中阿部伊勢守は前記規定書調印の日即六月十七日病歿したので堀田備中守主として外交の任に當つた。斯くてハリスは十月七日（西曆十月廿三日）午前七時下田を出發した。其の日記に曰ふ。

> 余に隨行すべく決定したるは下田副奉行、柿崎代官、御用所の官吏奉行の秘書役等にして彼等の率ゆる行列は二百五十名に上り、之に余の從者を加ふれば一行總員數三百五十名に達せんとす。
>
> 柿崎の總領事館を去ること約一哩にして中村に達す、玆に騎馬の一隊余を待ち受けて、列に參して進む余の先驅は陸軍大尉の階級に居れる木村氏にして余と同じく馬上に跨り。別に一挺の乘物と數名の擔夫及び侍臣從ふ、氏の馬前に三人の若者あ

り各、竹竿を携へ、其先端に紙旗を附着し之を打振りつつ代る〳〵「下に居ろ〳〵」と叫ぶ「下に居ろ」とは「坐せよ」といふ義にして余の前面約四百ヤードの距離に於て之を聞くに其呼聲一種の節調を帯び全く音樂的なり。

日本特有の大名行列を目のあたり自分が試むるのである。其の得意想ふべきである。

木村氏に次ぎて米國々旗は二人の護衛兵に護衛せられて進む、次に余は六人の警士に圍繞せられて進み、次に余の乘物には十二人の擔夫によりて運搬せられ、彼等の頭目は余の靴を捧げたり、次にヒユースケン氏は同じく馬上にありて、二人の警士に護衛せられ、其乘物又若干の擔夫によりて舁かれつつ續きたり、是より以下余の寢具、椅子、食料品、トランク及び總ての物資を納めたる荷物を運搬する者幾十人蜿蜒として山路を進むの狀又一奇觀なり。下田副奉行は其長大なる行列を率ゐ余の一行に續き柿崎代官、奉行の秘書役等亦た之に續きたり、日本の蘭語通譯官は籠に乘りてヒユースケン氏の馬側に從ひたり、前記の行列は總數三百五十人に上り堂々たる大諸侯の道中に讓らざるの觀あり。

宛然是れ我國產美術品の錦繪中の人となつた。誠に彼が履歷の一生を通じて最も記錄すべき光景であつたであらう。尙進んで途中宿泊の映畫的光彩を發揮せるものを見るに

一旦旅館に入れる後更に三島の町内を散步す、此散步中余の最も驚きたるは三島全町の人口に數倍せる群衆、街路に充滿せることなりき、怪んで其故を問へば通譯官は語つて曰く「貴官の此驛に泊すべきこと數日前より近鄕に知れ渡りたれば其盛況を見んと欲して來り集るもの雲の如く中には百哩の遠方より來れるものあり」と、彼等が斯くの如く群集するに拘らず、絕えて喧騷の體なく、外國人たる余に對して、罵詈非禮を加ふるもの、一人もあらず、余の彼等の面前を通過するや、彼等は忽ち地上に跪坐して敢て仰ぎ見るものなく、其中小數の身分ある者のみ、切りに余の前に叩頭して歡迎の意を表したり、余は彼等の飽く迄謙遜にして且つ友愛の情に富めるに感動したり。

更にハリス東上江戸に入らんとする當日卽安政四年十一月三十日の日記には

本日は愈々江戸入の日なり、是れ余の生涯に最も記念すべき好日なるのみならず日本の開國史上更らに重要なる記念日と云はざるべからず、思ふに將軍が江戸に於て外國使臣を召見するは、余を以て嚆矢となすべく、而して余が企畫しつゝある通商條約の成否如何により、日本の國運に至大の影響を及ぼすべし、余は將軍幕府の意嚮萬一鎖國に傾く事あらば大使の威力を示し、其の迷夢を一掃せんとするの決心を有す。

牢固たる決意、遠大なる抱負、ハリスが心臓の鼓動は將に千代田城内に波及せんとはする事よ。

斯くてハリスは十八日威風堂々と登城し、堀田閣老に謁し大統領國書の寫を呈し、二十一日愈々將軍謁見となつて挨拶を述べ次ぎの國書を捧呈した。

亞米利加より差上る書翰和解

亞米利加合衆國のプレシデント、フランクリン・ピールセ (Franklin Pierce) 日本大君殿下に呈す。

大良友合衆國と日本との間に取結びたる條約を修正して殿下の大國と合衆國と夥しき諸產物の貿易を是までよりも大に爲し易き樣取極むべしと思へり是を以て予此事件に就て貴國の外國事務宰相或は其他殿下の選任する役人と會議せしむる爲に此の書狀の使として此國の人高貴威嚴なるトウセント・ハリスを選びたり、但し此者は既に合衆國のコンシユルゼネラールとして殿下の外國事務宰相の信用を受けたり、予合衆國と日本との親交を厚くし且永續せしめ兼て兩國の利益の爲に通商の交を增加する條約の趣に就て宰相或は其他の役人同意すべき事疑なしと思ふ

殿下深切に高貴威厳なるハリスを待遇し予の爲に
殿下に申立る意を充分信用し給はむ事予に於て疑なしと思ふ予神の殿下を安全に保護せん事を神に祈念す予此の書に合衆國の國璽を添へ華盛頓府に於て自ら姓名を書す

千八百五十五年九月十二日

フランクリン・ピールセ親筆

セケレターリス、フラン、スタート官名

ウエ・エル・マルシ親筆

（ペルリ日本遠征記）

此時将軍よりハリスへ進物として次ぎの品々を賜はつた。

| | |
|---|---|
| 時服 | 十五 |
| 白羽二重 | 二 |
| 紅白淺黃散し | 八 |
| 紅紗綾 | 二 |
| 緞子熨斗月 | 二 |
| 白綸子 | 一 |

又ハリスより将軍へ献上物品は

一　銘　酒　一箱　但七十二瓶入
一　同　一箱　但小二十四瓶入
一　同　一箱　但十二瓶入
一　同　一箱
一　燈　臺　一個
一　硝子雪洞　一個　但燈臺附屬の品
一　硝子筒　一個
一　望遠鏡　一個
一　晴雨計　一個
一　ぎやまん銘酒瓶　一個
一　銃　一個
一　鳥獸繪本　一個
右之通内献上
十一月三日

とある。

ハリスは目的の第一着を首尾能く濟ませ、愈々其の主腦たる通商交易の實施に入るべく本論に立ち入つた。先づ閣老に對して說諭的大進言を試みた。卽ち二十六日堀田備中守邸に於て徐ろに世界列國の大勢より說き起し鎖國の不可なる所以、通商交易の互に利益あることから、獨り自國の爲に計るにあらず、日本の前途に對し好意的忠言を縷々漏らす所なく懇切叮寧に吹き込んだ、蓋しハリスの此の熱心なる努力は聰明なる堀田備中をして進んで開港の止むべからざる事に決意せしめたる有力なる理由となつたことは疑ふべくもない。左に當時ハリスの進言せる個條を詳記せんに。

堀田備中守正睦

十月二十六日亞米利加使節詣二備中守第一說話。

一、今日申上候事件は大切之儀於大統領最重大之儀に存居候

一、申上候儀は何れも懇切の邊より出候事にて大君殿下を大切に存候儀に付右御心得を以御聞取可レ被レ下候

一、大君殿下差上候書簡中之儀は只今尙又申上候に付大統領御直に申上候御心得にて御聞レ可レ被下候

一、今日申上候儀は何れも包置候儀は不レ仕掌の如く極明白にて聊にても隱候儀は無二御座一候

一、大統領日本政府の爲に大切と心得候儀者包置候事何分難二相成一右は懇篤より出候次第に付何事も無二伏臟一申上候儀に御座候

一、合衆國と條約被レ爲レ成候は御國に於て外國と條約御結被レ成候初めての儀故大統領に於ても御國の儀は他

國と違ひ親友と相心得居申候

一、合衆國の所置は外國と違ひ東方に所領の國も無レ之候間新に東方に所領を得候儀は相願不レ申候

一、合衆國の政府に於ては他方の所領を得候儀は禁申候

一、國々より合衆國の都に入候儀を願候事是迄度々御座候得共遠方掛隔居候所に都而及レ斷候

一、三ケ年以前サントーウヰス島（布哇）も合衆國の部に加り度旨申聞候得共是以斷申候

一、是迄一里たりとも干戈を以合衆國之部に入候儀は決而無二御座一候

一、是迄合衆國他邦と合盟致候儀も有レ之候得共右は干戈を用ひ候儀に無レ之條約を以相結候事に御座候

一、只今申上候儀は合衆國一體の風儀を御心得迄に申上候儀に御座候

一、五十年以來西洋も種々變化仕候儀に御座候

一、蒸汽船發明以來遠方掛隔候國々も極手近之様に相成申候

一、エレキトル、テレガラフ發明以來別而遠方之事も速に相分候様相成右器械を用ひ候得ば江戸表より華盛頓迄一時之間に應答出來致し候

一、カリホルニヤより日本迄十八日にて參り候儀出來致候も蒸汽發明故之儀に御座候

一、右蒸汽船發明より諸方の交易も彌盛に相成申候

一、右様相成候故西洋諸州何れも富候様罷成申候

一、西洋各國にては世界中一族に相成候様致し度心得に有レ之右は蒸汽船相用ひ候故に御座候

一、右故遮て外と交を不ㇾ結國は一世一統致し候に差障り候間取除候心得に御座候
一、何れの政府にても一統致し候儀を拒み候は有ㇾ之間敷右一統いたし候に付二ッの願御座候
一、其一は使節同様の事務宰相ミニストル一名アゲントを都下へ置附候樣致し度儀に有ㇾ之候
一、一方の願は國々之ものの勝手に商賣いたし候儀相成樣致し度候
一、右兩條之願は亞米利加而已に無ㇾ之國々の懇望に御座候
一、右申上候二ヶ條は亞米利加の爲のみに無ㇾ之諸州の希望に御座候
一、只今申上候は西洋各國の希願にて亞米利加に於ては左迄の願には無二御座一候
一、日本の危難は落掛居申候右は英吉利差續歐羅巴各國之事に御座候
一、英吉利國の水師提督ヤーメス、チルリンク取結候條約は彼政府にては不伏に御座候
一、彼政府の心得にては日本之交も各國同樣致し度との事に御座候
一、英吉利は日本と戰爭致候儀を好而心掛居候右之次第は次に可二申上一候
一、英吉利は東印度所領を露西亞の爲に殊之外氣遣恐居候儀に御座候
一、近來英吉利佛蘭西一致いたし露西亞と戰爭及候は所々蠶食いたし候儀惡候而之儀に御座候
一、露西亞之サガレン、アミルを領し居候儀を英國に於て最惡み居申候
一、露西亞は彼筋より滿洲及唐國を横領可ㇾ致儀と英吉利存居申候
一、滿洲竝唐國は露西亞にて領候樣相成候はゞ其兵を以英吉利所領の東印度を横領致し候樣相成可ㇾ申左候得

は露英の戰爭又候相起候事に被レ存候

一、右樣相成候はゞ英國には露國を防候儀は殊之外六ケ敷可レ有レ之右は防候手段英國に於て最肝要之事と存候

一、夫故好きサガレン竝蝦夷箱館を領し候樣英國にては心懸居申候得は露國を防候に格別之便りと相成申候

一、右のサガレン蝦夷を領候樣相成候は無數之海軍を兩所へ渡し置カムチャツカ之港ペートルポルスキとサガレンとの間を斷切候便と相成申候

一、英國は地續之滿洲より蝦夷の方を格別に望み居申候

一、日本竝唐國は西洋各國同樣之交を開き不レ申矢張一本立之姿に御座候

一、兼而大統領より唐國方今之振合に心を附候樣可レ致旨申付越候

一、唐國は十八ヶ年前英國と戰爭相起候右之節アゲント部下に罷在候はゞ其儀には及び申間敷と被レ存候

一、唐國政府之存念は廣東奉行の取扱を以爲二相濟一政府にては不二取扱一樣可レ致と存候より破れに及び候儀に御座候

一、廣東奉行全擠事致し程能政府へ申立しかのみならず右奉行英國に對し權高に有レ之候故戰爭相起申候

一、終には戰爭より百萬人の人命を唐國にては失ひ申候

一、此戰爭に付唐國之港には不レ殘英國に被二乘取一剩南京をも乘取られ申候

一、右戰爭中之雜費は差置和儀を求候ため小判に致し候得者五百萬枚唐國より英國に償として相渡申候

一、右數百萬之人數竝數萬之金子相渡し候儀は十分之一にて其外之諸雜費等難二申算一事に御座候

一、右之外唐國弱り候故市中其外砦杯悉亂妨被レ致候
一、右故唐國は元來富候得共彌衰へ終に先年韃靼之戰爭同樣力を失ひ候事に及び申候
一、唐國之物成も半分に滅候右は韃靼も不伏に付國用を分ち相送り候故旁以疲弊致し候
一、前條之場合より再度戰起り候樣相成申候
一、今又英吉利佛蘭西一致いたし唐國へ戰爭を仕掛申候只今之處にては此上之行末如何相成可レ申哉實に難レ斗候
一、只今之姿にては何事も英吉利佛蘭西之望通聞濟候樣相成可レ申左も無レ之は全國皆英佛兩國之所領と相成可レ申候
一、先英國之望を不レ殘許し候樣致し候には國中不伏無レ之樣夫々不ニ取計一候而は相成申間敷其内には英國彌强に相成可レ申候
一、佛蘭西は高麗英吉利は臺灣を領し候望に御座候
一、當時之戰和議に至候はゞ矢張夫が爲に諸費を不レ出候而は相成申間敷候
一、只今申上候趣を以能々御勘考御用心可レ被レ遊候
一、天に誓申上候只今之戰もアゲント北京に罷居候はゞ必起りは仕間敷候
一、英吉利佛蘭西兩國政府より唐國之戰に荷擔いたし候樣賴越候得共大統領及レ斷候
一、全體唐國に而亞米利加人を取扱候事に付而は自國政府不快に存寄候儀も御座候得共人に荷擔致し戰爭仕向

候儀は相斷一切不レ仕候

一、亞米利加軍艦ボルツモーツと申船は唐國の砦より日は不レ同候得共兩度迄鐵砲相掛候儀有レ之右は何等の事より右體不法之所業に及び候哉唐國政府へ懸合および候處何共答不二申出一候に付此方よりも同樣鐵砲打掛申候

一、自國之水師提督アルムストロング儀右に付廣東港に之砦四ケ所据付有レ之候大砲は勿論石垣迄悉毀破申候

一、右打碎候より廣東之下奉行詫入候に付其戰は事止申候

一、亞米利加政府は英人等と力を戮せ唐國と戰爭致候儀には無二御座一候

一、併唐國之所爲不レ宜儀は各國皆唱居申候

一、唐國爭亂之基本は可レ有レ之候右は阿片に御座候

一、三十年前に廣東近邊之一ケ所に限り其他は阿片は一切用不レ申候

一、當時は諸方にて相用其人數百萬餘にも相成可レ申其費夥敷事に御座候

一、二ケ年一ケ年阿片多葉粉に費候高二千五百萬兩と相聞へ申候

一、五ケ年に費用平均いたし候得共三千萬兩程に相成申候

一、唐國之害は此一方而已に無レ之候

一、阿片を用候得ば體を弱くいたし候事外之毒より嚴敷御座候

一、阿片を用候得ば富家も貧に相成才氣有レ之候者も精神疲れ物事相考候儀相成不レ申終には何れも非人同樣道

路に倒臥候樣相成右貧困より盜賊等之惡事を仕出し死を不ㇾ顧働致し候者不ㇾ少候
一、年々千人斗づつは阿片のために惡事を仕出し刑罰に逢申候
一、乍去惡事は次第に弘り阿片は彌盛に被ㇾ行申候
一、當時唐國帝之叔父も阿片を呑候而終に死去いたし候
一、右樣夥敷阿片不ㇾ殘英國所領之東印度中產出致候
一、右之通唐國之害には相成候得共英國に而は利益之爲其害を不ㇾ厭少しも禁じ不ㇾ申候
一、夫故英吉利と唐國との條約に阿片と申字を約書中に入候儀を嚴敷致申候
一、唐國に而右之通禁置候得共英國に而は利益進候事故右阿片を載候船は石火矢等堅固に備付候而密に賣買致し申候
一、右樣石火矢等堅固に備居候處唐國之嚴禁を犯候段唐國之役人も心付居候共手を下し候儀難ㇾ相成ㇾ港口に安全淀泊爲ㇾ致不ㇾ心も奸商爲ㇾ致申候
一、英人は日本にても唐國同樣阿片を好候もの可ㇾ有ㇾ之と持渡賣弘め度志願相見申候
一、一度阿片を用候得者終身止め候儀不ㇾ相成ㇾ段英人も能辨居候故日本へも一度弘置と之心底に御座候
一、合衆國大統領日本之爲に阿片を戰爭より危踏居申候
一、戰爭之費は時を過候得者補方も有ㇾ之若阿片を呑覺候得ば年を重候共取返し難ㇾ相成ㇾ候
一、夫故阿片交易は格別大切に御心附可ㇾ被ㇾ成樣大統領も申居候

一、條約被レ成候はゞ阿片交易之禁を確かに御立被レ成候樣大統領申聞候

一、若亞米利加人阿片持渡候はゞ日本役人にて御燒棄成候共如何樣被レ成候共御取斗ひ可レ被レ成候

一、亞米利加人上陸阿片持越呑弘候儀有レ之候はゞ阿片御取上御燒捨之上過料御取立被レ成不レ苦候

一、大統領誓て申上候日本も外國同樣港御開き商賣御始アゲント御迎ひ置候はゞ御安全之事と奉レ存候

一、日本數百年戰爭無レ之は天幸と奉存候

一、餘り久敷治平打續候得者却而其國之爲に不二相成一事も御座候

一、治平手續候得者武事相怠り調練等行屆兼申候

一、大統領考候には日本は世界中の英雄と存候尤英雄は戰之節に臨候而は格別貴きものに御座候得共勇は術の爲に被レ制候もの故勇而已にて術無レ之候ては實は貴候儀には難レ參ものに御座候

一、戰爭には蒸汽船共外軍器宜物第一に御座候

一、假令英國と合戰被レ爲レ成候共英國に而は左迄之事には有レ之間敷候得共御國にては御損失夥敷事と奉レ存候

一、海岸唯一方に候共其難儀は難二申盡一事に可レ有レ之候

一、日本は誠に天幸にて戰爭之辛は書史にて御覽被レ成候迄遂に實地を御覽被レ成候儀無レ之段重疊之御事に御座候

一、大統領心願も日本人をして戰爭を史錄に而見及び實地御懇覽無レ之樣致度との事に御座候

一、英吉利佛蘭西に候はゞ無論假令一國に候とも御國と格別掛隔居不レ申候はゞ疾に戰爭相起候事可レ有レ之全

掛隔候故只今以その沙汰無レ之儀に御座候

一、戰爭の終は何れ條約取結不レ申候而者難ニ相成一事に候

一、大統領は戰爭に不レ到互に敬禮を盡し條約相結候樣致度との儀に御座候

一、西洋近來名高き提督之語に格別之勝利を得候戰よりはつまらぬ無事の方宜敷有レ之候

一、大統領之心得に而は合衆國と堅固之條約御結被レ成候は必外國も右を規則と致し御心配之儀等は向後決而有レ之間敷奉レ存候

一、大統領儀御國之譽を不レ落敬禮を盡し條約取結御混雜無レ之樣心掛居申候

一、合衆國政府之別府として罷越候船も筒も無レ之私と條約御取結相成候はゞ御國之譽を落し候儀は有レ之間敷奉レ存候

一、一人と條約御結被レ成候は品川沖へ五十艘の軍船引連れ參候者と條約被レ成候とは格別之相違に御座候

一、今般大統領より私差越候は懇切之意より起り候儀にて隔意有レ之而之事には無レ之外國より使節等差越候とは譯違ひ申候右等之儀得と御推考可レ被レ下候

一、殊に此度御開港御差許相成候とも一時に御開と申儀は無レ之候漸々時を追ひ御開被レ成候樣いたし候は御都合可レ然と奉レ存候

一、英國と條約御結候はゞ必右樣には相成申間敷と大統領も申居候

一、猶阿片之儀は合衆國の條約へ確と御据被レ置候はゞ英國にて削可レ申存候共相叶申間敷候

一、國々より條約之爲使節差越候共世界第一之合衆國之使節と如レ斯極相成候旨被ニ仰聞一候はゞ決而其上彼是は申間敷候

一、合衆國大統領は別段飛離候願は不レ仕合衆國民へ過不及なき平等之儀御許之程願居候事に御座候

一、二百年前ホルトガル人イスパニヤ人御放逐相成候頃と只今とは外國の風習大に異り申候其頃は宗門之事を皆願居申候

一、亞米利加にては宗旨抔は皆人々之望に任せ夫是禁じ又は勸候樣之事實に無レ之候何を信仰いたし候とも人々の心次第に御座候

一、西洋にては一方之宗門を外宗に改候者有レ之候とも干戈を用候樣之儀は當時決而無レ之其人の好みに任せ候儀に御座候

一、當時歐羅巴にて信仰いたし候基本を見出し申候右は銘々心より信候故其心に任せ候より外致し方無レ之と決着いたし申候

一、是を禁じ候も又勸候儀も不レ致候

一、宗門種々有レ之候得共詰りは人を善く致し候趣意に付彼を譏り之を譽己が門に引入候は宜からざる人の所爲に有レ之候

一、亞米利加にては佛の堂も耶蘇之堂も一樣に並び居一目に見渡候樣いたし有レ之宗門に付一人も邪心を抱き候もの無レ之銘々安らかに今日を送り申候

一、ホルトガル人イスパニヤ人など日本へ參り候は自己の儀にて政府の申付にて無レ之候
一、其頃罷越候ものは商賣をいたし宗門を勸其上干戈を以日本を横領いたし候內存にて參り候儀と存候
一、右參り候ものは廉直のものに無レ之叛逆をいたし候見込もの故其人物も推知せられ申候然る處幸當時は右樣のものは無レ之候
一、當時は右樣のもの相盡世界一統睦く致し度と何れも心懸罷在候
一、當時之風習は一方之潤澤は一方に移し何地も平等に相成候樣いたし候事に御座候
一、假令は英國にて凶作相續食物に困り候得ば豐なる國より商賣を求め其食物を運遣し候樣の風儀に御座候
一、交易と申候へば品物に限り候樣相聞候得共新規發明の儀抔互に通じ合國益に致候て又交易之一端に御座候
一、諸州と勝手に交易いたし候得ば其國のもの世界中の儀を悉心得候樣相成申候
一、豐作は國中第一之業に候得共國內のもの悉く農作いたし候樣には相成不レ申其內には職人も產業いたし候ものも有レ之互に助合候儀に有レ之候
一、國々にては他國の方細工も綺麗にて價も安き品も數多御座候
一、國用より多出來いたし候品は外國へ相渡し其國に無レ之產物は他邦より運入候儀に有レ之候
一、夫故諸國と交易いたし候得ば造り出し候品も多相成且は外國之品物も自由に得候儀出來いたし候
一、自己に製不レ申品々も容易に被レ得候は交易に有レ之候
一、交易は互の便利之爲懇切の意よりいたし候事故交易いたし候へば戰爭を避候樣自然相成申候

一、尤他邦より產物運入候節は其租稅は必差出し申候亞米利加にて右租稅を以國內之費用を償ひ尙餘りは年々寶藏に納置候事に御座候

一、租稅之法種々有レ之候得共先他邦より輸入いたし候ものの稅より十分なるものは無レ之候

一、交易之格別貴き儀は尙繰返し可二申上一候

一、國々之懇切は交易よりと申上候は交易いたし候へば漸々睦く相成候儀に御座候

一、私儀日本へ參り懸シャムへ罷越條約相結申候其後右振合を以同國佛蘭西と條約相結び申候右アメリカ、フランスは條約相結候趣意は兼而英吉利シャムを奪ひ候心組相見候故其横領を防ぎ候爲之儀に御座候

一、東印度は只今一圓英吉利の所領と相成候得共元來は數ケ國に分れ居候處何れも西洋と條約不二取結一故遂に英國に一統被レ致候右英國より被レ攻候砌條約相結候與國に助候もの無レ之故容易に被二攻取一申候

一、他邦と條約不二取結一一本立之國の損なる儀諸方に於て右より別而心付申候

一、故に日本に於ても東印度の振合を以得と御勘考有レ之候樣奉レ存候

一、日本も交易御開相成候はゞ御國之船印諸州之港にて見知候樣相成可レ申候

一、高山に格別眼力宜人登見候はゞアメリカ洲之鯨漁船數百艘日本國之圍りに寄合鯨漁いたし候儀相見可レ申候自國にて難レ致業にも無レ之處絕而不レ問他國のものに而已利を被レ得候段笑止之事に御座候

一、大統領よりアメリカにて心得居候儀は何なりとも御傳申候樣申付候

一、軍艦蒸汽船其外何樣之軍器にても御入用之品は持渡候樣可レ致海軍之士官陸軍之士官步軍之士官幾百人成

共御用に候はば差出可レ申候

一、大統領願には西洋各國と若し確執等有レ之候節は格別大切之取扱中立に被二立置一候樣に兼而申唱へ心懸罷在候

一、先アメリカ國と條約御結被レ成候はゞ外國々も右を踰え望候儀は決て有レ之間敷右之廉則申立に相立候印に御座候

一、私儀日本に渡來いたし候節於二香港一英吉利之總督ジョン・ボゥリングに面會致し候處日本への使者被二申付一候由內々話聞候其後御國へ參候てより書翰四通差越申候

一、勿論右面會は私に出合候儀に御座候右差越候書翰中日本政府へ係り候事認有レ之候

一、右之內日本に渡來之節は日本人の是迄不レ及レ見程の軍船を率ゐ江戶表へ罷出御談判仕候心得候由に御座候

一、江戶より外に可二罷越一處無レ之よし申越候

一、右願之一はミニストル、アゲンドの官人を都府に留置候儀第二には日本數ケ所に英船集り自國の品を賣候通勝手次第に日本の品物を買調候樣いたし度心願に有レ之若右之心願成就不レ致候はゞ直に干戈に及び候心組み存候尤唐國之爭戰にて渡來いたし候期遲延いたし候由申越候

一、最前同人之見込にては當三月江戶へ參り候筈に有レ之候全唐國の戰爭故延引及び候事と奉レ存候

一、佛蘭西も同樣に付參り候節は一同に可二罷越一候

一、當時の處にては最前より船數相殖候事にて有レ之候

一、終り之書翰に申越候趣にては蒸汽船計五拾艘餘に可レ致よしに候
一、余事には無レ之唐國之戰爭故遲延に及び候事に候左も無レ之は疾に參り候事に可レ有レ之候
一、唐國戰爭相止み候はゞ直樣參り候段聊相違無レ之候
一、格別上智のものの申候には今般唐國の戰永くは相堪へ候儀迚も出來申間敷由左候はゞ無レ程御當地へ參り可レ申候
一、乍レ憚御手前樣御同列樣御談判之上其節之御取扱方等御治定被ニ成置一候樣奉レ存候私考候處にては交易條約御取結之外は御扱方も有レ之間敷と奉レ存候
一、少し模樣相變り候交易條約早速之御治定相成候事と奉レ存候
一、私名前にて東方に罷在候英吉利佛蘭西の高官へ書狀差遣し日本政府に於て交易條約御取結候筈之趣申達候上五十艘之蒸汽船も一艘又は二三艘にて事濟候樣相成可レ申候
一、今日は大統領之存寄並兼て申上置候英國政府の內存等內々申上候儀に御座候
一、今日は私一世中之幸の日に御座候
一、今日申上候儀御取用相成日本安全之御中立と相成候はゞ無ニ此上一幸之儀に御座候
一、右之趣得と御勘考被ニ成下一御同列樣へも御申傳御談判被レ遊候樣仕度候
一、只今申上候儀は世界中之儀にて一切取飾等無レ之候
右之通申立候事
(續德川實記「溫恭院殿御實記」(三十年史))

此の進言は幕府要路の人々をして大に覺醒せしめ十一月六日には土岐丹波守、川路左衛門尉、鵜殿民部少輔、井上信濃守、永井玄蕃頭等一同ハリスの旅宿蕃書調所に至り堀田閣老に語つた事項に就て說明を求め且國際條約其他種々の質問を爲したので、ハリスは一々懇切叮寧に之に應答し且別に條約書の基礎となるべき草案を示した。之を聞た水戶齊昭は書を堀田閣老に贈りて之に反對したが幕府は井上信濃守、岩瀨肥後守とを談判委員に命じ樽俎折衝の任に膺らしめた、兩人はハリスと十二月十一日より翌安政五年正月十二日まで屢々會見討議を重ね訂約に到らんとして京都へ奏聞勅許を得て調印する手續になつた、儒役林韑大學頭目付津田正路半三郎、後近江守を京都に派したるが朝議は之に難色あつたので、更に堀田閣老自ら川路左衛門尉、岩瀨肥後守を隨へ上京し開港の止むべからざる旨を奏上したが朝議は水戶齊昭の內奏もあり勅允を得るに至らないで失意のまま歸東した、此間國論沸騰を重ね、四月二十三日には彥根藩主井伊直弼は大老となつて幕閣の首班に列し開港問題を處理する大立物となつた、幕府は勅許を得ざる快惱とハリスの要求とに板挾みとなつたが、愈々六月に入つて米艦ミシシッピー號は下田に入り英佛の軍艦淸國との戰勝の餘威を振つて來航し開港を迫らんと報じ續いてポーハタン號來り露艦又到着した、ハリスは締約の功を英佛に先んぜられんことを恐れ急遽ポーハタン號に塔乘し神奈川に來つて堀田閣老に狀勢逼迫を告げて開港は焦眉の急に迫り危機一髮を入れずと肉薄したので、十八日幕府は井上信濃守岩瀨肥後守を神奈川に派しハリスに應接せしめた、ハリスは英佛露等の戰艦大擧來航したので機を後れたらば大事去らん、英佛の要求は此の如きものにあらず早く日米條約の調印を濟すべしと極言した、幕府贊否交々論難せられたが遂に十九日（一八五八年七月二十九日）井上岩瀨神奈川に赴きハリスと條約に調印した。其の條文は左の如し

日本國米利堅合衆國修好通商條約

帝國大日本大君と亞米利加合衆國大統領と親睦の意を堅くし且永續せしめん爲めに、兩國の人民貿易を通ずることを處置し交際の厚からん事を欲するが爲めに懇親及び貿易の條約を取結ぶ事を決し、日本大君は其事を井上信濃守、岩瀨肥後守に命じ、合衆國大統領は日本に差越たる亞米利加合衆國のコンシュル、ゼネラール、トゥンセント・ハルリスに命じ雙方委任の書を照應して下文の條々を合議決定す。

第一條　向後日本大君と亞米利加合衆國と世々親睦なるべし日本政府は華盛頓に居留する政事に預る役人を任じ、又合衆國の各港の內に居留する諸取締の役人及貿易を處置する役人を任ずべし、其政事に預る役人及び頭立たる取締の役人は合衆國に到着の日より其國の部內を旅行すべし。

合衆國の大統領は江戶に居留するヂプロマチーキ、アゲントを任じ、又此約書に載る亞米利加人民貿易の爲めに開きたる日本の各港の內に居留するコンシュル、又はコンシュラル、アゲント等を任ずべし。其日本に居留するヂプロマチーキ、アゲント並にコンシュル、ゼネラールは職務を行ふ時より日本國の部內を旅行する免許あるべし。

第二條　日本國と歐羅巴中の或國との間に差障起る時は日本政府の囑に應じ、合衆國の大統領和親の媒となりて扱ふべし。

合衆國の軍艦大洋にて行過たる日本船へ公平なる友睦の取計あるべし、且亞米利加コンシュルの居留する港に日本船の入る事あらば其各國の規定によりて友睦の取計あるべし。

第三條　下田箱館の港の外次にいふ所の場所を左の期限より開くべし。

神　奈　川　午三月より凡十五箇月の後より。西洋紀元千八百五十九年七月四日

長　崎　午三月より凡十五箇月の後より。西洋紀元千八百五十九年七月四日

新　潟　午三月より凡二十箇月の後より。西洋紀元千八百六十年一月一日

兵　庫　午三月より凡五十六箇月の後より。西洋紀元千八百六十三年一月一日

若し新潟を開き難き事あらば、其代りとして同所前後に於て一港を別に選ぶべし。

神奈川港を開く後六箇月にして下田港は鎖すべし。

此箇條の內に載たる各地は亞米利加人に居留地を許すべし。

居留の者は一箇の地を價を出して借り、又其所に建物あらば之を買ふ事妨なく、且住宅倉庫を建る事をも許すべしと雖も、之を建るに托して要害の場所に取建る事は決して成さざるべし。此掟を堅くせん爲めに其建物を新築改造修補などする事あらん時には日本役人是を見分する事當然たるべし。

亞米利加人建物の爲めに借り得る一箇の場所竝に港々の定則は、各港の役人と亞米利加コンシュルと議定すべし。若し議定し難き時は其事件を日本政府と亞米利加ヂプロマチーキ、アゲントに示して處置せしむべし。

其居留地の周圍に門墻を設けず出入自在にすべし。

江　戸　午三月より凡四十四箇月の後より。千八百六十二年一月一日

大　坂　午三月より凡五十六箇月の後より。千八百六十三年一月一日

右二箇所は亞米利加人唯商賣をなす間のみ逗留する事を得べし。此兩所の町に於て亞米利加人建家を價を以て借るべき相當なる一區の場所竝に散歩すべき規定は追て日本役人と亞米利加人ヂプロマチーキ、アゲントと談判すべし。

雙方の國人品物を賣買する事總て障りなく其拂方等に付ては日本役人是に立會はず、諸日本人亞米利加人より得たる品を賣買し或は所持する但に妨なし。

軍用の諸物は日本役所の外へ賣るべからず。尤外國人互の取引は差構ある事なし。此箇條は條約本書爲取替濟の上は日本國內に觸渡すべし。

米竝に麥は日本逗留の亞米利加人竝に船に乘組たる者及び船中旅客食料の爲めの用意は與ふとも積荷として輸出する事を許さず。

日本產する所の銅餘分あらば日本役所にて其時々公けの入札を以て拂渡すべし。

在留の亞米利加人日本の賤民を雇ひ且諸事に充る事を許すべし。

第四條　總て國地に輸入輸出の品々別冊の通日本役所へ運上を納むべし。

日本の運上所にて荷主申立の價を奸ありと察する時は運上役より相當の價を付け、其荷物を買入る事を談ずべし。荷主若し之を否む時は運上所より付たる價に從つて運上を納むべし。承允する時は其價を以て直に買上ぐべし。

合衆國海軍用意の品神奈川、長崎、箱館の內に陸揚し、庫內に藏めて亞米利加番人守護する者は運上の沙汰に及ばず、若し其品を賣拂ふ時は買入る人より規定の運上を日本役所に納むべし。阿片の輸入嚴禁たり。若し亞米利加商船三斤以上を持渡らば其過量の品は日本役人之を取上べし。輸入の荷物定例の運上納濟の上は日本人より國中に輸送すとも別に運上を取立る事なし。亞米利加人輸入する荷物は、此條約に定めたるより餘分の運上を納る事なく、又日本船及び他國の商船にて外國より輸入せる同じ荷物の運上高と同樣たるべし。

第五條　外國の諸貨幣は日本貨幣同種類の同量を以て通用すべし。（金は金、銀は銀と量目を以て比較するを云ふ）

雙方の國人互に物價を償ふに日本と米國との貨幣を用ゆる妨なし。

日本人外國の貨幣に慣ざれば開港の後凡一箇年の間各港の役所より日本の貨幣を以て亞米利加人願次第引換渡すべし。向後鑄替の爲め分割を出すに及ばず。日本貨幣は（銅錢を除く）輸出する事を得、竝に外國の金銀は貨幣に鑄るも鑄らざるも輸出すべし。

第六條　日本人に對し法を犯せる亞米利加人は亞米利加コンシュル裁判所にて吟味の上亞米利加の法度を以て罰すべし。

亞米利加人に對し法を犯したる日本人は、日本役人糺の上日本の法度を以て罰すべし。日本奉行所、亞米利加コンシュル裁判所は、雙方商人逋債等の事をも公けに取扱ふべし。

都て條約中の規定竝に別冊に記せる所の法則を犯すに於てはコンシュルへ申達し、取上品竝に過料は日本役人に渡すべし。
兩國の役人は雙方商民取引の事に付て差構ふ事なし。
第七條　日本開港の場所に於て亞米利加人遊歩の規定左の如し。
神　奈　川　六鄕川筋を限とし其他は各方へ凡十里。
箱　　館　各方へ凡十里。
兵　　庫　京都を距る事十里の地へは亞米利加人立入ざる筈に付其方角を除き各方へ十里且兵庫へ來る船々の乘組人は猪名川より海灣迄の川筋を越ゆべからず。
都て里數は各港の奉行所又は御用所より陸路の程度なり。（一里は亞米利加の四千二百七十五ヤード、日本の凡三十三町四十八間一尺二寸五分に當る）
長　　崎　其周圍にある御料所を限りとす。
新　　潟　治定の上境界を定むべし。
亞米利加人重立たる惡事ありて裁斷を受け又は不身持にて再び裁許に處せられし者は居留の場所より一里外に不可出、其者等は日本奉行所より國地退去の儀を其地在留の亞米利加コンシュルに達すべし。
其者共諸引合等奉行所竝にコンシュル糺濟の上退去の期限猶豫の儀はコンシュルより申立に依て相協ふべし。
尤其期限は決して一箇年を越ゆべからず。
第八條　日本にある亞米利加人自ら其國の宗法を念じ、禮拜堂を居留場の內に置も障りなし。竝に其建物を破壞し。亞米利加人宗法を自ら念ずるを妨る事なし。亞米利加人日本人の堂宮を毀傷する事なく、又決して日本神佛の禮拜を妨げ神體佛像を毀る事あるべからず。

雙方の人民互に宗旨に付ての爭論あるべからず。

日本長崎役所に於て踏繪の仕末は既に廢せり。

第九條　亞米利加コンシュルの願に依つて都て出奔人竝に裁許の場より逃去したる者を召捕又はコンシュル捕へ置たる罪人を獄に繫ぐ事協ふべし。且つ陸地竝に船中に在る亞米利加人に不法を戒め、規則を遵守せしむるが爲にコンシュル申立次第助力すべし。

右等の諸入費竝に願に依て日本の獄に繫ぎたる者の雜費は都て亞米利加コンシュルより償ふべし。

第十條　日本政府合衆國より軍艦、蒸汽船、商船、鯨漁船、大砲軍用器竝に兵器の類其他需要の諸物を買入れ、又は製作を誂へ或は其國の學者、海陸軍法の士、諸科の職人竝に船夫を雇ふ事意の儘たるべし。

都て日本政府註文の諸物品は合衆國より輸送し、雇入るる亞米利加人は差支なく本國より差送るべし。合衆國親交の國と日本萬一戰爭ある間は軍中制禁の品々合衆國より輸出せず、且つ武事を扱ふ人々は差送らざるべし。

第十一條　此條約に添たる商法の別冊は本書同樣雙方の臣民互に導守すべし。

第十二條　安政元年寅三月三日（卽千八百五十四年三月三十一日）神奈川に於て取替したる條約の中此條々に齟齬する廉は取用ひず、同四年己五月二十六日（卽千八百五十七年六月十七日）下田に於て取替したる約書は此條約中に盡せるに依て取り捨べし。日本貴官又は委任の役人と日本に來れる合衆國のチプロマチーキ、アゲントと此條約の規則竝に別冊の條を全備せしむる爲に要すべき所の規律等談判を遂ぐべし。

第十三條　今より凡百七十一箇月の後（卽千八百七十二年七月四日に當る）雙方政府の存意を以て兩國の內より一箇年前に通達し、此條約竝に神奈川條約の內存し置く箇條及び此書に添たる別冊共に雙方委任の役人實驗の上談判を盡し補ひ或は改む事を得べし。

第十四條　右條約の趣は來る未年六月五日（卽千八百五十九年七月四日）より執行ふべし。此日限或は其以前にても都合次第に日本政府より使節を以て亞米利加華盛頓府に於て本書を取替すべし。

本條約は日本よりは大君の御名と奥印を署し、高官の者名を記し印を調して證とし、合衆國よりは大統領自ら名を記しセクレタリース、ファンスターと共に自ら名を記し合衆國の印を鈐して證とすべし。尤日本語、英語、蘭語にて本書寫共に四通を書し、其譯文は何れも同義なりと雖も、蘭語譯文を以て證據となすべし。此取極の爲め安政五年午六月十九日（卽千八百五十八年亞米利加合衆國獨立の八十三年七月二十九日）江戸府に於て前に載たる兩國の役人等名を記し調印する者なり。

井上信濃守（花押）

岩瀬肥後守（花押）

タウンセンド・ハルリス手記

なほ同時に協定したる別冊貿易章程の全文は之を省き唯其內關稅に關する部分のみを左に抽出すべし。

第七則　總て日本開港の場所へ陸揚する物品には左の運上目錄に從ひ、其他の運上役所に租稅を納むべし。

第一類　貨幣に造りたる金銀竝に造らざる金銀、當用の衣服、家財並に商賣の爲にせざる書籍、何れも日本居留のため來る者の品に限るべし。

右の品々は運上なし。

日米修好通商條約（和文）

第二類　凡て船の造立綱具修復或は船裝の爲に用ふる品々、鯨漁具の類、鹽漬食物の諸類、パン並にパンの粉、生たる鳥獸類、石炭、家を造るための材木、米、籾、蒸汽の器械、トタン、鉛、錫、生絹。

右の品々は五分の運上を納むべし。

第三類　都て蒸溜或は醸し種々の製法にて造りたる一切の酒類。

右は三割五分の運上を納むべし。

第四類　凡そ前條に乘ざる品々は何に寄らず二割の運上を納むべし。金銀貨幣並に棹銅の外日本產の物積荷として輸出する時は五分の運上を納むべし。

右は神奈川開港後五年に至り日本役人より談判次第入港出港の稅則を再議すべし。

即ち嚢にペルリと締結したる和親條約にて開港の端緒を開きたる基礎と見るべく、本條約に因て初めて眞の通商條約が締結されたのである、即ち前掲全文の如く其の要點は日米兩國恒久の親睦を結び、兩國互に公使を常設し、開港場に領事を置き、彼等は自由に國內を旅行し得ること、日本若し歐洲中の何れかの國と葛藤を生ずる時は米大統領は之を調停すべきこと、下田を鎖ぢて神奈川、長崎、新潟、兵庫、江戸、大阪をそれぐ約定の日より開くこと、日本官吏の干渉なくして兩國民自由に貿易し得ること、阿片の輸入を嚴禁すること、兩國民互に其の信教を妨げざること其他貨幣の事、遊歩の事、領事裁判の事等を規定し又別に貿易章程に於て税率を定めたるものである。

同　（英文）

外務省所藏原本を横濱商業會議所にて撮影せるもの

此の條項が例となつて他の諸國と締結されたる條約は殆ど同樣の者である。

**註**　條約草案に就て福地源一郎著「幕末政治家」には次ぎの如く語つてゐる。

「斯くて岩瀬は委員の一人となりてハルリスに談判し、愈々條約の各款を議するに際し、第一にハルリスを驚かしたるは岩瀨がハルリスに對ひて、余は和親貿易の何たるを知らず、幕閣を始として有司中一人も之れを知る者なし、貴下は國命を奉じて我國に來れり、我國の爲めには懇篤の誠意を以て事を議すべしと堀田閣老に言明したり、且つ和親貿易は日本の爲にも莫大の利益ありと言明したり、由て日本の條約全權委員は十分に貴下の公平なるを信じ、條約草案の起稿を貴下に委托す、冀くは貴下日本に利益ある草案を稿して貴下の言明に僞なきを公示せよと言出して、其草案をハルリスに起稿せしめたり、是に於てハルリスは一面に米國の利益を謀ると與に、又一面には及ぶだけの利益を謀り、刻苦して其草案を作りて提出し、是を議題として一々其條項を議したるに、岩瀨等は其條項に就きハルリスの說明を聽くと同時に其の得失を論じ、其中にも岩瀨の機敏なるや論難口を突て出で往々ハルリスをして答辯に苦ましめたる而已ならず、岩瀨に論破せられて其說に更めたる條項も多かりしとは是れ余が 福地源一郎 後年米國に於て親しくハルリスに聞たる所なれば以て岩瀨が才器を知るに余りありとす」。

## 第三節　歐洲各國と通商條約

ペルリに始まりハリスに成つた日米通商條約は歐洲各國が均しく蹺望して未だ成し遂げ得なかつた先陣の功名を奪はれたるもので其の狼狽一方ならざると共に競ふて其の均霑を要請した。而も和蘭は夙に日本通商の利を獨占すること二百三十餘年であつたが、彼の長崎出島の一局地に跼蹐して頗る窮屈なる貿易で、費用多く利益少いので、自由通商を希望して居たが露英諸國が切りに通商互市を要求し、殊に英國は千八百三十九年 天保十年 阿片問題が起つて支那と開戰の結果香港を領し五港を開市したので其の餘威を以て日本の鎖國を打破するであらうと考へた結果、弘化元年特使を送つて我が開港を忠告した卽ち其の書翰左の如し。

神德に倚賴する和蘭國王再阿郎月《オランエ》佛蘭西ノ地名 納騷《ナウイウ》獨逸ノ地名 のプリンス爵名 魯吉惡謨勃兒孤《リユキヒムブルグ》和蘭ノ地名 のゴロートヘルトフ爵名

徵爾列謨《キルレム》第二世謹んで江戸の政廳にまします德威最高く威武隆盛なる大日本國君殿下に書を報じて、微衷を表す冀くは殿下親覽を賜ひて安寧無爲の福を享け給はんことを祈る。

一、抑今を距ること二百四十餘年、世に譽高くましませし烈祖權現家康公より信牌を賜り 慶長五庚午年和蘭の船始めて本邦に來り同十四巳酉年七月廿五日神祖より御朱印を賜る、巳酉より今茲辰に至り二百三十六年也 我國人、貴國に航して交易することを許されしより此のかた、其待遇淺からず、甲比丹も年を期して殿下に謁見するを許さる 古は甲比丹の江府拜禮毎年なりしに寛政二庚戌の年より五年になれり此年を期してと云ふは、蓋し近代の事を指していへるなり 聖恩の隆盛なる、實に感激に堪へず、我も亦信義を以て、此事替りなき恩義に答へ奉り、彌貴國の封内をして靜謐に、庶民をして安全ならしめんと欲す、然りと雖も、今日に至るまで書を奉るべき緊要の事なく、且交易の事、及尋常の風說は拔答非亞《バタービヤ》 爪哇島の府名也、元和五己未の年和蘭の人全島を奪ひ閣瓦答剌城（ジャガタラ）を改めバタービヤと云ふ 及和蘭領亞細亞諸島 和蘭國の人印度地方を併せ奪ひて之を領す、之を和蘭領亞細亞諸島と云ふ の總督より告げ奉るを以て、兩國書を通ずる事もあらざりしに 兩國書を通ずることなしと云ふは誤也慶長十四年巳酉の年七月廿五日、同十七壬子の年十月、神祖より和蘭國王への御復書有り、蓋和蘭歷代治平の日少きを以て文献の徵すべきものなきに因るのみ 今茲に觀望し難き一大事起れり、素より兩國の交易に拘るに非ず、貴國の政事に關係する事なるを以て、未然の患を憂へて、始めて殿下に書を奉ず、伏して望む、此の忠告に依て、その未然の患を免れ給はんことを。

一、近年英吉利國王より支那國帝に對し、兵を出して、烈しく戰爭せし本末は、我國の船毎年長崎に至りて呈する風說書にて、既に知り給ふべし威武盛なる支那帝も、久しく戰て利あらず、歐羅巴洲の兵學の長じたるに避易し、終に英吉利國と和親を約せり。是よりして支那國古來の政法甚だ錯亂し、海に五處を開て歐羅巴人の交易の地と爲さしむ。五處の地方は卽ち廣州、福州、寧波、厦門、上海を云ふ 其禍亂の源を尋るに今を距る事三十年前、歐羅巴の大亂治平

せし時 寛政の頃に當りて佛蘭西國にボナバルテなる者有り、國の内亂を拂ひ自立して王たり是に於て兵を四方に出して諸國を併呑せんと欲し歐羅巴洲大いに亂る文化十二乙亥年諸國相謀てボナバルテを擒にして流竄し數年の兵亂治平せり今茲甲辰に至り正に三十年也 諸民皆永く治化に浴せんことを願ふ。其時に當り、古賢の教を奉ずる帝王は諸民の爲に多く商賣の道を開きて、民蕃殖せり、然して器械を造るの術、及び分離の術 萬物を離合して其質を窮理する術を云ふ に種々の奇巧を發明し、人力を費さずして貨物を製する事を得しかば、諸國に商賈蔓延して、反つて國用乏きに至りぬ。中に就て、武威世に耀る英吉利は素より國力豐饒にして民皆巧智ありと雖、國用の乏きは殊に甚し、故に商賈の正路に據らずして速に利潤を得んと欲し、或は外國と爭論を起し、時勢止むべからざるを以て、本國より力を盡し其爭論を助くるに至る、是等の事によりて、其商賈、支那國の官吏と廣東にて爭論の端を開き、終に兵亂を起せしなり。支那國にては戰甚だ利なく、國人數千戰死し、且數府を侵掠敗壞せられしのみならず數萬金を出して火攻の費を購ふに至れり。

一、貴國も今此の如き災害に罹り給はんとす、凡災害は倉卒に發するもの也、今より日本海に夷國船の漂ひ浮む事、古よりも多く成行て是が爲に、其船兵と貴國の民と忽ち爭論を開き、終には兵亂を起すに至らん、是を熟察して、深く心を痛ましむ、殿下高明の見ましませば、必其災害を避る事を知り給ふべし、我も又安寧の策あらん事を望む。

一、殿下の聰明にましますことは暦數千八百四十二年 天保十三壬寅年 貴國の八月十三日長崎奉行の前にて甲比丹に德聞せし令書に依て明なり 令書に云ふ、夷國船日本の沖合へ渡り來るの時、打拂方の儀おごそかに取計ふに付、阿蘭陀船も長崎の外へ乘寄ること有間敷にも無レ之、船の形似寄候へば、兼て其旨相心得、不慮の過無レ之樣心懸、通船可レ致旨、文政八年申渡し置候處、當時何によらず御仁惠を被レ施度との難レ有思召に付、外國の者にても、難風に逢ひ漂流等にて、食物、薪水を乞ふ迄に渡り來り候を、其事情に拘らず一圖に弓鐵砲等打放し候ては、外國へ對し信義を被レ失候御處置に付、今より以後、夷國船渡り來り候とも、食物、薪水等を乞ふ類は不ニ打拂一乞ふ旨に任せ、歸帆可レ爲レ致事に取計ふの間、因ては和蘭人共心安く通船可レ致候、外國の者たりともかほどに迄信義を厚く思召、難レ有儀を能辨ふべく候事其書中に夷人を厚遇すべき事を詳に載るといへども、尙未だ盡さざる所あらん歟。其主とする處の意は、難風に逢ひ、或は食物、薪水に乏しくして、貴國の海濱に漂着するの所置のみにして、若し信義を君にし、或は他の謂れ有て貴國の海濱を訪ふ船あらん時の處置は見へず、是等の船を冒昧《ボウマイ》に排擯したまはゞ必爭端を開かん、爭端は兵亂を起し、兵亂は國の荒廢を招く。二百餘年來、我國の人貴國に留り居るの恩惠を謝し奉らんが爲に、貴國をして此災害を免れしめんと欲す、古賢の言に曰、災害なからんと欲せば險危に臨むこと勿れ、安都を求めんと欲せば紛冗を致すことなかれ。

一、謹で古今の時勢を通考するに天下の民は速に相親むものにして、其勢は人力のよく防ぐ所にあらず、蒸汽船水車と蒸汽筒とを設け、石炭を燒て蒸汽筒中の水を沸騰し、其蒸汽に依て水車を轉旋せしめ風雨に拘らず自由に進退せしむる船也、文化四丁卯年に創製すと云ふを創製せしより以來、各國相距ること猶近きに異らず。斯の如く、互に好を通ずるの時に當りて獨り國を鎖して萬國と相親まざるは、人の好する所に非らず。貴國歷代の法に、夷國人と交を結ぶことを嚴禁し給ひしは、歐羅巴洲に遍く知る所也、老子曰賢者位に在れば、能く治平を保護す。（此意に當る語老子に見えず後考ふべきなり）故に古法を堅く遵守して、反て亂を釀さんとせば、其禁を弛むるは、賢者の常經のみ、是殿下に丁寧忠告する所也。今貴國の幸福なる地をして、兵亂の爲に荒廢せざらしめんと欲せば、夷國人を嚴禁するの法をゆるめ給ふべし。是素より誠意の出る所にして、我國の利を謀るにはあらず、夫和平を行ふは懇に好みを通ずるにあり、懇に好みを通ずるは交易にあり、冀くは叡智をもて熟計し給はんことを。

一、此忠告を採用したまはむと欲せば、殿下親筆の返翰を贈らるべし、然らばまた腹心の臣を奉らん。書には概略を擧る故に詳なる事は其使臣に問給ふべし。

一、我は遠く隔りたる貴國の幸福治安を謀るが爲に甚だ心を痛ましむ是に加ふるに、在位二十八年にして、四年以前に讓位せし我父徵爾列謨《キルレム》第一世王も遠行して悲哀に沈めり（徵爾列謨第一世は、安永元壬辰年に生れ、文化十癸酉年に和蘭國を興復し、同十二己亥年王位に即かせられ、天保十一年庚子の年、今王に位を讓り、同十四癸卯年卒せり癸酉より庚子に至り在位二十八年壽七十二歳）殿下亦是等の事を聞給はゞ、我と憂勞を同うし給はん事明也。

一、此書を奉るに軍艦を以てするは殿下の返翰を護して歸らんが爲めのみ、又我肖像を呈し奉るは、至誠なる信義を顯さん爲のみ。其餘、別幅に錄する品は我封内に盛に行はるる學術によりて致す所なり、不腆といへども我國の人、年來恩遇を受しを聊か謝し奉らん爲に献貢す、向來不易の恩恵を希ふのみ。

一、世に譽高くましませし父君の治世、久しく多福を膺受し給ひしを、眷祐せる神德によりて殿下も亦多福を享け、大日本永世彊りなき天幸を得て靜謐敦睦ならんことを祈す。

即位より四年曆數千八百四十四年二月十五日（天保十四癸卯の年十二月二十七日にあたる）瓦刺汾法瓦《カラフエンハーゲ》（和蘭國の都）の宮中に於て書す。

徵爾列謨

デミンストル、ハン、コロニィン（外國事を司る大臣の官民）瑪陀

註　一、本書翰は編蒲叢話に載せたるもので何人が之に註解を加へたるものである、文はシーボルドの起草と傳へらる。和蘭王の全身大油繪は、長崎奉行伊澤美濃守、目付平賀三五郎以下數名之を受領し、維新江戸城受取の際城の櫓内に藏

しあるを其後修理し九段遊就館に陳列あり。

二、甲比丹《カピタン》は英語のキャプテン Captain から轉化したもので船長、艦長、首領で當時長崎、和蘭出島の長は總て甲比丹と云はれ昔から普く用ゐられたものと見え、元祿の頃芭蕉にも「かぴたんもつくはゝせけり君が春」の句がある、江戸參府將軍に拜謁する恒例であつた。 倚大槻磐水著の「蘭說辨惑盤水夜話」に曰ふ、「かぴたん」といふは頭役といふ事なるよし彼方の雅言にて「かぴていん」といふ和蘭國語にては「おつぷる、ほふふと」といふよしこれ頭とも長といふべき詞の意にて凡て頭役のものを何〳〵のかぴてんと云ふことあり巳に船長の事をも「かぴていん」といふなり、此「おつぷる、ほふふと」は船中交易物の事を司る惣司といふことなりとや………。

三、佛蘭西のボベナバルテはナポレオンのことである、分離の術は化學を云ふのであらう、昔は理學を窮理學と謂つた、又書中英國は國內物資乏しき爲商賈の正路に據らずして他國侵略を企つる云々と和蘭國王が述べてゐるのは徒に他を誹るのみの言ではなく事實が證明してゐるやうに思はれる。

當時幕府は之に耳を傾けず、和蘭には通商を許したるも未だ通信を許さず、古來通信を許したるは支那朝鮮のみである、然るに和蘭が敢て通信を爲すは不法であるとて閣老をして和蘭政府諸公に宛てたる返書を作らしめ使節として來つた甲比丹に其旨を諭して本國に送達せしめた。 其文は極めて輕く受け流して通り一遍の挨拶に過ぎない。

其後嘉永三年米國合衆國政府が近い內に日本に艦隊を派遣せんとするので其の理由を豫め日本に向つて說明して置かん用意か米人より在日本蘭人に書を寄せた、引續いて和蘭政府は此の米國の件を日本に報ぜんとしたるも曩に卽ち弘化元年七月國王から書を送つたるも日本政府は通商は許してあれども通信は許してないと將來の交通を拒絶したので咬𠺕吧《ジャガタラ》總督が國王の命令で認めた筆記を作り出島商館の甲比丹をして之を長崎奉行に差出しめた、夫は嘉永五年五月八日付發で同八月著である。

斯くて和蘭政府は日本に對し好意を籠めて英米等の近狀及日本に開港を迫るべきことを前以て報導した。

和蘭が斯くまで好意的忠告を送る內邃に彼理は蓦地に江戶灣の咽喉に肉薄し先登第一の功名を贏ち得たのである。

日米條約の成立するや果然英露蘭の諸國は又之に傚はんことを要求したので幕府は日米條約に傚ひて三國とも訂約した。今米國及其他三國との條約締結時日を一覽表とせば次の如し。

| 條約國 | 箇條 | 締結年月日 | 締結地 | 本書交換年月日 | 交換地 |
|---|---|---|---|---|---|
| 日米 | 一二 | 安政元年三月三日<br>一八五四年三月三十一日 | 神奈川 | 安政二年正月五日<br>一八五五年二月二十一日 | 下田 |
| 同 | 附錄一三 | 安政元年五月二十二日<br>一八五四年六月十八日 | 下田 | 同右 | 同 |
| 日英 | 七 | 安政元年八月二十三日<br>一八五四年十月十四日 | 長崎 | | |
| 同 | 附錄一〇 | 安政二年九月八日<br>一八五五年十月十八日 | 同右 | | |
| 日露 | 九 | 安政元年十二月二十一日<br>一八五五年二月七日 | 下田 | 安政三年十一月十日<br>一八五六年十二月七日 | 下田 |
| 同 | 附錄四 | 安政元年十二月二十一日<br>一八五五年二月七日 | 同右 | | |
| 日蘭 | 二七 | 安政二年十二月二十三日<br>一八五六年一月三十日 | 長崎 | 安政四年八月二十九日<br>一八五七年十月十六日 | 長崎 |

以上は所謂和親條約で未だ以て通商條約と認むることは出來ないが下田はペルリが横濱で十三ヶ條の和親條約を締結し其の附錄十三ヶ條を同年五月下田で結び、其年十月十五日には露國水師提督プチャーチンが下田に來つたので露國應接掛筒井肥前守、川路左衞門尉、松本十郎兵衞、村垣淡路守、古賀謹一郎等は下田に入り込み下田奉行伊澤美作守、都筑駿河守談判に當つたが十一月三日第一回の會見を終り明後日を約して訣れたが翌四日下田に大地震が起つて海嘯烈しく大損害であつた、當時被害の程度を「古賀西使續記抄」に記したるものは「全港凡八百六十六戸、其廿五戸半壞、十八戸完、餘八百十三戸全壞流亡、凡三千九百〇七口溺死八十五人現坂三千九百二十四口、柿崎村七十四戸、半全壞混無淹死、岡方村査覈未精云」とある。尙他の舊記には「岡方村流失皆潰九十六軒、半潰水入廿五軒、死者二人」とある。丁度港内淀泊の露艦デアナ號大破損を受け船員一名死沒したので修覆港の撰定を申込んだ、既に使節は下田港は開港場として不適當であるから代港として大阪、兵庫若くは濱松の何れかの開港を迫つてゐた際とて幕府では容易に要求に應じないが、船の修覆には種々調査の結果伊豆戸田《ヘタ》港を許可することとなつて露艦は之に向つた、蓋しプチャーチンは當時本國に於けるクリミヤ戰爭の爲、東洋に於て英佛艦の襲擊を怖れ一刻も早く下田から艦影を匿くさうとして居つたのである。然るにテアナ號は戸田港への途中擱座し種々工風して引き下しに掛つたが十二月二日に西風が烈しく覆沒したので戸田港で新に軍艦の建造に取掛つた。新くて露人は震災後窮乏に陷つたので下田奉行は左の食料品を贈與して之れを慰藉した。

| | | | | | | |
|---|---|---|---|---|---|---|
| (十一月) | 一、魚 | 百斤 | 一、鷄 | 二十羽 | 一、玉子 | 千五百 |
| | 一、柿 | 四百七十一 | 一、大豆 | 十五斤 | 一、密柑 | 百十 |

（十六日）
一、胡蘿蔔　五十束
一、白米　百五十斤 但二斗入二俵
（同　十八日）
一、海老　二百
一、薩摩芋　九斤
一、菜　十束
一、煙草　二十斤
（同十九日）
一、太根　三百本
一、里芋　二俵 但二斗入
一、海老　三十
（同　十九日）
一、胡蘿蔔　四束
一、柿　二籠 但二百入
一、煙草　一箱 但五斤入
一、蕎麦　一俵
一、薩摩芋　百九十斤
（同　二十日）
一、鴨　七羽
一、太根　八百七十本 但九俵
一、魚　百五十
一、雛　六十羽
一、葡萄　四箱

一、煙草　十五玉
一、魚　二百斤
一、冬葱　二十五束
一、胡蘿蔔　三百五十本
一、葡萄　三箱
一、葱　十束
一、雛　十羽
一、小麦粉　一俵
一、梨子　一籠 但二百入
一、葱　一束
一、太根　五束
一、密柑　三箱 但三百入
一、海老　二十
一、小麦粉　十七斤 但一俵
一、密柑　二千
一、柿　三百 但三箱
一、煙草　二十五玉

一、冬葱　九束
一、太根　百五十本
一、蕪　二十本
一、密柑　三百
一、梨子　五十
一、小麦粉　十五斤
一、柿　十籠
一、葉煙草　一俵
一、雛　二十羽
一、猪　一匹
一、魚　二百斤
一、胡羅蔔　六百二十五斤
一、玉子　八百 但二箱
一、葱　四十三斤
一、梨子　百 但一籠
一、白米　二俵 百五十斤二斗入

又十一月四日大津浪の際及其後の露人乘組員三名を玉泉寺に厚く葬つた。此間佛船が下田に來たが露艦戸田港に在るを知つて遁走した。

其後露將ブチャーチンと我が應接掛との條約談判は順調に進渉し十二月廿一日條約九ケ條及附錄四ケ條とも締結した。

翌安政二年正月五日には米艦來つてアダムスが日本條約の批准交換を行つた、其時の署名は江戸より派遣の井戸對馬守、と下田奉行伊澤美作守、都筑駿河守及アダムスであつた。當日、井戸對馬守より「大君よりの御下賜」は

使節代アダムスへ

一、金雞高蒔繪文臺　但硯箱付

一、牡丹獅子高蒔繪料紙硯箱

一、青貝蒔繪側簞笥

船將マックリネへ

一、牡丹岩蒔繪文臺　但硯箱付

一、菊高蒔繪文箱

通譯官ロップシャイトへ

一、四季模樣高蒔繪花臺

一、梨子地扇蒔繪文箱

士官十人へ吸物膳椀十人前づゝ

一、青漆浪に鶴龜模樣吸物十人前（以下略）

異人一同へ

一、味琳酒　四斗入　五樽

一、蜜柑　二十五樽

一、柿　二十五樽

と記錄されてゐる、これを價格にして見ると當時の金で金七十兩三分銀十一匁七分であつた。

昨年以來米、蘭、露の三國に向つて開放せられたる下田港は一躍天下の重要地となつた、卽ち幕末外交の中心地として耳目を聳動せしむるに至つたのである、そこで幕府は下田港に奉行以外に下田取締掛をして之れを補助せしむることとした、改めて川路左衞門尉聖謨、水野筑後守忠德、岩瀨修理忠震の三人が正月十日に任命された、斯くて下田取締掛は市街復興に努力し防波堤工事や其他市民の建築物に便宜を與へる旨を告示し、且商業の復活に付て外國人に賣渡すべき物品に就て左の觸書を出した。

一、絹布縮緬木綿類　一、煙草入幷糸細工物　一、塗物類

一、瀨戶物類　一、傘桐油簑樱櫚細工物　一、紙類　但美濃奉書を相渡申間敷候

一、木石細工　但武器衣冠の體細工いたし候ものは勿論其餘翫物類渡申間敷

一、竹麥わら細工物　　一、海草貝類細工物　　一、草木の苗

一、鳥獸の類　　但牛馬は相渡申間敷

右の通相心得、其類の品々は、相渡申間敷、勿論難決品は其時々奉行所へ申立可任差圖事

更に取締方に關する觴書は左の如し。

亞米利加魯西亞の船々、當港へ船を寄候儀御差免し相成異人ども遊步いたし候に付ては取締方別て心付け、異人共に出會候ても、言葉をかけ、或は市店見物等いたし居候所へ立寄候儀等、一切致間敷、若彼方より言葉を掛け候ても、可成丈不差構樣いたすべし、萬一心得違ひにて異人共に親み候ものあらば、早々奉行所へ可申立事

一、當港の儀は、異人遊步をも被差免候事に付、きりしたん宗門の儀、彌以停止之、自然不審なるもの有之節、申出御褒美被下候事、若し隱し置顯はるるに於ては、夫々被行罪科候儀等、却て前々被仰出の通り、尙嚴重に可相守事

附、途中にて異人共に出會候節等、密々右宗門の噂いたし候もの有之候はゞ、其名前を承り置、奉行所へ申出べし、萬一隱し置、あらはるるに於ては本文同樣可被行罪科事

一、町在の者ども異人と直賣買堅致間敷、遊步の節等、若市店にて好みの品有之、求め度旨申聞候はゞ其品へ印爲附置、御用所へ持參可仕差圖事

一、町在とも金銀具の儀に付ては、兼て御觸の趣も有之、幷銅器類異人共へ賣渡し候儀は不相成事に付、店先

に差置候様も致まじく候事

但金銀焼付等聊の鐵物に相用ひ候分は不苦事

一、市中の者ども異人缺乏の品賣込度もの有之ば、御用所へ申立可受差圖事

一、町在とも若異人より音物等相送り候共、一切受申間敷、幼年の者等何心なく貰ひ受候とも、早々奉行所へ可申立、萬一隱し置、後日あらはるるに於ては可被行罪科事

右の趣堅可相守、右相脊候もの有之に於ては、吟味の上嚴重可及沙汰條、心得違も無之様可致候

又同年二月廿八日附で魯國提督ブチャーチンへ左の如く通達を發した。

天主教の儀は我國の大禁にて、其法を受け候ものは、死刑に行ひ、其從族迄も嚴科申付候に付、右の趣兼て被申渡置、貴國の者我國に於て法を弘め候儀は決て不致、若此方より傳法を乞候ものも有之候はゞ、早速所の役人へ申立られ候様いたし度候

切支丹宗の布教は最も禁壓されたので幕府の要路者は先づ下田に外人の押掛けた處で劈頭嚴重に之を警告したのである。次ぎに又外人に對して長崎の取締方を參酌して左の如き掟書を定めて米、露、蘭の三國人を取締ることとした。

一、港内にて猥に發砲いたすべからず

一、奉行所へ斷なくして猥に上陸いたすべからず

一、波止場何箇所の外出入を許さず

一、上陸の節往還の外猥に道なき所を徘徊し、又は御備場幷人家へ立入べからず

一、夜中は本船に罷在、上陸いたすべからず

一、用向あらば波止場番所に至り申出べし

一、船中缺乏の品役人へ申立候はゞ、當所有合の分は奉行所より渡すべし

一、何品によらず都て我國人に直賣すべからず

但海上にて役船の外立寄るべからず

右の條々相守るべし

奉　　行

未だ眞の通商條約が結ばれないので交易の開始は無いが、米國を傚ふて英、魯、蘭、佛の諸國は競ふて和親條約を結び、從つて下田港は外船の出入繁く中々の繁華を極めた。其內に前節述ぶるが如く米國總領事ハリスが來つて安政五年六月十九日（一八五八年七月二十九日）神奈川投錨のポーハタン號上に於て日米通商條約が締結さるるや、七月十日（八月十八日）には日蘭修好通商航海條約の調印となり、同十一日（八月十九日）には露西亞、同十八日（八月二十六日）に英吉利、九月三日（十月九日）には佛蘭西等夫れ〳〵米國に准じて條約を結び所謂安政五ケ國條約が成立し其の翌萬延元年六月十七日には葡萄牙、同十二月十四日には普魯西、文久三年十二月二十九日には瑞西、慶應二年六月二十一日には白耳義と同七月十六日には伊太利、同十二月七日には丁抹と夫々條約調印を爲し、茲に世界各國との仲間入りを遂げたのである。

**註**　普魯西條約は獨逸聯邦の解釋に就て難關を生じ、十一月八日には外國奉行堀織部正の自殺事件あり、從つて外國奉行

村垣淡路守代つて全權委員となり終に千八百六十一年文久元年一月二十四日調印を了り實施は千八百六十三年文久三年一月一日となつた（第三章第二節第五項參照）

斯くて慶長十四年五百石以上の兵船廢毀續て寛永十三年家光に由て鎖國令が發せられて以來二百餘年間の蝸牛の殼籠を敢てした絕東孤立の島帝國は一擧に世界の國際場裡に登壇した。乍併ペルリ來航以來我が國論は喧騷となつて攘夷說と開港說とは漸次火花を散らして抗爭せんとした、老中主席阿部伊勢守正弘は開港已むべからざるを看取したるも幕府三親藩の一たる水戶齊昭を始め西方諸雄藩中の攘夷論の鼻息荒く其上京都に於ける朝廷の大方針も開國と容れないのみならず、諸國浪士等の國論を煽りて攘夷々々と活躍焦燥する間に於て假令開國の利あるを知れるも進んで之を高唱するの勇氣は無く、左抵右梧逡巡としての姑息に其の日暮を極め込む內、外國の肉薄甚しく遂に開國論者の堀田備中守を擧げて執政たらしめ步一步開國に足を踏み入れた、此間外國奉行や大目付等の一度外國使節と折衝するものは順次開國論に引づられ國際知識の受入れらるる都度宇內の形勢は明瞭に判然し始め開港通商の避け得べからざるに想達する、卽ち井上信濃守岩瀨肥後守等を始め直接外交談判に當つたる人士は益々其の開港の國是たるべきを主張するに至つたが、惜しい哉肝腎の幕閣當路の重臣連は和戰兩樣の準備が無かつた、サリトテ鎖國は德川幕府夫れ自身の傳統的政策たるにも係らず外夷に壓迫されて心ならずも開港の序幕に飛出さねばならなかつた、既に鎖國の黑幕は切つて落され、開港の舞臺を映出したからには夫れから夫れへと一步々々通商貿易の規約の完成に片端から鋲釘を打ち占めて行かねばならない、米國總領事ハリスの來朝を發端として漸次英佛蘭露其他各國の公使領事は入込て（第五節參照）各自通商條約の權益を守りて毫も退嬰讓步を肯んぜず、進取的交渉は日を追ふて繁きを加へた。是に憤慨する攘夷論者は或は再び鎖國を唱へたり、其の極暴擧となつて外人殺戮襲撃等の不祥事引きも切らず、生麥事件や下ノ關外艦砲撃に萠せる葛藤等相當内憂外患に惱ませられ幕府の威信墜落は日一日と内外に暴露された。

列國公使は下ノ關砲撃一件に依り端なく幕府に十分の實權なく事毎に朝廷の旨を承けざれば決行すること出來ないので條約上得たる當然の權益を侵害せらるるを憂へて幕府に對し條約勅許を要求するに至つた、併せて大阪兵庫の二港の延期々日慶應三年十二月に先ち開港せんと迫つたが種々曲折の後勅許は得たるも兵庫開港は許可を得なかつた（第五節參照）そこで外國公使は益々激昂し之が應接の任に當つたる閣老松平伯耆守、外國奉行山口駿河守は種々公使間を斡旋し老中連印（伯耆守以外は謀判）にて次ぎの如き覺書を四國代表に交附した。（略）

一、兵庫開港の儀は直に談判致し兼候固よりロンドンの條約に極めたる日限に開く積りなりといへ共萬一事情に依而早く開き候節は可レ開右之一件早速に難レ定候間我等より江戸表に申遣、下ノ關償金之第三度目可レ納御約定之通日本十二月可ニ相納一樣申遣すべし、其外は千八百六十四年十一月二十二日之條約之通り行可レ申候

一、税方之儀委細承諾せり其段急速水野和泉守并酒井飛彈守へ申遣猶江戸に於而精々談判候樣爲ニ取計一可ニ申入一候此段申入候拜具謹言

慶應元丑年一月七日

松平伯耆守（花押）

松平周防守（花押）

小笠原壹岐守（花押）

關税改正の言質を取られたので彼等は兵庫先期開港を猶豫する代りに之を提議し遂に翌二年五月十三日（一八六六年六月二十五日）改税約定の調印を了するに至つた。

此の條約は曩にハリスが我に對する特別の好意を以て輸入税は二割であつたのを五分に削減した、蓋し英國公使パークスの如きは豫て清國に在勤して其の利益なる關税法に慣熟せるが我は之が爲に爾來條約改正に至る約四十年間莫大の損害を蒙つた（日米交渉五十年史）此事は後年岩倉大使が渡米の節ハリスに面會せし時ハリスの談に曰く

初め予の英佛使節が日本へ渡來の前に條約調印を促せしも畢竟は彼等が清國戰勝の餘威に乘じ日本を恫喝して清國の例を以て不利の條約を結ばんことを慮りしにありて輸出入物の税率と阿片烟との事は實に其の要目たりしなり然るに折角の用心も其の甲斐なく僅數年を出でずして税率も清國と一轍に歸せしに到りたるは遺憾なり（幕末外交談）

尙福地源一郎の「幕府衰亡論」にも同樣のことを掲げて曰ふ。

其後明治四年余が亞國に至りし時新約克にてハルリスに面會し談この時の事に及びしにハルリスは當時余は一方に於て亞國の利益を謀り、一方に於ては日本の利益を損せざる事を勉めたり、治外法權の如きは勢の止むを得ざるに出でたれども固より兩國全權の素志には非らざりき。輸出入税の如き余は民主黨《デモクラット》にて自由貿易家《フリートレーキ》にてあれども日本の爲に海關税を得せしめんと欲し、二割平均の輸入税を定め酒類幷に煙草は三割五分の重税に置きたる位なりき。當時井上岩瀨の諸全權は綿密に逐條の是非を論究して余を閉口せしめたる事ありき、彼等の

議論の爲に屢々余が草案を塗抹し、添删し其主意までも改正したる事少からざりき、斯る全權を得たりしは日本の幸福なりき、彼の全權等は日本の爲に偉功ある人々なりき、然るに開港後引續たる不幸の爲に肝要の箇條を畫餠たらしめしは余が痛措する所なりと云はれたる事ありき。

とある、尙此の條約の稅則に漏るるものは金銀銅の類は輸出稅なく、石炭、金銀、牛馬、其他運搬具等の如きは輸入稅なし、而して輸出禁止品としては穀物、麥粉及硝石等で、輸入禁止品は阿片である。

當時我邦では國際的事情に暗く世界通商の大勢に迂濶であるから輸入稅に由て政府の收入を增し、商品の競爭に具ふる抔の知識は乏しく輸出超過は國産品の騰貴と其の缺乏を訴ふべき原因位に考へてゐた、假令若しかゝる知識があつたとしても彼れより高壓的に强要されたる條約が基礎となつてゐるから迚も有利なる條約が結ばるる道理は無い。

慶應二年八月二十日將軍家茂大阪城に薨じ、嗣子無きを以て一橋慶喜は愈々勅を奉じて將軍職を繼紹した。同年十二月には孝明天皇崩御あらせられ翌三年明治天皇御踐祚遊ばされた。三月五日及二十五日の兩度に於て幕府は兵庫の開港さざるべからざる所以を上奏して五月二十四日勅許を得た。

始め江戶京都兩都の開市と兵庫大阪兩港の開港延期の期限は慶應三年十一月十八日であつたが京都の反對あつた爲に漸次遷延し其の最後の期限たる明治元年(一八六八年)正月を以て兵庫を開港し、同時に江戶大阪の居留地を開いた。

是より先慶應三年十月十四日には慶喜大政を奉還し愈々王政維新の大改革を見るに至つたが幕府が締結したる

條約は新政府之を繼續して鎖國攘夷は行ふべからざる世運に移り新政府は鎖攘を以て幕府を倒したるも自ら其の衝に立つや鎖攘を棄てて開國國是を定めて天下復異論の烽起を見るに至らなかつた。

併しながら外部の强壓に要せられて不利益なる條約を締結したりし事は當時の國勢上無餘儀狀勢であつたとは云ひながら遺憾に堪へなかつた次第である。

明治四年岩倉具視一行の米歐巡廻の際條約改正の希望もあつたが未準備の爲であつたので其の目的を果さなかつた、（第六節海外使節參照）　其後明治十一年七月二十五日（一八七八年）華盛頓にて我が特命全權公使吉田淸成と合衆國々務卿ウヰリアム、アツキスウェル、エワーツとの間に日米新條約が調印されたるも此の新條約は稅權を全く我に回復するも治外法權は依然たるを以て國民の滿足を買ふに足らず、國論沸騰して外務卿寺島宗則は攻擊に堪へずして挂冠し此の新條約は實行の機なくして止んだ、同年七月三日米國グラント將軍來朝し大に日米親交に盡した。

寺島の後井上馨外務卿を兼攝することとなつて又條約改正問題起り、井上外務卿は列國使臣を招き條約改正會議を開かんとし、十三年七月改正約案を列國に廻附したるに列國は其の公使と豫備會議を開きて談判の基礎を定めむことを提議したる爲め、十五年一月遂に會議を開きたるが列國は種々交換條項を提出して結局不成功に終つた。其後明治十九年五月一日に至り再び外務大臣伯爵井上馨（華族令は十七年七月內閣制は十八年十二月制定）は列國委員を招き條約改正會議を開き、翌二十年四月二日まで二十九回の會議に於て議了し成案を得たるも、國內反對論あつて遂に不成功に終りて九月其職を辭したので二十一年二月改進黨總理伯爵大隈重信外務大臣に任ぜられ又條約改正に着手し、二十二年四月二十日我が全權大隈伯と米國全權ハッバードとの間に調印を了したるに、國論囂しく閣内にも異議あつて遂に中止となつて大隈伯は凶徒の爲に要撃せられ隻脚を失ふと共に其職を去つた。其後同二十七年七月十六日に至り日英新條約は締結せられ之を手始に日米條約も十一月二十二日調印成り卽ち同條約第十八條に示すが如く

本條約は其實施の日より兩締盟國間に現存する嘉永七年三月三日（一八五四年三月三十一日）締結の和親條約、安政五年六月十九日（一八五八年七月二十九日）締結通商條約慶應二年五月十三日（一八六六年六月二十五日）締結の改稅約書、明治十一年七月二十五日（一八七八年七月二十五日）結締の約書及之に附屬する一切の諸約定に代るべきものとす、而して該條約及諸約定は右期日より總て無効に歸し隨て合衆國が日本帝國に於て執行したる裁判權及該權に屬し又は其一部として合衆國人民が享有せし所の特典、特權及免除は本條約實施の日より別に通知をなさず全然消滅に歸したるものとす、而して是等の裁判管轄權は本條約實施後に於ては日本帝國裁判所に於て之を執行すべし。

とあるが如く我が國民の希望せる多年の懸案たる治外法權の撤廢を見るに至つた。又關稅其他に關する議決書に據り關稅權の獨立も殆ど獲得し對等の條約を結ぶに至つた。但し其の實施は明治三十二年からであるが、是に由て交換條件として外人の內地雜居が許さるることとなつた。

## 第四節　開港直後の不穩と警備

安政六年六月開港の期迫りて幕府は福井藩主松平越前守茂昭に横濱警備を任命したので太田陣屋が設けられた、其後文久元年十月十日酒井雅樂守忠績、松代藩主眞田信濃守幸教が之に代つたが、同三年三月に至り諸藩の警衛を解いたので神奈川奉行支配に新に定番役を置くこととなつた。

是より先き安政六年四月十一日幕府は警吏として横濱に上番下番同心を設置した、上番は小普請から採用し定員二十人各々二十俵二口金三兩を支給して各役の勤番に當らしめ、後慶應三年頃まで繼續した。下番は後に之を足輕と云つたのであるが宿村役人の子弟厄介の中から抱入れ定員三十人後增加慶應三年四月には三百八十人に上つた、各々四石二斗二口外に輕少の手當を給して小役及駈走りの卑役に就かしめた、又假抱への御雇同心四十六人を置いたが萬延元年に增加した。是等は皆番所七、領事宿所四、商館箱番所五、市内各番所、關門各番所に配置されたのである、此外世話役後に足輕小頭と改名十八人を置いて下番を監督せしめた。

安政六年六月運上所脇に町會所を建設し取締は神奈川支配定役、定廻りは同支配同心の中から奉行が選任したもので今の警部に似たものである、明治三年十二月取締は糺問掛と更つて、定廻りは捕亡掛と改名した。萬延元年に至り守衛として居留地廻りを置いて日沒から日出まで巡邏することとなつた、居留地廻りは諸藩の足輕に準ずる者で役所付の下番から人選して命じたのである、服裝は木綿柿色に旭の一字を丸く畫いた三ッ紋の割羽織に木綿萌黄に水玉を染め出した裁附袴を穿ち兩刀を帶し鐵製の陣笠を戴き三尺計の木劍を携へた、其の先導に人足三人其中二人は弓張提灯を携へ竝行し一人は太皷を抱へて之を敲いて歩いた。

安政六年十月英國總領事オールコックは橫濱、神奈川に關門及見張奉行を設けんことを提議した。神奈川奉行新見豊前守堀織部正は之に同意し幕府に上申し許可を得て、宿驛の方は宿の入口出口へ關門及見張番所を建設し晝夜勤番を附し、横濱の方は程ケ谷宿からの入口と金澤道及本牧村への出口とに關門及見張番所を建設し横濱町の入口、出口其木戸門及自身番を取建つる木戸門は夜四ツ時（午後十時）から閉鎖する、港内出入の自國船は浦賀、箱館等の振合に準じて改めることとなつた、此時建設されたのは關門七箇所（神奈川臺下、西子安、戸部村字石崎、吉田橋脇、海岸通四丁目渡船場入口、石川中村、西ノ橋等）番所十箇所（神奈川臺下、西子安村、宮ノ河岸、暗《クラヤミ》坂上、石崎、吉田橋脇、海岸通渡船場、六郷渡船場、石川中村、西ノ橋等）であつたが文久元年九月に關門番所各々一ケ所を增設され、明治四年九月に至り關門及番兵は撤廢された。（「横濱沿革誌」「横濱市史稿政治篇」）

**註**　就中吉田橋關門は嚴重であつた、外人の馬車内に日本士人が同乘してゐる場合は下車せしめた、横文の制札が千八百六十九年四月二十一日（明治二年）付に建てられた「帶刀人は横濱關門內へ鑑札なく入る事を許さゞれば帶刀の日本人を乘せ來る馬車は關門にて引留可レ及レ致二下車一事（神奈川裁判所）とあつた。

又明治元年八月から航路を開始した横濱、横須賀汽船便船人心得規則の第六條に士人の便乘を禁ずとあつた、是は明治九年三月廢刀令發布の後削除された。

横濱吉田橋關門は明治四年十一月撤廢された、今日横濱で關內關外と唱ふるは此の名殘りである。

按ずるに前章叙述せるが如く開港當初は攘夷論が囂しく概して我が國民の腦中には外人を目して碧眼紅毛の通稱はまだしも夷狄蠻族視し甚しきは之を呼んで犬羊………などの文字を列ぶる抔之と交際することを屑とせざる類であつた、隨てペルリ來航に際し之を擊拂はんとする論者が多かつた、然るに幕府の當路者としては一度ペルリと交渉し其の威風堂々たる艦隊や、吾國に未だ曾て見ざる科學文明の武器機械類を見せ付けられ、且彼等から條理を盡くした泰西文明の狀勢を說き聞かされ、長夜の夢から覺醒するものもあつたのと、幕府夫れ自身は文恬武凞二百餘年の泰平に馴れ、士氣の萎微振はざることに自覺し、進んで彼と戰禍を開くの有利ならぬを顧慮する所があつたので和親條約通商條約を取交すことに傾いたのは無理からぬ事である。然るに水戶烈公を始め諸藩の公論は幕府を驅つて對外硬論を以つて迫つた、蓋し時日を經過しては攘夷論の行ふべからざることの大勢に通曉せるも敢て之を揚言し幕府をして窮地に陷らしめ、由つて以て封建制度を葬り王政復古の大改革を遂行せんと欲するものもあつた。而して又通商貿易に於ても我が國產品の豐裕ならざるに多數列國と一時に開港通商せば我邦が損耗を蒙るべきを憂慮し通商其物の不利を唱ふるものもあつた、水戶齊昭の如きも其の有力なる論者であつて一旦開港となつたる後も切りに之が不利を絕叫するものが增加し、爲に不平欝憤は爆發して危害を外人に加へんとするものが尠からざるに至つた。中には外人と難題を釀すことは結局當路者たる幕府が賠償金を支拂ふに落着するから苦痛を與ふる手段とも考ふるものもあつたかも知れぬ。

最初に行はれたる此種の暴行は安政四年十一月二十七日水戶藩民堀江芳之助克之助同蓮田東三信成同信太仁十郞義正がハリス登城の途中之を要擊せんと企てたことがあつたが果さないで其日藩廳に自首した。横濱開港となつて是等物騷な事件は頻々として惹起した、開港の年七月露國使節ムラビヨフが幕府に交涉の爲め江戶に入つた際の軍艦碇泊中上陸した見習士官ローフン、モフェト幷に水兵イワン、ソコロッフが八月廿七日横濱本町中居屋重兵衞の店頭にて殺害され他に數人が負傷した、幕府は魯國全權に其罪を謝し同時に神奈川奉行水野筑後守を罷免し、被害者の爲に葬儀を營み墳墓を建て奉行をして會葬せしめ、魯國も別に賠償を要求する所なく寛大に局を結んだ、而して下手人は遂に逮捕されなかつた。同年十月一日夕刻佛國領事館内の召使支那人某が洋裝してゐたので洋人と見誤られ辨天通りで殺害された、佛公使の要求により洋銀千弗を仕拂つた後慶應元年武田耕雲齋の餘黨たる水戸藩士小林忠雄の所爲と知れて横濱に護送し戸部牢屋敷にて斬に處せられた、又水戸の人高倉猛三郎も連署者であると云ふので同時に遠島に處せられた。萬延元年二月五日蘭人ウェスセル・ラフォス及ナンニング・デッケルの兩人が横濱本町四、五丁目の間にて殺害され犯人は不明であつた、英公使オールコックは幕府に財政上の苦痛を與へたならば之に刺戟せられて注意するに至らんと和蘭領事デ、ウィトに勸告したので償金を要求され幕府は新小判千兩づつを支拂つたが猶不足であると云ふので數年後更に七百兩づつを增拂つた。

同年十二月五日夜江戸麻布善福寺の米公使ハリスの譯官ヒュスケンは赤羽根の普漏西公使假館より駿馬にて歸途清川八郎始め四五人の浪士に斬殺されたので幕府は大に驚き八日の葬式には外國奉行新見豐前守、村垣淡路守小栗豐後守外二名麻上下にて參列し閣老安藤對馬守はハリスに懇々と謝罪したるに、英佛蘭の公使は怒つて詰責せんとしたるもハリスは之に與らず一言賠償の談にも及ばず之を寛恕した、翌年幕府は洋銀一萬枚（約二萬圓）をヒュスケンの母に贈り哀悼の意を表し當日護衛の任に當りたる邦人二人及辻番人等を懲戒免職した。

註　ヒュースケン Henry Huysken は千八百三十二年天保三年一月二十日和蘭アムステルダムに生れ夙に亞米利加に遊び千八百五十五年安政二年ハリスの通譯官として翌年共に下田に來り後英吉利使節エルヂン渡日の際通辨の勞を執り、又プロシア使節オイレンブルク伯の條約締結の際にも通辨の任に當り使節の旅館たる芝赤羽根接遇所に屢出入した、頗る日本通であつて日本人からも愛されてゐた、千八百六十一年文久元年一月十五日日本暦萬延元年十二月五日赤羽根接遇所から米公使館善福寺へ歸る途中薪河岸附近の赤羽根橋畔古川橋で此の厄に逢つた、犯人は其際遂に分らなかつたが清川八郎であると云ふ説である清川八郎傳には其の一味とあるシーボルトの最終紀行中に「私は其後數年經てから此の犯人は或る有名な浪人で、不思議なことには其後殆んど同一場所で他の或る浪人の爲に殺害されたと云ふ話を聞いた」とある。後年清川は佐々木只三郎に暗殺された所が丁度同じ場所であつた。

文久元年五月二十八日夜半水戸浪人十四名鎗劍を振つて高輪東禪寺の英國假公使館を突撃し双方死傷者を生じた、英國公使は六月一日を以て老中に詰問書を贈り米使ハリスも閣老久世大和守に好意的に注意書を與へ一日も早く犯人捕縛の事を勸告した、英公使アールコックと幕府當局との間に押問答を重ねたが幕府よりは公使館警備の邦人死傷者を賞與し保護の任は盡したる事實を見せ又犯人は夫々自殺及死罪に處したので事件も納つたが又もや翌二年五月二十九日夜凶徒打入り英人護卒クレンプスウィトを重傷死に至らしめた。然るに此犯人は松平丹波守の家來であつて公館の護卒たる伊東軍兵衛なる者であつたことを自首し自盡した。丹波守は信州松本藩主で同役戸田采女正、岡部筑前守と三人で英公使館護衛の任に當つてゐたので寡からず驚愕した、犯人の云ふ所に據れば外人猖獗傍若無人の振舞多く又主家は此の警固職の爲に少からざる負債を爲し費用の調達に苦しみ全藩の士眉を顰む、主家を思ふの一念外人を殺さば警固職は免らるべく、斯くて一は穢しき夷人を護衛するを免れ二には主家財政の窮迫を救ふべしと決心せるものであつた。一度ならず二度まで起つた東禪寺凶行は英公使を立腹せしめ、六月二日岡部駿河守東禪寺に至り英使と談判し番兵たりし邦人十餘名の者三十日乃至五十日の押込を命じ、藩主松平丹波守には差控を命じた、英使は之に不滿足で種々の難問詰責を并べて松平丹波守の處罰輕きに過ぐるとし、且被害者の爲に一萬磅の償金を要求したので幕府も百方之を陳辨し償金は肯ぜないが遭難者の遺族には應分の扶助を與ふるも一萬磅の償金は應じ難しと不調に終つたが、其後文久二年八月二十一日次節に掲ぐる生麥事件の突發で其の跡仕末の談判の際遂に十萬磅の償金の外に加へて一萬磅は支拂ふの已むを得ざる仕誼に陷つた(但し此の一萬磅は名義のみは償金にあらず遺族の扶助料と云ふことにした)

**註** 償金支拂は五月三日に十四萬ドルラル同十日、同十七日、同二十四日、六月朔日、同八日、同十五日の六回に各五萬ドルラル計四十四萬ドルラル。一ドルラルは五シルリングの相場にして卽ち十一萬ポンドスチルリングに等し但し四ドルラルは一ポンドドスチルリングなり云々。

排外思想の欝勃せる處遂に公使館襲撃となつては幕府も油斷が出來なくなつたのみならず外國使臣等も亦不安を感じた、當時英國公使館は前記東禪寺に佛國は三田濟海寺、和蘭は伊皿子長德寺、米國は麻布善福寺を假公館に充ててゐたが英公使は既に二回まで襲撃を受けたので危險なりとし幕府と交渉の結果新に品川御殿山に五國公使館を新築することとした、先づ最初に英國公使館の建設に工費八千磅(約八萬圓)を投じて着手することとなつた。然るに御殿山は慶長元和の頃將軍此に別邸を築き吉野より櫻樹を移し大遊園を造つたが三代將軍家光は之を江戸人民に下付し市民の歡樂場とした位である、卽ち今日の公園であるのを外國人に使用せしむると云ふのでさなきだに斥攘熱を唆つた、加之幕府内部に於ても反對論者が出でて文久二年十一月村垣淡路守、一色山城守等外六名連署し閣老に意見書を呈出し將軍上洛の際事情を京都御所へ申上げ其上の御沙汰とすべしと謂ふにある、

蓋し閣老も同意し英國公使に御殿山を公使館とするの希望を廢絶せしめんことを懇請した。「アダムス」の日本史に、

「略」彼我長時間の談話あり閣老曰く近日二三の大名は御所に向つて熱心に外人放逐説を爲せしが爲め御所も之に同意ありて早く外人を國內より放逐せよとの勅令あり、殊に勅許を待たずして幕府が御殿山を公使館の場所と定めたるは甚だ不當の處置とす、宜しく此計畫を放棄せよとの趣旨なり、勅命とあれば將軍も服從せざるを得ず、之が爲め當政府部內には大紛議を起したり、其故は此公使館建設に已に四萬弗を消費したればなり、然れども勅命は拒み難し願くは公使に於て速に御殿山住居の意見を止め他の場所を選定せられたし………英公使ニールは正使アールコックの歸省中の爲め諾否の意見を述べざりき」。

幕府當局も板狹みとなつて是が善後處置には不尠頭を痛めて進退兩難に陷つた處愈々十二月十三日建築落成するや、一炬の怪火は忽ち焔炎天に漲りさしも宏莊華麗を夢想された大厦も瞬く內に烏有に歸した。

蓋し此の擧を遂行したるは長藩士高杉晋作、久坂玄瑞、大和彌八郎、長嶺內藏太、志道聞多井上馨、伊藤春輔博文有吉熊次郎、白井小助、赤根幹之丞武人堀眞五郎、福原乙之進、山尾庸三、品川彌二郎の一味であつた。是より先文久二年六月勅使大原重德江戸に下り十月又三條實美、姉小路公知の正副勅使江戸に下り攘夷の決を幕府に迫らんとせしめられたが幕府は頗る奉命に苦しむの狀があつたので前記高杉、大和、長嶺、志道等は首謀となつて先づ手初に外國公使を刺殺し幕府及藩政府の果斷を促さんとし欲して同志密に計畫する所あつたが同志中にも其の無謀過激を抑へんとするものがあつて事漏洩して三條姉小路勅使の密使を以て慰諭する所があり、且長藩世子毛

利元廣は江戸に在つて之を抑止され遂に事を擧げ得なかつたので夫等の欝積が此の公使館燒拂に飛走つたものである。

其前卽ち文久二年七月二十日には佛國公使館政府士官ヘーデグロンなる者夜九時頃同國海軍下士官一人を伴ひ當時娛樂の地港崎町に散步せる時一群の日本人が石を投じたと云ふので衝突し、デグロンは負傷したので佛公使は速に審廷を開き罪人を處罰せよと申込んだ、神奈川奉行は幕命を奉じ直ちに審問を開き相當の處方をしたので大事に至らないで事止みとなつた。

文久三年九月二日佛人三名騎馬にて東海道戶塚驛に遊ばんと程ケ谷驛の手前井戶ケ谷で數名の浪人が不意に襲つて先登士官カミゥースを殺害した、同伴の二人は引返して公使館に訴へたので各國外人は騎馬又は鐵砲を持ち五人三人又は三十人軍艦士官三十人計り帶劍騎馬で駈附けた、總勢百餘人前後に神奈川奉行の同心通詞等附添ひ佛國公使館に引取つた、外人一同は頗る激昂し峻嚴なる談判を始めよと敦圉たが、佛國公使館書記官ブレッキマンの提案で日本から德川一族中より名家を特使に選び巴里に派遣し謝罪せしむべしとのことに幕府は之に應じて此機を利用して豫て國內に橫濱開港取消論が囂しいので佛國に此の談判を以て臨むのであると聲言し將軍上洛して京都に對する口實を作るに好都合と考へた、卽ち池田筑後守等一行を佛國に派遣した、（本章第六節海外へ使節派遣の項參照）一行は文久三年十二月二十七日橫濱を出帆し、翌元治元年三月十六日巴里に著き、故カミゥースの遺族に面會して弔慰したき旨を述べた所辭退したので池田は日本國產を贈て使節は改めて佛國政府に對し未だ犯人の檢擧せざる旨を述べて陳謝し遺族扶助料として三萬五千弗を政府に渡した。

元治元年十月二十二日夕英國士官ボルドウィン及バードの二人鎌倉に遠乗りを爲し八幡宮前で浪士二人に斫附けられ前者は殺害され後者は重傷を負つたので英公使オールコックは將に本國に向け出發せんとする際であつて速に犯人を逮捕せざれば英國政府は嚴重なる處置に出づべしと强談したので幕府は狼狽し非常の努力を拂ひて探索したが十一月に至り浪士蒲池源八郎、稻葉丑次郎の二人を捕縛して下手人として死罪に處せられた。是は元は常州谷田部藩主細川玄蕃頭家臣であると謂はれ、或は三日月小僧の異名を取つた盜賊とも云はれる清水淸次と同類であつたとの懸疑に據つたものである、淸次は後捕へられ神奈川奉行に引渡され戸部牢屋敷に之を引取つて英公使館書記官サトウが尋問した時鎌倉で英人を殺害した一人であることを自白したので處刑の上梟首された、後同類と目せられた間宮一なるものも捕へられ死刑となつて梟首された。

慶應二年二月佛艦水夫二名が酒亂の上港崎町遊廓に入つて狼籍したので相撲年寄の入間川治太夫の弟子鹿毛山長吉が出合して取鎭めんとした處暴行が已まぬので大地に投附けた所鳶職龜吉なる者が飛んで來て鳶口を以て毆打し一人を殺したので長吉は追放龜吉は死罪となつた。

斯の如く頻々と起る物騷な事象は在留外人を脅かすこと一通りで無かつた、夫れが而も犯人の檢擧が一向に捗取らないので外國使臣等は尠からぬ不滿であつた、神奈川英領事「ヴィス」は在住英人に對して外出の際には短銃を所持するよう布告を出したが、此事は余り極端で寧ろ却て其の爲に事端を繁くするであらうと云ふので公使「オルコック」は之を止めたと云はれる、彼の米國公使館通譯ヒュースケンが殺された時には英國公使は自衛の爲め自國の軍艦から海兵を高輪東禪寺の假公使館に上陸警備せしめ、又出入の際の護衛に當らしめた。

其後明治元年二月十五日天保山沖に碇泊せる佛國軍艦の水兵十七名が和泉堺浦に上陸し狼籍を働いたので堺警備の土佐藩兵之と衝突して十三名を殺傷したので佛公使レオン・ロッシユは大に怒り十七日四ケ條の要求を提出した(一)日本政府の重臣佛艦に來り謝罪すべし(二)日本人の刀を佩いて居留地に入るを禁ずべし(三)十五萬元の償金を出すべし(四)加害者を嚴刑に處すべし。以上三日を限りて確答を求めた。此時は藩主山內容堂の大英斷で直に暴徒二十人を捕縛し同廿三日堺の妙國寺に於て切腹を命じた、十一人に及んだ所臨檢に立合つた佛國公使館員及海軍士官等は豫て聞いた日本人の切腹を眼前に見せられたが其の悽愴慘憺の狀を觀るに忍びないで遂に中止を請求したので殘りの九人は宥されて遠島の刑に處せられた、而して藩主より被害者に十五萬元を賠償した。

次いで備前藩の家老が兵を引て京都に出づる途中兵庫で英國士官と衝突し士卒は之を殺傷したので港內に碇泊した多數の外國軍艦は水兵を上陸せしめ通路を絕ちて一大事となつたが家老の切腹に因つて事無きを得た。

又同二月晦日には各國公使參朝謁見に際し京都三條畷に於て刺客現はれ英公使パークスに危害を加へんとしたが警護の任に在つた中井弘の防衞で之を免れ只中井が淺き負傷で終つた。首謀者は梟首せられ事無きを得た。

斯くて屢々不祥事も起つたが舊幕府時代には外人殺害者は容易に檢擧處罰されなかつたが明治新政府となつては悉く卽座に公正なる處置を執つたので外人側も之を諒とし且新政府の威力を信ずるに至つた。

## 第五節　開港後の國際紛擾

井伊大老がクーデターを以て攘夷黨志士に對し峻酷なる處刑を敢行し確執深き水戸齊昭を壓迫した結果は萬延

元年三月三日櫻田門外の凶變を招き、茲に水戸派を始め諸藩浪士の飛躍は目覺しきものがあつて、彼等は飽くまで外人に反感を持し横濱開港を快しとせざるを以て開港論者を排擊し外人を掃蕩せんと意氣込み矯激不穩の擧動が甚しからんとした。殊に横濱は外人居住の唯一の圏内である爲外國商館焼拂などの風說が頻々なので幕府は閏三月三日講武所に臨時泊り番を置くこととした。水戸から續々江戸に出て來るものが多いので幕府は江戸内の川筋橋々を取締らしめ、四日老中安藤對馬守信睦の命で朝陽丸及鵬翔丸の二艘を横濱港に差向けた。

文久二年八月二十二日（一八六二年九月十五日）勅使大原重德の歸京の前驅として其の前日薩藩主島津三郎は從者三百名を率ひて江戸から西行の節生麥で横濱より馬上にて來れる英人リノックス・リチャードソン Lenox Richardson、マーシャル Marshall、クラーク Clark、ポラデール Frau Borrdaile 婦人の四人が行列を犯したと云つて從士が拔刀で追驅けリチャードソンを斬殺し他の二人に負傷せしめ婦人は無事であつたが帽子竝に頭髮の一部を切斷した。此の凶變は痛く外人を驚愕せしめ事態頗る重大となつた。

藩主は初め外人を斬つたのは行列の者でなく横合より浪人体の者三四人顯はれ外人と掛り合ひ刄傷に及んだ旨を神奈川奉行に屆け、後二十六日に至り外人四人馬上にて行列内へ乘込たので手眞似を以て去らしめんとしたが無體に乘入たから無是非先供の足輕岡野新助なる者が切付けた云々と屆出でた、當時外國側では事變を知ると本覺寺米國領事館から合圖の大砲を發射したので軍艦から短艇三艘に十五人づつ水兵が乘込んで宮の海岸に著し追々跡から同樣數艘も著いた、充彈の上本覺寺警備に上陸した、奉行所からの急報で幕府では大に驚き役向夫々白書院入側に會合し大評定を開いた、時に幕府有司の多數は島津に快からぬものが多く中には是れ殊更に事を釀し幕府を困窮せしめんとするのであらう、速に兵を派し追擊せんと云ふものもあつたが、徳川慶喜は徒に事を大きくして國内の騷亂を惹起しては宜しくないからと云つて先づ三郎に下手人を差出す樣に命じたが薩藩では其の命に從はなかつた。此時實際手を下したのは奈良原喜左衛門後の男爵繁で後から斬つたのは海江田武次後の子爵信義であると謂はれる、薩藩主の一行は神奈川泊の豫定を變更して直行して程ヶ谷に泊つた、其夜小松帶刀、大久保市藏後の公爵利通等が奈良原、海江田に向つて今夕は或は外人の來襲あらんも圖られぬから衆を誡めて警備せねばならぬと告げると、海江田、奈良原の答には左る事もあらんか然し彼等の來襲を待たんが爲め警備に就くは既に遲い、我より先んじて彼等を襲擊するのを上策とするから三百の從士中百人を分ちて我等に貸し給へ、又君侯は二百士を從へて是れより直に前進し給はれよ、我等は直に居留地を襲ひ碧眼奴を捽搏し凱歌を揭げて再び行列に追附くべしと意氣込んだが、大久保等は其の暴論を辨駁し議容易に決せぬ内に漸く天明になつたと云ふことであつた。

**註**　此の事件に就て最近鹿兒島縣姶良郡隼人町久木村治休（天保十四年生九十四歲にて現存）談によれば外人四騎は左へ避けつつ行列の右を通つて藩主の駕籠脇になると多くの武士が取卷くので行列が膨れてこのままでは通過出來ないので列中から手合圖で外人に引返せと示したが道が狹い上に左は生垣で動きが取れない、行列はピタリと停る、外人は已むを得ず馬首を廻はそうとして左半身が駕籠の方に曝された時無禮と大喝して奈良原が斬付けた、左手で脇腹を押へて右手に手綱を握つて引返した處を前列に在つた久木村が又拔打にやつた、又もや後から駈け來る一外人を斬つたが曲つてゐたので充分居かないで淺手を負はした、そこへ海江田が追かけて來て、斯く先きの外人は途上肉の一片を落し落馬したのを海江田が刺止の一刀で落命した。云々（此事は昭和十一年四月號の雜誌「話」の中に鹿兒島より丸山義武記として本人の口述があ

る、當時の記憶が發表されて極めて面白き記事である）

神奈川奉行阿部越前守正外は直ちに組頭若菜三男三郎を程ケ谷に遣はし下手人穿鑿のことを談ぜしめ事件落着まで程ケ谷に滯在あらんことを求めたが、薩藩は万一の場合には自ら其の責に任ずると云つて肯かないで出發した、又幕府は直ちに若年寄遠山信濃守友詳を横濱に遣はし陳謝せしめた、又一面米佛蘭の各國公使領事に調停を依賴したが英國代理公使セント・ジョン・ニールは薩藩の不法を詰り下手人逮捕を逼ること益々急であつたが幕府の處置寛漫であるとて本國政府の指令を仰ぎ軍艦派遣を要請した。

翌文久三年二月英國海軍少將クーパーは十一隻の軍艦を率ひ横濱に入港し英國政府の訓令を受けて幕府に交渉を始めた、卽ち(一)十分なる謝罪を乞ふべき書を出すこと(二)十万ポンドステルリングの償金を支拂ふこと、又英國海軍は薩摩に到つて(一)英人を殺傷したる人々の中重立たる者等を差出し英海軍士官の一人或は數人の眼前にて其首を刎ぬべし、遺族及負傷者等に、二万五千ポンドステルリングの償金を出さしむることを要求すべしと告げた、四月四日佛公使より「今般英國政府より殺害一件に付日本へ請求候義有之、此義は佛蘭西政府に於ても英國の法を尤と存候、其仔細は一體世界の人民は互に懇親を以て附合可致は万國の通法に候處日本に於ては其通法絕て無之、猥りに外國人を殺害致し候抔全く戎狄の可致振舞に御座候、此度英國より申立候義は實に正理と相心得候に付佛蘭西に於ては斷然英國の加勢致し江戸海に佛蘭西の旗章を飜して亂暴相働候積りに付此段豫め申上置候」と通牒を發した抔當時列國使臣間には非常の衝動を與へ我が當局に逼つた。（次の第七節參照）

幕府內でも償金支出說と反對說とがあり、或は鎖國說も出でて議論容易に一決しなかつたが遂に老中連署で償金拂渡のことを承諾し五月九日横濱運上の銀貨を以て一時繰替へ十万ポンドステルリング、卽ち洋銀四十五万元（日本金二十二万兩 或云二十五万兩）を拂つた。

六月二十二日英海軍提督クーパーは七隻より成る艦隊を率ひて横濱を拔錨し二十七日を以て鹿兒島灣に入つた、薩摩では豫期してゐたので藩を擧げて激へ戰ひ砲擊鋭く互に勝敗があつて砲臺を破壞され市街は燒かれたが又彼の艦船を擊破し一艦は錨を切捨て逃去つたので薩摩は勝利を得たと云ひ英國方も負けないと云つて互に引分の觀があつたが、薩藩でも打切りとして媾和するが得策と云ふことになつた岩下佐次右衛門方平重野厚之丞安繹を談判委員に命じ樺山舍人久舒海江田彦之進等が差添ひ、海路神奈川に着し、八月五日江戸に入り幕府の許可を得、七日ニールと横濱に會見し、償金二萬五千磅支拂の請求を諾し幕府から借入ることとした、幕府も已むを得ず之に應じ十一月之を交附した、而して下手人は他日逮捕の上英國士官の面前で處刑すべしと云ふ書面を差入れ解決を告げた。

是より先き英艦大擧横濱港に入つた時幕府は大に驚き三月五日關東諸藩に令し英人が如何なる意志で居るやを忖度し難いので兵備を嚴重にせしめた、玆に於て過激の藩士浪人連は時機至れりとして攘夷の實を擧げんと蹶起奔走するに至つたのだ、英公使は同二十日書翰を以て在留英人の日用品幷商品の見積代價二百九十六萬七千五百七十五弗を藏するから是等の保護を申出でた處、幕府は四月六日附にて其の義は諒承したが猶貴方にても處置あるは敢て拒む所でないと告げたので、彼に横濱駐兵の言質を與へたるもので彼等は之を實行せんとするに至つた。其時米國公使の旅館麻布善福寺が燒失したので公使は必定暴徒の所爲ならんと疑ひ幕府に警告する所があつた。折しも過激思想を懷ける攘夷團體新徴組は起つた、政府は東禪寺生麥兩事件の贖罪金も畢竟我に曲あれば償金を與へて曲直を分明にし然る後鎖港の談判に及ばんとして、五月八日小笠原圖書頭を横濱に派し償金を支拂ひ、而して後鎖港の談判に及ばんとして面談を求めたが各國公使は面會を辭した、浪士等は償金交付と聞て憤慨し横濱襲撃に邁進せんとした、英公使は愈々駐兵自衞の實行に移らんと主張し幕府も始め之を難題としたが遂に五月十六日酒井飛彈守を横濱に遣はし之を承諾した。

**註**　此時外交文書の飜譯に從事し外國奉行阿部豐後守邸に出入した福地源一郎の「懷往事談」に曰ふ「然れども幕閣の評議は更に一決せず」（第一）斷然彼が要求を拒絕し彼もし發砲せば我れも亦これに應じて開戰すべしと云ふ說は當時攘夷家の意に適ふ論なれば是を唱ふもの多數なりしと雖も其多數は表面だけにて眞實は此說尤も少數なりし（第二）此要求は和戰の決する所なれば將軍家還御まで延期を申入べしと云ふ說は都合よき案なれば初めは皆これに雷同したりけるが英國公使が還御まで相俟つを肯ぜずと跳付けたる返答の爲に忽に行ふべからざるの議と相成り（第三）此事件は我に曲あれば償金を相渡すべし然る上にて鎖港の談判に涉り彼聽かざれば其時こそ攘夷すべし是れ我が直なりとすと云ふ曲直說は是ぞ眞の多數を得たる議なりしが是に同意しては後日の禍ありと恐れ各其內心に於ては誰かな是を專決せよと祈つたる狀況にてありき（是は井上信濃守が此年の五月上阪の船中にての物語に聞たる評言也）斯く淺ましき狀況なりければ幕議は此際八日八日と延期は仕ても更に決する所なく却て世間に向ては虛勢を張り應接の模樣に寄りては兵端を開くべきやも計り難く候と達し自然右樣の事變に至り候時は假令御兵備御手薄にて御勝算は無之候とも不得止儀に付死力を盡して防戰の覺悟可有之と諭し兵糧秣の配賦方を定め果は旗本御家人等の妻子立退かせ苦しからずと令し唯今にも兵端を開くべき色を示したりければ江戶中の混雜一時に起つたり。去年幕府は諸大名の妻子を國許に携帶して歸る事を許したりけるが侯伯の後宮は皆江戶に住馴て榮耀贅澤に暮したるを以て今更邊鄙の田舍に赴く事を嫌ひたりければ此節迄も猶江戸屋敷に住居せし方々の多かりしに、是等の方々も今は戰爭騷ぎに會ひて何かは猶豫の成るべきや家來に迫られて我もと國許へ發駕せられたり、是に於て旗本の面々は各々其の知行所に妻子を立退かせ、知行の遠く隔りたる者は親類緣者の知行の江戸近なる所に迯り御藏米取りの者は知行なければ銘々を思ひ〳〵に由緒を求め遠くは十里近きは二三里それも叶はざる者は江戸近在更に近きは板橋王子染井巣鴨邊に借家して妻子を其所に立退かせたり。是に依て市中の町人等も皆これに驚き爭ひて家族立退の騷ぎをなし大名よりして旗本御家人諸町人まで不用なる家具計器類は是を賣拂ひ海岸近き所の者は家を賣り諸道具迄も爭ふて去參りければ其價は頓に下落して疊一枚百文にても買手なき迄に至り利得を占めたるものは度胸ある道具屋と足腰の達者なる人足ばかりにて左ながら火事場の體に異ならず、此狀にては江戸は一圓に空明にも成るべきかと思はれたる程にてありき。(第六章第四節參照)

然るに玆に又國際關係上由々敷重大事件が突發した、夫れは長州藩の外船砲擊である、卽ち五月十日には米船ベムブローク號、同月二十三日は佛艦キャンチャン號、同月二十六日には蘭艦メヂュサ號、六月朔日米艦ワィヨミング號、同月五日佛艦セミラミス號及グンクレート號が下關通航の際或は砲擊せられ或は戰端を開いたので中外を震憾せしめた、蓋し攘夷の急先鋒を以て意氣込みたる長藩の今回の擧は幕府が朝旨を奉じ鎖港の交涉を爲したるは畢竟國交斷絕と見るべきもので且外人を國內より放逐せんとの攘夷の勅令を奉ずるものであるとの見解もあつて正しく晴天の霹靂であつた、英公使は初め幕府から鎖港の交涉があつた時是最後の通牒なりとて嚴重なる抗議を申込んだ。

閣下將軍ノ命ヲ奉ジテ下名ノ英國辨理公使へ各國公使ト連名ニテ投ゼラレタル異報ノ趣ニ領承驚愕ノ次第ナ

リ、別段何タル御明解モナク斯ル粗暴ノ御報アルハ余ガ萬々解スルコト能ハザルコトナガラ先ヅ此ハ暫ク擱キ余ハ窃ニ考フルニ貴國ノ皇帝及將軍トモ今閣下ヲ經テ余輩ニ達セラレタル如ク諸港ヲ鎖シ條約國ノ人民ヲ逐拂ハン抔ト御決意アルハ恐ラクハ是ヨリシテ日本國ノ大災厄トナランコトヲ御熟知ナキヨリ起リシ儀ナル可シ英國ノ辨理公使タル余ヲ以テ之ヲ觀レバ苟モ貴國ノ政府タルモノ將來臍ヲ嚙ムノ大悔ヲ起スベキ斯ル粗暴ノ擧動アランヨリ今少シク熟慮ノ仕法モ有ルベキ筈ナリ若シ今ニシテ其計ヲ爲サズンバ英國ハ如何ナル方便ヲ以テナリトモ既ニ貴國ト條約國タル以上ハ飽クマデモ其條約ノ義務ヲ盡シ從來ヨリモ尙ホ一層滿足ニシテ且ツ堅固ナル取極ヲ貴國ト取結ブノ手續ニ掛ラザルベカラズ其ノ手續ノ如何ハ如今或ハ天皇及將軍モ御料知ナキモ計リ難シト雖モ然ル場合ニ至ラバ眞ニ日本國ノ大災厄トナラン也依リテ愈閣下ノ報ゼラレシ如クナラバ遺憾ナガラモ英國政府ニ於テモ之ニ應ズルノ處方ナカルベカラズ事一度此ニ至ラバ最早最後ノ貴國ノ方便ハ却テ無用ニ歸スベキハ余ガ職トシテ豫メ茲ニ警戒セント欲スル所ナリ余又茲ニ一言ヲ献ゼン想フニ閣下之ヲ將軍ニ傳ヘ將軍ハ必ズ之ヲ天皇ニ奏セラルベシ何ゾヤ曰ク今閣下ヲ經テ余輩ニ達セラレタル貴國政府ノ通信ノ如キ向フ見ズノ文書ハ其國ノ開未開ヲ論ゼズ古來未ダ嘗テ萬國歷史上ニ於テ見ザル所ナリ請フ見ヨ其文書タル實ニ條約諸大國ニ對シ日本ヨリ兵端ヲ開クノ布告文ニ非ズシテ何ゾヤ今ニシテ速ニ其文書ヲ駐止セズンバ貴國ノ蹂躙セラルコト實ニ近キニ在ル可キナリ謹告

千八百六十三年六月二十四日（文久三年五月九日）　英國公使　ニ　ー　ル

幕府執政宛

列國は幕府が鎖港通牒を發したのに驚いたばかりの處へ今度は突如外艦を砲撃するの擧に仰天し各使臣は幕府に嚴談を申込んだ、英公使は

今回長州侯ノ暴戾ニモ佛米及和蘭ノ軍艦ヲ砲擊セシハ余ヲ以テ之ヲ見ルニ是レ必ズ過日幕府ヨリ傳達セラレタル攘夷ノ勅旨ヲ遵奉セシヨリ起リシコトナラン此一條ニ就テハ佛米及ビ和蘭ノ諸公使既ニ本月二十五日會議ノ上決斷シタル旨モ有之廣大無限ノ勢力ヲ以テ其暴戾ヲ擊破スベキ積ナリ若シ夫ノ嚴肅ナル各國トノ交際條約ヲ斯ル猛惡無法ノ擧動ヲ以テ破壞セントスルノ企ヲ尙モ迅速ニ廢棄セザルニ於テハ一年ヲ出デズシテ日本國ノ運命果シテ如何アルベキカ此ノ位ノ事ハ固ヨリ了知アルベキ筈ナリ、然レ共其交際條約ヨリシテ日本國ノ各國ニ負ヘル至大ノ義務ハ天地ノ盡キザル限リハ暴力ヲ以テ破毀スベカラザル世界ノ公法ヲモ或ハ未ダ辨知セザル大名アリテ猛惡無謀ノ擧動アルニ於テハ日本國ノ人民モ其大名ノ無知兇猛ナルガ爲ニ遂ニ測ラレザル塗炭ニ陷ルニ至ルベシ然レ共大名ノ猥リニ干戈ヲ動シ又ハ他ノ暴行アルモノハ之ヲ誅罰スル事幕府ノ權內ニアルベキ旨近頃執政方ヨリ佛國公使ヘ御報知アリシト聞ケリ若シ果シテ然ラバ幕府宜シク速ニ長州ノ砲臺ヲ毀チ其熕砲ヲ鑄銷スベシ、世界文明國ノ確法トシテ國旗恥辱ヲ與ヘラレタル程國家ノ忿恨ヲ釀スモノナキハ幕府ニ於テモ豫メ之ヲ體認セズンバアルベカラザルナリ。

合衆國佛國及和蘭ノ國旗ヲ颺ゲタル船舶ニハ何レモ長州ノ砲擊ノ爲ニ多少ノ死傷アリタルニ付其諸船舶モ長州ノ軍艦及ビ砲臺等ニ聊カ手初ノ罰ヲ行ヒ置ケリ尙ホ時日ヲ移サズ都テ其砲臺ヲ打毀タザルベカラズ第一ニ長州ヨリ砲擊セラレタル外國船ハ卽チ米ノ「ベムブローグ」號ニシテ六月二十六日五月十日ノ事ナリ爾來既ニ三十日

ヲ過ギタレバ幕府ニ於テモ果シテ其權力アリトセバ最早是レマデニモ其大名ノ罪ヲ取糺シタルベキ筈ナリ謹言

一千八百六十三年七月二十八日　文久三年癸亥六月十三日

公使ニール

各國公使も同樣の決心を以て幕府に迫つた、事態は益々急を告げた。別けて英國は生麥事件で幕府からは償金を得て陳謝されたが肝腎の薩藩に對する處置は未了なので六月二十七日（八月十一日）鹿兒島灣に進入して開戰し前述ぶるが如き結末を告げた。

次ぎに前節に述べたる文久三年九月二日佛人三名が井戸ヶ谷で遭難した時は在留佛人は勿論外人一同激憤し各國使臣も一致となつて其の不都合を責め立てたので、幕府も大に當惑し如何なる善後處置を採らんかと苦心した所、佛公使館書記官ブレッキマンは外國奉行に提案し日本から德川一族の中より名家を特使とし巴里に派遣し佛帝に謝罪せしめたならば或は事なく納まらんと忠告したので幕府も之を容れ表面上は鎖港談判を主とする旨を聲言せば將軍上洛して京都に對する口實を作るも好都合と考へた。

文久三年十二月には池田筑後守一行を派遣した、一行到着の上外務大臣ドルーマンドルーィスと談判し懸案となつてゐる遭難遺族扶助料として金三萬五千弗を渡し次ぎには長藩の砲擊事件に移りたるに佛國側にては下關自由通航竝に償金を要求した、日本通のシーボルトが居合たので顧問的に聞合せて見ると「所謂なく戰鬪開始したるもの故其入費は償ふことは西洋各國の通法であつた、既に佛國も先代ナポレオン各國へ兵を向候に付近年まで年賦償還差出居る側も有之云々」との事であるから道理もあり、又今回の目的は鎖港談判であるから先方の感情を害せぬ爲め之に應じ愈々鎖港談判となつたが、先方は應ずるどころでは無く反つて先年の使節開港延期談判の際約定したる條項を延引し履行せぬから同約定の趣旨に基き直ちに軍艦派遣し兩都兩港を開くやう談判すべく既に英蘭政府とも交涉纏つて居るが、これは貴國の迷惑ともなるから其代りに目下開港の三港とも關稅を免除すべしとの要求を提出され、談判は正に破裂せんとする勢を示した、我が使節は必死となつて應酬し、國內人心不安定の事情を述べ修交を破らざる爲め態々使節を派遣した趣旨を力說した所、我が佛國も修交は欲するのであるから條約を妨害する凶徒卽ち薩長を鎭定する爲め軍艦三隻、軍資六百萬兩を貸與すべく、又軍艦は讓渡してもよいと申出でた、これ後年幕府と佛國との秘密同盟の成立つ端緖である、これには我が使節も面食つた、所謂難有迷惑の頂上であつた、それから世界の大勢を說かれ、蘇士運河も出來て歐洲の軍艦は喜望峰を廻らないで從來の三分の二の海路を減じて東洋に達するやうになることから、鎖港抔は到底行はれないことを說述せられ、これにて見聞も擴まり、顧みて國內の狀況はとても外國相手に戰端を開かるべくもない事情を考ふれば、今度の要求は駄目とあきらめ、關稅免除の要求共双方不調と決した、佛國が此れの通りであるから、英國も勿論駄目である、英佛兩國共に見込無ければ他は言ふに及ばずとて、英米蘭へは書翰にて、また魯、孛、蘭、瑞へは巴里駐在公使迄書翰にて斷り、其儘歸朝したが巴里で長藩發砲の償金十四萬弗（內四萬弗は長州にて拂ふ）を支拂ひ佛國海軍分隊指揮官と一致して下の關海峽通過の妨害を除くとか、或は輸入品の五分課稅六分課稅等の協約を締結して歸つたので、幕府は其の不首尾を譴責し條約は批准せなかつた、世に之を巴里廢約と云ふ。（次の第六節參照）

斯くて各國公使等は馬關砲擊の抗議を幕府に申込んだが要領を得ず、巴里條約も廢棄し償金支拂等の見込もないので兼て協商を重ねたる馬關攻撃に乘出した、佛艦を四隻初め英艦九隻蘭艦四隻、米艦一隻は元治元年七月二十九日八月三十日横濱を拔錨し長州攻撃に向ひ砲戰は八月五日九月五日に始まり八日まで繼續し、長藩は砲臺を毀たれ武庫及火藥庫を燒かれ損害を蒙り八月十四日休戰條約を結び列國は幕府に迫つて償金三百萬兩を要求した、幕府も已むなく之に應じて事件は結末を告げた、後金額は輕減せられ維新後に至り漸く皆濟した。

畢竟此の禍亂は長藩の暴擧の如く謂はれたが長藩に於ては文久三年四月廿一日の「外夷拒絕の期限五月十日御決定に相成候間、益々軍政相調醜夷掃攘可有之被仰出候事」との勅令に基き、尙同四月二十日「攘夷期限之事來五月十日無相違拒絕決定仕候間、及奏聞候、猶列藩へも布告可致候事」との將軍の奏上及「攘夷之儀五月十日可及拒絕段、御達相成候間、右之必得を以自國海岸防禦筋彌以嚴重相備、襲來候節は掃攘致し候樣可致候」との幕府の通達に從つたものであるとしてゐる、乍併是より先き英國に遊學中の井上伊藤は急を聞て歸朝し英國公使と會見し歸藩の上戰禍を鎭めんと斡旋し藩公に謁し重職と會見し徒らに外國と事を構ふるの不可を論じ世界の大勢を述べて和解を勸說したるも藩論一決せないで快報を齎し得なかつた。當時の事情を外人側の記錄によつて一瞥すれば英國政府の日本駐剳外交官及武官よりの報告を蒐輯せる所謂青本に次ぎの記事がある。

本職は長州公に其頑迷なる政策を撤去すべき機會を與へんことを欲したりき、故に本職及米、蘭兩國の公使は日本語英語及蘭語の三邦語にて認められたる覺書を二青年（井上、伊藤）に託して直接公に送呈したりき、然るに二十日間の猶豫は卽ち無効に歸し長州公の態度は些しも變更を見ざるのみならず、其回答の如き、纔に二青年が極めて不正確なる口頭上の陳述に過ぎざりし、而して結局公は天皇及幕府の命に基き、其排外的行動を取りたるものなれば則ち該命令取消の直裁を仰ぐ爲め更に三ケ月間の猶豫を請求したるのみなりき。是は英公使アールコックが英外務大臣ラッセル伯に宛た文書の一節である、是等の努力は酬ひられないで遂に前述ぶる如く聯合艦隊の進發砲擊となつたが開戰に先ち藩論漸く和解に決し、高杉晋作を重職宍戸刑部と變名し應接使として講和談判に移つたが猶豫時刻一時間を經過したる爲發砲となつた次第である、時に京師では朝議一變し攘夷御親征の議取止となり會津藩主松平容保は薩藩と通じ尊攘黨の公卿を免黜し大改革を行ひ幕府は長藩主父子の入京を禁じ且つ攘夷の擧を詰り其の罪を糺問せんとしたる爲遂に蛤御門の大慘禍を演ずるに至り幕府は此の京師變動の罪を名とし征長の議を決するに至つたので長藩は腹脊敵を受くることとなり頗る苦境に陷つた次第である。(幕末外交物語、ジョセフ、ヒコ自叙傳、井上伯傳)

其後王政維新となつても尙攘夷の餘熱より惹起せる二三の排外事件は勃發したるは不得已出來事であつた、彼の京都朝廷に於ける各國公使の謁見式を擧げらるるに當り英國公使パークスの襲擊事件の如きは一時内外の人心を衝動かしめたが、幸に事無きを得たが當時及び前後の物情騷然たりし事は横濱外事新聞に依つて之を窺ひ且外人間の竟圖見解を探らん爲に左に之を藉りて掲載せん、

慶應四年三月十三日の中外新聞に横濱新聞の抄譯として一千八百六十八年三月廿八日日本三月五日記すとある一節に

昨夜飛脚此地に到着しハルリー・パークス君京都に於て天子の禁闕へ赴かんとする途中にて襲はれ、其護衛の騎兵九人手疵を受け日本人一人殺され一人虜となりたる旨を報告せり。

此事に就ては風聞まち〳〵にしていまだ何者の所爲とも分り難し、但し怪我人は九人にて其內二三人は死したる由、パークスは其乘りたる馬を斬られたるのみにて自身には怪我これ無き由なり。事實の內容は事件勃發間もなき故多少の相違あり 此事件の末如何成りしやいまだこれを聞かず、然れども佛蘭西蒸汽船トプレイ幷に英吉利蒸氣船エドヘンチュール、急に大阪に出立せり、是れ蓋し公使等を迎へ歸らん爲なるべし。

此度は公使等實に彼兇徒等の信ずべからざるを知り自今以後決して右樣の異變なかるべき處置を行はん事是れ我輩の欲する所なり、最早寛大の處置を行ふべき時にあらず、歐羅巴人米利堅人身に一毫の罪無くして命を失へる者既に三十人に及べり、此後かくの如き枉死の數增加せん事疑ひ無し、然れば手荒き處置を行ひて日本人の暴惡を止むべき事當然なり。

先日佛蘭西ミニストルの爲せし處置は甚手早くして且つ其目的を得るの良策にて此地に在る外國人等極めて敬服せり此度英吉利ミニストルも亦宜く是にならふべし。

（佛國水兵十三名土佐藩兵に殺傷されし事件に對する佛公使の抗議前第四節終に揭載あれば玆に之を略す）

外國人の枉死亦夥しいかな。第一に米利堅人十人水死し、次に十一人殺害せられ、又此度朝廷の賓客として懇に招待を受くべき英吉利人故無くして襲はれたり。

コルシカ人の語に一人殺さるれば一人を殺すといへる事あれども、吾等は是に倣ふ事無く一人殺さるれば千人を殺すの心を以て復讐を行ふべし、吾等一度命令を下せば日本は外國の才智兵力に屈服せざる事を得ず、日本人若し頑固なるときは遂に印度人の轍を履むに至るべし。

日本人は歐羅巴、米利堅等に往きて其國人の如く自在に歩行するも妨無し、何故日本にては外國人にこれを許さざるや、畢竟日本人をして其陋習を改め公平の法を守らしめんが爲には大軍を上陸せしめて國內に攻入り軍艦を以て海岸を圍まざるを得ず。

卽今兵庫と神戸との間を閉ぢ外國人の通行を禁ぜり、何故とも解すべからず、何の道理に由て此の如く吾等の自由を妨ぐるや、夫れ條約は正しき道を行はん事の請合ひなり、然るに此國民は何故道理に脊ける事をなすや、彼等實は敵對を好むや又唯戯れなりや其裁判はミニストルの處置に在るべし。(黑澤孫四郎譯)

元來此の事件は明治新政府となつて始めて外國公使を朝見する時の出來事で、卽ち二月晦日佛國全權公使レヲン・ロッシュ及船將二人、蘭國公使代理總領事ド・デ・クラフ・ファン・ポルスブロック朝見し、英公使サー・ハルリー・エス・パークスも亦將に朝せんとす、途中刺客あり、其從衛を斫り遂に朝するを果さず、三月三日に至つて朝見す、四日其の首謀者朱雀操 本名林田勝四郎其時衞士の爲に斫らる 三枝蓊には自殺を命ぜんとしたるに、パークスは之を遮つて曰く「日本人は自殺を以て名譽となす、以て刑罰とするに足らず、宜しく梟首に處すべし」と主張したので朝議之に從ふとある。(日本政史)

如何に外人の鼻息荒きことよ。サリナガラ又飜つて彼等の內面に入つて考へると洵に尤の次第である通商移住勝手次第である國際間の開放的なる國柄であつて獨り東洋の別天地を見れば如何にも窮屈千萬の取扱振りで而も一々首を賭けて出入せねばならない不安は到底堪へ忍ばるる限りではあるまい。

然れども神武以來尚武を以て傳統的國民性となし而も二千有餘年未だ曾て外部の屈辱を知らなかつた日本民族

が突如として外來の壓迫に際會し敢然として排外的氣魄を高潮することは是又已むを得ざる行懸りである。

斯くて外人側では條約の完全履行を迫り排外思想を鎭壓し外人の不安を一掃せんとすることに全力を盡した。英公使を始め中には相當强硬態度を執つて武力に訴んと考へたものもあつた場合もあるが、英本國政府の訓令は日本と和親し通商貿易の開拓を目的として決して戰端を開いてまで抗爭するを避けた、勿論邊境の一部を窺窬する抔の領土的の野心は現はさなかつた。殊に米國は最初より飽くまで親善平和を主義としハリス公使の穩健なる處置と日本に同情して事毎平和に導いたことは一方ならぬ勢力であつた、併しながら彼ハリスも時としては米本國に通信せるものの中には「萬延元年の頃から日本に在る英佛公使館員及び海軍の士官の間には西歐諸國と日本とは到底戰爭を避ける事は出來ないであらう。而して其の結果日本は遂に分割せられる運命に在るといふ意見が行はれたとさへあつた。

如斯外交上の危機は屢々起つたが多くは前節及本節に掲ぐるが如き種々不祥事の突發が基となつて而も多くは排外的精神の發露であつた、之に對する外國の出先官憲等の苦心は尋常一樣のもので無かつたであらう、只獨り露國は文久三年三月軍艦「ポサッドニック」が突如として對馬に占據し艦長「ビリレフ」は對馬が英佛の爲に奪はれるのを防止すると揚言し半ケ年も去らなかつたので日本の抗議となり英國側でも看過出來ぬと云つて英國東洋艦隊司令官ホープ中將は優勢なる艦隊を以て之を退去せしめた、露國の眞意は那邊にあるか、蓋し露國は最初より我が北邊を犯し屢々國際問題を惹起してゐる、現に其後の行動が東洋に於て如何なる意志表示を爲し且活動したかは改めて呶々するまでもない。

以上述ぶるが如く歐米諸國の大部分は日本に對し通商貿易の自由を得んことを主なる目的に活躍したのであるが當方より觀れば世界の歷史を知れば知るほど殊に隣邦淸國が英佛の强壓を受けたることや遠く寛政年間の昔から北邊に窺ふ露國の態度等に鑑み或は領土的野心の幾分でも包藏されては居ないかと多少の疑惧心もあつて其上鎖國以來の排外的精神が加つて攘夷論となつたが國內問題としては薩長土肥等の雄藩が幕府を倒して王政維新へと志し或は幕府執政と水戶烈公との確執もあつて種々の事情が織り交ぜられて頗る複雜を重ねて來たが後の第七節にも詳述するが如く開國鎖國は開國後尙容易に片付かなかつたが此間に於て慶應元年十月五日の條約勅許に依つて鎖國論は緩和された。夫は英國公使パークスはアールコックと代つて赴任し佛米蘭公使に次の要求を提議した。

一、幕府の償金支拂延期要求に對し、下ノ關償金總額の三分の二、卽ち二百萬弗を放棄する代償として、幕府は條約勅許を奏請して其の實現を期すること

二、慶應三年の末から開港せらるべき兵庫を期に先だち卽時開港する事

三、輸入關稅を概ね五分に輕減する事

の三ケ條であつた。丁度此時征長進發の爲に大阪城に在る將軍に談判することとなり、慶應元年九月中旬に四國公使は英艦五、佛艦三、蘭艦一、の軍艦を兵庫沖に進め以上の三ケ條の要求を償金二百萬弗と交換する談判を開いたので其の結果將軍家茂は辭表を闕下に提出し急に江戶に歸らんとしたので朝廷では德川慶喜を始めとし公卿及諸藩主及重臣等を招集御前會議の上條約は勅許となり兵庫開港は御停止となつた、關稅は後改訂され外人第一

の希望の兵庫開港が成立せないので償金問題は全額支拂ふこととなつた。

ハリスと結んだ日米通商條約以來各國との條約は勅許が經てなかつたので幕府は攻撃の矢を向けられたが玆に於て八ケ年を經て勅許となつたので最早鎖國論は根本が覆り攘夷論も下火となつた。是に於て外國使臣の見る所は甚だ面白い、英公使は

條約勅許は吾等外人の地位を安全に確立し、日本人をして固陋の見を捨てて開明の地に邁進せしめ、又反幕府諸侯から將軍を攻撃する武器を奪つたものである、併し此の後尙將軍對諸侯の抗爭が繼續し國內が尙ほ平穩に歸しないとせばそれは他の政治的理由に基くもので、其の紛擾は更に擴大せらるべきを免れぬ。

とて勅許後の幕府の立場が明朗となつたことを述べたが更に亦今後に於ける王政復古運動を豫感してゐる。又幕府と特に親善關係に在つた佛公使「ロッシュ」は曰く。

天皇の條約に批准せられたことは、普通人が考へるが如き單なる國際約定の合法化のみではなく、根本的に日本の政策を變更せしめる基礎となるべきものである。約言すれば外人は之に由つて排斥を受けぬ鐵則が下され、爾後幕府と諸侯の抗爭に於て、過去に於ける兩者の役割は玆に顚倒し、今日迄國法の違反者と目された將軍が却つて條約の製造者擁護者たる正當な地位を得、これ迄反對し來つた諸侯は最早條約に對する反對を固執し得ぬ事と爲つたのである。更に自己はこの兵庫沖の談判の經過から見て、今更ながら日本の天皇の御稜威が七百年も政權を離れて居られたに拘らず、少しも衰退せず依然二千有餘年前と同じ信念と尊敬とを諸侯、國民の間に保つて居られる狀態を目撃して驚嘆に堪へない、天皇は此の國の主護神であり、大黑柱であり、又政治、

の中心であつて、此の存在なくば日本は直ちに無政府狀態に陷る事と考へられてゐる。日本帝國の特殊的地位にあることを目擊して尠からぬ感に打たれたやうである。乍併彼ロッシュは幕府と深き關係を保つてゐたので種々の利權を覘つたり甚しきは幕府瓦解に近づきては軍資軍器の提供等益々深入りせんとしたが幸に將軍慶喜は外國の援助を藉りて國內戰禍に介在せしむるは將來國家の不得策として之を謝絕した。又長藩の木戶孝允が第二征長軍と對峙せる時下關に寄港した佛公使に向つて「長藩は決して外國の援助暗に英國を求めぬから佛國は幕府を援助せぬやうにと要求したと傳へられる、又薩藩西鄕南洲は英公使館書記官サトウと通じ英佛離間の政略に成功し英國側と非常に親密を重ねたるも幕佛關係に對峙すべく英國の援助を藉るは將來の不得策を知つて圓曲に英の援助を謝してゐたと傳へらるる。何れにしても幕佛間の接近に對し英國側は薩長諸藩に腰を入れたと云ふのが幕末の對抗關係を語り傳へてゐるが此の危機を突破して眞の帝國獨自の力を以て王政復古が行はれ維新大業が成就したことは誠に金甌無缺の一系天子を戴ける我が大和民族が多年培ひ來つた尊皇愛國の大精神であつた所以である。

尙終りに及んで此の國際危機を孕み波瀾重疊を極めた外交の舞臺に立つて毀譽褒貶を度外視し一意難局に立つて國體を明徵し威信を損せざるべく而も外人を操縱して步一步我が開國進取の國運を切り拓くに努力した當面の勳勞者も亦決して尠くはなかつた。今當時其の衝に立つて苦辛献芹の効を重ねたる幾多の內外當事者の功勞は偉とせねばならぬ、先づ開港前後の難局に鞅掌した我が外國奉行の諸家を見れば次ぎの通りである。

## 外國奉行及奉行竝一覽表

| 氏名 | （前職名） | （在職年月日） | （轉職名又は罷免） |
| --- | --- | --- | --- |
| 水野筑後守忠德 | 田安家老 | 安政五、七、八―安政六、八、廿八 | 軍艦奉行 |
| 永井玄蕃頭尙志 | 勘定奉行 | 同　―安政六、二、廿四 | 同 |
| 井上信濃守淸直 | （下田奉行兼） | 同　―安政六、二、廿四 | 小普請 |
| 堀織部正利熙 | （箱館奉行兼） | 同　―萬延元、十一、廿 | （卒去） |
| 岩瀬肥後守忠震 | 目附 | 同　―安政五、九、五 | 作事奉行 |
| 村垣淡路守範忠 範正 | 箱館奉行 | 同　五、十、九―文久三、六、廿五 | 同 |
| 酒井隱岐守忠行 | 小姓組番頭 | 同　六、二、廿四―萬延元、九、十五 | 勘定奉行 |
| 加藤正三郎後壹岐守則著 | 目附 | 同　六、二、廿四―安政六、八、廿八 | 普請奉行 |
| 新見豐前守後伊勢守正興 | 小姓組番頭 | 同　六、七、八―文久二、六、晦 | 側衆 |
| 溝口讃岐守直淸 | 浦賀奉行 | 同　六、八、三―萬延元、十、廿三 | 書院番頭 |
| 赤松左衞門尉範忠 | 書院番頭 | 同　六、八、廿八―萬延元、七、廿三 | 辭 |
| 渡邊肥後守孝綱 | 山田奉行 | 同　六、九、十―安政六、十一、四 | 辭 |
| 竹本圖書頭正雅 | 小普請組支配 | 同　六、十、廿八―文久二、七、三 | 神奈川奉行 |
| 松平萬太郎後石見守康直 | 寄合肝煎 | 同　六、十二、十五―萬延元、九、十五 | 免 |
| 鳥井權之助後越前守忠善 | 目附 | 萬延元、四、朔―文久元、十二、十五 | 大坂町町奉行 |
| 小栗豐後守忠順 | 目附 | 同　元、十一、八―文久元、七、廿六 | 辭 |
| 高井丹波守道致 | 中奥小姓 | 同　元、十二、朔―文久元、三、八 | 先手 |
| 瀧川三郎四郎後播磨守具知 | 目附 | 同　元、十二、朔―文久元、正、廿三 | 神奈川奉行 |

| | | | |
|---|---|---|---|
| 津田近江守正路 | (箱館奉行兼) | 同　元、十二、十三——文久二、閏八、廿五 | 勘定奉行 |
| 野々山鉦藏後丹後守兼寛 | 寄合 | 同　元、十二、十三——文久二、六、廿一 | 先手 |
| 桑山六左衛門左衛門尉元柔 | 先手 | 文久元、正、廿三——文久元、九、廿六 | 奈良奉行 |
| 竹内下野守保德 | (勘定奉行兼) | 同　元、三、廿四——元治元、 | 免 |
| 松平石見守康直 | (神奈川奉行兼) | 同　元、四、十二——文久三、八、十四 | 勘定奉行 |
| 水野筑後守忠德 | 西丸留守居 | 同　元、五、十二——文久二、七、十三 | 箱館奉行 |
| 竹本隼人正正明 | 小姓頭取 | 同　元、八、廿四——文久三、五、十五 | 小姓組番頭格奥勤 |
| 根岸肥前守衛奮 | 奈良奉行 | 同　元、九、十二——文久二、十、十五 | 勘定奉行 |
| 大久保伊勢守後越中守忠寛 | 蕃書調所頭取 | 同　元、十、十——文久二、七、三 | 側御用取次 |
| 一色山城守直温 | 勘定奉行 | 同　元、十、十五——文久二、十二、十八 | 勘定奉行 |
| 岡部駿河守長常 | 長崎奉行 | 同　元、十一、十六——文久三、七、十二 | 辭 |
| 田澤對馬守正路 | 小納戸 | 同　二、六、七——文久二、十、十 | 作事奉行 |
| 菊池大助後伊豫守隆吉 | 勘定吟味役 | 同　二、七、三——元治元、五、廿七 | 免 |
| 井上信濃守清直 | 軍艦奉行 | 同　二、八、廿四——文久二、十二、朔 | 町奉行 |
| 阿部越前守正外 | 神奈川奉行 | 同　二、閏八、五——文久三、四、廿三 | 町奉行 |
| 齋藤攝津守三理 | 小姓組番頭 | 同　二、閏八、二四——文久二、十二、六 | 小姓組番頭 |
| 小笠原甲斐守後攝津守廣業 | 小納戸頭取 | 同　二、十、廿四——元治元、五、廿四 | 小姓 |
| 竹本甲斐守淡路守正雅 | 大目附 | 同　二、十二、八——元治元、十一、十 | 留守居 |
| (並)柴田貞太郎剛中 | 外國奉行支配組頭 | 同　二、十二、廿八——文久三、十一、四 | 外國奉行 |

| | | | |
|---|---|---|---|
| 澤勘七郎幸良 | 寄合 | 同三、四、十九—文久三、六、廿四 | 免（寄合） |
| 川路敬齋左衛門尉聖謨 | | 同三、五、十一—文久三、十、四 | 辭 |
| 淺野伊賀守氏祐 | 神奈川奉行 | 同三、五、十五—文久三、七、五 | 大目附 |
| 田村肥後守直廉 | 洋書調所頭取 | 同三、六、廿五—慶應元、九、十三 | 徒頭過人 |
| 澤勘七郎幸良 | 寄合 | 同三、八、七—文久三、九、十 | 講武所奉行並 |
| 池田修理筑後守長發 | 目附 | 同三、九、十二—元治元、七、廿三 | 隱居蟄居 |
| 河津三郎太郎伊豆守駿河守祐邦 | 新徵組支配 | 同三、九、廿八—元治元、七、廿三 | 小普請入逼塞 |
| 柴田貞太郎日向守剛中 | 外國奉行並 | 同三、十一、四—慶應三、五、十三 | 大阪町奉行（前役兼帶） |
| 竹本隼人正正明 | 小姓 | 同三、十二、十九—元治元、六、廿二 | 御用取次見習 |
| 土屋民部豐前守正直 | 學問所頭取出役 | 元治元、三、四—元治元、九、廿八 | 大目附 |
| 澤左近將監幸長 | 講武所奉行並 | 同元、六、朔—元治元、六、廿三 | 免 |
| （並）岡崎藤左衛門 | 開成所取締役 | 同元、六、朔—元治元、七、十一 | 小普請入 |
| 佐々木信濃守顯發 | 町奉行 | 同元、六、廿九—元治元、七、二五 | 免 |
| 星野金吾備中守千之 | 寄合 | 同元、七、廿三—慶應二、十一、四 | 禁裡附 |
| 駒井相模守信興 | 神奈川奉行 | 同元、八、五—元治元、九、朔 | 大目附 |
| 菊池伊豫守隆吉 | 寄合 | 同元、八、十三—慶應二、十一、? | 禁裡附 |
| 江連眞三郎加賀守堯則 | 目附 | 同元、九、十—明治元、閏四、五 | 開成所奉行 |
| 井上信濃守淸直 | 寄合 | 同元、九、十—元治元、十一、十二 | 勘定奉行 |
| 山口駿河守直毅 | 目附 | 慶應元、四、廿八—慶應二、八、五 | 步兵奉行 |

| | | | |
|---|---|---|---|
| 白石下總守島岡 | 神奈川奉行 | 同元、七、八――慶應元、七、十 | 新潟奉行 |
| 朝比奈伊賀守甲斐守昌廣 | 長崎奉行 | 同元、九、十三――慶應三、六、廿八、 | 外國總奉行竝 |
| 栗本瀬兵衞安藝守鯤 | 軍艦奉行 | 同元、十一、二――慶應二、正、十八 | 免(寄合) |
| 木下大內記利義 | 軍艦奉行兼 | 同元、十一、十九――慶應二、五、? | 大目附 |
| 永井主水正尙志 | 大目附 | 同元、?――慶應三、二、晦 | 若年寄格 |
| 石野筑前守則常 | 軍艦奉行 | 同二、正、七――慶應三、十、六 | 作事奉行 |
| (竝)水野良輔良之 | 講武所頭取 | 同二、三、十六――慶應二、六、十五 | 神奈川奉行 |
| 小出大和守秀實 | 箱根奉行兼 | 同二、八、廿六――慶應三、七、廿七 | 勘定奉行 |
| 川勝近江守廣運 | 步兵頭竝 | 同二、八、廿七――明治元、二、六 | 外國副總裁 |
| 平山謙二郎圖書頭敬忠 | 目附 | 同二、八、廿九――慶應三、四、廿四 | 若年寄竝外國奉行 |
| 淺野美作守氏祐 | 陸軍奉行竝 | 同二、九、廿七――慶應二、十、五 | 勘定奉行 |
| 合原左衞門尉義直 | 目附 | 同二、九、二七――慶應二、十二、十五 | 辭 |
| 向山榮五郎隼人正一履 | 寄合 | 同二、十、十五――明治元、三、五 | 若年寄 |
| 塚原但馬守昌義 | (同時勘定奉行兼) | 同二、十?――慶應三、六、廿九 | 外國總奉行 |
| 栗本安藝守鯤 | 寄合 | 同二、十一、四――? | ? |
| 井上備後守義斐 | 勘定奉行 | 同二、十二、廿三――慶應三、二、八 | 作事奉行 |
| 山口駿河守直毅 | 陸軍奉行竝 | 同三、六、五――慶應三、六、廿八 | 外國總奉行竝 |
| (竝)糟屋筑後守義明 | 寄合 | 同三、六、廿八――明治元、三、三 | 免(寄合) |
| 石川駿河守河內守 | 目附 | 同三、六、廿九――明治元、二、廿七 | 町奉行 |

| | | | |
|---|---|---|---|
| 菊池伊豫守（丹後守）隆吉 | 寄合 | 同三、七、六—明治元、正、十五 | 勘定奉行 |
| （並）酒井對馬守 | 組合銃隊頭 | 同三、九、七—明治元、閏四、五 | 免（寄合） |
| （並）梶清三郎 | 使番 | 同三、九、十六—慶應三、十二、四 | 使番 |
| （並）杉浦武三郎 | 外國奉行支配組頭（町奉行並兼帶） | 同三、十、廿七—明治元、閏四、五 | 開成所奉行並 |
| 平岡和泉守準 | 目附 | 同三、十、廿九—明治元、二、十一 | 勘定奉行 |
| （並）森川莊次郎 | 歩兵頭並 | 同三、十一、十三—明治元、閏四、五 | 開成所奉行並 |
| 成嶋甲子太郎（大隅守）弘 | 寄合 | 明治元、正、十一—明治元、正、廿八 | 會計・副總裁 |

（横濱市史稿政治篇）

次ぎに開港以來十年間に於ける外國公使領事氏名を示せば次の如し。

| 氏名 | 國名 | 官名 | 在任年 |
|---|---|---|---|
| サー、ラザード・オールコック Sir, Rutherford Alcock | 英吉利 | 總領事 | 一八五九年—安政六年 |
| 〃 | 同 | 公使 | 一八六〇年—一八六四年 萬延元年—元治元年 |
| 大佐セント、ジョン・ニール Colonel st, John neal | 同 | 代理公使 | 一八六二年—一八六三年 文久二年—同三年 |
| サー、ハーリ・スミス・パークス Sir, Harry Smith Parkes | 同 | 公使 | 一八六五年—慶應元年 |
| ジョン・マクドナルド John Macdonald | 同 | 公使館書記 | — |
| エル・オリファン L. Oliphant | 同 | 同 | — |
| エー・ビー・ミトフオド A. B. Mittford | 同 | 同 | — |

| | | | |
|---|---|---|---|
| ホワード・ヴァイス Howard Vyse | 同 | 横濱領事 | 一八五九年—一八六一年 安政六年—文久元年 |
| ジョージ・モリソン George Mollison | 同 | 長崎領事 | 一八五九年—安政六年 |
| シー・ペムバートン・ホドソン C. Pemberton Hodgson | 同 | 箱館領事 | 一八五九年—安政六年 |
| シー・ダブルユー・ウィンチェスタ C. W. Winchester | 同 | 横濱領事 | 一八六二年—文久二年 |
| タウンセンド・ハリス Tounsend Harris | 亞米利加 | 領事 | 一八五六年—安政三年 |
| 同 | 同 | 總領事 | 一八五九年—安政六年 |
| 同 | 同 | 公使 | 一八六〇年—萬延元年 |
| 陸軍大將ロベルト・エッチ・プライン Robert H. Prayn | 同 | 同 | 一八六二年—一八六四年 文久二年—元治元年 |
| 同 ヴァン・ヴァルケンボルグ VanValkenburgh | 同 | 同 | 一八六四年—一八六八年 元治元年—明治元年 |
| イー・エム・ドール E. M. Dorr | 同 | 横濱領事 | 一八五九年—一八六二年 安政六年—文久二年 |
| 大佐ジー・エス・フィシヤ G.S. Fisher | 同 | 同 | 一八六二年—一八六八年 文久二年—明治元年 |
| モシユール、ジユスヌ・ド・ベルクール Mousieur, Duchesne De Bellecourt | 佛蘭西 | 公使 | 一八六〇年—萬延元年 |
| モシユール、レオン・ロッシユ Mousieur, Leon Roches | 同 | 同 | 一八六二年—一八六八年 文久二年—明治元年 |
| ヴィコムト・ド・ラ・トール・ド・パン Vicomte de la Tour du pin | 同 | 副領事 | 一八六二年—文久二年 |
| ドンキール・クルティウス Donkheer Curtius | 和蘭 | 貿易監督長官 | 一八五五年—安政二年 |

| | | | |
|---|---|---|---|
| ゼ・ケー・ド・ウィット J. K. de Wit | 同 | 總領事 | 一八六〇年——萬延元年 |
| ド・デ・グラーフ・ヴァン・プルーク D. De. Graeff Von Poulsbroek | 同 | 公使 | 一八六二年——文久二年 |
| ヘル・フォン・ブランド Herr Von Brandt | 普魯西 | 公使 | 一八六二年——文久二年 |

最初の草分として入來つたハリスは領事總領事公使と昇進し安政三年七月から文久二年四月まで五年九ヶ月續いて我國に駐剳し、而もペルリが端緒を開いたる通商條約を完成し、其間彼我國情の相違から攘夷鎖港の大壓迫を切抜け、非常の堅忍不抜な精神を以て名狀すべからざる危險困厄を凌ぎつゝ終始一貫日本に好意を寄せ誘掖啓蒙の勞劬頗る顯著であつた。

「彼は極めて能く日本人の心理に通曉し非常の圓滑さで行動した、吾れ知らずの中に目算の裡に置きたる親日株の書替を爲し、國語的自覺迄が蘭語から英語へと交つた、彼のヒュースケンが暗殺されたが加害者が一人も捕縛されず、彼の葬式の翌日英國公使館にて列國公使會議が開かれ幕府に强硬な抗議をしたがハリスは唯一言日本政府の誠實に信賴すると會議を脫出し、更に麻布なる善福寺の公使館に納て居た。斯くてプリエンガ第二世公使となりヒュースケンの賠償も僅か一萬弗で濟ませ、米國公使館の燒打にも損害を一萬弗の程度に止めて同情ある了解を爲し事毎に御手柔かで各國公使からスパイ視された位であつた、軈て將軍が京都に上洛して鎖港攘夷の令を下すや一番槍を入れて抗議したのは彼れハリスであつた、又幕府の無謀なるを諷してそれを撤回させたのも此人である、平和の黑船に長州が彈丸を膳酬すれば直に一艦を派して之れを追窮せしむると云ふ膽略あり、馬關砲擊も英國が勸進元で英、蘭、佛、米と幕府に三百萬弗を賠償させて四國で山分にしたが其の償金の割前を米國政府は其のまゝ國庫に藏して明治十六年四月米貨七十八萬五千弗八十七仙を明治政府に封のまゝ返納した。慶應三年ヴァンケンブルフが（第三世の公使）嘗て十四五歲の女兒其の他二三人を伴ひ淺草觀音に詣で歸途暴徒に逢ひて背に負傷し、女子以下瓦礫にうたれて衣服を損した時、外國奉行江連加賀守が早速麻布善福寺を訪問して謝罪した所が、反て警固の士別手組頭取に金拾弗、其他六七名に各五弗づゝ與へて慰勞をしたと云ふ、同公使が新島襄の父に襄の消息を知らすとあつて某氏同伴善福寺に出頭したとのことである。」（幕末開港新觀）（第三章 第一項 ハリスの部參照）

SIR RUTHERFORD ALCOCK

アールコック

**註** 米國が我に返還した下の關事件賠償金に就て高嶋嘉右衞門は生前次ぎの談話を試みてゐる「明治十四年一月神奈川縣令野村靖と熱海に遊浴し、今井半太夫方に宿泊す、同宿のもの朝野新聞の成島柳北、水戸德川家々令長谷川清九郎（天狗連の頭分）陸軍々醫總監林研海等の諸氏と集つて二階座敷に於て碁を圍む、偶々亭婢來客を告げたれば、其の風釆如何を尋ねつゝある內、早くも入り來れるは大隈、伊藤、井上の三參議、及伊東巳代治、金子堅太郎、巖谷修の諸氏である。大隈氏余に向つて今日雨降り散歩に適せず、依つて子の一笙を請ひ聊か胸懷を喜ばしめん………と尋ぎて伊藤氏曰く先年下の關に於て長州は攘夷の勅命を奉じて外國船を砲擊し、爲に英米佛蘭の軍艦來つて我臺場を陷ゐれ、其結果幕府より三百萬弗の償金を出し、米國は七十八萬弗を得たるが、其金米國の國庫に入らずして今尙ほ某銀行に預けあり

と傳ふ、今之が返還を求めば果して目的を達し得べきや否や

と玆に於て余は耐へて云へらく

余はト筮に於て誓つて米國をして彼の償金を返還せしむべきも、果して占斷適中せば請ふ之を横濱築港の費に供せよ

と伊藤氏之を快諾せり、高嶋卽ちト筮し山水蒙の四爻を得て目的を達すべきを告げた、果して其の翌年時の外務卿井上伯は米國政府に交渉し遂に此の償金の還附を受けた。其後此の還附金は横濱築港の目的にて銀行に預け入れられ利殖の上之を基礎とし、別に國庫より築港費を支出し現時の波止場を竣成するを得た。

SIR HARRY PARKES

パークス

## 第六節　海外使節の派遣

安政五年四月二十三日井伊直弼は將軍家定の召に依り登營し大老就職の命を拜し、六月十九日一八五八年七月廿九日に勅許を得ざる前に當つて日米通商條約の調印を斷行し、同二十一日は堀田備中守松平伊賀守の二閣老を斥け、二十三日太田備後守間部下總守松平和泉守の三人を加判の列に任命し疾風驅雷の勢を以て幕閣改造を企てた。同二十四日には一橋慶喜の將軍繼嗣が有力說たるに拘らず紀州家より慶福を迎へて世子と定むることとなしたる爲め、水戸齊昭父子尾張侯を始め松平越前守等の條約勅允を經ざりしことに反對せる者は一層井伊に對する反感を深め遂に城中に於て大討論が行はれ、大老屈せず悉く己が所信を貫いて意氣揚々たる全盛時代を形成するに至つた。

条約調印済となつて其の交換の為め使節を派遣すべきことは實に大老の提案であつた、蓋し彼は大老たる以前安政四年十月ハリスの申立書に就て幕府に上書せるものに外國に使節を派遣すべしと說いたので當時堀田閣老も同意見で十二月二十三日の談判に條約の本書は我より使節を派遣して華盛頓府にて交換せしむべしと提議したるに、ハリス驚き且喜び條約の末文に其旨を附記したる位であるから、ハリスは其の急速實行を希望せるが直弼大老となつて其の人選に當り外國奉行水野筑後守永井玄蕃頭を使節に任命し、安政六年初春出發の豫定であつたが二月に入り水野は横濱にて浪士の為め外人が殺されたので應酬の為め米使の激怒を買ひ、又副使永井は將軍後嗣問題に依り共に挫折した。蓋し水野は衆望を負ひ多數の推薦する所であつたが此の事件の為め失脚した、又岩瀬肥後守も始め此の大任は自ら當らんとしてゐたが將軍繼嗣問題で直弼と反對して免黜せられたるを以て果さなかつた、為に左の面々が新に詮衡任命を見た所以である。

正　使　外國奉行兼神奈川奉行　新見豐前守正興
副　使　勘定奉行、外國奉行、函館奉行兼任　村垣淡路守純正
監察目附　小栗豐後守忠順（又上野介）
外國奉行頭支配組頭　森田岡太郎（行）成瀨善四郎（正典）
外國奉行支配兩番格調役　塚原重五郎（昌）
寄合醫師　宮崎立元（正義）
御番外科　村山伯元（諄）刑部鐵太郎

御勘定格御目附　日高圭三郎
外國奉行支配定役　吉田佐五衞門　松本三之亟
函館奉行支配定格通辯御用　名村五八郎
御小人目附　鹽澤彥次郎　栗島彥八
御普請役　益頭俊次郎　辻芳五郎
御座醫師佐賀藩　川崎道民
長崎和蘭通詞　立石得十郎
同見習　同苗斧次郎
從者共總計八十一人

又別に軍艦奉行木村攝津守喜毅（芥舟）船將勝麟太郎（海舟）の一行は咸臨丸にて之に從ふこととなつた。運用方は佐々倉桐太郎、濱口與右衞門、鈴藤勇次郎、測量方小野友五郎、伴鐵太郎、松岡磐吉、蒸汽方肥田濱五郎、山本金次郎、公用方吉岡勇平、小永井五八郎、通辯官は中濱萬次郎、少年士官には根津欽次郎、赤松大三郎、岡田井藏、小杉雅之助あり、醫師二人水夫火夫六十五人從者と合せて九十六人であつた、此の一行中に福澤諭吉も亦木村芥舟の隨員として通辯の役を勤むることとして加つた。

註　新見《シンミ》は初伊勢守、御小姓出身にて容貌秀麗で風釆堂々たる所で撰に入り、村垣は文筆に堪能なる所より副使に撰ばれたと傳へらる、彼の殘した自筆「航海日記」「亞行記」「歸航日記」は此の一行の顚末を詳記した有名の記錄である、小栗は初め又市と稱し後豊後守となり後上野介と改む、人となり精悍敏捷にして辯舌勝れ奇智に富み水野、岩瀬と共に幕末三傑とも云はれた位である此時三十三歳であつた。王治復古となり官軍東征の時主戰論を主張して容れられず、慶應四年二月二十八日江戸の屋敷を引き拂ひ己が菜邑地上州權田村に隱退したが叛逆の疑を受け征東軍總督參謀より高崎、安中、小幡三藩主に命じ討伐せしめ官軍の監軍豊永等の爲に三名の從者とも烏川河原に斬首せられた、享年四十二歳、養嗣子又市も亦從者三名と共に高崎で斬首された。（福地源一郞「幕末政治家」蜷川新「維新の政爭と小栗上野の死」）

使節は安政六年九月十三日任命された、ハリスから大統領の好意により條約の取替使節護送の爲め軍艦ポーハタン號を差遣せんとの申込があつたから急に任命され一行は安政七年正月（此年三月十八日萬延と改元）十八日品川灣に碇泊せる本艦に乘組み、二十二日横濱を拔錨し、二月二十五日桑港に着、閏三月二十五日大統領に謁見した。發するに望み大統領の書翰は英文にするか漢文にするかの議論があつたが遂に井伊直弼の意見に基き和文とすることとなつた、使節等は烏袍子狩衣太刀や素袍を着以下のものは廡の上下にて謁見を遂げた。一行の人々には日記見聞錄等が今日保存され頗る當時の情況が明瞭であつて興味多いものである。村垣淡路守が米大統領謁見の時の日記に

合衆國は宇内一二の大國なれども、大統領は總督にて四年目每に國中の入札にて定むるよしなれば云々國君にあらざれど御國書も遣はされければ國王の禮を用ひけるが上下の別もなく禮儀は絕へてなき事なれば狩衣着せしも無益のことと思はれける。されど此度の御使は渠も殊更に悅び海外へほこりてけふの狩衣のさまなど新聞紙にうつして出せしよしなり…………。

云々とある抔彼我風俗習慣の相異は著しく知見を高めた。加之夷狄禽獸抔の侮蔑を以て遇した外人が我に勝りて文明の程度高く、而も我を歡待すること至れり盡せりで洵に此上もなき懇切情誼に感佩措く能はざるものがあつた。蓋し幕末の遣米使節は非常の好感を以て迎へられ國賓として米國軍艦に搭乘せしめ航海中は勿論彼地に於ける旅館汽車馬車等の一切の費用まで悉く彼國にて支辨した、此の費用總額幾何なりしや知る可からざるもヒラデルフォヤは一萬弗紐育市は二萬弗の歡迎費の支出を議決した、當時米國の新聞に（千八百六十年五月十九日發行ハーバース週報論説）次ぎの樣に掲げられた。

直接の商業上の利害は別とするも日本人と好誼を結ぶは我が太平洋諸洲にとり著しく利益ある事否む可からず、オレゴン州及未來のワシントン州は必然海を超えて最も近き隣人と親密に結び付けらるべきなり、其の隣人中にて日本は最も開拓の價値あるものなり、北亞細亞の露西亞人は半野蠻以上の狀態に在り、而して支那人は一種特別の人種にして且吾人にとりて眞の意味に於ける外國人なるを以て孰れも隣人としての價値に於て日本人に比すべくもあらず。やがて我が太平洋諸洲と日本帝國との間に物品のみならず人間の交換行はるゝに至るべきは必然の勢なり、我國人は日本に行くべし、合衆國海軍の吾人の畏友ハバーシャム（Habersham）大尉は已に横濱に有望なる商館を建設したり、而して日本人にアメリカ國民性の最良なる點を示す事を力むべし、之に反して日本人は（若し兩國民間に好關係成立せば）其の人民の幾何を派し我が領土内に日本殖民地を起すべし、此の交換に付ての利益は明白にして且相互的なり、吾人は文明を以て誇り居ると雖も日本により多く學ぶを得（よし何もなしとするも吾人は法律遵奉の義務を學び得）

又千八百六十年五月二十六日發行レスリー繪入週報論説に

有史以來始めての最も排他的、神秘的なる國民は最も自由にして又最も開放的なる國民を訪問す、斯く兩極端の國民が相會同するは振古以來未だ曾てあらざる所にして謹厳家と暢氣者とが一堂に集り會飲す、其意味還た頗る深長なるものあり（略）此時此際英佛二國が其對支交渉に於て示したる所に鑑み、其對照の殊に顯著なるものあるを見る、如斯云へばとて吾人は日本人の如く高雅にして教養ある國民と高雅なれども鳥巣狗肉を食とする墮落人種とを混同せんとするにはあらず、而も我が共和國の温和にして威風ある外交は傲慢にして横暴なる歐洲列强に對するよりも何程かよく此佛教儒教及神道の信者にして頑固なる遠方の國民に適應する一證左と觀るを得べし、（略）富有にして巧慧勤勉なる三千有余萬の國民を代表して來れる此使節の大に尊重すべきは筆舌の能く盡す所に非ず（下略）

一行は米國軍艦ナイヤガラ號（四、五八一噸米國最大の船）にて喜望峰を廻りて文久元年九月二十八日江戸に歸着した、此間一年八ケ月を費した。

一行が歸朝して見れば其前年卽ち萬延元年三月三日井伊大老は慘禍に逢つてゐた。

井伊歿後の內閣は安藤對馬守が閣老となつて繼紹したが內は京都禁裡を初め攘夷派排幕派の勢力日に募り、外は列國の高壓に堪へず、殊に兵庫大阪を開港するは京都接近の地にある故問題の續出をも慮り、寧ろ此際安政條約にある新潟（一八六〇年一月一日）江戸（一八六二年一月一日）兵庫大阪（一八六三年一月一日）の開始を延期せば少しは世論が穩となるであらうと姑息の彌縫策を畫し、文久元年六月安藤對馬守は英使アールコックに此件を提唱した、其の理由は物價騰貴し人心不安に陷るから暫らく之が認容を請ふべく延期は決して閉鎖の意味にあらずとの陳辯であつたが、アールコックは言下に反對を述べ反正を求めた、そこで安藤は交際深き佛公使に相談したるに公使は助言して曰ふには特使を派し各本國政府に就て事情を訴へては如何、曩に日本政府は米國に特使を派したる時歐洲諸國には向はなかつたが特使が各國を歷問し好意を表すること一策ならん、若し此擧あらば英佛は米國の例に倣ひ其の費用を負擔し厚遇せんと說いたので、安藤は直に之を實行せんとして正使には竹內下野守保德（勘定奉行兼外國奉行）副使には松平石見守康直監察京極能登守高朗を任命し、文久元年十二月二十二日（一八六一年）江戶を發し英、佛、蘭、普、葡、露の六ケ國に向つた。

一行の氏名を錄せるものに「遣歐使節航海日錄」（副使松平石見守の隨員野澤郁太、市川渡著）と「尾蠅歐行漫錄」（川皞誌）とがあるから左に之を記載せん。

遣歐使節航海日錄に據る

御勘定奉行外國奉行兼
御使　竹內下野守様
神奈川奉行
同　松平石見守様
御目附
同　京極能登守様
外國奉行支配總頭
柴田貞太郎様
御勘定
日高圭三郎様
アメリカにも參りし人

尾蠅歐行漫錄に據る

外國奉行兼御勘定奉行
正使　竹內下野守
従者
高間應輔
長尾條助
外國奉行兼神奈川奉行
副使　松平石見守
従者
野澤郁太
市川渡

御勘定役格御徒目附　福田作太郎様

外國奉行支配調役竝　水品樂太郎殿

岡崎藤左衛門殿

御普請役　益頭駿次郎殿

アメリカにも參りし人

定役元締　上田友助殿

上田より福澤迄十二人二等の部屋へ同居高橋除く

定役　森鉢太郎殿

御小人目附　高松彦三郎殿

御醫師寄合　山田八郎殿

---

御目附

觀察使　京極能登守

從者　岩崎豐太夫

黒澤新左衛門

外國奉行支配組頭布衣　柴田貞太郎

從者　永持五郎次

外國奉行調役兼通事方　森山多吉郎

壬戌二月二十一日江戸發　同五月二日龍動着

御勘定　日高圭三郎

御勘定格調役兼　淵邊德藏

壬戌二月二十一日江戸發　同五月二日龍動着

御勘定格御徒目附

松平肥前守様内　高島祐啓殿

同心　河崎道眠老

飜譯方　齋藤大之進殿

松木弘安殿

箕作秋坪殿

定役格通詞　福知源一郎殿

立廣作殿

太田源三郎殿

福澤諭吉殿

竹内様御家來　高間應輔

御家來向七人二等の部屋有之候得共夫々用も有之

---

御醫師　福田作太郎

高島雄祐?啓

御目見持格調役竝　水品樂太郎

岡崎藤左衛門

進物取次上番役御普請役　益頭駿次郎

定役元締助　上田友助

定役　森鉢太郎

定役竝通事　福地源一郎

立廣作

外國方同心

上の御部屋へ相詰候居もあり部屋へ居るもあり　長尾條介

松平様御家來　野澤伊久太

市川渡

京極様御家來　岩崎豊太夫

黒澤新右衛門

柴田様御家來　長持五郎次

小使賄方七人二等の部屋へ同居　小使賄方兼

實は阿州藩　原一濟

實は肥前藩　岡鹿之助

同同　石黒貫一

團子坂上東禪院下駄屋　實は加州藩　佐野鼎

---

御小人目附　齋藤大之進

高松彦三郎

山田八郎

通事　太田源三

御備醫師

蓮池藩　川崎道民

御傭飜譯方

津山藩　箕作秋坪

薩藩　松木弘庵

中津藩　福澤諭吉

賄方兼小遣者

加藩　佐野貞輔

長藩　杉新助

肥藩　石黒官次

の横に廻る

實は松平大隅守内　佐藤恒藏

實は長州藩　杉　徳助

伊勢屋八兵衛　手代　十兵衛

同　岡　鹿之助

阿藩　原　覺藏

杵築藩　佐藤恒藏

外國方用達　伊勢屋八兵衛　手代　重兵衛

總員　三十六人

**註**　森山多吉郎淵邊德藏は後れて英公使アール・コック歸國に同行して英國に行き一行に合す、又松木弘庵は後の伯爵寺嶋宗則、益頭駿次郎は後の畫家益頭駿南、杉徳助は後の子爵杉孫七郎である。
尙上下二記錄に就て見るも同人にして名が異つて何れが正しきか判明せぬ向もある、且役名其他の參考にもと重複を省みず兩者併せ揭ぐ。

一行は英國派遣の軍艦に搭乘し、三月の末倫敦に着し、女皇に謁見を請ふたが宮中不幸の事あり且使節の身分に異議を生じ謁見を得なかつたので外務大臣に面會し、前四ケ所開港期日を七ケ年延期の申込を爲した。此時英公使アールコックも歸國中にて斡旋し五ケ年延期を承諾し、交換條件として現在の開港場卽ち神奈川、長崎、函館に於ける條約規定を誠實に守ることを以てし次ぎの要求を爲した。

一、一八五八年の條約（安政五年の條約）第四條に從ひ外國人に販賣する物品の數量價格に制限を置くことを廢すること

二、大工、船人足、普通人足、教員、雇人に制限を置くことを廢すること

三、諸大名に其領地内の產物を市場に持出すことを許すこと

四、稅關吏及自餘の官吏が職務上の事務に謝金を取ることを廢すること

五、三港（神奈川、長崎、函館）に於て外國貿易に從事する者に制限を置くを廢すること

六、內外人の交際を障害する規定を廢すること

以上の條件を踐行することを日本政府が怠る時は英國政府の何時にても開港延期の讓與を取消し千八百六十八年の條約章を嚴重に主張すべし

使節は此等の條件に同意し、之れにより倫敦覺書作製せられ從前三割の輸入酒類稅及び從前二割の輸入玻璃器稅を五分となし、細目は駐日公使と商議することゝした。それより和蘭政府の差し向けたる軍艦に乘り使節の一行は和蘭首府に行き、終りて陸路普國伯林に行つた。普國との條約には未來の開港地に關する制限がないので普通の訪問終りて露國軍艦に迎へられ首府聖彼土堡《セントピータースブルグ》に赴いた。露國も亦延期談判の必要は無かつたが樺太分界問題の重要任務があつた。樺太分界問題たるや嘉永七年安政元年露使布恬廷《プチヤーチン》が長崎に來つた時からの懸案であるが我が使節は北緯五十度以南は尺寸の地も彼に讓るべからずと安藤閣老の訓誡があるので、彼我互に自說を主張し容易に交涉が纏らない露國側の談判員は一兩年前英佛二軍北京侵入の際一兵をも勞せずして黑龍江數千里の地を支那から割取したる外交官イグナチーフである。彼は權略縱橫のしたたか者で迚も竹內松平等の相手でない。我が主張は北緯五十度を以て兩國の限界なりとするに、彼は全島領有說である、互に讓らないで遂に後日の談判とし要領

を得ず退いた。使節は再び佛國に至り覺書を取替し、酒類の税率は歸國の上駐留公使と商議決定すべきを約し佛軍艦に護送せられて同年十二月歸朝した。

**註**　一、一行は羽織袴大小草履にて陣笠を冠り巴里倫敦の市中を遊歩し傲然として大小を横たへ、我こそ日本の武士なれと云ふ風にて大手を振つて歩行した、出發の際用意した萬年味噌は早くも香港と新嘉坡との間にて腐り海中に投じ、又千足の甲州流の軍用茗荷草履は一足も其の用を爲さず、歸國の節佛國の接對官に賴みて遺留した。

二、竹內下野守は當時勘定奉行兼外國奉行であつた、始め淸太郎と稱し御勘定より出身し、御勘定吟味役に進み、箱館奉行となり現職に上つた、ペルリの下田附錄條約の時林大學頭以下と共に談判委員となつた。幕府の民政、會計の事には老練の譽高く當時五十六歲であつた。松平石見守は開港後外國奉行兼神奈川奉行となり才智辨舌の評高く、後本家を相續し周防守と名を改め老中に進んだ人で派遣當時三十三歲であつた。

文久二年一八六二年幕府は和蘭に軍艦を註文し同時に留學生を派遣することとなつた、卽ち榎本釜次郎武揚子爵赤松大三郎則義男爵內田恒次郎正雄林研海、伊藤玄伯、澤太郎左衞門、田口俊平、津田信一郎眞道法學博士男爵西周助周男爵等一行九名である、榎本、赤松、澤は海軍を學び殊に榎本はオルトランの「海上國際法」を携帶して歸り我が海軍の至寶として永く傳へ、後年函館五稜廓に立籠つた時敗戰の際身に代へて官軍に贈りし美談が殘つてゐる。西、津田は和蘭のライデン大學に入り、スッスリング博士に就き、法理學、國際法、國法、經濟學、統計學を學び歸朝の後幕府に於て西は萬國公法、津田は國法を講じたが後稿成りて各之を上つた、有名なる「萬國公法」「西國法論」は卽ち是れである。西、津田は實に日本の海外留學生の嚆矢であつた。其他林、伊藤の醫學に於ける、內田の地理學に於ける、皆明治文化の基礎を爲したものである、一行は慶應二年軍艦が完成したので之に乘つて歸朝した、軍艦は卽ち開陽丸で二千八百十七噸四百馬力砲二十六門を備へ最先の洋式軍艦で我が海軍の上に重きを爲した。當時我邦諸般の軍艦四十餘隻に達せるも皆二三百噸位の小さいもので其の最大なるもので千噸を出づるものは僅に一隻であつた。

初め幕府は安藤對馬守より米使ハリスを通じて文久元年三月米國へ三隻の軍艦製造の註文したるも、米國に南北戰爭開始され自國の軍艦製造に急がしく他國のものを製造するの餘地なき爲に之を和蘭に轉替したのである。

幕府の開港說と京師の攘夷說とは相反して對峙したが幕府は文久三年七月九日攘夷期限は幕府へ御委任を請ふの建言を朝廷に差出したが浪士等の飛躍は著しく、同年八月十四日には大和行幸の企であつたが其事御延引となり長藩主毛利父子入京差止となつて攘夷派の激昂となり、佐久間象山京都に入つて鎖攘の非を論じて刺客の暗殺に逢ひ、大和十津川には松本奎堂、藤本鐵石等の十津川の擧兵あり、平野國臣等の生野銀山の烽起等討幕攘夷の旗擧があつた。攘夷其物は輕擧妄動であつて容易に行はるべからざることは段々に分つて來たが攘夷說一變して鎖港說となり、再變して一部鎖港說卽ち橫濱鎖港說は擡頭して幕府も遂に心ならずも此說に引摺り行かれたかの如く文久三年九月十四日に至り鎖港談判は軍艦操練所に開かれた。老中水野和泉守忠形板倉周防守勝靜備中松山藩主井上河內守正直濱松藩主有馬遠江守道純丸岡藩主等應接委員となり外國奉行と共に之に臨んだ。我が委員の述べた理由としては

我が日本は日に革命の氣運に接近す、外人屛斥の人情至る所に蔓延す、吾人は殘念ながら之を鎭撫する能は

ず、此の不安の狀を起せしは一に横濱を開港場としたるに由る、横濱貿易の續く以上國事日に非なり、貿易は之れが爲に障害せられ、國の交際も破壞せられん。

國交は基石なり貿易は國交に伴ふ附屬物たるに過ぎず、我が外國條約たる、試驗的のものにして國家に害ありと認むる時、何時にても之を廢止し得るの意にて締結したる者とす、長く國交を續けんとせば、横濱を閉鎖するより外に良法なしと思ふ、先きに小笠原圖書頭より差出したる外人斥攘の通牒は之を取消す代りに日本との貿易は今後長崎、函館二港に限られたし、其他吾人は條約に變更を與ふるの希望を有せず。

此等の理由に敷衍して邦人が外人を忌避するは物價騰貴、人民窮困するに由るとて縷々物價騰貴の趨勢に關する調書を添付して先づ蘭米二公使に切り出したが二公使は事重大問題であるから輕々しく意見を述べ難いと體能く拒絕されたれば、此上面倒な英佛公使に談判を初むるの勇氣も挫けたが幕府は引續く國內の排外熱と京都に對する鎭靜苟安策としては横濱鎖港は好方便であると信じ遂に愈々決意して特使を海外に送ることとした、尤も此事に關しては佛國公使の黑幕から操り藝當もあつた。

斯くて正使に外國奉行池田修理後筑後守長發副使に同河津三郎太郎後伊豆守祐邦目附河田貫之助後相模守熈を任命し、外國奉行支配役組頭田邊太一、同勘定役調役田中廉太郎、調役格通辯西吉十郎、徒目附齋藤次郎太郎、調役格通辯御用出役鹽田三郎、調役竝須藤時一郎、矢野次郎、益田鷹之助、同一子進（後孝男爵）三宅復一（後秀醫學博士）等隨員一行三十五人が文久三年十二月二十七日江戸を出發した。此度の使節は幕府に於ても至難の談判たることを承知せるも已むを得ざる勢で乘り出したのである、國內でも薩藩主島津久光を始め有力なる藩主は其の不可能を忠告した位である、使節が上海まで行た時に折柄歸任中の英國公使アールコックに出遇つた。公使は大いに其の不條理を力說せられたが使節も今更之に耳を傾ける譯に行かないで一應陳辨して出立した。蓋し當時の眞情を語るものに「アダムス」の著「日本史」に「此の談判は眞面目に受くべきものにあらず、幕府の意鎖港成功の見込ありたるにあらず、佛國に對しては佛人殺害の謝罪使として佛國朝廷を喜ばしめ、京都に對しては鎖港使節なりとの體を粧ふて京都と浪人派を悅ばしめ、甲國乙國と使節歷問する間は幾多の年月を要し、之を以て京都鎖港攘夷の督促に對する防禦策と爲さんとするにありし」と皮肉られてゐる。果然使節は先づ上海で折柄歸任中の英公使アールコックに出遇つて前述の如く英國政府は勿論各國が決して耳を傾けるものでないと痛論されたが、其通り巴里へ着くと佛帝ナポレオン三世から鎖港の非を說伏された、謁見に先ち使節は外務大臣に面會し橫濱で士官殺害の謝辭を述べ遺族へ十二萬フランの扶助料を與へ、滯在二ケ月前後談判九回を重ねたが佛帝は腹に一物あつて幕府の後援を爲し出て以て自國の東洋に於ける羽翼を伸ばさんと考へ威壓を避けて談笑の間に彼等を藥籠中の者となさんと力めた、佛國は使節が長藩下關に於ける佛艦砲擊の報償問題を含めたる巴里條約を締結せんことを提言し、遂に之を成立せしめた、其の條文左の如し。

元治元年甲子五月二十二日（西曆千八百六十四年六月二十五日）於巴里斯調印

佛國外務執政と日本の使節との間に左の約定を決定せり佛國皇帝陛下、日本大君と雙方の信任を證顯して兩國の間に存在する友愛、及貿易の交通を堅固にせん事を欲し雙方協議の上特別の取極を以て、千八百六十二年以來兩政府の間に起たる難事を治正せん事を決せり、故に佛國皇帝陛下の外務執政ドルワン、ド、リユイース閣下と、大君殿下の使節として正しく此事件に任ぜられたる池田筑後守、河津伊豆守、河田相模守閣下等と次の箇條を同意決定せり。

第一條　千八百六十三年七月中、長州に於て佛國海軍のキャンセン艦に向ひ發砲に及びし一件の償として大君の使節閣下、日本へ歸着の後三箇月後に、日本政府江戸に在留せる佛國皇帝陛下の公使へ墨斯哥銀十四萬弗の償を拂はん事を約せり、但し内十萬弗は政府自ら拂ふべき四萬弗は長州の官員より拂ふべし。

第二條　大君の使節閣下、日本へ歸着の後三箇月の内に日本政府、下關海峽を過んと欲する佛國船の遭遇する妨害を除かしめん事を約せり、而て止を得ざる時は、兵力を用ひ、又時宜に依り佛國海軍分隊指揮官と一致して、常に此通行をして妨なき樣爲し置ん事を約せり。

第三條　佛蘭西と日本との貿易交通をして、次第に盛大ならしめんが爲め、千八百五十八年十月九日、江戸に於て兩國の間に取結びし條約行はるる期限の間に佛商人或は佛旗を建て輸入する品物の爲に大君殿下の政府より最後に外國交易に許し與へられたる減稅表目を推用すべし、夫故に此條約を精密に守る間は、茶の包裝に用る左の物品をば、運上所に於て無稅にて通過すべし、卽ち茶、鉛、蠟、敷物、籐、畫に用ふる油藍、硫酸、石灰、平鍋、籠、又日本運上所にては、左の物品輸入の時且其價の五分稅を取立つべし、酒、酒精物、白砂糖、鐵、鐵葉、器械の部分、麻の織物、時計、懷中時計、及鎖、硝子器、藥、而して硝子及鏡、陶器、飾り玉、化粧香具、石鹼、兵器、小刀の類、書籍紙、彫刻物、畫には六分稅を取立つべし。

第四條　右の約定は千八百五十八年十月九日佛蘭西と日本との間に結びたる條約の犯すべからざる部分の一方と見做し、雙方主君の本書交換を要せず、直に實行すべし。

此の條約は誠に不都合極まるもので歸朝後政府は之を棄却し使節は懲罰に付せられた、池田は岡山藩の分家で祿高二千五百石此時二十八歲位の青年で鋭敏過ぎた人物であつたが何分至難の問題と云ひ遂に佛政府に丸められた。元來此度の使節は横濱鎖港使が主眼であつたが其の事の成竹なきことは豫め幕府でも問題であつた、然らば何故に幕府は之を敢てしたかに就ては已に前述ぶるが如く外人アダムスの觀察でも其の肯綮に當つてゐることが窺はれるが、始め佛國公使ベレクールが佛人殺害下ノ關砲撃の謝罪使を佛國に派遣せしめ其の君主ナポレオン三世の功名心に滿足を與へんものと思ひしより私かに幕府を誘導し横濱鎖港は絶望とも云ひ難しと焚き付けたものである。而して閣老井上信濃守は曩に文久元年兩都兩港延期使節に隨行せる岡崎藤左衛門なる者が延期の目的が達せられたる位であるから一港の鎖港は爲し難き業であるまいと進言したることも幕府内に鎖港不可能説を屈する一説ともなつたと謂はるる。それは兎も角此度の事に關しては佛國公使の黑幕から操つた虁當が預りて力あるものたることは爭はれない事實である、尙此度の使命中に佛國にて軍艦購入の內約も含まれて居たと謂はるゝ位であるから佛國が使節を歡迎して其の野心を滿足せんと躍動したる事蹟は此の條約となつて顯はれた。

下ノ關砲撃に對しては英佛米蘭聯合艦隊が馬關を攻撃せんとするの矢先斯る條約を結ばは此の難關も切拔けらるることと思つたであらうが、夫が國論に反するのみならず關稅輕減問題までも含んだ不利益の條約であつた、肝腎の横濱鎖港問題は若しやと便りに思つた佛國で第一番に不首尾であるから、此上英國は勿論他國に向つた所で見込ないことは分り切つた事である、然るに本國では安藤對馬守が兇刄に傷けられ失脚して松平大和守（直亮川越藩主）が閣老となつた、大和守は素より鎖港論者のチャキ〳〵であるから使節等の背後には大なる不安が加つた、而も使節等は一度足を海外に踏み出して日々西洋文化の發達振を見聞すると鎖港抔は思ひも寄らない、夙に開國進取の信者となつて仕舞つた。其の事は歸朝後の報告に兼ねて㈠辨理公使を歐洲各國に派遣すること、㈡歐洲各國へ留學生を派遣すること、(三)西洋諸洲新聞紙社中に加入すべきこと、(四)我が國民自由に外國へ行き通商すること等の進歩したる嶄新な意見を上申してゐるのは皮肉であつた。(前第五節開港後の國際紛擾の項參照)

次ぎに慶應元年閏五月五日一八六五年横濱出發第四回海外派遣があつた、正使には柴田日向守剛中で英佛に向つた。此度は外交上の使節と云ふよりは寧ろ横須賀造船所經營に就ての用向が主であつたから使節とは云はず特命理事官と云ふ名義であつた、此時の隨員には水品樂太郎、富田達三、小花作之助、譯官、福地源一郎、鹽田三郎と定役岡田攝藏の六人であつた。

柴田は佛國公使ロセスの斡旋で横須賀造船所の首長に任命してウェルニーを率ゐ歸ることや、其時任命された日本最初の佛名譽領事フロリヘラルトと提携し造船所機械を始めとし、其他銃砲やら、軍服用羅紗等種々の購入を爲した。尚此外日本にコンペニーの取建、生絲專賣貿易機關としての貿易社創設の件第六章第五節參照三兵傳習の佛國士官招聘第三章第四節參照等の用件を帶びてゐた。福地は政府より國際法研究の內命を受けたるも巴里で教師に就て學ばんとしたるに法律の知識がないのと佛語の用意がないので先づ佛語から研究を始め遂に所期の業成らなかつたと謂はるる。(懷往事談)

此年五月幕府より各國公使へ宛て「日本人外國に航することを人民に許さんとす、之に通行切符を附與するは歐洲各國の習慣なるを知るが故に日本亦此法を採用す」と通牒した、是れ幕府が國民の外國行を許可した最初の通知である、多年の國禁は茲に解かれて自今自由に海外へ進出することが出來る樣になつた。

註　安政元年三月廿七日吉田松陰が金子重輔と共に下田にてペルリの軍艦に投じ拒絶され、國禁を犯した爲處刑を受け我が開國史談中に於ける著名の事蹟を追懐すれば感慨深きものがあらう。

元治元年七月露國はカザケウヰッテを樺太疆界調査員に任命し日本から全權委員をニコライスクに來らしめんことを求めたが幕府は國事多端で打遣つて置いた、翌慶應元年には露國男女百餘名南下して堡壘を築き大砲を列して進み來たので函館奉行小出大和守秀實から其の由を上申したので翌慶應二年十月小出大和守を正使とし石川駿河守謙三郎を副使として聖彼得堡に遣はした、露都に於て假規則を結んだ。

## 樺太島假規則

「カラフト」島は魯西亞と日本との所屬なれば島中にある兩國人民の間に行違ひの生ぜん事を慮り互に永世の懇親を彌堅せんが爲め日本政府は右島中山河の形勢に依て境界を議定せんことを望む旨を日本大君殿下の使節は「シントペートルスブルグ」へ來りて外國事務所へ告知ありしと雖も魯西亞政府は島上にて境界を定むことは承諾いたし難きを亞細亞局「ジレクトル」（役名）「タイニーソウエッニク」（官名）「スワレモウホフ」（人名）を以て報告せり其故の巨細は大君殿下の使節へ陳述せり且魯西亞政府は右「カラフト」島の事に付双方親睦の交際を保たん事を欲し其の存意を述べたり

第一　兩國の間にある天然の國界（ラベルーヅ）「アニワ」と唱ふる海峽を以て兩國を境界となし「カラフト」全島を魯西亞の所得とすべし

第二　右島上にて方今日本（人）へ屬せる漁業等は向後も總て是までの通り其所得とすべし

第三　魯西亞所屬の「ウルップ」を其近傍に在る「チルポイ、ブラッチルポイ、ブロトン」の三個の小島と共に日本へ讓り全く異論なき日本所得とすべし

第四　右條々承諾難致節は「カラフト」島は是迄の通り兩國の所領と致置くべし

前書の廉々互に協同せざるに付「カラフト」島は是迄の通り兩國の所領と爲し置き且兩國人民の平和を保たんが爲め左の條々を假に議定せり

第一條　「カラフト」島に於て兩國人民は睦しく誠意に交るべし萬一爭論ある歟又は不和のことあらば裁斷は其所の双方近傍の奉行にて裁斷すべし

第二條　兩國の所得たる上は魯西亞人日本人とも全島往來勝手たるべし且いまだ全建物竝に園庭なき所歟總て産業の爲に用ひざる場所へは移住建物等勝手たるべし

第三條　島中の土民は其身に屬せる正當の理竝附屬所持の品々共全く其のものゝ自由たるべし又土民は其ものゝ承諾の上魯西亞人日本人ともにこれを雇ふことを得べし若日本人又は魯西亞人より土民金銀或は品物にて是迄既に借受けし歟又は現に借財を爲すことあらば其もの望の上前定めたる期限の間職業或は使役を以てこれを償ふ事を許すべし

第四條　前文魯西亞政府にて述たる存意を日本政府にて若向後同意し其段告知する時は右に就ての談判制定は互に近傍の奉行に命ずべし

第五條　前に揭げたる規則は「カラフト」島上の双方長官承知の時より施行すべし但し調印後六ケ月より遲延すべからず且此規則中に擧ざる瑣末の事に至ては却て双方の長官是迄の通取扱ふべし

右證として双方全權委任のもの此の假の規則に姓名を記し調印せり此に双方の譯官名判を記したる英文を添へたり

日本慶應三年丁卯二月廿五日

魯曆千八百六十七年三月十八日

於比特堡

小出大和守（花押）

石川駿河守（花押）

慶應三年佛國巴里で萬國博覽會があつた、之に參列の爲め德川昭武（水戸齊昭第二十一子）を幕府の代表者として派遣することとし、一行は正月十一日横濱を出發し、二月二十九日の佛國マルセーユに着き三月七日巴里に到つた。此の一行の目的は其の裏面には幕府とナポレオン三世との間に密約を結び佛國より軍艦三隻と軍資金六百萬兩とを借りて薩長兩藩を討滅せんとする計畫があつたと傳へらるる。蓋し是より先き文久三年池田筑後守等一行の佛國に行つた時に端緒があつて絕體祕密に付せられてゐたものである、一行が巴里博覽會に出品する以前に薩藩は早くも幕府の手を經ずして直接出品を爲し岩下佐次右衛門後方平子爵等一行が日本代表として巴里に滯在してゐたが昭武一行の幕府から正式代表者が乘込んだので忽ち一策を考へ琉球國兼薩藩の代表者として來たものと豪語し勳章を作つて佛國皇帝竝びに文武官に贈つた（此の勳章は往年樺山大將が佛蘭西漫遊の際手に入れて現在島津家の所藏となつてゐる）茲に於て何れが正式の代表者であるかと云ふので大問題が起つた。實際當時の外國人には日本の主權は何處に在るのか見當が付かない、實際の政府は江戸であつて京都は羅馬法王廳の樣なものだとも思つたものもあつたらしい、殊に英國は薩長に望を囑し佛國は幕府を扶けんとした形蹟があつた處からナポレオン三世は幕府との關係上德川昭武を正式の日本代表として外交團に紹介したので遂に薩藩も兜を脫いで退却してしまつた。昭武は佛國との關係上英國行は見合して遂に使節の待遇を辭退し一留學生として勉學した、其間に本國では維新の政變があつて幾多外交上の問題も國内に影響を及ぼさずして濟んだ。同行者は御傳役であつた山高石見守の下に外國奉行向山隼人正、同組頭田邊太一、杉浦子基等があり又隨員中に澁澤篤太夫榮一子爵箕作貞一郎麟詳名村泰造等があつて就中澁澤は大に斡旋する所があつた、又水戸の家臣七人も隨伴した。卽ち菊地平八郎、井坂泉太郎、加地權三郎、三輪端藏、大井六郎左衞門、服部潤次郎、皆川某である。

**註**　此の博覽會出品人總代として一行に加はつたものに淸水卯三郎、吉田二郎の二人がある、淸水は武州羽生村の人、江戸に出で箕作阮甫に就て蘭學を學び、後安政元年露艦下田に來る節二十六歲の時、筒井憲政の足輕となつて隨行露語を學んだことがある。佛國にてレオン・ロニー Lĕon de Rosny の發行せる日本文の新聞紙「よのうはさ」を手傳つて後、活版器械、石版器械、陶器の着色、礦物標本、西洋花火等を土產として持歸りて、出版業を開いて明治文化に貢獻した。此の博覽會の時日本出品は美術工業品も少からず、就中浮世繪を持つて行つたことは後日日本浮世繪の海外嗜好の端を發した一助ともなつたものと思はれる。吉田は中卷第五章第二節第三項末開國新書附錄蠶種商法の處參照

慶應二年一八六六年幕府は各國に公使を派遣するの議起り外國奉行向山榮五郎黃村を佛國に駐劄せしむることとなり、從五位下隼人正に任じ、若年寄格とし外國奉行支配組頭田邊太一蓮舟に隨行を命じた、一行は翌三年正月出發巴里に到つたが此時德川昭武の一行が來たので前記薩藩との正式代表爭ひが起つたので向山公使の計ひで大君の政府、薩摩の政府、肥前の政府と標示したのは失計であつたとの理由で歸朝を命ぜられ、同年六月外國奉行栗本安藝守鋤雲を勘定奉行格とし函館奉行を兼ね佛國駐劄を命ぜられた。

初め佛國に公使を派遣せんとする時同時に英國にも公使を置かんとし沙汰止となつた。

其頃幕府は又豫て購入の約定あつた軍艦引取のことに關し勘定吟味役小野友五郎を委員長に、勘定方松本壽太夫を副とし米國に派遣した、海軍士官岩田平作、小笠原賢藏之に從ひ通譯として尺振八事務方として福澤諭吉同

行した。

明治二年幕府は布哇政府に向つて日本移民引取の談判の爲上野監督正を使節として派遣した。是は其の前年横濱米國領事館内に事務所を有する米人ヴェンリード第三章第三節第一項參照は明治元年「横濱新報もしほ草」と稱する新聞紙を發行、之を利用して布哇移民三百名を募集した、一人一ヶ月五弗の給料で三ケ年季を約しサンドウイッ島に渡り甘蔗植付に從事せしめんと計つたが此事同年閏四月三日横濱外字新聞に摘發された、此の所爲は黑奴の賣買に等しく萬國の法律に悖り、其の利益は狡黠なる外人等の占むる所となり被雇日本人等は酷熱の爲疾病に罹るも訴る所なく怨を呑んで異國の鬼と爲るもの多からん、是れ實に日本國民の災害なるのみならず、日本國たるものの一大恥辱なり………とあつたので我が政府は驚いて後の神奈川府知事東久世通禧は其の出航を差止めたがヴェンリードは之を肯かないで京濱地方からの應募移民百五十三名を搭乘して出帆して仕舞つた、そこで我が政府は米國公使に抗議したがヴェンリードは自ら布哇國領事と唱へ幕府も亦之れに相當の待遇を施したるものであり、且つ汽船は英國船であるから米國は適當の處置を施し兼ぬるとの事で渉々しく善後策が執れないので遂に明治二年四月二十九日外國官副知事寺島陶藏宗則は米國公使ファルケンボルクと種々接衝の上米國公使は日本から使節を布哇國に派して直接彼政府と談判すべき忠言に從ひ愈々同年九月三日上野敬介景範薩摩藩士弘化元年生れ後元老院議官となり明治二十一年四十四歳沒を監督正とし、外務小書生現在の書記生三輪輔市を附し使節として派遣することとして同月二十七日万國飛脚船で横濱出帆十月十九日サンフランシスコに著き十一月三日同港出發同二十四日布哇に著き國王カメハメハ第五世に謁見更に宰相ハルリスと會見邦人移民虐待の實狀を述べ希望者は早時歸國せしむべき旨談判したので布哇政府は懇篤に之に接して日本政府の要求に應じた、使節は布哇政府の好意を得て諸島を巡回し歸國希望者四十名を連歸ることとし殘りの移民の優遇法及契約滿了の節は布哇政府の費用で送り届けること、若し病氣に罹りたるものは政府の費用で治療せしむる等の有利の條約を結び翌三年一月六日米國を經て諸種の視察を了し二月二十五日歸朝した。

當時布哇に於ける日本勞働者は一ケ月凡そ五弗なりしも今回歸朝者を生ずるに當り其儘留りて勞働に從事せんとするものには十五弗乃至二十弗に增給し中には三十弗を給するに至りたるものもあつた。蓋し日本勞働者は其の成績頗る好かつたので惜しまれた爲である。

其後日本政府が布哇より移民を戻したる後之に代つて支那勞働者が盛に移入されたが後明治十四年布哇國王渡來し國際條約成り日本官約移民を希望し同十七年に布哇に我が領事館を置き、翌十八年より多くの官約勞働者の渡航することとなつた。

舊幕府に依つて締結された安政條約は素より匆々の際に成つたもので我邦の不利となる箇條があつた、明治新政府となつては是れが改訂の必要は認められた、卽ち治外法權の撤廢と關稅權の恢復とは獨立國としての體面を保つの上最も必要であつた。而して之が改正の期日は明治五年五月以降に迫つたので四年十月政府は全權使節を各國に差遣し一に我が政體更新に依つて更に親睦の交を求めしめ、一には條約改正に依り我が政府の目的と希望を開陳し商議せしむる必要ありとして愈々決意し特使派遣の事となつた、正使に岩倉具視、副使參議木戸孝允、大藏卿大久保利通、工部大輔伊藤博文、外務少輔山口尙芳とし一行總て四十八人明治四年十一月十二日橫濱を發して渡米した、兼ねて英佛等を視察して約一年六月を費して歸朝した。

抑安政五年六月日米條約第十三條に

今より凡そ百七十一箇月の後（卽千八百七十二年七月四日に當る）雙方政府の希望を以て兩國の內より一箇年前に通達し此條約竝に神奈川の內存置すべき箇條及び此書に添へたる別册共に雙方委任の官吏實驗の上談判を盡し改正することを得

同年七月日英條約第二十二條に

兩國にて條約の實地を驗し改革せんことを望む時は其一年前に通達して千八百七十二年七月一日又其後に於て改正を爲すを得

とある、千八百七十二年は明治五年で、安政五年の條約は日本國內に外國領事裁判を認めし卽ち治外法權を設定したる者なれば國權を毀け不利を伴ふものなる上に關稅に於ても兵庫開港延期の交換條件として平均五分に減殺せられて通商上非常の不利益を伴ひたるものなれば條約改正の必要は朝野均しく痛感せる所であつた、卽ち明五年は其時期であるから之に先んじて四年十一月歐米へ特使を送ることとなつた。併しながら我が政府では未だ條約改正の成案もなく、使節一行も米國大統領に謁見し國書を捧呈したるにグランドは懇切にも條約改正の必要を說いた、蓋し國書には條約改正の希望を述べて未だ我が文明制度の幼稚なる爲一擧に此の目的を達する者とは思はないが歸朝の後之に向つて考量し年來の目的を達するを得んとあつたので大統領も之を勸めたが外交上の慣例として全權の委任狀がなかつたので我が使節も已むを得ず急遽大久保利通と伊藤博文が引返して此の事を告げたが政府では當方に未だ準備が無いので慭《ナマジイ》に今不完全な改正を行ふより暫く待つて完全なる對等條約を結ぶのが利益であると反對し結局全權委任狀だけは渡すが談判には着手せない事となつた。米大統領が此の好意的忠言に出てたのは蓋しハリスが疾に日本に同情し條約改正には同意であつたことが與つて力あるものと推測せらる、併しながら假令米國が好意を表しても英佛始め歐洲諸國は曲折を重ねて充分な結果は得られまいと使臣及國內參議連中も感じたものと思はるる、果然明治五年八月となつて日本政府は各在外國公使に命じて條約改正の希望の通知を發したるも彼等は皆日本法律の不備等種々の故障を唱へて之を拒んだ。

斯くて一行は歐洲に涉つて米國同樣視察上得る處があつて明治文化の建設上尠からざる貢獻を爲した、一行中の留學生には山川健次郎、田尻稻次郎等が加つてゐた、殊に久米邦武は此時の記錄「特命全權大使米歐回覽實記」を著し太政官から發行された、尙此一行中五名の少女が留學生として同行したことは當時世人をして驚異の目を瞠らしめた。（第三章第二節第三項參照）

同四年日本政府は又參議副島種臣を魯西亞に派遣した、同年四月大藏卿伊達宗城を以て欽差大臣として外務大亟柳原前光、權大亟津田眞道副使となつて淸國に派遣され日淸修交條約を締結した。

### 第七節　開國と鎖國

開國乎鎖國乎、是れ彼理《ペルリ》一發の砲聲を動機として幕末爲政者の態度を決すべき懸案で、均しく又國論の歸趨を定むべき鎖鑰である、併しながら事外國との折衝で涉たる絕東の一小島帝國が天涯萬里の波濤を超えたる歐米列强の國情地理に暗らく口に和戰兩樣の術策を叫ぶも如何にして戰ふべきか戰つて勝算あるや否や、或は和するにも亦國辱の伴はざるや否や、泰平二百七十年刀は鞘に弓は袋に納まつて而も武器と戰術は遺憾ながら吳下の舊阿蒙たるに過ぎない、乏しき海防戰備を以て彼と對立せざるべからざる危機に直面し擧國一致の實を揚げ得ざのみならず、朝廷と幕府の脊離、各雄藩の擡頭、浪士の跋扈あらゆる點に於て步調亂れ聯絡を缺ぐ、加之政治、經濟、社會上廢頽氣分濃厚の形跡を暴露するに至つたる我が江戶幕府末期時代に當つて誰か敢然起つて狂瀾を既倒に廻すものぞ、責任の中樞にある當局は姑息逡巡其日逃れの政策に泥み硬論者亦以て時局收拾の實力を缺ぎ、處士は横議し國論の歸著點は遺憾ながら遂に見出し難き混亂に陷りて上下只狂奔怒號するの醜態を見るのみ、事情は已に前各節に於て叙述したる通りである。獨り冷靜に熟慮し裁斷して邦家の前途を衍らしめざる抱負經綸を抱くもの無きにしもあらざるも、其の地位にあらざる爲、指彈され、失脚したり、或は大聲俚耳に入らざる等の憾もある。

今日より考ふれば開國是非は論ずる迄もない宇內の形勢を大觀して開國の必然的趨勢たることは明瞭であるが、當時長夜の夢から醒めたる計りである鎖國々民は宇內列國の眞相を窺知するの隙なく事每に周章狼狽せることも亦不得已事象であらう。

元來鎖國は德川氏初期の政策に脊弛することや我が大倭民族の本來の理想に反することは既に第一章第一節の末項に於て縷述した通りである。にも拘らず鎖國論を高潮せざるべからざる立場に至つたのは二百有餘年の嗜眠に陷りて何等開國的準備の整調しなかつた缺陷に外ならない、而して心ならずも鎖國の本尊たる幕府が開國論者となつて開國の先鋒たるべき薩長其他西陲の雄藩が攘夷論を高唱するに至つたる事既に尋常理論を以て律せらるべきでない、彼の大内氏が勘合船の貿易や、嶋津氏が琉球を通じて密に外國貿易を行つたることや、平戸松浦氏が永年和蘭貿易を續けたることや、其他九州中國西國の諸梟雄等が海外發展の歷史に見るも其の遠因近因係つて海外に志してゐる、海外通商の利に通曉せるものが攘夷論を唱ふるの所以は何の爲か、想ふて玆に至れば頗る當時我が國家の一致を缺ぎ統制行はれなかつた實情が釋然たるものがある。

惟ふに幕府衰頽の末期に際し新鋭なる劍銃を提げて來れる外夷に對し奮然起つて之を膺懲せんは餘りにも無氣力であつた、加ふるに二百餘年來壓伏を餘儀なくされた諸侯中には機を得ば一擧大樹を覆して王權恢復の白日を仰がんとするの念願熾烈となつた、所謂鎖國攘夷の論は政略的性質を帶び來り其の大勢上不可能に了るべきを察して且之を强辯し由つて以て幕府を窮迫せしめんとするに外ならない。

「明治維新發祥記」に此間の經緯を大膽に克明に論定してゐる、卽ち。

「按ずるに當時勤王家の興りたる所以のものは幕府政を外交に失し國家を危殆に瀕せしめたるが故に其政權を王家に復せしめ我日東をして儼然外夷を凌駕し得べき帝國たらしめんと欲して奮起したるものなりと、故に當時に於ける勤王とは唐代に唱へたるが如き王家の危急に奔りたる語義にあらずして王政復興の必要上幕府を倒さんとして唱へられたるものなり、回顧せよ當時倒幕以外何の勤王を唱ふべき必要ありしか、故に知る當時の勤王とは倒幕の隱語なりしことを。…………倒幕を急務とする勤王家起れりと雖も幕府の權威猶旺盛にして之を口にすること能はざれば我國人の習性となり居たる排外心を利用し表面に攘夷論を唱道して輿論を喚起せしめ、之を以て幕府討伐の攻道具に供したるものなり、凡そ凡庸の徒は斯る深意を悟らずして勤王とは尊王の謂なり攘夷とは夷狄を討ち掃ふものと信じたるも流石の幕府は勤王攘夷を以て我幕府を攻め潰さんとする大砲たることを看破せり、故に幕府は自衞上勤王家を殺戮して其忠誠を憐まず、屢々攘夷の朝命に反省を求めて所謂攻道具を自失せしめんことに腐心せり勝算なきが爲に攘夷の朝命に應ぜざりしのみに非ざるなり」。と論破してゐる。又大隈伯の「開國大勢史」にも「世界の大勢は國勢をして歸着する所に歸着せしめざれば已まず、夫れ然り、一時天下を風靡せる國論士議と雖亦適者生存の理外に出でずして、大勢の陶汰する所、或は滅び、或は存す、而して其の存するものこそ、又能く大勢に追隨して國家の方針を指導すべきものたり、苟も此の理法を以て觀察する時は、如何なる紛糾の事實と雖も、刄を迎へて解けざるなし、抑癸丑甲寅以來、一方には尊王と攘夷とあり、一方には幕府と開港とあり、兩兩衝突して事變窮りなかりしが結局前者に在ては攘夷滅びて尊王遺り、後者に在ては幕府滅びて開港遺りしもの相合して遂に王政維新萬國交通の新局面を開くに至りしなり」と結論を與へてゐるが如く國情をして歸着する所に歸着せしめなければ已まないのである。何ぞ亦再び鎖國を云爲するの要あらんやと言ひたくなる。乍併當時輿論の紛々歸着する所無きが如き醜體を演じたるは幕府よりも雄藩に實力が移り幕府列藩とも當路に憒憒者流の事を解せないもの多く、却つて小身幕下に有爲の人材があつた。今彼理來航前後の事情、ハリス到着以後の形勢等歩一歩開國論の曙光は繁くなつたのであるが、畢竟鎖國論の洋夷可斬を快叫するは當路の責任者たる地位に立たない傍觀者流であるが、責任を擔ひたる當路者は事前事後の措置結果を熟慮深憂して隱健主義を懷くは穴勝無理からぬことで、此間又開國の已むべからざる必至の趨勢を豫感するものあるも、又世間より怯者との毀を受けんことを恐れ心に信じて口に憚るものもある。而して彼の杉田成卿、佐久間象山、橋本左內、横井小楠、古賀謹一郎、高島秋帆、勝海舟等の如き開國を論ずる士は或は儒者として或は蘭學を通じて旣に世界の大勢を觀察して將來開國の已むべからざる所以を考慮したる意見もあつた。横井小楠の如きは洋學を通じたるものでなく米國若し有道の國ならば共に交るべし、若又無道の國ならば斷然之を攘ふべしと云ふ論であつたが其後開國論を唱へた、概して當時の狀勢を見るに蘭學系統に於ては開國論者が多かつたことは事實である、乍併當時の大勢に於て敢然起つて開國論を唱導するは一見識と云ふべく、又非常の勇氣とも謂ふべきである。

橋本左內

安政四年ハリスが渡來したる時福井藩側向頭取兼學監橋本左內が同藩目付兼學監村田巳三郎へ宛てた書簡の內。

偖又去十日夕亞墨利加使節申立并應對書和解二通御渡に相成直に拜見被二仰付一依レ例事理方明其中英夷とは段々內談も有レ之鹽梅且は虛喝も可レ有御座候へば何分一々我弊に中候處可レ恐々々此義は實に神州の御大事今度彼二ケ條御許相成候と即御國體變遷之姿に候乍レ去只今と相成候て鎖國獨立不レ可レ致は固より識者に於ては瞭然に可レ有レ之候へば固より拒絕不二相成一は不レ俟レ論候へども唯如何せん廟堂上之小兒輩迚も其邊之咄出來候者一人もなし就ては責て我君松平春嶽なりともと奉レ存候故參政福井藩御用人中根靭負師質と共種々苦言直論毎々高聽に奉レ入遂に御工夫も被レ爲レ在候處流石に粗御考も相立候…………

とあるに見ても如何に橋本景岳が年齡僅に二十四歳の壯年にして、天下國家の大勢を論說して君公を輔導する高

啓發錄（御物）　橋本左內先生十五歳の著作

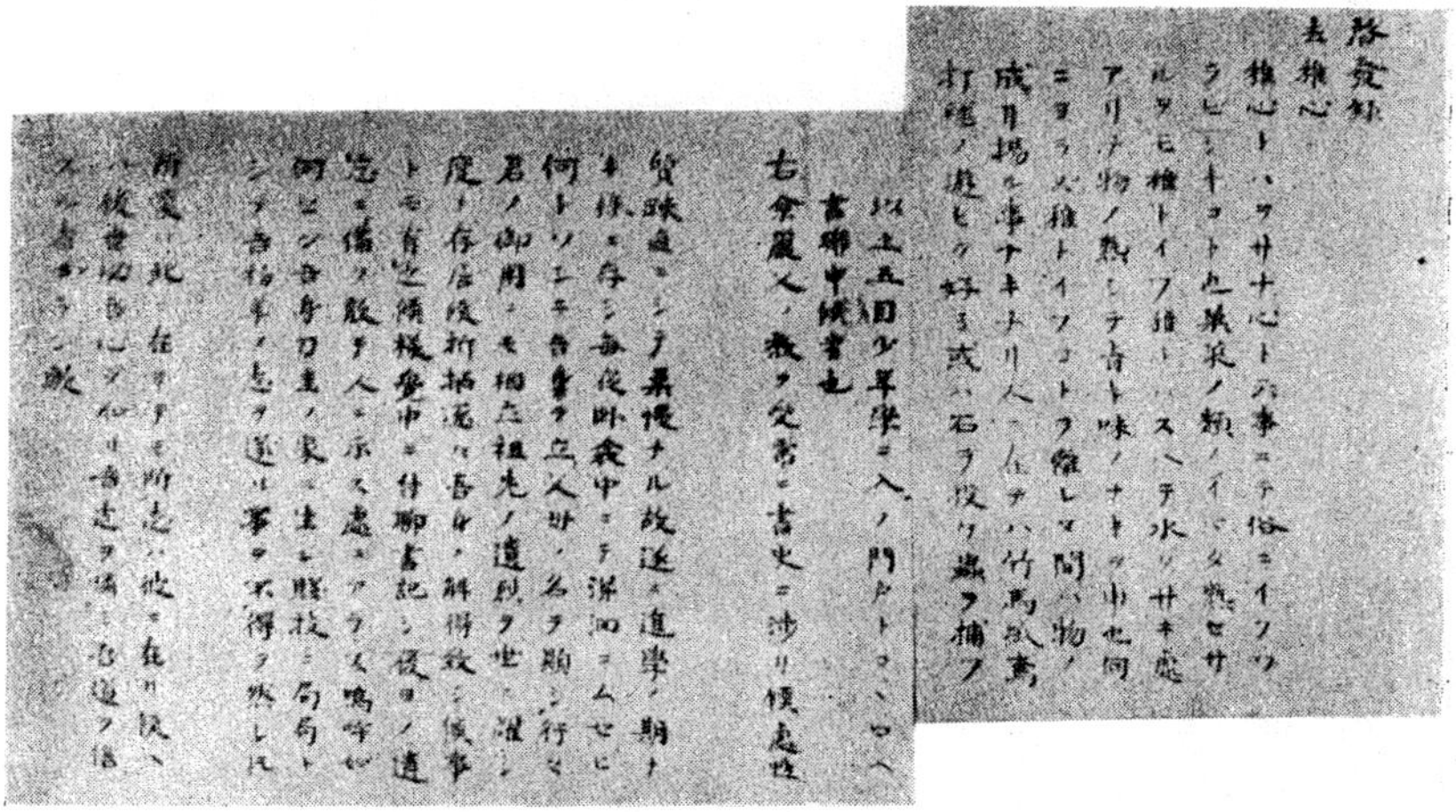


（卷頭）　（卷尾）

邁卓越の意見が迸れるかを驚嘆するに足るのである、而も此の長文の手簡中には英露米佛蘭を始め世界的外交を縱橫に論策せる處確に當時群鷄中の鶴である、尙同書中に通商に關する意見は尙未だ全然自由主義では無かつた、卽ち云ふ。

依レ之交易ミニストル指置之二ヶ條相許其中交易は矢張官府交易に致候間勝手交易は相斷申度候事
阿片幷借地の事は斷り港は堺、神奈川、箱館、長崎の四ヶ處位に極置申度事

云々とある。尙書中日露同盟を論じた處もある。本書簡は松平慶民子爵の所藏で長文の美事なるものであるので先年現物と殆ど見紛ふ計りの模刻が出來て有志者に頒布されたもので著者も之を所藏してゐるが一讀左內の面目躍如たるものがある。左內の開國論は其の蘭學の師杉田成卿より出てゐる、成卿の祖父玄白は我が蘭學者の大先達である、玄白既に文化四年露人の我が北邊に寇せし

ことを聞くに及び敢然として當時の我が國策を論じて開國に及んでゐる。其說に、

「今や我が國は一大病患の襲ふ所と爲れり、若速に之を醫治するに非ざれば終に恢復の機を得べからず何をか其の將に亂れんとする第一の萌と爲す曰近來に於ける露國の外寇なり、思ふに外夷の我に寇するや當初我が邦の彼れを遇する其の當を得ざりしものありしと聞く何ぞ必しも罪は彼れにのみ歸するを得んや、此に二策あり一は彼と和交する事にして一は斷じて彼と干戈の間に見えん事なり、然れども飜て顧るに我が國武士の現狀、果して如何、今日の世の武家內の情態を見るに、二百

杉田玄伯

年近く、豐かなる結構至極の御代に生長し、五代も六代も戰と云ふ事は露程も知らず、武道は衰へ次第に衰へ何ぞの事あらん時御用に立つべき第一の御旗本御家人等も十が七八は其の形婦人の如く其の志の卑劣なることは商賣人の如くにして士風廉恥の意は絕えたる樣なり、然らば右の如く老廢せし我が國の弱兵を以て其の强兵に差向ひ合戰せんこと如何あるべきや、是等の事辨へ知らぬ人は船軍は格別陸に上り手痛く合戰せば手元勝負に至りては我が國兵には及ぶまじと申し誇る人もあるべきなり、如何にも天正慶長の頃迄の武風遑しき兵ならばさも有るべきなり、今の衰弱至極の世に至りたま〱其物語をききはづりし許りにて恐くはあてになるべからず、是れ老人の口計り達者にて立居不自由なるを打忘れ筋肉の弱くなりたるに心付かず元氣立する類なるべし是れ亦破れを取るの論と云ふべし、能く彼れ是れと考へ合ひ事を計ふ事專一の時節ならずや、宜しく和交を結び貿易を行ひ其の間に我が兵氣を恢復して徐々に國基を固むるの法を求むべきのみ」と（野叟獨語）

毫末も左顧右眄する處なく堂々として國情を述べてゐる恐らく開國論者の魁であらうか、

斯の如く宇内の大勢を達觀した透徹せる意見もあるが嘉永安政に於ける幕閣當路者の開國は利害よりも寧ろ列强の强要に怖氣が挿したものが主なる理由と判ぜらるる節があるが海外文明の實情を知悉し國家百年の大計を見透したる理解ある開國論でなければならぬ。又鎖攘論に於ても徒らに榮螺の殼籠りを敢てし井蛙の管見に滿足し、宇內形勢の如何に頓着なく無謀の蠻勇に已惚れたる短見者流の攘夷論は亦實に寒心肌に粟を生ぜしむる類である、是等の無鐵砲に陷らないで內憂外患の形勢を苦慮せる水戶烈公の眞意は深く翫味に價すべきものがあらう。「開國起原安政紀事」中に次ぎの一節がある。

抑沿海の武備充實せず太平安逸の士を以て彼百戰の敵に禦るべからずとするものは尤見易きの義にして人誰れか之を知らざらん、是尋常議論の素より然るべき所なり、然り而して英雄の所見は別に一層の上に出でて沿海武備充實せず、士氣靡頽するが故に戰を唱ふべし輙すく和すべからずと云者なり、其意實に謂らく我太平安逸の餘一旦外冦の迫るに逢苟くも士氣を振厲鼓舞して以て我國威を失はざるを欲する者は必ずや其術無かるべからず、古人の所謂患に生じて安樂に死す、又曰く敵國外患なきものは國恒に亡ぶと、夫嘉永の時は太平安樂の極なり、敵國外患を以て之を惕厲するに非れば武備何を以てか充實せん、士氣何を以てか作興せん、其亡ぶるや立を待べし、且我人心の傾く所怯劣を鄙んで勇敢を崇ぶは古來の教養習成する所、今日の俗爾りとす、故に將來天意のます〳〵震怒し玉ふと志士のイヨ〳〵激昂するとは皆幕府の怯弱なるを疾むを以て也、是則後年天意の回しがたくして志士の制し易からざるを啓く所以なれば、此時に當つて幕府に謀る者は我自ら勇悍進取の氣を熾にして以て可戰不可和の志を視す時は其振發鼓舞する所以を天下の人心を感動悅服せしむるに足る、上下皆我殼中に落て自ら知らざるの勢あらんとす、且一矢一丸の敵に加ふるを禁じて徒に我武備の充實を求むるは釣を禁じて魚を獲んとするに齊しく決して其望を達得べからず、是納言水戶烈公の和を以て秘策として戰を主張する所以畢竟これを以て天意を安んじ士氣を發するのみならず、亦深く從來の禍根を絶んと欲せし者なり、然るに老中以下之を察せず妄りに戰端を開きて時勢を知らざる者とするは其所見淺短にして察勢甚明かならざるを以てなり。

是に由つて觀れば齊昭の心事は洵に含蓄深きものがあると謂へる、但し本書は水戸藩士大學教授内藤耻叟が明治二十年六十二歳の時上梓せるもので幕府の日記を以て主とし、其の四十歳以前聞見記纂せる筆記數十冊の內より撰出したるものであるから多少烈公の評價に就ては其心を以て判すべきものがあるかも知れない。

**註**　同書中齊昭の胸奥を察すべき一挿話が載せてある、嘉永六年九月幕府大船製造の禁を解く、皆水戸納言の言を容るる也、薩州公直に令して大船十五隻を作らしめ、書を水戸公に呈して海路參勤往復を許されんことを請ふ、前納言之を見て笑曰、向日墨艦四隻のみ、猶之を恐れて其願を許せり、薩州若し十五艦を率て江戸海に入らば何の願か許さざらん云々。

烈公は蟄居中で鎖國攘夷の大元締格のやうであつたが將軍や當局の阿部伊勢守から顧問として責任の矢表に引出され、且伊勢守から幕府財政の難關、武備の不充分なる缺陷を內示されて、遮二無二の鎖國は行はれ難いことは飮込んで居たが、從來の着眼せる海防論は益々必須の急務に迫つたことに徹心し士氣の頽廢を慷慨し、必死を以て精神作興を勵み主戰論を高潮するの餘儀なきに至つた。所謂寛猛の秘策を藏するものか。殊に臣下に一世の人傑藤田東湖を控へて君臣胸襟を披瀝し合つて天下の衆目を惹き付けた所謂舞臺の大花形であつた、一擧一動虚々實々の秘術を開展した、藤田は彼の回天詩中にもある「三決レ死矣而不レ死。二十五回渡二刀水一。五乞二閑地一不レ得レ閑。三十九年移二七處一」とある如く實に嘉永安政の危機一發の國難に起つて挺身奔走して人心を刷新すべき指導者であつたことはこゝに呶々する迄もあるまい。

**註**　開國鎖國は尊王攘夷と搦んで段々複雜に進んだが結極は尊王開國に歸着した、烈公の眞骨頭は攘夷ではなく既に義公の大日本史の精神より尊王家であつた、其の顯著なる表現の一節として後日味ふべき一佳話が殘つてゐる。澁澤子爵談に曰く

伊藤公が哈爾賓で遭難された數年前の事であつた、私は一寸横濱に行く用事があつて、新橋から乘車すると偶然車內で公に逢つた、すると公が「澁澤君、君に是非とも話したい事がある」と云つて斯う云ふ御話をされた。

先頃の事であるが來朝された西國の皇族を有栖川宮殿下が三年町の官邸へ御招待になつて伊藤公と德川慶喜公とを相客に召された事があつた、晩餐も濟み、皇族も退去せられて、兩公は別室で打寬いだ話を交された時の事であるが、伊藤公は突然慶喜公に向つて質問された。

「いつか御目にかゝる機會があつたら御尋ねしたいと思つてゐたが、今日迄其の機を得なかつた、今夕は恰度好い折であるからお聞きするが、公が大政奉還を斷行されたのは如何にも突然でこれ程の大事を御決行になるのに餘りに思ひ切つた御態度であつたが、當時御側にあつて、あの斷然たる處置を進言したのは果して何人であつたのでせうか」

すると慶喜公は言下に答へられた「私は私の信ずる所に從つて、何人の智慧も借りず斷乎として決心したのでした、私は亡父烈公から常に教訓されて居りました、幼少の折、父は私に皇室の尊嚴、國家の大本を嚙んで含める樣に教へましたが其後私が西丸に入つてからも、父は折々出府する毎に此の教へを說きました。私はあの際獨りで凝つと考へました。そして父が豫て訓戒した事を實行するのは此時の事だと氣が付いたので、何人にも相談せず斷行したので他人の智慧でもなければ私の力でもなく、凡ては父の教訓を其まゝ實行したに過ぎなかつたのであります」

此の答へを聞いて、伊藤公は今更のやうに慶喜公の見識の高いのに驚いたと云ふ事であつた。（續伊藤博文秘錄）

更に烈公は安政五年六月二十日幕府に差出した廟算伺書　井伊掃部頭殿、堀田備中守殿、松平伊賀守殿、久世大和守殿、內藤紀伊守殿、脇坂中務大輔殿、　水戸隱士　中に

次ぎの様に論じてある。

一、舊冬墨夷より申出應接之上條約御取極に相成交易之利を以御武備御整可レ被レ遊御趣意之樣にも伺及候所此方御武備御手厚き上より御初に相成候へば交易も御益に可ニ相成一候得共此方御武備御手薄に付彼が願意御破り被レ成がたく無ニ御據一御初に相成候交易にては御益之所も如何可レ有レ之哉最初は御益之樣にても追々御益有レ之間敷歟尙又彼より追々喰入申候も交易の御益を以て御武備整候て何れか可レ有レ之哉御廟算有レ之度候事

但ヶ樣申候ては交易は一切不レ宜と申樣聞へ候へ共左樣には無レ之方今之勢二百年前通り鎖國には相成兼候御儀に而交易も無ニ御據一候へ共主客之勢を不レ失樣致度と存候尙又開港之場所に而賣買之爲彼我より商税御取立に而五十萬三十萬之運上上り候て御益之樣に候へ共外國へ必用之品出候へば內地の品は少なく相成品少なく相成候へば價貴く相成候は必然之勢に有レ之左れば內地の者は益究し候故一旦上り候眼前之益は兎も角も日本國中究し候へば矢張公邊の御不爲に相成可レ申哉左候得ば彼よりは交易を太く御開之樣申候へ共拙老愚見に而者幾重にも小さく致度事と存候、尙又內地之品を以て交易不レ致候共他邦より持來り候品を又他邦へ送り利を得候品も有レ之由に候へ共主客之勢を失候而者御聞居之程如何と存候

齊昭も亦開港已むべからざることは承知して居て而も其の國益國損に深甚なる關心を潜め苦慮を重ねてゐる態があり〳〵と顯照されてゐる。

尙次ぎに揭ぐるものは一層交易に關する祕訣に及んだものと思はれる、而も勝手交易は弊害が伴ふので官符交易を主張してゐる。

一　交易御初に相成候はゞ此方よりは武器類は勿論武用に相成候品は一切不レ遣、彼よりは大小炮銅鐵錫鉛トタン幷有用之書籍之類のみ御取入れ武器に無用の品は一切入ざる樣に成候はゞ彼が膽にヒゞキ候故何程表面は平穩に被レ成候ては夷狄

も恐れ可ㇾ申假令表向武を張被ㇾ成候ても無益之品を入れ有用之器械產物を被ㇾ出候時は彼が侮りを受け可ㇾ申候得ば蘭夷の交易迄も右之樣に有まほしく御廟算之事

本文之儀何程嚴制御立相成候ても直交易御許に相成候ては必奸商共より濫出之憂可ㇾ有ㇾ之候　又銃にも六連八連之小銃の如きは海防用には不ㇾ相成ㇾ內地惡者持候へば以ての外に而御禁可ㇾ然候

是を以て觀ても如何に齊昭が國家の一大事を憂慮し高壓的に强硬論を唱へたり、或は大勢の向ふ處遂に通商已むを得ずとするも其の如何にして我が利益を損耗することを免かれんかと八方苦肉の計略を廻らしゐたかゞ汲み取られる。

始め幕府も阿部外交より堀田外交、ペルリよりハリスと段々と海外の事情が判つて來れば漸次開國論に傾いて當路者胸間の隔膜は排せらるゝは當然であるが大體當初は意見渾沌たりと云ふが正鵠の觀察であらう。

福地源一郞著「幕府衰亡論」には。

幕府は已に談判の際は全權等より內稟したる條約章案を見て事情不ㇾ得ㇾ止と承諾したれども、水戶老公は此條約決して宜しからずと其時に異議を唱へられしに由り、條約發表の時よりして幕府の內部に於ては明かに和親と拒絕との二派に分れ、和親派は當局の官吏にして拒絕派は非職閑散の面々と自ら其色を異にし、他日の禍源を此時に啓きたりき。

と論難してゐる、又德富蘇峯「日本國民史」にも。

凡そ幕府の痼疾として此の內外表裏の仕打ほど、世を害し、國を誤るものはなかつた。特に外交關係に就て、最も甚だしとする。若し幕府の政治が、今少しく露骨に、眞率に、正直に、直截に、明々白々、表裏一徹、內外一貫したらんには、我が內治も外交も、假令當座は困難であつたにせよ、失態は少かつたであらう、されど槪ね一時を糊塗し、鈴を盜んで耳を掩ふの拙策を濫用したるが爲めに、往々取り返しのつかぬ結果を來たし、遂に明治の時代に至り條約改正の問題に迄も、それが波及せらるるに至つたのは如何にも遺憾の至りと云はねばならぬ。

と云ひ。又

若し當時幕府に大政治家ありて開國の道理を中外に、昭にし、之を以て天下の人心を指導し、之を以て朝廷に申明し、之を以て大名其他を開諭したらんには、幕府の末路も、今少しく奇麗なる最後を遂ぐ可きであつた、腹に開港口に攘夷、その爲に却て倒幕策士の爲めに、其の虚隙に乘ぜらるるの已むなきに至つた………………

云々と批判を下してある。而して愈々ハリスが來つて通商條約が締結せられんとするや、眞劍なる判斷を要する譯となつたが條約勅許問題を繞つて國論囂々喧しくなつた。安政五年二月十八日ハリス日記で當時の狀情を述べたものを見るに。

此日井上信濃守來訪大要左の意味の談話を試みたり(一)今や日本政府は滿腔の誠意を以て、新條約實施を計畫しつゝあれば、此點に於ては充分の信頼を望むこと(二)京都に派遣せる特使は多分滿足すべき勅裁を得て不日歸來すべきこと、而して一度此勅裁を得れば紛々たる諸大名の反對の如きは朝霧の如く煙散霧消すべきこと(三)現時十八名の大大名の內新條約の締結に贊成なるは僅か四名にして、他の十四名は鎖國攘夷黨なること(四)德川家康が創始したる三百名の諸大名中幕府の開國政策に贊成なるは九十名に過ぎずして、其他は擧つて攘夷黨なること(五)故に今や政府は極力是等鎖國攘夷論者を說得しつつあり、彼等の內少しく政府當局者の說明を傾聽するに至れば之を信服せしむること容易なるも、其多くは議論の可否を問ふにあらずして、先天的に開國の非を信じ、政府の說明の如きは一言一句之を聞くを潔しとせざるの風あり、斯る頑迷者流は京都天子の勅諭の外、屈服せしむるの道なきこと。

とある、以て當時の輿論の趨向や、幕閣の決心は察知さるる。蓋し開國貿易は避くべからざる運命であるは勿論、而も人道上當然の經路であるが只海外諸國は已に互に通商を行ひ文化の程度我に長足の進歩を見せたるものと、急遽貿易を行はば我に於て不覺を見損耗を免がれ難いことは杞憂されたものであらう。水戸烈公が藤田東湖に與へたる親書の中にも、

通信と內地の通商は決て國家の御不爲と存候。三ヶ年の間、彼方へ行、交易の便利有レ之儀并彼方模様をも見せ候事は可レ然歟

とあるに徵しても判る。現に開港直後の貿易では彼外人は不レ尠利益を獲得した。之に反して日本側は何等の豫備知識もなく、交易上の作戰經綸は素より乏しいので事毎に周章狼狽したものであつて遂には中途再び鎖港說が持上つたり、前節中にも述べたる如く幕府は海外使節を派し鎖國談判に取かゝつたこともあつた位である。此の事に就ては次ぎの樣に觀察さるる節もある。

幕府の方でも周圍の事情が旣に迫つて來たので、非常に困つた、どうも京都の方にあれだけの者が集つて攘夷熱がはげしい、幕府も此際一つ大いに攘夷說に成り變らぬと危ぶない、攘夷をやらぬとなれば皆幕府を攻擊する、無暗に攻擊されると德川幕府は倒れてしまふ、若しも幕府を倒すやうなことがあれば困るから、幕府を維持して行くには、どうしても外國人を拒絕し、攘夷論で進んで行かなければならぬ、今迄の話を皆西洋人に向つてお斷りをする、さうして鎖國と云ふ方にして行かなければ幕府は到底立つて行けまい、此の如き議論を起して遂に會議の結果池田筑後守、河津伊豆守、河田相模守が幕府の使節として西洋へ行き鎖國論を唱へた、所がそんな事は到底行はれないので却て冷かされて歸つたのであります。（村田峯次郞「防長近世史談」）

是に依れば只幕府は無我無中に鎖國論を持出したやうであるが其實開港と共に通商貿易上の利害關係に對しても一抹の暗翳は漾つて居たものらしい。

現に物價騰貴と金貨濫出は尠からず世人の關心を買ひ、幕閣當路者も苦慮する所があつた。福地源一郎の著「幕末政治家」中にも次ぎの一節がある。

次に物價騰貴は如何と云ふに、當時外人が開港場に來りて見出したるは我國の生絲と銅の二種なれば、盛に買入れたるが爲に、諸絹物及び諸銅器は江戸に於て、忽ちに其市價を騰貴して其他の諸物價にも著しく影響したれども此騰貴は其實金銀貨の均合より生じた、一言すれば諸物價は金と倶に騰貴したるなり井伊内閣は之を奈何ともすること能はざりき。從來鎖國論者が外國貿易を我に不利益なりと云へるの旨趣を聞くに、曰く外國人は其無益の驕奢物品を我に賣りて其代價として我大切なる金銀を奪ひ去る者なり此説は從前より唱道せる所にして新井白石の如き識者さへ此説をなして銅の輸出に制限を置くの議を立てたりき曰く外國人は我國民に日用必須なる物品を買入れて、外國へ送り出すが故に貿易を始むる時は我國内の物價を騰貴せしめて、國民は大に難儀に及ぶべきなりとて、輸入貿易にも輸出貿易にも盛に異議を唱へたる所に、不幸にも金貨濫出と倶に物價騰貴を見るに及びたればそれ見たかと彼輩は恰も前見の明あるが如くに咆哮して、以て井伊内閣を攻撃したるに、井伊大老が手を束ねて此攻撃を甘受したるは何ぞや、蓋し大老も亦内心に於ては此輩と見を同くし外交貿易の事は前内閣の餘弊を受けたるが如くに思惟せしが故なるべし。

尚金の流出に就ては政府も豫め研究を盡さゞる處で大に狼狽したのである。(第七章第二節金貨の流出の項參照)

乍併一旦開港して置いて後から之を取消すなどとは素より兒戲に類したる徒事であるが而も此事は當時相當の時論ともなつた、若し全般的鎖港が出來ぬならば先以て横濱を取消し函館長崎は其まゝとして之に重點を注いで國論の沸騰を鎭靜せしめんと努めた向もある。文久三年横濱鎖港談判使節を歐洲に特派することとなつたが當時幕閣に於ける評議の一節に、

又島津殿三郎久光は横濱鎖港の不策なる事を辨論せられしが、閣老其論旨に服せられしけれど、尙肥筑肥後筑前二藩などは閉鎖を是とするよしに聞けりと、只管人心の折合方を恐れらるる體なりしかば、島津殿重ねて方今能く世と與に遷ることを知る達識者も稀なれど、能く世と與に遷るを知らざる頑冥者も亦稀にして、諺に言ふ旗色を見て去就を決する輩のみなれば、政府に於て斷行せらるれば、何事も行はれざる事はあらざるべし、肥筑なども內實は此節よき機會もあらば一日も早く歸國すべしとて竊に其機を希ひ居るよしなれば、公武の御一和已に整ひ開なり鎖なり決定の上は必ず異論は申立ざるべしと辨ぜられければ、水野閣老、春嶽殿は如何と尋ねられし故、拙者も大隅殿島津大隅守の辨ぜられたる趣意は素より同意なり、此上は廟堂に於て速に其議に決せられんことを望むと答へられしが、閣老今日の御辨論は一々御尤至極なり、しかし尙篤と考案の上重ねて御相談に及ぶべしと申されき。（續再夢記事）

とある。尙「島津久光公實記」には

正月二日公島津久光一橋中納言の旅館に赴く、松平春嶽、松平肥後守、伊達伊豫守來會す、公甞て春嶽と池田筑後守等を歐洲に派遣し、鎖港の事を議せしむるの不可なるを論ず、是に至て亦其說を發す、中納言曰く卿の言甚だ當れり、然れども長發等今已に纜を解く、召還するに由なし、且つ横濱港を鎖すにあらざれば人心安堵せず、前命を改めずして可ならん、公問ふ其事必ず遂ぐ可きか、納言曰く其成功は得て期すべからず、但佛人の語る所を聞くに、商館を長崎、箱館二港に轉ずるの資費を賜らば事將に行はれんとすと、公其額を問ふ、曰く幾百萬兩に至らん。公曰く是巨額なり、移して以て沿海防備に用ひなば、武備充實するに至らん、今空しく之を無益の事に投ず甚だ失策にあらずや、曰く貴說洵に理ありと雖も使節既に發す、今之を如何ともする能はず、公曰く之を召還する難からず、使節英佛諸國に抵り、彼之を聽かざれば、乃ち國辱を重ぬ

る無らんか、曰く今若し之を召還せば事或は乖違を生ぜん、其の成否の如き、今より之を論ずるも益なし、諸國遼遠、歸朝亦三四年の後に在らん、其時に至らば則ち人心將に定らんとす、公曰く是實に姑息の計のみ、天下の大事を以て一時を免るるの措置に出づ、某の取らざる所なり、縱令横濱一港を鎖すも依然二港を存せば、鎖港の實安くに在るや、曰く横濱は江戸に近く、動もすれば輒ち危害を外人に及ぼすあり、二港長崎函館は則ち僻遠にして患害寡し前命を改めず亦不可ならん、公曰く他日二港鎖閉の計如何、曰く永く之を存せんのみ、公曰く急に一港を鎖し、永く二港を存す、眞の鎖港と謂ふべからず、一時の人氣を憚り因循事に從ふ憂慮に堪へざるなり、納言曰く尙卿の言を以て、之を老中に傳へんと事遂に決せず。

とある。前節にあるが如く、此の談判使節は失敗に終つたが横濱鎖港問題は實は幕府の眞意であつたか否かは疑問とするも一旦開港して取消すと云ふことは誠に重大問題であるが此の問題の爲め一時は各方面を腦ましたる事は纖少では無かつた。

栗本鋤雲名は瀨兵衞後に安藝守鮑庵が外國奉行竹本圖書頭後淡路守正雅に立合ひ鎖開談判に努力した事情に就き其の手記鮑庵遺稿中に次ぎの記載がある。

（略）淡路時に予に向て云ふ、本日予横濱鎖港談判の委任を蒙れり、就ては貴兄の意見如何を問ふとありしかば、予對へて云ふ、是れ斷じて行ふべからざる事なり、唯將軍在洛の日聖勅に對へて云々奉承の言あれば、成否は置て一應其分を盡さざるべからざるに似たり、今外商望む所の利は我蠶卵、繭絲に在りて、其之を產するの地は幸に奥羽地方に多ければ其地に令し此二件の貨をして盡く函館に輸し函館を以て二件販出の港となさば或は横濱輻輳の勢何分かを殺ぎ從て居留外商の或は移りて彼に住するもあらん歟なれども、是を以て眞に能く然るを得可きや否は保し難しと言ひたるに、淡路は至極然りと答へ猶又逐々相談に及ぶ事ある可しとて外に何事もなく分れたれば、予も復た念と爲さざりしに、日旣に申牌を下り、同僚輩と共に漸く城を下らんとする時に際し、忽ち中官遽しく命を傳へ、予を召して將軍燕居の室に至らしむ、室は尤も深奧の所に在り、平生外班官の至るを得ざる所にして格別大ならず、休息の間とでも稱する所にや、時に外國奉行土屋豐前守も亦召されたれば、予と共に膝行して將軍榻前三尺の近きに進み、僅に一閾を隔てゝ拜伏す、將軍卽ち詞を發して云ふ、鎖港談判の委任申付る間、竹本淡路守申合せ骨折り相勤よ、予於レ此愕然としたれど、止を得ざれば意見一通りを述べ、其事極めて難しと雖も、上には在洛の日旣に勅に應じ玉ひ、今更止むを得可からざる事なれば、力及ぶ丈けは盡し試み候半か、何分にも成功の目的無レ之旨申たるに、將軍再び然る可けれど精々骨折れとの命ありたれば、謹み受けて退きたるが…………

とある、幕府も開港後意外のゴタ〳〵が起つたり、國內に貿易反對の聲が叫ばれたり、之を鎭撫するには相當の苦心を嘗めた、現に諸國浪士間に外國貿易業者に對する威嚇等の行はるることも屢々である、乍併果して單純に外國貿易其ものが國策上不利であるかは問題である、皮肉なる觀察を下せるものに同栗本鋤雲遺稿中に次ぎの一節がある。

日を間てて英公使「アールコック」も亦た意見書一篇を草して出せり、固より英文にして讀む能はざれども極秘とあれば我が譯詞に授けて譯さしむる能はざるを以て、彼の譯官「アレキサンドル・シーボルト」口譯し、淡路豐前と對座にて主役と立合と位を易へ予筆を援て之れを記し旣に成るの後、淨書一通を留めて淡路に付し、稿は其座に於て之れを火に爲したりしが、其書中の意味は我國內諸藩に鎖攘の說を唱ふる者多しと雖も皆其本心に出るに非らず、政府が獨り貿易の利を占むるを猜嫉妬忌の餘り此說を主張して政府の權を擣めんとするに外ならず、以て藩候を嗾し天皇公卿を教唆するの計をなすのみ、然るに政府悟らず、眞に鎖攘を要する者多く人心折合はざるを憂ふるは甚しき誤解なり、其證據は現に今薩と云ひ長と云ひ其他諸藩臣の賢なる者、常に窃に我館に出入して開國の良善を說き、歐洲の文明を欣羨する者日一日より多し、此輩皆却て政府の因循にして鎖攘の說に拘泥するを歎息せざる者なし、然るに政府は唯其外陽に唱ふる說に惑ひて其中陰に懷く情を燭さす、區々として猶ほ鎖港の談を爲す我深く日本の爲に取らざる所なり、故に今の計を爲す者政府獨り貿易の利を私せず一年得る所を算して、天子へ若干、公卿へ若干、大小各藩へ若干と其額を定めて之を頒ち公明正大の配賦を爲さば上天子より下各藩諸臣に至る迄欣々然として悅服し、國内忽ち折合ひて復た不平を懷く者無からん、然るに若し猶ほ一二の蒙昧理に暗くして眞に外國を蠻夷視する者あらば擧て之を誅勦討伐するも至て容易なる可し云々とありし。（此書予が筆記一部淡路より老中へ出したるの外ある可き樣なし、然るに後日に至り世間に傳へ、往々謄寫して藏する者ありと聞きたるが、如何にも不審の至なり、或は大意を漏れ聞て僞託し造る物なるか、予若し得て之を一見せば眞僞直に瞭然たらん）（匏庵遺稿）

是に由て見れば如何に穿ち過ぎた裏面の消息を告ぐる樣であるが確に肯綮に値すべきものかと思はれる、現に長藩では英米佛蘭の四國軍艦を引受け馬關の大戰爭を敢行したが和議成るや高杉晋作等は大膽にも馬關開港を仄かし英國等と通商貿易を行はんとの理想を有したることは井上伯傳にも口外されてゐるのである。又「横濱沿革誌」にも四國軍艦下ノ關砲擊の時米船ターキヤン號に乘込みたる日本通の米人ヴェンリードが下ノ關上陸の時若し此地開港とならば我先づ來りて千有餘坪の地を借らんと約束せりと云ふ、彼是を考へれば蓋し思ひ半に過ぐるであらう。

乍併概して考ふるに貿易是非論夫れ自身も亦初中終と順次歲月の推移に由りて變遷も伴つたことは見逃すべからざる事實である。

元來外國貿易の不利論にも二種あつて夷狄視せる外人を神聖なる我が大八洲内に引き入ることは忍ぶべからざる所、而も其の强壓に屈服したる不面目を憤慨するものと、内容的に我が主要必需の國產品の大部が輸出されると其の品の缺乏から價額の破格なる高騰のみならず延いて一般の物價騰貴に累せられ生計費の釣上げらるる不安を憂ふるものとがある。就中外國貿易に由て一躍暴騰したるは生絲で之れが爲商人の巨利を占めたものは憎惡され迫害を蒙つたことが夥しかつた。

一八六三年文久三年九月十八日一層不穩なる報知あり四五日前重なる生絲商の一人同品の騰貴を釀したるものとして浪人に殺されたりと、此危急の形勢の爲幕府は七人の大名を御老中に加へたり、九月二十日最も驚くべき不祥なる新聞京都より來る、曰く七月二十五日拂曉三條大橋の西端に於て斬て未だ幾干もなく見ゆる所の一箇の生首を棒に貫きたるあり、日光の明かなるに從つて京都豪商の一人大和屋卯平の首なること判然し其傍に左の建札ありたり。

一、源次郎、彥太郎、市次郎、庄兵衞此の四人は不在にして免れたりと雖も此後早晩天誅を受くべし、將軍は數年前天子の許可なくして外國人と條約を結びたるに、此者共其條約を奇貨とし、大に外人と貿易して大利を占め己れが行爲に依て如何に他人の困苦するやを顧みず、銅、銀、蠟、油、鹽、茶等實に日本の總ての產物、國民必需の物品を販賣せり、此輩は物品を買ひ盡して神奈川、橫濱、長崎等に送り之を外人に賣りて自己の利益を圖り之が爲めに物價暴騰して萬民皆苦しみ、下等社會は飢饉に迫りて團欒の樂みさへ爲す能はず、兄弟妻子離散するに至り餓死する者亦た少からず、是を以て余輩は最早人民の塗炭を傍觀する能はず、或は余輩に向つて何故に將軍の許可を得たる貿易商を罰するやと問ふ者あらん、余輩は之に答へて言はんとす、彼等が國に盡すべき義務と天子に奉ずる義務を忘れたればなり、彼等が私慾を逞ふして日本の幸福に頓着せざればなり、彼等が同胞の艱苦を意とせず、天子の戒めを奉ぜずして幕吏と通謀し夷狄と貿易を營めばなりと、夫れ幕吏は禽獸に劣りたるものにして、其國害を爲したること數ふるに遑あらず、余輩は日本の艱難に陷りたる人民を代表して玆に大和屋卯平を誅す。

告　示

何人を問はず、大坂、長崎、上州、飛彈、長濱、奥州其他總て東西のものに告ぐ、余輩浪人は萬づ商人の行爲を注意詮策し外國貿易に從事する者を鏖殺す可し、外人に對して少しにても好意を表する者は此大和屋卯平を前鑑とせよ、大和屋卯平に負債ある者は返金を爲すに及ばず、若し京都奉行が嚴責することあらば負債者は貼紙を以て事實を余輩に報知すべし奉行及び屬吏も亦た此卯平の如くならん。（ジョセフ・ヒコ自敍傳）

何と血腥き暴戻振りであらう、斯る不穩な出來事は江戸横濱は勿論枚擧に隙なかつた。

其の波及する處は地方にまで擴がつた、信州伊那の鄕谷川橋に文久三年八月盆の十三日の夜橋桁に次ぎの如き張紙が貼られた。

大原屋權藏、異人と生絲の取引をなすは、不埒の極みである、今後其取引を停止すれば許してやるが、停止せざる時は必ず天誅を加ふべきもの也神世道之助

これは其頃伊那郡伴野村（現在神稻村の一部）の松尾多勢子（勤王の女丈夫）の家に逃れて潜伏してゐた足利尊氏の木像梟首事件の犯人角田忠行や、飯田町櫻井文治郎等の所業であつた。（伊那新聞所載川狩敦夫「幕末攘夷運動と生絲貿易」）

斯くも極端なる排外思想や、外國貿易不利論は今日よりも觀れば聊か懷疑的な感もあるやうであるが之を通商貿易の點から見れば何等の豫備知識もなく準備もなく突嗟の間に通商を始むるとせば有無相通ずの幸福なる原則は別として而も其の神髓は互に損益及利害關係に歸せなければならない、經驗に富み商品に通じ交換知識の優れたるものが勝を制するや必然の理法であらねばならぬ、況んや古來商業を侮蔑せる我が國民が一部の商人を驅つ

て世界列國先進の商賈と輸贏を爭ふのであるから勝算に於ては彼に一籌を輸せねばならない。現に後章第七章第二節參照にも述ぶるが如き金貨を破格の安値で買ひ取られ巨億の流出を見たるは勿論、物貨貿易の上にも劣敗したる事實も寡くなかつた樣だ、後明治政府となつて同二年商社設立の際政府より下した趣意書の內にも次ぎの文句がある。

今般ノ爲替會社、商社ヲ建設ルノ意味ニ於ケルヤ、十有余年ノ間各國互市ノタメ我巨萬ノ財ヲ失ヒ富商モ身上潰轉ニ及ヒタルモノ少カラス、適浮雲ノ富ヲ得ルモノ有トイヘトモ詰リ皇國ノ損毛幾許カ算フルニ遑アラス、此レ其本ハ舊政務ノ不條理ヨリ發ルトハ云ヒナカラ、マタ我商人一身限リノ利勘ヲ量リ、全國ノ損毛ヲ顧ミサルハ舊風ノ頑狹ニシテ不知々々自然ノ油斷トイヘドモ御國ニ對シテ大不忠ト云フベシ（以下略）

巳　仲　秋　　　局　長

長商一同へ布告ス

是に由ても貿易は我に利なく損があつた樣である。併しながら富商の內には巨利を罔したものもあつたことは亦事實であるが一般に全國的には不如意となつた。

註　當時江戸を始め國內では開港貿易の評判は佳くなかつた種々の流行節の中に次ぎの「無い〳〵盡し」と云ふのがある。是で見ても當時の開港後の世間の風評一班を窺ふことが出來る。

横濱交易もふけが　ナイ　　御觸も法度も用ひが　ナイ
夷人の我儘ほうづが　ナイ　　辻きり押かり捕手が　ナイ
殺して逋るも構が　ナイ　　金銀直上りためしが　ナイ

沽券も家賃も仕様が　ナイ　　四文のあん餅むまく　ナイ
芝居遊所に客が　ナイ　　下々小者はたまら　ナイ
置ざり缺陷仕方が　ナイ　　上に主人知惠が　ナイ
今更後悔仕方が　ナイ　　どうで永くは續か　ナイ

是に於てか再度の鎖國論も起れば攘夷論も擡頭せることも穴勝咎むべき筋合とも考へられぬこととなつた、惟ふに泰平三百年衣食足つて禮節を知れる自尊心强き我國が夷狄と目した外人に强要されたる修交和親は眼界狹き東洋一孤島の我が國民として甘受する所では無かつたであらう、只僅に蘭學を通じて西洋の物質文明を了得せるものは廣く知識を世界に需むるの希望は深かつたであらう。併ながら既に葡萄牙人の西敎流布の陰謀一件より遂には鎖國斷行となつて以來外國に對する我が猜疑は已むを得ざる筋道である、開國に不安が伴ひ鎖國は姑息ながら無難たるべしとは外國交渉の第一歩より多數の信念であつたであらう。

今遡りて開國鎖國問題の發端を追懷するに文化二年一八〇五年一月二十二日露使レザノフが長崎で通商を求めた時、當時の學者として柴野栗山と林大學頭は上書して彼に答ふるの不可を論じた、而して我が國人は假令歐洲の文明を知れるも彼等の戰禍絶えざるを聞き之が仲間入りを避けたいと云ふ考も相當に在つたやうである。日本の鎖國論に對する外國人側の意見に徴するも中には又日本人の鎖國當然なりと云ふ觀察を下してゐる向もある。既に遡つて元祿三年一六九〇年長崎和蘭出島の醫士として來朝せる獨人ケンプェルの如き其著「日本誌」中に述べて曰。

各國有無を通ずるは天地の公道にして各人の悅び願ふ所なり、然るに日本人は之を拒みて交通せず、曾て其の天地の公道に悖るを怪みしに、今來りて日本の地を見るに、北緯三十度に起り、四十度の北に及ぶ、誠に得難きの福地樂園にして山河襟帶、港灣交錯、別に一世界を成し、土地肥え、物饒なり、東西貿易して彼此相給すれば洋海の險を越えずして財用自ら物饒なり、其人聰明勇敢、よく艱苦に耐へ、一旦義に激すれば、自ら刀を以て腹を剖るに至る、江戸の城郭恢閎にして、人口の稠密なる五大洲中の大都に列すべし、此の如き國なるが故に、其の之を鎖閉する固より宜なり、吾徒を海中の一小嶼長崎出島の和蘭屋敷に置くは、其の目的貿易に在るに非らずして、惟だ籍いて以て海外を洞察するに在るのみ。

寔に能く當時の眞相を語つてゐるものと謂ふべきである、流石に一見識を具へた達觀である。後世の日本人が却つて彼の名著に啓發さるるものが多い位であるから、一顧の價値ある見解と云はなければならない。

又千八百五十三年嘉永六年露西亞使節ブチャーチン提督秘書談に、彼等が軍艦バルラダ號に搭じて長崎に來り幕府の使節川路左衞門尉聖謨筒井肥前守政憲と應接した時、一日正式ならざる會合の際提督は日本人の外國貿易を恐るゝは謂れなきことなり、貿易は國富を發展する所以のもの、如何なる國民と雖も貿易によりて富みこそすれ、墮落するものはあらざるなりと、日本人曰く、然らば外人は抑々如何なる物品を以て日本と交易せんと欲するかを示せよと、提督曰く、第一に貴國に於ては家屋の必要品に於て既に多くの缺乏を有せり、貴國人窓を蔽ふに紙片を以てす、これ室内を暗くし、且冷ならしむる所以なれば、寧ろ紙に代ゆるにこれよりは廉價なる玻璃を以てする方可なるべし、我國又カムチッヤカ其他北邊の漁場に於て無盡藏の魚を有せり、然れども惜むらくは鹽を有せざるなり、貴國須らく我等に與ふるに其富裕なる食鹽を以てすべし、然らば我等は夥多の鹽魚を貴國に齎さん、これ現に貴國の主要なる食品にあらずや、貴國又何故に米の耕作に其の全力を注ぐや、須らく其力を採鑛にも割くべし、米は其缺乏を外國米によりて滿たすも不可なかるべし、貴國國を富ますの策は實に此等の事を斷行するにありと、川路の頓才は巧みに此嚴しき論鋒を他に轉ぜしめて、一座をして思はず哄笑せしめたり。又或日の事何故にかくまで外人との貿易を躊躇するやと問へるに川路は直に答へて云へり、貿易は我等にありては經驗なく、未熟の事なり、何物に向ひ何物を以て貿易すべきかは一考を要する事なり、女子成熟すれば結婚せざるべからずと雖、我等にありては貿易未だ成熟の期に達せずと（ゴンチャローフの日本紀行）

鋭き鋒先きをあつさりと受け流し、輕いユゥモアーで應酬する處中々隅には置けない代物である、而も語簡にして確に金的は外してゐないのである。

開港後間もなく赴任した英國公使アールコックの日本人の排外の由來に就てとして鎖國精神を批評せるものに次ぎの説がある。

日本人と吾人との間の紛爭敵視の原因は、兩人種の心的性向の相違の外には其主要なるもの約三つあり、一には外人が領土侵略をなさんことを恐るるの情なり、二には日本人の習慣政略及び宗教を破壞せんとする革命的思想の歐羅巴より輸入せらるるを恐怖するの情なり、三には外人に對して常に優勝の地位を占め、之を征服せんとする大望を打ち破らるるの嫌惡なり、殊に日本の封建制度は其根固くして、貴族は外交通商の發展、其商業の進歩の爲めに已れの特權の喪失せられんことを恐るるの情甚だし、彼等は吾人が獨り色々の新しき貨物を齎して之を日本人に賣り捌き、之が爲に日本を貧にするの結果を來すべきを思ふ、又獨り之に止まらずして新宗教、新社會制度の思想、自由及び政權、新風俗習慣等の遠慮なく輸入せられて現在の制度を顚覆するに至るべきを恐る、日本人は又已に和蘭人より歐羅巴の歷史を聞知し、我が歐羅巴にては如何に封建制度の商業の增長の爲めに、又市民階級の富及び文化の爲めに滅亡し、其結果市民が之が弱點につけ込みて貴族君主よりして色々の讓步をなさしめ、益々盛大となれる事實を承知せるなり。

外人側から觀たる我が鎖國精神の主眼は左もあるべきであらう、外交通商の發達は遂に封建制度の破壞に及ぶは想像の如く事實は正に其の通りであつた。否外交起つて忽ちに幕府は倒れた、是は國内の込み入つた事情に因るので當時のアールコックには未だ判きりと分らなかつたのであらうが大勢上の觀察に於ては正鵠を失してはゐないのである。

千八百六十年萬延元年英人エドワルド・ド・フォンブランク第三章第一節參照が來朝した時の紀行「日本及び北淸の二年間」中に日本の鎖國に就て次ぎの如く論じてゐる。

外人を國内に許すことは日本の最大の政治家をしても、なほ之に反對せしめたるや疑ひなし、數世紀にわたれる平和と國民的繁昌とは、排外孤立の政略が國の福祉の爲めに最も適當なるものなりてふ彼等の信念を一層强うしたり、彼等以爲らく、吾人は内に於て吾人の需要を充し、何等の物資をも缺ぐことなし、何を苦んでか又外國の文明を借るを要せんやと、かくて其外人を排斥せしより今日に至るまで日本は極めて靜平にして、其美術學問は榮へ、制度は堅固となり、法律は弛められ、特權級の法律上の地位は確立せられたれども、其權力は制限を受け、一般人民は多くの重荷を輕減せられて、其君主及び國に對する愛着心は國の榮と共に增長せり、此くの如き事情の下にある人民が外人と交りて何の能き結果が之あるべき、外人との交際により て輸入せらるゝは決して人民の要求するものにあらずして、却て現在の主治者の害となるもののみにはあらざるか、衣食住の能く充足し、一定限の自由を得て滿足しつゝある此國民、内事に於て至福に多年の風俗習慣に愛着しつゝある此國民に對しては、外國との交際は徒に人民の不滿心を覺起し、其慾心を煽動し、之に人工的の諸不足を敎へ、却て種々なる害惡を傳染せしめずんば止まざるなり。

これ日本の保守者の意見なり、吾人は此言を聞きては實際之に答辯するの辭なきなり、と同情的口吻を洩らしてゐる。更に言を進めて。

吾人は彼等に告ぐるに國際の關係は政治的進歩の必要件なるを以てするも、而も現に日本の諸制度は外國の一の助力を借らずして今日に至りたるものにして、且つ聊も退歩せるものにはあらざるなり、通商關係は日本人をして文明に進ましむるべしと云はんも、日本人は決して蠻民にあらず、外國の商人が果して純樸、鄭重、溫順の國民を改良するの力あるべきかは疑問なり。さらば耶蘇教は地上に於ける日本人の道を滑かにし、又天國に達するの道を招くに至るべしとて日本の開國を慫慂せんも、日本人は外國宣教師が服從平和の宗教と宣言しながら、謀叛を皷吹し血を流すに至らしめし歷史を廻想して、已れ自身の固有の神々にて未來の冥福を祈るには充分なりと云ふなり。要するに日本人には吾人の入用はなきなり、彼等は全く現狀を以て滿足しつつあり、然るに外人は何等の權利ありてか之を破りて其國土に闖入せんとはするや。

言何ぞ愷切なる。彼は滔々として日本人の謂はんとする所を餘蘊なく遺憾なく述べ立てた、而も所論毫末の偏見も無ければ固執も無い、只天上に在つて公平無私の胸底より迸つたる金玉の聲である恰も神が傳へた天籟であるかの樣に。

獨逸人フォンブラントは千八百六十年萬延元年よりプロシヤの外交官として我國に駐在し後獨逸の全權公使となりて千八百七十五年明治八年まで東京に在留した、彼の所論の中にペリー渡來以來日本の國論の沸騰するに至れる事情を述べ何故に日本人がしかく外人を嫌惡するやを數へて曰く。

其理由の一は日本國民は將軍が帝權を削りて自ら政治を私したるを忌み、此際攘夷の實行を唱へて將軍を苦めんとするにあり、他の一は亦人種上の僻見より來れるものにして、卽ち知能の足らざるに起れり、されど此外尙一の原因あり、卽ち茶及び絹並に其他の物品を輸出すれば自然に內地の需要を充すに不足を生ずべく、而して其價格增加して金價の下降は買價を下落せしめ、或は又武士の收入は增加するよりも寧ろ減少するの傾あるが故に、國民は皆外人及び商賣者流の蹂躪する所とならんことを恐れ、之を排斥せしなり云々。

政治的、社會的、經濟的に其の要點を捕捉して論難してゐる。

以上の外人側の觀察は異りたる見方に於て決して他山の石どころでは無く局所々に適中して吾人を首肯させ啓發さすべき觀點が甚だ多い、是に依つて觀るも當時の我が鎖國開國の由來を論究することの單に輕躁なる應否の一語に盡すべき性質のものでなく底に底あり、奧に奧ある甚だ複雜性を帶びてゐることが了解さるるであらう。乍併貿易素と一得一失は免れない、利益を罔する時もあれば損耗を招く場合もある、商戰は元來智謀の競技である、世界の大勢と先見の明あるものは常に利を占め、之に反して蒙昧のものは必ず破る、況んや當時三百年の鎖國から夢醒め來つたる後進の我國民は貨幣の換算、金銀の價値、需要と供給等の原則や理論も自ら外人には一歩の短所がある、當時貿易利害論も相當多かつた。ジョセフ・ヒコが其の自叙傳中に揚げたる「日本商業新聞」記者に與ふる投書の一節を見ると左の如き記事がある。

記者よ、余輩は今多事なる千八百六十三年（文久三年）を過ぎ去り千八百六十四年（元治元年）の目出度き新年を迎へたり、依て余輩は記者足下のみならず、總て居留の外人が未だ曾て注意せざる或る緊要の問題を論じて貴社の餘白を塡めんとす、此文を讀む者は「ロルド・エルヂン」の有名なる江戶條約は日本政府の幼稚頑愚なる議論に從へば、次の夏至の頃に至れば、滿期に因り將に命脈を絕んとすることを先づ念頭に置かざるべからず、日本政府は長崎、橫濱、函館の三港を開きたるは、只經驗の爲めにして、第一水師提督「ペルリ」等て各國公使等が言へる如く、果して外國貿易は日本に巨大の利益を與ふるや否やを試驗するに止ると再三固執して動かざるなり、聞く所に依れば、竹本甲斐守閣下は明かに現時橫濱駐在の外國公使に對し、條約經驗は大に幕府の不幸となり、日本人の希望せる貿易より生ずる利益は全く夢想にして、其實なし、事實斯の如きを以て日本政府、長崎、函館兩港に關して新條約を結ぶことを拒まずと雖も、外人の生命危險にして縱令充分ならざるにせよ、之を保護する爲に巨額の費用を要し、且つ幕政に困難を生ぜしむる橫濱開港は斷然締盟國に謝絕すべしと語り、尙語を繼で、無智の者が非常に巨額にして利益なりと信じたる海關稅、及貨幣交換も未だ以て之れが爲めに支出したる費用を償ふに足らず、況んや旣に巨額の償金を拂ふこと數回にして將來一層巨額なる償金に接するの恐れあるをやと陳ぜりと云ふ、此件々に注目する所の人は旣に知るべし、大君は各締盟國に使節を派して其政府に要請し、外國貿易を函館、長崎に限るか、將た日本の平和幸福を顧みずして、現行條約を繼續せんとするかを問はんとす。

云々と劈頭に幕府の貿易不利論を揭げて然る後徐ろに之に對する意見を仄かさんとす。

現條約が畢竟日本の利たるや害たるやは、今玆に論究するに及ばず、只だ宗敎上、俗事上（京都と江戶を指す）共に日本政府は久しからずして國民間に免れ難き交通義務を承認せざるを得ざるに至り、困難の時に適らば「ペルリ」及び「エルヂン」條約の條項は寧ろ滿足すべきものなりし事を覺知するに至るべしとの數語を以て足れりとす、故に余輩は旣に其影を現して必ず將に來らんとする條約改正問題に付き講究する所あらんとす、江戶條約中に明記せざる總ての物價に二割の稅を課するの項は負擔に堪へ難くして其作用に於て大に貿易を害し、且つ制禁するものなりと信ず、例へば支那より輸入の生絲は、二年前まで外國商人に好き商業を與へたるに、此の商業の發生は忽ち二割稅の爲めに凋落し、荷物は停滯して販路塞り、後ち五分稅に減じたると、米國に於ける內亂の結果輸入を轉じて輸出と爲せしに依り、纔かに血路を開きたるに非ずや、又支那より輸入する所の無數の藥種の如きも、此の二割稅徵りせば將來發達の望みあるに、今に均しく困難中にあり、飜つて余輩は此項が日本にも害ある所以を辨ぜんとす、今假りに宇內の人民特に日本人に必要なる食鹽を見よ、江戸條約中に生鹽又は製鹽の明記なし、而して現今日本鹽の價は二倍或は三倍に昇れり、是れ大名等が戰爭を豫期して多量を買入れたるに因ると云ふ、然れども此二割稅の障碍なくんば、英國商人は相當の利益を得て山鹽を續々輸入し、疑ひもなく日本人全體の利益となるべきなり、余輩は今銅に移らん、此品は曾て顯著なる輸出品なりしに、近來非常に高價なるを以て、支那及歐洲行の船荷より消え失せたることは皆人の知る所なり、此場合に於て、余輩は將に問はんとす、此二割稅を意とせずして、日本に澳太利銅を輸入する者其れ誰かあると。

と是は輸入稅二割の高率を批難したものであるが幵は後ちに慶應二年稅率改正の時五分に引下げられたるが是れが爲め輸入超過を招きて永く我が關稅の祟となつたが當時必要品には課稅を免じ若しくは稅を減じ競爭品には高率課稅し得る關稅自主權が無かつたから、斯くの如く一率課稅では品により不便を感じた故である。次ぎに貨幣問題に就て論じてゐる處は。

余輩は又貨幣問題を講究せん、而して余輩は先づ冠するに彼の忠誠なる外國水夫等が歌ふ所の「此の一弗に一歩が三つ、そして一生船稼ぎ」なる語を以てせんとす。余輩は實に海軍士官及び水夫、公使、領事等の如く、弗を以て大君の貨幣に換へん事を熱望する者なり、余輩は横濱の暑中休暇の間、彼の肥滿强力にして健康なる水夫をして將に倒れんとするまで弗を負はしめ、美麗輕快なる調度方が成るべく捷徑を選びつつ稅關の金庫に到るを幾回か目擊せり、玆に彼等は弗數を數へ渡して直ちに三倍の一歩銀を受取り、其勞を慰むるなり、試みに千八百五十九年安政六年の繁盛なる時を回顧せよ、當時「オルコック」氏が無慾なる激怒も千八百六十三年文久三年の幸福なる時に於て兵士の飽くなき慾心に遭はゞ將に顏色なからんとす、余輩の勇武なる干城が勤務中能く嚴格に法を守るは此交換事務に如くものなからん、余輩は敢て言はんとす「リチャルドソン」其他の償金は此利得中に埋滅せりと、顧みて金庫員を見れば彼等は地方通用の便利の爲めに非常に奮發勵精したるも、其數を調ふもの終に疲勞に堪へずして、再び通知を爲すまで中止するに至れり。終りに臨んで余輩は期す、此千八百六十四年元治元年は古今世界各國に起りし如く、日本に於ても老衰の封建政治と强健なる商業との戰爭起りて、一時は勝敗相半ばすべきも、終に中下等社會の勝利とならん、是れ彼等が生計幸福を得るに商業は必要なるを以て長く遲疑することを得ざればなり。

通商の利害論は當時相當に嚴しき世論であつたものである、ヒコは素より米公館の通譯で幼より米國で成人したもので通商論を高唱するは勿論であるが其の所論は當時の人々をして啓發せしむべきものがある。

按ずるに嘉永安政に於ける開國ほど我が史上に於ける闔國の重大事件に直面したものは無かつた、鎖國か開國かと乾坤一擲の瀨戸際、伸るか反るか、投げ出されたる骰子目である、鎖國が到底永く行はるべき所以のものでないことは漸次知れ渡るに至つた後まで開國通商は其の利害尙未だ相當期間に涉り疑惑視されたることは當時の我が經濟事情が發達して居なかつた爲である。當時歐米人はあわよくば領土擴張の潛在意慾と、端的に通商に依る利益の獲得とに遮二無二と押寄せたが其他には又文化進展の爲に必然的の要求たる知識慾の手傳はつてゐたので、見せないと云ふものは矢鱈に見たくなりて我が內地探險などと好奇心も荐りに燃えてゐた。彼の彼理が二回目に來航して橫濱で彼我談判の最中、米國牧師ビッチンガー Bittinger なる者は神奈川へ上陸して海岸散步中好奇心に驅られて日本官憲から許可せられた四五哩の範圍を超えて川崎まで出浮し、一商店に入つて國法の嚴禁である貨幣の交換を無理强したり、尙奧深く進まんとする處抔大膽無謀の行爲に問題となつて米艦へ送り戻された抔の滑稽もあつた。現にペルリは下田に在つて三原山の噴火の狀況視察したく大島一見を迫りたるが幕府委員は豫め訓令が下つてゐて後弊の端を開くことを慮り嚴敷斷つた。畢竟ペルリは本務の使命多忙を極める間にも窮理學の爲め是非探險と出かけたが許され無かつた次第である。彼等は國交を初め、通商を爲し、有無相通じ、互に國情を窮め文化向上の一路を辿らんと意識せるもので、我は是を目して後來危害の到着せんことを杞憂したるものの樣である、斯かる些末の事にまで開國鎖國の對立に絡まつた悲劇は永く後世の語草として傳へらるることも亦已むを得ざる事績であつた。

# 第二章　開港當初の横濱

## 第一節　神奈川より横濱へ

幕府は開港條約の締結終るや直に進で開港の準備に着手せなければならない、安政五年七月八日新に外國奉行を置き水野筑後守忠德、永井玄蕃頭尙志、岩瀬肥後守忠震、堀織部正利熙、井上信濃守淸直の五人が之に任ぜられ、八月に至り開港地所選定の議があつて大老井伊直弼は條約文に揭げられたる神奈川を止めて横濱村附近を開かんと主張した、其の意は神奈川は東海道の驛であつて往來頻繁にして參覲交代に於ける諸侯の通路であるから、人心恟々の時節柄こゝに居留地を置くは萬一の變兇突發を慮つて不安全と考へた。外國奉行等は條約面によつて其の困難なることに難色があつた。蓋し最初ペルリ提督との談判の際はペルリは神奈川を開きて貰ひ度いと言ひ出したが幕府は成るべく江戸に遠き方を希望し下田を開くこととなつたが下田は安政元年十一月四日大海嘯があつて市街は破壞せられ此地投錨中の露國軍艦は大損害を受けたので港を轉換すべしとの說もあつた。

ハリスが來つて愈々實際の通商貿易を迫るに及んでこゝに轉港の必要を感じ、ハリスは最初品川灣を要求したが幕府は之を拒否して神奈川灣となさんとした。ハリスは品川灣が遠淺で船舶の歸着に不適當であることが明となつて神奈川說を認容した、其時機敏なる彼は條約に神奈川横濱と記さんといひ出したが我は單に神奈川と記錄せしめた。斯る經緯の後我より突如神奈川を止むるはハリスの首肯せざる所であるが、大老もサルもの神奈川は遠淺で不便である、横濱は港深くして船舶の碇泊には都合は宜いとの理由に依り且神奈川を神奈川灣と解釋し其の灣の範圍內であるからとの理屈を付けた、然るにハリス及英國公使アールコツク等は條約の明文に違背すると云ふので反對した、蓋し當時の横濱は交通不便の一寒村で今外人を此地に移さんとするは貿易の發達を防遮するものであるとの觀念があつた。而も彼等の底意は大名は金持と推解し其の通路を利用し商賣を殷盛ならしめんと欲した、殊にハリスは下田駐在の時にも柿崎に挿込られてゐた經驗に併せて彼の長崎に於て出嶋を作り此の小天地に蘭人を局限した前例に鑑み或は横濱は出嶋同樣のものならんかと疑ふた。蓋し外人は公使領事を始め下田を引拂つて神奈川に移り、米國領事は靑木町本覺寺に、英國領事は同淨瀧寺、佛國公使は神奈川町甚行寺、同領事は慶雲寺に、和蘭領事は同長延寺に、夫々假寓を定め、其他英米人にして宿所を構へし者尠くなかつた。

幕府は開港實施より以前から既に神奈川を止め横濱に改めんとする下心があつた、安政六年正月十三日「神奈川長崎箱館三港近々御開相成候に付ては右場所場所へ出稼又は移住いたし勝手に商賣可爲致候望のものは其港々の役人へ引合候樣可致候」と外國奉行へ令達したが同二月十日幕府は神奈川奉行に嚴達して神奈川開港は斷然差許し難く横濱を以て之に代へんことをハリスに談判せしめた。

此間の消息は「神奈川開港場の議評議の末尙又實地見分に被遣候節の評議覺書」なるものに就て其の詳細が窺はれる。

井伊直弼

亞夷條約之內に五月に至り金川開港と御取極に相成有レ之候へども右宿開港と相成候時には宿驛付替不レ申ては難二相成一交易願立候夷人之爲に古來より之往還付替候と申儀如何に付横濱にいたし候樣にて君上（直弼を指す）より被二仰出一永井玄蕃頭井上信濃守兩人於金川ハルリスへ應接いたし候處何分承伏不レ致强て申候へば各國へ相談の上返答可レ致との由依て右御兩人被二仰立一候は此上强て申候はゞ各國申合せ剛訴可レ致其場に及御許しに相成候ては御體裁不レ宜に付金川に御取極に相成候方可レ然と申立御評議と相成候處諸役人方一同御兩人御申立の通り御許に相成候方可レ然被二仰上一備後守樣（太田資始）始御老中樣方にも右申立の方に御泥み被レ成候へ共御前（直弼）には左樣に不レ被二思召一飽迄金川は不二相成一と御拒絕の譯には無レ之當方不都合の譯を申諭し談判致候事に付彼れより軍艦差向剛訴可レ致譯も無レ之萬一數十艘渡來致候迚此方よりは飽迄穩に應接致し居候て望義彼が意に違ひ候時には恐嚇可レ致に付其意を迎へ只今許し候迚御體裁宜とは不レ被レ存十分に事を盡し候上無レ據

次第承知の上許し候方可㆑然兎角彼がいふなり次第に致置候樣京都の思召も有㆑之歟に被㆑察候に付十分に應接いたし承伏致候へば重疊の儀夫共不許ては難㆓相成㆒事に候はゞ其場に至り許し候方可㆑然旨斷然と被㆓仰立㆒御閣老方にも御承服成候に付水野筑後守堀織部正村垣淡路守三人被㆓召呼㆒御趣意の所篤と被㆓仰含㆒候處御尤と承服いたし候に付永井井上と引替右三人十一日より金川へ御出張被㆑成候右の御評議に付十日之御退出後五ッ半に相成申候　安政六年二月十六日宇津木六之亟が長野主膳に與へし書二人共井伊大老の腹心

八月四日外國奉行永井玄蕃頭岩瀨肥後守同兼下田奉行井上信濃守同兼帶箱館奉行堀織部正御目付津田半三郎支配向其外役々一同神奈川へ參候事岩瀨肥後守見込には神奈川市中を差置横濱邊を開候儀は迚も難㆓出來㆒旨申聞候間海道筋異人居留致候ては通行に差支可㆑申候に付居留場は向地之方可㆑然旨此方直弼自ら云ふより申談候所神奈川港并町を開くと申條約に對し此地は難㆓相成㆒と申辭柄は無㆑之旨肥後守申聞候に付素より相對にて地面を借り又は家を借り候譯にて持主不承知を無理に供候筋は素より無㆑之故向地を貸し候談判可㆑申旨尙又此方より申談候所神奈川を開候を御許容にて大君御調印も被㆑遊候上は兼て其見居も有㆑之譯に付其場所を難㆓貸渡㆒筋は有㆑之間敷旨肥後守申聞候に付神奈川之方は遠淺にて船着不㆑宜横濱之方は船着宜敷右之廉を以て申談候はゞ神奈川と申は素より一灣中を指候儀に付强て不相當之儀も有㆑之間敷旨又候此方より申聞候事肥後守は何分神奈川を除き向地と申論は立兼殊に條約へ神奈川横濱と認度旨ハルリス申聞候を横濱を爲㆑除神奈川と計り申談條約へ揭げ候間場所を狹く貸候は格別只今に至り神奈川は難㆓相成㆒とは申兼候譯に有㆑之候段申聞候に付併便利の譯を以能々申論候はゞ存外之外速に承知可㆑致も難㆑計旨此方より申聞候處其儀は何とも難㆑申旨信濃守申聞候に付長崎港を開くと認有㆑之候ても稻佐を居留場に貸し兵庫を

開くと認有レ之候ても和田の岬を貸し候も同様に付其邊より申諭可レ然旨をも申談候事但横濱も除候様との談判は對話書には相見不レ申候間强て辭柄を起し候程之儀は有レ之間敷何れ繪圖面を以談判致可レ然と存候事」品川を開候儀を頻にハリス申立候所遠淺にて船付不レ宜段再應申入地形會得之上同所は思ひ絕候旨ハルリス申立候間神奈川宿も右同樣地形會得致候はゞ思ひ絕可レ申旨申談候事（開國始末）

最初此の横濱變更說を申込みたるにハリスは容易に應諾せないで、一先づ同年五月まで熟考の猶豫を求めて後暫らく支那に旅行した。幕府は頓着なく先づ茫漠たる漁村の現狀では外人の忌嫌するも無理からぬことである、急遽横濱の開發經營に着手するが捷徑であると悟り銳意之に邁進した。

横濱は元旗下の士荒川某の知行所であつた、俄に上知せしめて田畑を地平し沼澤を埋め立て市街地を區劃し、三月には全部の貸下地の地割を終へ、一方には又全國に觸れて商民の來往を勸めた。同月外國奉行水野筑後守の日記に曰く、

神奈川表御開港に付交易願の町人共移住地所竝條約濟國々コンシユルを初居住の異人どもへ可ニ貸渡一地所とも金川にては往來混雜致し、不都合に付去月中亞米利加官吏と於ニ神奈川一應接横濱の方に取極候積之處、同所は人家も無レ之往來も無レ之、商賣差支之旨申立御開港後各國渡來之上に可ニ取極一旨申立、御聞屆に成居候得共於當方て交易は横濱に極候方往來之支障も無レ之、殊に岸深にて波戶場取建等にも便利故居住の異人は條約面金川之約に相成居事故强て、願候はゞ同所に被ニ差許一候とも彼我交易取結候者、横濱と極候方居場之地にも有レ之往往之御爲め宜事に付外國奉行一同より共旨追追申立御評決によりて二月二十八日外國奉行一同神奈川へ出張

繩張等取調逗留三月三日御勘定奉行土岐下野守御目付駒井左京、黑川左中、御勘定吟味役勝田次郎、御勘定組頭高橋平作等一同出張にて談判、金川奉行假御役宅は戸部村之内野毛坂脇宮之崎に極り支配向役役之分は同所往來之左右幷野毛坂を東へ下り子の神宮後の積移住町人は交易之方横濱畑地海岸之分辨天社より本鄕村之方へかけ、一圓に割渡し中へ往來を付け兩側町とし、波止場貳ヶ所同所海岸へ築出し其所より南方へも往來を通じ、右脇に運上倉所を取建異人へ可二貸渡一地は波止場より東之方を明け置、戸部村の往來場へも移住願の町人旅籠屋等の分爲二引移一芝生往來より吉田新田より横濱へ之間大岡川之出口にて橋をかけ

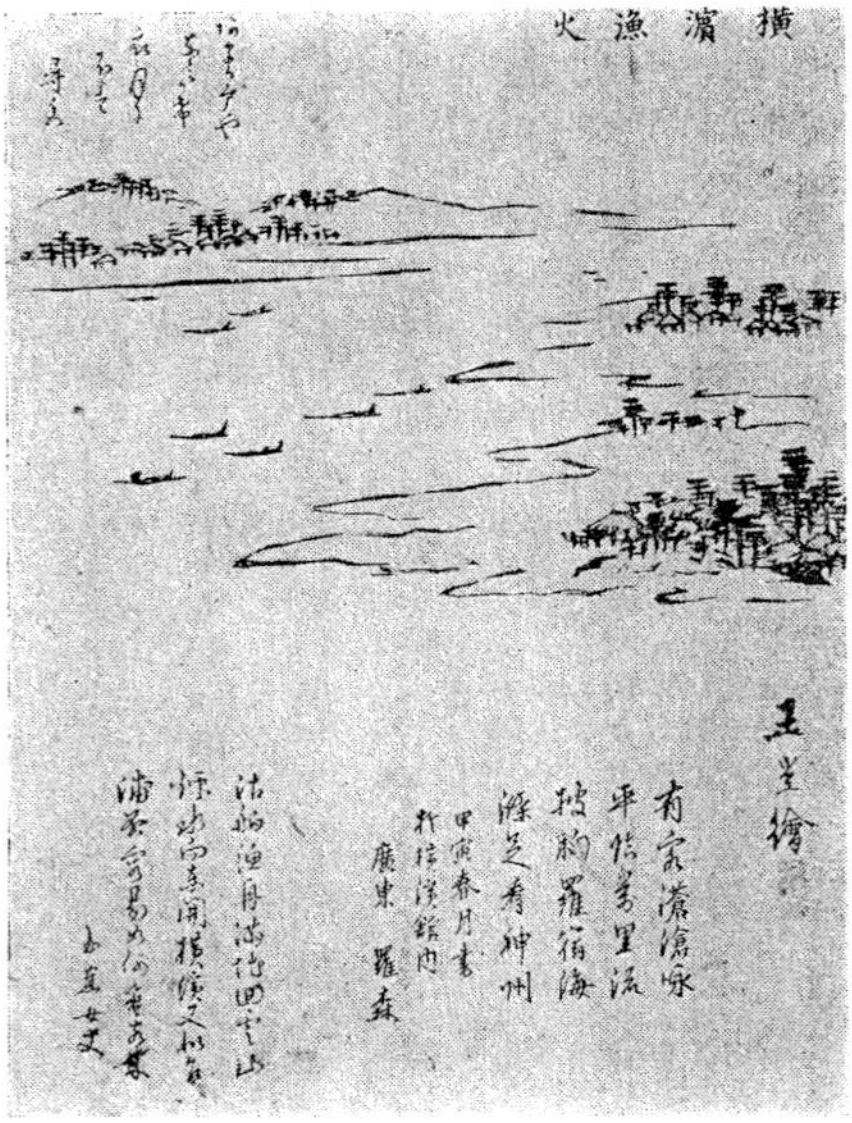


横濱漁火

一、右等凡評決同五日御勘定奉行始歸府、是より御普請手廻し之爲外國奉行八十日代り壹人づつ横濱詰切之積、戸部村願成寺に旅宿し、村垣淡路守而已相殘、不ㇾ殘歸府す、加藤壹岐守は村垣と同斷三日に到着せし故一兩日引殘り歸府す

是に由て觀るも當路の外國奉行等は神奈川を止めて横濱開港に向つて一致歩を進めた、尙當時神奈川駐在米國領事館通譯ジヨセフ、ヒコの著書中に次ぎの記載がある。

間もなく居留地問題起りぬ、英米蘭三國の領事は是非神奈川に居留地を設けんと主張すれども貿易商は神奈川の水淺くして船舶を容るるに不便なりとて横濱の勝れるを說く。事の不便は夫のみならず神奈川は東海道の驛路なれば上り下りの諸大名攘夷鎖港の餘炎醒めやらず、勤王の志士東西に浪遊し、幕府を倒さんとする者。將軍政治をして外國交涉の煩に耐へざらしめ、其虛に乘ぜんとし外國人と見れば之を害せんとすること瞭なれば、奉行代官も居留地を神奈川に置くの不利なるを知れども、領事等は是等の動靜を知らざれば奉行等の辭を用ひず却て邪推を逞ふし、外國人を横濱に居留せしめんとするは第二の出島往昔長崎に於て和蘭人の居留地として埋立てたるを出島と云ふを此處に作らんとするものなりとし、利害を說きて諭せども、此邪推が先入主となり、頑として千八百五十八年の通商條約の本文の如く、神奈川に居留地を設くべしと言張れり。今日は米國領事は神奈川奉行堀織部正に接見せり。予も其席に列りぬ、奉行は一應挨拶終りて、神奈川に居留地を設くることは異議なけれども、如何せん此地道中筋にありて往來繁く、外國人保護の行屆かざる恐れあり、開國を喜ばざるもの、此に乘じて外國人を害することあらば、由々敷大事なり、加之港灣水淺くして碇泊に便ならず、能々思案ありたしと演說す、領事は

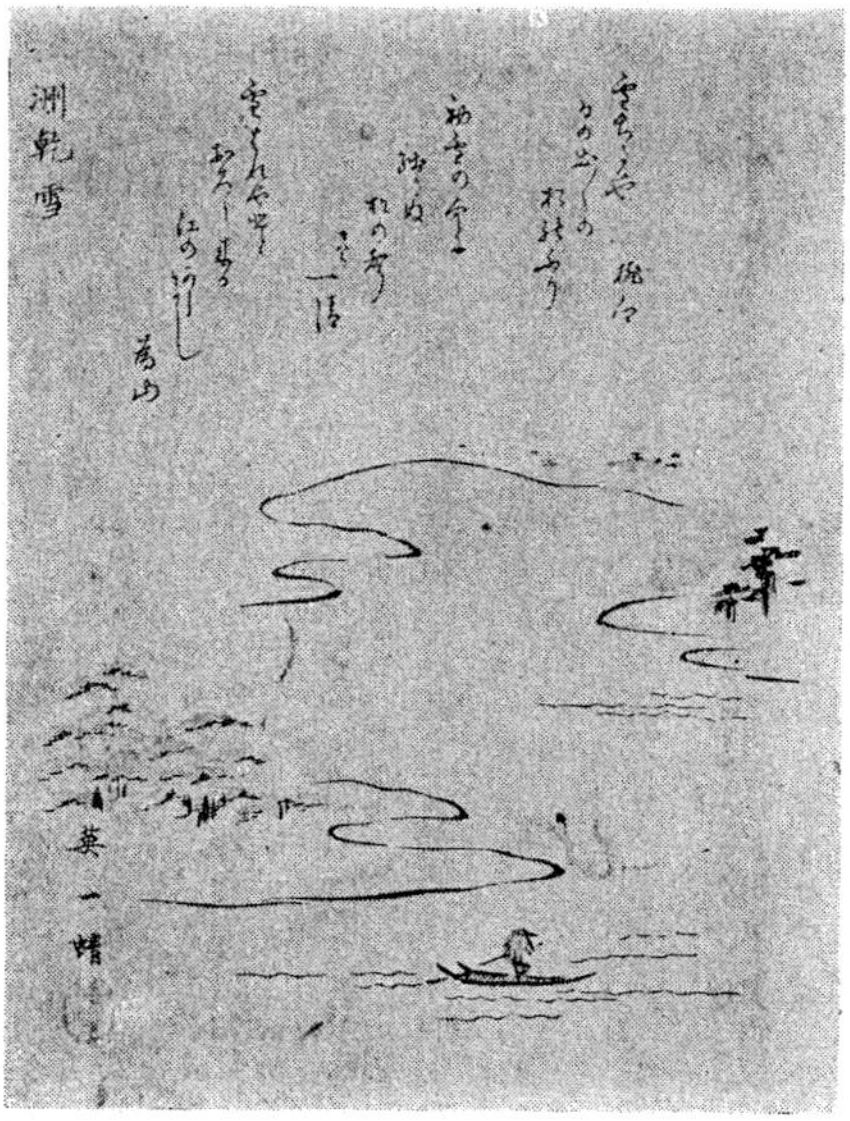


洲乾雪

聞終り、さりながら條約には、神奈川を居留地となすべしとありて横濱のこと見へ申さず、奉行職の御身よも御承知なきことあるまじと云へば、奉行は言はるゝまでもなく承知し居れり、卿知らずや、彼條約を締結せしペルリ提督も横濱と神奈川の別をなして神奈川と定めたるにはあらざるを。條約締結の際には向ふに見ゆる税關の傍なる艇庫に近き樹木の下を指して居留地となさんとしたるなり。當時は横濱は名の示す如く、神奈川の傍濱《ワキハマ》にして、神奈川の一部をなし、決して別地の名にあらずと辨じぬれば、領事も返す辭なく、兎も角も他領事と相談して重ねて見へ申さんとて袂を分ちぬ。

と云つてゐる、更に又外國奉行水野筑後守以下神奈川奉行が横濱開港に關し幕府に提出したるものに。

外國の者は假令神奈川へ居留相成候とも御國民は横濱の方へ御引移に相成候方可レ然、一體宿場之儀は山根に添へる狹き港之處、當時幷候市民共土地に付き夫夫生產をも營み罷在候右之內より新規夷人居留場出來之上、右取引仕候もの共迄組込移住之儀事實差支、且長崎風聞之趣にては猶引續き交易筋可レ申出一國々も可レ有レ之哉に相聞、旁右交易品取引之向は勿論其他開港に付 移住相願候分 茶屋飲食店日用物店之類遊興見物所迄不レ殘同所へ取建候樣仕度、右交易取引之荷嵩み候物は申迄も無レ之 其餘日用品總ての運送等 何れも船積を便利に仕候事故御國內商人とも居所は船著地勢肝要にて、宿驛と懸隔候とも更に差支無レ之次に彼方軍艦竝測量遊覽船之類、商船等不時渡來のもの別して混雜を生じ易く候間 其分盡く横濱之方へ釣付け 宿場之方へは散亂不レ致候樣仕懸け置運動步行の向も見渡し候 海灣一條の驛路之儀一巡見物仕候得者、夫迄之儀にて 左迄手間取候儀も有レ之間敷、隨而御取締之一助とも相成可レ申哉、乍レ併陸路通不レ申候ては 外民往來差支御開港名目に違ひ 其上御國內

安成六年三月横濱開港見分圖

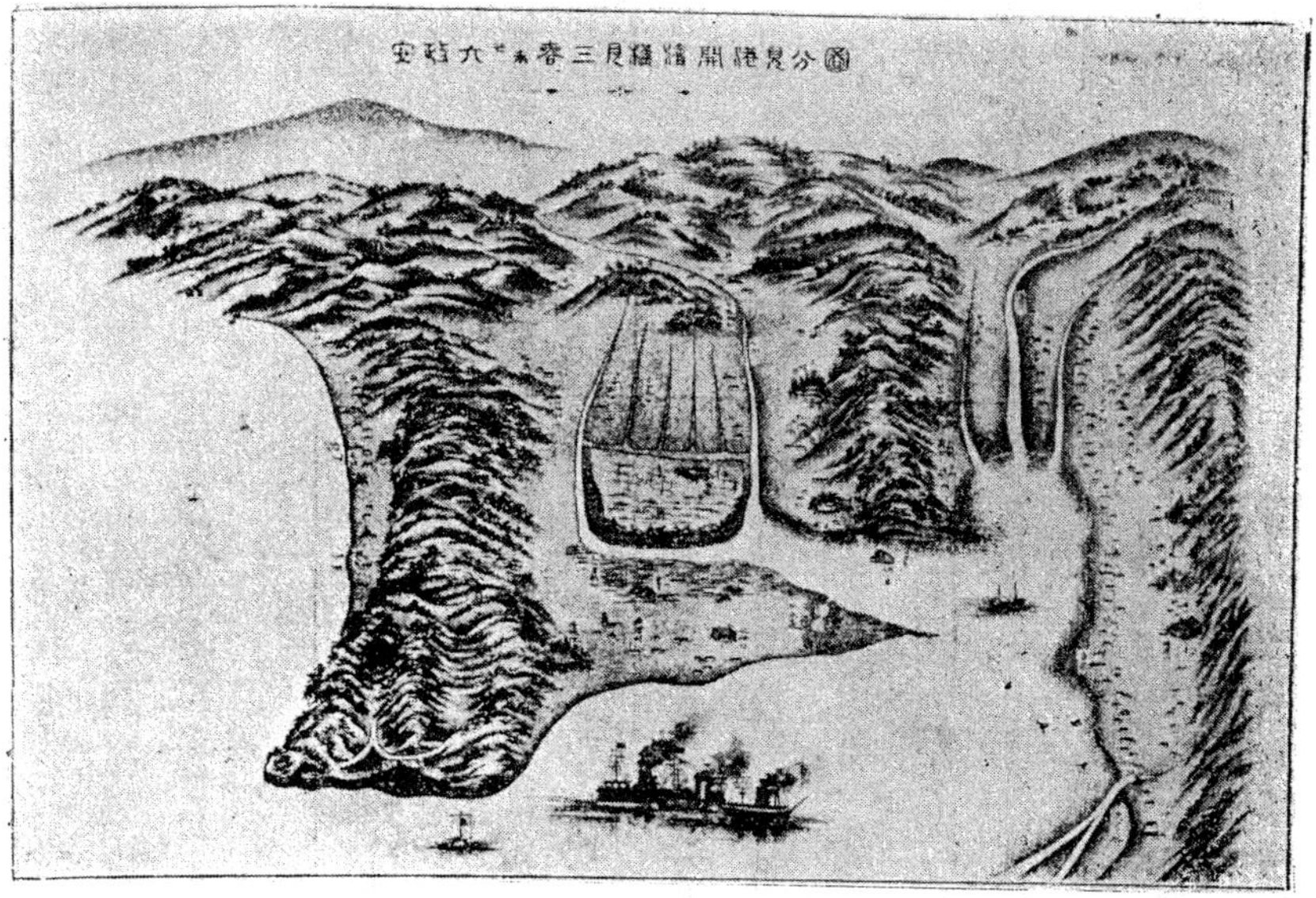

安政年間の横濱村

人氣向も不レ宜候に付在來程ケ谷宿本牧への古道切廣げ戸部村邊まで相達し外に海岸添に芝生村より新道切開き戸部村内平行之畑地打開居候間其邊見計旅籠屋取建往來商人之便利を設け交易筋に付入込候旅人成る丈け此地に取纒め置申度、夫より山間古道切廣げ又は海添涯下に新道築出候とも御失費少く急速出來之方へ取極、右戸部横濱之内望次第に地所割渡し戸部地先、神奈川地先とも陸波止場見張番所竝六鄕渡し手前へ柵門見張所取建置候はゞ開港御用意大凡相整可レ申云々（略）

是に由つて之を觀れば水野筑後守等が幕府の旨を奉じ夙に極力横濱開港に盡瘁せる狀勢が窺はれる。

英國公使アールコツクは著任早々之を見て大に驚き亦支那から歸つたハリスも條約面を無視した

此の行動を默認する譯に行かないと相携へて幕府に提議したが幕府も自說を執つて屈せない、又外國使臣の內にも一致を見ないで佛公使ド・ベレクールの如きは佛商人に對して横濱移住を布達したるが如き有様である。

斯くて幕府は安政六年二月横濱附近住民に觸を發して横濱開港に關する心得を諭し其の請書を徵したので內地商人等は既に横濱に住所を構ふるものもあつた、又外人側より之を觀れば東海道の要驛次たる繁華なる神奈川を捨てゝ寂寥の一漁村たる横濱村に居所を換ふるは失意落膽揮つて反對の氣勢を揚ぐるも亦無理からぬことである。双方自說を取つて讓らなかつたこと殆ど一ケ年以上に達したが幕府側は牢乎として決心固く其の實現を期するには先づ今日の寒村を變じて實際に繁華の地帶と爲し外人等をして進んで此地に來らしむるが上策であると考へ極力邦人の横濱移住を勸奬し、安政六年三月には、彼等をして「横濱に移住商人相廻し夫れ夫れ地所割り渡し候處、最早寸地も無レ之候更に太田屋新田の內及戶部村へ町家を建設せんとす」云々と上申せしむるの盛況に達したれば彼等は著々横濱開港の準備を爲し先づ交通の便を開かんが爲め同六月野毛と吉田新田の提塘に野毛橋を、吉田新田より太田屋新田西端の提塘に吉田橋を架し、横濱村の中央に運上所を設け、村名を町名に變じて市街を海邊通、北仲通、本町通、南仲通、辨天通の五條とし、住民には本年の地租は悉皆免除すべしと達し、八月辨天社地の南より辨天通りに沿て數間の沿地を埋立て之に貸長屋を建築し、邦人の移住を奬勵せしが數百數十の內地商人は爭ふて此地に蝟集し、外人も亦商館を築き萬延元年正月二十一日神奈川奉行より幕府へ上申書にも。

（略）彼商人共一同横濱之方へ住居相定度段申立候よりコンシユル共申込も稍變移いたし候義にも可レ有レ之哉昨今の場合にては英コンシユルより其國商人の爲に添願書等差出し横濱に於て地所借請普請爲レ致度且蘭亞コン

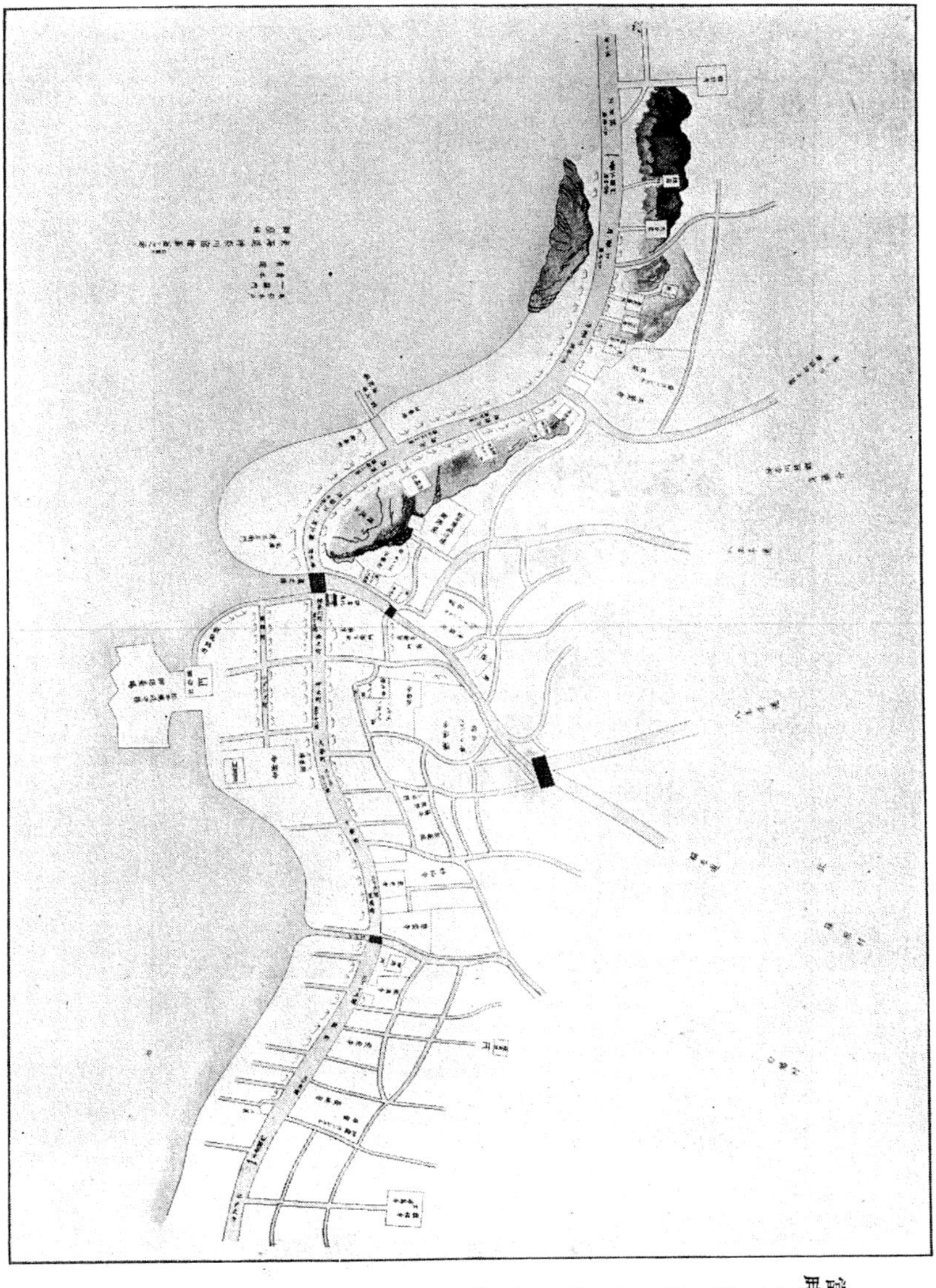

開港當時東海道神奈川宿の圖

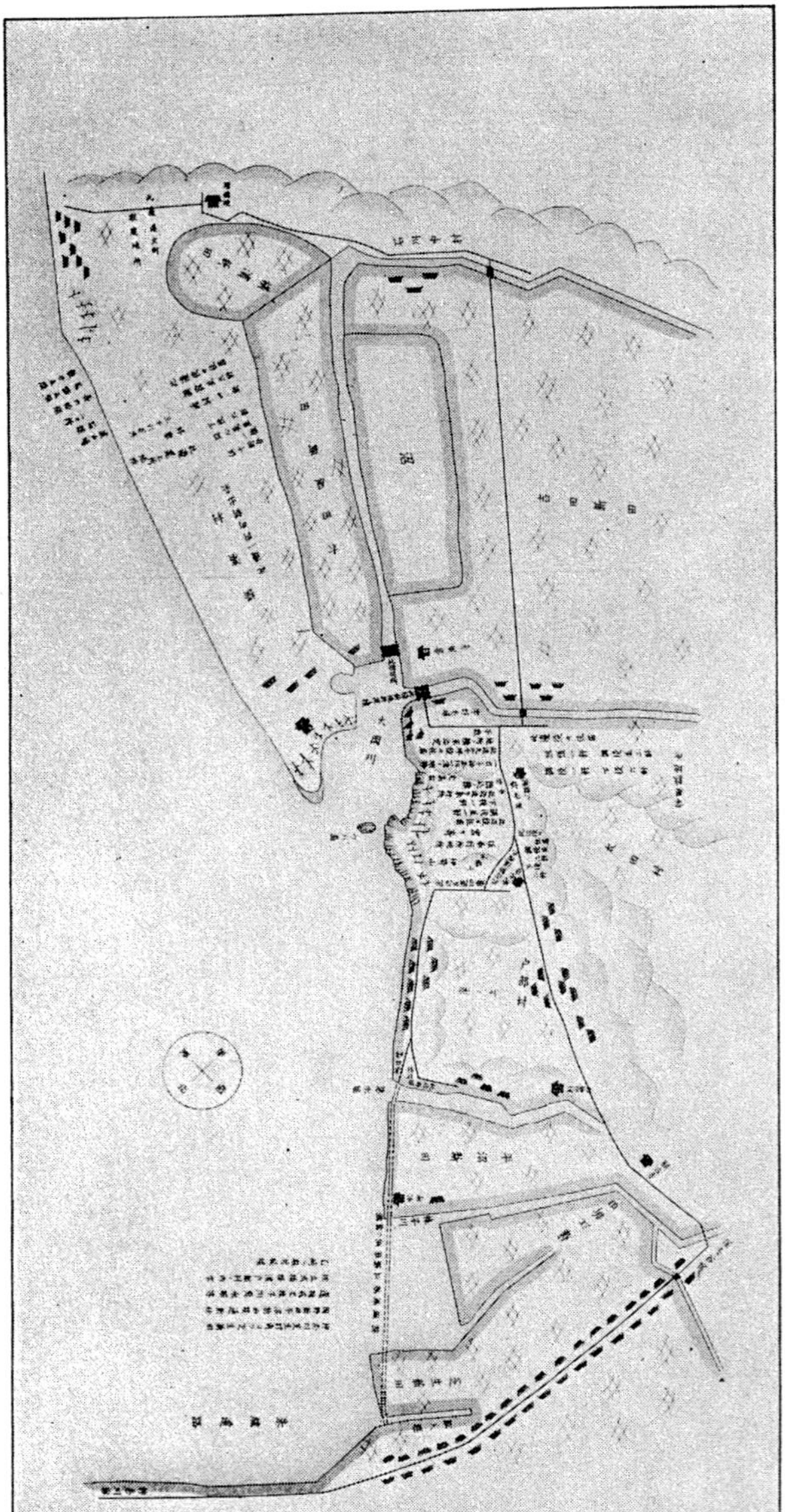


横濱開港地割圖　安政六年三月

シユル身共も同樣拜借致度旨申立候儀にて其儘乞に應じ候はゞ何樣蔓延可レ致も難レ計前書居留地御差許相成候上は無際限横濱地內の田畑を潰し外國商館等爲二取建一候は不都合に付右居留地御差許之御趣旨竝前書各國コンシユル共より家屋差止候廉等及二詰問一、居留地之方へ住居致居候は格別此上田畑等取潰借地に被二仰付一候儀は難二相成一段可二申斷一哉之處獨熟々慮勘辨仕候得は初發より此方にては横濱を貿易場と相定居留外國人も亦一同に差置候積を以一同苦辛仕、漸く當今の形勢に爲二差置一候儀にて實は無二餘儀一次第も有レ之、居留地は御差許成居候へ共外國人共彼方へ住居致候ては御取締は不レ及レ申、横濱町移住町人共取扱方等都而不都合を極候儀に付當節彼方商人は勿論コンシユル一同横濱の方を希望致し候を幸、十分に同所に於て地所貸渡家屋爲二取建一、其時機見計一體之得失等及二論辨一神奈川居留地の方は返地被二仰付一候趣相成候はゞ全兼而御見込之通一區地に纒り諸般御取締も相立可レ然哉と奉レ存候、就而は差向地所拜借申出居候もの共多分有レ之候處最早新規に田畑不レ取潰一候ては可二貸渡一地所無レ之候間一應村方故障竝地主共差支有無等相糺仔細無レ之分は是迄通り取扱夫々貸渡可レ申哉と奉レ存候云々

外人も亦横濱の地が實際便利であることを悟つて同年二月には横濱に借地を出願する外商三十名に達し之に應ずべき地所は當地海邊寄りの運上會社東方の畑地約二百六十間にては到底不足するを慮り止むなく海岸通字吉野谷山裾まで二百七十間の地を加へて貸渡す事とし、更に西南太田屋新田及び沼地を界し東は横濱本村の北端後堀割川を開鑿して其の境界となすより西方運上所東端に至る畑地及農民住居地を貸渡すべく、其住民に立退を承諾せしむる事に決し同月二十四日を以て之が命令を發した、此の坪數は三萬三千二百七十七坪で、之に對する民家移轉料金七千二百

十両餘墓地三箇所、此の移轉料金二百五十兩は何れも借地出願の外國人より支出せしむることに爲つた、又右住民の代地としては三ノ輪坂、潮汲坂、谷戸坂、本牧道の地所（現今の元町一圓を云ふ）を代償として交付を受けたのは同年四月の事であつた、當時英、米、蘭の居留民に引渡した地所は十八區に分たれてあつた。

此の如くにして漸次外人をして横濱に轉向せしむる狀勢に進みつゝあるの折柄、同年三月井伊大老が櫻田の兇變を見、外人懼怖の念慮を生じ幕府も亦警戒を加へつゝあるを機として居留地移轉の談判は此に再び提出せられた、各國領事の之れに返答せる要領として同三月二十四日神奈川奉行の幕府に提出せるものに、米國領事は横濱移轉は條約に反するを以て到底承引し難く神奈川の地に於て殺傷の難に遭遇せば國旗を守つて死せんのみとて毫も之を聽き入れず、英國領事は公使の指圖に任ずべしとて只管其答辯を避け、佛國領事は各國領事の意存に任すべく答へて何等主張を成さず、蘭領事は新領事近日著の上は進んで横濱移轉の儀を出願すべしの旨を告げたり。

彼等外人間にも亦意見區々にして歸着する所なく幕府も亦面倒なる紛議を避け自然の成行に任するの方針を取り放任して居る內、六月四日に至り江戸赤羽の和蘭領事フハン、ポルスブルークは松平出雲守、堀織部正に會見し領事館を横濱に移さんとすべき內意を漏らし愈々十二月に至り「日本政府にてコンシユル館を建つるには余が製する圖に從ひ稍々歐羅巴の建築法を採用し給はるべきを要す、而して右は二階作り八室其他附屬築造物を設け又コンシユル館を横濱に定むれば直に神奈川奉行は其居を戸部又は横濱に移して日日運上所中の役所に出ること又コンシユル館を横濱へ移すとも和蘭人の好みに從ひて神奈川に住居すべき當然の正理は失ふことなかるべし、此故に横濱は此迄の如く神奈川の一部となせしものと思ふべきを要す」云々の條件をつけて決行せる爲め各國公使領事等も肝腎の居留商民の希望に反して強て條約文意を固守せんとするの益なきに心づき態度は軟化するに至つた。

此間に於ける外國商人の意向を察すべく千八百六十三年文久三年四月來朝した貿易商米人ゼームス・フアブル・ブランド James Favre-Branndt が語る處を見ると。

元來神奈川條約に依れば其の開港期日を千八百五十八年七月一日と規定せられしも日本當局は容易に實行せざるべしとの懸念にて外人は其の善後策に苦心し促進に勉めた、殊に日本側は神奈川は東海道筋に接し諸大名往來の際外國人に接觸し紛議を釀すことあり、其の豫防取締の困難を陳辯して横濱に變更を申出で是に對し英米佛和蘭公使は條約の文面を楯に猛烈に反對した、斯の如き事情の下に吾々在留商人は非常に前途を憂慮しつゝある間に他方には本國より發送せし輸入品は横濱に續々到着し、其の貨物を入るべき倉庫は勿論無く是には何とも爲すべき方法なく結局日本當局の意向に隨ひ横濱に假小屋を新築し、取敢へず貨物を入れざれば取締ること及損害を免かるゝこと不可能なれば吾々商人は正式交渉の如何に拘らず横濱に荷揚するの止む無きに至つた次第である、當時の假小屋は遂に永久的存在となり茲に横濱居留地の基礎を事實上構成したるが商人としては最初より神奈川よりも横濱を希望し貿易港として將來を囑望せしが其の主なる理由は勿論船着きの便良く荷揚積荷を容易ならしむるを豫想したるにあるも、其の當時として日本商人が公然外人と取引を公儀の手前遠慮し秘密に取扱ふを常とせしが故に此の點よりも神奈川は甚だ不便なりしが爲横濱は本道筋を離れ居る關係上內外

貿易商にとりては双方共に好都合なりしは横濱を日々に繁榮せしむるに最も有望であつた云々

是に由て觀るも當時外商側の消息が窺はれる。

佛國領事は横濱居留地は豫め五區に分割し置き條約國均一の廣狹を以て貸し渡さば紛議の生ずる憂なかるべしと告げ、幕府も稍々之に同意したが米公使ハリスは「當時露國民は一人も在留せず佛國民も僅少であつて、英米兩國民は他の三國を合したる二倍も在留したるに均一は公平に似て事實不公平の處置なり」と抗議し、協同の動作を缺ぎたるが事實は遂に神奈川を棄て横濱を開港場と定むるに至つた。斯くて横濱開港は安政六年六月二日と稱せらるゝも斯は神奈川を開放したる日付で萬延元年十二月和蘭領事が館を横濱に移さんと約したる日が横濱が公然開港せられる日と定められたるものとも謂はれる。

後運上所が稅關となり縣廳となつてから矢張條約面に則つて横濱に在つても神奈川縣廳と稱するに至つた、意は神奈川內の横濱と云ふ解釋である。尙日米條約には安政六年六月五日開港とあり續て日蘭條約も同日であるが其次に結んだ露英兩國は六月二日（陽曆七月一日）となりゐるのでドウセ開港することとなつた以上は遲速の差は立つるの必要もない各國が一樣に早い方を希望するのであるから佛國は七月十七日（陽曆八月十五日）となつてゐるが皆均霑せしめて五ケ國同じく六月二日に開港を許した。「横濱市史稿政治篇」には六月四日外國奉行水野、堀、村垣、酒井加藤の五人に神奈川奉行兼帶すべしとの命があつたことを掲げ且「海警年表」を引用して。

同　六　月　四　日

酒　井　隱　岐　守

御小姓組番頭次席外國奉行

名代浦賀奉行　溝口讃岐守

御勘定奉行外國奉行兼帶　水野筑後守

名代(長崎奉行)　荒尾土佐守

御勘定奉行箱館奉行外國奉行兼帶　村垣淡路守

箱館奉行外國奉行兼帶　堀織部正

名代御勘定吟味役　高橋平作

外國奉行　加藤壹岐守

右神奈川奉行兼帶被ニ仰付一旨於ニ芙蓉閣一老中列座備後守老中太田資始申ニ渡之一

是れが神奈川奉行の出來た始りである。六月條約面にある如く外人に居留地內の歩行を許す旨を庶民に告げた。其の觸文は「神奈川港御開有レ之、外國人共同所へ居留、且六鄕川筋を限り、其餘最寄十里の內歩行御差許相成候に付ては同所歩行支配向の者取締として相廻候間都て外國に拘り候儀は支配向之者打合取計支配向不ニ居合一候節外國人に付不都合の儀出來候はゞ早速同所奉行へ申出差圖請候樣可レ致候右十里內領分知行有レ之分は勿論往來旅人等に至迄右之趣相心得不取締之儀無レ之樣可レ致候」とあつた、八日左の人々に神奈川奉行支配調役を命ぜられた。

外國奉行支配書物御用出役　塚原重五郎

外國奉行支配調役小十人兩森權左衛門組　山本庄右衛門

七日に代官小林藤之助之支配であつた横濱村、戸部村、太田新田を神奈川奉行へ引渡した。

註一　井伊大老が横濱說を主張するに至りたるは勝安房の提議を容れたとのことである、勝はその昔塾頭であつて當時軍艦操練所蘭書飜譯掛であつた佐藤政養の進言に基くものと謂はれる、此事は「横濱市史稿政治篇」にも記述されてゐるが市史編纂主任堀田璋左右の許へ大正十二年山形縣から石垣樂山が携帶し來れる數多の史料に因つて初めて發見された、當時横濱鄕土史研究會は昭和二年九月二十九日より四日間横濱市立圖書館階上に於て其の遺物展覽會を開催し尙會長栗原清一は其の小傳を編述して世に紹介した（佐藤政養先生遺物展覽會錄附小傳參照）

二　初め幕府は米國との談判が漸く熟して遂に伊豆の下田を開かうとした處が佐久間象山は是より先き横濱で幕府がペルリと談判を爲すので松代藩は小倉藩と共に横濱警備の任に當つてゐたので佐久間は横濱に滯在してゐた關係で地勢上から考へても下田は極めて不便だから萬一の場合に守備は難かしいとて大に反對說を主張し、どうせ開くなら双方の爲めに便利な横濱を開くがよいと先づ藤田東湖を介して水戸烈公に建白書を出し或は幕府の監察堀織部正に說き、或は門人小林虎三郎をして其藩（長岡）主牧野侯に上書せしめたり、種々と手段を代へて閣老其他を說き試みたが一時は遂に下田を開くことになつたが後下田を閉ぢ横濱を開くことになつて始めて佐久間の先見に感ずるに至つた。（開港側面史）

三　本節始め「開國始末」に岩瀨肥後守が神奈川說主張云々とあるが始め安政四年十一月ハリスが未だ開港條約を締結せぬ前岩瀨肥後守は長崎で和蘭、露西亞との條約を締結して東上の途中から同僚鵜殿長銳、永井尙忠とに宛た書簡及別に老中に當てた意見書に依るとハリスが持出した下田に代ふる貿易場は横濱を最適地としてゐる、畢竟當時大坂開港の說があるから之に反對して江戸近くの横濱を可とする意見である、岩瀨は當時魁けたる開港論者であつたことは前既に述べた通りである。

## 第二節　横濱開港場の施設

前述ぶるが如く横濱は神奈川に代へて開港場となすべく幕府は急轉歩に之が開發施設を促進した。彼の横濱市歌（明治四十二年開港五十年祭記念の際森鷗外作）にも謳はるゝ「昔懷へば苫屋の烟ちらりほらりと立にし處」とある如く、戸數僅に五十七戸（神奈川文庫には横濱新田を加へて百一戸とある）を算ふる蕞爾たる一漁村に過ぎなかつた。

今神奈川文庫載する所に據て溯つて横濱の舊記を案ずるに文祿年間の繩張水帳に戸數僅に十三戸乃ち又四郎、勘三郎、大炊助、外記、縫殿助、太郎右衞門、新十郎、源左衞門、源十郎、內藏助、善左衞門、淸三郎、增德院とす、而して又四郎は石川家の祖であつて現今元町石川姓を冒す者は皆其の末裔と謂はれる。本家石川德右門は開港當時名主であつた、堀の內村寶生寺に藏する北朝康應元年の文書には石川村の名が記載されてあるのを見れば古き村名である、然れども此の藥師堂免田畑の文書は嘉吉二年四月二十六日寄進狀なるに武州久良岐郡、横濱村、藥師堂云々とあれば旣に其の當時に横濱村ありしは明である。又同寺應永二十一年寶德二年七月及文明八年九月等の文書に平子鄕石川村と載す、又天文十四年の文書には本牧鄕と見ゆ、但し平子は今此邊の庄名で本牧は領名に唱ふれど當時は鄕名であつたかも知れない。

「新編武藏風土記久良岐郡」（文政十年再訂增加）に横濱村民戸八十七、東北は海岸に傍ひ西は洲干の港にて、南は中村、北方の二村に隣り東西拾丁又十七八町の處もあり、南北大抵拾八町程である、水田少く陸田多く爲に天水にて耕植した、正保年中の改に幕府直轄外に六石一斗五合、秀閑寺領と見え、元祿十一年には荒川丹後守に賜り其子孫荒川三郎兵衞は當時の知行であつた、安政六年六月五日外國奉行に神奈川奉行を兼帶せしめた、當時の横濱村は幕府の旗下荒川金次郎の采邑で横濱新田は代官小林藤之助之を支配した。

註一　石川、中村、根岸、本牧の一小半島は多摩丘陵の東端の一突出で沈降による入江と隆起作用による臺地より成り、南側卽ち本牧、根岸方面の海岸は潮流の爲に削られて斷崖となり、其の尖端に東西に竝ぶ數個の丘は各々南部を侵蝕され其の間に發達せる谷は頭部を切られた截頭谷である、西から一の谷、二の谷、三の谷と呼ばれてゐる、其の反對の北側卽ち入海の口には土砂が潮流の爲に打揚げられて、元町から今日の大岡川河口まで長さ十五六町、幅員は海岸から今日の横濱公園まで五六町計りの元町から東北に突出せる砂嘴が出來た。これは現存せる最古圖明曆、萬治以前卽ち吉田新田埋立開墾以前横濱圖を見ても知られる。横濱なる名稱も横に濱が突出せる地形から起つたものであらう。併しアイヌ語の小さな瀞と云ふ言葉から起つたと云ふ說もある。（横濱文書及石川家史稿）

二　江戶時代の横濱村及附近の地は大岡川の河口も蒔田あたりまで瀞入し、そして今の元町から今日の大岡川口あたりまで洲が突出して居て洲乾と名づけられて居た、この洲乾と云ふ名は正保の鄕帳には秀閑とあり、吉田家に藏する「明曆、萬治吉田新田埋立開墾前横濱圖」には宗閑と記してある、しかし之は此の入江が漸次干潟となるの意より洲乾と云ふ字が本來のものであらう、この洲乾の小突出のつけもとあたりが、在來の横濱村で增德院、又四郞（元町石川家の祖）など十二戶があつた入江の南邊石川、中村には東と通稱する田邊氏、西と呼んだ石川氏などが住み北邊の太田、野毛などにも戶數十數戶の家が散在してゐた。この洲乾島の西、今の住吉町あたりから、大岡川、中村川によつて圍まる鐘形の入海の內、今の大岡川支流以西の大埋立を企て遂に之を大成したのは攝津能勢の出身吉田勘兵衞良信である。卽ち良信は明曆、萬治から寛文にかけて九年の歲月と、八千三十八兩餘の工費とを以て、水田九十四町一段步、畑地二十町三段步、寺地若干及び宅地二町步、總面積百十六町餘步の大埋立を完成し、寛文九年四月將軍家綱によつて吉田新田と命

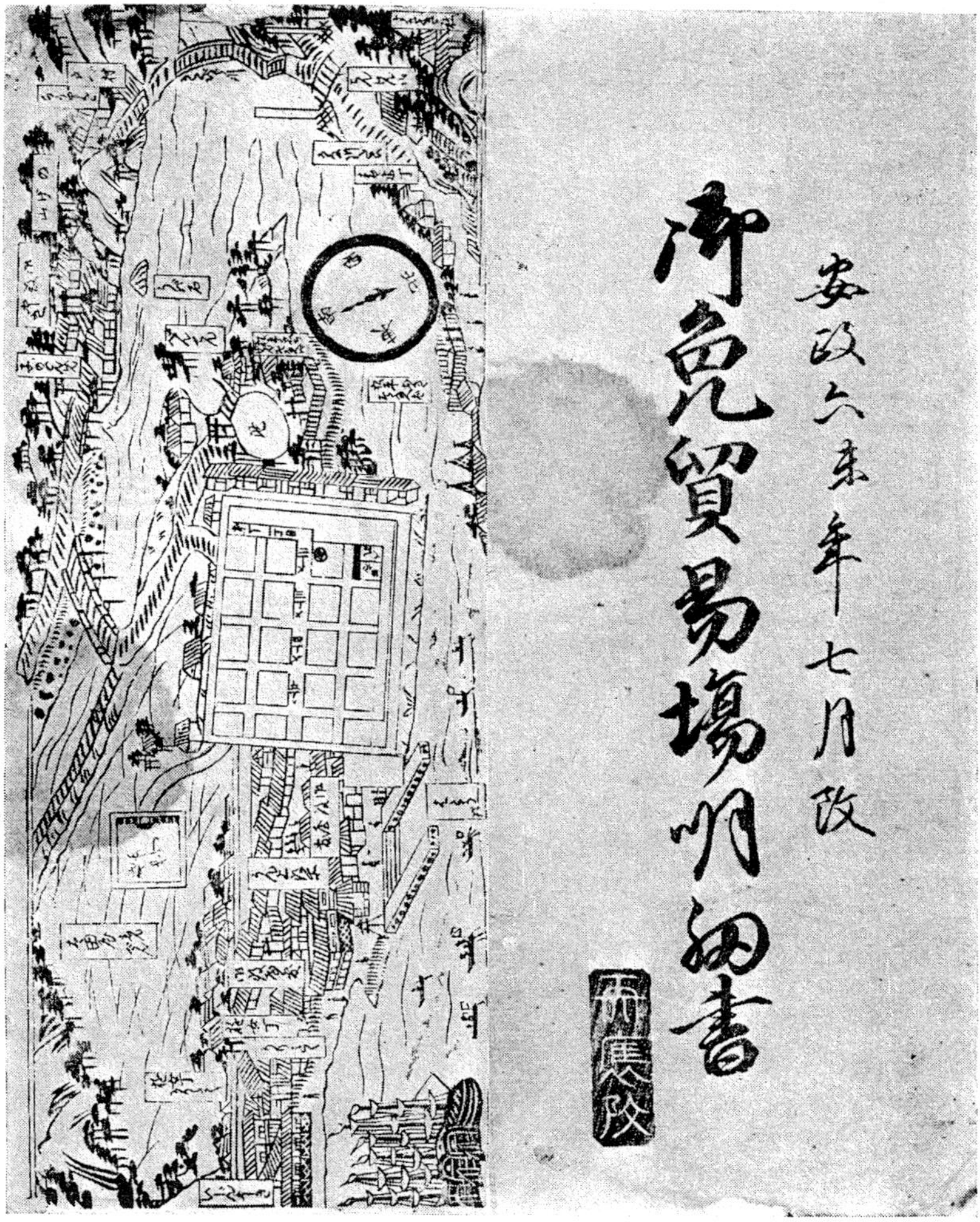


貿易場明細書の口絵

横濱開港貿易場の圖

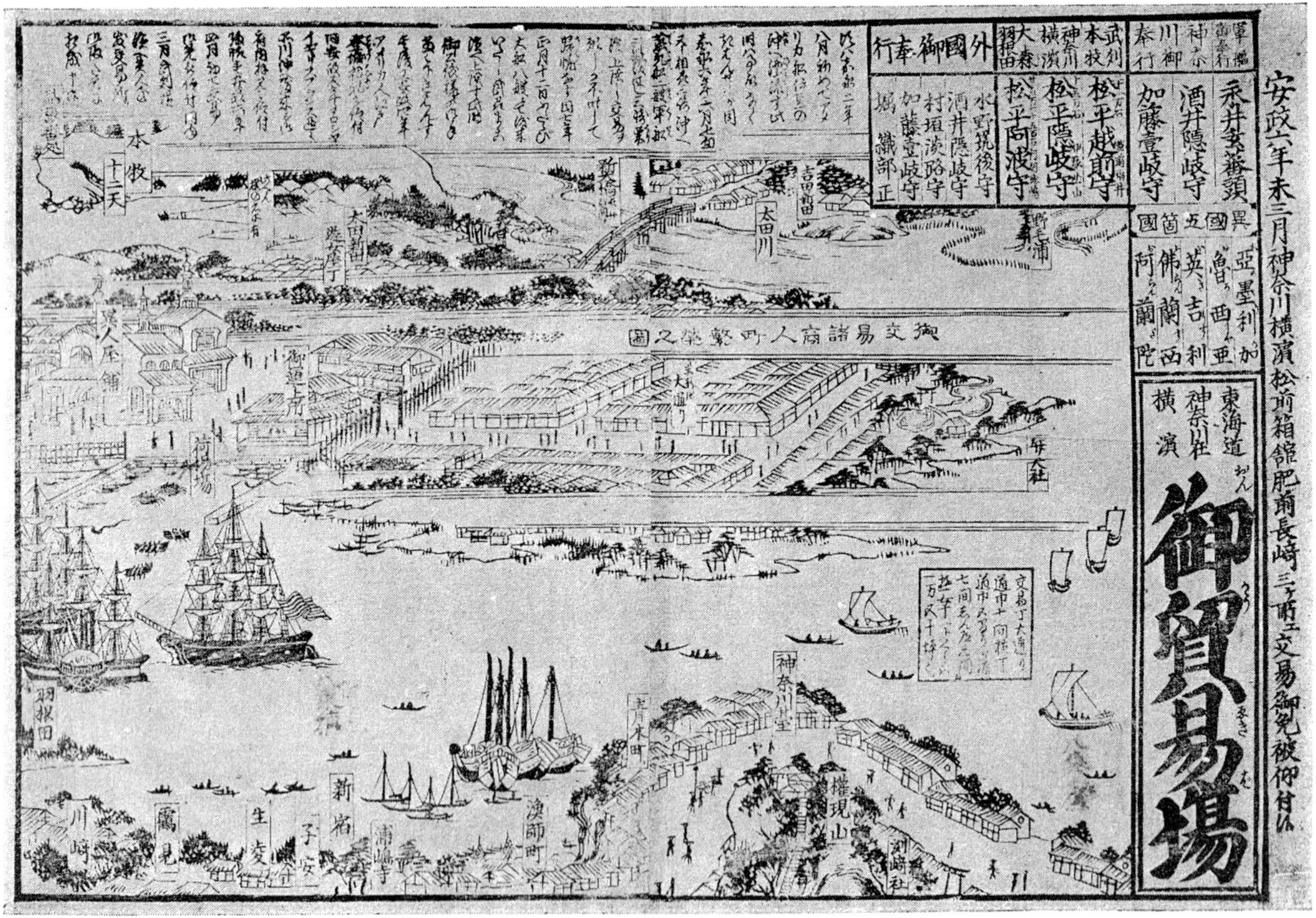

安政六年未三月神奈川横濱松前箱館肥前長崎三ヶ所エ交易御免被仰付候
御貿易場
東海道
神奈川在
横濱
異國五箇國
亜墨利加
魯西亜
英吉利
佛蘭西
阿蘭陀
軍艦奉行
神奈川御奉行
永井玄蕃頭
酒井隱岐守
加藤壹岐守
松平越前守
松平隱岐守
松平阿波守
外國御奉行
水野筑後守
酒井隱岐守
村垣淡路守
加藤壹岐守
堀織部正
御交易諸商人町家築之圖
太田川
神奈川臺
権現山
青木町
漁師町
新宿
子安
生麦
鶴見
川崎
羽根田
本牧
十二天
異人屋鋪

名せられ、延寶三年の繩入にて石高千三十八石餘と定められたのであつた。(「吉田新田の今昔」「吉田新田古圖文書」參照)

又洲乾の入江は寛政年間に横濱新田卽ち元居留地、今の山下町の地が横濱村中で埋立てられ、太田町から大岡川支流河畔に至る一帶の太田屋新田は三河の人太田屋德九郞によつて埋立開墾せられた、其他横濱近郊の諸所に新田が開發せられた。(「横濱近郊文化史」「横濱埋立開發物語」參照)

當時横濱は神奈川を距ること殆ど二里に及び神奈川町の芝生村を經て淺間村を過ぎりて戸部村に至り吉田新田字八丁繩手(現在の長者町)の車橋を渡り屈曲迂回して達するのである、又野毛浦より洲干辨天脇に至る漁船渡がある、海上穩な日には神奈川驛より此に直航するを便利とした位で神奈川に比すれば極めて偏僻の小村である、東北は海岸に沿ひここに洲干港に限られ蘆荻生茂せる沼澤の間が連つてゐる、陸地も樹林篁叢し點々民家散在し大部分は漁夫で戸數僅かに百〇一戸に過ぎない。幕府が貿易場として開放したのは舊横濱村(横濱村及横濱村新田を併せて)の全部と中村、太田村の一部と戸部村を併せ加へた地域である。

幕府は此地に內外人の貿易場を新設せんとするには新に工事を起して其の開拓造營を急がねばならないので高き土地は削りて低地を地上げし田畑は潰し夷げ海濱や沼澤を埋め立てて姑息の補足をなし、又河を鑿ちて水運の便利を構じた。

先づ野毛浦と吉田新田(寛文七年江戸豪商吉田勘兵衞が埋立たもの現今伊勢佐木町を中心とする三十六箇町三十四萬八千坪の地面、(横濱鄕土史料吉田新田古圖文書))堤塘に架橋し野毛橋と云ひ、吉田新田より太田屋新田(參河の人太田德九郞の開發地で安政三年始めて官簿に登錄、今の太田町馬車道)の西端堤塘に假橋を設け吉田橋と云ふ(文久二年に木橋とし明治二年鐵橋となる　又村內の中央に運上所を建築し前の生絲檢査所所在地、現今の横濱裁判所々在地　運上所は奉行以下諸役人の出張事務所で外交及稅關の事を司る、其の近傍に官舍貳拾餘棟を建て、外人及移住商人に其の四棟を貸與し名づけて駒形町と云ふ、是れ横濱に町名の付た濫觴である、駒形町より北方海岸に埠頭二所を築き改所を設け東を外人貨物揚場とし西を內國商貨物揚場とした、內國揚場は現今の稅關の位置に在る、又運上所を以て內外人の境界となし東を外國人居留地、西を內國人居住地と定めた。而して戶部村字宮ヶ崎へ奉行所及戶部役所を建築す今の伊勢町官舍地に當る、其他戶部村字反目に目付官舍を、同村字暗坂脇に牢屋敷、乃ち現今の監獄署を建て今の縣廳官舍所在（戶部牢屋敷は安政六年下田閉港に由つて移された）又同坂上に番所を、同字石崎と太田屋新田堤塘吉田橋際と、海岸通り四丁目渡船場入口との三所に門及番所を、野毛坂即ち現今の野毛町四丁目に見張番所を建築した、五月横濱村、太田屋新田、戶部村、野毛浦の四ヶ村を神奈川奉行の支配に屬し次で村名を町名に改められた。（神奈川文庫）

六月神奈川奉行兼帶を置かるる樣になつて五名の內一人又は二人交替に横濱に出張し夫々多くの下役を率いて內外の政務を視た、九月十五日、松平石見守康直　都筑金三郎駿河守峰暉　の二人が神奈川奉行專任となつてより以降は本職は總て專任となつた。戶部役所は內國司法、行政の事務を取扱ひ、運上所は關稅及外務全般の事務を取扱ふことにしたが横濱のみならず江戶の外務を此地にて受理する官衙である。當時內政に關することは外人に秘密とした點から役所を斯く二つに分けたが戶部は山に據り樹木田畑を以て圍ひ少しく要害に構へ、追つては城砦樣にも爲す見込にして外國事務とは判然區別した。

奉行は横濱に引越してより日々戶部より乘馬で運上所へ出勤し、神奈川宿は各國領事の駐在地であるから奉行

## 横濱役所と町會所

(加山道之助氏藏)

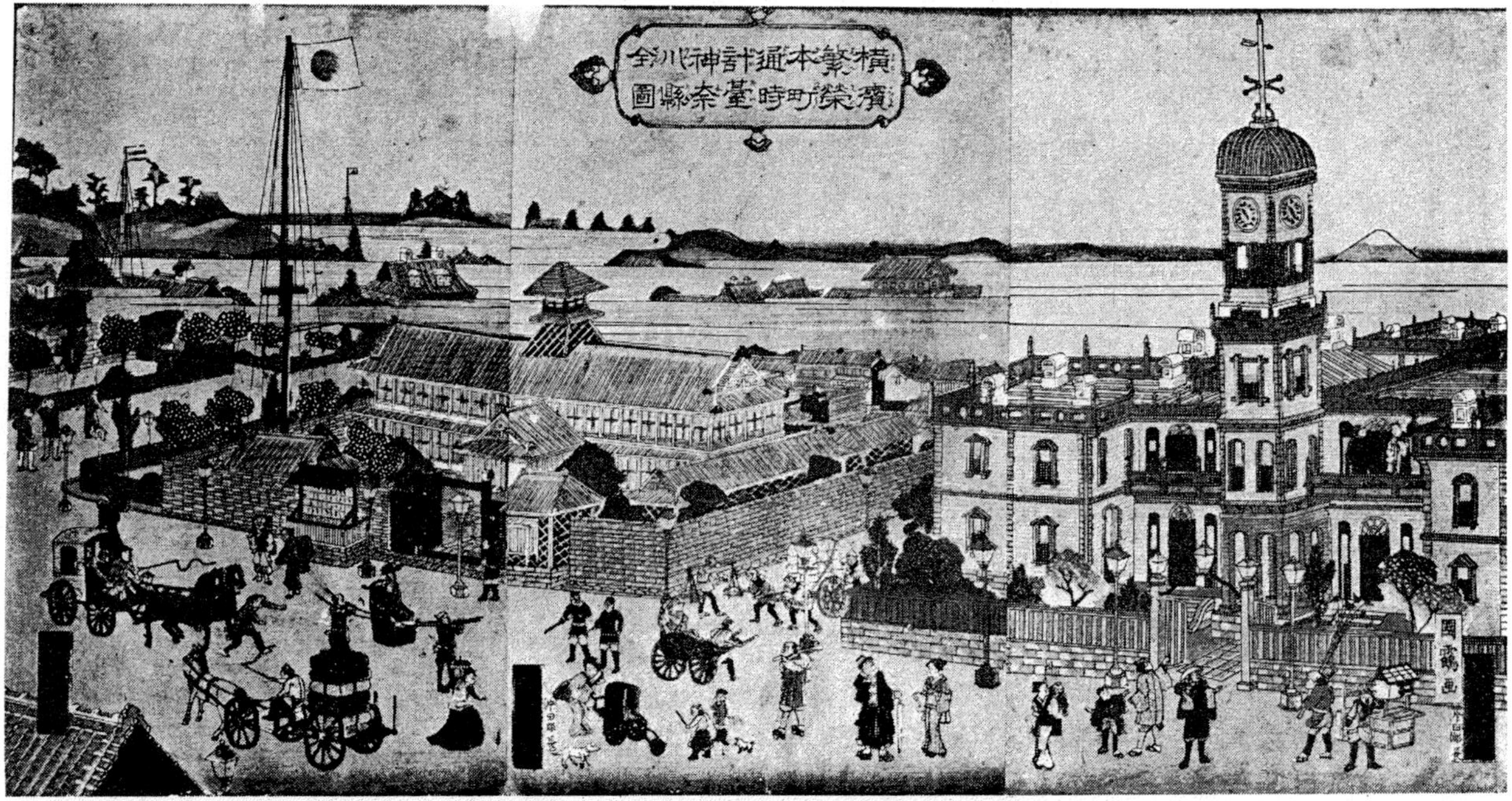


開港直後今の裁判所々在地（前の生絲檢査所々在地）に運上所が出來た。稅關の前身で外務全般の事務をも取扱つた。慶應二年火災に逢つて翌年新築されて横濱役所と稱したが維新政府となつて横濱裁判所と改め運上所は其の一部に置かれ後縣廳となつた（向つて左）。其の隣り道を隔てゝ聳ゆるは町會所である（向つて右）。其の説明は次ぎの町會所時計臺寫眞に讓る。

最初の横濱税關後の神奈川縣廳　(加山道之助氏藏)

税關は初め運上所と云ひ後明治五年より税關と改稱し翌六年本町一丁目三番地に新築したが同十八年神奈川縣廳に譲つて現今の場所に新築移轉した。

一人づゝ交替に出張して事務を執つた。六月神奈川宿を神奈川奉行預り所とした、九月神奈川奉行の役高を二千石、外に役料千俵を給し（慶應三年九月役料石高を廢し、役金三千兩と改めた）長崎奉行の上席と定められた。下田奉行支配役々一同が神奈川支配となり、十二月鶴見生麦東子安新宿の五箇村が神奈川奉行預りと爲つた、又代官小林藤之助支配地であつた吉田新田が神奈川奉行預りと爲り後慶應元年代官今川要作の支配所であつた太田村を神奈川奉行預り所とした。

運上所は開港と共に設置されたもので、現今の稅關の前身であるが最初の事務は關稅のみならず外務全般に渉りてゐた、而して輸入品の檢査場は之を改所と云ひ英一番館の西の端に設けられ東波止場を監視した、東波止場は外國貨物の揚卸場に專用し西波止場は御國產波止場と稱し內國貨物に限り使用され、亦改所を置き御國產改所と云ひ輸出禁制品に就て取締る所である、慶應二年以後に於て御國產波止場を其の西海岸に移した、後の日本波止場と稱したものである。又入船町（吉田橋の傍）にも之を設け陸地より搬入する貨物を取締つた。元治元年に至り後の東波止場の位置に二箇の突出部を埋築して之を新波止場と稱したが通俗には佛蘭西波止場と呼んだ、此の波止場は外國貨物の揚卸に充てたもので玆にも亦改所を設置し運上所吏員を派して事務を執らしめた、而して之を東運上所と稱した、慶應二年十月二十日運上所は火災に逢つたので以來波止場改所の內に移され、其の跡へは翌三年三月廳舍を新築して、之を横濱役所と稱した。（後の神奈川縣廳）同時に東西兩波止場の海面を埋立て其の上に二棟の上屋及び平屋石造の運上所を新築し、是れが卽ち西運上所である。而して其の開廳と同時に英一番西端に在つた改所は閉鎖し、是れより東西兩運上所が出來上り海關事務を取扱ふ樣に爲つたのである。

又前記横濱役所は維新政府となつて神奈川縣廳と改稱したが明治十五年二月眞砂町より出火せし際に類燒した

ので本町一丁目町會所内に假廳を設けたるも翌十六年八月横濱税關を買收し此處に移轉した卽ち現今の神奈川縣廳所在地である。

神奈川を措きて横濱に開港場を換ゆる手段として先づ何よりも横濱村を加工して實質的には勿論市街地外觀美を具備せしむべく夫れ〴〵の建設工作に着手せねばならないので前述ぶるが如く應急施設に維れ日も足らぬほど駈足的に努力した當局の勞苦は一方ならぬものであつたが第一に目途を付けられたるは舊横濱村の一帶地で洲乾港である、「新編武藏風土記」に。

東西十二町、南北四町餘の入江にて當村及戸部村、吉田新田等にかゝれり、古はいと廣き所にて船がかりよかりしが、次第に干潟となりしにより、若干の田地となれり、吉田新田に傳ふる古繪圖に此邊を秀閑港と記し、且前に云ふ正保中の鄕帳に六石一斗五合秀閑寺領と見えたるに據れば此寺號によりて港に名づけしか、又地名を以て寺に名づけしかにてあるべし、秀閑、洲乾は相通にて何れか假借ならん、因に云ふ秀閑寺今は廢寺せしが又按ずるに今村内辨天社領六石一斗餘にして秀閑寺領と其數全く同じければ、若くは辨天別當增德院の舊號なるも知るべからず。

辨天社は社地一町五段十五歩洲乾の出洲にあり入淸水辨天と呼ぶ慶安二年社領六石一斗五合御朱印を賜へり、村の鎭守なり、社中には前立の像のみを置き、神體は元祿中より別當增德院境内の假殿に安置し、彼所にては杉山辨天と唱ふ坐像長二尺弘法大師の作云々

とある。杉山辨天と唱ふる所以は其昔源頼朝が覇府を開いて伊豆土肥の杉山に鎭座ありし辨財天を著荷島州干島に

洲乾辨天社本尊

表面　　裏面

（石川徳右衛門氏藏）

弘法大師の作にして其三躰ある中一躰は江島辨天社本尊にして同社に安置せられ他の一躰は益田孝氏の家に藏せられ尚其他の一躰は即ち洲乾辨天の本尊にして爰に掲るものも是なり。

移したので杉山辨天、或は洲干辨天と云つた、横濱村にあるので又横濱辨天とも稱へて居た。此の邊りは尤も風景に富みたるものと見え開港後文久二年版の「珍事五ケ國横濱噺」には巻頭先づ是を掲げてゐる。

凡世に名所舊跡繁華の地殊に名高き詩歌連俳の宗匠方ほめおかれし所數あると雖も當横濱に及ぶはあるべからず、先づ神奈川臺の河岸より横濱本町一丁目への渡舟あり、海上一里餘ありて賃錢五十銅なり此渡舟は殊の外下直にて乘べき所なり、尤陸を廻りて猶珍らしき所數多御座候「扨乘出して見渡す絶景はなか〳〵拙き筆に述べがたき眺望なり、向は「和蘭陀人コンシユル館そして赤白青の横筋の旗印はへんほんと飜し續て見ゆるは神奈川方同心衆の御役宅なり、其奥の方辨天の松の間に〳〵見ゆるは重役衆の御屋舖なり、夫より本町一丁目渡舟御番所三丁目御見張所其先は御運上所御屋敷…………

是に依れば北方一帶は神奈川生麥を遥かに眺め東は本牧岬に接し野毛山宮崎町の絕壁に對し如何に風景佳絕の勝地らしく殊に西方間近く横濱港發祥地の淵源である。辨天社の敷地は辨天通六丁目（昔は一丁目）から本町北仲通太田町に跨がつて參差たる老松に圍繞されたる一萬二千餘坪を擁してゐた。

註一 辨天社の位置は現今辨天通六丁目一の九番地槌勝運送店の場所である、宮は五間四面の草葺で現在日下町にある春日神社と同型のものである。社の前には瓢簞形の池があつて胴の所に石の太鼓橋が架けてあつた、此の池は寛政頃に出來たと云ひ文久元年頃から埋立てられ、和蘭領事館、日本の御役宅、其他境內に馬場などが出來た、御役宅が伊勢山に引き移つてから一部の地は海軍省のものとなり、明治九年東海鎭守府が置かれこれが明治天皇、昭憲皇太后行幸啓にはいつも御休憩所となり、又外國貴賓の接待所に充てられたこともあつたが明治十七年横須賀に移されてから宮內省に移管せられ御用邸となつた。池は滿潮の時は魚の泳ぐのが見えたと云ふ程奇麗なもので、これが洲干港にそそぐ處に野毛への五文渡しの渡舟場があつた、現在の本町六丁目七六番地風月堂のある處が其の場所である、辨天社の鳥居は只一つ木製のもので現在の正金銀行と川崎第百銀行との中間にあつて、正金銀行が茲に移轉する迄あつたといふことである、社は明治二年現在の羽衣町に移されてしまつた。（横濱鄕土史研究會 横濱の史蹟と名勝）

二 辨天社敷地の尖端には明治元年燈臺の工場を起し後燈臺局となつた、現今の場所である、大正震災前まで横濱裁判所の在つた所現今生絲檢査所の一帶卽北仲通五丁目六丁目は震災前は裁判所の西隣は横濱絹布倉庫會社、絹業試驗所があつた、其西は横濱小學校運動場があり又宮內省御用邸御地所の一部は大日本蠶絲會が御拂下を請ひ得て同會横濱出張所が出來、又横濱蠶絲俱樂部が設けられたが震災後は是等の全部を一括して生絲檢査所の敷地となつて現今の建物が出現した。又絹業試驗所建設の時御用邸御座所の庭にあつた三本の椎の大木は御感に入つたので市では記念として之れを保存すべく櫻木町の小公園に移植したが震災の爲枯死した。

明治維新となつて同三月横濱役所を横濱裁判所と改め、戸部役所を戸部裁判所と改め、之れを神奈川裁判所と總稱し、六月戸部裁判所を横濱裁判所に合併し運上所は横濱裁判所中の一部に置かれた。而して之を內政外政の二局に分ち同九月神奈川府を神奈川縣と改め長官の名稱は同六月知府事、判府事と改め同十月更に知縣事、判縣事と改め、同十一月新官制で判官事知縣事權判事判縣事以下を定められ同二年知事、權知事となつた。

前節述べたる萬延元年十二月十九日和蘭總領事が江戶の危險を避けて横濱に移りたいとの幕府への提言を動機として翌二十日英公使アールコックも亦一時江戶の公館を去つて横濱に住まんと云ひ出し同日佛公使「ジュスヌ・ド・ベルクール」も亦暫らく横濱に退住せんと申出た、幕府も素より望む所であるから他の公使館、領事館の望に應じ官費を以て建築し貸渡すことゝ爲した。而して建築費用の一割を向ふ十年間毎に家租として納付せしめ地租は別に納付せしむべき約束を結んだ。

一、和蘭國長官住所　今の北仲通六丁目に地坪千九百六十三坪、建坪百二十四坪此工費七千六十四弗餘文久二年三月工成りて貸與し明治元年四月を以て一旦彼れに賣り渡し同じく八年八千五百四十三弗餘を以て日本政府へ買ひ戾し、之れと同時に其の隣地にして曾て伊太利領事館として貸與しありたる家屋を代金千六百四十四圓餘にて彼に賣渡し、十三年四月、日本政府金五百弗にて復び之を買戾した。

二、佛國公使館及領事館　元治元年十一月水野和泉守、阿部豐後守、諏訪因幡守は佛國公使レオン・ロセスの請ひに依り、辨天近傍に公使館用地を貸渡すべきを承諾したれば慶應元年彼れの費用を以て辨天地に公使

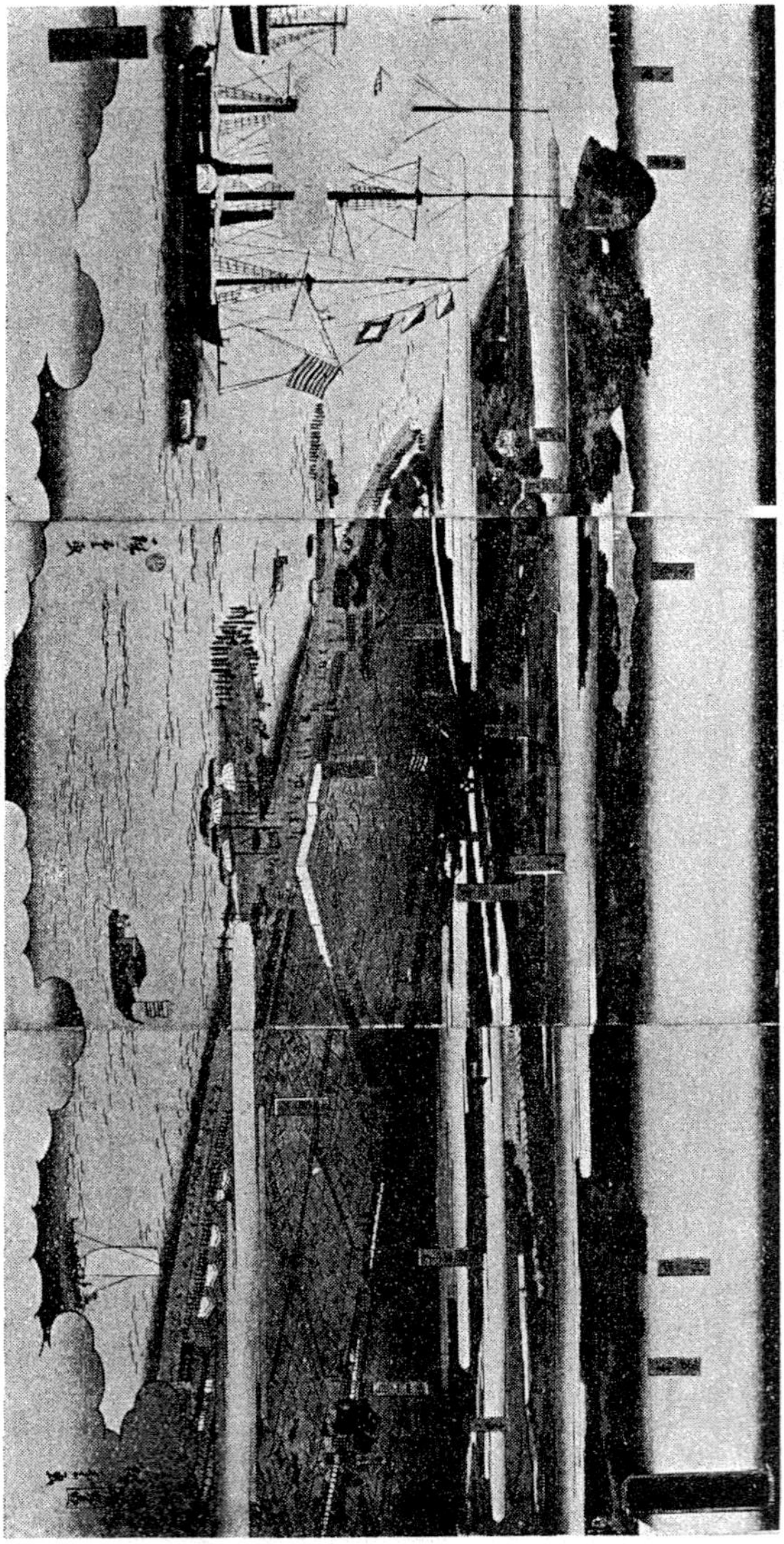

開港直後之横濱小景

館、運上所向に領事館を建築した、然るに翌二年右兩館建築の實費四萬八千四十五弗を日本政府より償ひて建物を讓り受け、依然之れを貸與し從前佛國公使の宿坊たりし、江戸の濟海寺は日本政府より修復を加ふる事と爲し、當分江戸に公使館を建築せざる事の約を結びたるに明治八年十二月三十一日代理公使ドサンカンタンより地所家屋とも之れを返納した。

三、英國公使館　慶應二年正月早川能登守、栗本安藝守は横濱に於て英國使臣館を建築すべく命ぜられ、地を山手百二十番にトした、其建坪は五百三十七坪餘、三年九月工成り後增築したる部分を合せて、其費用五萬五千百二弗餘、明治八年三月公使は東京に歸任する事と爲り、同地所家屋は日本政府へ返納した。

四、和蘭總領事館　和蘭總領事は本國政府の命令に依りて、日本政府の御爲宜しき樣に致すべし云々とて卒先して居館を横濱に移すべく承諾し、之れと同時に官舍は日本政府の費用を以て建築し、之を貸與せられんことを望みたれば、政府は有力なる同情者を得たるを悅び彼れの請求を容れ、久世大和守、安藤對馬守の名を以て承諾の旨を記し、且官舍建築の事に就ては、神奈川奉行と協議可レ有レ之旨の通告を發したるは文久元年三月十日である、之れより幕府は掛役人を横濱に出張せしめ辨天地洲乾町に領事住所外附屬館五棟を建築し永久和蘭國に貸與する事と爲した、此建坪三百四十一坪、費用四千四百三十三兩餘、工成りて貸與の手續を了したるは文久二年四月である。

五、獨逸國領事館　辨天社地續、和蘭領事館の脇上番長屋を取拂ひ、地所千四百五十八坪餘、建坪三百二十一坪餘工費八千九百八兩餘を以て政府之れを建築し之れを貸與したるは慶應元年九月である、明治五年四月洋銀八千五百弗にて獨逸國政府へ賣り渡し、七年六月中洋銀一萬三千百八十元を以て再び日本政府へ買ひ戻し同年七月一日より向ふ一箇年間の約束を以て引續き之れを貸與したるに期限に至り彼は我政府へ返納した。

六、米國領事館　慶應三年十一月、政府の費用九千弗を以て米領事自ら之れを監督して、建築すべく協定したれども地所の都合に依り之を廢棄し、横濱居留地二百三十四番六百二十七坪の地に百十一坪餘の公館を建設した、之を貸與したるは明治二年二月である、其費用七千四百三十弗餘、後構內七十四坪の地に牢屋を建築し、其費用六千弗之を合して七年十二月五千弗を以て彼れに賣渡すべき內約を調へ、彼れ本國政府へ照會したるも、其議決せず、後明治十四年一月に至り二千五百四十七圓にて賣却することとなつた。

七、伊太利領事館　本町一丁目（今の六丁目）三百四十五坪の地に佛國公使館附士官ワンチルフーの自費を以て建設したる住家を明治三年十一月八千弗にて日本政府之れを買ひ取り、伊太利領事館として貸與したるが翌四年十一月之れを日本政府へ返付した。

其後露西亞公使館（山手居留地九番）白耳義公使館（同）布哇公使館（同海岸十四番）西斑牙公使館（山手居留地五十三番）瑞西領事館（横濱居留地百六十九番）英吉利領事館（同百七十一、百七十二番）葡萄牙領事館（同二百三十三番）等を始め各國領事館が年を追ふて增加した。

**註**　開港當時の各國公使館領事館は左の通りであつた。

| | | |
|---|---|---|
| 亞米利加領事館 | 神奈川高島臺 | 本覺寺 |
| 英吉利　同 | 同　幸ケ谷 | 淨瀧寺 |

佛蘭西公使館　同　宮前町　甚行寺
同　領事館　同　飯田町　慶運寺
和蘭陀同　同　神奈川町八丁目　長延寺

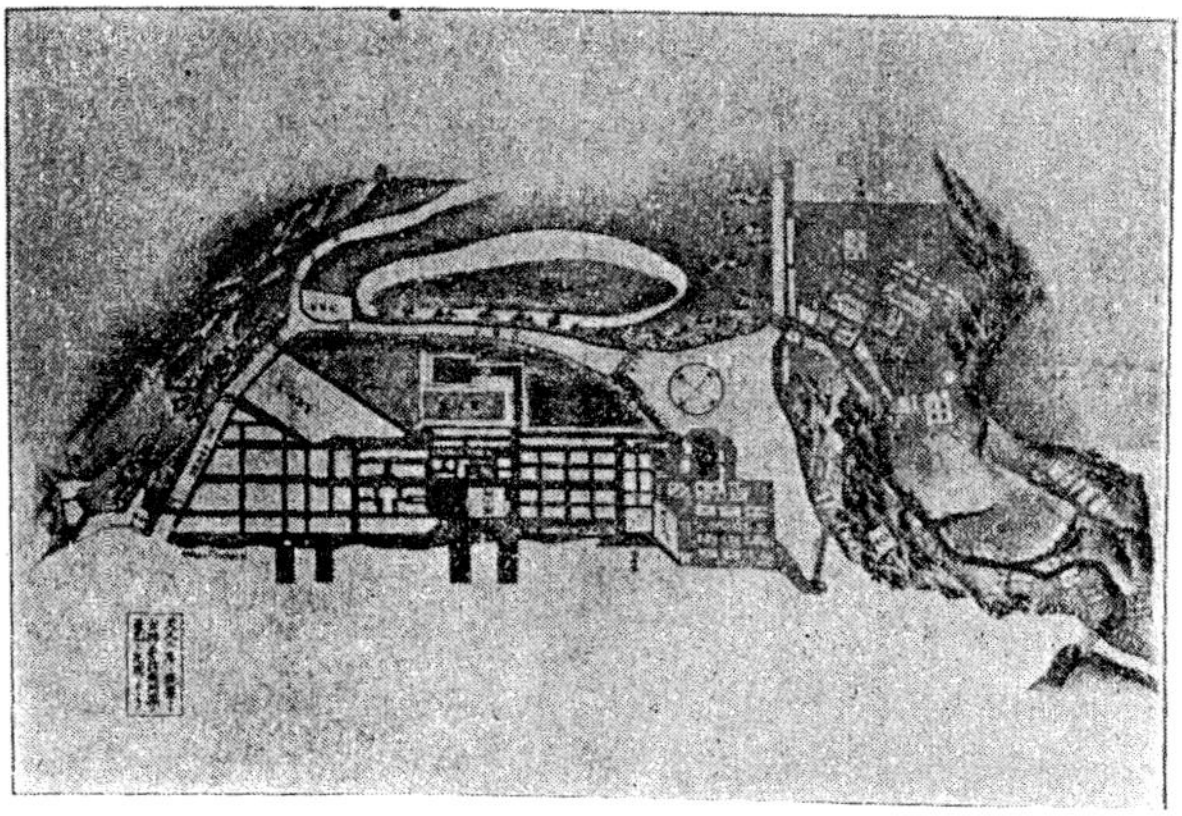

文久年間の横濱

斯くて開港場の施設も續々として整備し前述ぶるが如く兼務の奉行も萬延元年九月十五日より愈々專任が置かれ諸般の取締も漸次秩序が立たんとして來た、今萬延元年十二月に於ける神奈川奉行所支配役付一覽を掲ぐれば左の如し。

| | | | |
|---|---|---|---|
| 神奈川奉行 | 本高五千石 | 松平石見守康直 | |
| 同 | 本高千二百石 | 瀧川播磨守具知 | |
| 同支配組頭 | 賄頭次席 | 若菜三男三郎 | 後ニ甲府町奉行ニ轉ズ |
| 同 | 同 | 松村忠四郎 | 後代官ニ轉ズ |
| 同 | | 星野金吾 | |
| 同勤方 | | 脇屋卯三郎 | |
| 同 | | 宮田文吉 | |
| 同調役 | | 山本庄右衛門 | |
| 同 | | 相原次郎太郎 | |
| 同 | | 合原猪三郎義直 | 後神奈川奉行並ニ轉ズ |
| 同 | | 杉浦武三郎知周 | 後町奉行並ニ轉ズ |

同
同
同
同　並
同
同
同
同　出役
同
同
同　定役元締
同
同　助
同　定役

服部鍵藏
北脇彌七郎
齋藤壯之進
簗瀬大一郎
小澤復藏

三坂盆輔邦行
松田金十郎
高木喜久左衛門
森泰次郎
山田甚之丞
鈴木愼一郎重元
宮本小一郎
高橋渡世平
加藤啓之進祐一
行方覺左衛門
篠崎久四郎
森村圭之輔信敬
山口成一郎
丸山錠三郎
福田平馬

刑部鐵太郎
伊藤岩一郎
長岡鎭太郎
吉岡靜助
河野榮次郎
吉田佐五右衛門
細倉鎌右衛門
前田忠三郎忠路
齋藤源之丞榮
內田庄司
山本謙兵衛
今西宏藏
朝比奈三作
內野隆藏
高畑久次

小原秀次郎　吉田量平　田中耕之進永清
中村才治　鈴木鉦三郎　五十嵐乙次郎
宮地錄之助　早川孝三郎　若尾鈍一郎
仁羅山銀次郎　上原八郎
同　見習　山本敬一郎　今西孝太郎相一　齋藤錄郎
同　並　中山益次郎　清水喜三郎忠順　日比野勇太郎
山崎又十郎　鈴木田昇七　松村小八郎
南條源太郎政擧　篠田岱作　大川鑑三
永持勘兵衛　折原林之助　湯川幸左衛門
直井彥七　江守安藏　松倉辰五郎
中林惣兵衛　高木半三　寺田彥四郎
丹波鐵藏氏友
同　出役　富田光藏
同　手附出役　若泉太郎　大沼又三郎　山本市太郎
同　同心肝煎　金子龍太夫　木村彌太夫　吉岡要之助
黑澤般五郎
同　同心　原田俊輔　林百郎　荒川五郎三郎
坂井保佑　片桐辰之進爲政　並木又五郎

松岡猪十郎　本間龍之助　大野甚右衛門
横山國太郎　吉永徳次郎良正　坂川幹輔
村越三藏　小田切五郎兵衛　岡田鉦之助
清水久三郎　齋藤金左衛門　中川武之進
山崎民右衛門　佐藤乙吉　近藤令之助
渡邊貫作　花井與八　山田彦三郎
菰田甲之丞　金枝鋰三郎　吉田東八
木村道之助・

同　同心假抱　假抱雇ノ名目ハ見習ニ同ジ假抱ニハ錄米及役金雇ニハ役金ノミヲ給ス

金子龍太郎　原田彌一郎　高木保次郎

同　同心雇

小野澤七郎　三橋喜一郎　原田徳之丞
並木桃之丞　大野仙之助　金子鎭平
村越鉚之助　中川重吉郎

同　上番

關口善八　鹽澤鐵之助　露村藤作
菰田孝次郎　松波權之丞　小山勝之助
藤岡新次　野田耕助　山田謙三郎
伊東誠一郎

同　同心出役

早川仙藏　下野田太郎　宮崎忠一郎

神田元三郎
川村孝三郎
川島銀藏
大谷邦太郎
吉田房次郎
潮田民之助
吉田來輔
篠原彌之助
村儀光輔
勾坂岩次郎
金澤庫次郎
磯田文橋
渡邊清次郎
岩崎源太郎
渡邊鐵三郎誠意
塚本鑲次郎
中村鉾吉
平井仙藏

丸島鎭八郎
岡田德三郎
伊倉勝八
三浦桂之進
鈴木三八
橋本孫次郎
寺田庄吉
石川鐐藏有幸
小澤繼松
小倉勇之進
秋山又一郎
安藤幸四郎
長保勝太郎
片寄駒次郎
片山喜太郎
內藤德三郎
大澤秀助
庵原孫八郎

本庄源三郎
石川清太郎
横山鐵之丞
磯村重次郎
渡邊宇三郎
加藤剛吉
山中與市
近藤豐三郎
岡勇五郎
富岡佐十郎
中島鉉之進
大島八十太郎
福西甚平
小野田東市
渡邊鍬三郎
赤羽幸次郎
岩澤龍之助
桑原六郎

同　上番出役

稲葉友之丞
高桑藤三郎
田中釘太郎
山田佐之次郎
相川宗五郎
木村和三郎
大塚朝五郎
杉内保五郎
三好金之助
早川岩次郎
牧田六太郎
加藤又三郎
木村忠藏
村越久藏
藪川政之蒸正信
工藤邦造
入山佐太郎
香川源之進

栗田惣次郎
大脇市太郎
三浦彌吉
田中鑛吉
中村芳次郎
磯崎銀次郎
浦野藤右衞門
鈴木鐵太郎
西宮坂次郎
越智繁次郎
山形賢三郎
遠山富三郎
平岡鐵之助
林新之助
大井鐵次郎
松村吉太郎
村井久次郎
山本半之丞

結城鄉介
加藤鎌吉
丹羽百之助
山口政次郎
小平才兵衞
高麗庄太郎
中村幾次郎
黑川三之助
山本善四郎
古屋鐘之助
間部辰之助
小野甚次郎
梶塚重三郎
小川申介
伊藤孝平
坂間勇藏
千田萬助
三須安之助

唐通詞兼飜譯方　糸川忠藏　加藤啓之丞　鈴木榮次郎
小川彌助　川村光三郎　菰田元次
中村政次郎

通詞兼飜譯方　太田源三郎　吳碩二郎　中山玄三
中山作三郎　早川榮助　末永猷太郎
鹽谷種三郎　石橋助十郎政方　猪股淸七郎

神奈川役所附下番世話役　五名

同　下番　二百十七名

神奈川役所附醫師　洋醫　岡杏庵　洋醫　渡邊貞庵
漢醫　照木宗榮

（本表は萬延元年十二月版「古賀𣿅の花」及「横濱沿革誌」に據れるも神奈川奉行瀧川播磨守は文久元年任命で萬延元年十二月は前掲ぐる如く都石金三郎駿河守峰暉である）

横濱開港と共に町會所を運上所脇に置き町務を執つた。卽ち現今の開港紀念會館所在地である、神奈川奉行の支配に屬し各市街を分區して數名の名主を置き其上に總年寄を置いた、苅部淸兵衞、石川德右衞門の二人を之に任じ、後神奈川宿本陣石井源左衞門が加へられた。明治元年三月頃の總年寄は前記三名で名主は

横濱町一丁目　金指六左衞門　同　二丁目　田澤六兵衞
同　三丁目　中村重兵衞　同　四丁目　島田源兵衞

横濱町會所時計臺

後方より撮影

町會所は現今本町一丁目角開港記念横濱會館の所に在つた。開港後賣込商引取商等が集合する爲町會所を設けたが貿易隆盛に赴き取引上紛議多かつた爲規約を設けて仲間の公務を處理する必要起り，町役人と稱するもの數十名を置き貿易商に代て常務を執り歩合金を以て經費に充てゝゐたが，明治四年町村に大小區の區劃を設け從來の名主年寄を廢し行政事務と町村事務を混同し區戸長の手に委するに及んで町役人は廢止され，爾後町會所は貿易商等の事務所に充て又諸集會に用ひた。明治七年四月八萬圓を費して二階造二百三十二坪弱石造亜鉛葺の洋館が建築せられ屋上の時計臺は通行人の目を惹いた。中には横濱市の四戸長役場，歩合金徵收，貿易商組合事務所等を置いた。 後明治二十三年舊町會所の名稱を廢し横濱貿易商組合會館と改稱し後横濱會館と改めたるが建物は歩合金を以て建築したもので其後貿易商間に訴訟起つたが明治二十六年解決し無償にて市に讓與することゝなつたが同三十九年十二月四日類燒した。

同　五丁目　　小野兵助

であつた。六月に至り一旦從來の總年寄及び名主を廢し更に總年寄及名主各一名を公選せしめた。總年寄に苅部清兵衛名主に小野兵助が當選した。八月各町に左の如く名主を増員した。

横濱五箇町（本町、南仲通、北仲通、辨天通、海邊通、堺町、洲干町、辨財天町

　　小野兵助　　島田源次郎

太田町、末廣町、入船町、駒形町、相生町、高砂町、小松町、小船町、住吉町、新濱町、若松町、常盤町、眞砂町、緑町、尾上町、港町、羽衣町

　　太田源左衛門　　梅田半之助　　岡本鐵之助

四年五月戸籍取調方心得を布達せられた際横濱町を五區に區分し野毛町より戸部石崎迄を六區に編入せられ七區以下二十五區まで遠く金澤方面にまで伸び北は川崎から都筑郡、多摩郡にまで及んだ様である。

同年十二月總年寄を市長に改め苅部清兵衛之を命ぜられ名主を副市長と改め小野兵助、島田源次郎、太田源左衛門、梅田半之助、岡本鐵之助之を命ぜられた。同年六月市長副市長を戸長、副戸長と改稱した。

**註一**　苅部清兵衛は名を悦甫《ヨシスケ》と謂ひ寛政五年十一月廿一日保土ケ谷に生れ苅部家世々清兵衛と稱し名主、問屋、本陣を勤め先代の時より永代苗字を許され東海道品川より小田原に至る各驛取締を命ぜらる、悦甫は嘉永六年保土ケ谷驛新川開鑿を遂げた、横濱開港の際惣年寄を申付られ貿易歩合金を徴收し町費を補ひ、積立金を發案し後年横濱の發展に効果あらしめた。文久元年十二月十日病を以て年寄を辭職し、元治元年三月廿八日逝いて、其子悦巽《ヨシヒサ》續いて慶應二年に横濱惣年寄を申付けられ、同年使部准席申付られ、帶刀を許された、明治四年戸籍法改正に際し第一二區長となり後戸長に擧げ

苅部清兵衞

石川徳右衞門

られ同六年辭職した、久保山共同墓地は實に悦巽の發案努力に依つて成つたもので明治十九年久保山墓地火葬場管理人に擧げられ同年逝いた。「新編武藏風土記」には清兵衞祖先を豐後守吉重といひ、久良岐郡の人、北條早雲より氏直に至るまで五代の間仕へて關東八ケ國の郡司を勤めた云々とある。悦巽の子庫次郎の時明治五年より苅部姓を輕部に改めた、其後福三を經て現主三郎に至る。

二　石川徳右衞門は文化元年に生れ、安政元年米使橫濱に來つた時里正の職に在つて應接所建築、糧餉設備等の事を掌り、同五年露艦入津の時も附近取締を命ぜられ、其都度賞銀を受領し開港後町年寄に擧げられ、三世苗字帶刀を免さる、爾來苅部清兵衞と相携へて橫濱市政の改善に盡くし明治二十二年逝いた。

弟半右衞門は分家であるが兄と共に公事に盡くして二代苗字を免され外國居留地取締に任ぜられ五箇村の戶長を兼ね明治十四年七月歿した、徳右衞門、半右衞門兄弟の嗣子は何れも各々襲名し幾多の公職及實業界の重要地位を占めた。

石川家は橫濱の舊家で文祿四年の繩張水帳に橫濱村十有三戶とあり、其の筆頭に揭げられたる又四郎は石川家の祖で此の徳右衞門は十二代目の末裔である此間世々一村の長であつた樣だ。

## 第三節　外人居留地

外人居留地は安政の條約に據り神奈川驛に接する東子安、西子安兩村の沿岸を指定し一旦許可されたが遂に實際之が使用を見るに至らないで横濱に移つた。前旣に述ぶる處の如く幕府は横濱に居留地を新營せんが爲急遽之が工作に着手し、西北は今の横濱稅關より谷戶橋に至る海岸一帶の地に及び、南は谷戶橋より西は西の橋に達する中村川を界し西の橋より加賀町の終點に通ずる一區域を以て之に充てた。是は後明治八年に至り左の町名を付せられた。

| | | | |
|---|---|---|---|
| ○日本大通(一部) | ○二子町 | ○越後通 | ○京　町 | ○前橋町(一部) |
| ○本　町 | ○水　町 | ○神戶町 | ○阿波町 | ○海岸地 |
| ○長崎町 | ○駿河町 | ○武藏町(一部) | ○薩摩町(一部) | ○堀川町(一部) |
| ○小田原町(一部) | ○本村町 | | | |

以上は安政五年に起工し大急ぎでやつと開港後に間に合つたので素より狹隘を免かれないので後日增殖すべき外人を收容するに足らないことを豫想し、文久年中畑地を埋立て、之れを補足した、其の町名を擧ぐれば左の如し。

| | | | |
|---|---|---|---|
| ○武藏橫町 | ○角　町 | ○琵琶町 | ○堀川町(一部) |
| ○蝦夷町 | ○尾張町 | ○函館町 | ○大坂町 |

○前橋町（一部）　○小田原町（一部）　○豊後町（一部）　○加賀町

是が舊居留地で文久二年上記二十九町を通じて戸毎に番號を附し、一區一戸と爲した。翌三年の記錄に此の總坪數九萬四千四百八十坪である。而して外人は年々增加し土地借受を望むものが多くなつて來たので幕府も相應の設備は爲したのであるが地所に甲乙の差があつて地代金の輕重等公平を得難い憂もあるので公使等の意見を容れ土地糶賣規則を作つて事實賣渡しではなく貸渡なるも其の高價順に當籤者を定むることとした、尤も條約未濟國人民は此の投票に加はることを得なかつた。

尙慶應三年以前に貸渡したるもの、領事館其他公用の爲めに使用すべきもの、衆人の便益と爲るべき製造所等として領事の承認せるものに對しては此の法を用ひなかつた。

然れども舊居留地丈では益す狹隘を告げ外人の不便を訴ふること著しく遂に元治元年九月英公使アールコツク、米公使プローンは神奈川奉行土岐大隅守、白石忠太夫、外國奉行柴田日向守と英國公使館に會し協議の結果橫濱居留地覺書なるものを作製調印して擴張することとなつた、其の條約文左の如し。

## 橫濱居留地覺書

元治元年十一月二十一日（千八百六十四年十二月十九日）調印

橫濱外國人居留地を廣めん爲めの存意竝其他是に關する公然の事件を、下名の各公使等、及柴田日向守、白石下總守談判し、八月八日（西洋第九月八日）九月二十四日（西洋第十月二十四日）及び十月九日（西洋第十一月八日）の面晤に從ひ雙方同意し取極し如く、右改革、廣め方及其工業の基本及約定を著明に記さん事を約諾し、此書に日本全權及各國公使手記し、此約定の日より五日の内に、江戸大君殿下政府にて承諾し給ふべし。故に下條を互に約定す。

第一　周圍日本里程十八町（英法一里）にして、既に方位は示し置たる堀割の向なる地所を各國人の調練場且當地居留の外國人競馬の爲、永々免すべし。右地所は當今沼地なるが故日本政府の失費にて埋立らるべし。且此地所は雙方の調練場なるが故、此地租は拂ふ事なしと雖、競馬の爲に設くる外面周圍の地租は追て取極め拂ふべし。

第二　條約を結びし總ての國々の海陸軍病者、其外疱瘡病人の爲なる假の舍屋、竝其場所は旣に示し置ける故、コンシユル等舍屋建造の入費は償ふ事を引受なば、右コンシユル等の望に任せ、差向日本政府にて病客加養に必要なる舍屋一二箇を遲滯なく增加せらるべきを了解せり。

第三　其他外國人の墓地に極められたる地を、既に是が爲に許可されたる地と接して、既に取極たる境の內を、コンシユル一同より申立なば、そを廣めん事を許さるべし。

第四　外國のみならず、恐らく日本人の爲にも、健康を破るべき害を避んとして、屠牛舍を造營せんが爲、海岸に於て一箇の場所を示し置が故に、兼て差出し置ける圖面通りに緊要の舍屋を延引する事なく日本政府にて造營せらるべきを今約定せり。且コンシユルの許せる居者の外は、猥に立入る事を禁ずべし。但右舍屋落成せば、建造の入費高一割の租を年々拂ふべし。但し建造の失費は、銀一萬元より聊の增減あるべし。尤眞の高はコンシユル等と取極むべし。

第五　日本政府其失費を以て堀割の內手に在る沼地を殘らず埋立つべし。

右落成に至らば其中央に在る港崎町は、居留地の遙か端なる地に移すべし。若又此工落成以前、其地に火災起り、右家屋燒失する事あらば、當今の地に家屋を再び建造せざる事を約したり。

右沼地埋立落成の後は是に添たる圖中第一の如く赤線を以て示す稅關とコンシユル館の地所との間にある街路を一直線になし、太田町と大岡川と號する堀割との間にある廣地を、日本政府にて備へ置べし是は各國コンシユル同意の上申立なば追て貸渡さんが爲なり右地所を貸渡す時取立る金は、土地の元金中に加ふべし（圖略以下同）

此元金は街路、溝渠、建築、道掃除等に用ふる事。

右地租は他の外國居留地同様に拂ふべし。

第六　圖中第二と記せし、今般條約を結びし各國コンシユル館、及び住居の爲に取拂ひ且殘されたる場所は、其家屋を全く取拂ふべし。此地區別分配の事に付、日本官吏と談判する事なく、是迄コンシユル等取極し如く、互に右地所を分配せんが爲に渡さるべし。其租は他の居留地の如く、各國其借主より拂ふべし。

第七　稅關の波止場より海岸に沿うて、近來辨天にて佛蘭西に貸與へられし地所迄、且海岸より大通り迄の地所は、殘らず（圖中第三の如く）外人の爲に用意し、適宜とする地所を追々外國人竝日本人に入札にて渡すべし。

右の法を始むる時は、日本政府は外國人居留地の石垣を、運上所より辨天佛蘭西の地所迄廣めざる事を得ず。

八月八日西洋第九月八日竝九月二十四日西洋第十月二十四日對話の節、既に取極且前にいふ記錄に基き、右作事の失費に付ては貸渡高の半高、卽ち海岸通りに在る居留地を、新規に廣げ、其地所を借受る爲拂ふべき價の半高を、神奈川鎭臺に當時日本借主へ移轉竝そを讓り受る爲の入費を拂ひし後右作事の眞の積り高、及約定に從ひ諸雜費を償ひ充る迄拂ふべし。右地租は他の居留地同樣に拂ふべし。

第八　條約を結べる各國の公使等、當時は江戶在留の事を再起すべき事能はず、依て橫濱に於て一二の假官舍を營む爲に用意する事肝要なるべし、且右の見込にて佛蘭西及び和蘭の當地在留公使等、既に辨天に於て一箇の地を得たり、孛國コンシユル同樣故に右の外、辨天の海岸にて圖上第四と記せる孛漏生《プルシア》地方より西の方の角迄の地所大不列顚《グレドブリテン》及び合衆國當時在留全權公使等の爲に備らるべき事を取極られたり。其地所の坪數は、此後日本政府と兩國の公使と取極べし。地所直に入用ならざる時は、右公使等に談じ承知せざれば、其地を在來の外他の事に用ひざるべし。

第九　各國士官等會所の爲に、圖上第五と記せる英國コムミサードヲフヒシーレン Commissariat 士官 當時現住せる地所か然らざれば其近傍の地一箇所を、既に約されたる上は、是を速に有すべき事と右會社の支配の者共より、其家の價或は其持主

横濱波止場異人館と外人

横濱山手外人居留地

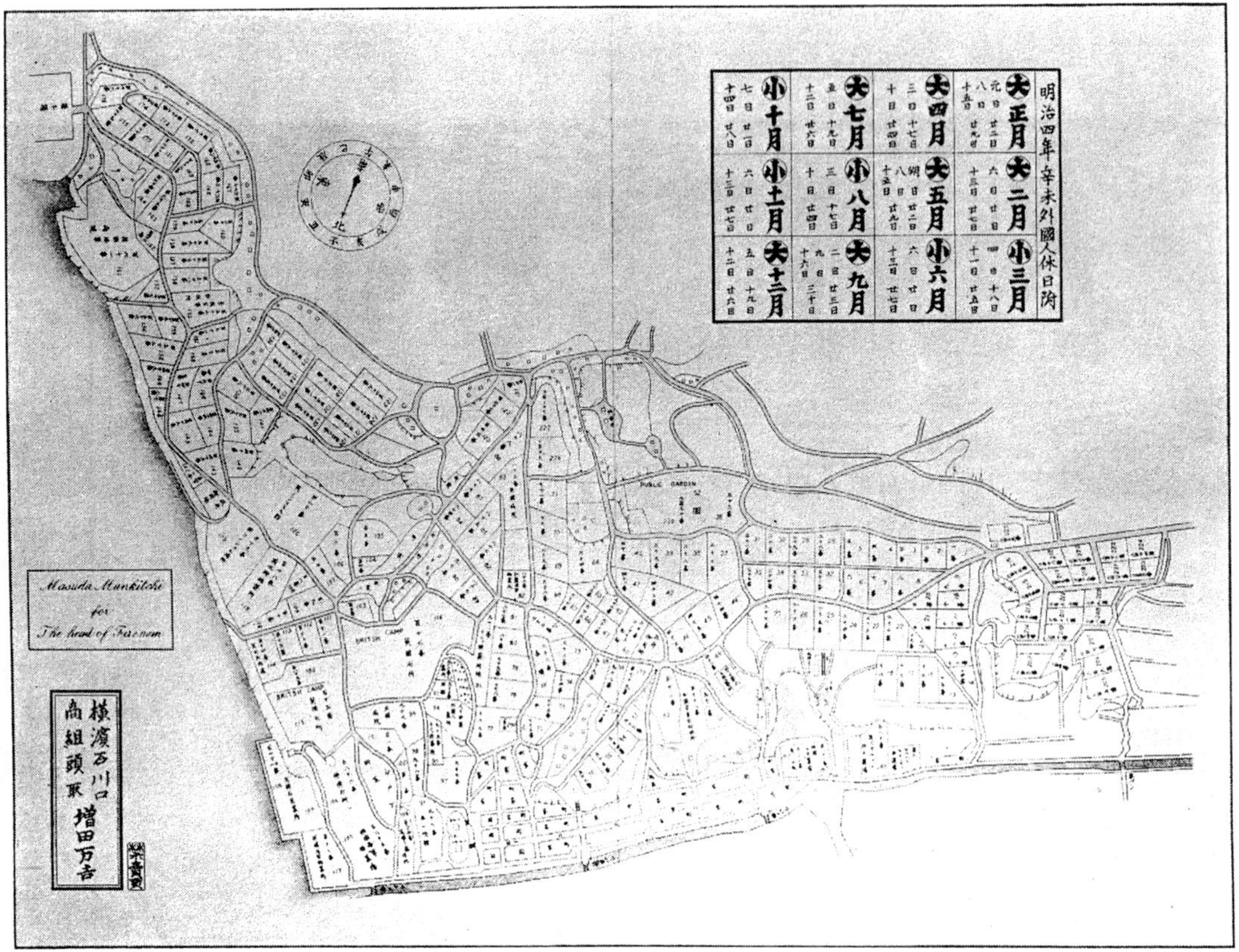


（丹波恒夫氏藏）

轉移の料を拂ひ、且彼等引受、其地租を他の諸外國人等と同様に拂ふべき事とは既に了解せり。

第十　日本人食物を商ふ爲に都合よき市場を設る事肝要なれば今其爲に用ひある圖中第六と記せる空地を廣くし、且平坦になし、食物類を商ふ爲に、一方に屋根を附け、小店數個を建造すべき事を定めたり。

第十一　當今掛念の場合も有レ之に付、日本政府にて外國人の東海道出行可成丈け省かん爲に、日本政府にて長サ四十五哩幅二十呎に減ぜざる善き街道を、外國人運動の爲に、根岸村を通じ圓轉し、既に差出したる圖の通り、建築方頭取マヨールレー (Mayor Wray) の差圖にて既に取掛りたる工作に從て營み、並に右街道も日本政府の費用にて賄ふべし。

第十二　是迄多くの地租を外國人より拂へるが故に、當地の日本官吏の引請なりし道路、溝等の儀に付、此後の對談を省かんが爲、以後は外國地借人自ら此作事をなすべく、且之によりて起れる雜費を補はん爲、諸外國人の拂ふべき總ての地租の内二割は、其爲に元金として年々差引べし。

右證據として下名の日本全權及び外國公使、此約定に元治元年子十一月廿一日 西洋千八百六十四年第十二月十九日 各國分五通とも手記し且調印せり。

柴田日向守

白石下總守

英國特派全權公使

ルゼルフオルド、アールコツク (Rutherford Alcock)

佛國全權公使

レオン、ロセス (Leon Roches)

米國辨理公使

ロベルト、エツチ、プライン (Robert H. Pruyn)

和蘭總領事兼公使
ド、デ、ガラーフ、ファン、ポルスブルーク (D. de. Graeff Van Polsbraek)

然し右は實施に當つて幾多の疑問が續出し、相互の解釋に異論が出來たのみならず外人の思考も幾分かの變化を來したので、慶應二年、再び彼我の合議となり、同年十二月二十三日、居留地改造及び競馬場墓地等に關する約書《アグリーメント》が調印された。即ち左の如くである。

横濱の居留地改造及競馬場墓地等約書 慶應二年十一月二十三日（千八百六十六年十二月二十九日）調印 火災を防がん爲、改正を重ねたる目論見に從ひ、横濱居留地中眞を改造せん事緊要にして、且千八百六十四年第十二月十九日の約書の內を玆に加へ再議せんと欲し、且、居留地安全の爲、此の約束を爲さんと、日本政府にて其全權として、御勘定奉行小栗上野介、外國奉行柴田日向守、神奈川奉行水野若狹守に命じ、協議の上、下名の外國目代等、左の約定十二箇條を取極なり。

第一箇條　競馬場、操練場及び遊步場の爲、大岡川の後方に在る沼地を埋立んとする事に關る、右約書中第一箇條に揭ぐる取極は、此度全く廢止せり。且是に替へ根岸の灣を見下す原野に於て、今旣に落成せし競馬場を用ひ且、舊來港崎町の地所を外國竝日本彼我にて用ふべき公けの遊園となし、是を擴め、平坦になし、樹木を植付る事を日本政府にて契約せり。但右港崎町を大岡川の南方に引移すべし。日本政府右遊園の租を取立ざると雖も、右地所を安全に保ち、且取締方の出費を拂ふべき法を神奈川奉行、及外國コンシユルにて設くべし。

第二箇條　運上所波止場と、辨天の間にして、日本居留地大通りの後方に在る海岸の地所を公けの入札にて、日本人と共に糶り上げ、買入るゝ事を右約書第七箇條中、外國人に許せしを、下名の外國目代等廢止す。且之に替へ、左の道を築造する事を日本政府にて約諾せり。第一に廣サ六十呎の道を、現今の海岸の道西際より、佛蘭西公使館前通り廣き街路の際まで通ずべし。第二に右街路に續き、同じ廣サ及平坦の道を、吉田橋まで直線に通ずべし。第三に廣サ六十呎の道を右橋より大岡川北岸土手に沿ひて、西の橋迄通ずべし。日本政府にて右道を、此約定の日より十四箇月の内に成功し、且之を常々能く修理すべきを約諾せり。

第三箇條　外國人及日本人の居留地内を模樣替し且、延燒を防がん爲、廣サ百二十呎の街道を、海岸より右に云ふ公けの遊園迄、居留地の中央を通じ拵らへ、右場所の中央に在る低き所を、其前後に在る地所と等しく、平坦に地上し且如レ是地上せし後、右全地を水吐の爲、大岡川の方に漸々低く爲し、而して別紙繪圖面（い）號に從ひ、八區になすべきを契約せり。中央街道の東方に在るコンシユル所地所及新三區は、此下に掲ぐる仕方にて、外國人所有の爲存し置べし。運上所地所及右街道の西方に在る新三區は日本人所有の爲存し置と雖も日本政府にて適宜とする仕方にて、如何樣なすとも勝手たるべし。此箇條に掲ぐる埋立及地を平坦にするは、此約定の日より七箇月の内に落成すべし。（圖略以下同）

第四箇條　中央街道の東方に出來すべき新三區の地所の內、一區の地所は、外國人等の爲に入用にしてコンシユル等の是としたる公けの建物を造立する爲に存し置べし。其公けの建物と云へるは、町會所、公會所、飛脚所及市中取締役所龍吐水《ポンプ》置場等なり。但百坪に付二十七ドルラル九十七セントの通例の地租を年々日本政府へ拂ふべし。別紙繪圖面（い）號の通り市街中央を模樣替し、地を高くし、道路を平坦にし、且夫に下水を營むに、日本政府にて起る入費を考へ、日本政府、中央街道の東方に在る殘の地所二區を公けの入札にして、外國人に貸渡すべしと取極たり。其事を外國人民に普告する爲外國コンシユル等に報告すべし。

第五箇條　別紙圖面（い）號に載たる中央の街路、右道路に竝びたる兩街路及其外數多の横街共、日本政府にて好く造り、下水を通じ、能く道普請を爲すべし。但右下水の大サ、其方位は各國コンシユルと神奈川奉行と、雙方談判の上取極むべし。

廣サ二十呎の歩行街を中央街兩側に築き其外側に樹木を植竝ぶべし。中央街に竝べる新兩街路へも廣サ十呎の歩行街を築くべし。

第六箇條　別紙圖面（い）號の內に記したる地所に造立したる建物は、外國人の所有なりとも、日本人の所有なりとも、之を堅固に造るべし。其屋根には瓦を置き、壁は磚石又は厚き石灰にて造るべし。外國人たりとも日本人たりとも、右に云ふ約束を違背する右地所の持主日本政府より告示せし後、其を改正するを怠る時は、其地所の地劵を取上げ、而して設けたる規則に基き取扱ふ爲、其地所は日本政府に返すべし。

第七箇條　大岡川の北方に在る沼地を埋立る事に關する右約書中、第五條を唯僅か果せしを以て、此度契約せるには、日本政府此日附より七箇月の內に、居留地中日本人部分の後に在る沼地の埋立を成功し、且是に下水を造る爲に充分なるべき用意を爲すべし。

第八箇條　別紙繪圖面（い）號に揭ぐる地所の一區を、右約書第十箇條に載する市場と爲すべし。且玆に約諾せる小屋を、日本政府にて建造し、其を日本政府相當の租稅にて貸渡すべし。且右約書第三箇條に載する各國民墳墓地所を廣むるの境界は、此約書に添ゆる繪圖面（ろ）號にて今取極たり。

第九箇條　大岡川は其東方の入口淺くなりたるを以て、日本政府是を浚ふべし。居留地周圍の全流は、干潮の時四呎より減ぜざる深さになし置べし。

第十箇條　居留地の東方に在る山手地所は、一箇年百坪に付十二ドルラルの地租を拂ひ日本政府より外國人に此約定の日より三箇月の後貸渡すべし、日本政府は右地面を公けの入札にて貸渡し、此如くして得る處の金を右場所の模樣替に用ふべし。

此約書に添ゆる繪圖面（は）號に掲ぐる山手の地所は、百坪に付六ドルラルの廉なる地税にて公けの遊園として、外國人民の爲に存し置べし。右は此約定の日より三箇月の内に外國コンシユル等の手を經て、右の割合に願出べし今其地所にある樹木を、其間其儘に存し置き、且右地所を右に云ふ事に用ふる時に至り、地所と倶に其樹木を其餘の賃なしに讓るべきを、日本政府にて契約せり。

第一箇條に載る競馬場に用ふる地所は、別紙繪圖面（に）號に判然たり、且其地租は一箇年百坪に付十ドルラルにして年々前渡すべし、右は日本政府の出費にて造築せしと雖も、其修復は常に外國人の引受たるべし。

第十一箇條　此約書第四箇條、第八箇條、第十箇條に載たる、公けの建物、墓所、公けの遊園、並競馬場の爲存し置たる地所は、外國目代等にて是とすべき證書にて、外國人民用の爲各國コンシユル等に任すべし。

外國コンシユル等、右地所を此約書に記したる事より、他事に用ふる事無き樣に爲すべし、且コンシユル等取極たる地租を、日本政府へ拂ふ樣取扱ひ此約書に載する事に入用なる建物の外は他の建物造立する事を禁ずべし。右の約束に違背し又は神奈川奉行より外國コンシユル等に談ずる事ありとも、外國コンシユルの方にて、右違背を改正する事を怠る時は、日本政府、外國目代等と同意の上にて、右違背を爲したる所の地所を再び日本政府の所有と爲すべし。

コンシユルの地所を、コンシユル住所及役所より他事に用ひなば、其地所の區分の地劵は、日本政府にて右の振合にて全く廢物となすべし。是は右約書第六箇條中に日本政府にて全く其爲而已に與へし地所なれば也。

第十二箇條　現今外國居留地の境内に在る地面、殘らず充塞し、他の地面を外國居留人にて實に要すべしと、外國目代等考へなば、日本政府にて堀割と山手との間の地所を殘らず別紙繪圖面（ろ）號に載する如く、新道の入口迄外國人用の爲許し、向後取極むべき約束にて、堀割の入口本村の方に在る居留地を擴むる用意をなすべし。

但右地所は此約書の日より四箇年前には願出べからず、其期に至り當地の場所を明け渡す日本人、右轉移に付起る失費、或は其損失の爲外國人より相當の償を受取べし。但外國人の便利の爲、右日本人等の轉住を要する故なり。然れ共寺社は其儘に存し置べし。

右證據として下名の外國目代等及び前に載する日本全權、此約書に江戸にて千八百六十六年第十二月二十九日其名を手記調印し、且玆に添ゆる（いろは）及（に）號と別々に記す繪圖面四枚にも、下名の者共の手記にて正しき者とせり。

慶應二寅年十一月二十三日

千八百六十六年十二月二十九日

小栗上野介

柴田日向守

水野若狹守

英國特命全權公使　ハリー・エス・パークス（Harry s. Parks）

米利堅合衆國特命全權公使　フアン・フアルケンボルグ（Van Valkenburgh）

和蘭國交際官　ドデ・グラーフ・フアン・ボルスブルーク(D. De. Graffe Van Polsbraek)

此の約書に依り沼地を埋め取擴げたるものが新居留地である、西南大岡川を帶び西北は公園に沿ふて屈曲し日本通を界とし東北は居留地埋立に接する、此の地域は後に命名して豐後町一部　九州町、薩摩町一部　堀川町一部　富士山町、花園町、上田町、越後町一部、日本大通一部、前橋町一部、田原町、武藏町一部　と呼んだ所である。

又右慶應の約書第十一條に由つて出來たのが山手居留地で元町、石川村、北方村、根岸村、中村の中間の丘上を占め土地高燥の上に眺望が佳絶の地で多くは外人の居宅となつた、總坪數二十一萬三千七百十一坪である、前記覺書に由つて居留地の外に(一)競馬場(二)海陸軍病院及痘瘡病院(三)外人墓地(四)屠牛場(五)士官集會所(六)食物市場(七)外人游歩新道(八)彼我公園(九)町會所、公會堂、飛脚所、市中取締所、龍吐水置場、其他(一〇)下水等が規定されてある。

慶應の約書第十二條に據れば本村卽現時元町一帶の地を其の必要によりて居留地たらしめんとするものである。而して各居留地は條約濟外人の爲に設けたもので條約未濟人民には貸與すべき義務なきを以て、開港以來清國人の渡來するもの常に他國人に倍蓰するも彼等に對しては、一筆の地所をも貸與すること無かりしに明治四年七月、日淸條約締結ありたれば、同國從來の在留民に貸し與ふべき土地をも併せて用意せなければならなかつた、之れが爲め元町住民に立ち退きを命ずべき時期は切迫した。然れども當時同地は戸數千餘を以て充塞せられ容易に移轉實行を遂げ難いので時の權令大江卓は橫濱の一部に內地雜居を行ひ以て約書第十二條を廢するの交換物たらしめんとし屢々外務省に上申したが許されなかつた。然るに其後淸人の借地を請ふもの豫想の數に上らず新埋立地も漸次貸渡の準備進捗したので明治六年十月、寺島外務卿は諸外國公使の同意を得て慶應二年約書第十二條を廢棄し、元町住民は爰に永久追放の厄を免れた。

**註** 支那人居留地は無條約時代には在住支那人は主に外國領事館や外國商館に勤務する者や、勞働者等であつて、弗々と飮食店や日用品の小賣店を營むものが出來て其の區域は山下町百二十番より百六十番に亘る前川橋筋の本村通りと、西の橋筋の加賀町通りの區劃間にある一帶で現在と餘り異つてゐなかつた。日淸通商條約が締結されてから漸次貿易商が殖へて來て南京街は橫濱の名物となつて急に繁華の度を加へ、明治十年頃には在留支那人千名以上となつて爲に同町百三十五番に大淸理事府が設立された位である。

居留地の地代は貸渡の方法に依り、不同で殊に公用地は全く無税のものあり、而して其の收入地代金は條約の爲に往々其の使途を制限せらる、安政六年地代の標準を定むるに當り外人も內地人と略同樣の割合に定めた、當時橫濱市街普通の地租は一坪に付一ヶ月凡次の通りである。

| | 一等地 | 二等地 | 三等地 | 四等地 |
|---|---|---|---|---|
| 表 | 銀一匁九分 | 銀一匁六分 | 銀一匁三分 | 銀一匁 |
| 裏 | 銀九分五厘 | 銀八分 | 銀六分五厘 | 銀五分 |

右四ヶ所裏表平均一坪に付銀一匁八厘七毛五絲を基礎として洋銀に換算し（百弗に對する一歩銀三百十一の割合）居留地は一箇月百坪に付二弗三十一仙一分一厘九毛とし、一箇年同上二十七弗九十七仙四分二厘八毛と定め各國領事館は其中より四割を低減し、二者共徵收額より二割を引去りて道路溝渠修復の爲領事へ引渡す事となし（元治の覺書に依り）領事館其他公用家屋にして日本政府の建設に係るものは建造費の一割を一箇年の家租（地代は別に拂ひ）として十箇年間徵收し、修繕は日本政府之に任ずる事と定めた。

而して慶應二年、橫濱市街地一般に地租の改正があつて、其の結果一の場所より三の場所に至る迄（山手は一箇地租百坪に付洋銀十二弗の定めにて終始之れに據る）表裏平均一坪に付銀一匁二分に增加し前記の割合を以て之を洋銀に換算し、一ヶ月百坪に付二弗五十七仙二分三厘四毛とし、一箇年同上三十弗八十六仙八分八厘に相當すべきを以て、最初取極めたる地租標準の精神たる內外人均一の負擔とすべき旨趣に據り、政府は上記三十弗餘に値上げせん事を領事等に申込んだ處彼等は之を拒絕し、翌年に至り居留地取締を政府の擔當に移したるの故を以て、條約中の地租二割引去りは廢止する事としたるも、是れ商人用地に過ぎず公用地に對しては依然二割引去りの法を存續し、又領事館地租四割引の件は、元治元年八月中の取極なれども、慶應四年九月以後公使領事の家屋を政府にて建築する事を止め又其土地貸渡の事も特別の方法に依る事を廢したれば之れと同時に消滅した今最も古く横濱居留地に居を占めて、無期限土地使用の權利を得たる坪數と地料とを左に示し如何に外人が、安價に土地を使用しつゝあるかを示さん。

| 地名及番地 | 坪 | 一箇年貸付料 圓 | 貸渡年月 | 借受人 |
|---|---|---|---|---|
| 横濱居留地 一番 | 一七〇五 | 四七六、九六 | 萬延元年二月一日 | 英ジャーデン・マジソン社 |
| 甲 四番 | 五二〇 | 一四五、四七 | 萬延元年二月一日 | 米太平洋郵船會社 |
| 百十一番 十二番 | 九一一 | 二五四、八五 | 元治元年四月一日 | 米海軍物置場 |
| 百三十五番 | 四八〇 | 一三四、二八 | 文久二年十一月十八日 | 清司濟醫院 |
| 百五十五番 | 一一七四 | 三二八、四二 | 文久二年十二月二十日 | 英領事出張竝牢屋 |
| 百六十番 | 六八三 | 一九一、〇六 | 文久三年十二月二十五日 | 米禮拜堂 |
| 百六十九番 | 三七五 | 一〇四、九〇 | 慶應三年四月廿九日 | 瑞國領事 |
| 百七十一番 | 四〇〇 | 一一一、九〇 | 明治八年七月廿七日 | 露國領事 |
| 百七十二番 百七十三番 | 一四三二 | 四〇〇、五九 | 明治二年八月一日 | 英國領事 |
| 百八十六番 | 五二一 | 一四五、七五 | 文久三年十二月二十四日 | 清順和棧 |
| 二百三十四番 | 六二七 | 一七五、四〇 | 明治二年二月廿日 | 米國領事 |
| 二百三十五番 二百三十七番 | 六三三 | 一七七、〇八 | 明治元年八月九日 同 二年六月十一日 同 七年六月二十五日 | 日耳曼會食所 |

| | | | | |
|---|---|---|---|---|
| 二百三十八番 | 三一二 | 八七、二八 | 明治四年十二月廿六日 | 消防道具置所 |
| 山手居留地 三十四番 | 七三二 | 八七、八四 | 慶應三年八月四日 | 米一致浸禮教會傳道部會計イーヒー・コールマン |
| 三十六番 | 七〇 | 八、四〇 | 明治十九年二月十八日 | 日耳曼帝國 |
| 四十番 四十一番 | 二四三〇 | 二九二、〇八 | 明治元年四月十一日 | 獨ヘンリー・ヘーア |
| 五十一番 | 六〇七 | 七二、八四 | 明治元年四月十九日 | 米米國改良傳教會、外國布教師(受託者)米人ユージユーン・エス・ブース及イー・ロスセー・ミルテル |
| 甲 九十二番 | 六四〇 | 七六、八〇 | 慶應元年五月九日 | 蘭海軍物置所足地 |
| 乙 八十二番 | 九九九 | 九九、九〇 | 明治二年三月二日 | 各國病院 |
| 八十三番 | 一〇二四 | 一二二、八八 | 明治五年十一月一日 | 佛國尼學舍 |

安政六年より爾後數年間横濱居留地に於て徴收したる地料は

| 年次 | 地料(洋銀) 弗 仙 | 年次 | 地料(洋銀) 弗 仙 |
|---|---|---|---|
| 安政六年 | 二八九、九四 | 文久三年 | 二四、〇三二、一二 |
| 萬延元年 | 八、五〇〇、六四 | 元治元年 | 二五、六四四、三二 |
| 文久元年 | 一五、八二一、三四 | 慶應元年 | 二九、六四三、六九 |
| 同二年 | 一八、一七八、九〇 | | |

開港後十年目なる明治二年に於ける總居留地の土地及諸建造物の坪數と地料の標準は左の如し。(地料の標準は今尚依然たる事前記の如し)

一、横濱居留地普通之地料　一箇年百坪に付　洋銀二十七弗九十七仙四分二厘八毛

## 横濱海岸通之圖

運上所に於て交易品の輸出入に運搬繁忙を極むる光景 (加山道之助氏藏)

運上所は今の税關のことで現在神奈川縣廳の東の所 (明治三年廣重筆)

横濱海岸波止場の光景

(加山道之助氏藏)

一、同領事館地所（伊太利、獨逸、和蘭）三千七百六十八坪一箇年百坪に付　洋銀十六弗七十八仙四分五厘六毛八絲

一、山手普通地料　　　一箇年百坪に付　洋銀十二弗

一、同　競馬場　一萬五千坪　一箇年百坪に付　洋銀十弗

一、同　遊園場　六千七百十八坪　一箇年百坪に付　洋銀六弗

而して明治二年我が政府は收納すべき橫濱外人の地料額は金五萬四千九百八十八弗六仙と算せられたるも外人誠實に之れを納むるもの稀であつて、實收僅かに五分の一餘卽ち金一萬四千〇二十八弗二十三仙に過ぎない。故に政府が貸地に依りて外人の爲め受くる損亡一箇年四萬餘弗、翻つて同年中居留地內道路修繕、溝渠造營其他取締費に支出したる金額を見れば五萬二十六弗七十二仙、加ふるに翌明治三年の豫算中收納すべき地租は其の豫算前年に異らずして下水樋造營道路修造を餘儀なくせられ、其の費用十萬餘弗と他の取締諸費と合して二十三萬六千五百九十四弗八十九仙を投入すべき責任を負ふた。而して政府は國庫の窮乏に際し各國領事に對して居留民より地租を納入すべく助勢を求めたるも何等の效なかつた。居留地制度施行の間は政府は年々行政費全部を支出したるが明治三十二年條約改正以後は市費町村費に移し、政府は別に補助金を支出した。その割合は明治三十三年度精算書に據れば土木費、公園費、墓地費、警備費の四項に對し、市費五萬千餘圓、町村費三千五百餘圓、國庫補助費十一萬五千餘圓であつた。（橫濱開港五十年史）

## 第四節　橫濱パノラマ

漁村の横濱から一躍して國際都市を形造るべき新港横濱市街は生れた、政府が遮二無二大馬力を掛けて埋立開築建設を急ぎて瞬く內に繁華なる開港場と化せしめた其の經緯及道程は前既に敍述した通りである。扨新横濱の大觀と其の內容の觀察は如何。今開港間もなく卽ち安政未年七月改「御免貿易場明細書」と題する當時の記錄文書に依り新開地横濱へ移住せる人名及其の住居所屬町名を見るに左の如し。

### 貿易場道案內

東海道芝生村より左へ三丁あら玉橋長サ七間、夫より二丁餘かたひら川平沼橋四十二間餘、夫より四丁餘石崎橋八間、是より戸部村切通し迄三丁上下三丁、坂上り口左御奉行屋敷、右御役屋敷三軒、坂下野毛村右御役屋敷五軒、左側間口十間神田青物屋西村小市、間口十間三河屋利介、同五間萬屋松五郎、同五間甲賀屋長右衛門、左側子の權現社後越前樣御陣屋、大岡川野毛橋十二間、夫より三丁石川吉田橋四十二間、新土手四丁半、左辨天右本町入口、土手下瓦師水茶屋茶漬屋有り、此處まで東海道入口より一里餘の間道幅三間、野毛山を切割り新規御築立なりし也。

本町一丁目

| | | | | |
|---|---|---|---|---|
| 間口二十間 | 三刕一色 | 呉服 | 高須屋 | 清兵衛 |
| 同　八間 | 江戸 | 錦繪 | 東屋 | |
| 同　四間 | 程ヶ谷 | 伊勢屋 | 彌四郎 | |
| 同　五間 | 神奈川 | 八百屋 | 半三郎 | |
| 同　六間 | 江戸 | 塗物 | かひ屋 | |

| | | |
|---|---|---|
| 間口十二間 | 呉服町 | 福井屋　彌兵衛 |
| 同　八間 | 八丁堀 | 中屋　吉兵衛 |
| 同　十二間 | 江戸 | 小島問屋 |
| 同　五間 | 江戸 | おか島問屋 |
| 同　五間 | | 水鳥問屋 |

本町一丁目

| | | | |
|---|---|---|---|
| 同 | | 一丁目裏 | 芝居地所 |
| 同 | 十五間 | 二丁目新道 | 曲馬地所 |
| 同 | 十五間 | 同 | 人形芝居地所 |
| | | 神奈川 | 願人　文吉 |
| 同 | 五間 | 赤坂 | 泉屋　喜介 |
| 間口 | 六間 | 積問屋 | 大井屋　惣右衛門 |
| 同 | 同 | 程ケ谷 | 粉問屋 |

| | | | |
|---|---|---|---|
| 同 | 十間 | 呉服店 | 日の屋　眞五右衛門 |
| 間口 | 十間 | 神奈川 | 魚問屋 |
| 同 | 十五間 | 品川 | 萬屋　徳兵衛 |
| 同 | 二十間 | 箱根畑 | 塗物　茗荷屋　畑右衛門 |
| 同 | 五間 | 神奈川 | 泉屋　甚右衛門 |
| 同 | 五間 | 同 | 廣屋　榮介 |
| 同 | 八間 | 同 | 鶴屋　八郎右衛門 |
| 同 | 七間 | | 粉店　車屋 |
| 同 | 八間 | | 植木屋 |
| 同 | 四間 | 神奈川 | 小揚人足所 |
| 同 | 七間 | 江戸七人組 | 藥店惣代　卯兵衛　九左衛門 |

二丁目

| | | | |
|---|---|---|---|
| 同 | 五間 | 淀橋 | 酒屋　中野屋 |
| 同 | 六間 | | 荒物屋　丸屋 |
| 同 | 五間 | 江戸 | 鰹節問屋 |
| 同 | 十間 | | 長島屋　庄兵衛 |
| 同 | 廿四間 | 甲州東油川村 | 呉服荒物店　忠右衛門 |
| 間口 | 十四間 | 呉服屋 | 伊勢屋　徳兵衛 |

| | | | |
|---|---|---|---|
| 間口 | 十一間 | 駿河町 | 世話人　越後屋店 |
| 同 | 七間 | 堀江町 | 榎並屋　庄兵衛 |
| 同 | 十七間 | 岸根村 | 呉服　岩田屋　和介 |
| 同 | 七間 | 神奈川 | 茅木屋　左兵衛 |
| 同 | 六間 | 同 | 呉服　小橋屋　傳右衛門 |
| 同 | 五間 | | 呉服　大坂屋　傳兵衛 |

同　七間　呉服　伊勢屋　孫四郎

**三丁目**

間口十五間　芝金杉二丁目　次右衛門
同　六間　品川　八百屋　市太郎
同　十二間　霊岸島　瀬戸物　高島藤右衛門
同　十一間　深川　塗物　源右衛門
同　十一間二尺　品川　鳥問屋　徳二郎
同　十間　程ヶ谷　酒店　中野屋

**四丁目**

間口七間　酒店　茅野屋
同　七間　荒物　には屋
同　七間　塗物　北村屋
同　廿二間　駿州府中　長岡屋
大川屋
同　十二間　小網町　桑名屋　茂兵衛

江戸通一丁目　黒江屋

---

同　四間　神奈川　酒店　田口屋　長兵衛

間口廿五間　山田村　呉服屋　七郎右衛門
同　十五間　芝生村　油店　芝生屋
同　十五間　甲賀村　酒店　鈴木屋　六之助
同　七間　新両替町　荒物屋　新兵衛

奥行同断　世話人
間口三十間　深川　塗物荒物　中居重兵衛
同　十五間　上州吉井　こく屋　清左衛門
同　十五間　肥前佐賀　瀬戸物店

間口五間　程ヶ谷　青物問屋

間口十間　下り酒問屋
同　十六間　横濱村　酒店　石川屋
同　十間　荒物店　同　斷
同　同　荷物受拂御用　朝田重作
同　五間　神奈川　酒店　油屋
間口四間　漆屋店

五丁目

間口四十間　塗物店
同　二丁目　藤木屋
青物町　會津屋
村松町　三河屋
同町　伊勢屋
同　七間　高木五郎兵衞
同　七間　山城屋安兵衞

間口六十間　御役屋敷
同　四十間餘　御役屋敷
一丁程小商人寄セ兩側合五十軒餘

五丁目ツヅキ

大門口

間口六十間　御藏屋敷
同　六十間　海ガハ　運上御役所
同　四十間　海ガハ　異人屋敷
一丁程小商人寄セ講釋場
長屋口

同　十間　保橋樓その
同　五間　料理屋
同　五間　茶屋豐吉
同　五間　券番
同　異人揚屋
廿五間　岩龜樓
同　五間　會所

御免遊女屋假宅

間口十五間　出世樓　倉吉
同　井筒樓　十介
同　十三間　泉樓　會之介
長屋口
二文字長屋

辨天通り

家數六十軒餘 五丁目迄大通り小商人
同 五十軒程
辨天前町 小商人 貸貝屋
同 十一間 下毛郡小川村 清右衛門
同 八間 荒物 松田屋
同 九間 料理店 丸亭屋
同 九間 料理店 から壽屋
同 八間 小間物屋 福田屋
同 五間 神奈川 藤井富五郎
同 六間 神奈川 中村屋 儀兵衛
同 七間 蕎麥屋 大村
同 五間 塗物店 相模屋 善四郎
間口五間 小間物店 村田屋

間口七間 料理茶屋 丸たけ
同 五間 疊屋
同 四間 人形屋
同 八間 米屋 久八
同 同 芝田町 煙草屋 内田屋 寬藏
同 六間 八百屋 小林屋 清介
同 十七間 こなや 加部安右衛門
同 五間 馬喰町 小な屋
同 十五間 荒物 佐藤才兵衛
同 六間 酒店 石井屋
同 五間 呉服 大島屋
同 十二間 神奈川在 安山忠兵衛
同 廿七間 伊豆下田 塗物店

裏町分

間口 十五間 石炭御用 明石屋 儀兵衛
同 二十七間 本所相生町 遠州屋 嘉兵衛
同 八間 稻毛屋 源之助

間口八間 車屋 喜八 常三郎
同 五間 程ケ谷 池田屋 吉右衛門
同 四間 餅菓子 廉

横濱野毛橋より本町まで

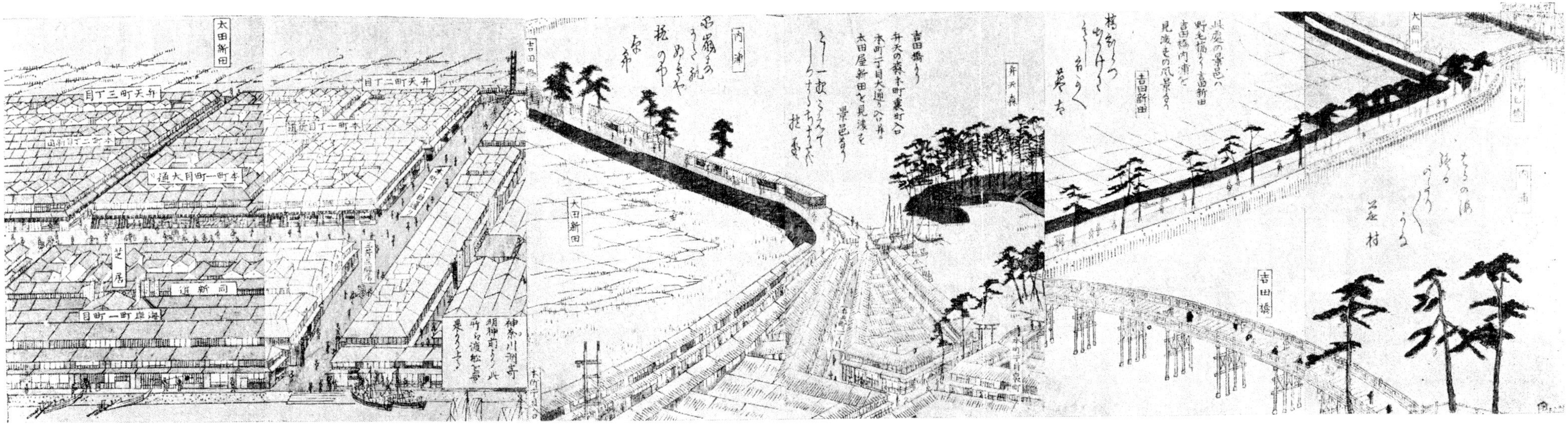

横濱波止場より港崎町まで

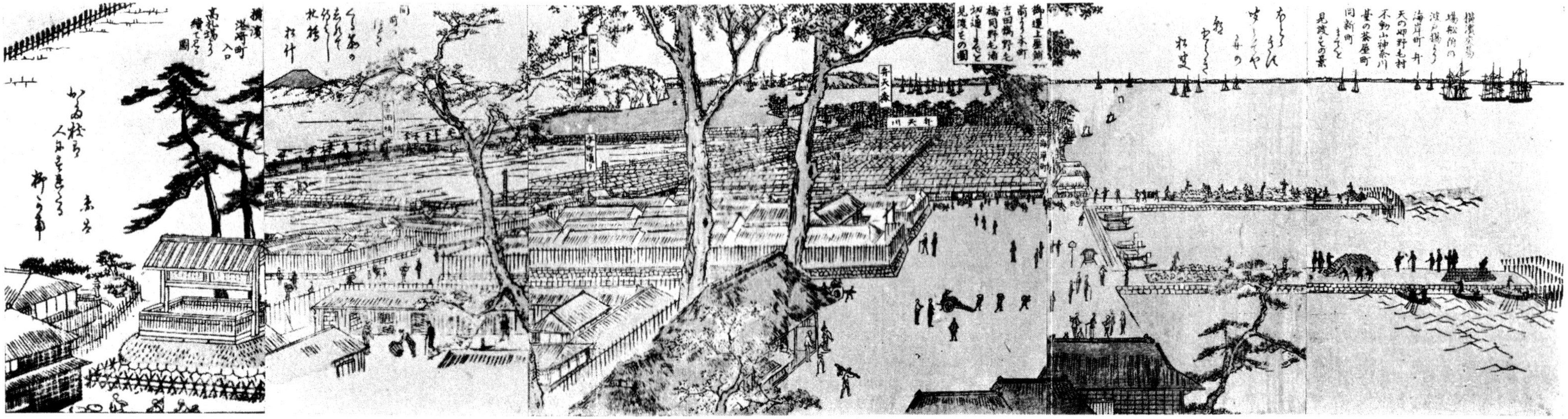

同　十　間　金　子　屋　　　同　五　間　こん屋　萬　屋　安　二　郎

交易場商人町屋大通り道幅十間中通り五間横町並新道三間市中髪結床五軒湯屋三軒大商人百八十五軒小商人三百貳拾軒裏屋四百六十軒御武家方地商人共

總〆三千軒餘

となり、終に遊廓記事がある。（第三章第二節第七項に掲ぐ）卷中に當時の主要なる役人名を次ぎの如く掲げてある。

横濱本牧　松平越前守　　御軍艦奉行　永井玄番頭

武州神奈川　松平隱岐守

外國奉行　水野筑後守・酒井隱岐守・村垣淡路守　　外國奉行　加藤壹岐守・堀織部守・新見豐前守

是に由れば開港と共に早くも横濱に移住し若しくは出店を營んだ人々の氏名及其地割商店地位や規模の大小等一目瞭然と判明する、尙最初に唱へた本町の丁目は現今との反對に在つて而も其の一丁目は現今の馬車道で丁度曲尺の鈎に爲つてゐる。

次ぎに新開湊場として一躍日本の名所となり重要市街地と化した横濱の地理及現勢を大觀すべく文久二年版松伯著の「珍事五ヶ國横濱はなし」に據つて鳥瞰せんに、彼は冒頭に「凡世に名所舊跡繁花の地殊に名高き詩歌連俳の宗匠方譽めおかれし所數あると雖も當横濱に及ぶはあるべからず」と書き出して。

先づ神奈川宮の河岸より横濱本町一丁目への渡舟あり、海一里餘ありて賃錢五十銅なり、此渡舟は殊の外下直にて乘べき所ならむ、陸を廻りて猶珍らしき所數多御座候、扨乘出して見渡す絶景はなか〱描き筆に述べがたき眺望なり、向は和蘭陀コンシユル館にして赤白青の横筋の旗印はへんほんと飜し續て見ゆるは神奈川方同心衆の御役宅なり、其奥の方辨天の松の間に見ゆるは重役衆の御屋鋪なり、夫より本町一丁目渡舟御番所三丁御見張所其先は御運上御屋敷先の角は水主勘次郎同九藏船會所なり、廻りて兩脇は水主長家なり、脇に森あり、大松あり、是則水神宮なり、此所の百姓嘉平次と申すは最初應接場御普請の折から隣家にありて用辨に相なり、よつて外の百姓衆は元村へ引移候得共此嘉平次は今に爰に住す、其脇は御下番衆御役宅、角は世話役中村氏なり、其前東波戸場御改御番所、後は英吉利一番の大身者ケセツキといふ商館なり、各國異人館には夫れ〱國印の旗は高らかに風に吹き流し、元村より十二天の端、夫より安房上總下總は青々としてかすかに見ゆる也

先づ神奈川より横濱へ渡つてこゝで暢び〱と後を振り向き悠然として神奈川を一瞥する。

山の上に浦島寺あり、右の方に生麥村鶴見村市場村洲のさき近く見ゆる松原は潮田村遠く見ゆるは羽根田村なり。又左の方をふりかへり見れば子安御關門なり、夫より寺々には長延寺蘭のコンシユル、其先に御殿と申所あり、其昔三代將軍樣御旅館跡にして熊野三社權現竝東照神君御宮御相殿なり、庭に神君樣御手植の紅梅あり、御朱印三十石但此脇に草分百姓武野と云ふ、尤數代醫師なり、又慶雲寺に佛のコンシユル、ホルトガルコンシユル、成佛寺御朱印十五石あり、ブラン但女房子供ゴブに女房子供 註 ブランはブラウン妻子、ゴブはル・バラ妻子ならんか 淨瀧寺英國コンシユル外にホイロイシン、普門寺英國ワロスクロウ、甚行寺には佛國のミニストル、尚青木町には神奈川方御役人會所あり、是より異人宿寺晝夜とも御役人御見廻り遊ばされ候に付自然と惡もの無くして茶屋旅籠都て喧嘩口論なし、猶居酒屋にては格別ありがたく繁昌す、松平隱岐守樣御臺場は漁師町濱邊に築出しこれあり、此所の名主源左衛門年寄庄兵衛組頭嘉平次なり御陣屋は青木町の後にあり、見張御番所は同町の上

の高き權現山にあるなり、此下に當宿名代の龜の甲煎餅名物あり、外にも御座候得共是則元祖なり、其次ぎ宮の河岸御宮は洲崎の神社にして實に尊き御神なり、本覺寺には亞米利加國のコンシユル名はテレルと言ふ娘二人悴あり、抑此青木山本覺寺と申す其昔青木刑部の陣屋跡にして御開山陽光元吉大和尙の勸請なり實に尊き御寺なり。

是より江戸の寺に於ける公使館を述べ英國軍艦多數入來り江戸の寺も神奈川の寺も如來尊を他に移し、寺內は外人の住宅となつて種々の生活樣式を面白お可笑しく書き立てゝ夫より步を移して。

將軍飯綱權現御前立は金毘羅大權現但し庭の櫻山櫻都合千本の寄進は日本橋通一丁目御影堂の母奉納なり、猶奧の院には地藏菩薩なり。此前の津屋太兵衞、神妙湯の義は萬病の妙藥にして稀代の良劑によつて爰に記るすなり。臺町料理屋には松本屋下田屋御くら屋石崎屋此前に淸水山天滿宮あり、並大日堂閻魔堂御座候、抑此三躰は其昔此邊の漁師の元祖網に掛りしを祭り玉ふ、右天滿宮より雷除の御守出すとよりて昔より此あたりへ雷の落ちたるを聞かず、猶當臺淸水の名所なり、玉川樓小川屋何れも此海道に並なき雅なる高名の旅籠なり、奧座敷は何れも見晴し能絶景なり。但太田屋の前山上に川村屋又之助建立淸正公御堂あり、此所より見渡す景色は此邊不殘眼の下にして又格別の見晴なり。

と褒め稱たえ、夫より下りて輕井澤に入る。

少し往來より引込たる小寺は勸行寺也、是より一丁程行き左へまがれば橫濱への新道なり、曲らずと行けば程ケ谷への道芝生村なり、橫濱新道へ曲れば片かは海にて片かは鍋屋新田也、此邊小松原ありて鹽濱なり、小松のあへ〳〵より鹽屋の煙ほそ〳〵とむらがりて歌人の心も動く所なり、遙の遠見には駿河富士山より大山石尊秩父の山々箱根熱海まで遠邊に見渡し其の絶景なること拙筆に述べ難し、是より石崎御關門なり、尤此土手の內に三つ橋あり、新田間橋平沼橋石崎橋と云ふ、御關門前は御下番衆御役長屋也、其先同心衆御役宅なり、此前に石和泉といふ旅籠屋あり。高き所に見ゆるは御目付樣御屋敷に御座候、其下も御下番衆御長屋なり、前の御役宅は同心衆なり、此所の名をソリメと云ふ往來の左右は重役衆の御屋敷なり、少し小坂を登れば程ケ谷の追分道あり、此角に鈴村と云ふ料理屋あり、是より曲りて牢屋敷に七町あり、少し手前左の方に御仕置場あり、扨川本より先に引込み御座候は町奉行様御屋敷なり、元より神奈川方武術熟達と云へども此節は稽古最中なり、尙又重役衆の內其術に秀でたる御人御師範遊ばされ、夫れ〳〵御掛り有之御出精に御座候由、御下番世話役多田氏より此前も御下番衆は長屋あり、世話役堀氏前田氏なり、夫より野毛坂御見張所に御座候、脇に重役衆町屋敷御座候竝に大聖院と申す寺あり。子の神の社あり、此脇も御下番衆御長屋なり、尙此左の濱邊は野毛浦とて濱名主孫兵衞百姓名主は善兵衞なり、此邊海苔の名物毎に上品に御座候。往來に野毛橋あり、此際に福島屋と云ふ旅籠屋あり、向ふ川岸に曲りて勘左衞門と云ふ鰻屋あり、此鰻は日本にて鰻蒲燒の始めなり、その昔は鰻は丸の儘にて串にさし醬油にて味噌をとき塗り付けて燒き候由蒲の如くに其まゝ蒲燒と名づけしとなん。但し前の方吉田新田淸正公大神儀御堂あり、當時開發元締勘兵衞七五郎是なり、通りの方吉田町と云ふ。吉田橋より右を見渡せば吉田の沼邊にして夏は螢こゝに多し。冬は雁鴨水鳥すべて鷺烏など飛びかふて殆んど心ぼうぜんたり。

夫より遊廓の外觀內部まで書き連ねて更に大門外に出た。

大門外には中村と云ふ茶屋上總屋と云ふ旅籠屋あり、但しそこに橋あり、見込の橋と云ふ其他茶屋商家續きて太田町五丁目辨天通りの突き當りに續くなり、此右の方より廓の廻り一面によし葦眞菰の沼にして春は蛙ことに多し。吉田町御番所より續くは入船町なり、突き當りは丸大の髮結床なり、右へ廻りての通りは太田町一丁目なり、爰に太田屋源左衞門は當所開港以前より此所を開き候に付草分けなり、時至て名主役相勤め太田町八丁を支配す、尙異人館取締なり、一丁目に住す組頭は光藏龍藏なり。三ツ角に萬辰と云ふ酒屋あり、矢口屋と云ふ茶屋あり名代の蕎麥屋あり、三丁目に佐野屋と云ふ料理仕出し金ぷら茶漬あり、六丁目に太田屋勸請の金比羅社あり、泉の湯屋あり、揚弓場あり、七丁目に丁子湯あり、角に紅梅壽司の料理あり、爰に御免の角力場あり地面拜借人は山西久兵衞なり、淸水喜助は普請大請負人なり。尙隣は茶屋力子〓印なり同所に田舍庵と云ふ料理屋あり、太田屋平次郞材木屋なり、爰に蓮光寺と云ふ寺あり是卽ち源左衞門建立の一向宗なり、此突き當り元は石川村と云ふ今度三萬八千七百坪埋立の地なり、此所に異人牢屋敷あり間口二十五間奧口二間半の部屋々々左右に十二軒づゝあり、尤も二通り二間の廊下なり、鞘は外にて庭の如く靑空なり廻りは一丈二尺の石垣なり、獄屋なれども至て風雅に見えるなり。

夫より異人の食料牛屋や屠牛の狀態を說きて太田町辨天社を說明し、境內の卽席料理大平樓や、名代の湊壽司角屋と云ふ料理茶屋を語り、元祖髮結床勝床や橫町松本亭の寄席を紹介す。

此通り海岸まで洲干町なり、丸木屋の桝酒屋にて金平糖なり、大工彌五兵衞角の待合を石田と云ふ、大通へ出て自身番あり、旅籠屋は福井屋彌兵衞、向ふは高須屋淸兵衞支配人伊兵衞賣込なり、左の角は東屋と云ふ繪草紙屋なり、辨天通も五丁目あり、左の取りつきは伊豆屋と云ふ名代の飯屋なり、諏訪屋は荒物油商是卽同店なり、角に八百屋と云ふ酒屋あり、橫町に萬屋と云ふ紺屋あり、尙通りに大村と云ふ蕎麥屋宇治の里料理屋あり、佐原屋賣込商なり、本店は信州にてゆかん佐原屋と云ふ大家なり、又定飛脚問屋あり。植木屋は荒物店近江屋善七諸品賣込なり、堺屋久七生藥屋なり、暖簾の肩書に野澤屋唐物店あり、鹿島屋と云ふ旅籠屋あり、吉村屋賣込福井屋も賣込なり、丸岡屋は旅籠屋にて入九印野澤屋は生絲大賣込なり又暖簾に福井としたる大黑屋唐物店あり、大經師鈴木久七は運上所御用あり、鴨居屋久七舂米唐物店なり、傍に土藏あり、店くら福いつみは唐物店、藤野立野屋は賣込なり、橋本屋大川屋は賣込なり、橘屋は瀨戸物唐物店岩井屋は唐土外國織物店なり、大野屋は紙の大賣込なり、三秀亭と云ふ立場茶屋あり、小島房次郞時計師なり、向ふ橫町百草の藥湯あり、木戸脇に運上所御用提燈屋あり、此外異國和國の大店を構へ目を驚かす諸品あり、出はづれは五丁目自身番にて、向ふ角に大和屋と云ふ賣込店あり、淸水亭は寄なり、つき當りは重役衆上番下番衆御役宅御屋敷なり、其先一圓に異人館に御座候、但し此所は廣小路にして晝夜共食臺店ののそきからくり手品豆藏ならび居て殊更群衆の場所なり、こゝを衣紋坂と云ふ。

衣紋坂は現今の堺町と辨天通の間に當時横濱第一の盛り場であつたが一方には輕罪人の曝場となつた。

鰯屋と云ふ生藥屋あり久住と云ふ下駄屋龜之湯と云ふ藥湯あり。尾張屋と云ふ鰻屋清川と云ふ料理屋あり、廣小路より左へ曲れば町會所御運上所波止場の方へ出るなり、辨天社の裏通りは本町一丁目なり中屋と云ふ鐵物屋泉屋と云ふ織物問屋あり、異國渡りの鳥獸見世物鳥屋あり、水鳥問屋陸鳥問屋あり、廣屋榮助當所御役人様方の御藏宿なり續て曲る大通りも一丁目より五丁目あり、角は御用三井なり、向ふは吳服屋伊勢德なり、脇に茗荷屋畑右衞門唐物屋なり、萬屋近江屋あり、二丁目に大阪屋と云ふ吳服店あり、小幡屋は賣込商永喜屋も大賣込なり、又吳服店茅木屋あり瀨戸物店は海屋安之助中居重兵衞なり、鑄物金物店森屋源左衞門なり、三丁目もいろ〱店あり、四丁目片側江戸塗物商問屋拜借地なり、町方兩替屋肥前屋小助大賣込なり、牛島屋半兵衞丸中印遠州屋なり、林屋源七は大八百屋上田屋は鍋釜ぬり物商なり、此外大家の店々には異物和物唐物何れも金銀朱瑪瑙珊瑚樹をちりばめ手數を盡し唐土外國はイザ知らず我朝にても都御膝元にもをさ〱劣るまじく思はれ實に美麗廣大の商店なり、其表に百草の湯あり、向町會所に御座候、角は越前屋と云ふ賣込なり、尼屋と云ふ酒問屋あり、是より御運上所なり、此所最初ペルリの時應接所相立ちこゝに取極め候なり。扨此鄕は駒形町俗に御貸長屋と云ふ大黑屋と云ふあなご屋あり、八百正と云ふ料理茶屋大竹屋は飯屋なり、角は横濱出方頭豐八なり、太田屋と云ふ異人家守會所あり、寶田屋茂兵衞異人普請請負人なり、此横町に通詞方の御役宅五軒あり、人足受負鳶頭は要藏政吉なり。是より先は殘らず異人館なり尤も角に異人の旅籠屋あり。

外人ホテルの廣大なるを說き室内裝置の玉突などを說明す。夫より南仲通りを一瞥して、

辨天通と本町通りの間に南仲通りありて一丁目に若の湯あり、三丁目不入屋次平賣込伊豆屋と云ふ、丸萬印の賣込なり、

河内屋と云ふ生藥屋あり、和田源と云ふ鰻屋あり、喜代川と云ふ大寄に藥屋あり、四丁目に下倉屋と云ふ米穀賣込あり、星野と云ふ蕎麥屋あり、角は今左衞門と云ふ建具屋なり、相川屋薪炭しつくい問屋なり、突當りは五丁目にて鶴龜と云ふ料理屋あり、待合茶屋兼村源次郎は横濱出方頭なり、尙本町通と海岸通の間は北仲通りなり、二丁目に下田屋文吉芝居の座元なり。三丁目植木屋茂助松の湯あり、五丁目に江一屋宗次郎茶の賣込なり、明石屋は石炭屋なり。

明石屋は渡邊福三郎の舊屋敷で當時の本店は日本橋區本材木町に在り石炭店の創始者たる治右衞門なる者は黑船來と共に其の動力たる石炭の必要を聞くや種々の苦心を以て之を磐城國前郡泉村に發見し採堀に從事したが當時我邦の人智は未だ之を利用するに至らないで爲に莫大の損失を招きたるも安政五年に至り幕府より軍艦用として買上の命を受け程なく石炭御用達となり、横濱開港と共にこゝに支店を開き各國軍艦汽船に對する唯一の石炭供給を爲し多大の利益を得て生絲製茶海產物等の賣込をも兼ねたが明治九年頃海產物賣込專業となつた。

海岸通りに龜屋和助材木屋あり駿河屋と云ふ茶の賣込あり、三丁目に御見張所有之その先西波止場此所和人荷物出入共御改所なり東波止場あり此所異人荷物御改所の御番所に御座候、先の新波止場も斯くの如くこれより先きは殘らず異人館なり尤も中程に佛蘭西にて天主堂と云ふ小判形の堂を建て家根の上にしんちうの柱にて十文字の支柱あり、是即ちはりつけ柱の形なり、御尊像佛は唐金にて磔に掛かりし佛のよし猶種々なる噺あれども見ぬ事故しるを得ず。（以下略）

編述の體裁錯雜せるものなるが此一文に據つて大體當時の狀勢が窺はれる。又元治元年七月横濱港崎町伊勢屋幸吉板にて「横濱みやげ」と題する冊子がある。是にも「凡世に名所舊跡繁華の地有りと雖も横濱は近來新地には珍敷繁榮の地にして………」と書き出して全く前の「横濱ばなし」に類似したものである。此外橋本玉蘭齊誌「横濱開港見聞誌」は前編三冊後編三冊で文久二年より慶應元年にかけた著述で一名「横濱文庫」と稱し、趣味

横濱波止場之圖　(横濱地名案内より)

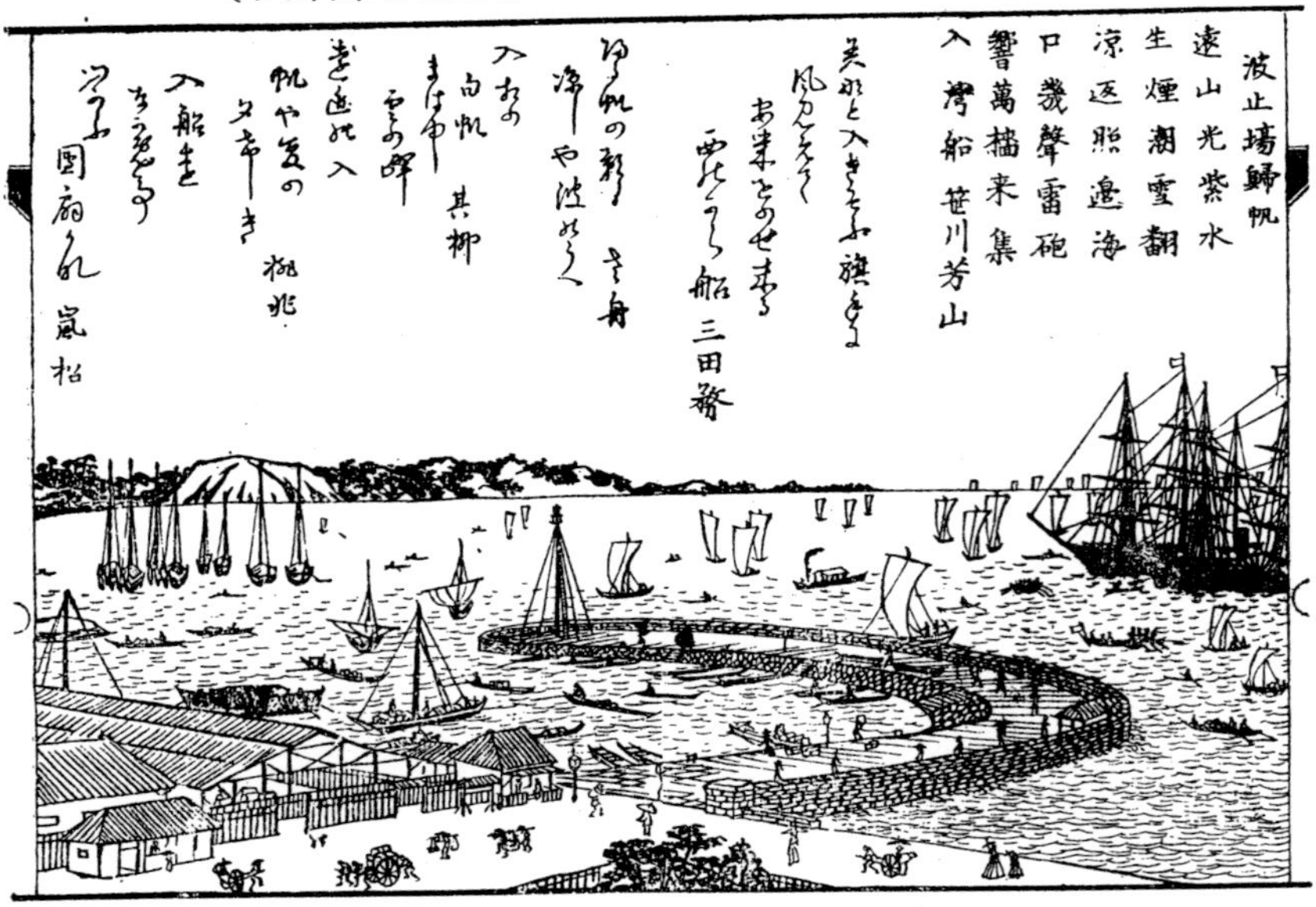


豊富な繪畫を挿入す、五雲亭貞秀の畫名で珍本とされてゐる。書中横濱見聞錄をものする所文章も前掲「横濱噺」や「横濱みやげ」に優つて面白いが長文に渉るから之を略し、書中繪畫の一部を掲載する。

(繪は中卷第四章二節一項石川屋生糸店に在り)

**註**　橋本玉蘭齊は又五雲亭の號もある、名は鎌、俗稱兼次郎と稱し、初代歌川國貞(後三代豊國となり自らは二代と稱す)の門人で師から畫名貞秀と名づけられた。初め江戸龜戸天神前に住し、後深川安宅町に轉じ、晩年横濱に移住して横濱に關する錦繪多し。

又平塚梅花の「横濱八景詩」なるものが著はされてある、夫れに據れば海岸碇泊、天妃追香、磯兒殘雪、本牧待月、淺間丘遠望、野毛櫻花、吉田橋晩涼、石川夜雨である。尙森田友昇の「横濱地名案內」中の横濱八景は當時の雅人が命ぜるもので、伊勢山秋月、本牧晴嵐、淺間山墓雪、波止場歸帆、公園夜雨、鐵橋夕照、吉田落雁、北方晩鐘である。或は「横濱竹枝」の如き長坂石埭に依つて横濱風景の絶勝を詩に表現してゐる。其池錦溪老人の「横濱繁昌記」、神奈垣魯文の「横濱往來」等何れも横濱風景を敍し横濱概觀を述べたもので横濱の紹介に努めてゐる。殊に二代廣重、貞秀等を始めとし多くの浮世繪師に依つて開港當時及其の前後の横濱錦繪は世に流布され賞賛されてゐる。

## 第五節　横濱開港と移住商人

横濱開港の御觸あるや近國より一攫千金を夢みるもの我勝に出濱した、殊に開港の一年間は税金を免ぜられたのは前記神奈川開港と條約に在る立場から政府は遮二無二横濱を開港し神奈川を止めて之に代へんとする大車輪の施設である、開港の翌七月政府は三井八郎右衞門、三郎助、次郎右衞門、元之助の四名を運上所爲換用達に命じた。但し別に手當を支給せず、只手代三人へ年金拾兩宛給與することとなつてゐる、同月運上所附用船十餘艘（海邊四丁目に造船所あり）を備へ横濱村の漁夫勘次郎九藏の兩名に水主頭取を命じ玄米四石二斗二人扶持宛を給し水主三十名に一人扶持宛を給與した。運上所北門脇へ溜所を設置し外國船の出入を注進す、入船する時は役々三名通辨一名下番二名尋問の爲直に出張す。商船なれば下番二名を其船に乘組ましめ密商を豫防す（日沒後は荷物出入口を閉ぢ日出に之を開く）八月横濱移住出願者（各管轄廳の添簡を得て神奈川奉行へ出願す）百五十餘名あつて其の望む處に任せ借地を許した。（横濱耕地は用地中付其他地主へ年々作徳料を下附す）

横濱へ進出する數多の人々の內で隣縣靜岡縣人は其の前下田港にて既に多少の經驗をも有してゐるので市中の有志十四名が安政五年九月から同地御番所へ願出でた所、町奉行の命にて江戶表外國奉行所へ數願する樣にとの

論達にて町奉行添翰を以て同年十一月四日惣代を江戸へ送り願書を差出した。（静岡市史編纂史料）

乍恐書付を以奉二願上一候

駿府野崎彦左衞門始外十三人之者共一同以二惣代一奉二願上一候右惣代同所本通二丁目野呂傳左衞門代重兵衞同七間町一丁目矢入屋金十郎代金次奉二願上一候近來亞米利加國船渡來交易御免被二仰付一猶又外國へ渡來交易御免被二仰付一候御由乍レ恐承り度候に付今般奉二願上一候は當地出產塗物品の儀外異國人頻りに相望候由にて是迄豆州下田港商人共より注文申來り去る卯年安政二年春以來彼地江荷物相送り取引賣に仕候者ども御座候處豆州土地人氣に候哉勘定相立かね仕入兎角延引中々引合相成不レ申誠に以て金子不融通にて既に仕入元差支にも至り甚だ難澁仕候次第其後も下田表商人共より追々注文申來り候得共前々取引未だ相殘り居候者も有レ之荷物引取勘定相立旁此上仕入金延引懸念仕早速出來仕るべき品物も見合拵え不レ仕候適天幸國の助益にも可二相成一儀右次第故に空敷見送り罷過何共殘多歎ケ敷奉レ存候且駿府之儀は往古長崎表において唐絲直賣御免之御舊例も御座候由乍レ恐承知仕候依レ之奉二歎願一候は右交易御免被二仰付一候異國船の直賣に仰付させられ下置かれ候樣仕度奉レ存候

尤今般御願之儀は塗物品に限らず當國出產何品に寄らず御免仰付られ候品物異國船直賣に仰付させられ下置かれ候はゞ莫大之御仁惠と難レ有仕合に奉レ存候且遠方之儀可二相成一儀に候はゞ願人共銘々に御印鑑頂戴仕御改奉レ請持參の品物直賣に出來候樣仕度尤駿府の者共此上願出候とも私共において差支の廉無二御座一候彌今般願之通御免仰付させられ下置かれ候はゞ駿府町方爲二永續一小前窮民助成の一助にも可二相成一候間出格の御慈悲を以て願之通御聞濟之程願人一同連印を以て此段幾重にも奉二願上一候

右之通被レ爲二聞召譯一御慈悲之御意幾重にも奉二願上一候以上

安政五年十月

鵜殿民部少輔支配所

駿府呉服町一丁目　上田屋庄七
同　町四丁目　泉屋平十郎
人宿町三丁目　宮島屋勝太郎
同　町三丁目　板屋又兵衛
材木町　大村屋文藏
江川町　砂張屋善右衛門
下石町三丁目　丹波屋惣左衛門
江尻町　肴屋半七
鑄物師町　桝屋七郎兵衛
本町一丁目　遠州屋清左衛門
七間町一丁目　矢入屋金十郎
茶町一丁目　北村彦次郎
本町二丁目　野呂傳左衛門
安倍町　野崎彦左衛門

出府右願人惣代
矢入屋金十郎代　金次
野呂傳左衛門代　重兵衛
願人差添　町役人　清助

外國御奉行様

斯くて彼等は願意が聞屆けられ横濱出店の準備を爲し安政六年十一月一同が申合規約を結んだ。

一、御公儀様御法度者不レ及レ申、時々御觸之廉々堅相守、御制禁之品一切取扱申間敷候事

一、諸商內品國產物永續の爲、過當之口錢請取申すまじく候事

一、仕立品に入念出來候樣致し、不實の仕立致し申間敷候事

一、職方誂付有之候品拵え罷りあり候を見込、買增等致し、横合より引取候儀等決而取計まじく候事

一、所々より送來り候支配荷物、賣捌之上、賣高一割の口錢引取申すべき事

但送荷置異人え直應對致させ申すまじく候

一、異人買物に參られ候節、互に競賣等致すまじく、外店に罷在を引連候儀は勿論、商內未だ手切にも相成ざる內、呼込候儀決して致す間敷旨、銘々より横濱店支配人え急度申し遣すべく候事

一、出店支配人は勿論召仕の者ども不埒の筋有レ之、暇出候者、外店にて召抱申すまじく候事

一、横濱表出店時宜により餘人え貸渡候か又は人に任せ候儀等有レ之候はゞ御一同え御談之上取計可レ申候事

右之趣一同急度相守申儀は勿論、横濱表出張之者に急度申しつかはし相守らせ可レ申候、萬一規定相脊候はゞ御一統の御思召に隨ひ聯違背申すじく候、後日のため取替せ規定一札如件　　一同連署

斯くて同六年十二月には駿府士太夫町平吉外三人が江戸外國奉行赤松左衞門尉範忠へ地面拜借を申出、翌萬延元年正月九日は復た横濱町年寄中へ地面拜借希望の願書を差出し續て二月四日許可され、同日神奈川奉行所へ請

證文を提出し愈々横濱にて靜岡物産の茶、紙、同楮草、椎茸、材木、炭、塗物、絞り油、蘂種、荒物類等の販賣出店を初めた。

又横濱市保土ケ谷舊本陣輕部家の所藏の古記錄文書中に

差上申一札之事

一　今般神奈川御開港相成候に付武州橘樹郡保土ヶ谷宿のもの者共是迄渡世致居御國產物外國人へ直賣仕度段奉レ願候處願之通り御開居に相成別紙御申渡の樣逸爲相守可レ申儀は勿論當人身分如何樣の異變出來候歟又者商賣筋に付引負或は欠落等仕候はゞ私共引受取計聊御差支不ニ相成一樣可レ仕且萬一密商賣等致し候義有レ之候はゞ私共迄重科可レ被ニ仰付一旨も屹度承知奉レ畏候依て御請證文差上申處仍如レ件

小林藤之助代官所

武州橘樹郡保土ヶ谷宿

小前惣代　兵右衛門

善兵衛

役人惣代

年寄四郎兵衛代　三郎右衛門

外國御奉行樣

御請證文之事

今般神奈川御開港相成候付宿方の者とも是迄渡世致居候御國產物外國人へ直賣仕度段奉レ願候處願通り御聞

濟に相成難有仕合に奉レ存候尤神奈川表御出張御役之様方より御呼出し次第罷出御差圖可レ奉レ請且兼而被二仰出一候密商賣は勿論諸品直段引上ゲ御國內不融通不二相成一様精々心附商賣仕可レ申事

一、外國人へ直引合に付而者聊後闇儀不レ仕被二仰渡一通り商賣相遂可レ申萬一密商賣之儀及二相談一もの有レ之者速に御吟味を可レ奉レ願事

附　外國人へ押賣買竝に□ヶ間敷儀決而仕間敷候何品によらず外國人より差贈り候へば早速御屆け可二申上一事

一、御開港場所に於て相當之地所御貸渡し被下候へば地代金之儀者追而町竝地位により被二仰渡一候事

一、御開港場御高札面之趣者勿論町請之儀町役人共申渡候次第も堅く相守り聊違背仕間敷候事

一、右被二仰渡一候條承知奉レ畏候若相背候はゞ御咎被二仰付一候依て御請書差上申處如レ件

此の古文書には年代不明であるが保土ヶ谷から開港場へ乘り出し外人と貿易すべく地所を借入れ活躍せる現狀に照らし正に開港當初の事と思はるる。次ぎに記るせる開港當時の借地と店舗の概況に就て見るも程ヶ谷連中の移住が示されてゐる。

横濱が開かるると聞いては武相隣接地の人々には屈竟の好機會である殊に外國奉行の達に今般神奈川地續きに於て外國人と直交易差許候云々とあるので神奈川の地續きなる芝生村現今の淺間町では手塚清五郞なるものが先立つて同志十三人江戶の外國奉行へ願出た。其の詳細第四章第一節にあり　甲州からは甲州屋忠右衛門、郡內屋五郞右衛門等の出願があつた。（詳細第四章第一節にあり）

斯くて愈々安政六年五月二十六日には

魯西亞、佛蘭西、英吉利、阿蘭陀、亞墨利加五ヶ國と交易御差許相成候間、當未六月より神奈川、長崎、箱館三港に於て商人共勝手に可レ遂ニ商賣一候、右之もの共船來之品と賣捌候者勿論、居留之外國人共見世之賣品、諸人買取候儀も、是又勝手次第たるべく候。右之通御料私領、寺社領共、不レ洩可ニ觸知一者也

五　月

一　官服の類

一　御法度の儀認候書籍、竝雲上明鑑、武鑑、其外官位高等記候書類

一　兵學書、竝板木ニ無レ之寫本之類

一　城廓陣列之圖

一　銅

一　甲冑、刄劍、竝都而附屬之小道具

右之品々相對に而外國之者共へ賣渡候儀不ニ相成一、若心得違に而賣渡候もの有レ之候はゞ其當人は勿論、五人組迄可レ被レ處ニ罪科一候

尙御紋付之品々は勿論賣買禁制であつた。（續德川實記「昭德院殿御實紀」）

此の布令が出て愈々外國貿易は六月二日陽暦七月一日から開始された。開港當時の借地と店舗の概況を記るせば

一、本町一丁目現今の五丁目は沼地で殊に泥が深いので顧みられなかつた、二丁目現今の四丁目の起點には三井御用所が設けられ之に續いて榎並屋と云ふ長屋がある、其の接續地は神奈川町民數名にて借り受け終點に小橋屋と云ふ

のがあつた、是は後に生絲賣込業を營んだ、三丁目現今の三丁目は品川驛の某借り受け、四丁目現今の二丁目は駿河の人某借り受けて數戸の商店を開き主として陶磁器類を鬻ぎ五丁目現今の一丁目は江戸人某が借地して漆器店を開いた、次に南側に至れば二丁目を二分して其の一區は甲州人某其の二區は程ヶ谷人數名にて借り受け三丁目は全部神奈川淺間下の某借り受け芝屋淸五郎なる者此所に商店を設け、四丁目には備後屋穀淸、中居重兵衞開店し、五丁目は久良岐郡元村の者數名にて全部を借受け町會所は其の中央に在りしが後に至り移轉した、而して本町の裏手なる南仲通の如きは一定の區劃は設けありしも當時草生へ茂りて誰も顧みるものはなかつた。

二、辨天通一丁目現今の五丁目以下逆となること本町に同じは本町と同じく一面の沼地にて希望者なく二丁目東側は程ヶ谷人某の設けたる長屋にて照木某と呼べる醫師之れに住み、三丁目は東側全部に上州から出た加部安左衞門なる生絲賣込商が建てた加部長屋と稱する長屋があつた。其一戸に明林堂權右衞門なる者風呂屋を開業し、四丁目は借地者及商舗の事が詳でない、五丁目は伊豆下田の人組合にて借地し雜貨店を設け又二丁目南側の一區は諏訪屋某借地したるが同所に蕎麥屋を開店せるものがあつて繁昌を極めた。

尚此外には本町通三丁目の裏手なる海岸に面して二三戸の陋屋があつた、又同じく五丁目と外人居留地との間に一條の街路ありて、其東側には御貸長屋があつて近隣は如何しき魔窟があつたが其の南側には安政六年秋の頃より遊女屋顯はれ一時繁昌を極めたるが久しからずして商人の歎願に依つて奉行所より立退を命じられた。

甲州屋篠原忠右衛門自筆

横濱居住商人記録（表紙）

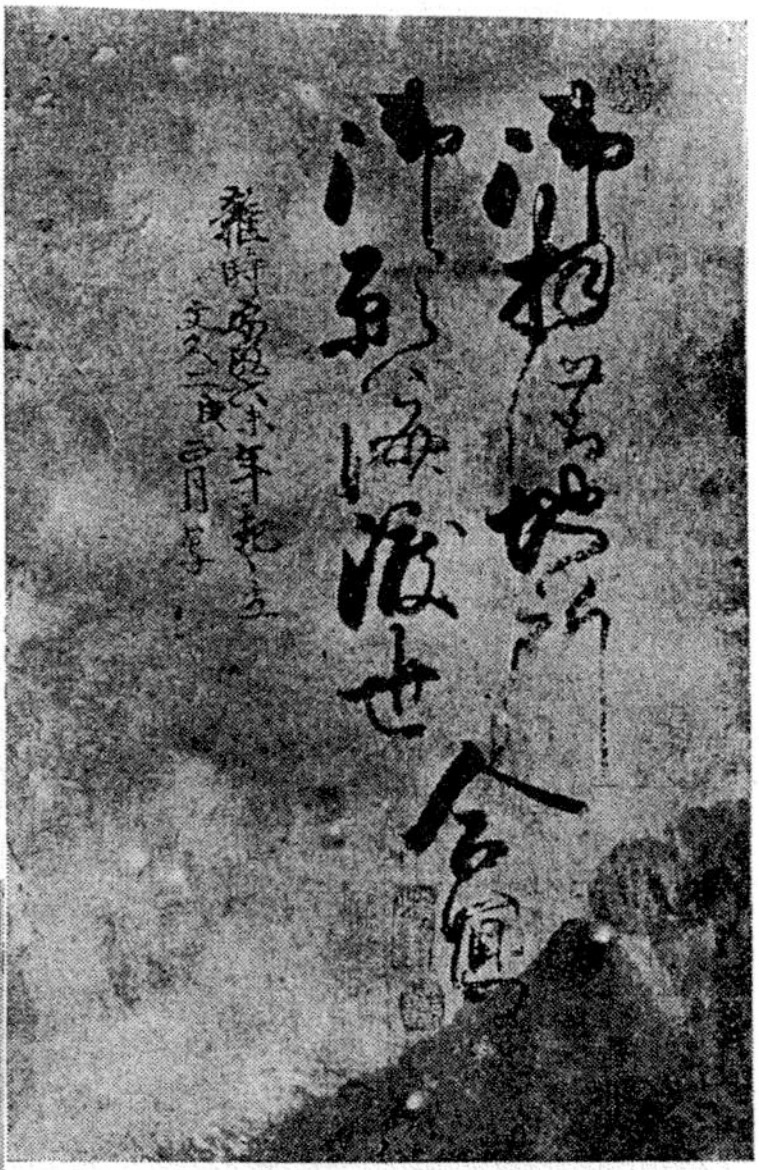

（甲州篠原勇方氏藏）

同内容

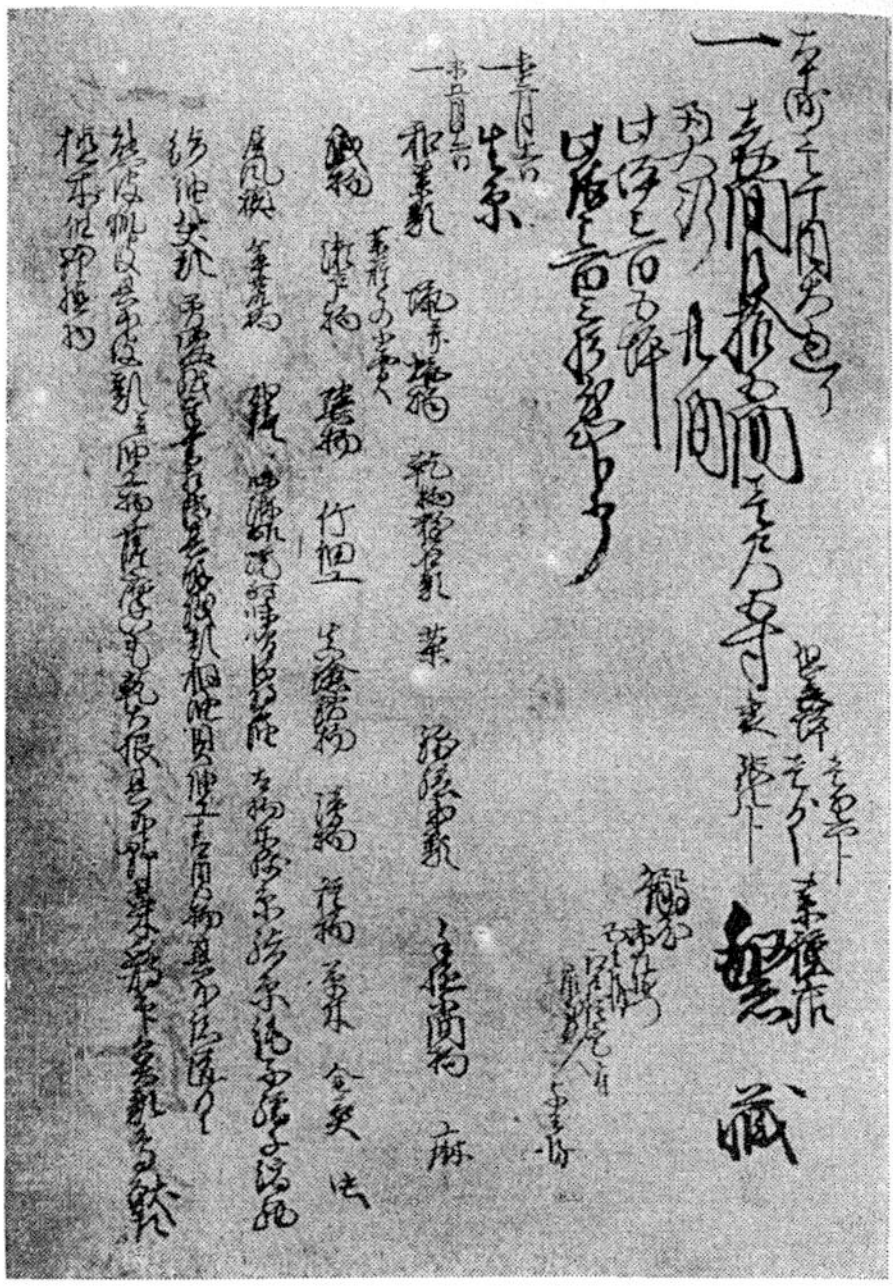

横濱商人番附

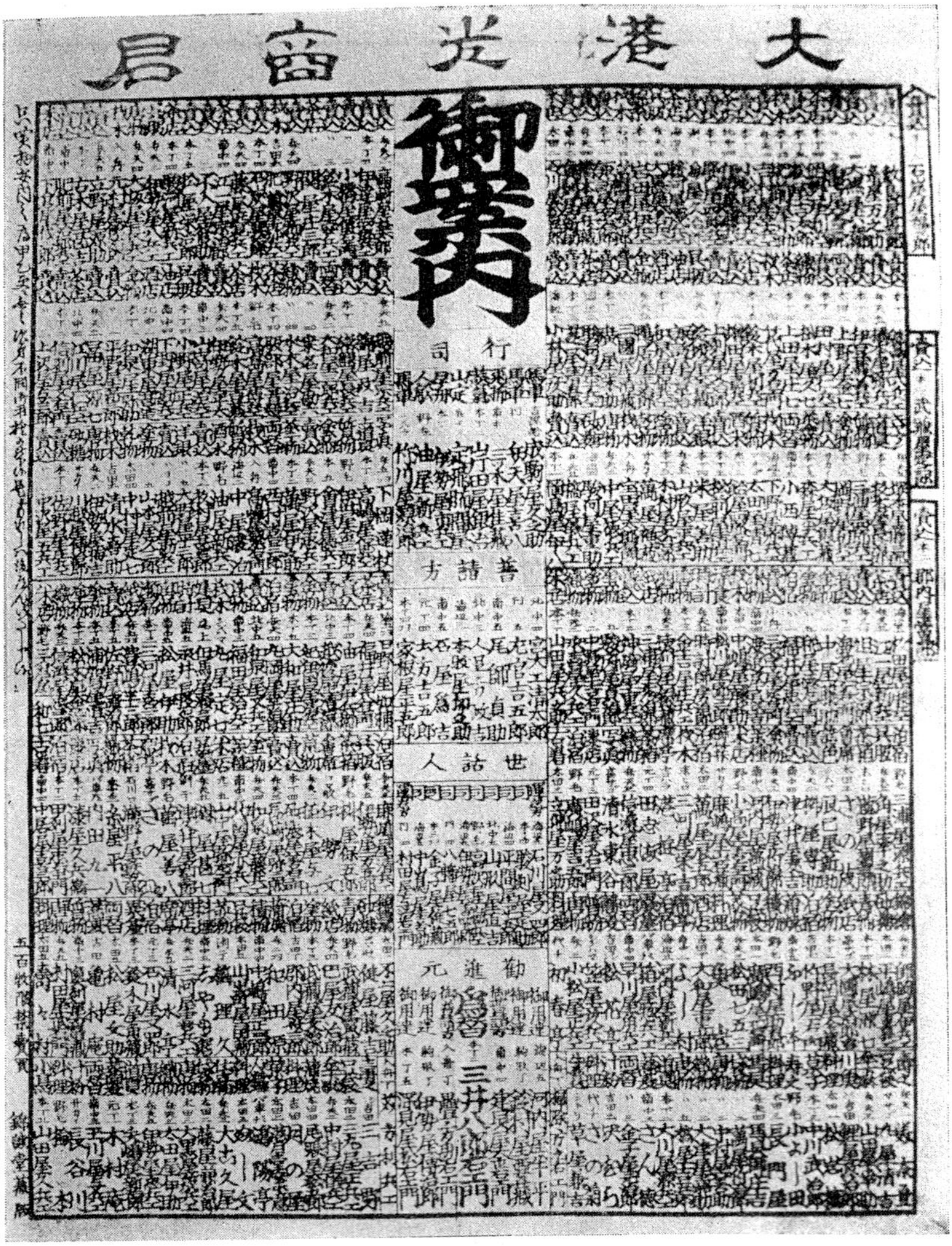


(加山道之助氏藏)

**註** 本町辨天通の一丁目は明治四年から逆列となつて現今の通りとなつた。

今開港後移り來つて横濱に店舗を開業したるもの、及自身は江戸若しくは國許に在つて其の代理者卽ち支配役手代等を横濱に派し假店を開設して營業せる人々や管理人の氏名、建物坪數、及其の貿易商品の目標を示せば次ぎの如し。

御拜借地所
御願濟渡世　合　寫

維時　安政未年起立
　　　文久二戌正月寫　（朱書）

横濱町一丁目拜借地坪願濟渡世名前

本町一丁目大通り

〇一四〇坪 間口七間 奥行二〇間 銀一六一匁　六左衛門
一、未八月 荒物、炭薪、煙草、相模產物。

〇三〇五坪 間口一五間 奥行二〇間 銀三三〇匁二分五厘　藥種店 繁藏 （江戸住宅ニ付 店支配人與兵衞）
鰯屋市左衞門
五　兵　衞
一、未十二月十一日 生絲。一、未五月十二日 和藥類、蠟竝蠟燭、乾物粉名類、茶、錦繪本類、手提小間物、麻、織物、菜種の小賣、瀨戸物、塗物、竹細工、眞鍮鐵物、漬物、種物、草木、金魚、虫、屛風襖、傘荒物、砂糖、味淋酢燒酎、味噌酒醬油、太物木綿絲緖絲純子繻子縮緬、絹油八丈類、美濃紙奉書相除其餘紙類、桐油、貝細工靑貝物其外諸道具、熊皮狐皮其外皮類竝細工物、薩摩いも乾大根其外野菜鷄卵魚類鳥獸類、植木但鉢植物。

〇一〇八坪 間口五間二、四 奥行二一〇間 銀一一三匁四分　青木屋忠七 （神奈川住宅ニ付 店支配人要之助）

一、未三月五日 諸荷物運送小揚、外國人衣類仕裁洗張。

○一〇八坪 間口五間二、四 奥行二〇間 銀一一三匁四分　車屋七右衛門（代増太郎）

一、未五月二十八日 雜穀、粉石、茶、糸類、水油、春米、瀨戸物類。

○一二〇坪 間口六間 奥行二〇間 銀一三六匁　鶴屋八郎右衛（神奈川住宅ニ付 店預リ人伊兵衛）

一、未三月五日 醬油、米雜穀、粉名類、荒物紙茶、乾物、和藥類、石灰、銅鐵物、水油、蠟。一、未五月二十九日 呉服、糸類。

○六六坪五合 間口四間四、五 奥行一四間 銀八七匁八分七厘五毛　廣屋榮助（神奈川住宅ニ付 店預リ人 寫 八）

一、未三月五日 菜種砂糖紙茶瀨戸物呉服太物絹絲綿類、鰹節干魚類、雜穀粉名乾物、銅鐵、油諸小間物手提並繪類、蠟並蠟燭、荒物諸色。

○六六坪五合 間口四間四、五 奥行一四間 銀八五匁七分三厘八毛　和泉屋甚右衛門（神奈川住宅ニ付 店預リ人 元吉）

一、未五月二十九日 酒、醬油、酢、味噌、白蠟、水油、糸類、茶、乾物、米雜穀。

○三〇五坪 間口一五間一、五 奥行二〇間 銀三六六匁　茗荷屋畑右衛門（相州畑宿住宅ニ付 店支配人市郎兵衛）

一、未五月二十五日 塗物、相州產物。生絲。

○三〇五坪 間口一五間一、五 奥行二〇間 銀三六八匁五分　萬屋德兵衛（店預リ人 七 平）

一、未三月五日 荒物、水油、反物、小間物、乾物、糸類、八百屋物、紙蠟燭、藥種、魚鳥、茶、生蠟、野菜物、小道具。一、申八月八日 銅器、鐵物。

○一二三坪（間口六間九 奥行二〇間）銀一五〇匁一分　肴屋平兵衛（神奈川住宅ニ付 店預リ人彥次郎）

一、未六月二日 魚類、鹽肴、干魚、貝類。申八月六日 乾物、荒物、菜種類。一、申三月二十日 百草湯。

○一五三坪 間口七間三、九 奥行一二〇間 銀一八三匁六分 稲屋平左衛門（神奈川住宅ニ付 店支配人巳之吉）
未六月二日 一、蒲鉾、魚類、鹽肴、干肴。

○二〇〇坪 間口一〇間 奥行二〇間 銀二四〇匁 日野屋眞五右衛門（野州住宅ニ付 店支配人善兵衛）
未三月二十二日 一、呉服太物類、絹絲、茶紙、乾物、干魚、小間物、水油、菜種、古着、大小豆、此外諸品。 未六月廿五日 一、銅器、其外諸色。

○一二〇坪 間口六間 奥行二〇間 銀一四六匁五分 水鳥屋武助
未三月二十二日 一、水鳥帮食料。 未六月二十五日 鮫鰆、干物類。 申十一月十一日 生絲、茶、織物類、蠟、水油、荒物、鐵物、蘗種。 申十一月 一、材木、竹、石、瓦、炭薪、紙、
春米。

○二六〇坪 間口一三間 奥行二〇間 銀三一四匁五分 陸鳥屋東國屋伊之助
未三月二十二日 一、陸鳥類、飼鳥生物類。

○一一〇坪四合七勺 間口九間 奥行六間半 銀一四八匁六分五厘九毛 戌九月中上地（朱書） 中屋吉兵衛（店支配人 藤助）
未四月二十二日 一、金物一式。 未九月二十二日 一、呉服、干物、荒物、小間物、瀬戸物。 戌九月中藤助（朱書） 藤助分 金物、小間物、荒物、乾物、材木、炭薪、漆器、
紙。

○四五坪五合 間口七間 奥行六間半 銀七九匁一分 福井屋彌兵衛

○三坪六合五勺 本町一丁目西横町 間口四、八 奥行五間 銀六匁九分三厘五毛 髪結床錄次郎

○八三坪二合八勺 本町一丁目西横町 間口一九間 奥行四間四 銀一〇八匁二分六厘四毛 清水屋利兵衛
酉二月二十六日 一、紙、瀬戸物、蠟燭、炭薪、荒物、砂糖、小間物、毛物食料。

○一六四坪二勺 本町一丁目横町 間口一二間一 奥行一三間半 銀一六三匁一毛 太田屋平次郎
御開港以前仕來渡世

一、材木。一、（未十二月二十九日）水油、生蠟、生絲、乾物、金物。　松屋文藏

本町二丁目裏通
○五七坪　間口九間半　奥行六間　銀五四匁七分五厘　吉左衛門

一、（未三月二日）薪槇炭。一、（申五月十二日）乾物、荒物。

洲干町
○六七坪五合　間口七間半　奥行九間　銀五二匁五分　元村屋半右衛門（店支配人　彌五兵衛）

○四七二坪三合七勺　間口一五間一、八　奥行二二間　外一戸トモ　銀三一三匁一分六厘

一、呉服太物、材木、植木、炭、薪、茶、荒物。

○三一五坪　間口一五間　奥行二一間　銀一九五匁　丸喜屋喜右衛門（店支配人　庄吉）

一、（申閏三月）織物、菜種。一、（申四月五日）荒物、乾物、粉名、茶、鹽肴、干魚。生絲、炭薪、味噌醬油、雜穀、舂米、瀬戸物。

○九四坪五合　間口四間半　奥行二一間　銀五八匁五分　豐八

○一一五坪五合　間口五間半　奥行二一間　銀七一匁五分　（朱書）與右衛門　上地　跡久次郎（朱書）

○五二坪五合　間口三間半　奥行一五間　銀三五匁　勝藏　上地（朱書）

○六七坪五合　間口四間半　奥行一五間　銀四五匁　茗荷屋壯兵衛　上地

一、（申四月十日）荒物、乾物、煙草。一、（酉十二月廿二日）茶、材木、石竝瓦、竹、瀬戸物、箱物類、紙類、外國人食料。

○七五坪　間口五間　奥行一五間　銀五〇匁　文次郎

一、（申九月十八日願濟）外酒、炭薪、鹽干肴、醬油。

○七五坪　間口五間　奥行一五間　銀五〇匁　駿河屋彥兵衛

一、（申壬三月廿四日）白米、紙類。　戊年二月中辨天社地續御役宅往還地御用ニ付上ケ地（朱書）

○七五坪 間口五間 奥行一五間 銀五〇匁　與次右衛門

○三〇坪 間口五間 奥行六間 銀一五匁　蜂屋十助
一、戌十月十二日 植木。異人衣類仕蔵洗濯。異人食料、青物鳥獣。

○八二坪五合 間口五間半 奥行一五間 銀五五匁　茗荷屋太郎兵衛（代 新七）
一、申八月六日 菜種、粉名、茶、布、鐵、干物。

○八三坪八合七勺五 間口五間半 奥行一五間二、五 銀五五匁　冲右衛門

○一〇坪 間口二間 奥行五間 銀一〇匁　錄次郎

○二八五坪六合 間口一六間四、八 奥行一七間 銀一八四匁八分　八郎右衛門

○二五五坪 間口一五間 奥行一七間 銀一六五匁　元村屋市右衛門（店預リ人 鎗五郎）
一、未十二月廿六日 荒物、生絹絲、石炭、雑穀、乾物。一、申六月四日 鐵物、茶、小間物煙草。

○二一九坪 間口七間 奥行一七間 銀七七匁　新八
一、未十二月廿九日 材木、炭、薪、塗物。

○　（万屋徳兵衛方同居）久保田屋善兵衛（店預リ人 定七）
一、申六月十八日 菜種、荒物、煎茶。一、申八月六日 小間物、魚鳥、植木、鐵、乾物、紙蠟燭、粉名。一、申十一月十一日 生絲、大豆、水油。

横濱町二丁目拜借地坪顧濟渡世銘前
○一九〇坪 間口一三間半 奥行一四間餘 大通東側辨天通角 銀二七七匁七分七厘五毛　高須屋清兵衛（三州住宅ニ付 店支配人勘七）
一、未六月 呉服、太物、絲、荒物、瀬戸物、紙、味噌、醬油、乾物、雑穀、鐵物、菜種、蠟燭、茶、塗物。一、未十一月 綿麻苧酒。
一、酉二月十六日 材木。

大通東側
○六七坪四合二勺　間口九間一、八 奥行七間一、五　銀一一五匁五分三厘七毛　千秋屋東屋庫次郎（保土ケ谷住宅ニ付 店預リ人 新吉）
一、（未四月中）錦繪類、同本類、扇子、竹細工。一、（未九月二十日）乾物、荒物。一、（未十一月二十日）塗物、古道具。
一、（申九月廿日）茶、木綿類、薬種、莨、小間物、砂糖。

○六三坪四合七勺　間口四間三、九 奥行一三間三、九　銀八二匁三分八厘四毛　鍋屋保次郎（保土ケ谷住宅ニ付 店預リ人清右衛門）
一、（未四月）荒物、乾物、水油。一、（未十一月十二日）酒小賣、大豆、小豆、石炭、塗物、昆布、生絲。一、（申十月廿八日）呉服、太物、綿類、紙類、茶、菜種、蠟。

○六〇坪七合四勺　間口四間二、七 奥行一三間三、九　銀七八匁八分四厘一毛　水屋與右衛門（保土ケ谷住宅ニ付 店支配人安右衛門）
一、（未四月中）古着損料、雜穀、薪、炭、海草。

○六五坪五合二勺　間口四間四、八 奥行一三間三、九　銀八五匁四厘四毛　和泉屋次郎右衛門（保土ケ谷住宅ニ付 店支配人 彌助）
一、（未四月）釘鐵、金物。一、（申十二月十三日）紙、松魚節、菜種、荒物、乾物、竹木、茶、織物、干魚、生絲、蠟。

○六八坪一合六勺　間口四間四、八 奥行一四間一、二　銀八九匁七分六厘　八百屋半次郎（保土ケ谷住宅ニ付 店預リ人八右衛門）
一、（未四月）乾物、干魚、古物、玉子、水菓子、鹽もの、青物。
一、（酉九月十八日）軍書講談寄せ渡世。

○一二一坪七合五勺　間口六間 奥行一四間四、五 外一戸　大和田屋藤五郎（江戸住宅ニ付 店預リ人助次郎）
一、（未五月）湯屋。一、（未六月五日）呉服、乾物、太物、鐵物、荒物、糸類。

○七〇坪　間口七間 奥行一〇間　銀九九匁七分五厘　海屋久次郎　洲干町へ地替（朱書）
一、（未五月十一日）瀬戸物道具、漆器綿類。一、（未九月十一日）和薬、乾物、生絲、呉服、小間物、荒物、紙類、煙草。一、（申正月廿四日）茶、砂糖、鐵物、粉名類。

大通南側
○二一〇坪九合七勺 間口一四間半 奥行一四間三、三 銀三一四匁六分五厘九毛　伊勢屋徳兵衛（江戸住宅ニ付 店支配人治助）

一、未四月中 呉服、太物、瀬戸物、茶、酒。一、申十月廿六日 生絲、水油、蠟、荒物。

○一〇二坪二合 間口三間三、九 奥行二八間 銀一一五匁三分四厘　甲州屋忠右衛門（甲州住宅ニ付 店支配人同人忰直太郎）

一、未五月中 甲州産物一式、海草、乾物、生絲、呉服太物、茶、外國渡來品買取、菓子。一申正月廿五日 塗物、藥種、銅器類。同七月五日 一粉名。申十月七日 一、炭薪紙。一、酉七月廿四日 異人食料青物、玉子、鹽魚。一、丑七月 繭、蠶種。一、十月 干鮑、鱶鰭、煎海鼠。

一、辰五月十八日出願同七月廿九日被仰渡 質、兩替。

一、辰五月十一日被仰渡 夷人食料の内鳥獸。

右忠右衛門方間仕切 借家同居　龍伯

一、戊四月廿二日 材木、木貝指物、衣類仕裁洗濯、石炭。

一、八月廿一日願書御取上九月十八日御下知濟 藥種、煙草、紙類、茶、乾物、荒物、繰綿、生絲、銅、蠟油。

○一〇二坪二合 間口三間三、九 奥行二八間 銀一一五匁三分四厘　甲州屋五郎右衛門（甲州住宅ニ付 店支配人│晋三郎│）

戌改忠右衛門　直太郎別居と成　子年五郎右衛門養子郡内屋常三郎（朱書） 辰年上地郡内屋四郎左衛門拜借と成（朱書）

一、未五月中 甲州産物一式、荒物、海草、乾物、呉服。一、申正月廿五日 鐵物、藥種。

○四〇坪 間口五間 奥行八間 銀六二匁五分　郡内屋喜右衛門（甲州住宅ニ付 店支配人四郎左衛門）

一、未十月廿九日 御當所繪圖、繪双紙、荒物、小間物、甲州産物、乾物、石炭、葛、濱梨子。一、未十一月八日 雜穀、水油、生絲、蠟、藥種、百草湯。

横町新道添地
○一〇四坪一合四勺 間口一九間三、九 奥行五間一、八 銀一〇一匁九分四厘五毛　右同人（店支配人茂助）

是者元未年五月中甲州屋忠右衛門五郎右衛兩地續に付拜借いたし置白野耕作と申人の父茂助と申人に頼れ上地いたし茂

助拜借相願候又郡内屋四郎左衛門に茂助殿より賣渡し候に付當時郡内屋四郎左衛門所持罷候事

是者忠右衛門之心得に記置候間表役筋にては御存無之事也

○大通南側 七〇坪 間口五間 奥行一四間 銀九二匁五分
一、鰹節、鹽干魚。（未六月中） 一、乾物類、石炭、大豆、小豆。（未九月中）
濱吉屋次郎兵衛（江戸住宅ニ付店支配人篤藏）

後上地の上郡内屋四郎左衛門の増拜借地

○二五坪二合 間口三間〇、九 奥行八　間 銀三八匁九分三厘
一、鹽、醬油。（未六月中） 一、菜種、石灰、乾物、金物、生絲、小間物、雜穀、水油、干魚、荒物、海草。（未十二月八日） 一、粉名、茶、水油、素麵、木綿類。（申十月七日）
丸中屋吉右衛門（江戸住宅ニ付店支配人半兵衛）

○八六坪一合 間口四間四、八 奥行一四間 銀一〇四匁五分九厘五毛
一、鹽。（未五月中） 一、呉服太物、生絲、藥種、荒物。（未九月二日）
永喜屋富之助（江戸住宅ニ付店支配人三次郎）

○七〇坪 間口五間 奥行一四間 銀九〇匁二分五厘
一、醬油、素麵、荒物、紙類、（未六月中）水油、生蠟、晒蠟、小間物、手遊類。（未五月中） 一、大豆、小豆、乾物。（未九月朔日） 一、小麥類。（未十月七日） 一、生絹絲。（未十一月廿八日）
上地戊六月中同町忠右衛門悴直太郎（朱書）
一、鹽干魚、藥種、茶。（申八月十八日） 一、茶、荒物、乾物、鐵具、紙張具、青物、魚、菜種、炭薪、塗物。（戊六月十八日）
丸江屋惣助（江戸住宅ニ付店支配人善太郎）

○六四坪四合 間口四間三、六 奥行一四間 銀八三匁三厘
一、呉服、太物、鹽、味噌、荒物、茶、乾物、金物、酒、醬油。（未四月中） 一、生絲。（未十一月二日）
田口屋善兵衛 上地廿年頃改萬屋伊三郎（朱書）

○大通南側角 六四坪四合 間口四間三、六 奥行一四間 銀九七匁二分二厘
一、大道具、古道具、石灰、金物、乾物。（未四月中） 一、生絲、干海老、輕燒、生絹絲。（未十一月中）
中野屋厚次郎（江戸住宅ニ付常五郎）

○大通北側角一四六坪五合　間口八間 奥行一七間一、八　銀一九九匁四分五厘　大阪屋銀次郎（神奈川住宅ニ付 店支配人傳右衛門）

一、未五月中 呉服。太物。糸、海草、乾物。雜穀、水油。

○大通北側一二六坪　間口六間一、八 奥行二〇間　銀一五一匁二分　小橋屋傳右衛門（神奈川住宅ニ付 店支配人重三郎）

一、未五月中 呉服、太物、和糸。

○九〇坪　間口四間半 奥行二〇間　銀一〇八匁　古木屋甚吉（神奈川住宅ニ付 店支配人半次郎）

一、未三月五日 雜穀、菜種、乾物、水油。糸類。荒物、茶。銅類。蠟、昆布。一、未正月廿八日 干魚。鹽魚、温飩粉。

○一〇〇坪　間口五間 奥行二〇間　銀一二〇匁　茅木屋佐兵衛（神奈川住宅ニ付 店支配人銀次郎）

一、未五月廿八日 呉服、太物、眞綿、木綿綿、糸類。　石川屋銀次郎と相成辰年より改（朱書）

○九〇坪　間口四間半 奥行二〇間　銀一〇八匁　伊勢屋彌兵衛（江戸住宅ニ付 店支配人留吉）

一、未五月廿八日 小間物、袋物、京都上州織物、呉服、越後産物水飴。一、申十一月十一日 糸類、水油、蠟、藥種、雜穀。

○一三〇坪　間口六間半 奥行二〇間　銀一五四匁三分七厘五毛　岩田屋和助（武州岸根村住宅ニ付 店支配人彌兵衛）

子年改郡内屋常三郎（朱書）

一、未六月十日 呉服、太物、紙類、荒物、瀬戸物。金物、水油。一、未七月 生絲。一、未八月廿三日 塗物、小間物。

○一四〇坪　間口七間 奥行二〇間　銀一六八匁　榎竝屋（江戸住宅ニ付 店支配人嘉兵衛）

改嘉兵衛持（朱書）

一、未三月 乾天、蠟、海草、絵具染草、干貝、干魚、乾物、煙草、傘、小間物、團扇。一、未五月廿七日 雜穀、砂糖、呉服、太物。草類。

一、未十月七日 藥種、茶。一、未七月三日 生絲、水油、玉子。

○大通北側角二〇八坪　間口一〇間二、四 奥行二〇間　銀三一九匁六分　三井八郎右衛門（江戸住宅ニ付 店支配人半次郎）

一、未四月呉服、太物、両替。　江戸屋徳兵衛（江戸住宅ニ付店支配人仙蔵）

○大通東側三五坪　間口五間半 奥行一〇間　銀四五匁五分

一、未四月粉。一、未七月八日雑穀。一、未十一月十日水油。一、酉七月六日菜種、茶、繪具。　大井屋惣右衛門（大井村住宅ニ付店支配人喜助）

○五〇坪　間口五間 奥行一〇間　銀六〇匁

一、未六月運送渡世、絹糸類、水油、薬種、乾物。　茗荷屋貞太郎幼年に付店支配人儀八　戊午年中　仲屋吉兵衛拝借

○四五坪　間口四間半 奥行十間　銀五四匁　元町平次郎

一、申六月十六日小間物、酒喰、日用品々。　髪結政吉

○五〇坪　間口五間 奥行一〇間　銀一六〇匁

○辨天通南側一〇坪　間口二間 奥行五間　銀一六匁

○六三坪一合二勺　間口四間半 奥行五間 外裏増　銀六八匁四分九厘六毛　諏訪屋金次郎（神奈川住宅ニ付店支配人梅次郎）

一、未五月呉服、太物、糸類、砂糖、米、雑穀、喰物、水油、荒物、小間物。　養子上野屋金七と成（朱書）

○四九坪五合　間口四間半 奥行一一間　銀五七匁六分　諏訪屋喜平次（神奈川住宅ニ付店支配人清次郎）

一、未五月中呉服、太物、糸類、砂糖、小間物、荒物、米、雑穀、水油、萬食物。

○五四坪七勺　間口五間〇、九 奥行一〇間半　銀六三匁八分五厘六毛　萬屋四郎右衛門（元町住宅ニ付店支配人藤次郎）

一、未十一月廿七日荒物、小間物、乾物、塗物、薬種、呉服、太物、瀬戸物。一、申十月七日干魚、海草、砂糖、炭薪、茶、粉名、紙。一、酉十二月廿九日生糸、水油。

○五六坪三合七勺　間口五間半 奥行一〇間半　銀六七匁九厘六毛　田村屋吉兵衛（江戸住宅ニ付店支配人喜市）

未四月中 一、古着、太物、時の物。未六月廿七日 一、小間物、荒物、簞笥、乾物。
酉三月十日 一、生絲、水油。「願御沙汰無之」（朱書）

○一一五坪八合二勺　間口一一間一、八 奥行一〇間半　銀一三七匁八分五厘六毛　相模屋善四郎（江戸住宅ニ付 店支配人伊之助）
未四月十九日 一、新道具、呉服、茶、小間物、荒物。未四月廿六日 一、酒、醤油。未六月廿七日 一、雑穀、乾物、砂糖。未八月廿七日 一、金物、水油、薬種、菓子。未十一月廿日 一、繪本類、綿類、青物、石炭、鹽肴、書物、繪類、生絲。

○一一二坪七合五勺　間口一一間 奥行一〇間半　銀一三四匁二分　雑賀屋武兵衛（神奈川住宅ニ付 店支配人仙藏）
未五月 一、呉服、太物、糸類、小間物、乾物。

○五〇坪　間口五間 奥行一〇間　銀六〇匁　玄良
醫師。

○辨天通北側 八三坪七合　間口九間 奥行九間一、八　銀一〇二匁九分六厘　伊勢屋孫四郎（保土ケ谷住宅ニ付 店支配人喜平）
未八月二十八日 一、茶漬屋、酒、炭薪、水油。

○六〇坪四合五勺　間口六間半 奥行九間一、八　銀七四匁三分六厘　夷屋玄右衛門（保土ケ谷住宅ニ付 店支配人久米次郎）
未九月中 一、食料、醤油、酒升賣、乾物、炭薪、其外諸色。申六月 一、牛、豚、青物、粉類パン、茶漬屋。

○五一坪一合五勺　間口五間半 奥行九間一、八　銀六七匁二分二厘　紀伊國屋與次右衛門（保土ケ谷住宅ニ付 店支配人權三郎）
未四月十三日 一、菓子。

○六六坪三合八勺　間口七間〇、六 奥行九間二、一　銀八五匁八分五厘四毛　柏屋音次郎（保土ケ谷住宅ニ付 店支配人久藏）
未四月中 一、炭薪、乾物、雑穀。未八月廿四日 一、石炭。未九月十九日 一、川岸藏荷物類。未九月廿三日 一、生絲、水油。

○六六坪八合五勺　間口七間〇、九 奥行九間二、一　銀八二匁八厘　中村屋仲次郎（保土ケ谷住宅ニ付 店支配人悴 彌市）
一、未四月中 太物、水菓子、乾物、荒物、湯屋。

○六四坪五勺　間口六間五、一 奥行九間二、一　銀七八匁六分四厘　長岡屋畑之助

辨天通北側角
○六六坪八合五勺　間口七間半 奥行九間二、一　銀九二匁九分五厘五毛　長岡屋畑之助（幼年ニ付 店支配人啓三郎）
一、未四月 食料、青物、乾物、荒物。一、申四月五日 菜種、水油、絹類、木綿切類、雜穀。一、申十一月十一日 生絲、鐵物、蠟、小麥粉。

辨天通横町西側
○六四坪八合四勺　間口四間四、五 奥行一三間三、九　銀五七匁五分四厘　久良岐屋豊吉
一、未六月 雜穀、酒醬油鹽、水油、炭薪、材木荒物、附木、玉子。一、未十二月八日 生絲、砂糖、茶、紙類、乾物、干魚、小間物、石炭。
一、酉九月十八日 夷人食料、菜種、植木、皮類。

辨天通横町西側
○四七坪七合七勺　間口三間半 奥行一三間三、九　銀四二匁四分二厘六毛　櫻屋才次郎（保土ケ谷住宅ニ付 店支配人 善助）
一、未六月二日 荒物。一、未五月六日 鐵物、吳服、藥種、塗物、粉、乾物、古燒物。

○四七坪七合七勺　間口三間半 奥行一三間三、九　銀四二匁四分二厘六毛　名主 德兵衛 退役（朱書）　會所改役所 同人悴 新兵衛（朱書）
一、未四月中 喰物。申二月六日 雜穀、大豆粟、乾物、干魚、茶。

辨天通西側
○四七坪七合七勺　間口三間半 奥行一三間三、九　銀四二匁四分二厘六毛　山田屋長次郎（保土ケ谷住宅ニ付 店預リ人 喜三郎）
一、未四月 吳服、太物、綿類、仕立物。一、申二月六日 荒物、乾物、雜穀但大豆除。

○四七坪七合七勺　間口三間半 奥行一三間三、九　銀五三匁二分　河内屋萬藏（保土ケ谷住宅ニ付 店支配人 喜三郎）
一、未四月中 菜種、瀬戸物、紙類、砂糖、茶。

辨天通横町西側
○六三坪四合七勺　間口四間三、九 奥行一三間三、九　銀七〇匁四分四厘五毛　伊豆屋喜三郎拜借地 万屋源三郎借家人（保土ケ谷住宅ニ付 店預リ人 平次郎）

未四月中 一、呉服、太物。未十一月十日 一、生絹絲、石灰、乾物。申正月十二日 一、荒物、茶、砂糖、雜穀、金物類、水油。

○六二坪七合九勺 間口四間三、六 奥行二三間三、九 銀五五匁七分六厘四毛 萬屋源兵衛（保土ケ谷住宅ニ付 店支配人善兵衛）

未四月中 一、大道具、小道具、銅器類、雜穀、油、乾物。

○六四坪一合五勺 間口四間四、二 奥行二三間三、九 銀五六匁九分七厘三毛 伊勢屋五郎兵衛（保土ケ谷住宅ニ付 店支配人悴實太郎）

土地戊午年中拜借藤三郎

未四月中 一、小間物、袋物、古道具。申十一月十一日 一、生絲、塗物、藥種。

辨天通横町新道東側

○一二四坪九合 間口九間四、九 奥行二三間三、九 銀八五匁三分二厘五毛 永島屋庄兵衛（相州住宅ニ付 店支配人儀助）

未六月二日 一、肥後産物、葛粉、生蠟、搗剝木綿、紙類、椎茸、石炭、茶、布海苔、目挽紙、煙草、古着、木綿類、瓢細工、矢部椀

川俣指物、鹿山團扇、カタクリ、砂子細工、魚獵網。未十二月二十日 一、乾物、生絲、雜穀。

○六五坪五合二勺 間口四間四、八 奥行二三間三、九 銀六五匁五分二厘 伊豆屋喜三郎（保土ケ谷住宅ニ付 店支配人安太郎）

戊閏八月中喜三郎隱居（朱書） 養子保兵衛

未四月中 一、炭薪、乾物、水油、米、雜穀、荒物。未十一月中 一、生絲。

○六三坪四合七勺 間口四間三、九 奥行二三間三、九 銀六三匁四分七厘 鍛冶屋萬次郎

未四月中 一、鐵物、漬物、鍛冶職。

○六六坪八合八勺 間口四間五、四 奥行二三間三、九 銀四五匁六分九厘 鍛冶屋忠七（保土ケ谷住宅ニ付 悴作次郎）

未四月中 一、鐵物、鍛冶職。

○一二七匁六合三勺 間口九間二、一 奥行二三間三、九 銀八七匁一分九厘 紺屋安次郎（保土ケ谷住宅ニ付 悴儀三郎）

未六月中 一、染物、藍玉。

○六三坪四合七勺 間口四間三、九 奥行二三間三、九 銀四三匁三分六厘 桝屋幸吉

未七月十日 一、火打鎌、萬種物、手遊類。 酉四月五日 一、茶、乾物、荒物、干魚、炭、小間物、薪。

○五九坪三合八勺　間口四間二、一 奥行一三間三、九　銀四〇匁五分六厘五毛　　松本屋平八（保土ケ谷住宅ニ付 店支配人 長吉）

未五月 一、炭薪、貸夜具。 申五月朔日 一、荒物、砂糖、乾物、茶。

○六〇坪六勺　間口四間二、四 奥行一三間三、九　銀四一匁三厘　　中村屋留五郎（保土ケ谷住宅ニ付 悴 彌一）

未五月 一、古物類、水菓子。

辨天通堅新道南側

○四一坪二合五勺　間口五間半 奥行七間半　銀四〇匁六分二厘五毛　　髪結新八（保土ケ谷住宅ニ付 店支配人 伊之助）

○三二坪一合七勺　間口五間五一 奥行五間半　銀三〇匁七分七厘　　片倉屋増次郎上地 泉屋彌助（戊年中増地拜借）

未五月 一、雜穀、酒喰。 申五月朔日 一、荒物、乾物、青物、槇薪、茶漬。

海岸新道北側

○七〇坪　間口七間 奥行一〇間　銀五二匁五分　　三井八郎右衛門（増地）

○一〇坪　間口二間 奥行五間　銀一〇匁　　髪結床一丁目彌次郎持（預リ人 杢十郎）

○四四坪　間口五間半 奥行八間　銀三五匁七分五厘　　薩摩屋圓藏

未五月十七日 一、下掃除。 未六月廿日 一、植木、反物、塗物、燒酎、煙草、荒物、瀬戸物。

○三五坪　間口一〇間 奥行三間半　銀三五匁　　河内屋半平（江戸住宅ニ付 代 峯次郎）

未九月十九日 一、木作箪笥、漆器類、水油、生蠟、紙銅器、昆布、瀬戸物、絹竝絲、雜穀、織物、乾物、鐵物、氷豆腐、水飴、茶、屏風。

大通東側

○四〇坪　間口四間 奥行一〇間　銀四八匁　　小高屋善右衛門上地 川口屋新兵衛

一、春米。

○六〇坪 間口六間 奥行一〇間 銀七二匁　金子屋次郎右衛門（武州金子村住宅ニ付 代 六平）
一、（未七月中）材木。一、（申正月廿五日）鰹節、鹽肴、乾物、石灰、大豆、小豆。

○（海岸）三五坪 間口五間 奥行七間 銀三〇匁　大井屋惣左衛門（武州大井村住宅ニ付 店支配人 喜助）

○一四坪 間口二間 奥行七間 銀一二匁　右同人（右同所）

○（東横町角）五四坪二合五勺 間口三間半 奥行一五間半 銀五九匁五分　近江屋善八
一、荒物、近江晒。

一丁目繁藏方より分家に付同人願濟渡世　辨天通三丁目清七持借地へ引越
和助店 久八代 勝藏
一、和藥類。茶乾物、絹紬、太物、純子、繻子。八丈類、紙酒味淋味噌、桐油。錦繪、小間物、醬油砂糖。手遊、麻類。蠟、玉子、眞鍮。粉、瀨戶物。塗物、傘、銕物。竹細工、貝細工、靑貝物。鳥獸、銅類。荒物。薩摩帶。金魚、虫類。漬物、植木、熊皮。干大根、屛風襖、野菜。
一、（未十月廿七日）荷車。一、（同九月十六日）水油。

横濱町三丁目拜借地坪願濟渡世名前

○（大通南側）三五四坪七合五勺 間口二三間三、九 奥行一五間 銀四六六匁八分五厘　大川屋七郎右衛門 伊三郎（武州山田村住宅ニ付 支配人 甚兵衛）
一、（未二月十八日）吳服、糸類。瀨戶物。小間物。荒物。乾物。穀靑物。水油。蠟燭、煙草。一、（未十月四日）石炭。塗物、鐵銅細工。一、（未十月十四日）食料、茶菜種。

○七〇坪 間口三間半 奥行二〇間 銀八三匁一分二厘五毛　高橋屋安兵衛

一、未十月十七日 呉服、太物、麻。一、未十二月廿二日 雑穀、生絲、水油。海草、乾物、薬種、銅器、干魚。一、申七月五日 茶、鐵物。一、酉十二月十日 異人食料、青物、炭薪、荒物、紙、塗物、瀬戸物、砂糖、酒醤油、材木。

○四五坪　間口三間 奥行一五間　銀五七匁

金子屋新兵衛　保田屋善蔵
芝屋清五郎　福田屋治兵衛
松木屋清六　今吉屋庄七

一、未四月中 酒、醤油、味淋、味噌、酢、水油、呉服、太物、糸、乾物、青物、水菓子、塗物、瀬戸物、荒物、小間物、薬種、水晶、紙、茶、金物、炭薪、干魚、海草、石炭、雑穀、干海苔。一、申十一月廿二日 異人食料。

○四五坪　間口三間 奥行一五間　銀五七匁　福田屋次平衛（代熊次郎）
渡世前書ニ有之（朱書）

○四五坪　間口三間 奥行一五間　銀五七匁　芝屋清五郎（代清蔵）
同　前

○九〇坪　間口六間 奥行一五間　銀一一四匁　保田屋善蔵（代要助）
同　前

○五二坪五合　間口三間半 奥行一五間　銀六六匁五分　金子屋庄七（代庄兵衛）
同　前

以上四名は前一棟の内渡世顯前書に有之

○二四二坪　間口一一間 奥行二二間　銀三〇一匁九分　鈴木屋六之助　與七 利兵衛

一、未五月 酒、醤油、味噌、茶、紙、煙草、呉服。太物、荒物、砂糖。一、未十月 生絲、雑穀、薬種、乾物、銅器。水油、塗物。

大通北側
○一〇二坪五合　間口五間 奥行二〇間半　銀一四八匁二分五厘　富岡屋繁藏（代伊兵衛）

一、未十月六日 鐵打物、銅物類、眞鍮類、唐銅器、雑穀、炭薪。

一、申九月十八日 荒物、乾物、藥種、茶、唐物、紙、青物、酒醬油、海草、衣類、損料、塗物、小間物。

○一一二坪七合五勺 間口五間半 奥行二〇間半 銀一三四匁六分三厘三毛 市川屋治右衞門（代喜兵衞）

一、雜穀、銅、藥種、荒物、乾物、糸類、水油、干魚、素湯。鍜冶職。

○二五六坪二合五勺 間口一二間半 奥行二〇間半 銀三〇五匁九分三厘八毛 油屋市太郎 七藏、伊兵衞 惣兵衞

一、未二月廿九日 乾物、青物、水菓子、鳥。一、申四月十一日 煙草、材木、紙、玉子、水油、雜穀。一、酉十二月十日 搗米、塗物、道具。異人洗濯、茶、藥種、荒物。

○二三一坪六合五勺 間口一一間一、八 奥行二〇間半 銀二七六匁五分六厘八毛 高嶋屋藤右衞門

一、未八月廿二日 瀨戸物、呉服、太物、荒物、小間物、乾物。一、未十一月廿日 砂糖、生絹絲、綿、鹽物、石炭、茶、水油、生蠟、干魚、雜穀、藥種、塗物。

○二三三坪七合 間口一一間一、四 奥行二〇間半 銀二七九匁一厘五毛 森屋源右衞門 銀次郎 平次郎

一、未五月 太物、鹽干魚、古道具、青物、塗物、瀨戸物、木具、書繪、石炭、丸合組。一、未八月九日 鶏、鶏卵、家鴨、豚。一、未十月十五日 唐銅器、鐵器、生絹絲、生蠟、水油、乾物、海草、楮皮、大豆、小豆。

○二三五坪七合五勺 間口一一間半 奥行二〇間半 銀三〇七匁三分三厘八毛 中川屋德三郎 安兵衞

一、未二月廿日 薪、水、食料。一、未四月十二日 小鳥、飼鳥、ちん、髮結床。一、未九月十一日 太物、小間物、荒物、銅鐵、唐銅、ハンダ、牛肉切賣。一未十一月廿六日 生絹絲、桐油。一、未十二月廿五日 湯屋。

○辨天通北側 四六八坪 間口一八間 奥行二六間 銀四六四匁四分 加部屋安右衞門 儀十郎

一、未三月八日 生絲、麻、紙、金物、煙草、粉、荒物、水油、藥種、生蠟、瀨戸物、茶、乾物、雜穀、呉服、太物。

○二〇二坪五合 間口七間半 奥行二七間 銀二四九匁五分

未五月廿二日 一、荒物、太物、紙、綿、炭。 未六月二十二日 一、蠟、蒟蒻粉。 未九月三日 一、瀬戸物、乾物。 酉二月二十六日 一、パン、蒸菓子。

遠州屋嘉兵衛 松次郎

○七三坪 間口七間一、八 奥行一〇間 銀一〇〇匁三分

未四月九日 一、煙草、喜勢留、煙草入。 未六月三日 一、傘、鐵物、太物、絹織物、縮緬、生絲、紙、水油。 未十一月十一日 木附子、乾物、藥種。 申正月十一日 一、雑穀、青物、瀬戸物。 申十月八日 一、材木、茶、小間物、酒醤油、炭薪、荒物、塗物、損料。

内田屋寛藏 勝三郎

○一〇四坪 間口八間 奥行一三間 銀一一五匁二分

未八月廿日 一、廻船宿。 未九月十五日 一、生絲、石炭、水油、乾物、塗物、藥種、銅、細工物。

掛塚屋權七

右渡世の義は四丁目吉村屋忠兵衛地借にて願濟(朱書)

○一〇四坪 間口四間 奥行二六間 銀一〇三匁二分

未四月中 一、飛脚問屋。

飛脚屋五郎兵衛

○二八六坪 間口一一間 奥行二六間 銀二八三匁四分

最初 一、小間物、藤細工、張文庫、押繪、扇子、團扇、紙、南部籠、柳籠、水茶屋、藥湯、貸本、食料、魚類、揚弓場。一、未七月十八日 乾物、雑穀、鐵物、金物、糸類、生蠟、油、藥種、茶、石炭。

明林堂權右衛門 時藏、忠兵衛、彌助

○辨天通南側 八五坪 間口八間半 奥行一〇間 銀一〇二匁

未六月 一、搗米、雑穀、荒物、海草、石炭。

石井屋重兵衛

鴫居屋藤兵衛、佐原屋(朱書) 市右衛門代 喜三郎

○七一坪一合一勺 間口七間一、八 奥行一〇間弱 銀八六匁一分三厘六毛

未三月中 一、荒物、酒、食料。 未五月廿四日 一、糸類、藥種、乾物、鹽干魚、粉名。 未十月廿九日 一、水油、生絹絲。

中村屋儀兵衛 竹次郎

○九四坪八合一勺 間口一〇間一、五 奥行九間 餘 銀一一六匁八分四厘六毛 古木屋甚吉 (代 藤井屋富五郎 若松屋元八)
一、未六月十九日 水油、生絲、荒物、雑穀、乾物、舂米。一、申正月廿三日 鹽魚、粉。一、未四月十一日 鹽魚、干魚、乾物。

○八五坪三合一勺 間口九間四五 奥行九間弱 銀一〇七匁二分四厘九毛 上州屋平八
一、未六月二日 異人食料、下掃除、塵芥取捨。一、申壬三月廿日 織物類、荒物、鐵物、小間物、乾物、粉名、雑穀、藥種、絹絲。

○一二〇坪 間口一五間 奥行八間 銀一五六匁 鹿嶋屋清七

○四二坪五合 間口五間 奥行八間半 銀五四匁 右同人 增地(朱書)
一、未六月十七日 料理茶屋。一、同廿五日 味噌、絹絲。醤油、荒物、呉服、金物、太物、小間物。一、申二月朔日 茶、道具類。一、申三月十七日 旅籠屋。

西横町
○四八坪 間口六間 奥行八間 銀五五匁九分五厘 町醫師宗春 桂屋喜八(朱書)
御地所御願濟の節
一、菜種、小間物、乾物、塗物、瀬戸物、茶、雑穀、荒物。

○七五坪 間口一〇間 奥行七間半 銀八一匁二分五厘 平野屋惣次郎 代 太助
一、未五月中 酒、醤油、鐵物、銅、水油、蠟燭、紙、小間物。一、未七月十九日 金物、糸類、藥種、乾物、雑穀、油類、生蠟。一、酉正月廿六日 生絲、呉服
太物、異人洗濯、古道具、食料。

○ 野田屋常吉
一、申閏三月廿六日 水油、雑穀。小間物、藥種、荒物、鐵、乾物。

○二二五坪 間口一五間 奥行一五間 銀二一二匁五分 不入屋伊兵衛
一、未二月六日 生絲、雑穀、荒物、乾物、海草、水油、金物、石炭、煙草、蠟、舂米。

南仲通
○一一六坪二合五勺 間口七間四、五 奥行一五間 銀七七匁五分 濱田屋傳右衛門

一、未十二月十一日 生絲、水油、織物、雜穀、荒物、藥種、炭。　高橋屋重兵衞

○三五坪　間口三間半 奥行一〇間　銀二六匁二分五厘

一、申四月十三日 搗米、藥種、荒物、海草、小間物、干魚、塗物、乾物、金物。　一、酉十一月廿六日御願十二月十日御聞濟 炭薪、異人食料、紙、材木、木細工箱類、異人洗濯。

○五二坪五合　間口三間半 奥行一五間　銀三五匁　福田屋治兵衞 平次郎(朱書)

一、申閏三月 塗物、干魚、呉服、雜穀、青物、海草、金物、藥種、瀬戸物、粉。

○五二坪五合　間口三間半 奥行一五間　銀三五匁　手塚屋慶次郎

一、申正月 太物、藥種、雜穀、塗物、茶、海草、手拭、乾物、青物、荒物、干魚。

○一一二坪五合　間口七間半 奥行一五間　銀七五匁　松木屋清六

○六〇坪　間口四間 奥行一五間 前願　銀四〇匁　金子屋新兵衞

○一〇四坪　間口八間 奥行一三間 前願　銀七二匁　小林屋清助

一、未四月 青物、乾物、食料、藥種、生絲、呉服、蠟油、銅。

○西横町 二二六坪　間口一四間四、一 奥行一六間　銀二二〇匁五分八厘八毛　龜屋和助

一、未五月十九日 材木、炭薪、竹、漆喰。

○一八四坪　間口一一間半 奥行一六間　銀一五六匁九分七厘五毛　鎌倉屋忠右衞門

一、未六月廿六日 石、材木、荒物。　一、申二月十七日 竹、小間物、乾物。

○一三六坪　間口八間半 奥行一六間　銀一三五匁二分七厘五毛　淺見屋喜兵衞

未七月九日 一、雑穀、荒物。 申二月十七日 一、乾物、水油。 申十一月十日 一、蒔繪職。

○東横町 八六坪四合 間口八間 奥行一〇間四、八 銀九二匁三分一厘　金子屋常次郎

車屋　喜八

未二月二十七日 一、運送渡世、車力。 五月十九日 一、荒物、乾物、小間物、茶、粉。

○八三坪銀 間口八間一、八 奥行一〇間 八九匁六分七厘五毛　細谷屋周藏

未八月中 一、運送方、小揚人足、乾物、織物。

○一三〇坪五合 間口一〇間一、五 奥行一〇間 銀一一八匁一分二厘八毛　村田屋與次右衞門

未九月二十九日 一、運送渡世。 申正月二十日 一、荒物、乾物、舂米、雑穀。

○一五〇坪 間口七間半 奥行二〇間 銀一二一匁八分七厘五毛　鶴屋新兵衞

未九月 一、荒物、塗物、紙、煙草、雑穀、干魚、青物、菓物、植木、染料。

○九六坪九合 間口八間半 奥行一一間二、四 銀一〇一匁八分一厘　扇子屋宗兵衞

申四月八日 一、塗物、紙。 申五月十二日 一、木綿、茶、煙草、荒物、砂糖、藥種、小間物、乾物、鱶鰭。

○海邊通 三三坪二合五勺 間口九間半 奥行三間半 銀三八匁五分　越前屋音次郎

一、運送渡世。

○七五坪 間口一二間半 奥行六間 銀六八匁七分五厘　細谷屋又内

未十一月廿五日 一、生絲、織物、雑穀、水油、乾物。

○二二二坪 間口三七間 奥行六間 銀二〇三匁五分　駿河屋平吉　源兵衞

申二月四日 一、茶、紙、椎茸、海草、材木、塗物、絞り油、藥種、荒物、炭。

○二二五坪　間口一五間　奥行一五間　銀一五〇匁　小林屋彦助

一、石炭。（元顚済）　一、茶、荒物、乾物、酒、古着、古道具、炭薪。（酉七月十八日）　一、薬種、植木、鳥獸。（酉九月）

丸中屋吉兵衛　増地
二丁目住宅上地（朱書）　駿河屋茂兵衛

○九〇坪　間口六間　奥行一五間　銀六〇匁

○七五坪　間口五間　奥行一五間　銀五〇匁　右同人　友次郎

一、茶、紙、椎茸、海草。

○二七一坪　間口五間　奥行一五間　銀一七三匁　下野屋彌兵衛

御顚済渡世は四丁目平間屋平五郎地面間仕切にて願

北仲通
○一三七坪二合　間口七間　奥行一九間三、六　銀八六匁一分　田口屋善兵衛　後、刈田屋彥三郎持

一、菜種、粉、織物、絹絲、乾物、鐵物、茶、塗物、紙。（申三月）　一、生絲、水油、雑穀、蠟。（申十一月十一日）

○一五二坪　間口一二間　奥行八間半　外一戸分　銀一〇六匁　元村　仁右衛門

一、荒物、雑穀、乾物、炭薪、酒、醬油。（申三月）　一、茶、紺屋、古着。（戊二月廿三日）

○　本町三丁目北側　富岡屋繁蔵地借　鈴木屋嘉助（代　文平）

一、瀬戸物、茶、小間物、酒、醬油、薬種、海草、荒物、木具塗物、乾物、本類、草類、異人食料、炭薪、異國渡來品買取、青物、魚鳥、〆拾六品。（酉三月十三日）

○　辨天通南側上州屋平八地借　辰巳屋久之助（信州住宅ニ付店支配人　久之助父　勘兵衛）

一、茶、薬種、煙草、紙、乾物。（酉正月廿六日）

○　辨天通北側遠州屋嘉平地借　北國屋又兵衛（代　重兵衛）

一、申十一月十日 薬種、繪の具、染料、鐵器、茶、木綿類、瀬戸物、文房道具、干物、荒物、小間物、紙、植木、綿、古着、麻苧、塗物、砂糖、錦繪本。

植木屋與七

○

一、十月十二日 荒物、乾物、繰綿、茶、紙、麻、疊表、菜種。

茅野屋勘右衛門

大通北側北角

○一〇〇坪 間口五間 奥行二〇間 横濱町四丁目拜借地坪願濟渡世名前 銀一四五匁

一、未四月中 醬油、鹽、味噌、酒味淋、炭薪。一、未九月廿五日 生絲、乾物、水油、銅細工物、大豆、小豆。一、申四月十二日 茶、青物、藥種、陶器、荒物粉名。一、九月 材木、木具指物、茶、煙草。

林屋源七

大通北側

○六〇坪 間口三間 奥行二〇間 銀七〇匁

一、未四月 醬油、青物、乾物、干魚、鹽、水菓子。

○九七〇坪 間口四八間 奥行二〇間 銀一貫一八九匁

上田屋庄七
板屋又兵衛
宮嶋屋勝太郎
砂張屋善右衛門
丹波屋惣右衛門
坂名屋平七
野呂傳左衛門
遠州屋清次郎
和泉屋平十郎
矢入屋金十郎
桝屋七郎兵衛
大村屋文藏
北村彦次郎
野崎彦左衛門
木屋正右衛門
〆十五人

一、未二月廿五日 塗物、茶、紙、張文庫、糸類、海鹿、呉服、龍吐水、太物、砂糖、石細工、繰綿、醬油、富士摺本、陶器、梅干、乾物、貝細工、素麵、鰑、炭、小屏風、疊觸、水油、荒物、味噌、傘、紙細工、荒和布、鰹節、味淋、鷄卵、穀物、瓢、竹細工。未七月十六日一、銅類。

○大通南側角四三〇坪五合　間口一五間 奥行二八間四、二　銀五二四匁二分　肥前屋小助

未二月廿五日一、陶器、乾物、油、疊表、麻苧、糸類、干魚、雜穀、綿、蠟、煙草、紙、傘、茶、石炭、海苔類、樟腦、織物、金物、塗物、銅類、藥種。申十月七日一、炭薪。酉二月十八日一、雨替。戌壬八月一、材木、石。

○大通南側三四四坪四合　間口一二間 奥行二八間四、二　銀三八七匁三分八厘　穀屋清左衛門

未二月廿五日一、日野紙、麻苧、日野生絲、紙類、呉服、館煙草、干大根、乾物、塗物、吉井鎌、鐵銅金、上州産物、桐生織物。未十一月三日大豆、小豆、水油、藥種。

○九七坪七合五勺　間口六間半 奥行一五間　最初五丁目にて願濟渡世（朱書）　槌屋次兵衛　上地（朱書）

一、塗物、織物、小間物、乾物、瀬戸物、荒物、青物、小菓子。

○九七坪七合五勺　間口六間半 奥行一五間　最初五丁目にて願濟渡世（朱書）　山口屋宗兵衛　上地（朱書）

一、呉服、生絲、大豆、小豆、蠟燭、水油、藥種、茶紙、乾物、金物、荒物、干肴。

○四八三坪一合四勺　間口一七間 奥行二八間四、二　中居屋重兵衛

未四月十八日一、塗物、蜜柑、棕梠皮、九年母、陶器、傘、木綿、干物、生蠟、茶、麻苧並織物、眞綿、喜勢留、白生絹絲、葛粉、紙、織物、手遊、人參、杏仁、縮、石炭、油、藥種、小麥粉、松油、鉛、煙草、呉服太物、漆器類。未六月六日一、荒物、提灯、浮世人形、塗日笠、蒔繪物、鐵張日笠、矢立、煙草入、金物根付。未六月十三日一、昆布、乾天、鱶鰭。未六月廿八日一、一、水油、屏風、酒中花。

未七月十七日一、唐銅器、眞鍮器、甲州芋、銅細工物並銅線、薩摩芋。未八月廿四日一、五ヶ國條約書。

○南仲通北側
六七坪一合　間口五間 奥行一三間四、二　坂本屋左吉
最初五丁目にて願濟渡世(朱書)

一、乾物、水菓子、塗物、小間物、瀬戸物、荒物、織物。一、(申二月廿九日)生絲。

○五三坪六合八勺　間口四間 奥行一三間四、二　銀三七匁六分　大和屋徳太郎

一、(酉十二月十日)炭薪、茶、荒物、小間物。一、(八月廿二日)異人洗濯、木具指物。一、(五月)藥種、藥湯。

○　同人方同居　山口屋惣兵衛

一、呉服、生絲、大豆、小豆、蠟燭、藥種、茶紙、乾物、金物、荒物、干肴。

○辨天通北側
二七〇坪　間口一〇間 奥行二七間　銀三一六匁　吉村屋忠兵衛

一、(未九月半)生絲、食類、小間物、銅鐵、水油、荒物、雜穀、菜種、茶、乾物。

○一二〇坪　間口六間 奥行二〇間　銀一二〇匁　松坂屋彦右衛門

一、(申閏三月廿四日)呉服、太物、藥種、荒物、茶、魚油、乾物、雜穀、銅鐵細工物。(同十一月十一日)生絲、水油、生蠟。

○一三三坪　間口六間三、九 奥行二一〇間　銀一三三匁　福井屋彌兵衛

越前産物の內御願濟
一、瀬戸物、呉服、糸類、荒物、藥種、油、小間物、金物、煎茶、青物、乾物。

○五一三坪　間口一九間 奥行二七間　佐藤屋才兵衛

一、(未四月)織物、荒物、醬油。一、(未五月廿九日)提灯、水油、茶、材木、瀬戸物、乾物、木具、塗物、生絲、小間物、紙、青物、煙草、麻、石炭、繪双紙、酒、蠟、炭、藥種、金物、大豆。一、(未七月十四日)銅器、唐器、眞鍮。一、(未十月廿二日)紺屋。

○七四坪八合　間口六間四、八 奥行一一間　銀八七匁四分　鴨井屋重兵衛

一、(未四月)舂米、水油、砂糖。一、(申十一月十一日)木綿太物、雜穀、呉服、荒物、生絲、塗物、藥種、乾物、綿、茶、青物、石、箱物、紙、鐵

物。一、質渡世。

○八八坪 間口八間 奥行一一間 銀一一七匁四分　藤屋藤三郎

一、未四月廿八日 呉服、雑穀、太物、荒物、糸類。

辨天通南側

○一〇五坪 間口一五間 奥行七間 銀一四四匁　馬持音兵衞

一、未七月中 御用荷物附送。一、未九月十八日 商人荷物同斷。一、未九月廿六日 食料。一、申二月七日 借馬、鳥獸。一、酉十二月十日 乾物、荒物、塗物、茶、藥種。

○二八坪 間口四間 奥行七間 銀三八匁四分　安山屋兵衞忠

朝田屋寛助（朱書）

○一一二坪 間口一六間 奥行七間 銀一五三匁六分　駿河屋新八

銀藏

甚之助

一、藥湯。　外に吉村屋忠兵衞御願濟渡世品同様御願濟（朱書）

一、申三月十八日 材木、塗物、炭薪、椎茸、茶。

○六六坪五合 間口九間半 奥行七間 銀九一匁二分　石川屋平右衞門

申十二月中養子惣兵衞え相續致 野澤屋惣兵衞と成（朱書）

一、未十二月六日 生絲、水油、昆布、茶、荒物。

○一五坪 間口二間 奥行七間半 銀二〇匁　床 幸次郎

一、髪結。

○八〇坪八合 間口一〇間 奥行八間四、八 銀一〇四匁六分四厘　丸岡屋幸次郎

一、旅人宿、料理茶屋。

南仲通り

○八八坪五合五勺 間口一二間三、九 奥行七間 銀七五匁九分　渡邊屋長吉

未十一月 一、染物紺屋、材木、板。

下倉屋孫七

○東横町西側 一〇三坪六合 間口七間 奥行一四間四、八 銀一〇七匁二分四厘

未五月五日 一、小麦粉、乾物、素麵、飯米。未七月七日 一、雑穀。未十二月十八日 一、水油。未十一月十一日 一、生絲、茶。

茅野屋源兵衞

○四四坪四合 間口三間 奥行一四間四、八 銀三八匁六分一厘

申四月十三日 一、醬油、青物、酒、炭薪、茶、銅細工物、荒物、絹絲、呉服、水油、太物、雑穀、薬種、乾物、大豆、小豆、粉、小間物、陶器。申十一月十一日 一、生絲、塗物。酉十二月十日 一、異人呑水、舂米、異人食料、植木、材木。戌八月廿二日 一、異人衣類洗濯、木具指物。

右同人増地
兒玉屋甚左衞門上納地跡

○一六坪 間口二間 奥行八間 銀一〇匁四分

田邊屋甚四郎

○五九坪二合 間口四間 奥行四間四、八 銀五一匁四分八厘

一、荷賣酒。未九月十八日 菜種、乾物、鐵物、粉、荒物、青物。八月廿二日 一、異人衣類洗濯、舂米、茶。

高德屋半左衞門

○海岸通南側 五二〇坪一合二勺 間口三六間半 奥行一四間一、五 銀四三九匁五分一厘六毛

未四月 一、麻苧、干大根、煙草、椎茸、干蕨、炭薪、塗物。未五月廿八日 一、鉛、白土、材木、□紙、干瓢、黄蓮、艀運送、廻船。未九月廿八日 一、生蠟、生絹絲、油、薬種、乾物、金物、石炭。一、米賃舂並小賣。

○一五九坪七合五勺 間口三五間半 奥行四間半 銀一五九匁七分五厘

右同人

○東横町西側角 二七〇坪 間口一三間半 奥行二〇間 銀二四五匁六分二厘五毛

平間屋平五郎

未四月十日 一、麻苧、艀下運送、石炭、人足請負、船綱、奥州産物、水茶屋、荒物、車、材木。未九月晦日 一、異人食料、青物、土砂。

○六五坪 間口一〇間 奥行六間半 銀五七匁五分

右同人

○北仲通北側角 一五〇坪 間口一五間 奥行一〇間 銀一四七匁五分

桑名居茂兵衞

一、未五月中 諸國荷物廻船竝際運送。　右同人

○六五坪 間口一〇間 奥行六間半 銀七二匁一分二厘五毛

○一五二坪五合 間口五間 奥行二〇間 銀一〇一匁八分五厘　松田屋助五郎

一、未六月 昆布。一、申九月十八日 乾物、藥種、荒物、茶、粉、小間物、古着、漆塗物、陶器、鹽魚、干魚。

○一一〇坪 間口六間 奥行二〇間 銀七五匁　八木屋兵助

一、未四月九日 醬油、炭、酒、相州織物。一、未五月廿八日 米穀、味噌、水油、薪、荒物、損料。一、未十二月廿日 大豆、小豆、生絲、銅針、武州相州菜種。　江川屋佐十郎 林 平(朱書)

○二〇〇坪 間口一〇間 奥行二〇間 銀一二五匁

一、未三月九日 味噌、漬物、醬油。一、未九月九日 粉、瀬戸物、蠟油、金物、青物、植木、乾物、藥種、小間物、織物、紙、塗物、茶、雜穀、手遊、糸類。

○西横町東側 三〇〇坪 間口一五間 奥行二〇間 銀二七七匁五分　奈良屋半七

一、未六月二日 石炭、明礬、藥種小賣。一、申八月六日 茶、乾物、白米、塗物、青物、粉、瀬戸物。

○東横町西側 二三〇坪 間口一一間半 奥行二〇間 銀一八六匁八分七厘五毛　太田屋勇七

一、申十月 炭薪、塗物、瀬戸物、小間物、藥種。一、申十月二十七日 生絲、雜穀、水油、舂米、粉、呉服、荒物、鐵器、細工物。一、申十二月 男女兩風呂洗場。

○辨天通北側 一〇八坪 間口四間 奥行二七間 佐藤屋才兵衛上地跡酉四月廿三日御願済(朱書)　津久井屋專左衛門 相州津久井縣出店

一、酉四月廿三日 瀬戸物、革類、小間物、藥種、木具塗物、青物、乾物、茶、荒物、繪双紙、外國人食料。　東横町西側平間屋平五郎代借 大泉屋喜兵衛

○

○三丁目海邊へ引越（朱書）

一、申三月二十三日 石炭、薪、味噌、乾物、荒物。醤油、塗物、木綿。

東横町平間屋平五郎間地切
野州都賀郡上加園村より出店
下野屋彌兵衛

一、文久元酉年七月十日 小間物、紙、蠟燭、茶、荒物、炭薪、味淋、材木板。一、酉十一月十九日 酒、醤油、味淋、瀬戸物、乾物、漆喰、石炭、舂米、薬種、異人呑水、木綿、麻苧、損料貸夜具。

○文久元年六月中辨天通北側 佐藤屋才兵衛上納地跡拝借（朱書）

一八九坪 間口七間 奥行二七間
相州津久井縣より出
山口屋市右衛門

一、文久元酉年六月 瀬戸物、革類、小間物、薬種、木具塗物、青物、乾物、茶、荒物、繪双紙、外國人食料。

○大通北側北角 横濱町五丁目拝借地坪願濟渡世名前

一九〇坪 間口一〇間 奥行一九間 銀二五三匁七分五厘　黒江屋太兵衛

一、最初願濟 塗物。一、申正月廿七日 呉服、小間物、茶。一、申十二月廿九日 生絲、水油。紙、荒物、麻苧、煙草。

○大通北側 一〇〇坪七分 間口五間一、八 奥行一九間 銀一二二匁一分六厘五毛　榛原屋百次郎

一、未五月中 塗物諸色、小間物、蠟。一、未九月 麻糸、干肴、雑穀。一、未十月 水油、呉服。

○八一坪七合 間口四間一、八 奥行一九間 銀九九匁一分一厘五毛
萬屋文次郎
中屋金兵衛（朱書）
戌五月中屋と成

一、未三月 塗器類。一、同十月 瀬戸物、小間物、木綿、乾物、荒物。

○一一九坪七合 間口六間一、八 奥行一九間 銀一四五匁二分一厘五毛　會津屋德兵衛

一、未三月 塗器類。未六月 小間物、茶、煙草、紙。

○一〇〇坪七合 間口五間一、八 奥行一九間 銀一二二匁一分六厘五毛　三河屋仁兵衛

一、未三月 塗物、小間物。一、未十月 生絲。

○一四九坪一合五勺　間口七間五、一 奥行一九間　銀一八〇匁九分四厘三毛　伊勢屋善四郎
一、未正月 塗物、小間物。一、未七月 荒物、煙草、糸類、木綿、瀬戸物、綿、薬種、紙、蠟燭、金物、乾物。

○一一九坪七合　間口六間一、八 奥行一九間　銀一四五匁二分一厘五毛　藤木屋喜兵衛
一、未五月 塗物。一、未六月 小間物。一、未十一月十二日 呉服、生絲、水油、鐵金物。一、申四月十二日 瀬戸物、荒物。

○一三三坪　間口七間 奥行一九間　銀一六一匁三分五厘　高木屋五郎兵衛
一、最初 諸色小間物、書類。一、未六月四日 蠟、蠟燭、荒物、瀬戸物、錦繪、同双紙、提燈、呉服、織物、木綿、茶、糸類、傘、喜勢留
一、未六月四日 竹細工、紙、鹽、乾物、昆布、雜穀、乾天、砂糖、醬油、綿、革類、麻苧、諸道具。未七月二日 金物、油、薬種。

○一一四坪　間口六間 奥行一九間　銀二〇三匁五分五厘　山城屋安兵衛
一、最初 袋物、小間物、織物、書物、錦繪、繪双紙、塗物、印籠、根付緒〆、喜勢留、金物。一、未八月十九日 銅器、乾物、大豆、小豆、
薬種。一、未九月二十九日 生絲、水油、生蠟。一、申六月 粉、茶。

○大通南側 九〇坪　間口六間 奥行一五間　銀一六一匁五分　石川屋德右衞門
一、最初 呉服、太物、荒物、糸類、紙、蠟燭、酒。一、未十一月六日 水油、薬種、昆布、乾物、乾天。一、申五月十九日 茶。

○一〇五坪　間口七間 奥行一五間　銀一三三匁　石川屋逸藏
一、酒、荒物、糸類、銅類。一、未七月十二日 雜穀、青物、乾物、餅菓子。　後上地德右衞、長吉合併

○一五七坪五合　間口一〇間半 奥行一五間　銀一九九匁五分　朝田屋重作
一、未四月十六日 外國人輸送品、御役所請拂御用。一、未五月 水油、荒物。一、未六月十六日 酒、醬油、紙、蠟燭。一、未六月廿九日 生絹絲。一、未七月四日 鐵器、銅物、乾物。
一、未八月廿九日 晒蠟、塗物、小間物、瀬戸物。一、未十月 薬種、雜穀。

○三六〇坪五合 間口一四間四、二 奥行一五間 外一戸分 銀四一四匁八分 鹽野屋親八郎

一、未五月十七日 織物、糸、茶、荒物、醬油。一、增渡世 金物、小間物、雜穀、古道具、青物、乾物、粉名、炭薪、水油。一、酉十二月 藥湯。

○八二坪五合 間口五間半 奥行一五間 銀一〇四匁五分 漆屋吉兵衛 惣右衛門

一、最初 漆、小間物。一、未七月廿七日 蠟、砂糖、太物、荒物。一、同十月廿四日 鐵物、塗物、乾物。一、未十二月八日 生絲、水油。

○一〇五坪 間口七間 奥行一五間 銀一三三匁 神奈川方御用達 伊勢屋平造

一、未十二月八日 鐵釘、銅、水油、荒物、呉服太物、糸類、乾物、小道具。一、申二月 藥種、雜穀、紙。板。材木。繰綿、塗物、竹石、鰑立

鹽肴。

○一〇五坪 間口七間 奥行一五間 銀一五〇匁五分 東屋太郎右衛門

一、最初 酒、酢、醬油、水油、呉服、太物、荒物、乾物、茶、青物、砂糖、瀨戸物。一、申閏三月朔日 雜穀、粉、藥種、小間物、塗物、鐵

物。

辨天通横町東側

○四八坪 間口四間 奥行一二間 銀四四匁二分 稲毛屋源之助

一、最初 水菓子、太物。一、未七月十七日 雜穀、乾物、青物。

○一九〇坪四合 間口七間 奥行一三間一、二 外二戸分 銀一七一匁三厘 山邊屋源五郎

一、最初 異人食料、御國產品諸色。一、申十一月十一日 生絲、水油、菜種、雜穀。

○一〇坪 間口二間 奥行五間 銀一三匁 巳之助

一、髮結床。

○八三坪二合 間口八間 奥行一〇間二、四 銀八九匁五分三厘 林屋市右衛門

一、最初 繪双紙、提灯。一、未六月二日 煙草、紙、扇子。一、未九月五日 乾物、大豆、小豆、水油、薬種、金物、諸糸類。一、八月十八日 茶、海草、干魚、荒物。

○二六坪 間口四間 奥行六間半 銀二九匁九分 杏庵

一、醫師。

辨天通横町東側裏地

○二四坪 間口四間 奥行六間 銀一五匁六分 立野屋辨藏

一、未三月二十七日 食料。一、申四月二日 織物、塗物、金物、小間物、荒物、瀬戸物、薬種。

辨天通横町東側

○五〇坪 間口四間 奥行一二間半 銀四五匁五分 橋本屋忠兵衛

一、未三月廿二日 食料。一、未十二月廿二日 生絲、呉服、太物、雑穀、小間物、荒物、金物、水油。

辨天通北側

○四九坪五合 間口四間半 奥行一一間 銀七一匁三分 立野屋源助

一、未三月廿二日 塗物、瀬戸物、呉服、糸類、小間物、紙、茶、乾物。一、未九月晦日 水油、蠟燭、雑穀、金物。

○四四坪 間口四間 奥行一一間 銀五一匁二分 浦賀屋幸助

一、未三月廿七日 塗物、瀬戸物、小間物、糸、紙、茶。一、未九月廿九日 呉服、荒物、雑穀、水油、金物、乾物、綿。一、未十二月廿一日 石炭、舂米、材木、石。

○四四坪 間口四間 奥行一一間 銀五一匁二分 橋本屋彌兵衛

一、未七月廿七日 塗物、瀬戸物、小間物、糸、紙、茶。一、未九月廿七日 呉服、荒物、雑穀、水油、金物、乾物、綿、砂糖。

○七六坪 間口四間 奥行一九間 銀七六匁八分 大川屋善兵衛

一、未三月廿二日 塗物、瀬戸物、小間物、糸、紙、茶、呉服、炭薪、食料。一、未九月廿二日 水油、穀類、乾物、荒物、金物、薬種、海草。

○七六坪 間口四間 奥行一九間 銀七六匁四分 河波屋万太夫

一、未三月廿二日 塗物、瀬戸物、小間物、糸、紙、茶、呉服。一、未九月晦日 水油、穀類、乾物、金物、薬種、海草。一、申正月廿五日 粉、繪の具、酒喰。
一、申四月廿五日 馬。一、酉四月五日 板類。

○七六坪 間口四間 奥行一九間 銀七六匁四分　綿屋喜兵衛
一、未三月二十二日 塗物、瀬戸物、小間物、糸類。一、未九月廿九日 水油、穀類、乾物、金物、薬種、紙、茶。一、戊八月 石、材木、炭、綿。

○九二坪 間口四間 奥行一九間 銀九三坪六匁　綿屋吉兵衛
一、未三月廿二日 塗物、瀬戸物、小間物、糸、紙、茶、呉服、乾天。一、未九月廿七日 雑穀、荒物、金物、水油、乾物、薬種、蝋、石炭。

○二八四坪 間口五間 奥行一九間 外一戸分 銀二八二匁二分　下總屋清藏
外に六〇坪、銀六三匁。一六二坪五合、銀四七三匁五分二口同人名義　大野屋銀之助江拜借（朱書）
一、未三月二日 湯屋、髪結床、炭薪、陶器、瀬戸物、小間物、荒物、乾物、青物、塗物、蒔繪物。一、未四月二日 御國產物類。一、申正月廿五日 茶、紙、薬種、砂糖、魚、鳥、呉服、太物、鐵物、小道具。

○一一六坪 間口七間一、五 奥行一六間 銀一二一匁八分　大野屋銀之助
一、申年 乾物、荒物。船具一式、小間物、鐵物、紙、茶、生絲。

○五〇坪 間口五間 奥行一〇間 銀七二匁五分　和泉屋金五郎
一、未四月 水、桝酒、鹽物、砂糖、荒物。一、申五月 小間物、乾物、金物。一、申十月七日 春米。

○五四坪 間口三間 奥行一三間 銀六六匁三分　相模屋淺次郎
一、未四月 荒物、小間物、砂糖。一、申五月二十九日 粉、乾物、塗物、金物。

○横町西側 七一坪五合 間口五間半 奥行一三間 銀九四匁五厘　下り 酒問屋三十六人惣代（江戸住宅ニ付店支配人與兵衛）
一、未四月十六日 酒、味淋、燒酎、本直、酢、醬油、酒粕、素麵。一、未八月廿四日 水油、乾物、大豆、小豆、蕎麥、小麥、菜物。一、申十二月廿九日 呉服太物、

小間物、荒物、生絲、藥種、砂糖、芋、炭薪、麻苧、紙類。

油紙類。

○運上所脇通西側
一一五六坪七合五勺　間口二五間 奥行三五間 外二戸分　銀一貫一〇五匁八分　明石屋平藏

最初 一、石炭、美濃紙、椎茸。一、未九月廿一日 青物、乾物、鹽干魚類、炭薪、材木、鳥魚獸、酒、生類、水菓子、喰物。一、未十月廿七日 生絲、水油

○一五坪　間口三間 奥行五間　銀廿四匁　寳田屋太郎右衞門

一、未十月 材木、炭。一、未十二月 生絲、荒物、乾物。

北仲通新道北側
○五〇坪　間口五間 奥行一〇間　銀三七匁五分　尼屋利兵衞
上地寳田屋太郎右衞門拝借（朱書）

海邊通南側
○一二六坪　間口六間 奥行二一間　銀七八匁　中島屋喜助

一、運送、食料、炭、薪、小道具。

海邊通北側
○四八坪　間口六間 奥行八間　銀三九匁　右同人

海邊通南側
○四五坪　間口二間半 奥行一八間　銀二八匁七分五厘　伊勢屋善四郎

一、運送、小揚、日雇、車力、種子、人足、請負。一、酉七月十日 炭薪、材木、荒物、乾物。

海邊通北側
○四八坪　間口六間 奥行八間　銀三九匁　右同人

○四八坪　間口二間半 奥行一八間　銀三九匁　山形屋仙吉

海邊通横町東側角
○一三四坪　間口一一間半 奥行一二間　銀一三九匁三分二厘五毛　松屋辰吉

最初 石川屋慶次郎願済四丁目高德屋半左衞門店より御願済渡世仕候　辰吉渡世

一、水、運送船宿、人足方、食料、舂米、炭薪、荒物、呉服。太物。糸。一、食料、呑水。

○二八八坪　間口二四間 奥行一二間　銀二七七匁四分五厘　土屋半兵衛

上地　高須屋清兵衛、野澤屋順之助(朱書)

辨天通新道北側

○七〇坪　間口五間 奥行一四間　銀四七匁五分　深見屋松右衛門

最初
一、乾物、荒物、水油、鹽、春米、炭薪。

南仲通北側

○七〇坪八合七勺　間口五間一、五 奥行一三間半　銀四八匁五分六厘　石川屋逸藏 長吉(朱書)

○七三坪五合　間口五間一、五 奥行一四間　銀四九匁八分七厘五毛　朝田屋重作

南仲通南側

○二四坪　間口三間 奥行八間　銀一九匁五分　肴屋丹藏

最初
一、酒、鹽魚、喰物。一、酉八月廿四日 材木、木細工物、古道具、青物類。

○一二八坪　間口一六間 奥行八間　銀一〇四匁　松川屋又右衛門

最初
一、漆喰、炭薪、荒物、水油、乾物、海草、干肴、石炭、藥種。

○六六坪　間口六間 奥行一一間　銀四八匁　宗兵衛(朱書)　石川屋又四郎

最初
一、金物、雜穀、炭薪、春米、粉名、荒物。一、酉九月十八日 石炭、材木、異人食料。

○五五坪　間口五間 奥行一一間　銀四〇匁　山城屋兵助

最初
一、塗物、荒物、小間物。一、酉十一月十九日 異人食料、青物、水、炭薪、材木、茶、植木、藥種。

○四〇坪　間口五間 奥行八間　銀三二匁五分　常盤屋安藏

最初
一、塗物、傘。一、申十月七日 木綿、藥種、乾物、荒物、鐵物、小間物、瀬戸物、草、綿、煙草。

辨天通南側

○三七坪一合　間口五間一、八 奥行七間　銀五〇匁八分八厘　伊豆屋徳三郎(朱書) 阿波屋萬太夫

一、戌九月 茶、材木、石、小間物、乾物、異人食料、紙、荒物、藥種、綿類。

○四二坪 間口六間 奥行七間 銀五七匁六分　　醫師 禎庵

甥 美津保屋喜六

一、小間物、荒物、乾物、書物、鐵物、藥種、粉、葉茶、食料。

○一四三坪五合 間口二〇間半 奥行七間 銀一九六匁八分　　石川屋繁蔵

一、申壬三月六日 呉服、太物、銅板、同油針金、小間物、乾物、粉名、荒物。

○四五坪八合五勺 間口七間 奥行六間餘 銀六四匁六分八厘　　師岡屋伊兵衛

一、酉五月二十日 小間物、荒物、乾物、繪双紙。

○一四一坪五合 間口二〇間 奥行六間弱 銀二一三匁二分　　伊勢屋吉次郎

一、未五月 水菓子、茶。 一、申四月十一日 小間物、塗物、荒物、酒、乾物、醬油、瀬戸物。 一、申六月九日 藥種、木綿、鐵物、煙草、粉、藥湯。

北仲通北側

○九三坪五合 間口五間半 奥行一七間 銀六〇匁五分　　高須屋清兵衛

○八四坪 間口六間 奥行一四間 銀五七匁　　柏屋音次郎

海邊通北側

○四二坪 間口六間 奥行七間 銀三六匁　　六右衛門

一、最初 荒物、炭薪、雜穀、酒、醬油、味噌、舂米。

海邊通西側

○一〇坪 間口二間 奥行五間 銀一三匁　　粂吉

一、髪結。

○二〇坪 間口四間 奥行五間 銀二六匁　　七助

一、髪結。

駒形町町年寄貸長家
○五六八坪 間口五六間 奥行六間 銀五四〇匁 苅部清兵衛
德右衛門
源右衛門
同續增地
○一五坪 間口二間半 奥行六間 銀一三匁七分五毛 右同人
五丁目續東側
○一九〇坪 間口二〇間 奥行九間半 銀二七五匁 高須屋清兵衛
五丁目續坂下町
○二八坪 間口八間 奥行三間半 銀二八匁 大和屋三藏
一、最初 太物、呉服、小間物、荒物、乾物、藥種、草類。一、甲六月 茶。一、甲十一月十一日 生絲、水油、蠟。
○五二坪五合 間口一五間 奥行三間半 銀五二匁五分 伊勢屋平作
○一四坪 間口四間 奥行三間半 銀一四匁 茂吉郎
一、最初 呉服、太物、荒物、小間物。一、酉十二月十日 炭薪、材木、塗物、、植木、藥種、鐵物、茶、茶箱。
○二一坪 間口六間 奥行三間半 銀二一匁 大和屋三藏
○七〇坪 間口二〇間 奥行三間半 銀七〇匁 孫右衛門
一、荒物、飼葉、藥湯。一、酉三月八日 借馬、乘馬賣込。一、酉十月廿日 舂米、炭薪。
○九四坪五合 間口一七間 奥行三間半 外一戸分 銀九四匁五分 伊勢屋佐兵衛
一、酉二月十八日 茶、紙、干魚、荒物、乾物、外國人食料、馬飼料品、炭薪、酒、鹽、味噌、舂米、藥種、鐵物、塗物類、小間物、瀬戸物、植木、古着、損料。一、酉八月廿四日 借馬。異人貸相除
○四二五坪五合 間口三七間 奥行一五間 八間 銀三〇五匁二分五厘 喜助

一、材木、御普請請負、大工職。

○一、町年寄引請御貸長家駒形町 表間口　五十六間　奥行一間半　坪八四坪　茢部清兵衛 德右衞門

○一、同　五十八間　同　同　同八七坪　銀一一四匁五分　源左衞門

同町續

○一九坪二合五勺 間口五間半 奥行三間半 銀一九匁二分五厘　太田屋源右衞門

同

○三坪七合五勺 裏間口二間半 奥行一間半 銀三匁八分七厘五毛　茢部清兵衛 德右衞門 源右衞門

五丁目續坂下町

○一八二坪 間口二八間 奥行一五間　銀一一〇匁　吉田屋源左衞門

以上の名錄は甲州屋忠右衞門が丹念に手記したる帳簿に基けるものである。是に據つて當時横濱表に開業せる我が商家の屋號氏名及其の代理人が掲げられ、其の取扱商品の全部が詳細に銘記されて殆ど囊中の物を探るが如き感がある、而も頗る貴重にして且珍らしき文献であるから煩瑣を厭はず採錄した次第である。

註　慶應二年の大火に町會所の記錄が燒失した時、忠右衞門の此の記錄が參考となつて大に便宜を得たので其筋より褒賞されたと謂はるゝ。（中卷第四章第一節第三項參照）

## 第六節　開港直後の外國人

外國と通商條約面に由つて、神奈川開港を主張する外國使臣と横濱に替へんと努力する我が政府との對立は遂に我の勝利となつて横濱港の施設は最大馬力を以て進捗したので居留外人の競ふて此地に移り住むものを生じた。最初神奈川へ米國始め英佛等の領事が乗込むと同時に米國からブラウンとバラの二人の基督教宣教師が遣つて來て神奈川の成佛寺に宿泊して窃かに傳導をやつて居た、併し其頃は諸國の浪人共が徘徊して西洋人と云へば理も非もなく狙つて居た時代であるから、此の寺の周圍に迄嚴重な竹矢來が出來て日本政府から護衛の士卒が附けてあつた。（下岡蓮杖談）通商貿易の目的を以て最初横濱に入來つたのは「横濱沿革誌」には「英國商人ケセウイツキ海岸へ木造二層家を建築す（居留地一なり）其隣地へ米國商人ホール建築す（亞米一と云ふ）」とあるがケセウイツキは英一番館ジヤーデン、マゼソン商會の支配人である、英一番はジーデン、マゼソンの二人が合同せる商會で實に横濱開港に當り率先者であつた。

ジヤーデン、マゼソン商會は日本に於て最初の外國商館である筈で既に遠き以前から支那貿易で活躍した。千八百三十年天保元年の頃より英國商人の間に同國東印度會社の獨占權を廢し、清國通商を自由競爭の範圍に入れんと企つるもの多く、翌年の選擧法改正以後、國會は會社の營業繼續に同意せざるべき形勢明瞭となつた、初は東印度會社以後の商人にして支那貿易に從事せんとする者は倫敦に住居しながら、形式上ブラジルに歸化し、葡萄牙人として廣東に往來する如き窮策に出でざるを得ざりしが、盛大なる夫のジヤーデン・マゼソン會社怡和洋行の創立者、ウイリヤム・ジヤーデイン及マゼソン兄弟は各々十數年の久しきに亘りて廣東に住居し、千八百二十七年（文政十年）以來廣東に自由貿易主義の新聞を起して會社の獨占主義に反對し、東印度會社の專務委員が淸國官吏に屈從するの極度千八百三十一年（天保二年）會社の鍵を淸國警吏に引渡すに至り慨嘆措く能はず、奮起して同年五月三十一日在淸英國臣民の公會を開き、本國政府に訴ふる所あつた。千八百三十四年四月二十二日英國東印度會社の營業權遂に終止して復た繼續せられず、唯だ尋常一樣の通商團體として委員を廣東に留むるのみであつた、是れより英國の東洋貿易は全く面目を革め遂に淸國をして其の外國及外人に對する一般の態度を改めしめ、更に進で日本の鎖國主義をも破らざれば止まざるに至つた。（アイテル「淸國に於ける歐羅巴」一名香港史）

又露國ゴンチヤローフ日本旅行記中にも

昨日私は例の極度まで耕作された小山港《長崎》を眺めながら香港を思ひ出した、殊に其の廣い地域を占めてゐるチエルヂンとマヂソンの商館を思ひ出した、彼の地には山はあるが此處のとはまるで違つて裸の石山である、だが港は具合よく出來てゐて、海岸は奧深く、船は風に當らない、チエルヂンはどうかといふと支那人から借りて山を掘り開らき、廣大な商館や販賣店を建て、さらにその上方に立派な住宅を造り、斜面や竝木路にはあらゆる熱帶植物を植ゑ付け、そして英吉利の何處かわいた島にでも暮すやうに生活してゐる。

とあるを見ても彼が早くより支那に入込んだ英人中の成功者であることが顯著である。

ジヤーデン、マゼソンは斯の如き東洋に根强き勢力を占め既に支那貿易に於て權威者である關係より隣國日本の開港と聞いて羽翼を延ばして眞先に商館を建設するのは當然の事である。英一番館は舊棧橋の入口にあつて生絲、茶種子、水油、寒天、昆布、銅、五倍子、樟腦、椎茸を取扱て居る、外商館中の始祖で最も重きを爲してゐたのみならず日英同盟當時は常に英國の輿論を代表して日本に好意を寄せ、又日淸日露戰爭等にも軍需品を供給する抔其他大に活動したものであるが大正十二年九月大震災以降横濱外商は著しく其の跡を絶ちたる中に永く踏止つたが遂に昭和九年四月愈々閉鎖するに至つた。尤も同商會は英國でも代表的商館で北支那長江沿岸に投下した七億に近い大投資が最近殆ど固定し其の整理の一班として横濱支店の引揚を行ふに至つたものである。（中巻第四章第三節第一項參照）

次ぎは米人ホール經營のウオルシ會社で生絲、絹物、綠茶を取扱つて米一番館で亞米一と呼ばれた。それからデント商會が起つた、是は葡萄牙人ロレイロを支配人とし生絲を取扱つた米二番館と呼ばれた。

ジヨセフ・ヒコ自叙傳に次ぎの様に述べてゐる。

ウオルシユ會社の「ホール」氏初めて横濱に居を占め（二番館）てよりデント會社（四番五番）ジエー・エム會社（一番）等日を逐ふて横濱に居留した。…………然し遂にウオルシユ會社のホール博士は此の事項（條約面の神奈川を休め居留地を横濱に換ふること）に就て商人側の見解に架擔すべく充分大膽であつた、彼は自己の責任を以て横濱側に一個の土地を購求し往いてここに地盤を開拓した、これ領事館と衝突を來すべき行方ではあつたが、ホール博士は尤も世故に精通する人で船舶の出入に就いては横濱の方が其の實際的利便に於て遙に神奈川に勝る事を夙に洞察してゐたのであつた、彼が購入せる土地は今日二番館として知られてゐる、次いでウオルシユ會社の一賓客は二番館に隣する土地を占め、今日三番館と稱へられ、又ジヤールヂーン及びマザソーン兩

氏は爾後幾許もなく一番館をデント會社は四番館及び五番館を選擇した。（同自敍傳）

是に由ればウオルシュ商會即ち二番館が最初のやうに見ゆるが亞米一と呼ばれたる商館で相當名高かつた。斯くて翌萬延元年五月の頃神奈川に在留する外國商人は僅々二三名を殘すのみで皆横濱へ移轉して其數は英人十八名米人十二名、和蘭人五名と稱せられた。又佛人は僅に二三名、露國人は一名もなく支那人は多くは外國商館の雇人として其數四五十名位であつたと謂はれる。夫から英四十番、同二十三番、矢倉十四番、十番、三十五番、七番、二十六番、裏十四番、四十八番、本町通八十一番迄チラホラ商館が出來た、普魯西「テキストール」商會も加はり開港後の在留外國商館は四十四を算し其の代表者として前記米國の「ホール」と英國の「ダブルユー・ケスウイック」の二人が有力であつた。

和蘭人と佛蘭西人

次ぎに開港後即ち安政六年一八五九年より明治元年一八六八年に至る渡來の歐米人名及同商事會社名に就て Western Barbarians in Japan and Formosa in Tokugawa Days. 中に調査記載せるものを見るに左の如し。

## 幕末渡來の歐米人　自一八五九年（安政六年）至一八六八年（明治元年）

(British) 英吉利人

G. Allard
G. H. Allcock (1862) 文久二年来朝
W. T. Andrews
J. Anglin
W. G. Aspinall (1861) 文久元年来朝
Rev. M. B. Bailey (1861)
Mrs. Bailey
W. A. Baillie (1862) 文久二年来朝
Henry Barlow
J. S. Barber (1862) 文久二年来朝
S. Barker
F. Beato
Arthur Bellamy
F. H. Bell (1863) 文久三年来朝
J. R. Black
C. S. Bland
Boden
W. M. Bourne
H. L. Boyle
W. Brent
R. bert Brett
J. W. Broadbent (1862) 文久二年来朝
Henry St John Browne
John Byrne
J. Cameron
Carlton
A. Clark
Edward Clarke
Robert Clarke
W. C. Clarke
S. Clausen
Mrs. S. Clifton
H. Collins
William Connor
Henry Cook
Edward Copas
F. A. Cope
George R. Conner

| | |
|---|---|
| F. Cornes (1861) 文久元年来朝 | W. A. Crane |
| Crutchley | G. Cullis |
| A. Culty | W. A. Curtis |
| Patrick Dall | Charles H. Dallas |
| F. Dalziel | George M. Dare |
| G. R. Davies | J. Davison |
| Andrew M. Dick | F. V. Dickins |
| Mrs. Dickins | J. Dodds |
| J. S. Downie | Isaac Eaton |
| Ellis Ellias | T. Eskrigge |
| J. Esdale | J. L. C. Eyton |
| Henry G. Farr | J. C. Fraser (1862) 文久二年来朝 |
| John Garratt | Howard Galton |
| A. J. Glennie | T. B. Glover |
| Charles Goldie | Geo. Goodwood |
| S. J. Gower | H. J. Grady |
| Grange | Grant |
| H. Gribble | James Gye |
| A. W. Hansard (1861) 文久元年来朝 | Edward Harrison |
| J. S. M. Harris | Charles R. Harley |

| | |
|---|---|
| C. A. Heimann | Captain Henderson |
| Norman Hill | George Hodges |
| E. Hoey | H. J. Hooper (1863) 文久三年來朝 |
| Charles F. Hooper | C. S. Hope |
| Johnson Hudson | Robert Hughes |
| Thomas Hume | E. H. Hunter |
| T. Jackson | Harry James |
| J. Jardine | G. R. Jenkines |
| R. Johnstone | L. A. Joseph |
| H. J. Joyner | W. Kemptner |
| J. Keswick | W. Keswick (1859) 安政六年來朝 |
| N. P. Kingdon | E. C. Kirby |
| H. A. Kirby | Kendall |
| Kenny | William Lang |
| Alex. Leith | Joshua Le Mare |
| G. M. Lind | A. A. Lind |
| Chs. A. Lynill | A. J. Macpherson |
| T. B. Macaulay | W. M. Mac Donald |
| J. Mac Gilvery | S. Main |
| F. Maitland | W. A. Malcolm |

Simon Marcus
Henry Marks
Daniel McKenzie
J. I. Miller
Albert Morris
E. J. Moss
C. D. Mugford
J. North
Charles Parker
Roger J. Pocklington
R. E. Price
Reed
J. G. Rickard
A. N. Shillingford
Isla A. Sitwell
W. H. Smith
E. J. Spence (1862) 文久二年来朝
W. M. Strachan (1862) 文久二年来朝
W. H. Taylor
Edward Rigby
William Marshall
W. McCorsie
Henry J. Meara
J. P. Mollison (1866) 慶應二年来朝
John Morrison
Henry Moss
Philip M. Muntz
Robert E. Neville
P. E. Petrocochinc
C. Porter
Alfred Prince
Chardes Rickerby
T. K. Shaw
Mrs. Siddall (1860) 萬延元年来朝
J. C. Skipper
T. S. Smith
Geo. A. Stevens
W. H. Talbot
J. Rickett
John Roberts

J. Robertson
R. D. Robison
Ross
S. Rowell
Joseph Russell
Robert Bruce Scotland
T. A. Scott
Benjamin Seare
Herbert Sewell
T. Tatham
T. Thomas
F. H. Thompson
Turner
H. G. H. Tripp
Robert Urquhart
Mark Voysey
J. W. Walker
T. T. Walters
A. J. Watkins
W. N. Watt
Walter West
C. L. Westwood
James Wheatley
Dr. E. Wheeler
C. Wiggins
Alfred J. Wilkin
H. Willgoss
J. Winbolt
A. Winstanley
Dr. Willis
Charles Wirgmann
A. H. Yule
William Young

(American) 亜米利加人
J. C. Allmond
C. H. Angel (1861)
H. Baggallay
O. H. Baker (1861) 文久元年来朝

Colgate Baker (1861) 文久元年来朝
H. A. Ballard
S. C. Benson
J. Brower
Mrs. Mary Bruyn
J. D. Carroll
William Copeland
W. C. Eastlake
O. E. Freeman
G. Glackmeyer
F. Hall (1861) 文久元年来朝
Rev. Dr. J. C. Hepburn
James Long
J. H. Maron
C. Parker
F. Ply
Richard R. Risley
Robertson
R. Schoyer
Troy

Rev. J. H. Ballagh
Edward Banks
W. D. Boyd
Rev. S. R. Brown (1862) 文久二年来朝
W. Burgess
Miss Converse
Julia Crosby
Fellowes (1861) 文久元年来朝
A. O. Gay
Rev. J. Goble
George Hall (1859) 安政六年来朝
Mary Z. Kidder
H. Marsh
W. H. Morse (1861) 文久元年来朝
A. Patterson
Rev. Eugene Van Reid
Roberts
Dr D. B. Simmonds (1861) 文久元年来朝
R. B. Smith
Rev. Dr. Verbeck

P. B. Walsh
W. T. Wheaton
F. O. W. Wilmann
J. P. A. Zembasch
Geo. West
Miss M. E. Williams
Wilson

(Prussian) 普魯西國人

O. Browet
W. Grauert
Kempermann
G. Reiss
Schnepel
A. Textor
M. H. Gildermeister
A. Gutschow
G. Redelein
A. Rothkugel
A. Schultze

(French) 佛蘭西國人

L. Broeret
F. Constancoux
C. Deber
Deveze
F. Garnier
J. M. Jaquemot
A. Pignet
Reneaud
H. Clipet
Damele
J. Defagase
Dumarcet
A. Gerard
F. Le Jeune
Ravel
O. Thorel

| | |
|---|---|
| (Dutch) 和蘭國人 | |
| P. J. Batteke | H. Bruyn |
| J. Caspers | J. Carst |
| J. Frey | Hecht |
| Captain Hegt | W. Houpt |
| J. C. Huffnagel | J. J. Kermenlen |
| J. Klyn | Lels |
| R. A. Mees | G. F. Platt |
| Van der Polder | E. Schnell |
| P. Stuyt | Van de Tak |
| H. D. Visscher | |
| (Swiss) 瑞西國人 | |
| F. Abegg | J. Favre-Brandt |
| Adolphus | Milsom |
| J. C. Morf | |
| (Portuguese) 葡萄牙國人 | |
| F. Braga | Edward Loureiro |
| Da Rosa | Da Sousa |

横濱開港直後の外國商事會社　自 一八五九年（安政六年）至 一八六八年（明治元年）

英商之部

Jardine, Matheson & Co. 1859（安政六年創立）

Dent & Co. 1859（安政六年創立）

Sassoon & Co.

Macpherson and Marshall. 1860（萬延元年創立）

Frey and Cooke (later Cameron and Cooke), (Shipwrights 1861（文久元年創立）

William McDonald (Broker). 1861（文久元年創立）

Henry Marks (Commission agent), 1861（文久元年創立）

Japan Herald (first Newspaper). 1861（文久元年創立）

Aspinall, Cornes & Co. 1861（文久元年創立）

C. H. Richards & Co. 1862（文久二年創立）

S. Main (Broker).

Hansard and Keele (Auctioneers)

W. R. Adamson & Co.

Hughes, Willgoss & Co.

Ross, Barber & Co.

W. A. Baillie (Shipchandler).

George Barnet & Co.

Strachan and Thomas (later Messrs. Strachan and Thomas separated and there was formed)

W. M. Strachan & Co.

T. Thomas (Broker).
J. Cullis & Co.
C. Parker (Photographer) (later Beato & Co.)
Shaw Cull & Co.
Tatham and Eskrigge.
Downie & Co. (later Fletcher & Co.) 1864
Glover & Co.
Richard and Russell.
Y. Aymonin & Co.
G. Allard (Broker)
Jarvie, Thorburn & Co.
Gilmann & Co.
John Scott & Co.
Hooper, Clark & Co.
Wilkin, Robison & Co.
Cornelius George and Goodman.
Union Dispensary.
Yokohama Medical Hall.
Lyall, Still & Co. (later St. John Browne & Co. at Kobe)
W. Patow & Co.

Rowell & Co.

Bourne, Galton & Co.

H. G. Farr & Co.

Keir & Co.

F. C. Kirby & Co.

Sewell & James.

P. E. Petrocochino & Co.

米商之部

Walsh. Hall & Co. 1859（安政六年創立）

R. B. Smith & Co. (later Smith, Archer & Co.1860（萬延元年創立）

Augustine Heard & Co. 1861（文久元年創立）

O. H. Baker & Co. (later Baker & Eisler) 1862（文久二年創立）

Allmand & Co. (later Allmand & Brower) 1862（文久二年創立）

Henderson & West, 1862（文久二年創立）

R. Schoyer & Co. 1863（文久三年創立）

Eisler & Col. 1864（元治元年創立）

Stenz, Harver & Co. 1864（元治元年創立）

獨逸商之部

Textor & Co. 1861（文久元年創立）

Kniffler & Co. 1862（文久二年創立）

W. Grauert & Co. 1862 (文久二年創立)

Schulze, Zeiss & Co. 1863 (文久三年創立)

Gutschow & Co. 1865 (慶應元年創立)

Grosser & Co. 1865 (慶應元年創立)

Blumenthal & Co.

和蘭商之部

De Coning, Carst & Lels (later de Coning & Co.) 1861 (文久元年創立)

D. P. Stuyt & Co. 1861 (文久元年創立)

Hecht, Lilienthal & Co. 1863 (文久三年創立)

Netherlands Trading Co. 1863 (文久三年創立)

Bateke & Schnell, 1863 (文久三年創立)

Hegt & Co. 1865 (慶應元年創立)

佛商之部

Constanconx Leder & Co. 1863 (文久三年創立)

Remi Schmied & Co.

Veillard & Co. 1865 (慶應元年創立)

G. H. Carriere & Co.

Munbel & Co.

Deffis & Co.

瑞西商之部

Charles Thorel & Co. 1860 (萬延元年創立)
C. & J. Favre Brandt & Co.
Kremer & Co. 1861 (文久元年創立)
Siber & Brenwald, (later Siber Hegner & Co.) 1864 (元治元年創立)

葡萄牙商之部

Edward Loureiro & Co. 1859 (安政六年創立)

外國銀行之部

Chartered Mercantile Bank of India, London & China, 1863. (文久三年創立)
Commercial Bank of India, 1863. (文久三年創立)
Central Bank of Western India, 1864. (元治元年創立)
Hongkong and Shanghai Banking Corporation, 1867. (慶應三年創立)
Oriental Banking Corporation, 1868. (明治元年創立)

倘通商條約成立前即ち横濱開港以前に於て單にペルリの和親條約締結から氣早の外人間には早くも下田港に來航して勝手の希望を述べたり種々の行動を執つて我が政府官憲をして苦惱せしめたものも尠くない。即ち機先を制して貿易の計畫を試みたり。或は密貿易などをも行つたものもあつた。

「武江年表」安政三年の部に「亞國の船渡來せしこのかた、異國諸州の船次第に通航し、貿易を許し給ひければ和俗の稱へに、カナキン、ラシヤ、ゴロフクレン、綿ゴロウ、唐サントメなど云ふ物多く持渡り賣買す價の廉なるをもて求むる人多し、其外諸器物等は次第に運輸せるが故、西洋諸品に限り、售ふ廛も多く出來て、貨殖せるものこれあり。（按ずるに近き頃迄は本邦へ通航するは和蘭陀のみなり、故に世人西洋の諸器書畫の類を見てはすべてオランダと稱したり、近來諸洲通航せるをもて其別をしたる人多し。」）と出てゐるが是は想ふに密貿易のことであらう。（中卷第四章第一節第二項參照）

「下田物語」（筆者は駿州新屋港から四月三日下田へ到着した湯治客の樣で「如是我觀」としてあつて不明である）中に左の記載がある。

安政元年六月一日ペルリ退去後間もなく同月廿六日にアメリカ合衆國カリホルニヤの商船一隻が入港した、そして我が漂流民勇之助を上陸せしめた、これが五月廿二日締結の下田條約を適用された最初の船である、船長ブルスは薪、水、食料其他塗物、燒物、竹器等を積込んで晦日に出帆した、當時下田には缺乏所と稱する米人に對する市場が設けられて表面薪水、食料の供給場と云ふことであつたが、後には織物、塗物、燒物其他の工藝品が販賣せられたのである。（次ぎの第八節參照）今當時の缺乏品の相場が次の如く奉行に依て報告せられてゐる。

一、鷄卵　二割掛　一、鷄　三割掛　一、家鷄　三割掛
一、魚類　三割掛　一、薩摩芋　三割掛　一、野菜　一割半掛
一、酒　二割掛　一、醬油　二割掛　一、米　一割半掛
一、大小豆　一割半掛　一、糀　一割半掛　一、白砂糖　一割半掛
一、燈油　三割掛　一、煙草　三割掛　一、炭　二割掛
一、鐵銅釘類　二割掛　一、石細工　五割掛　一、板類　二割掛
一、大材木　七割掛　一、中材木　五割掛　一、小材木丸太類　三割掛
一、竹　一割半掛　一、薪　二割掛　一、傳馬船一艘の水　諸掛一貫四百匁

又堀口眞明筆記として次ぎの一節がある。

日本より彼への賣物は、直段三倍增故、百兩餘にても、正味三十三兩餘の品なれば聊の事也、扨直段は高價にてもよけれ共、銀錢は花降銀にくらぶれば、一枚にて花降三分に相當す、然るを一貫六百文の定として取引されば銀錢百兩丈けにては、二百兩の御益にて別段の事ながら知らぬ顏して御德をとらせられなば終には災の種とも成べくや、御用心々々

又安政二年正月廿七日下田入港の亞米利加捕鯨船カロリン、フート號スクーネル俗にシコナと云ふ長さ十六間餘至て小船と云ふ乘組人數二十一人、內女三人兒童二人、男子九歲女子五歲、船主名ウオイス、婦人一人はウオイスの妻、三十五歲、一人は按針役の妻二十歲、一人は同船商人タバラートと云ふ者の妻二十二歲、此婦人容貌美艷、丹花の唇、白雪の膚、衆人驚眼飛魂、兒童皆船主の子なり、彼國正月元日日本の去年十一月十三日なりカリホルニヤ、サンフランシスコを出帆、而してサントウイスに至て、大龜數十甲を漁して彼下田港に至れるなり、海上日數凡七十日とある。(開集錄)

初めて異國婦人を見たる人々は、定めし驚嘆の眼を瞠つたに相異あるまい。當時海嘯にて難船した露人は玉泉寺にあつたので米人を案內し、且歸國の便船に托して貰ふことを依賴した。二月廿五日フート號は露人百六十人を乘せて戶田港を出帆函館を經てカムチヤツカへ去つた。

斯くて其月二十七日に又々米商船ヨングメリカ號は曩に下田を去つた米使アダムスの命を受けて露人を本國に送還せんが爲に上海から入港して來た、此時佛艦コンスタンチン號が下田へ入港したので露人は大に驚怖し且米船も佛艦の襲擊拿捕を恐れ露人の搭乘を拒みて空しく出帆した。然るに又々佛船コルベール號が十一日下田へ入港した、是等に驚怖して露人は其の出沒を探査し避難しつつ折から竣成せる長さ十九間のスクネール船に乘つて提督ブチヤーチンは四十八名の露人を乘せてカムチヤツカへ去つた。

斯る所へ五月廿一日米國商船ゲレター號が下田へ入港した、同船は五月八日に函館を出帆して下田へ向つたもので、船長はタウロンと云ひ商人のルドルフが便乘して居た、そこで玉泉寺に居た露國士官は船長と協商して殘留露人を本國に送還することになつた、ルドルフ及び水夫一名を殘し六月一日下田及戸田に殘留した露人二百七十餘名を悉く搭乘せしめ戸田港を出發したが十九日オコツク海に於て英船サイヒル、及バルラコツタの二艦の爲に捕獲せられた。殘留したルドルフは獨逸人で奉行に對し日獨修交條約を運動してゐたが效果がなく又米船に托して立去つた。（幕末下田開港史）

外人居留地石炭運搬

ハリス日記に據れば「安政四年一八五七年三月九日米帆船下田に入港す、船長ホーナー、荷主エフ・ホールの二氏を伴ひ來れり、該船はボストンより桑港、布哇を經て來れる貿易船にしてホール氏は布哇サンドウヰツチ島駐在米國貿易事務官ダヴイツト・グレツグ氏の紹介狀を持參したり、余はホール氏が桑港に於て買入れたる新聞紙數葉を借覽し初めてブカナン氏が大統領に新選せられたるを知れり…………ホール氏は又十八歳の青年に過ぎずして政治上の知識に乏しく余の質問を滿足せしむる能はざるを」とある、是は開港後夙に横濱に活躍したホールと關係あるかどうか。又同六月

二十三日の日記に

「本日突然函館駐紮米國貿易事務官イー・ライスE. Rice氏の書信に接したり、氏は今回上記の任務を受けて函館に着任し、米國々旗を掲揚したる旨を報じ、次ぎに二隻の米國商船氏の着任と前後して、香港より函館に入港し、荷主ルードルフ氏は同所に於て貿易を試みんとし、且つル氏は余に對して若干の贈品を持參せるが故に、不日之を下田に轉送すべしと報じ來れり」とあるが、此ルードルフ Lühdorf は前に出た獨人である。

尙下田港に出入したる外人に就ては匿くれたる記錄類や言ひ傳へられたる談柄もあらんが本篇は横濱開港以後の事に就て記述せるもので下田事情には進んで筆を染むることを差控へたのである、只本節の付記として二三の事項を記載して置いたのみである。

安政七年正月一八六〇年即萬延元年幕府の調査せし横濱居住外人の數は合計四十四人とあり、「横濱開港五十年史」には安政七年三月十八日改元となる萬延元年正月外人陸續渡來し借地を出願するもの三十餘名是に於て横濱村民に立退を命ぜりとあり爾來其の戶口の增加左の如し。

| 年次 | 歐米人員 | 歐米人戶數 | 支那人員 | 支那人戶數 |
|---|---|---|---|---|
| 慶應年中 | 一、一三〇 | 不明 | (上段一一三〇中に含む) | 不明 |
| 明治二年 | 不明 | 二二七 | 不明 | 不明 |
| 五年 | 一、〇七〇 | 不明 | 九六三 | 一三〇 |
| 一〇年 | 一、二〇五 | 不明 | 一、一四二 | 九七〇 |

| | | | | |
|---|---|---|---|---|
| 一五年 | 一、三五八 | 二八九 | 二、一五四 | 四〇三 |
| 二〇年 | 一、三三一 | 四八三 | 二、五七三 | 五〇〇 |
| 二五年 | 一、五九〇 | 六一四 | 三、三三九 | 二三九 |
| 三〇年 | 一、九八六 | 六九〇 | 二、七四二 | 六五四 |
| 三五年 | 二、四四七 | 一、一九五 | 三、八〇〇 | 一、三五八 |
| 四〇年 | 二、三八三 | 一、〇七五 | 三、六四四 | 一、五七九 |

是に據れば明治三十五年は最も多數となつてゐる、尙同年發行「横濱案內」中外人數の國籍別の統計がある、多少總數に於て相異もあるが參考の爲左に之を掲げん。

| 國名 | 戶數 | 人員 | 國名 | 戶數 | 人員 |
|---|---|---|---|---|---|
| 英 | 三九四 | 九五一 | 白耳義 | 五 | 七 |
| 米 | 二三〇 | 四六〇 | 瑞西 | 三五 | 六六 |
| 獨 | 一二八 | 二一六 | 土耳其 | 一 | 一 |
| 佛 | 六二 | 一一六 | 伊 | 九 | 一八 |
| 露 | 六 | 一四 | 祕露 | 一 | 一 |
| 清 | 一一四〇 | 三〇〇六 | 智利 | 一 | 一 |
| 西班牙 | 一五 | 三二 | 墺地利匈牙利 | 二〇 | 二九 |
| 葡 | 一九 | 六五 | アルメニヤ | 一 | 七 |
| 和蘭 | 二一 | 四六 | 瑞典諾威 | 一三 | 一八 |

| | | | | | |
|---|---|---|---|---|---|
| 布哇 | 二 | 三 | 伯剌西爾 | — | — |
| 希臘 | 一 | 一 | 無籍 | — | — |
| 丁抹 | 一三 | 二六 | 計 | 二一八 | 五〇八五 |
| 墨西哥 | — | — | | | |

## 第七節　開港當初の貿易品

開港當初は外商も未だ屋敷を持たないので船から上陸して取引を行つたものが多かつた。又邦商も如何なる貨物が外人の希望に叶ふや見當が付かなかつた、金屬製品、生絲、絹織物、木綿織物、水油、蠟、麻、米麥等の五穀類、漆器、陶器等出鱈目に棚の上や土間に置き竝べて様子を窺つてゐた、素より言語も通ぜないので手眞似、身振りで意志の表示を行つた。當時の光景を外人から觀察したものを揭げんに、永く米國に人となつた漂流人ジヨセフ・ヒコ事濱田彦藏が米艦ミシシツピー號に乘込み米國駐日新公使ハリス神奈川總領事等の通譯として歸り來つた其時、横濱に上陸した當時の模樣を語れるものを見るに。

士官等は買物せんと予を伴ひて横濱に上陸し先づ税關に至りて貨幣を交換し町へ出でつ、畑を潰して街となし居る折なれば商家も壁未だ乾かぬあり、建築中なるが十に七八居留地の郭內に到り見しに幅廣き道路の設計は出來居りて人道車道をも設け得べし。機敏なる商人早くも店を開き大方は此處にて整ふべし、古物商あれば漆器商あり、陶器を專らに賣る店あれば雜貨に店を賑はすもありぬ、立昇る漁村の煙、縷々として鷄犬の聲少なきは本村開け始め外國人居留地と定められたる一區畫なりける、麥園菜園の間に點綴する家屋の中に新築せる數棟の大なる館は、中央なるを領事の官舍とし周圍にあるを商館となせり、之と本町通りを隔てて運上所及び奉行役所あり、稅關の後に當れる所は一圓に役人の住宅を建列ねたり。（ジョセフ・ヒコ自叙傳）

萬事不秩序のまゝ思ひ〱に取引は行はれたが其內に生絲、銅、昆布、水油、茶、蠟等が賣行がよいことが窺はれた。

**註**　開港に先ち條約締結の際米人は食物には如何なるものを珍味としたか、其の饗應の際の出來事に付面白き挿話が殘つてゐる。之より先き條約の協定尙進行しつゝありし時、他の亞米利加軍艦到着して總數十艘となり日本人、亞米利加人の間には互に進物を贈答し、又互に饗應し、主客共に歡を盡したり、亞米利加人の最も嗜みしは、カステラ、酒、砂糖に凶めたる胡桃、駿河の茶、鹽漬の梅、砂糖漬の果實、味よき蟹、小海老、乾柿、ウデ卵、扨は橫濱漁夫の捕へたる新鮮なる鯛、鯉、鰊の煮魚等にして烏賊及び薄く切りたる生魚肉は試みたれども、遂に食ふ事能はざりき、こは皆亞米利加の小兒が遊戲に用ひる如き陶器及び漆器に盛られたれば亞米利加將校等は之によりて樂しき小兒の時代を回想するを禁ずる能はざりしと云ふ。

萬延元年正月軍艦操練所蘭書飜譯係佐藤政養が鄕里羽前莊內藩の先輩眞嶋佐藤治義敎に宛て村垣淡路守、新見豐前守、小栗豐後守等が使節として渡米することを內報したる書面の末に左の一節がある。

又神奈川表へ橫濱と申す所之商家建、運上所御役所相建誠に賑々敷未曾有の義に御座候、右に付諸式高直に相成上下困窮之由市中唱へ候得共、依レ之蠟、漆、芋、薩摩芋、絹絲、五升芋類外荒布、寒天之類御國元にて御仕入被レ成候はゞ天晴御利益に相成可レ申と奉レ存候、猶又銅類高直に相成就中保字小判は當時二兩三分位の相場に相成候間、追々には三兩餘に相成可レ申と奉レ存候、當時江戸表にて「ドルラル」と申す蠻錢銀にて徑八九分此位の大きさの者三歩餘の通用に御座候、右等之次第に御座候間諸品交易に向き候者御工夫之上御仕入に相成候而専御國益にも相成可レ申候間御勘考之程所希御座候、右早々申上候、書外追便萬々御申上度不レ盡二腐毫一候　恐惶謹言

正月十五日　　佐藤與之助

同じく二月三日附同人より眞嶋佐藤治宛書面中にも

一（略）西中國筋の諸侯方追々國産取調、長崎表に交易に御出しに御座候、其品蠟、ぬり物、瀬戸物、絹布類、其外油、麥粉、尙色々に有レ之候、御國元にても何も御國産御座候半と奉レ存候に付御差出しに候はゞ御利益の事と存候（略）

とあつた。（横濱鄕土史研究會發行佐藤政養先生遺物展覽會錄附小傳）

通商互市を許すと共に幕府は未經驗より來る失態を豫防すべく考慮の末輸出入品に對し嚴重なる制限を設けた。

一、輸出禁制品

武具、金銀、棹銅、米、麥、其他(一)官服の類、(二)御法度の儀認候書籍、雲上明鑑、武鑑、其外官位高等級御書類、(三)兵學書竝に版本に無レ之寫本之類、(四)城郭陣列之圖

一、御手捌品

煎海鼠、干鮑、石炭、牛、五升芋

一、輸入禁制品

## 阿片、武器

武具は相對にては外人に賣渡すことは出來ない、若し外人で是非其の希望を申出でたらば外國奉行に屆け一應品改めの上相渡すべき旨を定められ後明治元年七月橫濱關內に五名の刀劍業者を許し橫濱裁判所の免狀を外人買入希望者に渡すこととなつた。刀劍の如き三分か一兩の價のものを海外に持ち出せば十弗乃至二十弗に賣れ行くので內外人共に目を付けてゐた、それで容積張るより禁を犯して市場に運搬すること難きと法も殊に嚴科であつて其の取引は餘り旺盛に至らなかつた。

又金銀棹銅は貨幣を除きたるの謂なるも開港後內國人に達したる諸觸書に依れば金銀は地金銀に限らず細工物竝に貨幣にも及ぶものにして、殊に貨幣の輸出は幕府が最も嫌忌する所であつた、然れども貨幣輸出の取締は物品の如く容易でなかつた。

此頃より小判の賣買は貿易市場に賑つた、夫れは我邦では金と銀との比價が狹少であつたので金貨は殊に外人が目を付けてゐた、幕府は之を憂ひ禁止令を發し以後之を貿易するものは屹度重科に處すべき制令を出したが狡猾なる內商等は禁制を破りて夜に入れば羽織の袖に小判を隱して居留地に入り込みて賣込んだ、それを賣る事によつて贏る利益は尠からぬものがあつたが幸にしてそれを入手し得た外人は更に〳〵莫大な利得があつた。

其の取引は小判一枚一兩二分二朱より一兩二分三朱にて洋銀相場一弗に三分換にて二弗十七仙より二弗七十三仙なり內商は此の利を貪りて外商も亦支那に廻して小判一枚三弗五十仙より八十仙に賣り骨董品として賣れば一枚五弗より七弗となり莫大の利を博したものである。

銅、眞鍮、唐銅の細工物は賣渡を免じたるも棹銅其他のものを故らに細工物に紛らし賣出すものがあるので之に向つては取締を爲した、併し銅は絕對的禁止でなく「日本要用の餘分あれば、其時公の入札にて賣渡すべし」と貿易章程中にあるので役所の手を以て賣り渡す意味である、元來銅は昔時和蘭貿易時代から輸出したもので天保十年の頃定量六十萬斤迄の輸出を許し其の以上を禁じた。蓋し昔時銅は樟腦と共に主なる輸出品であつて是等の價格は八萬二千弗にて和蘭人が我邦より購入したものは「バタヴイア」陸揚地にて四十一萬千弗に賣却した有樣であつた、當時日本に於ける輸出入品は總て官吏の指定せる價格にて取引すべく定められ輸入貨物は日本にて十萬八千弗に見積られたるものは製產費より約五割も下値なることあり、是に反し輸出の銅の如き一ピクル十八弗半に買入れしものは「ジヤヴァ」にて五十弗に賣却せられたる狀態にて貿易船は航海每に莫大の利益を得たものである。加ふるに當時は輸入稅を課せず唯だ將軍及び其の幕僚に珍品を獻上するにあり、其の代價は八千五六百弗に相當するを常とした。銅は將軍の獨占にて產地は山口、伊豫、若狹、出雲、日向、其他に散在し多量に產出した。但銅の主なる買方は和蘭及支那商なりしが葡萄牙人は千五百九十年頃日本に銅の豐富なるを知り其の鎔鑛其他に關する技術を住友に敎へてより效果益々增大となつた、是等の關係に依り葡萄牙人は長崎に於て頗る尊敬を受け優遇せられ住友商店は同地に有力なる貿易商となつた。

開港後銅の輸出禁ぜられたるを以て拔荷密商を爲す者續出した、而して規則では棒銅を賣る事が許されないので細工物は差支ないと云ふので重能（蒸汽釜の石炭を掬ふシヤベル）や船釘などにして賣込むので、取締も頗る面倒となつた。

萬延元年十月十七日、大目付、御目付へ宛てたる御觸書に據れば。

銅之儀相對にて外國人へ賣渡し申間敷旨、去未安政六年五月相觸、猶又銅、唐銅、眞鍮を以、是迄製造致し來候品之外、新規之品造出し、賣買致間敷旨、相觸置候處、船釘又は器物之名目にて、買目等不相當之品を仕入横濱表へ差送、外國人へ賣渡候もの有レ之哉に相聞、不埒之事に候、以來取締之爲、唐銅、眞鍮之類を以製造致候器物之分、何品に不レ限、御府內問屋共之內より、横濱表へ爲ニ相廻一候筈に付、此上脇より決而相廻候儀不ニ相成一、萬一觸面之趣相背候もの於レ有レ之者、無ニ用捨一吟味之上嚴重之咎可ニ申付一候、心得違致間敷候、右之通御料は代官、私領は領主、地頭より不レ洩樣可ニ觸知一もの也

（續德川實紀「昭德院殿御實紀」）

福地源一郎の「懷往事談」にも其の禁制品たるの理由を說明して曰ふ。「條約に附たる稅則に據れば米竝に麥は日本逗留の外國人竝に船に乘組たるもの及び船中旅客食料の爲め用意は與るとも積荷としては輸出する事を許さず、日本に產する銅は棹銅日本要用の餘分なれば其時々公けの入札にて賣渡すべしと規定したり、是は其前年條約談判の時に閣老は全權委員たる奉行を招き交易を許すも詮術なけれども米麥は日本の寶故ムザと外國人に賣渡すべからず食料だけを與ふる事にせよと異口同音にて吳々も面諭したり、又銅は軍用第一の品にて西洋諸國が銅の大砲を鑄るも皆日本產の銅なれば敵に糧を與ふること有べからず旣に京都より勅諚を以て諸寺諸山の梵鐘さへ鑄潰して大砲の材料にすべしと御達せられたる程なれば啻に以て棹銅は堅く輸出すべからず其心得にて談判せよと嚴達したり、併し是迄長崎の交易にて棹銅を唐（支那）紅毛（荷蘭）に渡したる事實は外國の明知する所なれば禁止とは定め難きを以て餘分なれば政府より入札にて賣渡す事と談判して定めたる條款なりと云へり（是は

余が水野、岩瀬及び森山より親しく聞得たる事情なり)」とある。更に又曰く「扨開港の時に至りても幕吏は專ら此旨を體し米麥を稅關の外に出す每に書面を出させ其人員に宛て日數に應じて算當し一人一日の料は玄米五合が定額なり、否々外國人は大兵ゆへに白米五合、その舂減は一割と見るべし、否々麥も同樣一日五合たるべし馬に食はしむる爲の麥は稅則に明文なきを以て許さゞるなりとて、無益の會議に時を移したりしが無程氣根盡きて彼が持出すに任せたれども猶屆出で許可を經るの手數は成さしめたりき。扨又棹銅は勿論嚴に是を禁じたるに付銅器(花入火鉢十能銅壺等なり)として輸出するの方法を案出し日本商人は諸種の銅器を數量にて賣渡し外國商人は積荷として之を輸出したり、運上所に於ても棹銅こそ輸出を禁ずるなれ銅器は素より其限に非ざれば當然に之を許したるに數月ならざるに其銅器は追々に重量になり現に余が親しく目擊したるは十能百個但し一個に付十五貫目田口太七談に一貫五百匁とあるが其方が妥當らしい宛と云へる品物ありき、御目附方は是を差押へ餘りと云へば怪からぬ次第なり、斯る品を製造するは上を恐れざる不屆の始末なれば其賣込商人を糺明すべしと主任官なる運上所の役人に迫つたる事もありき、然れども是れ素より條約の禁ぜざる所なれば咎むべきに非ずとて其爲に任せたりき。」

尙芝屋淸五郎店支配人田口太七の談に水晶が賣れ出したことが述べられてある。

どう云ふ見込で外商が買ひましたか最初私方へ甲州の人が二千斤許りの水晶を持ち來りて外商へ賣込んで吳れと依賴され、値段を聞きますと百斤百圓位と申します、其頃何品でも澤山買入れました、十四番館現今五十三番と五十四番の處に在りし屋敷へ見本で直段をしますと、百斤一分銀四十卽ち金十圓の値入になりました、荷主は百斤百圓と云ひ居ります故に十圓にては到底御話になりませぬ故、他の商館を廻つて見ましたが、別に買手もありませぬ故、荷主に話しますと、十圓でも宜しいから早く賣り込んで呉れと申します、故に早速十四番館に參り直の押合を致し結局一分銀四十二百斤に就き賣る約定をしました、卽日荷物を持込み斤量を改め代金七百圓餘を受け取り荷主に此代金を渡しますと荷主は實に驚き、私共は此樣な大金を見た事がない、誠に難有う存じますと俄に金持になつたと大喜びで歸國しました。

こんな棚牡丹式の話は先鞭を付けた人々には福運が授かつたが後から話を聞き込んで眞似をした人は多くは失敗に終つた。

其話が甲州へ聞え甲府柳町の深輸屋甚兵衛其他兩三名の人が水晶を續いて持つて參りました、未だ其時に百斤七兩又は五兩と追々下落こそしましたが賣れました、其中荷物は追々澤山になりました處、俄に買人がなくなりました、兎に角荷物は澤山に御座いますから、何とかして賣込まんと心配しましたが遂に買手が御座いません、其の當時尤も澤山買ひましたのは七十七番館で御座いますから、同館へ安値にでも賣り付けんと話しました處が館主は私に向ひ、水晶は買ましたのは間違ひで御座いました、庭に積んである水晶貴殿に殘らず進上しませうと戲談の樣に申して居りました、其後全く此の水晶の捨場に困り、遂に同番地の地形につき込んでしまひました、私方でも百五十俵ばかりの荷物を賣場に困りました故、其頃江戸四日市に水晶の細工屋が御座いましたから、其人に相談しました處、此品は產地で好き品を擇抜き、後の屑許りにて何にもならぬと云ひました故、私も實に驚きました、仕方がありませんから此も遂に地形用に致しました、水晶では澤山に金を儲けた人もありますが損をした方が多い樣で御座いました。

次ぎの第二節に述ぶる甲州若尾逸平兄弟が横濱にて早耳の機敏を以て卒先して甲州産水晶を買占め横濱外人に賣捌いて巨利を博した逸話は逸平傳中の成功記念の第一歩に計へらるゝが兎も角先んずれば人を制し、後るれば人に制せらる、商機を摑むと逸するとは發足第一歩の輸贏にある、開港當時の商人の競爭は今に逸話と殘つてゐることも面白い。

又前記田口太七談中に尙面白き逸話がある。

カジメと云ふ海草が房州海岸に澤山に御座いますが其頃カジメを諸商館にて爭ふて買入れました、此れは百斤一分銀二つ半若しくは三つ位で一ヶ年ばかりは盛に賣れ行きましたが、これも俄に各商館共買止めになりました、段々尋ねて見ますと板昆布と間違へて買入れたのだそうで御座います、英一番などでも隨分澤山に買入れましたが、何國へか順々と積送りましたが、當時最も澤山に買入れましたのは七十三番で御座います、屋敷の中には何千俵と云ふ荷物を積置き捨場に困りました、遂に一俵に付二百文現今の二錢の運送賃を出して片附けて貰ひました、此れを引き受けし人は本町の肥前屋の手代で此荷物を肥料に其まゝ居拂ひに賣り、雙方から金をとり大分の金儲けを致せしと其頃の大評判で御座いました。

明治元年五月新政府は運上所の免許を得て銅を賣らしめ、外人に輸出免狀を與へて五分の稅銀を拂はしめ賣渡人たる邦人にも同率を課して禁制を解いた。

米麥は絕體に賣買を禁じたとの謂ではなく船中必要の部分丈は之れを供給し、國內餘裕あれば政府の手を以て入札拂となし、然る後貿易品として輸出を許したが明治六年七月輸出解禁となつた。

次ぎに御手捌品とは商人相對にて輸出出來ないで、一定の手續を經て外船乘組員、乘客又は船舶の爲に必要なる分量を限りて賣り渡し、其の以上は貿易品と認め國內餘剩ある時に限り官の手にて出札拂とする。卽ち前記輸出禁制品中の棹銅、米麥の類と似て居るが其の取締程度に寬嚴の差があるのみである。

輸入禁制品の阿片の害毒は蘭人及ハリスより聞込んでゐるので安政條約に明記し入港の外船が三斤以上を所持する時は其の餘量は日本官吏之を取上げ密商に對しては一斤每に十五弗の過料を取り立つることとなつた。又武器は「日本役所の外へ賣るべからず」と同條約にあれば一般の商人は購入が出來なかつたが各藩には許された。

開港當時の貿易品は生絲、茶、水産物等は盛に賣行きたるも貨物の種類は餘り豐富ではなかつた、之に反して輸入品は各國を相手とする事故種類は多かつたが其の金額より比較せば輸出超過が多かつた、左に神奈川奉行より幕府に報告したる開港以來慶應三年に至る九年間の横濱貿易に就て輸出入諸物貨の品目を掲げん。

輸出品

| | | | |
|---|---|---|---|
| 製茶 | 蠶卵紙 | 蛹 | 生絲 |
| 屑絲 | 玉絲 | 乾鮑 | 鯣 |
| 煎海鼠 | 鱶鰭 | 乾海老 | 茸類 |
| 刻昆布 | 銀杏 | 木蠟 | 牡丹皮 |
| 醬油 | 下品紙 | 人參 | 漆器翫具 |
| 鐺器 | 琥珀 | 疊表 | 百合根 |

五升芋　豆　石炭　鹽

木炭　薪

## 輸入品

羅紗　羅脊板　英吳呂　絹吳呂

綿天鵞絨　毛木綿交織　毛織物　唐棧

金巾　寒冷紗　雲齋木綿　莫大小

旗布　毛布　木綿絲　毛綿交織襦袢

手巾　繰綿　砂糖類　煙草類

石鹼　朱　土靛　蠟燭

硝子類　水銀　黃丹　明礬

籐　蘇木　熟鐵　鐵張金

象牙　鮫皮　革類　馬蹄鐵

繩船具　鐵砲及附屬品　馬具　洋劍

鼈甲　染粉　紅花　珊瑚樹

製練藥諸品　人參　沈香　線香

龍眼肉　蜂蜜　甘松　甘草

水仙根　五升芋　陶器　鐵器類
錫類　秤　文房具　紙
茶　唐繻子　絹《ケン》紬《チウ》　絹織物地
毛氈　麻絲　テグス　時計類
遠目鏡　龍吐水　沓　靴足袋
塗油　檜油　洋傘　衣服
綿物　食物類　酒類　其他集貨翫物類

次ぎに千八百六十年萬延元年一月一日より十二月三十一日に至る日本より上海へ宛輸出したる貿易品の數量價額に就て之を觀るに左表の通りである

千八百六十年一月ヨリ同十二月三十一日ニ至ル
日本ヨリ上海ヘノ輸出

| 種別 | 個數 | ピックル | 包 | 價格(單位テール) |
|---|---|---|---|---|
| 豆類 | — | 二四九 | — | 二七三、九〇〇 |
| 煉化石 | 一、〇〇〇 | — | — | 三、〇〇〇 |
| 樟腦 | — | 七 | — | 五八、五〇〇 |
| 旃那(cassia) | — | 三二六 | — | 一、六三一、二五〇 |
| 栗實 | — | 八六 | — | 二六〇、九四〇 |

| | | | | |
|---|---|---|---|---|
| 丁香 (clotte) | — | 一七二 | — | 一、八九二、〇〇〇 |
| 席 (coir) | — | 二、四九二 | — | 八、七二四、七六五 |
| 銅 | — | 四七一 | — | 七、五四二、二四〇 |
| 銅貨 | 九三、八六九、九〇〇 | — | — | 六一、九五四、一三四 |
| 銅釘 | — | 三一 | — | 五五八、〇〇〇 |
| 銅製品 | — | 一一六 | — | 二、〇九一、七八〇 |
| 銅針金 | — | 一五 | — | 三〇〇、〇〇〇 |
| 銅製鏡 | 五 | — | — | 一〇、〇〇〇 |
| 綿布無地 | 一五、四二七 | — | — | 五、三九八、四五〇 |
| 綿布模樣入 | 六六、四二七 | — | — | 二七、八九九、三四〇 |
| 縮 | 三四九 | — | — | 一、〇四七、〇〇〇 |
| 扇 | 八〇〇 | — | — | 八、〇〇〇 |
| 鮞 (fish roe) | — | 一三 | — | 四一、一〇〇 |
| フランネル | 二〇〇 | — | — | 二、〇〇〇、〇〇〇 |
| 麻 | — | 三 | — | 六、〇〇〇 |
| 粉 | — | 一、五二四 | — | 一、八二九、三一六 |
| 菌類 | — | 一五 | — | 一九一、四〇〇 |
| 金薄葉 (gold leaf) | — | — | 七 | — |
| 草麻 | 三、九〇九 | — | — | 三、一二七、二〇〇 |

| | | | | |
|---|---|---|---|---|
| 鐵製品 | — | 六、八八〇 | — | 一三、七六一、二六〇 |
| 鐵末製品 | — | 七、三四三 | — | 一一、〇四四、八三〇 |
| 砂鐵 | — | — | — | 一四一、八〇〇 |
| 雲母(Isinglass) | — | 一、五〇七 | — | 三〇、一四一、八〇〇 |
| 漆器 | — | — | 一、三六七 | 一、三六七、〇〇〇 |
| 鉛 | — | 四二 | — | 二一〇、九五〇 |
| リンネル | 一、四四八 | — | — | 一、四四八、〇〇〇 |
| 糖蜜(Molasses) | — | 一一 | — | 二三、〇〇〇 |
| 苔(Moss) | — | 三 | — | 九、〇〇〇 |
| ムスリン | 四四 | — | — | 一一、〇〇〇 |
| 魚油 | — | 二、二八六 | — | 一一三、七一六、〇〇〇 |
| 漆油 | — | 三九、六六〇 | — | 一三八、八一二、九〇五 |
| 栗油 | — | — | — | 一、五〇〇 |
| 種油 | — | 四、三二五 | — | 一七、三〇七、六〇〇 |
| 紙 | — | 三七九 | — | 二、七九二、〇〇〇 |
| 油紙 | — | 二〇 | — | 一六〇、八〇〇 |
| 豌豆 | — | 一三、二六八 | — | 一四、五九五、八一二 |
| 布片(rags) | — | 三二一 | — | 三二一、〇〇〇 |
| 薔薇ノ葉 | — | 三 | — | 三、八五〇 |

| | | | | |
|---|---|---|---|---|
| 絹反物 | 三四、六八九 | — | — | 八六、七二二、五〇〇 |
| 生糸 | — | 五、五五一 | — | 二、一〇九、五〇一、六〇〇 |
| 屑糸 | — | 四 | — | 一二六、〇〇〇 |
| 繭 | — | 二〇六 | — | 一、四四二、〇〇〇 |
| 絹縫糸 | — | 三 | — | 一、四一七、五〇〇 |
| 日本醤油 | — | 一、一二三 | — | 三、三七〇、一四〇 |
| 藁箱(Straw Boxes) | 一〇〇 | — | — | 二〇〇、〇〇〇 |
| 鵠羽毛 | 四二九 | — | — | 一、〇〇〇、〇〇〇 |
| 茶 | — | 三、二四三 | — | 一六二、一六六、六〇〇 |
| タオル | 四、四五三 | — | — | 一、一一三、二五〇 |
| 玩具 | — | — | 五一 | 五一〇、〇〇〇 |
| 緑青 | — | 二 | — | 二〇、〇〇〇 |
| 蠟 | — | 二、二〇七 | — | 一三、四七五、二八〇 |
| 蜜蠟 | — | 二 | — | 二二、九五〇 |
| 白蠟 | — | 二六六 | — | 一、八六四、一〇〇 |
| 假漆（ワニス） | — | 四四 | — | 八九八、〇〇〇 |
| 合計 | | | | 二、七七二、一一三、二〇〇 |

又千八百六十二年文久二年始より同十二月三十一日に至る一年間神奈川港に於ける輸入商品の種類及其の平均市價を掲ぐれば左表の如し。

| 商品 | 平均價格 自 | 至 |
| --- | --- | --- |
| 米國製錐 | 三、五〇〇弗 | 三、七〇〇弗 |
| 鼠色シャツ地5½カッテー（斤量） | 二、〇〇〇 | 二、六〇〇 |
| 〃 6 〃 | 二、一〇〇 | 二、八〇〇 |
| 〃 6½ 〃 | 二、三〇〇 | 三、一五〇 |
| 白シャツ | 二、三〇〇 | 二、八〇〇 |
| 英（無地）木綿織物 | 二、三〇〇 | 二、八〇〇 |
| 〃（色）〃 | 三、〇〇〇 | 三、五〇〇 |
| 土耳古赤色シャツ | 三、〇〇〇 | 三、六〇〇 |
| 錦欄白 | 二、〇〇〇 | 二、七五 |
| 錦欄色 | 三、二〇〇 | 三、一二五 |
| 錦欄紫 | 三、五〇〇 | 三、七五 |
| 光澤附更紗（chinty）取合せ品 | 一、八五 | 二、五〇 |
| 硬毛布（Cam let）色物 | 二二、〇〇〇 | 二五、〇〇〇 |
| 硬毛布口別 | 二一、〇〇〇 | 二三、〇〇〇 |
| 〃 〃 一等品 | 二二、〇〇〇 | 二三、〇〇〇 |
| 〃 〃 二等品 | 二〇、〇〇〇 | 二二、五〇〇 |
| 〃 〃 三等品 | 一八、〇〇〇 | 一九、五〇〇 |
| 鉛（單位ピックル） | 八、五〇〇 | 九、五〇〇 |

| | | |
|---|---|---|
| 錫地金(塊)ピックル | 二六、〇〇 | 四四、〇〇 |
| 〃 板金 〃 | 七、〇〇 | 八、〇〇 |
| 亞鉛 | 五、八〇 | 七、〇〇 |
| 天鵞絨黑 三四ヤード | 九、〇〇 | 一一、〇〇 |
| 〃 草色 二七ヤード | 六、〇〇 | 八、〇〇 |
| 藍 | 八、五〇 | 一〇、〇〇 |
| 毛糸 (lestings) | 一三、五〇 | 一四、五〇 |
| 織糸 一六――二六 | 三八、〇〇 | 四五、〇〇 |
| 〃 二八――四二 | 四八、〇〇 | 五〇、〇〇 |
| 〃 三八――四二 | 五三、〇〇 | 六〇、〇〇 |

次ぎに安政條約に依つて先づ開港されたる横濱外の二港に付其の概要を附記し併せて開港初年の全貌を一瞥せん。

千八百五十九年安政六年より千八百六十八年明治元年に至る約十年間の日本貿易額には箱館港は除外されてゐる、當時彼地に居留するは英國商館の二三と露西亞人經營の數件ありしのみにて外船の寄港すること甚だ稀れにて記錄もなく大部分は支那密輸入商の手を經たるもののやうである、尤も維新前日本に於ける貿易の統計報告は何れも不確實なるを免れない、本問題に付近年多數の駐日領事の調査に基き事實に近しと認定せられたる報告に依れば、開港最初の一年に於ける前半期は長崎以外の貿易は記すべきもの無く、千八百五十九年七月より同十二月迄の長崎貿易總額は三十五萬磅にて其の內二十萬磅は輸出額である、又主要輸入品は砂糖、毛織物、硬毛布、シャツ地等にて輸出品は加工せし銅、雲母、海草及雜品等である。當年橫濱も輸入に相當の成績を擧げ總額十萬磅足らずに達した。

千八百六十年萬延元年の貿易に付一領事の記錄によれば當時上海は日本輸出品の橫濱港たりし關係にて日本の輸出額に就ては稍や明瞭なる記錄を得た、是に依れば本年は歐米に向け橫濱より直接船積せし貨物は無かりし故に以上の上海荷卸し日本貨物と長崎より船積せし歐米直航輸出品を合せば主要なる當年の貿易を觀察し得べしと、彼の殆ど正確なりと稱する當年の日本貿易額は左の如し。

一八六〇年日本より上海向船積總額及交換率

| | | | |
|---|---|---|---|
| 輸出見積 | 二、七七二、一六三テール | 六、六と四分の一の割合 | 九〇三、八四三、一八磅 |
| 現實增額(茶) | 一六三、〇〇〇テール | 六、六と四分の一 | 五三、一四四、一五 |
| 計 | | | 九五六、九八八、一三 |

同時に長崎より直接倫敦へ向け船積せし貨物及其の價格を擧ぐれば左の如し。

| | | | |
|---|---|---|---|
| 植物性蠟 | 一八〇、〇〇〇弗 | 生絲 | 二五、〇〇〇弗 |
| 茶種 | 一五、〇〇〇 | 茶其他 | 二一、〇〇〇 |
| 計 | 二四一、〇〇〇 | | |

以上の外香港向發送の主要船積品は鹽、魚類、粉、豆類、蠟、海草其他價格二十二萬二千七百六十弗、交換率

五分の一の割合にて英貨十一萬五千九百四十磅となる、是れに上述の上海輸出額を合すれば本年の日本に於ける輸出總額は百〇七萬二千九百二十八磅十三片餘となる。

同年の輸入に關しては大體税關記錄を基礎とするも少なくも一割五分は實際より內輪に見積りあることと一般に認められ居る故此の税關帳簿面の數字に一割五分を加算すれば輸入總額六十萬磅內外となるが故に千八百六十年卽ち開港第一年の貿易總額は百六十萬磅餘となるべしとの見積である。

次ぎに橫濱及長崎駐在英國領事の日本税關より得たる開港以後十年間の輸出入統計を示せば左の如し。

（單位弗）

| 項目／年次 | 輸出 長崎 | 輸出 橫濱 | 輸出 計 | 輸入 長崎 | 輸入 橫濱 | 輸入 計 |
|---|---|---|---|---|---|---|
| 一八五九（安政六） | 八〇〇、〇〇〇 | 四〇〇、〇〇〇 | 一、二〇〇、〇〇〇 | 六〇〇、〇〇〇 | 一五〇、〇〇〇 | 七五〇、〇〇〇 |
| 一八六〇（萬延元） | 六〇〇、〇〇〇 | 三、九五四、〇〇〇 | 四、五五四、〇〇〇 | 七〇〇、〇〇〇 | 九四五、七〇〇 | 一、六四五、七〇〇 |
| 一八六一（文久元） | 七八九、〇〇〇 | 二、六八二、九〇〇 | 三、四七二、五〇〇 | 六〇四、〇〇〇 | 一、四七八、〇〇〇 | 二、〇八二、〇〇〇 |
| 一八六二（文久二） | — | 六、三〇五、〇〇〇 | — | — | 二、五七六、〇〇〇 | — |
| 一八六三（文久三） | 九二五、〇〇〇 | 五、一三四、〇〇〇 | 六、〇五九、〇〇〇 | 六〇二、〇〇〇 | 一、五九五、〇〇〇 | 二、一九七、〇〇〇 |
| 一八六四（元治元） | 一、一五九、〇〇〇 | 八、九九七、〇〇〇 | 一〇、一五六、九〇〇 | 八三七、〇〇〇 | 五、四四三、〇〇〇 | 六、二八〇、〇〇〇 |
| 一八六五（慶應元） | 一、五六〇、八〇〇 | 一二、四〇〇、〇〇〇 | 一三、九六〇、八〇〇 | 一、一四七、〇〇〇 | 一〇、〇〇〇、〇〇〇 | 一一、一四七、〇〇〇 |
| 一八六六（慶應二） | 一、九八四、〇〇〇 | 一四、一〇〇、〇〇〇 | 一六、〇五四、〇〇〇 | 一、〇八〇、〇〇〇 | 一一、四三〇、〇〇〇 | 一二、五一〇、〇〇〇 |
| 一八六七（慶應三） | 一、六四九、〇〇〇 | 一四、四〇〇、〇〇〇 | 一六、〇四九、〇〇〇 | 一、三四五、〇〇〇 | 一二、二五〇、〇〇〇 | 一三、五四五、〇〇〇 |

| | | | | | | |
|---|---|---|---|---|---|---|
| 一八六八(明治元) | 一、九九九、〇〇〇 | 一七、六六八、〇〇〇 | 一九、六六七、〇〇〇 | 一、九二四、〇〇〇 | 一三、三九七、〇〇〇 | 一四、三二一、〇〇〇 |

是れに由つて觀れば最初の年より毎年に渉りて悉く皆輸出超過となつてゐる、而して長崎、横濱の對比を見るに初年は輸出入とも長崎が多かつたが其後は輸出入とも横濱が激增し長崎は問題にならない。

尙外商は常に價格及び數量を過少評價して申告したのであるから實際輸出入額は更に五割を加へたものに近かつた、尙考ふべきは此外に密貿易も相當あつたもの様に考へらるるが开は想像に止まることで數字の豫測は不可能と見られてゐる。

次ぎに千八百六十三年文久三年横濱に於ける輸出入金額に就て各國の對比を示せば左の如し。(單位磅)

| 國別 | 輸入 | 百分比例 | 輸出 | 百分比例 |
|---|---|---|---|---|
| 英吉利 | 六三五、七三一 | 七八、三 | 二、一四九、二九一 | 八一、一 |
| 和蘭 | 七二、六七一 | 八、九 | 一七一、七三四 | 六、六 |
| 亞米利加 | 七〇、四五八 | 八、六 | 一六一、七〇二 | 六、一 |
| 普魯亞 | 一九、七一二 | 二、五 | 九五、一七七 | 三、七 |
| 佛蘭西 | 一〇、一七六 | 一、三 | 四六、七八九 | 一、八 |
| 露西亞 | 二、三九八 | 〇、四 | 一三、八一〇 | 〇、六 |
| 合計 | 八一一、一四六 | 一〇〇、〇 | 二、六三八、五〇三 | 一〇〇、〇 |

此年は米國は南北戰爭中であつたので輸出入とも貿易が振はなかつた、又横濱から輸出さるるものの內で茶は優位を占めてゐるが今茶の輸出額に就て各國の對比を示せば次ぎの通りである。

| 輸出先 | 一八六三(文久三年)一八六四(元治元年) | 一八六四(元治元年)一八六五(慶應元年) | 一八六五(慶應元年)一八六六(〃二年) | 一八六六(慶應二年)一八六七(〃三年) | 一八六七(慶應三年)一八六八(明治元年) |
|---|---|---|---|---|---|
| 倫敦及歐羅巴 | 二、一三七、二九九 | 二、五七二、〇一三 | 九八八、七四二 | 六六七、〇六一 | 七七二、三二二 |
| 上海 | 一、三三〇、七五二 | 一八六、六六二 | 二、五八六 | — | — |
| 香港 | 三〇〇、五九八 | 二四、五一〇 | — | — | — |
| 北米合衆國 | 一、九七八、八七八 | 二、九七五、九八五 | 六、五三三、二三三 | 六、二八八、七九〇 | 七、一一二、七〇八 |
| 支那 | — | — | — | — | 七三、四三六 |
| 合計 | 五、七四七、五二七 | 五、七五九、一七〇 | 七、五二四、五六一 | 六、九五五、八五一 | 七、九五八、四六六 |

(以上表數字は Western Borbarians in Japan and Formasa in Tokugawa Days, 1603—1868 by M. Paske Smith, に據る)

終りに開港後幕府が自動的に進んで上海に入つて貿易を試みたことがある、其の記錄は次ぎの通りである。長崎商人松田屋伴吉なるものの手記が近年其の後裔者に依つて發見せられた、夫に據れば開港後我國から最初に上海へ行つて貿易を試みた當時の事情が窺はれる。

始め安政五年六月十九日の假條約に依つて長崎、神奈川、箱館を開港場としたので歐米人が我國に渡來して來たが其中に英人リチヤードソン Richardson は上海長崎間の定期航海に着目し、アーミスチス Armistice 號といふ三百五十八噸の汽船一隻を以て此の業を營み數年の間に巨萬の利益を收めたのである、從來鎖國の時代を通じて我國は和蘭及支那船の長崎入港を許し、一定の額を限りて貿易を行ひ來つたのであつて、鎖國以前のやうに我より進んで貿易の爲に船を海外に出だすことは絕對に許さなかつたのであるが、開國以後幕府に於ては斯る受動的の態度を改め、我國よりも進んで商船を外國に派遣する必要を認め、文久元年に至りて其の議初めて熟し、彼のリチヤードソンの所有船アーミスチス號を船中備附の諸道具一切と共に代銀三萬四千弗で買入れ千歳丸と命名した。（當時長崎入港外國汽船は和蘭船二七〇噸のもので一ヶ月傭船料一、三〇〇弗、英船六〇〇噸のもの同三、〇〇〇弗であつた）

幕府は上海に於て日本商品試賣の爲め長崎會所をして仕入せしめた、商品と本商人五ヶ所割符仲間から幕府の許可を得て同じ目的に準備した所の商品とを積ましめた、本商仲間の品物は輸出税及運賃を免除せられた。一行の役付氏名は左の通りである。

| | | |
|---|---|---|
| 御勘定 | 根立勘七郎 | 供二人 |
| 支配御勘定出役 | 金子兵吉 | 供二人 |
| 御徒目付 | 鍋田三郎右衛門 | 供二人 |
| 御普請役格御小人目付 | 鹽澤彦次郎 | 供一人 |
| 御小人目付 | 犬塚鉎次郎 | 供一人 |
| 長崎會所掛調役 | 沼間平六郎 | 供二人 |
| 同 | 中村良平 | 供一人 |
| 同 | 中山右門太 | 供二人 |
| 會所役人 | 森寅之助 | 供一人 |
| 唐通事 | 周恒十郎 | 供一人 |

同　　　　蔡　善太郎　供一人
和蘭通詞　岩瀬彌四郎　供一人
藥種目利　渡邊與八郎　供一人
會所筆者格　松田兵次郎　供一人
醫師　　　尾本公同　供一人

之に本商人卽ち五ケ所割符仲間から永井屋喜代助、松田屋伴吉、鐵屋利助の三名が各供一人を從へて随行した、而して其の商品目數量は次ぎの通りである。

一、長崎會所仕出しの分

| | | | | |
|---|---|---|---|---|
| 一、煎海鼠 | 二萬 | 二百丸 | 代銀 | 九十二貫六百四十目 |
| 一、干鮑 | 三萬六千斤 | 三百丸 | 代銀 | 百十貫八百八十目 |
| 一、鱶鰭 | 千八百斤 | 三十梱 | 代銀 | 三貫二百四十目 |
| 一、房寒天 | 一萬二千斤 | 二百丸 | 代銀 | 百五十貫目 |
| 一、鶏冠草 | 三千斤 | 三十丸 | 代銀 | 四貫五百目 |
| 一、三ッ石昆布 | 三千六百斤 | 三十丸 | 代銀 | 一貫二百六十目 |
| 〆 | | | 代銀 | 三百六十二貫五百二十目 |

右者俵物方御園之内より御持越相成候に付歸帆之上勘定仕上代銀御出方被㆓仰付㆒候様仕度奉㆑存候とあり、卽

ち俵物會所貯藏の商品也。

一、鰹節　百斤　二箱　代銀五十目
一、五倍子　三百四十六斤　四箱　〃　七百二匁九分八厘
一、一番鰑　三千斤　〃　十二貫九百匁
一、二番鰑　二千五百五十斤　〃　五貫七百七十匁九分
一、棕梠皮　五千六百八十七斤　〃　九貫七百六十匁二分
一、巻煙草　二十六箱　〃　七百八十匁
一、秤千木類　五斤　〃　九十四匁三分
一、巾廣紋絹　五疋　〃　二貫百匁
一、同縞郡内　五反　〃　一貫七十匁
一、中巾縞郡内　十反　〃　一貫七百七十五匁
一、縞郡内　十疋　〃　一貫四百匁
一、米澤織　三疋　〃　六百匁
一、絹日田織　十反　〃　四百五十匁
一、縞越後　四反　〃　四百三十八匁五分七厘
一、緋山舞(山繭)縮緬　一反　〃　六百二十匁
一、緋板締　三丈五尺三寸　〃　二百匁
一、同　四丈四尺六寸　〃　二百五十二匁

| | | | |
|---|---|---|---|
| 一、同 | 四丈五尺八寸 | 〃 | 二百五十二匁 |
| 一、緋鹿子 | 一切(片) | 〃 | 百六十八匁 |
| 一、緞子 | 一反 | 〃 | 四百九十匁 |
| 一、色海黄(甲斐絹) | 十疋 | 〃 | 九百五十匁 |
| 一、形付木綿 | 三百五十反 | 〃 | 七貫三百五十匁 |
| 一、黑蒔繪盆 | 三組 | 〃 | 四貫五百匁 |
| 一、日野塗蒔繪足付大廣盆 | 一枚 | 〃 | 九百匁 |
| 一、同廣盆 | 一枚 | 〃 | 二百八十匁 |
| 一、形付紙 | 五千枚 | 〃 | 五百九十匁 |
| 一、會津産人參 | 二千五百斤 | 〃 | 四百十七貫五百匁 |
| 一、雲州人參 | 二千五百斤 | 〃 | 五百貫匁 |
| 一、石炭 | 二十五萬斤 | 〃 | 二十貫目 |

〆　九百九十一貫七百六十二匁九分二厘

右は市中御買上とあり卽ち試賣の目的を以て市中商人より買入れたる商品也

| | | | |
|---|---|---|---|
| 一、麻苧 | 七十貫匁　七丸 | 〃 | 三貫七百四十四匁 |
| 一、五色絹絲 | 七十八包 | 〃 | 六百四十三匁五分 |
| 一、紺蛇目傘 | 八本 | 〃 | 六十四匁 |
| 一、上棕梠箒 | 六十三本 | 〃 | 百四十四匁九分 |

| | | | |
|---|---|---|---|
| 一、中　同 | 五十六本 | 〃 | 百二十八匁八分 |
| 一、網代コップ | 二十 | 〃 | 二百九十八匁 |
| 一、同　うね組コップ | 二十 | 〃 | 百四十二匁八分 |
| 一、同　小形パン入 | 五十 | 〃 | 八百四匁 |
| 一、籠着猪口 | 二百 | 〃 | 三百五十七匁六分 |
| 一、同　徳利 | 五本 | 〃 | 十四匁六分五厘 |
| 一、網代卷煙草入 | 七ツ | 〃 | 九十一匁七分 |
| 一、網代丸筒大形卷煙草入 | 五ツ | 〃 | 八十九匁三分五厘 |
| 一、同　小形 | 五ツ | 〃 | 八十二匁九分 |
| 一、溜塗蒔繪パン入 | 五ツ | 〃 | 百六十九匁六分五厘 |
| 一、蒔繪印籠 | 一ツ | 〃 | 二百八匁三分七厘二毛二弗 |
| 一、蒔繪緒締根付共 | 一揃 | 〃 | 二百四十六匁九分六厘 |
| 一、高蒔繪卓 | 四ツ | | |

内譯

七百二十六匁三分七弗　（其一）

六百十六匁六分三弗　（其二）

六百三十三匁三分五厘一毛六弗　（其三）

四百六十三匁四分二厘八毛　（其四）

〆　代銀　二貫四百三十九匁四分一厘六弗

一、高蒔繪文臺　一脚　代銀　七百八十三匁三分八厘九毛三弗
一、同　机　一脚　代銀　四百二十二匁五分二厘四毛八弗
一、同　鼻紙棚　二ツ

內譯

六百九十七匁四分六厘九毛二弗　（其一）
五百匁三分五厘八毛三弗　（其三）
〆　一貫百九十七匁八分七厘七毛五弗

一、同　料紙硯箱　一組　代銀　四百六十三匁四分二厘八毛
一、煙管　五本入十箱　〃　四百八十匁四分二厘四毛
一、同　五本入五箱　〃　二百四十七匁一分六厘一毛五弗
一、青具二番針指　五箱　〃　三百十八匁五分
一、青具三番布袋形針指　三箱　〃　二百九十四匁
一、錦手皿附蓋茶碗　十二組入一箱　〃　百七十六匁四分
一、桑細工寄木筆筒　一ツ　〃　六兩二歩　此銀　四百六十八匁
一、梨子地蒔繪緋紐付文庫　二箱　〃　二百九十目

一、同　山水蒔繪料紙硯箱　一　組　〃　四百三十目
一、本金梨子地蒔繪料紙硯箱　一　組　〃　六百五十目
一、角切扇蒔繪硯蓋　二　枚　〃　五十目
一、草木蒔繪硯箱　五　枚　〃　二百十五匁
一、草木花鳥蒔繪硯箱　五　枚　〃　二百匁
〆　十五貫七百二十七匁一分三厘七毛五弗

右者外國人被レ下用意として會所御圍之內より御持越相成候に付歸帆之上勘定仕上代銀御出方之儀申上候樣可レ仕奉レ存候とあり、卽ち長崎會所貯藏品の內より和蘭領事上海道臺等に贈與すべき進物用として準備したるもの也。

通計銀　千三百七十貫十匁五厘七毛三弗

二、商人仕出しの分

一、房寒天　千八百斤　三十丸　代銀　十九貫八百目
一、三ツ石昆布　二萬六千四百二十四斤　百六十七丸　〃　二十八貫五百三十七匁九分二厘
一、參葉　二百斤　四丸　〃　四貫目
一、髭人參　二百二十斤　四丸　〃　八貫八百匁
一、白絲　百二十斤　二丸　〃　十六貫目
一、樟腦　百三十四斤　二桶　〃　一貫四百七十四匁

| | | | |
|---|---|---|---|
| 一、紙煙草入 | 數千 | 二十三箱 | 〃　四十一貫四百目 |
| 一、籐細工時計類 | 五百筋 | | 〃　九貫匁 |
| 一、友禪模樣布 | 四十四反 | | 〃　四貫二百六十八匁 |
| 一、色海貴（甲斐絹） | 九十疋 | | 〃　八貫五百五十匁 |
| 一、卷煙草 | 五百本入三十箱 | | 〃　一貫三百五十匁 |

〆　百四十三貫百七十九匁九分二厘

總計　千五百十三貫百八十九匁九分七厘七毛三弗

右の商品は主として長崎に入港する支那船が返り荷として購入する貨物を標準として選定したるものである、從つて上海貿易と言ふけれども上海に在留する所の歐洲人向の商品ではない、支那人を目的とした貨物である、さうして長崎會所からは返り荷の資金として洋銀三千弗を準備し更に上海に於ける和蘭領事館宛二萬七千弗の爲替を拂込んだ。

上海に着いてからは和蘭領事館員の手で商品賣買は行はれ從つて手數料として賣買共に價格の千分の二十五を支拂つたので利益とはならなかつた、又返り荷として左の支那商品を買求め歸つて來た。

| | | |
|---|---|---|
| 一、黑花色呉羅服連（ゴロフクレン） | 百反 | 代銀　五貫四百匁 |
| 一、尺長更紗 | 四百五十反 | 〃　六貫三百匁 |
| 一、い一番毛氈 | 千枚 | 〃　六貫五十匁 |
| 一、ろ一番毛氈 | 七百枚 | 〃　四貫二百匁 |

| | | | | |
|---|---|---|---|---|
| 一、水銀 | 二千八百十二斤五合 | | 〃 | 十四貫百四十六匁八分七厘 |
| 一、枳實 | 千四百三十四斤 | 五丸 | 〃 | 一貫二百九十匁三分八厘 |
| 一、胡椒 | 三千百三十八斤 | 五十袋 | 〃 | 二貫二百五十九匁四分二厘 |
| 一、太楓子 | 七千百三十四斤 | 三十三丸 | 〃 | 一貫四百二十六匁 |
| 一、麻黄 | 四千二百三十一斤八合三勺 | 二十三丸 | 〃 | 二百五十八枚一合四勺（洋銀） |
| 一、甘草 | 三千六百九十九斤三合 | | 〃 | 百六十二枚七合七勺（洋銀） |
| 一、甘草 | 八千六百六十九斤 | | 〃 | 三貫四百六十七匁六分 |
| 一、鉛 | 四萬二千百七十斤 | | 〃 | 二十七貫九百五十八匁七分八厘 |
| 一、大黄 | 六千六百九十五斤 | 二十三丸 | 〃 | 八貫五百六十九匁六分 |
| 一、氷砂糖 | 二萬九千二百斤 | | 〃 | 二十六貫二百八十匁 |
| 一、石膏 | 二萬四千百五十七斤 | | 〃 | 二貫四百十五匁七分 |

合計日本銀　百九貫七百六十四匁三分五厘

洋　　銀　四百二十弗九合一勺

此換算日本銀　三貫二百四十一匁七毛

（唐國渡海日記六月十一日の條に今日洋銀相場一枚七匁七分位とあるに依り換算す）

總　　計　百十三貫五匁三分五厘七毛

（「商業と經濟」川島元次郎「開國以後最初の上海貿易」）

支那貿易に水産品は歡迎せられてゐることは昔からの例であるが此度も此の方面は相當用意して持出されてゐる、又絹織物も種々持込まれてゐるが元來白絲割符の時より多量の支那生絲を輸入してゐたが我が絹業は德川中世以後著しく旺盛となつて遂には正德年間頃より支那絲輸入を減少し代ふるに和絲を以てする方針となつて內地の生絲製産も殖え絹業も他に廣まつて諸種の絹織物を産出するに至つた、這回の支那貿易にも本家筋の支那に向つて絹織物を澤山持込んでゐる。支那より輸入品としては不ニ相變一藥品が目に付く、乍レ併此頃の支那貿易は上海を中心に在支外國人をも大に目算に入れたものであらうが、這回の試みは支那官憲や和蘭の領事等相當御遣物があつたり、慣れない突如の試みで經費倒れとなつたことは著しいものがあつた、尙此の記錄で見る支那に在つて巨萬の富を得た英人リチヤードソンは彼の文久二年の生麥の變で薩人に斬り殺されたものである、彼は避暑中横濱に遣つて來た時の慘禍であつた。（次節官貿易と私貿易參照）

## 第八節　官貿易と私貿易

開港通商條約の成立により交易を始むることは素より各國民個々が自由に之を行ふのである、ハリスが最初通商條約章案を提示し說明し、又我が談判委員等が之を承認し、異議を挿まなかつたことは當時の記錄に明細である。然るに曩に開港論者たる橋本左內が意見に徵するに「其中交易は矢張官府交易に致候間勝手交易は相斷中度候事」と謂つてゐる。

長崎時代の貿易は官貿易であつたが安政四年に締結した日米通商條約は前述ぶる如く私貿易となつた、官貿易と稱するは中央政府卽ち德川幕府が直接貿易を營むことを指すものゝやうに聞えるが其實は各藩諸侯が貿易に携はつたことを玆に官貿易と稱するものであるが夫は充分な資料がないので詳細之を知ることは出來ないが各藩の中では外國貿易を試みたものが相當あつたやうである。幕府に於ても自ら外國貿易に關係せんと欲した意向は無いでもなかつた樣である、卽ち萬延元年三月外國掛大目付、目付から産物方の設置を建議した、その趣旨は神奈川開港以來物價騰貴し、上下共に未曾有の困難に陷つた、幕府は貿易の開始によつて利益を占めてゐるが如く見られて居るが、内實は貿易のための費用も莫大であり其償も出來ず、將來の費用も見當がつかず國家の安危にかゝれる如くであるから、一方には諸家の疲弊を救濟する名目にて産物の配給に干渉を加へ傍ら貿易を試むることを名目とし海軍の擴充をはかるべきである、就ては産物方と稱する一局を設け、天領は勿論、大名領地の産物仕入方便宜の筋を調査し産物高に應じて公儀の船を以て運送せば自然商法の利害得失も分明し貿易上の駈引の助となり、第一御國內産物産出額の實數も明かとなるから其上にて支那に出貿易を試むるならば彼地の模樣次第にて貿易の取組も盛んとなるべく、又追々航海も盛んなるべき時勢であるから公儀の船が絕へず沿海を航海せざれば自然不取締のことも出來やうといふにあつた。併し勘定奉行、勘定吟味役。外國奉行、町奉行等の答申には餘り贊成が無くて實現するに至らなかつた、次ぎに慶應元年十一月産物會所の計畫があつたが是又實現するに至らなかつた。(支那へ出貿易を試みたることは前第七節參照)

始め橫濱開港前に下田貿易があつた、是はペルリの神奈川條約及下田條約の結果安政元年五月頃より下田に缺乏所なるものが創設せられた、現今の同心町邊に當りて外人應接所附屬である御用所及組屋敷と云つた。幕吏役宅等の外に四棟の缺乏所を兩側に建て中央を通路としてこゝで外國船に薪水食料の供給をして外人は之をバザール Bazaar と云つた、少くとも向ふ一ヶ年間は單に薪水食料のみを供するの規定であつたが士官等は隨時上陸し通事を經て私用の物品を自由に購入することを認められ居たので、公賣所開かるゝや米人の所望に任せ、織物、漆器、紙、下駄、傘類を此所に陳列して貿易を始めた、但し賣買には官吏必ず之に立會ひ、代金の授受も一々其手を經且つ異人より代價の代りに受取るべき貨物の如きも官吏其の價格を定めた、依つて日米貨換算率も定められ墨銀一個に銀一個 後ハリスの時に至り一分銀三個となつた の割合であつた、されど下田町民以外は勿論町民でも特許を得た者の外は此の缺乏所に出入して外人と取引は許されなかつた 箱根驛杉本屋彌兵衞のみは特別の許可を得た ので江戸其他各地の商人等は商品を携へて下田に來り此等御用所商人に托して外人と貿易をした、靜岡漆器が海外輸出の端を開いたのも全く此時に初まつたと謂はれる。幕府老中は開港の旨意單に薪水料の供給にある旨を以て林大學頭等を詰問した所、林等は條約の規定は今後渡來の商船に關するものでペルリ一行の艦隊には律し難きを以て別に善後處分を施し得ない旨を答申した、而して依然貿易は行はれるので仍て幕府は十二月に至り外人の遊歩密貿易等取締の爲め筒井政憲、川路聖謨、岩瀨忠震等を下田取締掛とした。（下田の栞）

是より先き西方の諸候間には夙に外國と貿易に從事したものがあつた、現に薩藩では古くより琉球貿易が許されてゐたので幕府から許されたる制限を超え琉球の支那貿易を利用して支那とも通商し齊彬時代には密貿易も大規模となつて歐洲人とも外國貿易を行つてゐたので早くから外國事情に通じてゐた。現に開港前に下田では幕府の特許を得たものゝみ外人の缺乏品を賣込む缺乏所なる公賣所が開かれた時齊彬は密かに人を此地に使はして其の狀況を內探調査せしめた位である。嘉永六年ペルリ來航後は諸侯は國防上武器戰艦の必要を感じ殊に文久年間鹿兒島、下ノ關に於ける外艦と交戰以來我が武器の不完全で大に彼に俟たなければならないことを痛感し盛んに武器の輸入を計つたが、之に要する金銀の必要國產を輸出して交換することを捷徑として外國貿易の有利を感知し其他諸侯も大に心を傾くるに至つた。

佐賀藩では長崎を近くに控へ早くより外國貿易に着眼してゐた「幕末經濟史研究」中に佐賀藩のことに就て次ぎの樣に記載されてゐる。「旣に弘化二年に貿易に適する物產を興さんとするの目的を有した國產方が設置せられ、國產方は他藩の夫れと同じく、國產の奬勵を興さんとするの目的とせしもので、其の產物は主として大阪へ輸送されたのであるが、又其の一部分は長崎へ輸送されしもので、外國貿易に對する準備を內々企圖して居たものである、惟ふに未だ開國前より外國貿易の目的を以て國產方なる官署を設置せしは當時の藩主の卓見と言はざるを得ないだらう、黑船來航後國防を盛んにする風潮は漸次漲り、佐賀藩にても軍艦、商船の製造を試むることとなつたが其の財源に苦しみし結果、安政元年末從來よりも存せし國產方の外に、代品方を設置した、代品方は外國向の商品を生產し、以て軍艦、商船の購入資金に充てむとしたのである、始めは陶磁器、白蠟、石炭、小麥の四品を以て其の輸送品としたが、其後各種の工藝品にせんと種々企畫さるゝ處があつた、而して此の代品方は大隈の奔走により後に至り擴張されて商館となり純然たる外國貿易機關として大阪及び長崎に設置さるゝこととなつた。」這般の消息に就き「大隈伯昔日譚」に

是に於て藩の有力者に說くに富國策を以てし、漸次に闔藩の氣運を鼓舞するに從事したり、謂ゆる富國策で

は、是より先き佐賀藩に代品方と稱する貿易官の如きものあり、其職とする所は大阪に出張して専ら藩の物產を販賣するに在り、其由來を尋ぬれば外國人より軍艦船舶其他の物品を買入るゝには、巨多の代價を支拂はざるべからざるに、當時藩の財政にては之を爲すこと容易ならざりしを以て物產を販賣したる價を以て之に充てんために設けたるものなり、余は因つてこの代品方の規模を擴張し長崎と大阪とに商館を設け、之に投ずるに三四十萬圓の資本を以てし、材幹ある官吏と商人とを以て之が事務を擔當せしめ、以て通商貿易の便を開き、一方には國用の充實を圖り、他方には之によりて中原に向つて運動するの計を立てんとの企畫を爲したりき、意外にも、此の企畫の一半は、因循頑固なる藩吏の容るゝ所となり、商館の設立を見るに至れり。

と述べて居る、佐賀藩が如何に外國貿易を盛んに行ひしかは、廢藩當時の外債の巨額なりしことによりて之を知ることが出來る、卽ち新政府が承繼せし佐賀藩の外債は、合計四十七萬千九百七十五圓餘であつたのである、此の外債の額は全部外國貿易關係より發生せしものでは勿論ないが、其の大部分は外國貿易より發生せしものである。

尙舊諸藩の外債處分に當りて外債を有せし諸藩は三十七藩總計四百萬二千五十二圓餘であるから一割以上にも達してゐる。（菅野和太郎「諸侯と外國貿易」）

是等の外債は貿易の不決濟による外債のみであるから決濟のものは何程あつたか總貿易額としては多額のものであつたことは想像さるゝのである。

本節官貿易と稱するは幕府及び諸藩が從事した貿易を稱するが幕府夫れ自身のものは前述ぶるが如く計上すべ

きものでなかつたが諸藩のものは相當深い根據がある薩藩佐賀藩等の卒先着眼せるは素より其の由來久しきものがあるが開港に當つて官貿易論は相當旺んであつた、抑々國民の知識が進まないで理財の何たること通商の利害を熟知せざる時代では國家自ら鼓舞奬勵の任に當るは極端なる自由貿易論者と雖も猶首肯せざるを得ないもの、況んや三百年來その鎖國主義なる武斷政治の下に生育し藩の一局部に屏息して殖產通商二つながら共に萎微頽廢し、加ふるに課税、御用金の嚴達に繼で、缺所、搆、家產沒收等迅雷の如く俄然として屢々頭上に墜落し農工商の稍々富み且大なるもの殆んど共堵に安んずることが出來ないで、慣習の久しき因循姑息、卑屈無氣力の極度に達したる國民を率ひ一朝突如として外國貿易に從事せしめんと欲するに於てをや、かゝる場合に際し國家自ら手を携へて奬勵監督の任に當りその販路を示してその利の存する所を誘掖するば啻に時勢に適中したる政策のみならず寧ろ當路者職務に屬すべきものである、………と云ふ様な意見もあつて諸藩の中では率先して官貿易に手を染めたものがある、越前藩では橫井小楠を聘して藩政革新に鋭意となつて中根雪江、長谷部甚平等は相當活躍したが就中三岡八郎後の由利公正は最も財政經濟の理法に通じ藩政の爲めに大に功績を擧げた。開港の年外國貿易の現況並に關西地方に於ける貨物集散運輸の方法取調の爲め長崎に出張し和蘭商館と越前物產の生絲醬油其他貨物の販賣方を特約して歸つた、爾來物產總會所を設置し資金を放下して藩內殖產の計畫を爲し、貨物販賣集散の取引漸次頻繁となるに伴ひ荷爲替の方法をも開始した、又生絲を長崎に送り和蘭商館に販賣して二十五萬弗餘に及んだ。

斯くて物產會所は設立以來三年を經過して三百萬兩の輸出額に達し、藩札は漸次正貨と變じ金庫は常に五十萬內外の正貨を貯蓄した、長崎和蘭商館に販賣した生絲の代價一時六十萬弗餘に上り俄に正貨と兩替を爲すことが出來ないで爲めに大阪藏屋舗に留置し幕府の買上げとなつた如き繁榮の狀況を呈した。

開港と聞て早くも橫濱に移住し銅御殿と稱する宏莊豪華の大廈を建築し中外人の目を聳てしめた中居重兵衛が安政六年一二三月頃の日誌を見れば開港眞先に外人と取引すべく諸藩の當路者就中物產方等に取入り種々の商品依托を運動した形蹟がある。上田侯、紀州公、會津侯、河州侯、佐竹侯、尾州公、雲州侯、周防様、松平伊賀守南部侯等の邸に出入し或は夫等の勘定方、物產方其他重役等と往復した記錄がある。是等藩では橫濱開港に際し之を機會に物產賣捌の途を開かんとしたものである。(下卷第四章第一節第二項參照)

又橫濱開港の爲移住した甲州屋忠右衛門が後裔に保存せる古記錄中、南部侯が國產生絲絹等を橫濱に廻送した記錄に徵すれば四人の賣込問屋が連合して差配役を勤め身元金八千兩を積んだ記載がある。原文を寫眞として掲ぐれば次ぎの通りである。

倘南部美濃守內大石貫一郞印の約定書は次ぎの通りである。

約定書之事

一今般出願致候生絲之儀御下知之上は右差配用達貴殿始へ被爲仰付候儀相違無之候爲後證依如件

井上重次郞㊞

元治元子年五月

芝屋清五郞殿

甲州屋忠右衛門殿

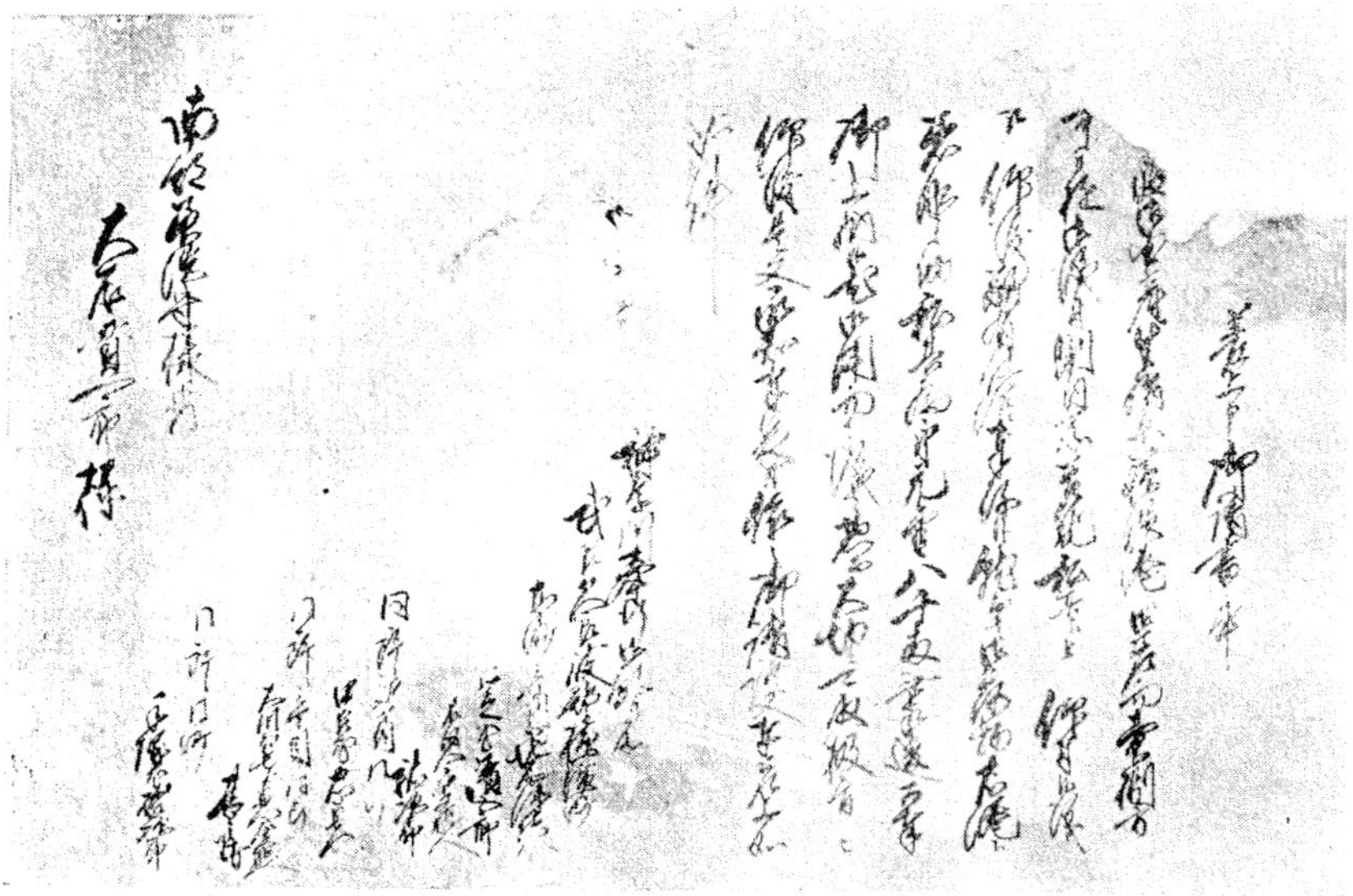



前書之通相違無之ニ付奥印依如件

南部美濃守內

大石貫一郎㊞

とある、是に據れば南部侯の生絲賣却に就て芝屋清五郎甲州屋忠右衞門に差配を許した時の約定書である、前寫眞は其後二人を加へた時のものか以て其の當時の藩主自身の生絲貿易が窺はれる。

文久三年七月十八日長藩三家老の連署で長藩留守居役椿彌十郎が京都所司代松平定敬に送戰書を呈したもの〻內會津藩主松平容保を彈劾した文句に「戎狄を被レ爲レ惡候御事は、不レ及レ申、外夷に相交候儀は宗家先に嚴禁の致方有レ之候處、長崎表に役人を遣し置國產絹糸油等を交易仕、年々些少之私利を得候穢心を以て二港丈は殘し度段頻に懇訴仕叡慮を遵奉不レ仕祖先之掟を破壞仕候事是其罪一也。(下略)」とあるが會津藩は橫濱開港に當つて上田藩紀州藩など〻同樣貿易に最も力を注いだ様である、前記中居重兵衛が自筆日記中にも會津侯に横濱圖面を呈出してゐるなど相當開港前から出入してゐたものである。（第四章第一節第二項參照）

土佐藩では軍備を修め海軍養成の爲め御軍船所を起し經營厖大に備ふる爲め一方藩營商法を計り慶應元年起工して開成館を企圖した、是は軍艦局、醫局、譯局、勸業局、鑛山局、捕鯨局、貨殖局等に分れ、貨殖局は一方に國產の販賣に從事し、他方に西洋の船舶、機械、圖書等を買入れるので長崎の出張所卽ち長崎の土佐商會と大阪に大阪出張所卽ち大阪の土佐商會を設けた、民間では高知藩の「御手先商法」と稱した、國產として長崎大阪に輸送せられたるものには、半紙、樟腦、鯨、鰹節、砂糖、茶、蠶絲、木綿、種油等があつた、長崎の土佐商會には最初山崎昇六主任で慶應二年十一月には參政後藤象二郎自ら出でてその衝に當り、三年三月以降に岩崎彌太郎が之に代つたが、明治元年七月大阪開港と共に大阪の貿易事業も漸次盛大となり岩崎彌太郎も同二年正月には大阪へ轉任した。併し結局長崎以來の負債二十萬兩內外に上り爲めに谷干城等の一派は改革意見書を藩知事に提出し「物產出納の權は一切商賈に與ふべき事」と正面より藩營貿易に反對した、一方また明治政府は藩營貿易禁止の方針を取つたので高知藩に於ても此等の事情に鑑みる所あつて明治三年九月終に土佐商會を解散した、併し外國貿易の味を占めたものは之を中絕することに多くの未練を有したと見え、表面上土佐商會を解散しても、實質的には之が繼續を圖つた、卽ち形式上私營の型をとつて、土佐開成商社なるものを創立して岩崎を社長となし、次いで社名を九十九商會と改めたが（明治三年十月）實質上には依然藩營の「御手先商法」なることに相違なく、藩の汽船を操縱して京、神戶、大阪、高知間の回漕運輸業に從事し、又外國貿易竝にその仲介を業とした、從つて高知藩の藩營商法は廢藩置縣まで存續したわけである、貨殖局の終焉もまた此時にあると見るべきであらう。（江頭恒治「高知藩に於ける幕末の新政策」）

其他各藩でも思ひ〱に外人と貿易を開始したものらしいが夫は一々其の藩の記錄を調査せねばならぬが前揭中居重兵衞の自筆日記「昇平日錄」中に揭載の諸侯の名を見ても首肯さるゝが是等の諸藩は開港するや否や大いに活躍したものと思はれる、又石井研堂の「增訂明治事物起原」に次の一節がある。

當時諸藩にては外人相手に商策を營めり、左の談話者の名を逸したれども、當時開港場に於ける藩商の實狀を知るべきを以つて收錄す。

御維新後間も無いことゆへ大小の諸藩は何れも狼狽して神戸邊の外人から金を借出したものです、處が外國人の方ではドシ〱日本に貨物を持つて來て、一儲しやうといふ寸法であつたが何れにも貨物が日本人の嗜好に向かず、少しも捌けずに持餘して居たから、今諸藩からの申込を幸ひ、五萬圓十萬圓と言ふ證文を取つては金の代りに一々貨物を渡したのです、この證文の期限は一ヶ年若くは六ヶ月、諸藩の重役の連署であつた、こんな風に諸藩も一時は商法みたやうのことをやつたもので其の貨物を商人に賣下げました、そこで大阪邊から商人が神戸に出掛け、何藩は明日何萬圓程の品物を引取るといふことを調べ直樣金主をこしらへて買出しに往つたものです、神戸にはもう諸藩の家老方以下出張して外人との談判やら商人の取引と馴れもしない算盤を彈き、全で血眼になつて居らるゝ、私も其の時、或小藩と三萬圓と言ふ取引が出來て二萬千兩俗に大名の七掛といふて三万兩の七掛と云ふものをこしらへて、神戸へ往つて取引しましたが、先方では前の借があるから借增金を持つて來ねば品物を渡さぬといふことであつた、そうかと言つてお金を渡せば直ぐ弗箱へ入れて仕舞つて後からは知らないなどゝ全で不德義極ることをする惡風が有つたから、私は百方苦心說得して漸く取引を濟ませたこともありました、後から考へれば諸藩の不規則千萬な中へ飛込んで取引するのですから針金を渡るやうな際どい仕事と申さねばならず、イヤもう危險千萬と氣付いてから止めて仕舞ひました、これが私の生涯中、最も危險な商賣をした話です。

此の談話に就ても諸藩の外國貿易に躍起となつたことが窺はれる。殊に前掲越前藩の活動は凄じいものがあつた、是は同藩には由利公正の如き先覺者が居たことも有力なる原因である。由利公正の傳記に彼が王政復古の際新政府の財政に竭くして種々畫策を凝らした施設中に次ぎの一節がある。

公正翁はかゝる財政多難の時代に際し嘗て越前藩で實行せし官貿易の一たる生絲買占を斷行した、そは之を以て一方には幕府の注文に拘はる甲鐵艦及び橫須賀製鐵機械に最新の元込連發銃百挺大砲數門の代價を急速に仕拂ひ以て目下の戰爭に使用せしめ、他方には萎微頹廢たる民間の通商貿易を鼓舞奮勵せんとした、然るに當時生絲の產地は重に關東諸國なるにその地恰も彈丸雨飛鮮血淋漓たる戰爭の修羅場で通路閉塞し商業振はず、至る所農商の徒競ふて其財產を隱匿するの際であるにより、かゝる危險の土地に入り込み以て其の生絲を買占するは尋常商人の能くする所でない、翁卽ち御用金徵發の命により大阪出張中の知己たる商人岡田平造なるものを選拔してこの任を負擔せしめた、平造膽材あり、諸國の生絲は勿論戰爭地たる奧羽の地に至る迄種々の危難を冐して大いに生絲を買占めた、卽ち之を洋銀と交換し以て幕府の注文品を悉く維新政府に引渡さしむるを得た。

是を觀れば如何に越前藩が維新當時外國貿易に着眼し機敏に立働いたかが窺知せらる。

斯の如く各藩競ふて官貿易に腐心する様な傾向を見るに至つたが明治新政府となつてからは自然施政上種々の不便を生じたので明治二年六月廿二日行政官の達にて三都府諸開港場等へ府藩縣より產物賣捌と唱へ權威を以て銘々勝手の商業を開くことを禁止した。當時尙藩政なるが上殖產興業などの新國是を附及《ツケヤキバ》せられし知事どもが俄に新商賣を始めた爲めであらう、當時諸藩にては外人相手に商業を營んで居たのであるから遂に左の通り商會所禁止の令が下つた。

　三都府諸開港場其他處へ府藩縣より物産賣捌と唱へ商會所取立、役人出張米穀其外買占め致し、諸品追々不融通に相成、商民一般之難澁不レ少候、是迄一定之商律不二相立一候より威權を以て銘々勝手之商業取開、甚以不都合之事に付、此度會計官中通商司を被レ建、追々商律御取設相成候間右樣の儀一切廢絶被二仰付一候、此旨相達候事

とあつた、是は通商司の新設と共に中央政府に於て續々外國貿易の取締に着手せるもので諸藩の競爭を防止し貿易の統制を企圖した所以である。併しながら外國貿易の味を嘗めた各藩では直ちに外國貿易を廢絶することは仲々未練が殘り商會所廢止後は、藩士及御用達商人を糾合して商社を設立せしめ其名に出つて貿易に從事し、又は其藩の個人の商人に資金を授け、或は後援を爲して密かに外國貿易に從事した。

　然るに明治三年二月斷然諸藩の外債及將來未定の品を以て船舶機械類を輸入することが禁止さるゝことに至り又同四年廢藩斷行後各藩が直接外國貿易に從事することは止んだ。

　開港當時外國人と取引を爲すもの十中の八九は出店と稱し店支配人又は後見人を置てゐた。是は言語不通彼我事情に暗く間々行違のことあり、此場合に際しては其の罪を支配人に歸し之を放逐して其の責を免るる方便であつたと謂はるる。又甲信上武其他の者で國に住んでゐて横濱に店を持ち支配人番頭を横濱に置いて商業を營んでゐたものもあつた、前第四節商人名錄中にも多くの實例が示されてゐる通りである。

然るに又開港後貿易の利益を悟り地方藩主に於ても横濱市場に垂涎し其藩商人を名義人とし實際は藩金を支出し資本とせる類のものもあつた。佐賀藩主鍋島家の如きも夫れであつて肥前屋小助が洋銀兩替店を營んだ如きも實際の資本主は藩公であつたと謂はれる。（小助は鍋島家の物産方役人である、只名義を出したのみで實際の營業者は高島嘉衛門外二人の合同である、併し資金が鍋島家から出たのは勿論である（第四章第二節に詳述あり參照））越前藩主松平家でも石川屋生絲店（岡倉覺三父）に後援したと謂はれる、松代藩主眞田家から大谷幸藏等を横濱に出して生絲問屋を營んだり、前橋藩主松平家からも敷島屋庄三郎の店を出した（第四章第二節參照）是等商人は士族が士籍を廢し町人となつて商業を營むものが多かつた、事實藩直接の商行爲でなくても其の藩出身者に後援したものもあつた、薩長其他の藩では貿易と共に砲銃彈藥等の必要から貿易港に渡りを付け其の便を計つたものもあつた。彼の山城屋和助の如きは藩金よりは新政府となつて陸軍所管の官金六十四五萬兩の融通を受けて活躍した、彼は長藩士で本名野村三千三と云ひ奇兵隊の勇士であつたが横濱で貿易商となり陸軍御用商として一時は成功し生絲蠶卵紙を携へ歐洲へ渡航し盛に活躍したが普獨戰爭の爲め生絲の暴落となつて多大の損害を受け陸軍豫備金祕密支出が暴露して自刄した等の騷ぎがあつたが是等は横濱開港裡の大物であつた。

### 第九節　開港後の横濱事情

第一節に於て述べたる如く條約面の神奈川開港は幕府の希望に依り外國奉行にして神奈川奉行を兼務したる最初の水野筑後守等の努力に俟つて横濱變更は見事成功し著々として施設を進めたるは本章各節を通じて縷述したる通りである、今本節に於て開港後の横濱事情を述べんとするに當り歴代の神奈川奉行を列擧すれば左表の通りである。

| 氏名 | 前職名 | 在職年月日 | 轉職又ハ罷免 |
|---|---|---|---|
| 松平石見守康直 | 外國奉行 | 萬延元、九、一五—文久二、一二、二八 | 外國奉行 |
| 都筑金三郎（駿河守）峰暉 | 目附 | 萬延元、九、一五—文久元、正、二三 | 先手 |
| 瀧川播磨守具知 | 外國奉行 | 文久元、正、二三—文久元、八、一五 | 禁裡附 |
| 竹本圖書頭（甲斐守）正雅 | 外國奉行 | 文久元、六、二七—文久二、一〇、一七 | 大目附 |
| 阿部越前守正外 | 禁裡附 | 文久元、一一、一一—文久二、閏八、五 | 外國奉行 |
| 小倉但馬守正義 | 目附 | 文久二、三、一五—文久二、七、三 | 日光奉行 |
| 淺野伊賀守氏祐 | 大目附 | 文久二、一〇、一七—文久三、七、二八 | 免（寄合） |
| 竹本隼人正正明 | 外國奉行 | 文久三、四、朔—文久三、五、一五 | 小姓組番頭格奥勤 |
| 大久保雄之助忠恒 | 火附盗賊改 | 文久三、四、一二—文久三、五、四 | 辭 |
| 山口信濃守直毅 | 講武所奉行並騎兵奉行兼帶 | 文久三、五、朔—文久三、六、二四 | 免（寄合） |
| 京極能登守高朗 | 寄合 | 文久三、五、一六—文久三、九、八 | 長崎奉行 |
| 長井五右衞門昌吉 | 寄合 | 文久三、六、二五—文久三、八、一四 | 先手 |
| （並）駒井大學信興 | 書院番組、洋學書教授方出役 | 文久三、七、二一—元治元、三、一六 | 神奈川奉行 |
| （並）合原猪三郎義直 | 神奈川奉行支配組頭 | 文久三、七、二一—文久三、一〇、二二 | 二之丸留守居 |
| 糟屋大和守義明 | 西丸留守居 | 文久三、八、一三—文久三、九、二八 | 新番頭 |
| 堀宮内（伊賀守）利孟 | 新番頭 | 文久三、九、二八—元治元、五、二五 | 軍艦奉行 |
| 大久保紀伊守忠宜 | 甲府勤番支配 | 文久三、一〇、一一—元治元、八、三 | 大目附 |

| | | | |
|---|---|---|---|
| 駒井大學相模守信興 | 神奈川奉行並 | 元治元、三、一六――元治元、八、五 | 外國奉行 |
| (並) 白石忠太夫島岡 | 徒頭過人、別手組頭取取締 | 元治元、五、二五――元治元、八、五 | 神奈川奉行 |
| 土岐大隅守頼徳 | 書院番頭 | 元治元、八、五――元治元、一一、二二 | 免(寄合) |
| 白石忠太夫島岡 | 神奈川奉行並 | 元治元、八、五――慶應元、七、八 | 外國奉行 |
| (並) 早川庄次郎久丈 | 寄合 | 元治元、九、一〇――慶應元、五、二五 | 神奈川奉行 |
| 岡部駿河守長常 | 作事奉行 | 元治元、一一、朔――元治元、一二、一八 | 鎗奉行 |
| 早川庄次郎能登守久丈 | 神奈川奉行並 | 慶應元、五、二六――慶應三、九、二二 | 免(寄合) |
| 小笠原輕鷗筑後守長常 | | 慶應元、七、――慶應二、六、二〇 | 陸軍奉行並 |
| 水野良輔若狹守長之 | 外國奉行並 | 慶應二、六、一五――明治元、四、二四 | 免(寄合) |
| 依田伊勢守 | 騎兵支圖役頭取 | 慶應三、八、一四――明治元、四、二四 | 免(寄合) |

備考　神奈川奉行の專任は安政六年六月から置かれ夫迄は外國奉行から兼務したのであるから本表は之を省いてある、故に最初からの神奈川奉行は第一章第七節中外國奉行一覽表を參照のこと。

開港以來最も事故多く從來の慣例に準據し難い國際懸按に引懸る多事多難の神奈川奉行は手腕ある人物を拔擢任選せねばならぬ、是等の人々の劇務は榮螺の殼範に安逸し泰平樂を奏して居た德川中期の呑氣極まる幕吏等の夢想だにし得ざる煩瑣のものであつたことは推察に餘りあることである、八年の間に二十七人の異動を見るに至つた、平均一年に三回以上の交代に當つてゐる、かなりの難役であつたであらうことは單に是丈のみでも想像に難くないであらう。風俗人情は素より人種言語、文字を異にする初見の外人の多くが交叉して而も經驗なき貿易を始めて行ふと云ふのである、是が取締の困難は云ふまでもないが法令秩序の未だ定まつてゐない開港場で而も

英一番館出入商人門鑑札（表）　同（裏）

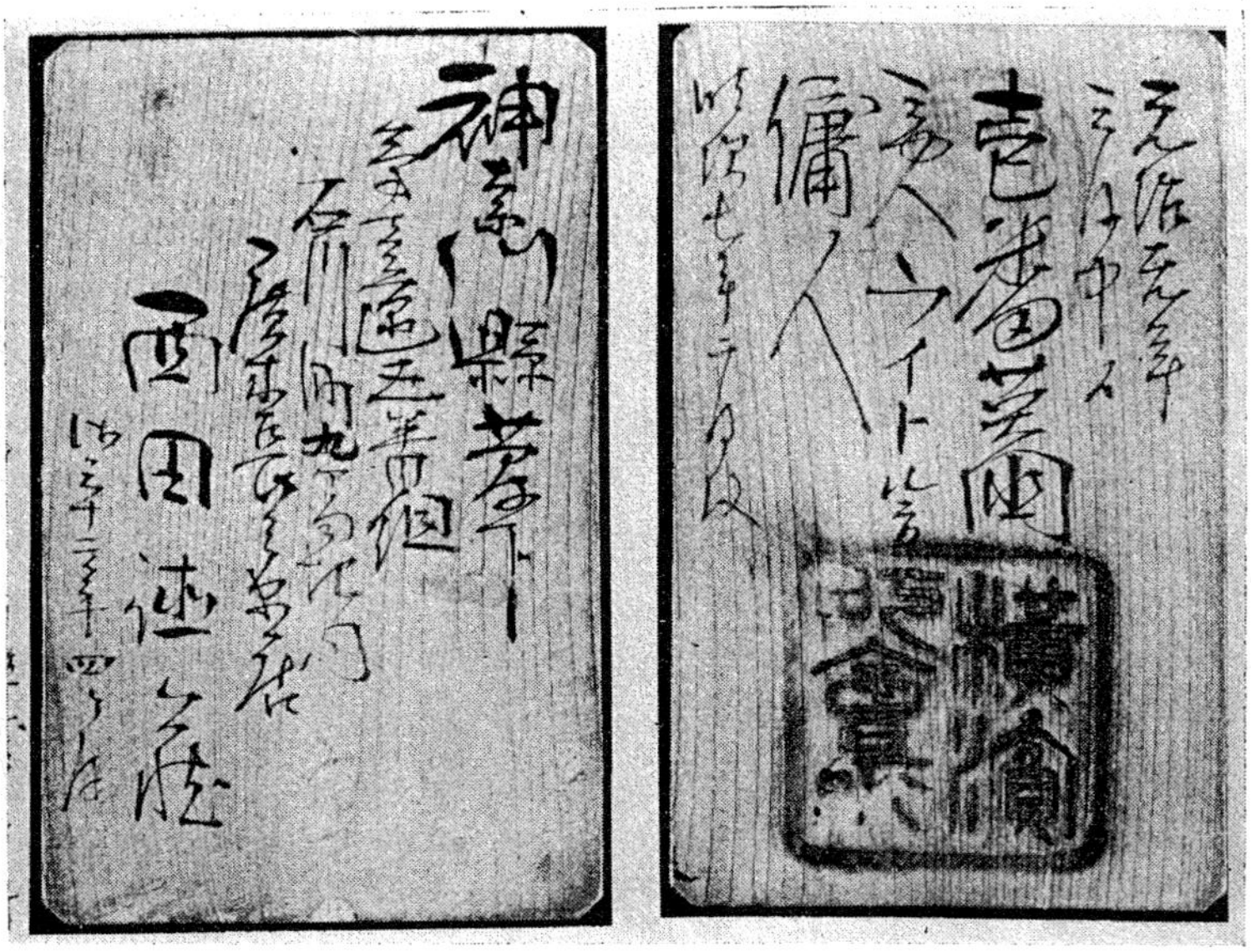

縦三寸弱横一寸八分弱の木製門鑑札横濱町會所の烙印あり、外人保護の必要上發行せるもの明治十四五年頃まで使用された

（設樂已知氏藏）

開國反對外人排撃の渦中に在つて外人の保護や不逞漢の控束等尋常一様の苦辛ではあるまい。横濱陸上の警備は開港直後から手配は行はれたが海上に於ては行き屆かなかつたが文久元年七月に至つて始めて船勤番なるものが設けられ小普請組戸田民部組淺野高三郎弟鐵之助外同心等六人御徒同心御先手同心、惣組から三十人を之に命ぜられた。是れは漁船に似た様なものを十艘備へ御用船と記した小旗を樹て兵士數名づつを乗組ませ五艘は本牧鼻から都橋までの海岸、五艘は谷戸橋附近から波止場及神奈川宮の河岸までを毎夜巡航して外船の入港を警戒し、且つ密輸出入を防ぎ、又浮浪人の出入を制止するのである。

　外國商館へ商用で出入するものも一々町會所から下附した門鑑札を携帯し居なければならな

いと云ふ嚴重振りであつた。

開港後に於ける橫濱事情に就ては種々複雜せるものが多く走馬燈の如き目まぐるしき廻旋があつた、殊に虛々實々國際關係の間髮を容れざる頻繁裡に在つて橫濱の動搖は著しきものがありて、屢々外交上の危機は勃發した、就中生麥事變後の薩英戰爭、長藩對外國の戰爭、當時の橫濱の混亂は非常なるものであつた、今當時の形勢逼迫の狀勢を概括して略述せん。

文久三年三月英國公使が幕府に生麥事件の償金の掛合を爲した、薩藩家老小松帶刀在京せる爲め召されて二條城に至り一橋慶喜始め老中板倉周防守水野和泉守等の列席の前で「事の起りは薩州であるから英國に薩州へ相迫る樣に傳へられたらば曲直分明であらう」と言ひ張り形勢不穩であるから幕府では曩に京都に遣はした鵜殿にも令を下して浪士をして府下の警備防禦の任に盡くさしむるやうに江戶へ歸らしめしは三月二十八日であつて、それより件の浪士等を本所三笠町に屯せしめた。然るに浪士組の中でも劍客たる近藤勇、土方歲三の徒は意見を異にして、別に一團體を組織した、是れ卽ち新撰組である、此に於てか淸川八郞は一身の防衞上又嫌疑を避けんが爲め、山岡鐵太郞の宅に潛み踪跡を晦ました。然るに其年四月一日朝廷では幕府に勅して外國應接の事を水戶藩德川慶篤に委任し「攘夷の期限を五月十日とする」旨を各藩に布告せしむるに至つた、淸川八郞及び其の同志は宿志を達すべき時機到來せりと欣躍し、尙も友人の高橋泥舟、山岡鐵太郞等に奬め、板倉閣老に迫つて攘夷の決行を促すに至つた、然るに幕臣窪田治郞右衞門、佐々木只三郞等が反對し、窃に山岡、淸川、高橋等の說は國家に害あるものと讒訴したのである、而して又一面に於て水戶の藤田小四郞、田中愿三等の一派も攘夷の擧を決すべく頻りに推奬された、幕府では表面因循姑息のやうではあるが、裏面に於ては、大に憂愁の暗雲に閉さるるに至つたと言ふは、生麥事件に壓せられ內外多事の秋であつたからで、爲政者と被爲政者との這間の消息を想察し來らば思ひ半に過ぐるであらう。淸川八郎は窪田治郎右衞門、佐々木只三郎等の反對、且つ讒訴するに至つた事を聞き、憤懣措く能はず窃に同志を招き相議して、幕府今日の事態より言へば攘夷の實行思ひも寄らずとして、斷然幕府と關係を斷つて獨立大擧以て尊攘の實を擧ぐるを得策であると決意するに至つた、而して其の方法としては

一、横濱に往き火箭を用ゐて、市內を燒拂ふも可、又日本刀を提げて醜虜を斬るも可

二、神奈川の本營を衝き、其の金穀を拂ひ、軍資に充つるも可

三、直に甲州に入て甲府を陷れ、此の地を根據として、勤王攘夷の義旗を擧げて、汎く有志を募り而して後京都に上り、曩に建議した主旨に悖らざる事を上申し、指揮を待つて、將來の策を定むるに若かずと。

右の三件には衆孰れも之に同意し、議は輙く決定した。斯くて淸川八郎は猶各所に奔走し軍資、器械を集むるに盡力した。（勤王唱始淸川八郎）

こんな爆彈がつい鼻先きの江戶に轉がり廻つて居る。低氣壓高氣壓は間斷なく出沒する颱風颶風の警報は引切りなしに報道されるので目指す攘夷の目標は外人居留地の横濱である、横濱の天地は晦瞑に鎖されるのも當然と謂はねばならぬ、左に「ジョセフ・ヒコ自敍傳」により其の一班を示さん。

文久三年一八六三年六月一日英國水師提督告示を各條約國の公使領事竝び居留の英人に發して將に爲す所あらんとすと告ぐ、

又各國公使が此告示の發表後一週間內に其國民の居留せるものに命じて横濱を去るの準備を爲さしめん事を乞ふ、此の報告傳はるや內外人の横濱に在るもの皆蒼惶措く所を知らず、物情騷然たり、又傳ふる所によれば水師提督特に馳舟を長崎に派して彼地在留の外國人を凡て上海に逃るべしと訓令し艦隊の東洋に在るものは悉く横濱に來集すべしとの訓令を發したと、同時に江戸に於ける模樣を聞くに副將軍水戸齊照令を發して老幼病者並に貴重の物品は遠く內地に移すべしと命ぜり、是れ政府が將に攘夷を決行せんとするが故に危害を受けんことを慮りてなり。

六月二十二日幕府井伊掃部頭をして神奈川川崎間の海岸を防衞せしむ、尙其前夜副將軍訓令を在江戸の諸大名に發して英人襲擊し都城を防禦するの急に備へしむ、然るに多數の大名は此命令を奉ぜず只一部の大名のみ命に從ひて其準備を爲すに怠らざりしとぞ、是に於て横濱の內國貿易商其他の住民は到る處家財を荷造りし店を閉ぢ此地を去るもの多く貿易商の如きは買手だにあらば如何なる價にても其商品を賣拂はんとし內國人の市街は荷物家財散亂し亂暴狼籍なる事恰も戰場に於ける光景も斯くやと計り思はしめたり。

夜に入りては居留地以內最早只一人の日本人を見ず只予が家に寓する醫師某氏の子息あるのみ。

神奈川奉行淺野伊賀守は佛旗艦を訪ひ次に佛國公使館に至り相談し生麥事件の仲裁人となり調停の勞を執らんと望む、兩人は奉行にして直ちに償金を英國に拂はれんには和熟に盡力すべしと告ぐ、玆に於て淺野伊賀守自ら償金拂渡の責任を帶びて之を依賴したと聞く、六月二十三日尾州侯並に織田權介京都に至り將軍を護衞して歸るべき旨幕府より命ぜらる、薄暮一橋公京都より江戸に歸る途中神奈川本陣に奉行淺野氏を召し密議數刻英國要求の件に付議する所ありしものの如し、果せる哉奉行の横濱に來るや直に英國公使館を訪ひ代理公使に面して直に償金を拂ふべきを通ぜり、償金引渡し其夜に初まり翌夕に至りて結了す。

此報一度公告せらるるや横濱に於ける外國人は盛なる祝賀を張つた。

是れは國際問題として著名なものであつた、而も横濱は外人居住の地であるから外國軍艦の根據地となつて貿易以外國際事件の輻輳して外交問題の中心地となつてゐる關係上開港後の事情の複雜さは摟指するに遑がない。德川幕府倒れて大權奉還となり玆に明治維新の新政府となるや、元年三月横濱役所を横濱裁判所と改め戶部役所を戶部裁判所と改め、之れを神奈川裁判所と總稱し、中將東久世通禧總督として肥前侍從鍋島直大副總督として來任し四月神奈川裁判所は組織せられた、其の役員氏名は左の如し。

權參與　東久世中將通禧　參與判事　寺島陶藏宗則　御用係　上野敬介景範　助勤　増田忠八郞

組頭　伊藤岩一郞

議　定

肥前侍從　鍋島直大　井關齊右衞門盛良　秋森源助

渡邊　衞　高木茂久左衞門久成　（以下略）

而して職掌は聽訟、斷獄の外に內治外交竝に關稅事務を取扱つた、六月十七日神奈川裁判所を神奈川府裁判所と改稱し（運上所は横濱裁判所中の一部に置く）九月二十一日府を改めて縣となし十一月新官制を施き判官事、知縣事、權判官事、判縣事、辨務、巡察、庶務、屬司（以下略）軍監、大隊長、小隊長（以下略）を置いた、初代の縣知事は東久世通禧にして明治元年三月十九日裁判所總督として任命したが九月縣廳となつて寺島宗則知事として任命された。當時の縣政官吏及町會所役員を示せる職員錄を見るに左の如し。

判官事 知官事　寺島陶藏　一金五百兩

判官事　井關齊右衞門　一金五百兩

一金一百五十兩　判官事試補　櫻田大助
一金百兩　辨務　伊藤岩一郎
一金百兩　同　高木茂久右衞門
一金七十五兩　巡察　上野敬介
一同斷　同　本野周造
一同　辨務補　三浦榮五郎
一同　巡察　渡邊濤
一同　同　坂田源之助
一金五十五兩　横　巡察補　兵動忠平
一同斷　辨務試補　鈴木愼一郎
一同　巡察補　大谷斧次郎
一同　辨務試補　菊名健次郎
一金四十三兩　別臨金五兩　浦　庶務　吉田重次郎
一同斷　同　前田忠三郎
一同　横　志村左一郎
一同　三田彌吉
一同　芦名健藏
一同　齋藤大之進
一同額　鎌田周三

一金三十五兩　庶務試官　柴田大助
一同額　同　子安鐵五郎
一金三十兩　浦　巡察試補　江口國助
一同額　田尻平三郎
一同額　原清一郎
一同額　庶務補　佐々木次郎
一金三十兩　河久保忠兵衞
一同額　石賀作助
一同額　小野淸太郎
一同額　山田億次郎
一同額　庶務補譯官　山高左大夫
一同額　佐波銀次郎
一金二十六兩　庶務試補　鍋田庄吉郎
一同額　森村愛之助
一同額　田中耕之進
一同額　山口成一郎
一同額　福井又三郎
一金二十五兩　横　庶務試補譯官　中島才吉
一同額　石川長次郎

一同　額　同通辨官 伊藤吳之助
一金二十四兩　別臨一兩　屬司 山崎芳太郎
一同　額　二宮宗藏
一同　額　佐藤三郎
一金二十四兩　丹波鐵藏
一金十三兩　日比野勇太郎
一金十兩　屬司府掌書 志村左太郎
一同　額　高橋端七
一同　額　齋藤卯六郎
一金四兩　同補 鈴木德之進
一金十二兩づゝ　屬司補 小澤復藏
山口忠藏
門野降平
大川鑑三
大阪 清水嘉平
南條源太郎
別臨金三兩 中林惣兵衛
木村彌太夫
坂井保祐

一金十二兩づゝ　別臨金三兩 松倉誠輔
吉岡要之助
上原稻四郎
別臨金三兩 小池豬之助
石川鐐藏
久保田照作
福田良一郎
別臨金三兩 渡邊鐵三郎
浦 村儀充輔
片寄駒次郎
別臨金三兩 岩井爲次郎
松村常三郎
伊藤省吾
高畑玖太郎
太田太良助
浦 杉山與左衛門
結城大作
丸山錠三郎
別臨金八兩 青木茂十郎

一金十二兩づゝ　同　額　山田愼藏
千坂芳藏
別臨金三兩　淺野彌十郎
田村敬一郎
山崎鐵之助
望月養一郎
別臨金三兩　森田鐵三郎
田川耕作
飯岡直作
浦　大島八十太郎
別臨金三兩　福島鯉太郎
渡邊銀吉
棚橋忠次郎
富澤正左衞門
用瀨多八郎
長谷川左太郎
浦　伊藤庄五郎
一金二十兩　屬司補通辨官　吉雄辰太郎
一同　林道三郎

一同　高尾泰次郎
一金二十五兩　屬司補附醫師　松山不苦庵
一金十兩づゝ　別臨金三兩　屬司試補　吉永八十郎
赤羽郡次郎
渡邊貫作
松村吉太郎
內田巳之助
横井孝之助
横　吉田來輔
同　渡邊淸次郎
長保辨一郎
鈴木田國四郎
三橋作右江門
一金十二兩づゝ　鶴左十郎
糸川五太夫
相川宗五郎
別臨金三兩　松田愼三郎
藪田政之丞
荒川源藏

一金十二兩づゝ

岩片音太郎
水野大之助
中村民五郎
中村準一郎
坂從柳次郎
大橋良之助
横 坂間勇藏
池田善太郎
淺井高之丞
鈴木銑十郎
村田甚三郎
浦 安藤良之進
横 恒川歲助

一金十八兩

屬司試補通辨方 森山幸之助

一金四兩づゝ

屬司試補席 森村音三郎
日比野保太郎
清水安一郎
中村七三郎
小澤增太郎



一金廿兩づゝ

大川千代作
渡邊常次郎
巡察調事 山田兵藏
眞島彌太夫
西島利助
須藤吉右衛門
浦 糸山左平次
小川久次

一金十二兩

横 野中官右衛門

一金十兩づゝ

久米田喜平次
野村佐中
今井幸助

一金八兩

從事 竹川龜次郎
三村次郎左衛門
中村政次郎
磯田席助

一金六兩づゝ

從事補 高垣松之丞
川野勘次郎
山本半之丞

一金六両づゝ

村越久藏
高桑藤三郎
横　大脇左兵衞
小野澤　勝次郎
稻川平三郎
河村彥十郎
本多勇助
中村利之助
中村芳次郎
淸水彌十郎
吉井達三郎
坂部起一郎
平井克輔
黑澤柳之助
石川金五郎
寺岡新六
伊藤孝平
長田萬作
木下米次郎

一金六両づゝ

吉川鐵之助
岸本源一郎
大山昇三郎
横　岩崎角太郎
大野勘三郎
木村登
池原又市
川口良助
横　萩野太夫
磯野政之助
椎名祐太郎
高澤善三郎
森彌三郎
長瀨源之進
吉田直藏
安田新次郞
浦賀　宇田川　金之丞
横　片寄芳五郎
永山富太郎

一金六兩づゝ

小島廣太郎
浦上善兵衛
横　馬場勘右衛門
山村磐作
浦　高橋助右衛門
三宅鐺七郎
寺井福太郎
糸川久太郎
梶田源太郎
杉浦金司
横　池田庄藏
中村與市
島永利三郎
神原鐘一郎
淺井愛藏
間部兼次郎
永井貞次郎
小林勝之助
菅谷十兵衛

一金六兩づゝ

柳田與八郎
中村七五郎
大村平吉
坂本新三郎
石川直三郎
横　前田貞太郎
尾瀬庄之助
矢部福太郎
村井眞平
森力之助
高木作七郎
谷田部豊太郎
山田德五郎
糸川逹太郎
山崎彌一郎
波多野清作
太田藤吉郎
坂間鐘三郎
三村始太郎

一金六両づゝ
横井研三
吉益洗吉
高橋米藏
能勢鉦三郎
近藤豐太郎
太田唯介
星野洗次郎
櫻井敬次郎
板間鎌太郎
横浦
指田輪藏
田中靜右衞門
磯庄三郎
小田善助
佐藤乙吉
三浦鯨之助
久田見洗吉
野村熊司
一金一両
竹川洗次郎 従事補見習
礒田粂太郎

一金一両
河村卯之助
長瀬千之助
岩本悌次郎
一金十五両
野口源之助 従事補辨官
市江廣吉
一金十二両
渡邊牧太 従事試補通辨官
加福喜一郎
一金八両
新庄大作 従事試補席通辨官
鳴戸傳藏
若曾根宗益
榊原保太郎
一ケ年
一金三十一両水主頭一人
但十二ケ月割月々相渡
九藏
一ケ年
一金三十二両一分二朱
右月割
水主三十人
一ケ年
一金十両
政吉 運上所目利人二人
榮助
一金十両づゝ
萬吉 積方棟梁二人
六右衞門
一ケ年
一金十両づゝ
照木富榮 裁判所附醫師四人
淺岡休齋

一ケ年金三兩　渡邊郡哉
武田悌道
牢屋敷附醫師　九里玄藏
一ケ年金十六兩　三井八郎右衛門手代六人
一ケ年金十六兩　馬場守壹人
一御扶持方五人扶持
但石代渡　但米一石六兩以内　三井八郎右衛門
一同　三人扶持　源右衛門
宗十郎
則左衛門
關内惣年寄　苅部清兵衛
名主　小野兵助
名主格諸荷物改役　丹羽鉞五郎
梅田半之助
金指六左衛門
田中長兵衛
田中勇藏
馬場喜右衛門
中村右八郎
篠原忠右衛門

---

近藤美三郎
北園十助
得田源次郎
田子文助
長沼源助
手代　田澤新兵衛
八木卯吉
中村善藏
上野元七
山本民藏
久保木定吉
小野利兵衛
松澤猶八
田中種三郎
池田半次郎
上田半五郎
永井伊之助
惣年寄名主代　岸勝五郎
金指壯兵衛

| | |
|---|---|
| 丹下甚兵衛 | 小澤彌市 |
| 牛込佐兵衛 | 石田齋次郎 |
| 福島正一郎 | 岸本庄兵衛 |
| 小野嘉久藏 | 金指保次郎 |
| 早川佐助 | 梅村周二 |
| 伊々森周作 | 東奈長藏 |
| 高濱勘右衛門 | 望月祐之助 |
| 高木潤藏 | 淺井榮次郎 |

（篠原忠右衛門手控文書「濱の眞砂」に據る）

尙神奈川縣長官に付て開港後の交替を附記せんに。

| 職名 | 氏名 | 就任年月日 | 解任年月日 |
|---|---|---|---|
| 横濱裁判所總督 | 東久世通禧 | 明治元年三月十九日 | 明治元年十一月 |
| 同　副總督 | 鍋島直大 | 同前 | 同五月 |
| 知事 | 寺島宗則 | 同元年九月二十一日 | 同二年三月晦日 |
| 知縣事兼務（本官不明） | 井關盛艮 | 同二年四月十七日 | 同二年七月十日 |
| 權知事 | 同 | 同二年七月二十日 | 同三年十月九日 |
| 知事 | 同 | 同三年十月九日 | 同四年八月十二日 |
| 同 | 陸奥宗光 | 同四年八月十二日 | 同四年十一月 |

| | | | |
|---|---|---|---|
| 縣令 | 同 | 同　年十一月 | 同　五年六月十八日 |
| 權令 | 大江　卓 | 同　五年七月十四日 | 同　七年一月十五日 |
| 縣令 | 中島信行 | 同　七年一月十五日 | 同　九年三月二十八日 |
| 權令 | 野村　靖 | 同　九年三月二十八日 | 同　十一年七月 |
| 縣令 | 同 | 同　十一年七月 | 同　十四年十一月八日 |
| 同（明治十九年七月十九日知事と改） | 沖　守固 | 同　十四年十一月八日 | 同　二十二年十二月二十六日 |
| 知事 | 淺田徳則 | 同　二十二年十二月廿六日 | 同　二十四年四月九日 |
| 同 | 内海忠勝 | 同　二十四年四月九日 | 同　二十六年三月十日 |
| 同 | 中野健明 | 同　二十六年三月十日 | 同　三十一年五月十二日 |
| 同 | 淺田徳則 | 同　三十一年五月十四日 | 同　三十三年六月十六日 |
| 同 | 周布公平 | 同　三十三年六月十六日 | 同　四十五年一月 |
| 同 | 大島久滿次 | 同　四十五年一月 | 大正　三年四月 |
| 同 | 石原健三 | 大正　三年四月 | 同　四年八月 |
| 同 | 有吉忠一 | 同　四年八月 | 同　八年四月 |
| 同 | 井上孝哉 | 同　八年四月 | 同　十一年十月 |
| 同 | 安河内麻吉 | 同　十一年十月 | 同　十三年六月二十二日 |
| 同 | 清野長太郎 | 同　十三年六月二十二日 | 同　十四年九月十六日 |
| 同 | 堀切善次郎 | 同　十四年九月十六日 | 同　十五年九月二十八日 |
| 同 | 池田　宏 | 同　十五年九月二十八日 | 昭和　四年七月五日 |

| | | | |
|---|---|---|---|
| 同 | 山縣治郎 | 昭和四年七月五日 | 同六年十二月十八日 |
| 同 | 遠藤柳作 | 同六年十二月十八日 | 同七年六月二十八日 |
| 同 | 横山助成 | 同七年六月二十八日 | 同十年一月十五日 |
| 同 | 石川馨 | 同十年一月十五日 | 同十一年三月十三日 |
| 同 | 半井清 | 同十一年三月十三日 | |

寺島宗則

明治三年新律綱領出でて徳川氏の百箇條に代へ罪人下調所を糺問局と改稱し、神奈川縣裁判所に糺問掛を置きたるが未だ治罪手續の設けなく、同四年二月に至り僅に聽訟、斷獄の分課を定め、五年八月新に神奈川裁判所を設け聽訟斷獄の事務悉く司法省の所轄に歸した、是に於て神奈川裁判所は神奈川縣廳と改稱し其內より聽訟斷獄の事務を割て神奈川裁判所に移した。

横濱開港と共に神奈川運上所を設けられた、運上所は單に關稅事務を取扱ふが爲のみならず外交の事務一切を行ひ、而して內政處辨の官衙は之を戸部役所と稱し神奈川奉行が右兩役所の長官であつた、運上所所屬改所一箇所は今の英一番の兩端に設けられ、輸入貨物の檢査場とした又其の東北海岸に二箇の防波堤を築き、東を東波止場、西を西波止場と稱し、東は外國、西は內國貨物の揚卸場に供した。

明治四年十二月神奈川運上所を横濱運上所と改稱し、五年一月横濱運上所を本局として局内各港運上所を統轄せしめた、當時之を運上所と呼ぶものあり、又税關と呼ぶ者ありて名稱分明ならざれば同月以後一に税關本局と稱することとなつた、其の本局の二字を削除せられたるは同七年一月のことであつた。

大江卓

初め運上所創設の際は關税警察機關として特に一課を置くことなく唯尋問掛なるものがあつた、定役二名主として其任に膺り、別に下審なるものがあつて船舶監視の役を爲し又同心ありて定役を補翼し、定役に隨て入港船舶の尋問に赴き或は自ら艙口の封鎖開披を行ふの職務であつた、明治四年八月海關税務が大藏省所管に歸してより海上の監視に從事するものを監船吏と呼び、陸上に勤務するものを巡警卒と呼んだ、十月運上所を大藏省租税寮の直管とし地方廳と分離したる時、大藏省より租税權頭上野景範を運上所長官に、同租税權助本野盛亨を次官とし、爾後長官の名稱を税關長と改稱した。明治六年に横濱税關は本町一丁目三番地今の縣廳所在地に新築竣工した。

是より先き慶應二年借庫規則を制定するに當り、其の文案起草の爲め英人ペンジヤミン・シール米人トーマス・ホツクの兩人を雇傭した、之れを税關に於ける外人雇入の嚆矢とした。

而して後明治十八年時の税關長有島武の時代に於て税關廳舍は神奈川縣廳に讓り、新に海岸檢査場へ税關廳舍を新築したので震災前までの税關廳舍の位地である。尙歷代の税關長は左表の通りである。

| 氏名 | 就任年月 | 氏名 | 就任年月 |
|---|---|---|---|
| 上野景範 | 明治四年十月 | 中山讓治 | 明治五年二月 |
| 中島信行 | 同　五年十月 | 星亨 | 同　七年一月 |
| 吉原重俊 | 同　七年七月 | 柳谷謙太郎 | 同　八年一月 |
| 本野盛亨 | 同　九年十月 | 有嶋武 | 同　十五年六月 |
| 目賀田種太郎 | 同　二十四年七月 | 大越成德 | 同　二十七年十二月 |
| 水上浩躬 | 同　三十一年三月 | 橋本圭三郎 | 同　三十八年九月 |
| 山崎四男六 | 同　四十年五月 | 嘉納德三郎 | 同　四十三年十一月 |
| 西野元 | 大正五年一月 | 鈴木繁 | 大正五年十二月 |
| 松本修 | 同　十一年五月 | 神鞭常孝 | 同　十一年六月 |
| 井上德太郎 | 昭和二年七月 | 中島鐵平 | 昭和四年九月 |
| 金子隆三 | 同　七年一月 | 飯田九州雄 | 同　十年一月 |
| 元尾光輝 | 同　十二年一月 | | |

港灣としての横濱は天然に適當であつたが本邦有力なる開港場たらしめんとするには規模の狹小に過ぐるの憾があるので爾來國庫より經費を投じ擴張するに至つた、開港當時の入船は文久元年一八六一年には英、米、佛、和諸國の軍艦商船を合して十八艘、文久二年には激增して八十一艘となり、同三年は記錄を缺ぐも元治元年には八十八艘に達した。

横濱港は東京灣の西端に位し北西南の三面は岡陵に圍繞せられ只東方に開口を有し鶴見川の河口より本牧の岬角に至る海岸延長約六海里面積凡そ百五十萬坪で既に天然的港灣の形勢を爲してゐる。是に築港の計畫を進め第一英人ブラントン次で蘭人デレークに囑託したが、更に明治十九年九月内務省顧問英國陸軍少将エイチ・エス・パーマーに依頼し其の考案を採用し、之れに幾多の修正を加へて起工した、卽ち港內には内外の商船と其他沿海貿易に從事する小形船舶を碇泊せしむべく、軍艦其他陸揚積込の用なくして碇泊せんとする太洋航海の大船は止を得ざる場合の外は港外に繫留せしむべく工事は將來貿易發達の場合に在つても不足を感ぜざる樣貨物は陸上の運輸と聯絡を容易ならしむべく設計した、而して築設せられたるは水堤燈臺の棧橋、同鐵道、廳舍、上陸階段等であつた、水堤卽ち防波堤は中村川の河口を距る北東五百呎に起工し、北方に向ひ延長五千三百八十餘呎なるものを東水堤と云ひ、又神奈川砲臺を距る東方千五百呎に起工し、東南に向ひ延長六千七百餘呎なるものを北水堤と云つた、此の兩水堤相對峙して八百呎の港口を成すのである。

棧橋は相當施設に盡された今日水上警察署の所の棧橋は英吉利波止場と唱へられ、其の先きが日本波止場である、又今日の山下公園になつてゐる所が佛蘭西波止場と稱した。

註一　神奈川砲臺は安政四年幕府は神奈川警備を松山藩に命じた藩主松平隱岐守勝善は神奈川砲臺を築くことを內願して安政六年五月神奈川獵師町の海面に杭を打入れ幕府講武所砲術師範勝麟太郎に設計等を依頼して、萬延元年六月に竣工した、此の經費六萬餘兩今日の金で六十萬圓以上であつた、慶應二年八月幕府管轄に移り、新政府に引繼がれこゝで禮砲を打つてゐた、後明治三十二年砲臺は廢せられ大正十年頃より海面埋立となつて名殘の石垣が殘つて居る。

註二　山下公園は大正十二年九月一日の大震災の焦土を捨てる爲め海面を埋立て復興局が工費六十七萬圓を投じて着手し山手隧道及大岡川浚渫の土砂を以て上土とした總面積八百四十七坪餘である、昭和五年三月十二日開園式を擧行した。

尚横濱築港に着手するには元治元年下ノ關事件の償金中七十八萬弗米國に拂つた分が其後明治十六年に返還されたのを横濱築港資金の基礎とされた。（第一章第五節末項參照）

公使館護衛兵は何時頃より置かれたるか記錄に明かならざるも長崎稻佐の墓地（和蘭人）の石碑に銘せらるる一人は公使館護衛兵なりしとあるが故に彼が千八百六十年萬延元年七月長崎にて病死せしとあるを以て其れ以前に保存せしものと推測すべき理由がある、尤も千八百六十一年文久元年十一月一日軍用汽船にて英國軍人は當年七月日本人の襲擊を蒙りたる英國公使館を守護すべく到着した、其後千八百六十四年に英國海軍卽ち「ローヤル、マリン」赤聯隊が交代すべく横濱に來つたと記錄せらる、英國兵は赤ヅボンであるから赤隊と云はれた其數二百名となつた、又印度兵百五十人を加へたものと外に佛國兵百人とで大砲小銃の常備軍嚴めしく横濱を警衛した、折々發火演習を行つたり市中を濶歩した、彼の流行歌に所謂「野毛の山からノーエ、野毛の山からノーエ、野毛のサイサイ山から異人館を見れば、お鐵砲かついでノーエ、お鐵砲かついでノーエ、お鐵砲サイ〳〵かついで小隊進め、オツピキヒヤリコノーエ〳〵〳〵」とあるは此時のことである。此の赤隊の撤去は其後明治二年外務卿寺島宗則より英公使パークスに要求したが應ぜないので、同五年遣英大使岩倉具視より彼國外相に交涉し後明治八年二月に至りて漸く撤兵したと謂はれる、無論佛兵も同樣である。

横濱に於ける外人の敎會にて最初は千八百六十二年文久二年一月十二日に献堂式を擧げたる羅馬天主敎である。

又横濱に於ける外人最初の倶樂部は千八百六十三年文久三年横濱「ユーナイテツトクラブ」と稱した、此の倶樂部と共に在留外人の娯樂機關として興味の的となりしは横濱レース倶樂部即ち競馬會の創設せられたる時居留地は非常の評判となつて盛會にて大成功を修め爾來唯一の名物となつた。（競馬に就ては第四章第三節外國商館第二項維新後の開業中四十八番館トーマス商會參照）

斯くて諸種の施備は整ひ年一年横濱の繁榮を來し外人は續々と移つて來るので外人使用の土地は益々增加した。

千八百六十四年元治元年横濱居留地に歐洲各國人の使用せし土地の坪數を擧ぐれば。

| 國別 | 坪數 | 國別 | 坪數 |
|---|---|---|---|
| 英吉利 | 四四、三三七 | 亞米利加合衆國 | 一九、五八〇 |
| 佛蘭西 | 一三、二〇五 | 獨逸 | 七、五九一 |
| 和蘭 | 八、〇〇八 | 葡萄牙 | 三、一三九 |
| 瑞西 | 八七二 | 消防署 | 一二八 |

となつて九萬六千八百六十坪の多きに達した。從つて居留地の地代は急速度を以て暴騰した。今其の一例として次ぎの挿話を語らんに。

其初めは居留地內一箇の宅地にして之に建築せる一棟の一階瓦屋を土藏と共に余の友人「シー」某が千八百六十一年中文久元年四千五百弗にて購ふたるものなりき、或日余はシー氏と共に晝餐し居たるに一人の仲買商來りシー氏に面會を求めければ、シー氏は余に斷りて店頭に到り須臾にして復り來り大聲にて「君、仲買は何の爲めに來れりと思ふや」と突然問ひ

横濱ユーナイテッド倶樂部

ける故、余は想ひ當らずと答へたるに、氏曰く奚ぞや彼れは此一片の土地に對し二萬弗の巨額を申込みたり、考へて見給へ英國にて二萬弗あらば數百「エークル」の土地を買つて立派な歳入を得るに非ずや、彼れは如何にせしか余は之を承諾せんか或は尙ほ騰貴を待たんかと、依て余は手數料なしとして之を承諾することを勸告したるに「シー」氏は午後二時再び來れ其時確答を與へんとて仲買を歸らしめけるが、時刻に至りて賣買を了へ該地は二萬弗手取りにて持主を變換せり、此賣買の傳聞せらるるや外國人は各其何の爲なるやを訝りたるも一人の此疑問を解する者なかりき、左れど理由の不明なるに拘らず內々土地を買入れたるもの多かりしが概ね大失敗に終りけり。（ジョセフ・ヒコ自敍傳）

斯る逸話は珍らしいことではなかつた。開港の最初には二束三文で地所は買はれたのみならず、場所によつては官から無償で下渡すと謂れても稅金を苦にして貰ふことを避けた位である、現今本町三丁目の角三井生命保險會社の在る處は卽ち第一銀行支店及橫濱生絲檢査所の向側角は三井物產會社があつた、最初三井爲替御用達所で吳服店もあつたが是等も無償で政府から無理に押付けられた位のものであつた。

古老から聞く處に據ると昔は市中に金錢がよく落ちてあつた、朝早く波止場や外人町や、其他本町辨天通を氣を注けて俯して步行けば必ず拾ひ物があつた、日本銀貨や洋銀などで十圓や二十圓拾ふは珍らしくなかつたと云ふ。文久の頃横濱では朝の銀貨と云ふ言葉が流行つたものであると云はれる、英艦隊十一隻碇泊の頃は最も銀が澤山落ちてゐた、内外人が夜遲くまで遊び歩行き、飲み廻つて落すのである、中には餘り重い時は態々落して行く者もあつたと云ふが嘘のやうな實話である、ラシヤメンの桂庵老婆が途中で或男と喧嘩して合財袋の銀貨を石の代りに礫として投げ付け勝利を誇つたと云ふ馬鹿氣た逸話も殘つてゐる。こゝに一つの美談がある、有名な實業家若尾逸平が或時早朝海岸通りで麻製の大きな合財袋が落ちてあるのを見付けた、中には少くとも二三百兩の銀はあると思つたが手にも觸れなかつた。彼はまだ其時貧乏してゐたが彼が信念は自ら働いて富を得ることで働かないで授かつた金は却つて身の禍ひであるとして其まゝ拾はないで通り過ぎたら、又其の先きにも銀の入つた合財袋が落ちてゐたが同じく見向きもせないで行過ぎたと云ふ逸話がある。

ゼー・イー・デ・ベーカー
J. E. DE. BECKER

尚終りに開港地に於ける内外人裁判に就てゼー・イー・デ・ベーカー J. E. De. Becker 談を掲げん、彼は英國子爵の三男で千八百六十三年文久三年十二月七日生れ法學者で非常に日本の風致人情を愛し遂に明治二十四年八月日本に歸化して小林米珂と稱し辯護士を業とした、横濱在住二十三年の後老後を鎌倉の別莊に送つてこゝで逝いた位である。

千八百八十七年明治二十年頃の日本の法廷を回顧するに當今の裁判所と異り判事は異様の服裝を爲し裁判所は狹く不潔で何とも不愉快で總てが封建時代の空氣を脫せなかつた、他方に領事裁判は如何と云ふに當時日本殊に横濱に於ける内外人の交渉に英米人が最も關係深く爲に領事裁判にも英米兩國代表が主體となり彼等は外交其他には優秀なる人物なりしも法律の專門家は甚稀少なるのみか各國共に自國法を以て適用又は解釋せんとするが爲無用の長期間を判決までに要し多くの場合一種の常識判斷に終決し吾々より見れば實に笑止の至りと感じた程であつた、且又民事の場合は各國法制の異れると政策上の見地より種々多様の見解を取る傾向より必しも公正と稱し得ない場合があつたこと勿論、予は日本の爲一日も早く治外法權の撤廢を斷行せしめんことを英國當局にも進言した云々。

渾沌たる居留地の事情が髣髴されて興味深いものである。

# 第三章　開港種々相

## 第一節　外人の目に映じた日本民族

我が日本の鎖國の鐵扉を打碎いた米人は世界に冠たる榮譽を擔ふべき先登者であるが、從來誰もが未だ一指を染め得ざりし極東日本に而も歐洲各國を出し拔いて率先して修交條約を締結したる冒險的勇猛には確かに感嘆の賛辭を呈せなければならない。彼等は歐洲人よりも確かに後進であるが其の後進である丈而も元氣旺盛なる青年であつた、其の需むる所は歐洲文化の糟粕でなくて世界未知の新開國に向つて其の勢力を扶殖する野心であつた。彼等は歐洲文明に向つては既に陳腐と倦怠とを感じてゐたかも知らぬ。出來得べくんば自ら未知未開の新天地を發見し之に師範者たるべき榮譽を擔ふべく世界の隅々に向つて探檢の歩を進めたのである。然り新學問は未だ開拓されざる新天地に殘留してゐるのである、既に甲乙丙丁の數多の學者に由て競爭剔抉されたる舊世界よりも寧ろ未だ多くの指を染めざりし新乾坤に棹して其の未知數である學界を發見開拓することの愉快なるには如かない、夫故に單に米國に限らず歐洲各國の學界は期せずして東洋の新世界に向つて競ふて新研究の歩武を進めた所以である。

謂ふまでもなく歐米人の東洋浸出は其の經濟的開拓が主なる目的である、或は其の內心には領土侵略の意圖が十二分に潛伏してゐたであらうことは爭はれない事實である、恰も平相國淸盛入道が俄かに被覆した僧衣の袖口から鎧がちらりと閃めいたやうである。併しながら此の渺たる彈丸黑子の島帝國日本は堅牢なること鋼鐵である、金剛石である、碎くべからず割くべからざる頑健其のものである、一度當つて小手調べを行つて見ると容易な民族では無かつた。彼等は國を擧げて伸るか反るかの冒險を試みなければ占領的野心を充たすことの出來ないことに反省して通商貿易を一本槍とした。非常の競爭と困難とに打勝つて遂に目的を達して通商條約を締結するに至つて見ると、未見の新天地を發見したるが如く事々物々想像以上の點景を提供したことは彼等に在つては偉大なる收獲であらねばならぬ。

想ふに外人が我が國民に對する觀察感想は種々あるであらう、多くは日本の文明が開港の結果西洋文化の輸入の賜に外ならぬかの如く唱ふるものもあらうが、それは皮層の見解で謂ふまでもなく我が國土經營の天孫民族は既に當時世界的に優秀なる種族であつた、是が建國二千五百年、向上發展の思想を傳統せる大和民族として東洋の一角に連綿として繼昭した事實の神の子卽ち臣民であつて、神聖なる國土の坩堝に打つて一丸となつた世界に類例少き種族である。而も支那文明の渡來より一千五百年、其間神儒佛の三教を融合して東洋獨特の文化を築き上げた誇るべき歴史を有する優性人種である、是れ外人が開港を迫り、開港と共に日本人と親しみ敎へて最も敎へ甲斐ある國民として囑目したることは爭ふべからざる事實である。夫故に鎖國二百七十年間泰西文物の進步に後れたるも、其の感受性の鋭敏なると、齟齬力と消化力との勝れたる積年の素養は僅々五十年間に於て泰西人二百七十年の文明に追ひ付いた所以である。

斯かる史的考證を念頭に置いて以て我が開港當時の乾坤一轉的の大革新期に臨めば實に謂ふべからざる興趣の湧き出づるを禁じ得ないのである。今玆に是等の事象を論究するは本書の目的でないから之を省略するが只何となく當時來舶の幾多毛色の變りたる外人を追懷すれば興味津々として盡きざるものがある。殊に開港當時に於ては渾沌たる物情の中に立ちて彼外人等の忠言、勸告、賞讃等毀譽褒貶は一々他山の石として大に吾人の參考に資せられたものである。今本項に於て彼等外人の觀たる日本の社會相や國民性乃至一般に渉つたる感想及批評の一部を描き出して、以て興味深き開港當初のパノラマや其の前後に渉つたる外人の目鏡に映じた日本民族を一瞥せん。

初めて極東に來つて日本民族に接したる歐米人が如何に日本人を觀察したるか、是は吾人に取つては頗る關心に價する評語である、左に之を掲げて其の眞意を打診せん。

歐洲人の初めて日本來航の事實を印象付けたるは千五百四十三年十月卽ち我が天文十二年八月二十二日で後奈良天皇の朝將軍足利義晴の時である、彼の有名な種子島に漂着して我國に鐵砲を傳へた葡萄牙人フユルナン・メンデツ・ピントー Fernan Mendeg Pinto ヂエゴー・ゼイモトー Diego Zeimoto 等の一行である。是より以前已に南蠻人日本に來れる記事が邦書和漢年契に在り詳細の事情は明瞭ならざるも歐羅巴人らしくもある。

ピントーの紀行に據れば千五百四十五年（天文十四年）初めて種子島に來り、又豐後に大友義鑑を訪問し、第二回に千五百四十六年（天文十五年）一商人として豐後府中に來り、第三回千五百五十一年（天文二十年）又府中に來り大友義鎭に厚遇せられ、第四回千五百五十六年（弘治二年）使節パテレン某に從ひて又府中に來つたとあるが、彼が千五百五十八年に歸國後既往漂浪三十八年間の記憶を喚起して書いたもので往々年號に誤りありとせられ第一回渡來も前記千五百四十三年が正確であるらしい。

ゼイモトーが砲術に精しき爲め彼に就て傳授を受けた日本人は製法を學び火藥を製し、千五百五十六年にピントーが渡來せし時は豐後府中（大分）にて三萬挺以上の銃を藏し全國に無慮三十萬挺を有するならんとの說に驚いたと云ふ、彼の記述に「此國人は一般に戰爭を好み武器を尊重するの風あり」と語つてゐる。其他日本人批評に對しては多くを語つてゐないが以下渡來せる外人の觀察を窺はんに。

初めて日本に布敎使として來朝したフランシスクス・サヴェリウス Franciscus Xaverius が鹿兒島に來つて日本人觀を爲せる內に

第一余の考にては日本人程善良なる性質を有する人種は此世界に極めて稀有なり、彼等は至つて親切にして虛言を吐き詐僞を働くが如きことは甞て聞きも及ばず、且甚しく名譽を重んじ其弊は却て彼等をして殆ど名譽の奴隸たらしむるが如き觀あるに至れり。

と云つてゐる。又山口に來つて大内義隆の優遇を受けた時在葡萄牙ロヨラに發した書簡中に

日本人は學を好み、他邦人よりも能く道理に通ずるも未だ地球の圓體なること、及其の運行の事を知る者なかりし故、余等其の理由其他天文に關する事を說明せしに、彼等は悅びて之を聞き、且上流の人は、余等を敬慕して益々其の說の蘊奥を叩けり、彼等は才智と勇氣とに富みて心胖かに學を好めば眞理を信ぜしむるには十分の見込あり。

フランシスクス・サヴェリウスは千五百六年永正三年西班牙の名家に生れ巴里大學に學びた偉大なる哲學者である、カトリツク教の布教目的を以て千五百四十九年天文十八年八月鹿兒島に漂着し後平戶に赴き又山口に至つた。彼が日本人を觀察したる批評は其頃の記錄として可なり精密を極め又其の魁であつたやうである、之に由れば日本人を教化するには尋常一通の人物で覺束ない、最も勝れたる人傑で無ければ不可ぬと警告を與へてゐる所を以て見ても略我が人種が西歐人の目に高く映じたことか首肯さるる。（次の第二節第一項の始參照）

十六世紀我國に來つた耶蘇教の宣教師ガスパル・ヴレラが千五百六十一年永祿五年八月十七日泉州堺に在りて印度在住の同志に贈つた日本通信書翰中に（耶蘇會士日本通信）

此の國民は生來戰を好み、遊戲も亦戰の事に屬し、其の名譽は戰に在り、戰場に數多の首級を得たる者、首を斬られたる人の身分に應じ最大の名譽を得

とある、彼は日本に在留すること十七年で其間京都に九ケ年も滯在した。

其頃我邦に來つて信長秀吉等に好遇された教僧ルイス・フロイスが千五百六十五年二月廿日附日本通信に。

（略）日本の貴人は皆禮儀正しく教育好く喜んで外國人に會ひ外國の事を知らんことを望み、極めて些細なる點まで聞かんとす、彼等は生來道理に明なり、盜は彼等の最も惡む所にして或地方に於ては盜をなしたるものは何等手續を踏むことなく直ちに之を殺すことを得、鎖なく牢獄なく司法官なく各人は自家に於て判官たり、故に此國の良く治まらざるを得ず、罪は看過せられず、又譴責に依りて免されず、直ちに犯人を殺すが故に、恐怖により良く統治せらる。

とある。彼は千五百三十二年天文元年葡萄牙リスボンに生れ十八歳にして耶蘇會に入り、東洋傳道に赴任し、印度ゴアに來り神學院に入つた、サヴェリヨから日本のことを聞て遂に千五百六十二年永祿五年來朝し、信長秀吉に好遇せられ布教大に努むる所があつたが、後秀吉の禁教令に逢ひ、千五百九十六年慶長元年內外二十六人の最初の殉教者となつて礫刑された。南蠻日本記最初の著者である。

又同じく宣教師コスムス・ワルレンシスが千五百七十七年天正五年付平戸よりラテン語の書信中に我が國人の習慣及び性情に就て述べた一節に。

日本人は又理解力に富むのみならず、想像力にも富み、自ら世界の何處の民族にも劣れるものにあらずと確信すれば、其見識自然に高く、外人と邂逅したりとて只之に賤視の一瞥を與ふるのみなり、彼等は能く善惡を識別す

とある。ポルトガル人イスパニア人が最初我國に渡來せるが其後に來るものはオランダ人である。初めて我國に來航した和蘭人には千五百八十三年天正十年にリンスホーテンあり、千五百八十五年天正十三年にゲリッツがあるが何

れも葡萄牙船に乘込みて來たものであるが彼等が歸國して我が國狀を告ぐるに及び、千五百九十八年慶長三年に至り西班牙の暴政府に向ひ獨立の旗を飜しつつあつた勇悍なる和蘭政府は五艘の遠征艦隊を東洋に派遣したるが、其の中一艘リーフデ號のみが千六百年慶長五年豐後に漂着して、英人ウイリアム・アダムス William Adams は家康に謁見し大に寵遇を蒙り相州三浦郡邊見村に二百五十石の封を受け名も三浦按針（水先案内であつたからパイロットと云ふ言葉の譌譯語が按針であつた）と改め婦を娶りて三十四年日本に在つて終つた。彼が本國への書信中に

日本人民は性質溫良にして禮儀を重んずること甚だしく、戰ひに臨みては勇剛なり、國法を犯したるものは嚴刑に處して假借する所なく、法を用ふること公平にして今や國内太平なり、蓋し内政宜しきを得ること日本國の如きは復他にあらざるべし。

と賞讃してゐる。アダムスと共に家康に謁見した和蘭人ヤン・ヤンステンは歸國を請ひ許されたが途に葡萄牙人と戰ひて死したが、其他の一行の人々は歸國の上事情を物語つたので千六百七年和蘭政府は更に二船を日本に派した。二船は千六百九年七月慶長十四年六月平戸に到着し使節ヤコブ・スポキス及ペイトル・セゲルスゾーンは駿府に於て家康に謁見し通商免許の御朱印狀を得、又江戸に至り秀忠に謁見した、彼等は大に優遇を受け日本を賞讃して去つた。

千六百十年慶長十五年メキシコの船ルスンよりの歸途風波に逢ひて我が海岸に漂着したので家康は命じて船を新造して京都の商人田中庄助等をして信書土産を携へて彼等を護送したので、メキシコ大守サリナス侯は之を機として日本と結び且つ噂にした金銀島を探らんと欲し使節セバスチアン・ウイズカイノに命じた、彼は千六百十一年

來朝し家康秀忠に謁見し各地を旅行し、翌年日本東岸に金銀島を探檢したるも素より目的を達することなく船を破傷し淹滯五ヶ月に至つた、仙臺侯伊達政宗は其の困厄を憫み自ら一船を艤して彼等一行を送り屆けんとした、千六百十二年慶長十七年秀忠耶蘇教を禁じたので布教師ソテロ亦縛に就いたるを政宗請ひて之を仙臺に引取り、千六百十三年慶長十八年支倉六右衞門を大使に任じ政宗の書を携帶しソテロと共に羅馬に赴いた。

當時日本に來往せし外人は和蘭人及英吉利人で和蘭人は此頃其の主國西班牙に叛して終に獨立を得、英吉利は又和蘭を助けて西班牙を擊破せし際なれば、東洋に於ける兩國人の西班牙人に對して互に敵愾心を懷くは故あることで、殊に英吉利和蘭の二國は新教を奉じ、西班牙は舊教である、啻に商賣上の敵手でもあるので幕府の信用を受けた和蘭人等は事毎に西班牙人を誣ひ彼等の東海岸測量は不軌を懷くものであると告げたので、幕府も深く考ふる所ありて終に異教禁止の令を發するに至つたものと思はれる。

十七世紀の中葉和蘭人アルノルヅス・モンタヌス Arnoldus Montanus が蒐集せるオランダ使節日本紀行中に收めたるものに。

官吏、商工民、農民等には多くの德あり、第一に彼等は概して善性なり、親切にして愛すべし、其理解は俊速なり、記憶もよく亦想像力にも富めり、其正確の判斷及び學問等に於ては獨り東方の諸國民に超越するのみならず、吾人西洋人にすらも優る、されば彼等の田舍及び教育を受けざる兒童の如きにても、其懇切典雅なるに於て宛然一の紳士なり、彼等は我等歐羅巴人よりも早くラテン語、諸種の工藝科學を知得す、貧なることは日本人にありては恥とせられず、且つ之が爲めに人に賤めらるることなし、彼等は常に其の居宅を清潔にし衣を更へて人を訪ふ、すべて粗野なる語を發し、大聲に語るが如きことを忌み、貧賤、僞誓、又は遊蕩も亦甚だしく厭はる、名譽を得るの慾望頗る熾んなるも、亦敢て己れの上長を敬するを忘れず、名譽のためには何事も犧牲にす、僞りて人を訴ふるは彼等に於ては罪人なり、故に下賤の人にても、人に邂逅する時はこれに相應の尊敬を表し、假令其人の不在の時にでも、決して之を惡し樣に云ふことなし、貴人の會話は主として他の功名美德の讚美雅稱なり、假令下賤の日雇人にても其日常敦厚ならざれば、雇主は直に之を解雇す、要するにかゝる人物を用ひて爭鬪の起るなからんことを心とするのみ。されば人々たとへ古き怨みを心に懷くとも決して之を言辭に表さず、僅に悲しき不滿の面持をなすに止まり事の善惡曲直にかゝわらず、之と爭ひ、又は人の仲裁を求むるが如きことあることなし、すべて多言は日本人にありては品位ある人々の大をなす所以にあらずとせらるれば其街道に出でても通行する平民にいささかのいさかひあるをも見ることなし、夫と妻と、親と子と主人と僕との間には勿論衝突なし、何事も沈默靜謐に葬り去られ、何事かの小破綻ありとしても、これが友人によりて繕はれ、和解せらる、よし其非行を罸することありとするも（かくの如き事は極めて稀なれども）之に對して用ひる語はすべて溫柔なり、この故に日本人には吾人歐羅巴に於けるが如き法廷なく、法律なし、彼等は私怨をば公敵に對する戰爭に於て償却す、如何なる時にも己れの不幸困難を愁訴せず、又己れの損失を憂へず、心を食ふなる激しき悲哀、胸裡に存するとも能く樂しげなる顏貌を以て之を蔽ふの驚くべき能力を有す…………

官吏と云ふは武士のことを指すものである、商工民之に次ぎ、其の下級は農民とし、尙是等階級の以上に僧侶其の上に諸侯ありとし大體を論評してゐるが、僧侶の墮落は耶蘇教の渡來に由て假面を褫がれたと痛斥してゐるの外概して各階級の日本人を見ること頗る好感を以てし、其の優越なる人種としては東洋諸國は勿論西洋人にも勝れてゐると云ふ禮讃振りである。

又千六百八十九年佛人ジヤン・クラツセの著せる「日本西教史」は我國に在留せし十六世紀の耶蘇教宣教師が本國に通信せし書翰其他當時の文書によりて編纂せるもので種々の觀察もあるが、其内日本人觀の一齣を拔萃すれば。

日本人は物に堪へ忍ぶ驚くべき美質あり、飢渇寒暑に屈せず勤務に倦怠せず、商人なども粗暴の擧動なく、實に丁寧親切に、職工農民などの卑賤に至るまでも歐羅巴とは反對なれば、知らざる者は彼等が皆宮中にて教育を受けたるべきを思はん程なり。

又曰く。

日本人一般の氣質として名譽を重んじ、我より賤視せらるるを嫌忌すること外國人の比すべき所にあらず、事々物々皆名譽面目の念によりて拘束せられざるなし。從つて彼等は一途に自分の職務に勵精し、如何なる小事と雖、不當の行爲に出づることなく、又之を口外せず、日本人は其身分に準じ義務責任を怠らざるにより不正の言語を發し、人を損ふこと少く、諸人互に相尊敬す、就中貴族等の禮讃に至りては位階順序座作進退の容儀を以て之を表すが故に悉く之を解明すること難し、下賤貧困のもの共にても相互の間に敬禮あり……日本人は貪慾を嫌忌し、若し一人貪慾なるものある時は目して卑劣廉恥なきものとす、これ又其名譽を希望するに因るなり。

名譽禮讓を重んじ義務責任觀念の强きを認めて賞揚し、廉恥を尊ぶの美點を指摘する所流石に當時の我が士風を洞察して謬りなきものと謂ふべきである。又喜怒色に現はさずてふ古來の訓言を文字通り嚴守實行するを目擊して曰く。

すべて日本人の風俗を記載する書の說く所によるに、其の勇氣の猛なること、耐忍力の强きことは殆ど測るべからざるものとあり、洵に然り、彼等は災害にかゝるも之を哀まず、平常の言語動作に於ても怯夫と見侮られざらんことに注意して危きに臨むも畏れず、奮然として邁往せり、獨り悲みにあひて痛苦することなきのみならず非常の幸福に會ふも歡喜の顏色をあらはすは恥辱なりとて悲嘆すべき悲害に遭ひても欣喜すべき幸福に遭ひても曾て色を動かさず、七情をして自ら抑制せしむるの習慣あり。

歷史、言語、風俗習慣を異にせる外人等の多くが短歲月の間に觀察せることであるから管見誤解は免れ難きを通常とせるに拘らず其の多くの指摘せる所は肯綮に當つてゐるものが多いのは注目すべきことである。

千六百九十年元祿三年五月長崎出島の和蘭商館の附屬醫に補せられたエンゲルベルト・ケムプエル Dr. Engelbert Kampber は千六百五十一年慶安四年ウエストフアリアに生れた獨逸人であるが、和蘭東印度商會船隊の醫員となり千六百八十九年九月バダビアの博物を研究したが、翌年日本に來り二年間に二回和蘭カピタンに伴はれ江戸に參府し見聞記を公にし、千六百九十二年アムステルダムに歸り、千七百十六年享保元年六十六歲で逝いたが、其の著日本誌は死後十二年目に於て英人の手によつて初めて英譯出版された有名の書であるが其の自序中に於て所々日本人を批評せるものに。

日本人は義烈にして勇猛の性質あり、衆人の崇拜せず又多くの人に知られざる神佛の如きをも尙且つ輕んぜず、而も一度執つて之を信奉せんか其免るること能はざるの鼎鑊をも之を辭せずして頑として其誓ひを變へず、若し夫れ此高慢と其鬪爭を好むの性癖を除けば、則ち溫和怜悧にして、好奇の情ある事多く其比を見ざる所なり、彼等は衷心に於ては外人との通商交易を望み、中にも我學術工藝を習得せんと欲するも、只我等をば商賈に過ぎず、最下等の人民なりとして輕んずるなり、これ蓋し嫉妬と不信とに基くなれば、此際友誼を結びて百事を聞知せんとせば、先づ其心を收攬し、之を欺き、貨幣の如きは、之を惜まず彼等に握らしめて其貪心を充足せしめ、彼等を尊重して、之と親通するを第一とす、余はかくして彼等の心を籠絡したり。

是れ彼が探るに困難なる日本の內情を攻究せんとする辛苦を語つたもので邦人を籠絡して機密を見聞したのである。又彼の參府紀行の中にも

吾人は此旅行に於て日本人より受けたる鄭重なる待遇を以て最も文明開化したる國民より受くるよりも更に大なることを感じたり、日本人の行動は下は匹夫野郞より上は王公貴人に至るまで全國禮儀作法の學校の如しと云ふも過言にあらず、彼等は外人との自由の交際及交通を阻碍するにも拘らず、之を遇するや極度の深切と快心とを以てせり。

と謂つてゐる、尙卷末に於て觀察を附記せるものに。

日本人は大膽又は武勇と稱すべき性質を有せり、但し玆に所謂武勇とは、敵の壓服する所となれる時、敵の

爲に加へられたる凌辱に報ゆる力なかりし時等に於て自裁するてふ生命の輕視を云ふ日本の内亂の歴史は此くの如き驚くべき行爲の例に富めり。

又曰く。

日本人は戰爭に於て勇あり、確心あり、彼等は愛も憎も尊敬も輕蔑も子々孫々之を傳へて、凡ての凌辱は必ずや報いられずば止む事なく、相手の一方が絶滅するに至つて始めて熄止す、平氏及び源氏の爭ひは其例なり。

と說いてゐる、僅々二年間にして如レ此日本觀を精密に世に發表し而も厖大なる日本誌を著述したる其の腦力は洵に敬服に堪へざる次第である。

千七百七十五年七月（安永四年）長崎出島の和蘭醫官として赴任した瑞典人カール・ペーテル・ツンベルグ Karl Peter Thunberg の江戸參府紀行により日本人觀察は次ぎの通りである。

彼等は氣魄と謹愼とを兼ね有し、又溫良と正義を愛するの情及び獨立心を併せ具へ、活潑に嚴正に、節儉に忠義にして、勇氣に充ち、同時に又迷信、猜疑、傲慢等の缺點をも有せり。

日本人は其すべての企劃に於て大なる確心と大なる智慧とを示せり、こは此國に於て未だ搖籃の狀に存する學問に就きても充分に之を證するに足るべし、余が之よりなさんとする概說に就きて之を見たらんには、何人と雖、此國民を蠻民の間に伍せしむること能はざるべし、余自身の意見を云はんか、余も亦日本人を以て當今の文明の國民に後れを取らぬ民族たることを信ずるものなり、彼等の政治の形式、其外人に對する應接

其美術、其農業の國內に充溢する富、其他無數の事情は何れか一として彼等の氣魄、確心、勇氣を示す所以のものたらざる、

極めて犀利なる觀察眼を以て徹底的に批評してゐる。更に進んで、寬猛兼濟の德を說く、

吝嗇と儉約とはとかくに混同し易く、其加減を誤らざらんことは何人も困難とする所なれども日本人は最も巧みに之を判別し節儉の美德を充分に煥發し居れり、……余は又屢々日本人の忍耐、親切殊に歐羅巴商人に對する親切を實驗したり、元來勇猛の民族たるに似もやらず、彼等はやさしく、溫和なり、他の加ふる脅迫に向つては動かざる山の如きも、友情に於ては些細の事に至るまでも用意到れり。

正義は此地にては虛空の名辭に止まらず、各人皆他を敬し、專制君主と雖然ることなし、日本の皇帝にしてかつて外國侵略を行ひたるものあるなきは、其好例なり、之に反し外人の侵寇を被りたる時は一國を擧げて勇敢なる抵抗を敢てす、此種の例は日本歷史上に數多き事なり。

所論概ねぴたりと適中してゐる。其他勇悍にして自信力の强固なる、憎惡の念强く復讐心に富めること等、或は種々の風俗を描寫して頗る精密に涉つてゐる。

ツンベルグが去つた後間もなく千七百七十九年安永八年和蘭東印度商會の長崎館長として來朝した蘭人イサーク・チチング Isaax Titsingh は在任十四年の久しきに及び能く日本語を研究し、日本史籍を涉獵して日本觀察頗る精細を極めてゐる。彼は

日本人が近代歐羅巴國民の成立以前に於て又彼等が未だ粗野不文明の羈絆の下にありし時に於て既に文明開

化したる民族たりし事を證明す、千六百九年和蘭人の初めて日本に着せし時既に日本人は外國に航行するの自由を有し、其商人は印度の主要なる地方に散在したりき。日本當時の船舶は支那のジャンクを模造せしものなるも、能く風浪に堪へ、熟練なる水夫又は冒險なる商人は實に其數に乏しからざりき、日本にては下層の人民は刻苦するにあらざれば糊口の道を得ること能はざるが故に、彼等は多く其新なる運命を開拓せんとて遠く海外に赴くなり、而してこは金錢上の利益を望むよりも寧ろ珍奇なる無數の事物を見て其好奇の心を充足せしめんとするの慾望に出づること多し。かゝる事情よりして大膽熟練なる水夫は勇悍に於て印度の最も武を好む民族にも後れを取らぬ兵士養成せられたるなり。

夙に日本の文明を看取し國民性を解剖して海外通航の目的が利を得るよりも識を廣むるに在ると爲すは卓見である、更に彼一流の斷案を下して曰く。

ゼシユイツトのシヤールヴオ師が日本人の性格を支那人に比し評したる言は實に正鵠を得たり、日本人の虚榮心の盛なる、其の體力武技に於ても、將た心的修養に於ても必ずや他に輸せざらんとす、彼等の知識の增すに從ひて其の見聞する總ての珍奇なる事物に對し、彼等の嗜好の情は抑ふべからず、彼等は外人を國內に容るるも、些の損害なきを知るや、之によりて優秀なる科學美術を學ぶの機會を得んとせり、是れ偉大なる老中松平イツミノカミが千七百六十九年（明和六年）船舶の建造を許して外國と交通し、外人を國內に誘入るべしと提議せし所以なりき惜むべし、彼れ死して行はれざりき。

日本人が開國進取的である所以を說明して剩す所がない。日本人の禮讃振りに至つても亦極めて正鵠を摑んでゐる。

次ぎに露西亞人ワシリー・ミハイロウイッチ・ゴローウニン Vassili Michaelovitch Golunin は我が國民性に就て論じて曰く。

人口饒多なるが上に鋭敏にして能く活動し有爲にして外人の長を採るに躊躇せざる此の國民にして若、我がペートル大帝の如き偉大なる君主の支配する所となりたりと假定せんか、彼等の國土に產出する種々の材料寶物は巧に其の利用する所と爲りて短日月の間に容易に東洋の支配者と爲るを得るに至らん、此の時に至らば本土を距ること遼遠なる我が東亞細亞の沿海諸州は其の運命果して如何なるべき、若日本人にして歐洲の文化を輸入し、其の政治に法りて內政の改善を計るあらんか支那も亦必ず次第に之に摸倣すべく而して此の兩强大民族が我が歐洲の政局に向って洵にゆゝしき影響を及ぼすに至るべきは疑を容れざる所なり、フヴオストフの爲せし如き侵寇は適日本に與ふるに歐風に依り軍艦を建造するの動機を以てするに過ぎざるべく、歐洲のあらゆる發明は假令ペートル帝の創造的才能なくとも必要上日本の國內に其の根柢を据えるに至らん彼等にして若牧師を招待せば、決して其人の乏しきを憂ひざるべし、故に余は思ふ、此の際此の良國民を激せしむるが如き行爲あるは宜しからず、と余は日本人が直に歐化して我れに向つて危險なるものと成るに至るべしと謂はず、唯だ要するに我が後世子孫をして吾人の主張する所に背くが如き擧なからしめんことを望むのみと。

彼が豫告したるが如くペートル帝の如き偉大なる君主が支配する所となつたならば短日月に東洋の支配者とな

るであらう云々と謂つたが、果然事實は其の通りでペートル帝以上の明治天皇の支配となつて彼が想像は正に拍車を掛けた驚くべき新事實を開展したのである。

彼は更に軍國として日本民族の如何なる地位を占むべきやに論及し。

以後日本政府は容易に歐風の艦隊を組織し頗る大膽敢爲なる水兵を以て之を充實せしめ得べし、槪して此の民族は理會早く直に受くる所を咀嚼す、日本水兵は歐風に摸して忽ち其の艦隊をして歐洲の艦隊と雁行することを得るに至らしむるならん、現在に於てすら彼等は其の粗製の小舟を以て大膽なる航海を企つるに非ずや、斯かる海國民には何事を爲してか成らざらんや云々

洵に肯綮に當つたる觀察振りである。

彼れ又語を轉じて曰。

日本人に缺ぐる所の一の性質あり、そは勇氣膽略是れなり、されどそは彼等が長く泰平に慣れて血を見ざること久しく、政府も亦務めて平和政略を取れるに因れるものなり、其の人民は元より臆病なるに非ず假令其の國民が世の風波に遇ひて沈淪し一時活動を失ひたりとも復た大に興りて他を脅すに至るの時なきを必すべけんや、我が祖國にては强盜の發せし二三の銃聲にも恐れて全村民の逃れ散ることあり、されど彼等は又殆ど不拔と稱せらるる砲臺に打ち入り要塞を乘り取ることすらも爲すなり、怯者は軍服を著用したりとて、勇者たり得べきに非ず、勇怯は先天的なり、日本人にありても亦然り、其の怯なるが如きは決して生れながらにして然るに非らざるなり。

政府が平和主義を取るを以て勇氣膽略に缺げたりと爲し一般國民の豪膽なるには深き觀測を下して居る、果して豫言は又ぴたりと適中した、後年日露戰役に際し難攻不落と稱せられた旅順要塞が肉彈を以て陷落した事實に鑑みて其の畏敬する國民性を説明してゐることも亦皮肉と謂はねばならぬ。

ゴローウニンは又口を極めて一般に日本に於ける教育の普及を讃美した、蓋し之を彼が祖國たる露西亞の教育に比較して其の自國民の狀態憫むべきものあるを想起するを禁ぜざりしならん。彼は曰。

日本人は之を總べての國民に比するに、余の見る所を以てすれば蓋し地上の最も文化したる民族なり、彼等は總べて讀み書きを知り、又彼れの國法を了知せり、特殊の學術に於ては歐人が日本よりも大なる頭腦を有するは固より疑なし、されど吾人は歐洲に於て多くの無學文盲なる人士を發見するなり、歐洲の學者は國民を爲さず、概して之を言へば日本人の方、歐洲に於ける下層社會よりも遙に醇なる思慮を有するなり。之を例するに日本に在りては尋常一兵卒の如きすら尙ほ其の茶碗の中に地球の形を描き、自國の反對面にも亦國民の棲息することを理解しつゝあるが如きを見るなりと。

ゴローウニンは千八百十一年（文化八年）五月一行七人と共に捕虜となり幽囚されたる露國海軍の艦長である、初め露人が我が北邊を荒らした鬱憤で彼は其の犧牲となつて二ケ年餘監禁されたが其間具さに日本の民族性を研究し釋放歸國後日本見聞記事を著はした、此書は獨逸文に譯せられ、更に和蘭文に重譯せられたが後邦人に依りて日本文に譯され「遭厄日本記事」と命ぜられたが明治二十七年海軍省軍令部では原書露語より更に譯して「ゴローウニン日本幽囚實記」と稱し發行された。

ゴローウニン幽囚時代我が商人の奇傑高田屋嘉兵衞も亦露人に捕へられ俘囚となつたが、嘉兵衞に對する露人の觀察は又頗る畏敬されたもので露艦長リコルドの日記を見ても嘉兵衞を賞揚してゐること一方ならざるものがある。

千八百五十三年嘉永六年露國水師提督ブチヤチンが四隻の軍艦を率ゐて條約締結の爲に我國を訪問したとき世界周航記を書く爲に選ばれて同行し提督の祕書として旗艦バルラダ號に乘組だ露人イワン・アレクサンドロウイチ・ゴンチヤロフが書いた一部「日本旅行記」中に斷片的に日本人に關する觀察感想がある。其中に、

日は一日々々と經つて旣に八月の中ば過となつた、日本人は私達を負かせて仕舞つた、每日食料が質問か返答をもつて二度ばかりやつて來る、私にはもうこの極東は極端な退屈以外の何物でもない、退屈のあまりつく〴〵彼等の顏を眺めるが、彼等の素性を明らかにすることは出來ない、如何に支那人と同種でないと云ひ如何に著しい兩者の相異を擧げて反駁されようとも、彼等の顏の恰好を見ると、誰れでも日本人は近い親類であると云ふだらう。同じ樣に長てな、どす黃ろい顏、同じやうな恰好の顎と唇、突き出た前額とこめかみ少し扁平になつた鼻、黑と茶色の中形の眼、倫理的な類似は云ふまでもなく此の判斷を一層强調するものである、恐らく兩者は中央アジヤの同じ搖籃から出て、同じ民族を形成したものに相違ない、そして大昔大陸の南東方面にひろがり、それから附近の島嶼に移つたのであらう。

韃靼海峽と歷史には珍らしくない同族間の民族的敵意とによつて永久に分裂した二つの種族其の一つは支那人は滿洲人と混血したであらう、他の一つはある日本人は馬來人と同化した、日本人はニッポンで馬來人に出逢ひ、それを驅逐したのであらうとケンベルは云つてゐる、彼等の言語にも（彼等は支那の文字を知つてゐる）支那のそれと類似の點がある、或る

國民と他の國民とが生活の初期に於て共通の言語をもつことはありうるで支那人には支那語として殘り、日本人の所では、準馬來人の言語若しくは九州其他の島で出逢つた島人或は千島人であったかも知れないの言語と混合した。これは一つの立派な見解だと思ふ、こんなことを言へば日本人の氣に入らないことは知つてゐる、私が今日本に居るのを幸に彼等は私を鳥籠の中へ坐らせるかも知れない、彼等は自ら神の子孫だと考へてゐる、少くとも北方の千島人から出たものだと言つた方が、支那人から出たと云ふよりも彼等の同意を得易い、だが私は自分の見解を固執する、殊に支那人に別れて來たばかりで彼等の顏の輪廓がはつきり私の記憶に殘つてゐる所へ、他の類似の顏を見つゝある今は尙更である、これが一個の見解でなくて何であらう、ケンベルは何處から日本人を連れて來たかバビロンの建塔から眞直ぐに連れて來たではないか彼によれば日本人は群をなして彼れの謂ゆる植民をなしてカスピ海から全アジヤを經て支那に入り、支那から日本へ渡つた、現今と同樣な言語、風俗、習慣をもつて眞直ぐに來たのだといふ、但し現今のやうな紋付の羽織や袴を入れた風呂敷包を小脇に抱へてはゐなかつたさうだ、尙此國の下層民と上流階級との間は生活樣式、食物、教育、職業などの如き普通の差別の外に他の鋭どい民族的な差別のあることを認めうる、上級の役人や其の家來の顏と、私達のまはりに寄りたかつて來る小舟に乘つた他の多くの人間の顏を仔細に點檢すると誰れでもそこには二つの民族が合體し混交したのだといふ結論に達せざるを得ない、下層民はジヤワやシンガポールで見た馬來人と甚だよく似たところがある、日本は他の何れの國よりも社會階級の差別が嚴重であるから被征服民族が今日まで征服民族に同化しないでゐるのは當然である。

日本の教育を支那のそれに比べる、これもよく似てゐる、どちらも同じやうな特殊な古風な宗敎たる神道、則ち天の靈を崇拜することと、それから佛教である、だが兩國とも宗教心よりも倫理哲學的精神が支配してをり、國民は宗教に對して全く無關心である、勤勞を愛し、職技に巧みで農業や商業を好む所も同樣であり同じやうな趣味、食物、衣服……つまり凡てのものに類似を發見する、故にこの兩國民が異民族であるといふ見解がどうして起つたかと、寧ろ驚かされる程である。

彼れは極端なる日支同族論を高潮してゐる、併しながら彼は此等に就て深い研究は無い、外貌の觀察を主としたものらしい、而してこの事を彼自身にも亦獨自の發見的所說として高潮することは避けた樣な語氣である。彼は又

日本人は非常に活動的で生一本である、支那人のやうな迷妄なところは少ない、例へば憂欝なペダンチンクな古くさい、不必要な、人間を愚昧にする學者ぶりはない、反對に日本人は凡てのことを穿鑿し、質問し、そして凡てのことを書き留める、江戶へ行つたことのある和蘭の旅行者は殆んど皆日本の學者が何か新しい有益なことを知る爲にわざ〳〵彼等の許へ派遣されたことを物語つてゐる、支那の學者は自己の考へを日常の生きた言葉で表現することさへしない、それは禁物なのだ、書物に書いてある通り表現しなければならぬのである。若し日本人が舊套を墨守するとすればそれは新事物のよいことを知つてゐながら、唯新事物を恐れる結果である。

と評して居る。彼等は長い間長崎に待たされて悒悩の月日を送つた。

私の日記は囚人の覺え書に似て來たやうだ、どうも仕方が無い、此地は殆ど牢獄である、尤も自然は美しく

人は思慮があり、機敏で力強いけれども未だ通常の理性的な生活となしえないものである。

彼れは待ち草臥れたる江戸からの使節を迎へて始めて日本政府の有力者と會見の機會を得て具さに我が民族の優劣を論じて曰く。

我等は我等の此の實驗に於て極東の諸國民中其習慣の美なる事に於て其の社交の術を解するの點に於て日本の最も開化せるものなるを悟れり。

と謂つて使節川路左衛門尉聖謨を評して。

彼は頗る怜悧の人なり、彼は最も之を其の我等に對する駁論に於て示したり、凡ての語句凡ての主張、否其の風采態度に至るまでが能く彼の健全なる理解力、鋭き眼力、直覺及び老熟を示せり、凡そ人の賢不肖は民族や、衣服、宗教、言語及び人生觀の異同を問はず必ずや同一の特徵を有する者なり。

ゴンチヤロフは露西亞第一流の文豪だけあつて頗る細微なる觀察を以て當時の實狀を詳記してゐる、殊に川路全權に對しては口を極めて稱揚してゐる。

嘉永六年六月三日一八五三年七月八日始めて浦賀に來つて鎖國の扉を開いたペルリは豫め日本に就て其の國勢民情を研究した、來航二回具さに觀察したる日本國民性は彼の日本遠征記に載せられてある、其中一二抽錄すれば、

尚又日本の人民は性質怜悧にして淡白、正直にして勇氣があるけれども、其政府の組織たるや單に治平を保つことのみを目的として組織せられ大名の配置役人の用ひ方等專ら互に相制して動く能はざるやうに成つて居る、一言にして之を云へば最も完全したる探偵組織ともいふべき風であるから官吏となれば甚だ臆病にし

て全く其本心の質を失ひ甚だ隱險狡猾に流れる、特に外國人との談判は衆の難しとする所で兎角に猶豫不決の悪癖がある、恰も彼のトルコ人が一個人としては極めて淡白快濶にして交るべき人間でありながら役人となると優柔陰險で仕樣がない、其趣頗る相似て居る………

其の國情の神髓を覘つて諒察してゐる、決して皮相の觀でない。彼は又二回目來航の時下田で吉田松陰、金子重輔の投艦事件の記錄に次ぎの樣に記してゐる。

元來日本人は事々物々に就て疑團を起す所の人民であつて機會だにあれば其天賦の精神力を十分に活動させ何事に據らず深く研究して見やうとするものである、今此兩人の如きは恰も日本人の性質を代表したる者であつて政府が嚴酷なる法律を以て海外渡航を禁ずるにも拘らず必死の危難を冒して外國に出で其事情を探らんとする、日本の人民は斯の如き性質を有して居るから其將來は實に多望と云はなければならぬ、今後中々面白い國に成るだらうと思はれる。

一の出來事一の事實を捉へても直に之を全班に擴充して其の判斷を釐毫も誤らない所は流石に卓見であつた。而して當時ペルリの旗下に在りて士官候補生であつたビヤヅリーは後明治三十三年十月六十歳の退役海軍少將とし四十七年目に其夫人を携へて日本觀光に來朝し朝野の歡迎を受け、明治大帝に謁見仰付けられた、其節伊藤公、金子伯等と浦賀のペルリ記念碑建立を諮つたが、彼は大の日本心酔家で居常日本趣味の中に生活し知れる限りの米國人を親日に說得する程で、每に、「我々夫婦は前世は日本人だつたに違ひない、日本人が亞米利加に生れたのだらう」と口癖に唱へた位である。來遊中伴ひ歸つた築地のメトロホールホテルに勤務してゐた水谷藤作を伴ひ歸り、爾來二十五年間に及んで少將及夫人死後其遺言に「日本に關する蒐集品は亞米利加に置いても、日本の善さを知らぬ心なき者は粗末にするから私達が死んだら皆私達の好きな日本へ持ち歸つてくれ」とあつた。少將は明治三十六年十月夫人は大正十三年十二月永眠したが水谷は昭和十年十一月東京に於ける全國社會事業大會に出席して多數の遺物を提供したのは近來の快事である。（水谷藤作談）

次ぎに米國總領事ハリスが安政三年初めて下田に來り爾來日本人と接し其の本國に發した通信の內や日記等に就て見るに非常に日本人を重視し好感を以て遇した。其の日本到着の第一步僅に二時間にして日本人を見て曰く「余等の會見は二時間に亘り大いに日本人の容貌擧止の優雅なるに感服したり、余は茲に日本人が喜望峰以東に於ては孰れの人民にも優越せり」と八月廿五日の日記に殘してゐる。彼は支那に永く在つて其の人民に接し且東洋各地に商業を營み幾多の人種に接してゐたが其の初めて日本人を視る實に斯の如きものであつた。

只最初下田に上陸した時の日本役人の態度に憤慨し其の噓言を誇張的に咎めてゐるが實際條約に就て未だ日本政府の決心は固まつてゐなかつた。殊に彼が監視の役人の撤囘を迫つて彼は目して恥辱と云ふが其實我方では外人の身邊の危險を慮つて護衛を附してゐたのであるが、斯く誤解に出でたものが多かつたのは當時の事情として已むを得なかつたことである。

安政六年開港と共に日本總領事として來任し翌年全權公使に昇進した英國のサー・ルーセルフオルド・オールコック Sir Rutherford Alcock は千八百九年の生れで初め醫學を修め軍醫であつたが後外交官に轉じ淸國福州及上海領事として活躍し日本の開港と共にやつて來た、萬延元年には大膽にも富士登山を爲し日本に於ける外人登山の先鞭を付けた、又長崎より江戸への陸路旅行を遂ぐる抔思ひ切つて冒險を試みたが、彼が日本人觀に。

日本人の惡德の劈頭に其不正直、虛僞を提出せんと欲す、日本の商人は就中之に該當する者にして、東方國民中の最不正直、最詐欺的なるものなり、勿論之を全民族又は或一の階級におしひろめて言ふわけには行かざるべきも、凡ての開港場、就中最も多く横濱に於ける商人、之が實例を示しつつあれば、吾人はかゝる判斷を下すも强ち理りなきにあらずと思ふなり。

と嚴しく詰責《キメツケ》てゐる、而も日本商人の絹の綑は外面は良品のみで內部は粗品であるとか、樟腦の瓶は上部のみ純品で下部には米粒が入れてあつたり、油槽の下層は水のみであるとかさんぐ〳〵實例を擧げて、尙歐羅巴文明と東洋文明との間の主なる區別は前者は嘘僞を排斥するも、後者は公然之を承認するとにありと、日本人や支那人にありては最も著しき虛言が發覺しても恥辱とせられず、人、又之が爲めに不信用をおくことなく發見したるの時自ら恥ずるのスパルタ流の感慨なしと罵つてゐる。されど又日本人の長所を觀察して曰。

日本の文明には又道德的及び智的分子なきにあらず、しかも其分量は亞細亞の他の部分に於けるよりも遙に多し、自殺の度々行はるるはこれが法律の力を有する爲にして日本人が死よりも名譽を重んじ生命の保有をのみ最上の善と思惟する國民とは大に異る所あるを示すものなり。凡ての國民には皆希望あり、只其或ものは之を浮世的の財物又は生命よりも重んじ、又或ものは却て之を輕んずるの差あるのみ、然るに日本人は前者に屬し、榮耀榮華に頓着せざる義務の感情ありて、愛國心と結合せり、但し愛國心も利己的の目的ならで己れ以外の者の爲めに自殉するの淸き宗敎的情熱なき限り未だ之を偉大なりと云ふこと能はず、而してかゝる宗教的情熱は不幸にして之を耶蘇教國以外に於て見ること能はざるものなり、日本に於ても亦然り。

日本國民の特質を論じ、更に理智的に自己の所信を發表してゐるが耶蘇教國以外に淸き宗教的情熱なしと云ふは臆斷を免れ難い。彼は又進んで日本國民の智能を語つて曰。

物質文明に就て云はゞ日本が東邦各國民の第一位に位するものなることは疑ふべくもあらず、若し彼等にして應用科學の知識に缺ぐることなく機械工業に進歩することあらば、彼等は歐羅巴諸國民と優に競爭するを得べきものなり、されば日本主治者の政略にして交通及び貿易を自由にして日本人をしてバーミンガム・シユツフエルド・マンチエスター等と競爭するの自由を得せしめなば、吾人の蒸汽機關や、すべての機械の驚くべき應用的知識は互に輸入せられて、彼等は忽ちにして其手に成れる鐵器類を以てシユツフイルドと競ひ其絹を以てリオンと競爭するに至ること疑ひなからん。

然り事實は將に其の通りであつた。

英人エドワルド・ド・フオンブランクは千八百六十一年萬延元年英軍が佛軍と北京に攻入らんとした時、日本に赴きて日本の富を視察せしめ、遠征軍の要する物質を之に仰ぐの路を付け、又若し出來得べくば、數千の駄馬を購入する事を命ぜられた、同年一月十一日横濱に入り英公使オールコツクを訪ひて使命を告げ奔走した。彼の紀行は千八百六十二年「日本及び直隷一名日本及び北淸の二年間」と題して刊行された、其中に

余は思ふ、日本には未だ高き運命の潜めることを、彼は東方に於て將來必ず重要なる地位を占むるに至るべきや疑ひなし、何となれば日本には若干の大なる瑕瑾の存するにも拘らず、其中には確に偉大なる精神の多

くを有すればなり。よし爾餘の世界より永く隔絶したりとも、其物質的事情は決して淪落頽廢せず、又其人民の智力の進歩は停止せず、勇氣、愛國心、秩序の愛好等の美德は却て益々其光榮を放てり。他と絶縁すること此くの如くにして尚且つ高き文化の度に達しつつある日本の如きは世界果して其類例あるか、彼等は頑固にも自身の習慣傳說に執着しながらも、尙力めて他の進步せる學術技藝を探りて我物とし、之を勸奬して人智を高め、物質上の繁榮を齎らさんと努めたり。

流石に彼の卓見は直ちに日本國民性の眞髓を洞察した、一字一句、一言一語悉く適中して些の謬見を挿まない。尙ほ進んで。

余は決して封建制度を以て國家人民の發展に最も適當したる政體なりと云ふものにあらざれども、この制度は既に長く今日に至るまでも存續し來りたれば、內外の改進の爲めに或は榮へながらも、尙今後も存續すべく終には若干年の後に至りて充分なる改善の行はれたる結果、人民は已れの權力を欲し、此うまし國の政府に向ひて之を彼等にも分たんことを迫るに至るならん。

と說き彼が豫言よりも一層速に其の所說の先見の明を誇らしめた。更に彼は露國の侵略主義も日本に對して成功せず、且其の不都合を詰り、日本保全を高潮し其の眞意を端的に暴露して曰。

日本をして支離分離せしむるは容易なるべし、されど之を侵略し終らん事はそれ豈に容易の業ならんや、何となれば外寇は忽ちにして國民の敵愾心を喚起し、總て內に蟠る怨恨憎惡の諸感情を抹消して彼等をして共同の敵に向つて奮鬪すべく全力を集注するに至らしむべければなり。かくて一個の侵入軍は全國民を敵として戰はざるべからず、而も此國民の大多數は其幼時よりして武器に慣れ、長き訓練によりて鍛へられたる武士にあらずや。

思ふに彼等の首府は破壞し、又は其海港を陷れ、すべての海岸をあらすことはそれ容易なるやも知らず、されど最後の決戰を行ふべき内地に侵入し、異邦人を以て此愛國義烈の人民の間に宿營し、日本に多き山川を跋渉し、田畠を踏み越えて砲騎の兵を入れ、地方の事情に通ぜる巨大の抵抗力を征服せんことは實に氣狂ひじみたる初めより勝算なきこと瞭然たる無謀の遠征と云ふべし。何となれば日本人は假令學問や近世戰術の行使に於て我等歐羅巴人に劣るとは雖、彼等は決して全然之を知らざるにあらず、又編制や訓練に於ても缺如せるにあらざればなり、日本と支那との間には大なる差違なり。

嗚呼彼は日本に滯在すること僅に一年に滿たざるに斯くも慧眼を放ちて日本の眞相を達觀し其の核心を摑みて誤らざる所驚くの外は無い。

千八百六十年（萬延元年）より翌年（文久元年）にかけ條約締結の目的で來朝した普魯西の使節オイレンブルグ伯 Grafen Eulenburg に隨行したグスタープ・シユピース Gustav Spiess の「プロシヤの東亞細亞遠征記」に。

日本の愉快なる家庭生活は生來此の國民が卓越せることを證據立てゝ居る。國權は盲目にして且つ愚昧なる服從を要求し、總ゆる違法行爲に對して且つ何處までも辛棒强い、說得と論證とが見受けられ、殆んど刑罰はない、斯る目的に使用せらるる器具も小供の叫び聲も、決してなかつたが、此の反面には極めて行儀のよい可愛い小供の外に考へることが出來ない。婦人の地位は簡單明瞭なものにして、虐使される女奴隷でもなければ、又男性の意中の女神でもなく、其の相談相手であり、女友達であり、且つ仕事の助手にして優しく丁寧に遇せられ、洗練された、其の禮儀作法によつて總ゆる無作法を防止して居る、然し此の婦人の地位は又家庭内のみで活動し、小供を教育すると云ふ明瞭に引かれた其の活動の限界がある、決して日本には悍婦も妖婦もハイカラ婦人もない、それ故日本婦人は悉く明らかな少女と賢婦人とである。

日本婦人に對しては極めて内觀的に透徹した而も同情ある批評であるが、是れは獨り此の著者のみでない、又直接に多くの他の外人中にも同意見を有するものがある。彼れは更に同書中に於て同伴者マロンの趣味深き說を引用してゐる。

マロン博士 Dr. Marom の著 Japan und China, Berlin, 1863, Otto Zanke 2 Vol. に

日本人といふものは暴君のやうな父親から行儀よく大人しく教育された兒童のやうだ、彼等は他人のものを盜むことがない、撮み食ひもしない、着物を汚すこともない、また一度でも物乞ひすることもなく、常に自分が所有するだけのもので滿足し、行儀よく外國人と握手する、見た所まるで仕付のよい小供のやうだ、彼等は注意深く監視されて居るが爲めに殆ど何か惡い事を行ふことさへ出來ない、常に彼等の視線も彼等が眺める方向の犯すべからざる死を告げる制札の上に落ちる、それ故彼等は火鉢の側に坐つて指韜程の大さの小さい煙管から煙草を吹かし、小さい茶碗で茶を飲む、小さい書物の中へ文字を記入したりして、幸福にして且つ滿足さうに見えるのを選んで居る、誰一人として不平を稱へるものもなし爲さねばならぬ事を必ず實行して居るが其れ以外のことは決して行はない。

泰平無事の極樂世界を謳歌せるものの樣である、更に彼れは進んで其の主治者を批評して曰。

往時の暴君は總ゆる時代の、總ゆる國の歷史が、彼等の如何に多くを揚げても、日本の專制君主 Desplen 等と比較すれば哀れな素人 Pfuscher であつた。其處には、大膽、利己心、我儘の總てが現はれて居る、劍は荒れ狂ひ、國民は歎き且つ歎息し、或は逃走し、或は反謀を起し、總ての熱情が放たれて居る。此處には總ての法律が現はれ、最高の意思は君主の私的氣分の中にはなくして、寧ろ法律中に現はれて居るが、此の法律なるものは、專制君主制體の總ゆる主義を固守すると同時に、君主が其の國民の爲めに最善なりと思惟したことを必ず目的として居る、此の君主たるものは、此の主義が悉く誤謬であるといふ點に關して、誤解するやも知れず、又誤解もして居るが此の誤解は驚くべき程賢明に遂行されて居る、事實上一面に於いて實際上よいものを創製さるるに至つたが、國民にとつて總ゆるよいものの中で恐らく最上のものは麴麥であつたであらう。國民の總てに充分なる糧食を與へる爲めに此の國の全力は農業に注がれて居る。

歐洲の君主と比較して優秀なることを擧げ更に社會的視察に入つて。

社會的關係に於ける總ゆる日本人の殆んど完全なる程の平等は興味あるものであるが吾々の習慣によつては殆んど理解することが出來ない、富と才能とは其の所有主に對して決して特種の階級を與へるものでない、百萬長者と雖も其の隣人と異つた服裝をすることは許されない。それ故生活上からは殆んど貧者と異なるところがない、貧しい人々は日常食膳の上に見る魚、米、豆を、富んだ者も持つて居るが、それ以上のものを持つては居ない、日常品は豐富にして且つ安價なる爲めに、誰でも充分飽食するに足る程持つて居る、階級とか特權とか人生の快樂とか、より高い知識階級でさへも決して金錢に依つて創造されることはない。社會的の階級を創造する條件は家柄と職業とに外ならぬ。

此の社會的平等觀は觀察の仕方に依つて異論もあらうが歐米の物質萬能、拜金主義の潮流に卷き込まれて居ない處を仄かに告げてゐるかのやうに思はれる。

英國のカピテン、セント・ジョンは千八百五十五年安政二年千八百六十三年文久三年及び千八百七十一年明治四年の三回に渉り來航し千八百八十年明治十三年「日本沿岸航記」なる一書を著はした、其中の一節に。

日本人は如何に貧しくとも其家は常に必ず清淨にして心地よし、余は田舍の人民の爲めに屢々其宅に請ぜられ、最良の室内に通されて快心のもてなしにあへり。女子は吾人に侍して茶を勸め、少男少女は嬉々として戯れ、少女は又嬰兒を脊負ひて之を守れり。

と日本人の優遇を感謝し、開港場より內地に入るほど人民の美俗が保持せられ、却つて通商の爲め入來つた外人に溫雅な良俗が廢頽せんとすることを嘆じてゐる。而して

日本人は常に信と云ふ事なし、否彼等は實際存する事をば、實際なきことの如くに云ひなすの傾あるが如し、然れどもこは話題の如何にあるなり。之を我英吉利の貧民社會と比較せば、余は日本人の言の方遙に信賴し得べきを覺ゆ、彼等の言ふ事は如何にも不正直なれども我國の下層社會のそれよりも一層稚氣を帶び、別に罪惡ともせられざるが如し、たとへ事實に相違せりとも、時の有樣によりて最良と思はるる事は容赦なく之を放言して恬然たるは日本人の習慣なり、其言の何人の目にも事實に脊反せりと見ゆるとも彼等は少し

も憚る所なし。日本人の親切は敢て人間に對する時にのみ限られずして家畜にまでも及べり。外人が動ともすれば日本人は嘘言を爲すと評するが彼は却つて之を寛大に看過し、其の親切を賞揚してゐる。更に

余が千八百五十五年（安政二年）初めて日本に來りし時は今日とは四圍の事情は大に異り居れば、現在の様を見るに及んで、余は唯其變化の甚しきに驚絶せずむばあらず。余が往時五十門の大砲を載せたる軍艦に塔じて函館に入りし時には在港の我提督は別に禮砲を發するに及ばずと信號したりき、これ日本人が其領海に於て外人の發砲することを拒みたるが故なり。又吾人は碇泊中日本番兵を我甲板に配置せざるべからざりき、陸上の一切の交通は遮斷せられたり。

然るに千八百七十年（明治三年）の第三次の渡來の際には日本人の外人に對する趣味は大に變化せるを發見せり、日本人は歐羅巴風のインバネスを纏ひ其髮を斬り、盛に歐風の端艇を作り、我書籍を輸入し、外人は所在の學校にて英語を教授せり。

と變化の急激なるに一驚を喫し、更に家庭の幸福を讃美して、

日本人は幸福なる人民なり、其生活や簡易にして常に淸き娯樂あり、物見遊山は其常習なり、余は屢々日本の多くの家庭の舟遊びするを見たり、喧嘩口論は多からず、若し一度相爭はんには必死にして直に劍を以て裁決す。

更に筆を轉じて露國の野心を衝く。

露西亞は永く函館に注目しつつあり、否實に全蝦夷に注目しつつあり、對馬も亦良港にして夙に其垂涎する所なり、過ぐる日の露西亞人の此島を占據せる出來事の如き、若し我提督にして强硬の談判を提起するにあらざりせば、亦日本の有たる能はざりしならん、韓國も亦露西亞の素より併合せんとする所なり、露西亞にして一歩に一步と南せんか其清國を攻擊するの途は次第に容易となるべし。

何ぞ其の言の直裁にして、吾人の心膽を寒からしむることよ。更に彼は最後に日本の前途觀を下して、日本の人口は密にして其增加の率も亦急激なり、過剩の人口を如何にすべきかは、やがて日本の大問題となるべし、ここには植民地なし、現在に於ては未だ人口過剩の虞なしとも、久しからずして到來するの日あるべし、太平洋の群島を見渡すに、目下土人の支配に歸しつつある邦土はニユーギニアの東半、其他に少からざるが如し、此等はやがて列國の間に先取の競爭を演ぜらるるに至るべし。我英吉利たるもの他國の未だ其手を染めざるに乘じて宜しく今の内に國家百年の大計を策すべし。

彼は軍人だけあつて早くも日本の前途や東洋の將來に對して留意する所尠からぬものがあつた。而も西洋の輕薄なる文明を呪咀し淳朴なる古日本の氣質を好愛してゐるあたり頗る傾聽に値するものがある。

米國大統領リンカーンの下に國務卿を勤めたウイリアム・セワードは千八百七十年(明治三年)夫人と共に世界漫遊の途上日本に立寄つて其の日本紀行の一節に次ぎの如く謂つてゐる。

何人も日本人が勇悍なる國民に屬すべき剛勇と文雅とを有することを拒まず、日本人は又戰爭に於て詭術を用ひ、且つ殘忍酷薄なりとて非難せらると雖、凡て他の異域の國民否耶蘇教國民にても、此點に於て獨り日本人をのみ責むるの資格あるべきや、西洋の戰爭にも、同一の罪惡が甞て公行せられたるにはあらずや、例へばナポレオンの大戰の如きは其最も甚だしきものと云ふを得べし、又日本人に內亂に於て頗る血に渇せりと云はるるも第一革命時代の佛蘭西人に比すれば彼と是と果して如何ぞ。

日本人の辯護に就て公平である。

日本人は模倣の民と云はんよりも寧ろ探求的の國民なり、彼等は時事に就きて多く究むる所なくして寧ろ有用なる事物を學ぶに熱心なり。

と論じ或は又一般社會が女子に對する殺風景なる不都合を責め、更に日本人は由來他の侵襲を蒙らなかつたので自己の文明を自ら成熟せしめたが西洋人が蒸汽、印刷機及び電信等を日本の沿岸に齎すに及び大變化を來したが、米國は歐羅巴人の如く强力によつて壓制的に西洋文明を採用せしむるの策を採らないで寧ろ說諭勸奬によつて日本人を導きたいとの希望を含み、而も同情ある意志を表示して曰ふ。

今や商業は著しく發展し、利益と人道とが互に手を取りて行くの世の中となりたり、故に我合衆國は宜しく此間に處して日本を良導し、之をして終には東洋の諸衰殘國の師たる位置に達せしめざるべからず、合衆國にして此點に於て成功せんと欲せば、これまで諸外國が採りし交際の方法ならで須らく慈善の主義を以て其根本をなさざるべからず、而して吾人の所謂慈善の主義とは諸國民間の權力の區別を認むると同時に、寬厚溫和、人道の義務をも亦認めて日本を强制せんが爲めに徒に陸海軍を送致するを以て我能事終れりとせず、敎師を送りて學校を建て亞米利加式の敎育を施し、哲學、政治、倫理、宗敎等を敎授して日本の社會上、家庭上の生活に一新生面を開拓せしむる底のものにあるなり。

洵に能く日本人の性態を視察し補導誘掖の懇切なる意見を發表してゐる。

ダッチ、リフォームド、ミッションョン派遣の宣教師エス・アール・ブラウン S. R. Brawn は日本に來朝後米國のミッション本部に宣教師派遣の意見書を送つた。其の文中に、

日本人は禮節を重んじ喜怒を面に表はさず、仇敵に對しても微笑を以て語ると云ふ國民であつて、一方他人の威嚇や、壓迫には決して甘んじて居ない、是等の點に於ては日本人は支那人と全然性質を異にして居る。

と言つた。（明治學院五十年史抄）洵に日本國民性の眞骨頭を道破した明言である。言葉寡しと雖も意味深長である。

又福井藩及我が開成校に敎師として來た米人グリッフキスは日本人を具さに觀察して種々日本に關する著述があるが其內で

日本人は本能の良性あり、過を知れば必ず改め、善を見ては能く移る、實に貴重すべき素質を有し………

と謂つてゐる、簡潔なれども金言たるに庶幾い。

千八百七十九年（明治十二年）來朝したる米國大統領グランド將軍が旅行記（將軍隨員ヘッドレー筆）中に初めて接したる日本高官を語れるものに

日本の太政官は有名なるものなり、吾人は今試に人相に照して之を見んに、太政大臣（三條實美）は著しく異なる風貌を有せり、彼は小さきやさしき、さながら少女の如き姿をなし、其顏を打見たる所にては二十の少年とも、五十の成年とも思はるべし。他の諸大臣は、何れも剛健鋭敏の人物と思はれたるが、中にも岩倉は其決

斷と確信とを見るべく、又兇漢の爲めに被りたりてふ創痕をも有したりき。

數月前日本最大の政治家大久保は不幸にして暗殺せられ、彼の横死は恰もリンカーン大統領の死が我合衆國に及ぼせし如き甚大の印象を日本國民に與へたりと云ふ。

と謂つてゐる。斯くて彼は天顏に謁見し、觀兵式に列し、非常の歡待を受け種々政見外交及世界の大勢等に就き語りて後。

されど一度印度を去つて他の國に到るや歐羅巴の勢力が亞細亞を墮落せしめんとするの形跡存するを見て義憤の涙に咽ばざるを得ざりき、彼等の政略は只亞細亞列國民の獨立を奪はんとするの外なきが如し、余は日本人及び支那人に於ても亦かゝる事實の存在するを見るなり。それ獨立及び國民的存在に必要なる所以の權利は歐羅巴に於ては如何なる小邦と雖、其存亡を賭して之を爭ふ所なるに、列國は支那及び日本には之を與ふること頗る吝なるに似たり、かゝる權利の中に於ても税權ほど重大なるはなからん。一國民の生命は貿易の興廢に關與すること尠少ならず、貿易の利益は國民の當然受くべき所のものなればなり、余は思ふ日本に於て若し税權にして恢復せられたらんには、これによりて國民の大負擔なる地租を輕減するを得べし、かゝる重き地租を其まゝに維持するは多數の人民を貧にし、農業を衰亡せしむる所以なり。…………余は合衆國の其黨派の如何を論ぜず、皆日本の獨立に向つて最大の希望を有しつゝあるを斷言して憚らざるものなり。吾人は勿論太平洋に大なる利害關係を有せり。されど東洋諸國民の獨立と合致すべからざる事を爲すものにあらざるなり。

歐洲列國の野心を排斥して米國の正義觀念を高唱し、關稅權に對する同情を傾倒して開港以來の米國が把持する親善振りを發揮してゐる、而して政府に向つて自國人民に對する公債は可なるも外債は獨立國の基礎を危くするを以て之を避くべきを忠言し、更に日支兩國が互に親交を厚くすることが東洋の平和に必要なる所以を力說して曰。

歐羅巴の中には支那及び日本の衝突起れかしと竊に之を煽揚しつつあるものの存するは最も注目せざるべからざることにして、若しかゝる煽動に乘ぜられて、うかと兩國相戰ふが如きことありたらんには、それこそ兩國の大災難なり、これ只漁夫に利を供するに止まるべし。從來歐羅巴人が東洋に於ける外交政略の歷史に徵するも、その如何に危險なるかを充分に了解せられ得べし、故に支那、日本が此際執るべきの方針は、一切外國の干涉を排して、琉球問題にまれ、其他の問題にまれ、兩國同士にて友好的に協調すべき事にあり、外國の之に干涉するは何等の利益だもなきなりと。

堂々たる正論炳焉として日月の如く永く後世に耀くものと謂ふべきである。爾來半世紀を去つたる今日の現果して如何。

斯くてグランド將軍は日本の內治外交に關して有力なる意見を提し懇切なる進言を爲し其の二月半に涉れる長き滯在に於て日本朝野の厚意ある歡迎を受けて退去した。

此の史上特筆さるべきグランド將軍の來朝の効果、及其の日本觀の極めて正鵠を得て永く日米兩國の國交上に於て離隔すべからざる鎖鑰を與へたることは忘却し得ざる所である。

千八百六十四年元治元年日本通譯生として來朝し後領事、公使館書記官となり、千八百八十九年明治二十二年退職した日本通の英人ウイアム・ジョージ・アストン W. G. Aston は其著「日本文學史」中に次ぎの樣に謂つてゐる。

日本人は武勇にして禮讓を知り輕快にして可憐なり、深奥なる思想無けれども才氣あり、高遠なる知識あらねども怜悧にして機巧なり、受納性に富みて知識を貪ること飢えたるが如く、製作する物は崇高の性を缺けども巧緻にして優美なり。又日本國民は文明の恩を多く外國より受くるもの有るにも拘はらず、其の有する文明には流石に獨創の跡歷々として見ゆ、日本人は唯受賣し、借用するばかりにては決して滿足せざりしなり、技術に於て制度に於て宗教に於てさへ、苟も外國より輸入せる物には悉く改作を施して之に國民の精神を籠らしむるを常とせり。

千八百九十一年明治二十四年九月四日倫敦日本協會名譽書記アーサー・デオシーが萬國東方會議の第九回大會席上にて朗讀せる日本魂論に於て述べたる一節に。

蓋し日本精神は日本人全體共有のものにして決して其某種族が特有し得べきものにも、將た某の世、某の代に限られたる產出物にもあらず、吾人は日本上古史に於て、既に此精神の存在を見出し得べし、卽日本精神なるものが決して、一二種族の專有にあらずして國民共通のものなることは、其小童、青年の教科書、或は家庭談話書に引用せられたる日本精神の先例によりて、天皇、皇后、大臣、參議、將帥、賢母、智勇の士より以下、小商人、農夫、勞力者に至るまで、其人の素性如何に拘らず苟くも其行狀の特秀にして日本魂の全部乃至一部を表するに足る者は皆引用列擧せらるるを見て知るべし、此事例中單に武勇談に屬するものは素より以て日本の特有と稱するに足らずと雖、其日本特殊の美德として觀るべきものは、日本國民的の勇士烈女にして、其行の克己的献身的なるもの、公益の爲めに其生命財產を拋つもの、若くは義俠を以て弱小を扶くるもの、及び下に對するの慈仁、或は上に對する忠愛の共に至誠より發するもの等なり。

而して更に進んで公共的精神は古來日本人の最も敬重する所久しく、就中其の位地高貴なる人にして能く公共的精神を發揮する時は衆人の尊敬を受くること彌々博しとして仁君中仁德天皇の御事蹟を禮讃し、彼の佛蘭西歷代に於て唯一無双の仁君と推稱せらるるヘンリー第四世に比し遙に上に出で同一の論にあらざるの實例を擧げて謳歌し、又大和魂は國の爲めに他人を救はんがために甘んじて其生命を致す所の日本人の普通氣象として顯はる、是れ捨レ己救レ人、捨レ生取レ義、殺レ身爲レ仁と云ふ皆日本固有の通慣常習なりと賞賛し、假令歐風を學び西洋新思想の浸染する少壯日本人と雖、此の大和魂は失はないと斷じ、或は開港場に在る外人の偏見誤解を難じ假令西洋風の鄙陋、貪慾、嫉妬、愚鈍、愚痴等の悪德日本人の間に攙入するにも拘らず、日本人の心肝に於ては古代日本の赫々たる火燄の今尙燃燒しつつあるありて既往に於て日本の爲に無量の功績を奏したる日本魂は將來に於て亦重ねて其効を奏し山櫻花と共に永く旭日に薰映し得べきは疑はないと斷言してゐる。

千八百九十四年明治二十七年日清戰爭闌なるの秋露國有名の論客ア・ヤ・マクシモーフは「太平洋に於ける吾人の問題」を著し日露同盟論を高唱した、其の中に。

露人は第十七世紀の末千島列島に初めて日本人と相見えしが、當時は何等の交涉を爲さずして双方相別れたり、ペテロ大帝の朝日本人に關して深く考ふる所あり、ペテルブルグに日本語學校を創設するに至りしと雖、此一時の日本熱は忽ちにして冷却し、第十八世紀に至りては吾人は此國民と一の著しき衝突もなく、否多少の關係だに有せざるに至れり。日露の關係に於て眞面目なる第一回の交渉は實に第十九世紀の初めに於て起りたり、此交渉たる惜むらくは單に不和失態の因緣となり了れり、日露間通商條約締結の爲千八百〇四年日本に派遣されし有名なるレザーノフ氏は啻に本條約締結の功を奏する能はざりしのみならず、其失態より更に惡意を生じ、平和の政策は轉じて殺伐となり、頻に黑龍江の占領を說き、此占領を容易ならしめんが爲、第一着としてサガレン島の攻略を政府に勸告せり、當時該島の南部は日本人既に商館を建て工業場を起し產業の基礎大に見るべきものありしなり、レザーノフ氏の禀請に依り派遣せられたる海軍將校フヴォストーフ及びタウォドフの兩氏はサガレン島竝に千島列島に在住せる日本人を窮迫せしを以て、其終りを全ふする能はず、遂にディアナ號艦長海軍少佐ゴローニン氏の如きは日本人の捕ふる所となれり。

此不穩の狀況は忽ちにして恢復せり、露政府は海軍大尉フヴォストーフ氏のサガレン島占領は事擅橫に屬するものと認め公式上該島の占領を放棄せり、其後ムラヴォヨーフ將軍のシベリヤ管轄廳に長官となるに至る迄東方平穩にして日本人との關係は圓滑なりしと雖、同氏の來るに及びて死灰再燃しレザーノフ氏の企圖を實行せんと欲せり、千八百四十九年より五十三年に至るまで黑龍江を精測しサガレン島の各地には軍事上必要の建設をなすと共に形勝の地點は多く之を占領し、西北に至りてはドウーエを南部に在りては日本領のアニーワを橫奪せり、是に至りて再び日本人と相見しと雖、此時は既に善憐の友にあらずして互に兵器を携へたるの仇敵なりしなり。

翌年政府はムラヴヰヨーフ氏を罷め海軍將官ブーチャーチン氏を以て之に代らしむ、同氏は直に平和主義を回復し日本領のアニーワは前官の建てたる國標を撤して之を還附し特命ある場合の外日本領土を侵すことを禁ぜり。

と謂ひて平和克復の證左を數へ上げ、爾來兩國和親を說き英國の野心を擧げ、日露離間策を排し兩國の國際關係を論じ、其間對馬事件の不都合を詫び、時に兩國相衝突したるも其友情の流れが甞つて兩間に斷絕したる事なき所以を證し、更に日本人を短評せんとて。

日本人は丹心至誠を以て交際を重んじ、又勇俠なる武人氣質、信義を以て他の親邦に接せんと欲するものなり、此美質の如きは一朝紛紜のことあるに際し、事の處辨に好便宜を與ふるものにして最も尊重すべきものなり、故を以てかの英吉利に存する陰險にして詭言を言むが如きは日本人の極めて輕侮するところ、彼等は容易に善惡正邪を識別せずと云ふことなし、爰を以て吾人にして若し能く東方政策の趣旨範圍を公明にし、以て日本人に需むるあらば、彼れ豈何事か甘諾せざらむや。

と說き、更に支那との關係に就きて。

露淸の關係たる從來の實驗に徵するに最初よりして圓滿なる能はず、淸國は終始、譎詐、奸計交々相繼ぎ、巧みに口實を設けて事を左右にし、常に自國の責務を朦晦にし、爲に淸國との通商貿易は現今に至るまで絕えず妨害を受け、英、米、佛の各國に於けるが如き之を行はんとするも更に何等の効なく又淸國官吏の貪婪なる、法規を曲げて我商人より賄賂を强收せんと努め…………淸國にして一朝自家の强大を感ずるに於ては傲慢暴狀他邦を遇するに寸毫も假す所無かるべきは豫想するに餘あり。

彼の所論中朝鮮に對しては之を日本に委ぬるは快からざる所であつた。

千八百八十三年(明治十六年)我が文部省の聘に應じて帝國大學法科大學敎師として來朝し同三十二年に至るまで滯在せるパリー大學文科大學にて東洋文明史の講座を擔へる佛人ミシェル・ルヴォン博士の著「日本文明史」中に次ぎの論說がある。

更に內的生活に立ち入りて觀測せんか吾人は先づ物質上の活動よりして之を始めんに、舊日本には經濟學者をして驚嘆せしむるもの甚だ多し、生產の方法を見るに日本人は始終、農業を貴び來りたれば其効果又著しかりき、彼等の用ひる耒耜は、古埃及時代のそれと等しきも農夫は總て堅忍にして播種、施肥、灌漑等凡て頗る巧みにして田圃はさながら駄園の如し、工業に於ても手工の傑作多き歐羅巴人を驚かしむべし、されど其人民の敏活を證するには商業の觀察に如くはなし、何となれば日本人は元來商業を輕んずること大なりしのみならず、又其知識を他に仰ぐの途開けざりしにも似ず、歐羅巴と同一の諸種の機關を創造したればなり、既に十二世紀の中葉、歐羅巴には英吉利及び和蘭の二三市府に於けるの外、未だ確實なる銀行のあらざるの時に際し日本の銀行は早くも有名なる組合を爲して租稅を領收し、小切手を支拂ひ、手形を發行し、爲替手形を取引し、割引を爲し終に漸次今日の銀行の如き業務を執行するに至りたり、爲替手形の如きは十三世紀に於ては歐羅巴に於て纔に世人の知る所となりたるに止まりしも日本にては已に詳細なる規定あり、小切手の如きも泰西にて之を實用せしよりも五十年の古に於て既に用ひたりき、日本には財產の分配に就きては表面上、專制制度の行はれし樣なるも其實は然らずして民主制度存し、其一種任俠的の社會主義は數百萬の勞働者を保護し、各勞働者は常に殆ど自治、獨立自尊の生產者たりき、之を農民の生活に見るに、彼等は族長制度に類する群團を爲して相集まり、村落每に共同團體を作り百事概ね團員全數の承諾を以て處分したれば何人も强制せらるること少く、相互援助の精神は全村に浸漸し其爲めに貯蓄預所、保險組合、病院、棄兒養育所、裁判所其他の設備あり、債權者を虐げ、又凶年に際して小作人に收穫の全部を與ふるを拒むが如き地主も少からざりき、されば極めて富めるものは甚だ多からざりしも、亦赤貧のものも稀なりしなり、此社會經濟法は鎖國たる日本の二百年間能く用ひられて其人民をして多福ならしめたり。

斯くて日本の法制史は萬國の比較法制史中名譽ある地位を占むるものなりとて、改正條約による不對等の除かれたるに至れる歷史の趣味多きを說き、日本國民の如く奇異なる國運に際會せるは他に類例なく又其迅速なる進化の奇蹟は世に其比を見ざる所なりと感嘆し、日本の歷史、宗敎、文學、美術等を論究して最後に曰く。

抑も日本國民の一切の活動を貫通せる日本精神なるものは果して如何なるものなるか、其眞正の性質如何、今之を抽象的ならずして事例を擧げて說明せん、神道の信者は心の自動的感能に基きて神を崇拜するものなれば一切の外敎を以て悉く異端なりとし、其哲學者は又寧ろ綜合を旨とするが故に西洋の抽象論を嗤笑す、道德に於ても日本にては多くの理論を唱道するものあるを見ず、要するに日本に於ける宗敎、哲學、道德は近西の泰西よりも却て古賢の宗敎、哲學、道德に近く、其精神上の活動よりして之を觀れば日本人は謹愼にして甚しく神の性質に就きて論ずることなく、又一切の玄妙を明かにせんことを期せず、殆ど知らず識らずの間に於て其本分を盡すを以て自ら足れりとするものなり、又其溫厚の氣象は千種萬狀なる文學に於て最も能く國民の思想、感情を顯はし、美術に於ても亦同一の精神の之を貫くあり、日本人は實に古代のギリシヤ人の如き稀有の性質あり、若し之をしてギリシヤ人の如く其學問中數學を修むるに止まらずして物理上の研鑽を忽諸に付することなからしめば、決して歐羅巴人に後れを取るものにあらざりしと雖、不幸にして此人民は自然を愛好しながら、遂にに自然界を制馭することを考慮せざりき、されど此點を除いては日本人の素養は優に我歐羅巴人に頡頑するに足れり、歷史家たるもの文明世界のすべてを知悉せんとせば日本人の精神的素養を無視すべからざるなり。

日本民族が世界廣しと雖も其の撰を異にする神道、國學、國史に據りて連綿として養はれ來つたる日本精神たる指導原理をば彼れは具サに闡明して其の偉大なる國民性を達觀せる所洵に感嘆措く能はざらしむるものがあつて傾聽に値するものが頗る多い。

「世界の政局に於ける日本」の著者ヘンリー・ダイヤーは東西洋の文明を以て和合すべからざるものとするの妄なるを信ずるものである、其の所論の內に。

東西殊に日本は優に西洋の思想を消化して組成分子よりも立派なる化合物を作ることを得るの力あることを實證したり、東洋の或る地方は心的に、物的に、世界の部分よりも一層急速に發展しつつあり、思ふに之れ他日世界歷史を動かすべき行動の前兆にあらずとせんや。

嗚呼是れ何たる烱眼ぞや。更に彼は論調を進めて謂ふ。

吾人は是より東西洋人の商業道德に觀察を下さん、吾人は東西洋交通の初めに於て西洋人に向つて不埒を働きたる事實を記し置きたるが之れあればとて東洋人の缺點の言譯となすこと能はず、批評家の中には日本人の商業道德を飽くまで暗黑に見て、西洋人に比しては勿論のこと、之を支那人に比するも尙甚だ劣れりと云ふものあり、されど斯かる缺點は獨り日本人のみの有する所ならんや、總て一國民の商業道德乃至は一般道德に就て意見を發表せんとせば先づ其歷史を明かにせざるべからず、舊日本にては商業ほど賤められたりしはなく、士農工商と稱せられて最下位にあり、商人は富むと雖も重んぜられざりければ、其品性の自ら下劣を致すも已むべからずりしなり。

日本の商業道德の缺乏を云々する外國人も日本政府の正直に就ては一點の疑を容るるものなかりき、此事實は啻に日本政府のみならず外人と交涉する市府、銀行、大鐵道、株式會社に於て亦然らざるはなかりき、創立の古き會社、銀行の多くと最近の設立にかかるものの大部分は、英國の商社と同じく堅き信用を有す、日本に長く住せし外人は又其工匠、奴僕其他外人と接する人々の皆正直なるを實驗せずんばならず。論者の銳き觀察は日本歷史に基き國情民俗を道破して敢て他の追從を許さざる獨特の見解を下す處確に吾人の首肯を禁じ能はないものがある。

英國に於ける有名なる亞細亞研究者メレディス・タウンセンドは北淸事變の起るや一九〇一年豫て其諸雜誌の上に公にしたりし論文を蒐めて「亞細亞と歐羅巴」と題し之を刊行した。

今や歐洲は歷史的なる世界統一的經綸を復活して盛に尨大なる亞細亞大陸を侵略し、之を征服せんとしつつあり、思ふに歐洲人の世界經略を畫するもの三回初にアレクサンドル大王の大雄圖あり、次に羅馬帝國の大東征あり、最後に十字軍の壯擧あり、何れも敗亡に終り、彼等に其志を遂ぐること能はざりしもの五百年、斯くて時勢は第十七八世紀に進轉して、英國と露國とは相竝んで南北よりして亞細亞大陸を卷席せんとするに至りたり。二國の侵略は歐洲列强の爲めに其範を示し幾多天才の働によりて物質的文明は長足の進步を遂げ、白人の繁殖驚くべき率に上り、各人は漸く其狹隘なる歐洲の小地域より脫出して人口の雲の如き亞細亞大陸に企業の地を求め、此處に新なる市場を求めんとするを見る、各國の膨脹主義卽ち是なり。

歐洲の侵略主義を語り就中英露の東邦に於ける野心を素破拔く處きびしくとした筆法である。

斯くの如き歐亞二大陸の文明の相違は吾人に敎ふるに歐人が二百年來頻に蠶食せんとしつゝある亞細亞大陸が決して阿弗利加大陸や南亞米利加の如き蠻人の地位にあらずして文化未だ爾く開けざるも此處には彫刻繪畫以外の一切の藝術あり、大法典あり、大文學あり、社會上の大怡樂あり、寧ろ歐洲の社會よりも幸福なる一社會を出現しつゝあることを以てす、吾人は歐人が僣越にも斯かる偉大なる亞細亞を侵略して我物となさんとするは甚だ危險なるを信ぜんと欲す。

如何にも透徹明朗なる觀察である、言々歐人の肺腑を貫く。

日本は亦黃色人種の一支族にして而も全く亞細亞的臭味を脫却し、次第に進步して歐洲に接せんとす、日本人にして他日亞細亞人を統卒するの地に立つとせんか、歐洲の亞細亞侵略策は之が爲めに其進路を扼せらるゝものと言ふべし、然るに歐人が露人を除くの外此事實を知らずして徒に口を極めて日本の進步を稱讚し、彼等が二千年來繼續し來りし亞細亞侵略の日本の爲めに妨げられつつあるを知らざるは迂と言はざるべけんや、歐洲人は得意氣に日本の歐化せられしことを誇揚するも是れ實に愚なる偕上沙汰なり、事實日本は未だ嘗て歐化せられず、日本の亞細亞的精神は依然として更に轉移せず、彼は唯巧に歐洲文化の採用すべきものを採擇し、之を日本化して使用せるのみ、

何等の卓見、何等の達識英人にして此の言あり、苟しくも宇內萬國の歷史を研究し、其の人種風俗を稽査すれば日本人の自ら歐米人と異り、均しく東洋の內に在つても支那人と撰を別にするある特殊的人種觀がある。それは我々日本人として說明するに及ばないが開港の劈頭に當つて斯くまで國論の沸騰し、擾亂鎻雜を極めて外人を手古摺らせたるにも係らずペルリ、ハリスを始め日本との提携と日本人の誘導啓發に努力したる所以は意味深長のものがあつたのである、幾多外交の危機を突破し累卵の如き危道を踏み越えて遂に何等國際破綻を顯出しないで圓滿なる修交を肇めたるは省みて我が國民性の優超觀を潛かに禁じ得ないのである。

我が國民性の尙武勇敢なることは足一度日本に來りしものは多く之を認識して海外の一部に於ては夙に知られてゐる處である、豐太閤の肖像は早くより歐人に描かれて畏敬されてゐた。何故に彼が畏敬せられたかは玆に說明する迄もない、秀吉が理想は朝鮮、支那、天竺を打つて一丸となし、帝都を北京に置き自らは寧波に居つてこれを指揮すると云ふ計畫を建てて居つたと謂れる、畢竟征韓役に對する明國の不逞に慊焉たらざるものがあつた、和冦以來豐臣時代に至り日本人の海外に踏み出して勇名を馳せた事蹟は尠からず傳へられてゐるが、德川幕府鎻國以來海外との交涉は寡くなつたが日本人の氣宇海外を壓するものも相當にあつた。彼の本多利明が「經世

秘策」や「西域物語」を著して

「日本を以て天下の最良國となすの道は東察加《カムチヤツカ》は赤道以北五十一度にて英の倫敦と同じく隨て氣候も同じければ此に都を遷し北緯四十六七度にして佛の巴里と同緯度なる樺太島に大城廓を築き山丹、滿洲等と交易し、四方に武威をたなびかすにあり。

と論ぜしが如き、或は佐竹藩士佐藤信淵は「宇內混同秘策」を著はし其の冒頭に。

皇大御國は大地の最初に成れる國にして世界萬國の根本なり、故に能く其根本を經緯する時は則全世界悉く郡縣と爲すべく萬國の君長皆臣僕と爲すべし。

と絕叫し、更に進んで具體的意見を發表して曰く。

第一段は江戶を東京と改稱して皇都と定め、大阪を別都として全國十三ヶ所に省府を建てて節度大使を置き、仁義を布き法令を嚴にし暫らく大經濟的政治を行ひ傍ら高知府の軍兵を派してヒリツピン群島を攻取り、又小笠原島を開發して物產を吸集し軍艦既に成らば始めて第二段の方策に入り、朝鮮、滿洲、支那を取り、南京に假皇居を營みて大詰を造り天下に檄して新附の民を撫し、其の才能ある者は擧げて官吏とし大に德化を施し十年の間に東亞を統一し…………

と說いてゐる、何ぞ其の意氣の壯なる。

橋本左內は開國論を唱へたが其の知友へ贈つた文中日露同盟を論じてゐる。

獨立するには山丹滿洲から朝鮮あたりを併合し米國又は印度內に領地を持たねばならぬ、併し印度は西洋に占領せられ山丹邊は露國が手をつけ掛けてゐるし其上我國の力が今不足であるから到底西洋諸國に對し何年も戰爭することは覺束ない、却つて今の內に同盟國になつた方が宜い

林子平　三國通覽輿地路程全圖

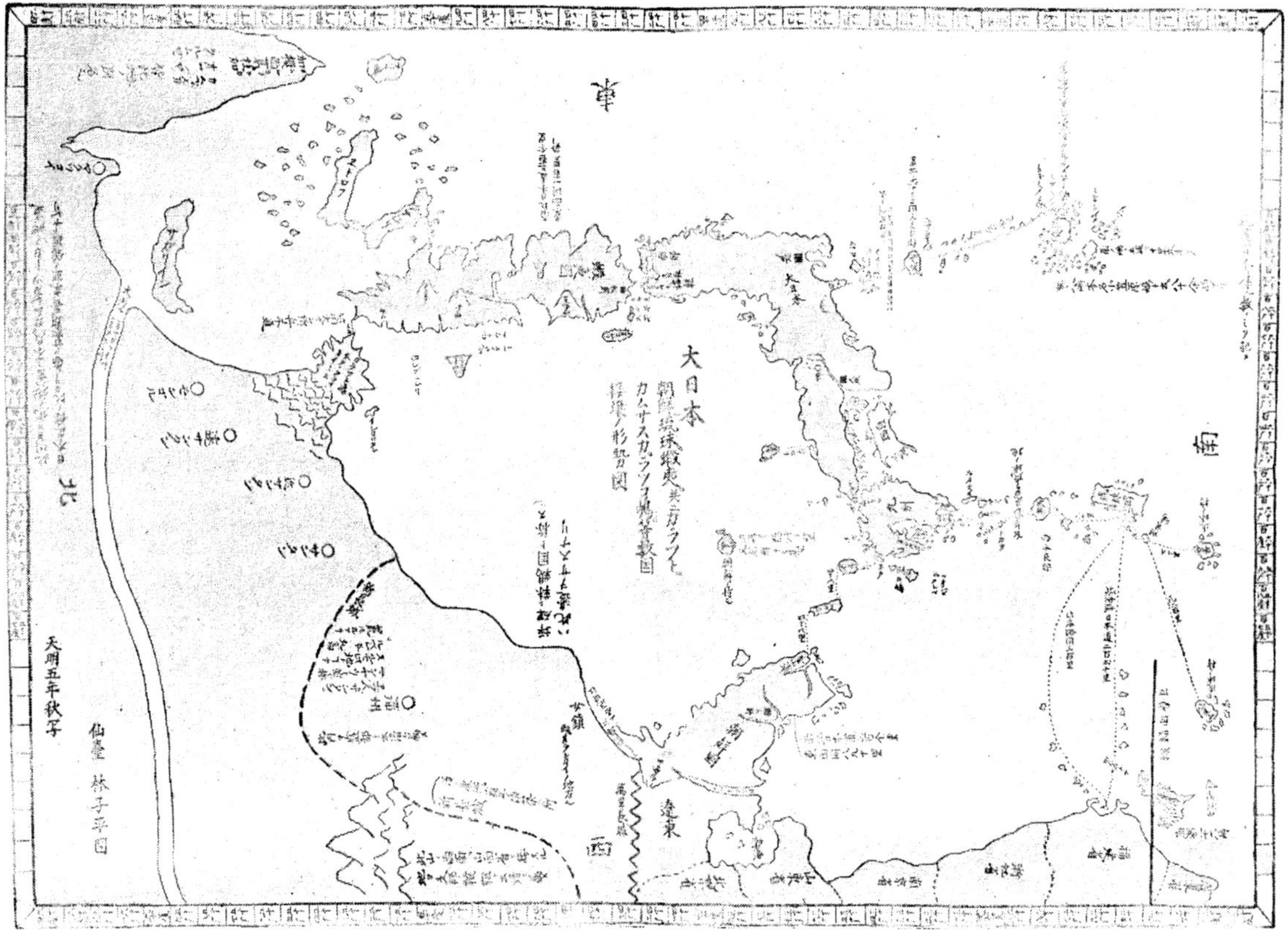


（六無齋遺筆所載）

と叫んでゐる。又春嶽公より幕府に提出した意見書中に

一、人を制すると人に制せらるると、爭ふ所僅に先の一字に候、當今の勢尤此に止まるべく存じ奉候

一、左すれば坐ながら外國の來り責むるを俟ち居候よりは我より無數の軍艦を製し近傍の小邦を兼併し互市の道繁盛に相成候はゞ反つて歐羅巴諸國に超越する功業も相立ち帝國の尊號終に久遠に輝き、虎狼の徒自ら異心消沮仕るべく、是只管懇願の次第に御座候

とあるが是は左內が君側に在つて補導啓沃の力に依るものである、其意は外國の虎視耽々を看破し日東帝國の獨立を完ふせんが爲に機先を制する大策と謂はねばならぬ。

彼の寬政三奇士林子平、蒲生君平、高山彥九郎の一人林子平が屢々長崎に遊び蘭人を通じて世界の大勢を察し有名なる海國兵談や三國通覽を著し大に海防の國是を論じたるが如き或は寬政三藏近藤重藏、間宮林藏、平山行藏の一人近藤重藏守重が高田屋嘉兵衞を案內とし擇捉開拓の任に當り露人が北邊を覬覦せるを憤り露國の建てた十字柱を撤去して日本國領の標柱（大日本惠土呂府、寬政十年戊午七月近藤重藏、最上德內）を建てて歸つた、長尾秋水が詩に「海城寒柝月生レ潮。波際連檣影動搖。從是二千三百里。北晨星下建二銅標一」は人口に膾炙した壯擧を目の當り見るが如き心地がする。或は文化五年北邊詰の幕吏間宮林藏は樺太に赴き之を踏査し、遂に海峽を横ぎつて大陸に渡り黑龍江を溯り滿洲官人と筆談を交へて歸つた。斯くて彼は是迄內外人共に樺太は大陸地續の半島であると考へ島嶼たることを知らなかつた過誤を證明した。所謂間宮海峽と名づけられたるもの卽ち其の所以である。

彼の元治元年京師蛤御門の戰鬪に消えたる勤王偉士眞木保臣の如きは「經緯愚說」を著はし書中宇內一帝を期

すと云ふ一說がある、卽ち「我國は天地の元首に居て、地理を以ても、四方に手を展ぶるに甚便なり、一世にては成就すまじけれども今日より始めて其の規模を定め、東より西より、いづれにても其の宜しきに從ひ、事を擧げて、遂に天祖列聖の御志を遂げさせ給ふこそ、我が天子の孝とも申すべき事なれ」と述べて居る。又西鄕南洲の詩にも「夢虜二英魯一鏖二歐米一。百萬皇兵勢如レ雷。枕上覺來無レ所レ見。破窓殘月照二寒梅一」と云ふのがある。

斯くの如き海外發展の意氣に燃え膽斗の如き人傑の偉績を擧ぐれば摟指するに遑ないが、要するに開國進取は大和民族の特質であつて、而も內に正義を尊び和親を望むは又其の通有性である、其の遠大雄宕なる抱負は正しく道義的帝國主義である、破邪顯正の正義軍である、故に建國二千五百九十八年未だ嘗て無名の師を起さず、侵略奪掠の目的を以て國を擧げて征服の軍を進めたることは無い、大義名分に據つて常に進退する、此の故に事苟しくも對外問題となれば忽ちにして擧國一致の實を見る。是を彼のアレキサンドルやナポレオンに比し、或は成吉斯汗や忽必烈の軍事に考ふれば果して如何、其他豺狼の慾を充たし、弱肉强食の暴戾を敢てしたるもの世界の隅々に其例枚擧に遑なき程である、此間に立ちて毅然として博愛仁義を守る我が日本は世界史上に於て類例少かるべきことと思ふ、古來日本刀の銳利世界に冠たりと謂はれる、此劍や卽ち神の傳へたるものである、卽ち殺人劍にあらず活人劍である、暴を挫き正を助くる守札である。此の呼吸に接したる世界各國の人は必ず其の神髓に觸れるであらう。上來列擧したる外人の日本觀は正に神州の靈氣に共鳴したものと謂ひ得らる。決して自負自贊では無いのである。（大日本文明協會「歐米人の日本觀」。同「歐米人の極東硏究」、「耶蘇會士日本通信」、「日本西敎史」、「慶元イギリス書翰」。ゴローウイン「日本幽囚實記」、「ペルリ日本遠征記」。ゴンチヤロフ「日本旅行記」、「アストン日本文學史」。本多利明「經世秘策」。同「西域物語」。佐藤信淵「宇内混同秘策」。眞木保臣「經緯愚說」。シユピース「フロシヤ日本遠征記」、「明治學院五十年史抄」）

## 第二節　開港雜觀

### 第一項　基督教の傳道

始め西教が我國に入つたるは千五百四十九年八月十五日天文十八年である、聖徒フランシスコ・シヤビエル Francisco Xavier（一五〇六年四月七日生 一五五二年十二月三日逝）は葡萄牙に赴き同國印度總督の艦隊に乘つて東洋に來り印度、東印度、マラツカ、臥亞各地に布教した後鹿兒島人アンジロウ里見彌治郎のことであらうなるものが殺人犯で葡萄牙船に乘つて、ゴアに至りシヤビエルに就き基督教に改宗した、斯くてシヤビエルはアンジロウを弟子に得るや、其話を聞て日本布教を思ひ立ち東航して天文十八年七月鹿兒島に漂着し、藩主島津貴久に謁し其の優遇を受け市中の說教を許されたが、葡萄牙商船が鹿兒島に入らないで平戸に入るやうになつたのでシヤビエルは又平戸に赴き領主松浦隆信に謁し厚遇を得、こゝに布教し間もなく山口に於て大内義隆に謁し辻說法を爲した、一五五二年天文二〇年京都に上つたが傳道成功せず再び山口に下り多くの信徒を得大内義隆の優遇を受け山口に大道寺を建てた、同年秋豐後に移り大友義鎭宗麟に謁し城下に布敎した。

同年歸國の際山口にて洗禮を受けし日本變宗者ベルナルド薩摩人及マテウス山口の人（シヤビエルの命名）の二人同伴した、マテウスは臥亞にて死しベルナルドは羅馬より葡萄牙に赴いて彼地にて死した、是れが日本人で西歐に往つた者の最初であると云はれる。

シャビエル歸國後ゼシュイット教師の日本に在るもの七人に及び各地に布教し京都に入り將軍義輝に謁し教義を說き後永祿十一年九月織田信長の入洛によつて信長に取入つた、信長は豫て一向宗の僧徒等が蔓つてゐることを嫌惡した矢先と云ひ、殊に西教の所說の新奇なると又之に附隨して西洋の武器戰術を知るの便宜あることを思ひ之に心を傾け其の布教を許し京都に南蠻寺を建てさせたので諸國大名は競ふて之を信じ忽ち全國に弘まつた。南蠻寺は其後十八年を經て天正十三年秀吉の爲毀却さる「南蠻寺興癈記」當時の記錄に敎師二百人とある、「日本西敎史」には關ヶ原後の慶長七年迄に信者六十五萬人に上るとある、又「切支丹大名記」の著者エム・ステイチエンは信者の內大名五十五侯公卿三家と云つてゐる。

又東國で永祿九年三月には伴天連《バテレン》并に異留滿《イルマ》五名が明の商船に便乘して相模の三浦に着いた、伴天連は父の義で異留滿は兄弟の義で共に宣教師の階級をいふのである、彼等は初め浦賀に教を傳へたが北條氏康が之を小田原に置いて布教を許可したので東國でも基督教が起つた。

彼の天正十年に豐後の大友義鎭、肥前の大村純忠、有馬義純の三侯等の使節として大友家の親族伊東義賢及大村、有馬の親族千々石淸左衞門等葡萄牙船に乘つて羅馬法王の下に派遣され、葡萄牙國王にも謁して、同十八年に歸國した。

後德川秀忠に謁したフランシスカン派の僧ルイス・ソテロ Luis Sotelo が伊達政宗に取入つて其の歡心を買ひ遂に自ら船長及事務長となつて使節支倉六右衞門一行百八十名の日本人內武士六十名商人數十名を載せ西班牙王及墨西哥

總督羅馬法王に謁したるは慶長十八年のことである。

此他國主武將等の內には西敎信者相當多く三好長慶、松永久秀、細川藤孝（幽齋）、高山友祥（右近）、宇喜多秀家、黑田孝高（如水）、有馬晴信（義純弟）、小西行長等著名のものであつた。

併し是等の領主の內には葡萄牙商船との貿易に因て利を得ることが多いので葡萄牙人を其の領內に招き封土を富ます手段と爲したるものもある。又宣敎師により西洋文明の利器を得以て志を四隣に逞うせんことを企てたものもある、現に豐後の領主が宣敎師を保護する報酬として火藥の供給を自領內に限らんことをニケア Nicaea の司敎に求めたるが如き（一五六七年の書狀）是である。彼の天正四年織田信長が安土の城を築くに當り是等西洋人より其の術を授かり得たるものと謂はれる（天主閣の名之に基けるも後西敎禁止後は天守閣と定められたと云ふ一說に天主は帝釋天のことで天主敎に無關係とも云ふ）概して物質上よりすれば西敎の齎したる西洋の文物は我れに利なるものが多いので基督敎の輸入は同時に學術及武器の輸入であつたり、又彼等は醫術を伴ひて以て施療投藥等に出つて大に國民の歡心を買ひ尊敬を受くることは著しい事實であつた。我國でも昔時行基菩薩や弘法大師等が盛んに行つた事蹟と同樣である。

**註** 一　ザヴイエール日本に來りて間もなく基督敎問答と基督傳との飜譯をパウロに命じたと云ふ、千五百五十五年（弘治元年）已に耶蘇敎と萬物の起原を論ずるものとの二書があつた、是れ日本最初の基督敎文學ならん。

二　最初の西洋醫はルイス・アルメイダ Louis Almeida にて千五百五十三四年頃（天文二二年 同二三年）豐後に來りゼシユイツト團體に入り此の地に私財を投じて病院を建て施療した、後又癩病院を建てて信徒次第に增した。尤も當時の人心を感動せしめたるは人の嫌惡する癩病者を救治せんとせしことである。

然るに其後天正十五年七月二十四日（一五八七年）秀吉は基督教の禁止令を發した。夫は秀吉が島津征伐に當り九州を巡つて神社佛閣の毀却されたのを目擊し基督教徒の跋扈に顰蹙し基督教が我が國家を危くするとの杞憂に出でたものとも謂はれ、又直接禁止令の發せられた近因は秀吉近侍施藥院法印なるものが當時切支丹信教者が外國に心酔し、本國を忘るるもの多く切支丹大名の內高山右近の如き西教徒を利用し不軌を謀る等の旨を密告したるに基くものとも謂はれる。

現に秀吉は天正十五年長崎在留のゼスウイット派傳道會長を京都に召喚し㈠何故に强て日本人に切支丹宗門を勸むる乎、㈡何故に我國法に脊きて神社佛閣を破毀せしむる乎、㈢何故に耕作に必用なる牛を屠殺して食用に致す乎、㈣何故に日本人を買取りて南蠻に連往く乎、（當時奴隷賣買行はれしと云ふ）の四ケ條を以て詰問したるに明白なる辨解が出來無かつたことも其の邪宗門と認定したる所以と謂はれる。又天正十六年五月には秀吉は島津征伐の際博多に在つて長崎市民の愁訴を聞くに、長崎が曩に天正五年の頃、大村龍造寺の兩家戰鬪を續け長崎領主長崎甚右衞門も大村家の爲に軍資を辨ずるに由なく長崎の地を抵當として葡萄牙「ゼスウイット」派教會より鉅額の金を借りて返濟出來ず、遂に約の如く土地を讓與したので長崎市街は全然切支丹領となつて神社佛閣を毀燒し跳梁跋扈を極め脅嚇酷辣手段の爲商人等は心ならずも此の邪教に歸依してゐると云ふので、秀吉は大に驚き長崎の土地を沒收して公領とした。（幕府時代の長崎）

斯くて禁止令發布以來其の擡頭を抑制せられた西教も暗々裡に其の教徒は增加したが西班牙人が來るに及び葡萄牙人と相疾視競爭して互に誹讒陷擠するやうになつて茲に新に又西班牙人の布教が盛になつた。然るに慶長元年一五九六年六月西班牙の商船サンフェリペ號 San Felipe が土佐沖に坐礁せし時領主長曾我部は之を拿捕し秀吉に報告した。秀吉は増田長盛を派して貨物を沒收せしめた、船長デ・ランダ大に驚き自ら京都に至り直に秀吉に訴へ、其の二年前に西班牙人に通商を許可せしをも顧みず今遽に其の商船を押收するの不條理を論じたるも聽かれなかつた、そこで彼は長盛を脅さんとして之に地圖を示し西班牙國王の領土が世界に互り甚だ多きを知らしめ、今其の臣民を虐待せば必ず容易ならざる禍を來すべしと告げた。長盛は之を怪み、西班牙國王が如何にして斯く多くの領土を得たかを反問したるに、彼は答へて曰、我が國は先づ宣敎師を派し土人を敎化せしめ、次に軍隊を派し新信者と相應じて其の國を征服するのが常法であると、此の一言は大に秀吉の懸疑を强め激烈なる排斥となつて遂には彼の有名な信長より秀吉に引續き好遇されたルイス・フロイスを始め内外人の西敎徒二十六人磔刑の大慘劇までも演じた。

其後慶長五年一六〇〇年四月和蘭陀船リーフデ De Liefde 我國に航海し英人ウイリヤム・アダムスが來た、前節參照アダムスの手引で其後慶長十八年一六一三年英國船クローブ號 Clove が始めて日本に來た。

和蘭人の入り來るに及んで葡萄牙人、西班牙人と軋轢が始つて東洋諸島の奪合があつたり、又泉州堺の西宗眞が歐洲から歸つて宗敎上の爭亂甚しく新敎と舊敎との互に迫害せる事情を報告する等で家康の世となつて默許の形となつてゐた西敎の禁止も遂に慶長十八年十二月十八日一六一四年一月二十七日復もや斷禁令は下つた。元和八年一六二二年には西敎徒の斬首燒殺さるるもの百二十人以上に達し其中外國宣敎師は十八人に及んだ。

惟ふに西敎の入國は禍心を包藏せるものの如く推測されたことは一再でなく絕えず警戒の的となつてゐたもの

である。「大村家秘錄」中の發端にも次ぎの如く記載されてゐる。

異宗之始終且異說之條

往昔日本を責取らんが爲に軍艦數萬艘を艤して大隅國種子島に來りて攻戰する事兩度、或は難風に破船し、助命して歸る者纔なり、蠻國の主日本の人品軍の次第を問ふ、日本人長低く色黑く、眼さかつると答ふ、是武勇の相なり、攻討に利あるまじと云ふ、又信じ好むことを問ふ、何とは知らず合掌し拜すと答ふ、扨は信心の國なり、宗旨を弘め漸々と奪ひ取るにしかじと評議し、多年を經て、天文十二年癸卯年商船漂着の體にして蠻船一艘又種子島に來着す、往昔の兵船に似たる故島人怪レ之といへども船中穩に數日を送れば島人馴近く、耶蘇悅で種々の珍味を給し財寶を與へ曾て逆はざるに仍て、自然と心安くなり島中徘徊を許し後には種子島地頭と謁し、鐵砲の打樣張樣藥の製法を傳授して尊信する事甚し、其比和泉の醫者種子島にあるを誑し蠻國へ連行バテレンに仕立再び連來て密に法を弘め其後我が畿內、西海、南海、山陽、東海道津々浦々に漂着し、金銀珠寶を與へ飮食を飽しめ鄕民を親睦し宗旨を弘るを要とす。

是はちと誇張的に書いてある、而も天文十二年種子島のことはヒントーのことであらう。事實の明瞭を缺ぐ嫌もあるが我が國で西敎を野心あるものの如く疑惑を深めてゐたことは著しかつたものと思はるる。

斯くて和蘭人は西班牙、葡萄牙人と通商せる間は宣敎師の往來到底根絕し難きを以て其の兩國人の通商を禁止すべきを將軍に建言し、其の目的を達して爾來蘭人獨占の貿易となつた。乍併其後も兩國の宣敎師等は殉難を賭して來るもの絕えなかつた。遂に家光の時代となつて寬永十年以來續々發令して鎖國主義となつて十六年には徹底した鎖國令となつた、此間同十四年には有名な天草島原の亂があり西敎徒の迫害は甚しきものがあつた。

爾來西敎の壓迫は著しかつた、享保五年一七二〇年吉宗の時代に於て海外の新知識吸收の目的で斷然洋書船載の禁を解いたが獨り基督教書は許されなかつた。是より蘭學勃興の時代となつて幕末に及んだ。西教入國以來我が國情に與へた變動は頗る著しきものがあつて以上括約したる處では甚だ不充分の憾を免かれないが其の變遷史を詳述せば頗る興味ある事項であらうがこゝには之を避けて、只外人が極東に向つて競ふて基督教布教に腐心せるにも關らず大なる收獲を得なかつた事情を説明したる外人の觀察眼を左に紹介することは又此間の事相を領首すべき興味深きことであらう。

或は言ふ者あり、基督教は亞細亞に宣教せられざるべからず、歐亞の兩文明は基督教を其橋梁として聯接せしめらるべきなりと、此言甚だ美なりと雖も余は之に服すること能はざるものなり、何となれば之を歷史に徴するに基督教が敵國間を融和せし事實なく假令基督教が一國に輸入せられたりとて其地方の敵愾心は依然として更に減縮するの事實を認め得ざればなり、されど之よりも先づ亞細亞人は果して基督教を奉じ得べきやを究めん。千七百有余年の久しき亞細亞の何處にか一國として基督教を奉ぜるものあらん。基督教は亞細亞の產なれ共歐洲に於て成育發達し來りたるものなり、謂はゞ歐洲精神の產物なり、されば古來既に立派なる數多の信仰を有したる亞細亞人は基督教を見るに已れの有するものより劣等なるものを以てしたり、猶太人の如きは既に基督教の故土にてありながら尚且つ之に化せられざりき、基督教の宣教師は福音の下に世界を風靡せしめんとして四方に旅立ちたれども其結果は果して如何、亞細亞は依然として舊亞細亞人の亞細亞なり、其人民は昔の如く異信者なり、彼等は基督教を忌むこと猶太人と異らず、彼等は基督教を以て彼等の好まざるの理想を抱くものなりとす、彼等の社會組織を破壞せんとする危險なる勢力なりとす、彼等は基督教の得意げに宣布せんと擬する永遠の生命なるものを以て却つて末恐しき脅威の辭なりとす、彼等は已れの意識を滅却し神と同化し寂滅に歸せんことを以て其信仰の目的となす、彼等が第一の條條は汝の君たる汝の神を愛せざるべからずと云ふに在り。

以上は英國の有名なる亞細亞研究者メレディス・タウンセンドが北清事變の起るや千九百〇一年豫て其の諸雜誌の上に公にした論文を蒐めて「亞細亞と歐羅巴」と題し之を刊行し其內「亞細亞放任論」と題するものの一節であるが此の所論は肯綮に當つてゐるやうである。元來は我が日本は開闢以來神ながらの道がチヤンと傳はつてゐる、それは宇宙人類を一體とせる博愛主義、平和主義である、一視同仁は卽ち國是の大本である、夫故に統一と云ふことに向つて眞劍があつて且之に成功して居る。彼の皇紀九百四十五年 應神天皇八十五年 西紀二八五年 支那の儒敎が這入つて來たが之を容れて其の文明を吸收して尊王賤覇の道を確實に摑んだ。其後皇紀千二百十二年 欽明天皇十三年 西紀五五二年 印度佛敎が入つて來た、初めには反撥衝突もあつたが遂に國體に消化され有利に誘導され大なる勢力となつて傳播された、佛敎の輸入は印度及支那の文明を伴ひ大に我國の文化の進展に補翼した。其後前述の基督敎は入つた、之を契機として又西洋文明が這入つたが其の長所を採りは採つたが西敎に對しては警戒眼を睜つて國體の明徵に對しては不斷に毅然として儼守する所があつた。斯くの如く我には唯一無比の神道が國初より傳つて以て今日に及び未だ嘗て外來敎義の爲め國體の尊嚴を冒瀆さるることは無かつた。畢竟大和民族は素と優秀なる一種族が四隣から這入つて來る他種族を融合し同化して永遠に天孫を造り出して以て同種族と渾一されたものである、如何なる種族のものも此の國土に入り此の天祖の遺訓に從へば遂には同一種族の坩堝に入つて仕舞ふのである。

斯かる魔可不思議なる此の國情を悟らないで布敎した基督敎徒は失敗に終り、之を知つて布敎したものは永續し得るのである。サレバ我國に於ける基督敎布敎の變遷を稽ふれば又其處に見遁すべからざる天則が潛んでゐる

斯くて基督敎は德川時代に入つて鎖國以來著しき彈壓に逢ひ非常の銷沈を見たるが其の絕滅は決して容易のこ

とでなかつた。夫れは人心の奧秘に浸み込んだる思想の根蔕は到底一朝一夕にして之を抉り取ることは不可能である。前略述したる信教者の殉難は如何に恐るべき煩魂と謂はねばならぬ。

安政の開國と共に數々の外國宣教師が入つて來た、慶應元年佛蘭西宣教師プチヂァン Bernard Petijean は長崎大浦の居留地に東洋一の天主堂を建て潛伏して居た切支丹信徒の命脈を繫いで德川幕府の鎖國禁斷の爲に根絶せんとする西教の危機を喰ひ留めたるが如く入り替り立ち代り外來の宣教師と相應じ內から國民中の信教徒は芽生えて夫から夫れへと容易に息の根を止めなかつた。

私は先年肥前島原に遊び雲仙嶽に上りて山上の噴出溫泉中に在る地獄谷を見て其の戰慄すべき熱湯の地獄に西教徒の改宗を肯んぜざるものを投げ込んだと云ふ說明を聞いて坐ろに悽愴の氣に打たれた、彼の繪踏の裁きに際し震ゑつつ之を否忌する老若男女が如何に熱烈に信教の爲其の生命を捧ぐる勇猛心は實に測るべからざる心理を想像せしむるのである。

**註** 踏繪は耶蘇教信者にあらざるを證明する爲に庶人をして踏ましむる耶蘇の像をいふ、此の行爲を繪踏と云ふ、此踏繪は江戸切利支丹屋敷と長崎奉行所とのみに藏し九州のみに限りて行はる、卽ち毎年正月四日以後奉行所より長崎の町へ下げて一人宛殘らず跣足で踏ましむる、信教者は踏まないから直に知れる。繪踏の起りは寛永五年長崎奉行水野河內守守信が始めて轉びの者轉向した棄教者の眞否を試みんが爲信徒の崇拜せる耶蘇の畫像を踏ましめた、紙は破れ易きを以て翌年から木版にした、是も磨滅破損の爲寛文九年更に銅版に鑄造した。

彼のサヴエールの布教の後大迫害を受けて長崎港外の離れ小島には殉教者の子孫で尙密に教へを奉ずる者があ

つたが二百五十年間教師を見なかつた彼等は千八百六十五年慶應元年一教師に會見してから、信仰の火は俄然として各地に燃え上つた、奉行所は之れに注目一擧にして其の火を揉消さうと企て長崎郊外浦上の信徒三千五百人を捕縛し、その中三百五十人を鹿兒島に送つて福昌寺サビエー聖人と問答した忍室の住持であつた福昌寺に拘禁し三年間隨分苛酷な取扱ひをしたが遂に一人の改宗者を出すことが出來なかつた、後時勢は一變して信仰の自由は認められ彼等は千八百七十一年明治四年以降歸國を許されたが五十八人は牢舍の苦痛に耐へ兼ねて落命したと云ふことであつた。（和蘭夜話）

明治三年の長崎近村の耶蘇教騷動に關係した大隈侯の感想に曰く「官の威光を以て、區々たる二八の少女に臨み、嚴然として其の信仰を捨てよと命ずるに、何條違背することのあるべきぞと思ひしに、其弱々しげなるにも似ず、不思議にも毅然として更に動かず、お上を恐れざる不屈物と怒つて彌々强迫すれば彌々固し、此に於てか余は宗教なるものは到底政權を以て動かし難きものなることを發見したり」とある。

丁度開港と聞くや歐米の宣教師は大旱の雲霓を望んで盛にやつて來たが未だ我國は基督教禁止のまゝであつたが彼等は此の危險を物ともせず押し駈けた。或は英語教授を表面の看板としたり、醫術施藥を以て人心を惹き付けたり、種々の困難と忍耐に打ち克つた。

是より先き安政三年七月長崎駐劄和蘭全權公使ドンケル・クルチュス J. H. Donker Curtius は長崎奉行に切支丹禁制の解除を迫つたが幕府は踏繪の慣習を廢するの一事を承諾したのみで解禁には應じなかつた。尙幕府が通商條約の締結に躊躇するのは交易其ものを好まないのではなく啻に通商と同時に基督教の傳來するのを痛く怖れたからである、若し日本が精神と肉體とを腐敗せしむる所の有害なる藥品阿片と、戰慄すべき有害なる宗教切支丹の潜入を防止し得るの策あらば通商上の問題の如きは一層寛大であつてもよいとまで放言したとの事であつた、これを傳へ聞いて偶然にも長崎に來合せて居た米國宣教師イー・ダブリユー・サイル E. W. Syle 同ヘンリー・ウード Henry Wood プロテスタント、エス・ダブリユー・ウイリアムス S. W. Williams 等は協議を凝らし此際日本に新教の宣教師を派遣し、一日も早く眞正の基督教を日本に傳へて其の謬見を正さなければならないことを痛感し、各々其の所屬の教會傳道局本部に飛檄して宣教師の急派を督促した。

乍併當時未だ一般に基督教の布教は許されなかつたが其の入國傳導の機運は向つて來た、安政四年十二月六日のハリスの日記に云ふ。

> 江戸入府以來第二の日曜日なり、朝來フユースケンと共に、大聲聖書を讀み祈禱書を誦し、以て朝の禮拜を修す、硝子戸ならぬ日本の障子は多分祈禱、賛美歌の聲を全家に反響せしめたるなるべし、是れ江戸に於て基督教の禮拜特に亞米利加聖公會の禮拜式が擧行せられたる嚆矢ならん、余は茲に於て多少の感慨なくんばあらず、蓋し當時日本に於ては耶蘇教禁止の法令峻嚴を極め、若し此の國策を犯して絲毫だも基督教の儀式を行ふ者あれば、其の三族を誅滅するを常としたり、而して余は斯る峻烈なる法律の下に、平然又公々然禮拜式を行ふを得たるなり、他日若し神の祝福に依りて首尾能く通商條約を締結するを得れば、更に日本政府に勸告して斯る酷刑を全廢し、國民に信教の自由を與へ、尠くとも日本在住の米國人をして、教會を建設し、宗教上の禮拜を行ふを得せしめ、一方には長崎地方に於て百三十年の長日月間和蘭人を苦しめたる繪踏の蠻風を廢止せしめんことを期す 繪踏は千八百五十三年（嘉永六年）既に廢止せられたるをハリス未だ聞知せざりしなり 思ふに鎖されたる日本の門戸を破りて、世界の文明と通商とに開放せらるるの後數年を出でずして日本は更らに外教に對して第二の開國を行はざるを得ざるに至らん、此の意味に於て宗教的開國の第一鐘を撞きたる余の聖書と祈禱文は將來如何なる高價を以てしても購ふこと能はざ

る程の好記念品となるべし。

と記してゐる。彼が得意想ふべきである。

開港と聞て眞先に米國の外國傳道局ではヘボン 第三節第一項参照 を派遣し、聖公會の宣教師ジョン・リギンス John Ligins は支那の傳道に從事したが病氣保養の目的で長崎に滯在してゐるうち日本轉任の命を受けたのは同年五月二日である、又同派のウイリアムス 第三節第二項参照 も六月來朝した。續いてブラウン、シモンズ、フルベッキ、バラ・タムソン、ニコライ・ゴーブル 第三節第一、二項参照 等が布教の爲め入込んだ。

斯くて我邦に於ける外人宣教師の活躍は著しく、其の教義を吹込むこと熱心であつて大に人心の機微を捉へた。

明治二年十一月三十日二十六歳の時始めて來朝した米國神學博士、同法學博士ダンエル・クロスビー・グリーンが京濱を去つて神戸に赴き日本に於ける會衆主義教會を起したのは實に勇敢であつた。彼は米國に在つて學生時代同窓の友新島襄の慫慂によつたものであつた。然るに明治四年僚友ギユリツク Gulick 博士の語學教師市川榮之助が道を求むべく邦文譯の馬可傳を借覽したが爲に夫妻共に捕はれて京都二條の牢獄に投ぜられた。グリーンは直ちに其筋に嘆願したが其効なく市川は獄中に死去した。同年遣外使節岩倉具視一行が渡米の時米國國務卿フイシヤー Fisher と會見し條約改正に就て互に意見を交換する時、日本の基督教に對する壓迫の甚しきことを痛撃せられた、蓋し市川の入牢一件を例證の一に算へられたものである。此の事實には岩倉使節も答辯に苦しんだ。此の間グリーンの斡旋努力も與つて力あつたと思はれるが其後一年餘にして卽ち明治六年二月基督教禁制の高札が撤廢さるゝに至つた。尤も其の前年には橫濱に日本人の敎會が設立された。明治八年に新歸朝の新島襄が京都に同志社を設立し爾來神學校が各地に起つた。

斯くて公然布敎することが出來て新約全書の和譯に着手し、委員を選び、明治八年より始め十二年に至つて完成した。

飜つて聖書和譯の沿革を考ふるに、支那に傳道した有名なる宣敎師カール・グッツラフ博士 Karl Friedrich Hugust Gutzlaff が千八百二十七年文政十年の頃に和蘭傳道協會より暹羅國に派遣され、千八百三十二年天保三年支那に往つたが、同十二年より翌十三年に彼の阿片戰爭の際に英國使節サー・ヘンリー・ポッテンガーの通譯官となつて其後漢譯聖書を完成した。又香港に在る英國政廳の植民書記官たりし頃、偶々日本の漂流漁民を保護し日本語を學び新約聖書の一部約翰《ヨハネ》傳福音書を和譯し「約翰福音之傳」と名づけた。これは千八百四十年天保十一年に新嘉坡のアメリカン、ポート、ミッションの印刷所で木版に上せて發刊された。

又殆どこれと同時に支那在留の米國神學博士であつて支那語に通じ、一時北京駐劄米國公使館の通譯官となり、又ペルリ提督來朝の時を始め、其後も屢々日本に來往した、エス・ダブリユー・ウイリアムス博士が澳門《マカオ》に於て日本の漂流漁民二人を助手として舊約聖書中の創世記と新約聖書中の馬太《マタイ》傳を和譯した。さうして彼は其の稿本をヘボン博士の許に贈り越して將來聖書を和譯する場合の參考にもと希望した。

其後千八百六十年萬延元年神奈川に上陸したゴーブルは元治元年に聖書の飜譯に着手し五年目にして漸く四福音書と使徒行傳とを譯了し其内摩太福音書だけは明治四年七月出版の運に至つた、之が本邦に於て最初に上梓された

横濱外國商館と天主堂

日本語の聖書であるが當時國禁であつたので其の書物は全部當局へ沒收された。

是より先きヘボン博士はバラ、タムソン、ブラウン等の補助に依り聖書の飜譯に從事したが明治五年に至つて馬可傳、約翰傳の兩福音書を出版し、翌年に及んで馬太傳を出版した。

明治五年七月二十日横濱にて初めて本邦在留の基督新教各派宣教師協議會が開かれ、新約聖書飜譯のことを決議し各派より一名づゝ選出され、ブラウン、ヘボン、グリーン、ウイリアムス、ユンソー等が選に當り明治七年から着手せられ、同十二年十一月三日全部飜譯を終り、翌十三年五月出版を見るに至つた。前記委員の外に日本人として助手川勝鐵彌がある。又飜譯に盡力した邦人の內に奧野昌綱、松山高吉、高橋五郎等の人々がある。又舊約全書の飜譯に就ては日本人側では小崎弘道、奧野昌綱、松山高吉、大儀見元一郎、木村熊二、植村正久、井深梶之助、新島襄等があつた。

以上略述せるが如く我國に於ける基督教の傳道は寡からぬ困厄に遭遇し幾多の犧牲者を失つて遂に開國の曙光に浴すると共に横濱に

教會が設立され公然と自由に布教することを得るに至つた、併しながら素と國體の成立を異にせる外國からの輸入で既に神儒佛の三教が傳はつてゐて其上生ける神たる一系の天皇を崇拜の的として居る我が國體には尙未だ泥まざる點もあつてか其の普及は捗々しからぬものがある、條約には既に信教の自由が許されてある、法律にも又其通りであるが基督教の廣汎なる傳播は前途尙遠しの觀がある。

其後明治十二年には同志社最初の神學卒業生を出し活動を開始した、爾來新約聖書の國譯成つて大に布教の便を得日本に於けるY・M・C・Aの成立となり基督教大會の公然東京に於て擧行され其の傳道網は全國に廣がつた。此間に在つて救世軍の如き、各種慈善團體の如き、盛に活躍してゐる、或は一方に英語其他の外國語を無報酬で教へたり、種々の特典を提げて信者を募つてゐる熱心努力は感ずべきものがある、殊に基督教の足跡に又西洋文化の印象を止めたることは爭ふべからざる寄與である。

### 第二項　外國語の輸入と英語萬能

足利氏の末から德川氏の初めに掛けて七八十年の間色々な西洋人が來航した。隨て洋學も入つて來たが寬永年中德川幕府は切支丹宗を禁じて外人との交通を絕ち、寬永七年に橫文の書は一切禁じた、之れを御禁書と云つた、啻に橫文字の書のみでなく之れを漢譯したものも禁ずるといふ嚴重な話であつた、其頃の飜譯物で今に殘つて居るものは有名な伊曾保物語で慶長と寬永との校本が三種あつて皆活字本である、それから天文の書、外科醫の書が少しばかり殘つてゐる、それ位のもので當時渡つた洋學の系統は無論絕えて仕舞つた。(「文明源流叢書」卷頭大槻文彥述日本文明の先驅者)

享保五年一七二〇年将軍吉宗の英断に由つて耶蘇教書を除く外諸學術の普及を圖るべく洋書舶載の禁が解かれた、想ふに我國の洋學は和蘭人が齎らしたものが早かつた、尤も最初來航した葡萄牙人に依つて葡語のものが入つた、彼の文祿四年一五九五年天草で葡語の辭書が出版されたと云ふが能く世に知られてゐない、其後葡萄牙語は同國人の在留が短歳月であつた爲め余り我國に傳はつてゐない。鎖國令以來海外知識を吸收するの便宜が杜絶したやうに見えてゐるが長崎出島の和蘭屋敷は公然許された外人居留地であるからこゝで蘭人を通じて西歐文化の吸收も出來た、又西教禁止の令に背きた基督教布教使を拘禁した江戸小石川の切支丹屋敷にある外人によつて西洋事情が朧氣にも傳へられた、彼の寶永五年一七〇八年八月二十八日大隅屋久島に漂着した馬尼刺商船で羅馬法王の命で來た宣教師伊太利人ジョヴアンニ・バッティスタ・シドーナ Giovanni Battista Sidoti が江戸切支丹屋敷に拘禁中、幕臣新井白石の取調を受け屢々問答を遂げて、其の聞書が白石によつて「西洋紀聞」として殘されてゐる。白石とシローテ白石が聞いた彼の名がヨワン・シローテと書き記されてあるので一般に斯く唱へられたとの會見に通譯を勤めた長崎大通詞今村源右衛門英生今の地震學者今村明恒博士の六世の祖は代々長崎で和蘭通詞を勤め、源右衛門は将軍吉宗の命で洋書解禁後幾年ならずして「西說伯樂必携」と云ふ馬醫馬術の書を飜譯した、是が我邦に於ける最初の外國書譯述と謂はれてゐる。

前述江戸切支丹屋敷に幽閉された外人宣教師の內にも改宗したものは歸正の人として寬大に待遇された、彼のヨセフ・キアラと云ふ伊太利人は岡本三右衛門なる姓名を賜はり若干の俸給をも貰つて宗門に關する幕府の顧問となつた、妻も與へられ貞享二年八十四歲で死んだ、四十餘年間切支丹屋敷に閉ぢこもつて居たので是等から外國語の知識も得たこと寡からぬものがあらう。

白石は和漢の學に秀でた博覽强記の儒官である丈往くとして佳ならざるは無く、從つて我が國の蘭學界に於ても既に一指を染めたものと思はるる。

大槻磐水の說に「和蘭學之一途、草ニ創於白石新井先生一、中ニ興於昆陽青木先生一、休ニ明於蘭化前野先生一、隆ニ盛於鷧齋杉田先生一、故近時從ニ事於斯一、皆莫レ不レ淵ニ於四先生一焉」磐水漫草「六物新誌」題言とあるが是に由つて我邦の蘭學に於ける當初の大系が窺はれる。

白石は自ら自由に蘭書を讀み得ると云ふ程ではなかつたが洋學の必要を看破し、彼が學才の範圍に於て多少とも蘭學には通じたものと考へらるる、既に「西洋紀聞」や「采覽異言」其他の著に於ても蘭學に關係あつたことは證明さるゝ、夫故に前記磐水も謂ふが如く我が蘭學の開祖に推立てられた所以である、尤も是より先き元祿三年より五年に至る間にケンプエル Kaempfer に就き正則に蘭語を學習した邦人があるも其名が傳はらなかつたと謂はれる。

**註一**　鎖國後に西洋の事を記した書物は白石が始めであつたが日本人が洋學の優れてゐることを認めたのは夫より遙か以前で天和三年一六八三年の十一月に日蝕がある旨其年頒行の官曆に記しあつた、然るに長崎の小林義信と云ふ人が其誤であることを公言した所が果して其通りであつたものだから政府は驚いて義信の學ぶ所を質して和蘭天文學の精確なることを發明し以來推理は蘭法に依ることとした。又貞享年中より幕府に蘭法の官醫を置いて居つた。（ペルリ渡來の顛末　雨夜物語）

二　又日本人で最初の外國語正則學習者と云ふべきは天文十六年一五四七年薩摩鹿兒島に彌二郎なるものが、其頃來航した葡萄牙船に便乘して、マラッカに着し、同地基督教の宣敎師サヴエル師の勸告に奮起し、印度のサンパウロに到り同

地の學校に入學しザヴェルに隨つて歸朝したのが本邦人で正規に外國語を習得した最初の人と謂はれる。（事物起源辭典）

昆陽青木文藏は甘藷の播植を敎へたのでも有名であるが（遠海の孤島に流された罪人が五穀に缺乏して往々餓死するを憐み甘藷の播植を申請して許可になつた）寛保元年（一七四一年）の頃吉宗の命を受け幕府の醫官野呂元丈と共に蘭學を研究した、彼は延享元年（一七四四年）に長崎に行き通詞本木仁太夫、同西善三郎、同吉雄幸作に和蘭の文辭を質問し、其の日常語五百餘を習ひ覺へて歸り、爾來益々勉勵し、後和蘭文字略考、和蘭話譯の著あり一家を爲した。畢竟吉宗の命を受けて蘭學に入つたのである。

吉宗は德川中興の英主丈あつて夙に海外の事情に着目し自ら測午機を作つて長崎の西川如見を召して批評させたり、或は蘭人を吹上の庭に呼んで大砲の射擊を爲さしめたり、年々和蘭人に命じて海外の事情を報道させた、眞先に洋書の禁を解き（基督教以外）盛に蘭學を起さんとしたのは冒頭に述ぶる通りである。

**註**　青木昆陽が長崎に住いた時通詞の輩は言語暗記のみにて文字を充分に解せなかつた、然るに通詞の內、西、吉雄、本木の三人は曾て橫文字を讀まんとの念慮あれば昆陽の來れるを機會に國禁を解かれん事を乞ひ意に其の公許を得通詞は言語のみならず文書まで讀解すること〻なつた。然れども尙謂ゆる橫文字を公に世に敷く事は許されなかつた、後藤犁春といへる本草家が紅毛譚《オランダバナシ》と題せる小册子中に橫文字の二十六字眞行草三體を加へた爲絕版されたのは明和二年（一七六五年）の事である。（磐水事略）後大槻磐水は蘭說辨正に昆陽漫錄中蘭字二十五字とあれど「イ」の字二體ＩＪあり二十六字なりと訂す。

前野良澤、名は熹字は子悅、蘭化と號し中津候に仕へた醫者で昆陽に就て蘭學を修めた「蘭學階梯」に據れば「蘭化先生再び長崎に遊んで每事譯家に扣れしが譯家は固より通辨の專業にして讀書譯文の暇なければ幾度討論

しても詳審ならず先生此出を悟り譯家に秘藏せし彼邦譯辭の書竝に醫術の書五六部を請ひ求めて東都に齎し歸り

青木昆陽和蘭陀文字（昆陽漫録より）

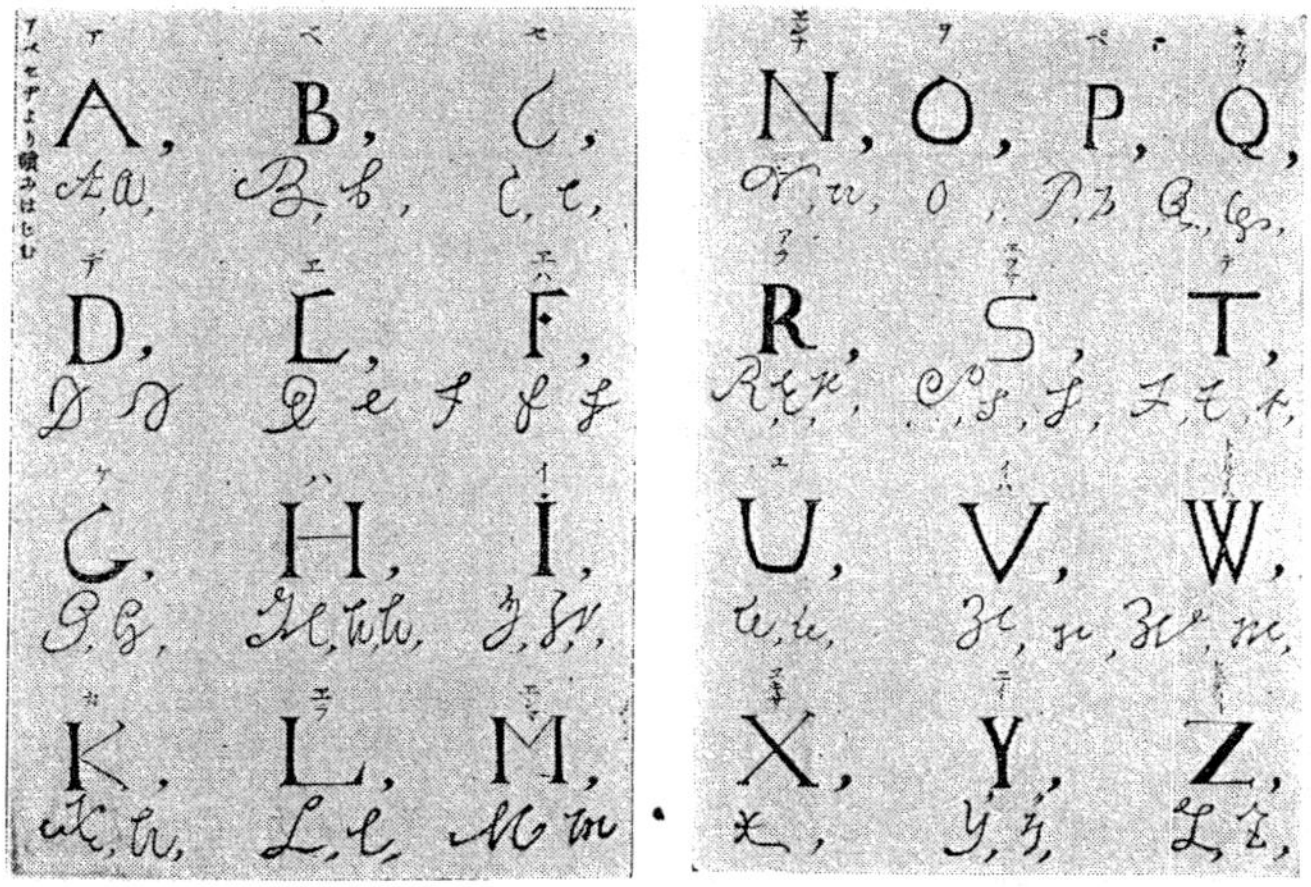


日夜手を釋てず彼の傳へ得る所の僅の釋語を據とし、蘭人マーリンが收錄せる所の釋辭の書を取り彼此校考し已に知る所のものに因て未だ知らざる所を推し明め稍く其一二を窺ひ得始めて和蘭書飜譯の業を遂げ誠に千載の鴻業不朽の功と云ふべし、其間先生著す所に和蘭譯文略、蘭譯筌、助語參考、蘭語隨筆、古言考、點例考等あり、其餘各種に及ぶ、是よりして同好の二三子、尾藤、鷧齊、淳庵、月池、龍橋、嶺、石川、桐山、東溪、東蘭、順鄉、淡浦、槐園、江漢の諸子及び余輩其門に從游す」とある。

鷧齊《イサヒ》杉田玄白は其の先は近江に出で初め間宮氏を稱せしも數世の祖移て武藏久良岐郡杉田に住せしより杉田と改めた、父甫仙は和蘭流の外科醫術を以て若狹酒井侯に仕へ江戶に住んだ、玄白、良澤と共に蘭語を學ばんと志し蘭醫バブルの江戶に來るを訪ひ通辭吉雄幸作を介して敎を受けんとした、明和八年三月八日千住小塚原に罪人の腑《キモワ》分けあり、玄白、良澤及中川淳庵等諸人と往て之を觀て會々和蘭書解剖圖譜とも稱すべきクルムス著デークテンの蘭譯「タブラ・アナトミヤ」を持參して研究し、從來の漢說の誤れるを悟り大に得る處あり、感奮して此の書を飜譯し、安永三年（一七七四年）「解體新書」と題して文化十三年彼は死の二年前八十三の高齢を以て子孫後世の爲此「解體新書」飜譯當時の苦心談を書き綴つた「蘭學事始」がある。（此書は慶應末年に開成所頭取神田孝平によつて發見された）

**註**　昭和十一年六月在橫濱玄白の曾孫玄端の六男杉田六藏が亡兄より預つてゐた玄白自筆の鷧齊日錄が發見された、それは安永、天明の頃より文化初年に至る約二十年間日々の出來事を日本罫紙五十枚の和綴に九册毛筆を以て書込まれたるもので日本罫紙五十枚の和綴本全部九册に涉つてゐる。內容は醫學蘭學に止らず當時の井市の出來事や感想等進んで漢詩、和歌、俳句までも記錄してある稀有の文獻である、明治生命前醫長醫學博士原田謙太郎の注意で發見され一躍貴重文獻となつた。

一の關の藩醫大槻玄澤（諱茂質 號磐水）は來つて玄白の門に入り醫を學び後良澤に蘭書を學び長崎にも遊學して天明三年（一七八三年）「蘭學階梯」を著した、是れ橫文入の書を出版した始めである、是れより蘭學が大に起つた。

**註**　磐水は寶曆七年九月二十八日生文政十年三月三十日七十一歲を以て逝き、明治四十四年六月一日正四位を贈られた、磐水年譜に據れば磐水の跡は長子茂楨（玄幹 磐里 天保八年逝）醫業を繼ぎ、次子淸崇（平次 磐溪 明治十一年逝）儒者として別家し、其の長子淸修如電別家し、次子淸復文彥磐溪の跡を續ぎ子無き爲、如電長子淸同茂雄を以て跡を嗣がしめ現代に至る。（磐水存響）

文化八年幕府は天文臺に始めて飜譯局を設置し、大槻磐水をして蘭書を譯せしめた。同年馬場佐十郎は俄羅斯語小成十一卷を著はした、是れは本邦和譯露辭書の始めと謂はれる、馬場は長崎出身の和蘭通詞で足立左內と共に幕府の天文方に勤めてゐた、曾て露人ゴローニンが幽囚中二人は之に就て露語を學んだことは次ぎに記する通りである。

又同年九月中には和蘭通詞本木庄左衛門が暗厄利亞《インギリス》興學小筌十冊を幕府に献じた、是れは本邦に於ける和譯英辭書の始めとされてゐる。（長崎通詞は世襲の公吏で飜譯を爲すと共に貿易事務も兼ねて居たが幕府瓦解と共に通詞制度も廢止された）

斯くて蘭學は非常の勢を以て流行した、玄澤と同じく良澤玄白の門下として當時蘭學者として桂川甫周、前記中川淳庵、福知山侯、栃木昌綱、嶺春泰、石川玄常、桐山正哲、宇田川玄隨、森島甫齊等が著名であつた。

薩摩侯島津重豪も亦蘭學に志した、今日鹿兒島磯の集成館に在る重豪自筆の蘭語日記の如きを見ても當時の流行振りが窺はれる、降つて其後齊彬に至りては益々蘭學を研修し重要機密に關する事は往々洋文を用ゐた、故に藩士中機密に與る者には蘭學を學ばしめた、又兼て藩醫數名を長崎に派遣して蘭學を修めしめ、一方長藩の青木周弼、大坂の緒方洪庵に就き學ばしめた、而して藩內へは戸塚靜海、坪井芳洲、川本幸民、石川格太郎等を聘し醫道及蘭學を開くことに努力した。

文化十三年玄澤の子玄幹「蘭學凡」を著し、又因幡の醫員稻村三伯は玄澤の門に入り「法兒馬和解《ハルマワケ》」と題する蘭學の字書を作つた、是は和蘭陀の學者ハルマの辭書より採つたものである、ハルマ辭書は和蘭語と佛蘭西語の對譯辭書であつた、其中より和蘭語だけ採つてそれに譯を付けたもので寛政八年に完成された是れが日本での對譯辭書の初と謂れる、後種々の人によつて漸次補正せられて蘭學の辭書として有名になつて頗る貴重された、彼の佐久間象山が此の書の出版を幕府に請ひて許されず却て秘書を藏せしを詰責せられたことや、勝海舟が此書が頗る高價なる爲と且其の讓受が出來ないので借覽して謄寫したなどは有名な美談が殘つてゐる。

其他長崎出島の蘭館に赴任したツンベルグ、チチング、シーボルト等に就て蘭學は一層旺盛となつて高橋作左衞門、高野長英、小關三英、高良齊、二宮敬作、戸塚靜海、竹内玄同、伊藤玄樸、緒方洪庵、箕作省吾、川本幸民、宇田川玄眞玄隨の嗣同嗣榕庵文政九年「植物啓原」を著し天保十年「舍密開宗」を著す本邦化學書の先驅である青地林宗等を首め多くの蘭學者を出した、畫家として傑出した渡邊華山の如き皆蘭學派であつた。（華山の藩主三河田原の三宅康友の子友信の如き幕末の西洋兵學者で鈴木春山、村上範致など共に蘭學熱心家であつた）

彼の有名な司馬江漢は始め浮世畫師で鈴木春信に學び二世春信と號し、又谷文晁に學んだが蘭學を修めんとして長崎に行き後江戸に歸つて油畫と銅板術を起した。是より先き寶曆九年平賀源内が江戸に物産會を開いて博物學を講じ傍ら電氣の理を研究したのは珍らしい。

又有名なる林子平の如き夙に長崎に遊び蘭學を究めてゐる。其他高島秋帆、江川太郎左衞門等の砲術家も皆蘭學に負ふ所が寡くなかつた。

或は學者として伊能忠敬、西川正休如見、本多利明、伊藤圭介、足立長雋、帆足萬里、三浦梅園等今日多くの名著を殘してゐるが蘭學に負ふ所なくては是等の博學振りは得て及ばないことであらう。

斯くて蘭學は當時の新知識として相當重んぜられた、畢竟鑄砲築堡や砲術に於て必要を感ぜられ、又醫學に於て一頭地を抽く學理を闡明するので醫師間に重んぜられた、或は究理と稱する物理學、舍密と稱する化學を始め天文航海、測量等一般科學の修業上蘭學の知識を俟つものが多いので心ある人々は競ふて之に傾いた。然るに又一方、幕府の抱儒者たる林大學頭一派の漢學者は蘭學は洋夷の學で國家を亂るものなりと誣謗し俗吏之に雷同附

佐久間象山著 改訂ハルマ字彙原稿

# A.

aapsche, awkward, 拙的;手拙

aal, m. eel, 蟮魚

aalmoes, v. alms, 週濟之物

geven liefdadigheid, aalmoes, 賙濟

liefdadige almoes is geoefend door zommige om te bereiken hunne baaszuchtige oogmerken. 有藉布施;以求遂其私.

liefdadigheid of aalmoes is niet in de magt van arme menschen. 濟施非貧士所能

aalmoes uitgestrekt, als uit,

(信州松代羽田桂之進氏藏)

改訂ハルマ字彙　佐久間象山先生著原稿

此原稿は先生逝去ノ後郷里ニアリシ遺書中ヨリ發見セシモノナリ象山文稿等ニアル序文幷ニ例言ニ依リ先生ガ苦心改訂セラレタル事ヲ知ルベシ。

爾來先生ハ徒弗氏等ノ辭書ヲ參酌會萃シテ此稿ヲ爲セルモノニシテ又其自書筆跡ノ年代ト其編纂ノ躰ニ因リテモ之ヲ推知スベキナリ、又此ガ出版ノ爲ニ自己ノ俸祿ヲ引當トシテ特ニ藩ヨリ千貳百兩ヲ借受ケタル借用證書(寫シ添)ナルモノアリ而シテ數次其認可ヲ幕府ニ請タレド遂ニ免許ヲ得ザリシト云フ如何ニ先生ガ心血ヲ注ガレタル著書ナリト云フベシ。

昭和八年二月吉日　　　　羽川桂記

付言

他ニ先生自書セル「荷蘭字彙」ナルモノ拾五册アリ其書ノ卷首ニハルマ氏云々ト記セリ是レ則チ稻村三伯等ガ編輯セルモノヲ先生玉池時代自ラ寫シ取リシモノナリ。

加して反動勢力は顯著なものであつた、蓋し彼等の口實中蘭學は基督敎の思想を誘引するものなりと誹斥するに至つては一部に之に耳を傾くるものも生じた、又蘭學は稍もすれば開國論に進み易い、是は又勢ひ然らざるを得ない、彼の天保十年英艦モリソン號が我が漂民七名を送つて來た時も之を驅逐せんとしたので幕吏の無能を諷刺して攘夷の非を論ずべく夢物語を著はした高野長英や、愼機論を著はした渡邊華山等が罪を獲たことも畢竟林大學頭の弟で當時酷吏の標本とも稱すべき鳥井甲斐守耀藏等が蘭學の旺盛を忌み讒訴した爲である、彼の高島秋帆や、江川太郎左衛門等も亦斥けられた、當時林家一派は蘭學者を目して蘭僻家と非難し排擠したものである、現に明治年間に至つても一部漢學者は能く蘭僻々々の語を以て蘭學者を罵つたものであることは今尙耳底に殘つてゐる、天保十二年五月廿七日幕府は蘭字の普及を恐れ商人が賣藥其他の廣告に蘭字を使用するを禁じ又蘭書飜譯を幕吏の許可したるものの外取扱ふことを禁止したのは聊か滑稽である。

**註**　是れと似た事は後年ペルリが來た年卽ち嘉永六年十一月朔日にも幕府は令して船舶銃砲の名稱及其練習用語に洋語の使用を禁じ藥舖等の商標に洋字を用ふるを止めさせたことがある。（溫恭院殿御實記）

天文地文に航海、暦數理化學等は多く外國語就中蘭語に負ふ所があつた、醫學に於ては殊に蘭書が勢力を占め漢法醫と對抗した、尤も和蘭の醫書は十の七八は獨逸醫書の和蘭飜譯であつた、和蘭人は早く海上權を得たのでもあらうが本土が極めて狹小で自國固有の文化では進展活躍の天地に不充分でもあつた爲か、得て他國の語をよくするものが多かつたから英米佛魯の醫書の飜譯もあつたが獨逸書の飜譯が最も多かつた、又獨逸醫學書が最も條理正しく井然と整ふて居たので我邦でも識者の間に獨逸醫學を尊重するものが漸次現はれて來た、後年石黑忠悳の如き、佐賀藩の徵士相良知安、福井藩の徵士岩佐純や其他松本良順等多數の獨逸醫學の大家が出でた。

想ふに我邦で第一に泰西の知識を吸收したものは蘭學者であつた、それは長崎貿易三百年間に於て蘭人と交易し比較的其の文物の輸入に預つて力あるものがあつたからである、然るにペルリ來航と共に初めて鎖國の黑幕を切つて落して以來玆に海外通商の條約は締結せられ、外人が競ふて我が國に來航して愈々外國語の必要が迫つて來た、夫れは米國人が第一に魁をしたと云ふ理由からでも玆に英語の尊重せられた因由を作つたことは當然のことであらう、殊に和蘭の勢力が傾き英國の膨脹は東洋に其の羽翼を延ばして已に印度を蠶食併合し支那に於て其の勢力を扶植せんとする野心は延いて我國に臨み、國際關係に容喙せんとしてゐたので勢ひ英語國の事情を知るには英語の必要なるのみならず、和蘭文化は英米文化に立後れたる現況を悟るに及び、玆に蘭學は英學に轉向し英語熱は非常の速度を以て瀰蔓せんとしたのである。併しながらペルリ時代は未だ日本に英語に堪能な人が尠かつた、最初ペルリが浦賀に來た時はペルリは支那語の通譯ウイリアムスと和蘭語の通譯ポートマンとに命じ、浦賀奉行支配組與力中島三郎助と應接せしむべく副官のコンテー大尉を出した。三郎助は和蘭通詞堀達之助を從へ上艦した。其後浦賀與力香山榮左衞門は奉行と稱して國書受授の相談に上艦した時通詞堀達之助と副通詞立石得十郎を從へた、堀は英語を少しは心得てゐたやうであつた。久里濱の國書受領の會見には奉行戶田伊豆守が出席してペルリと會見し此の通詞はポートマン、堀達之助とで彼我蘭語であつた。

ペルリ再來の時浦賀に彼我會見し談判の場所を論じた時も日本側浦賀與力組頭黑川嘉兵衞とアダムスとの問答にも前通り蘭語が仲介となつて黑川の日本語を堀が蘭語で米側通譯ポートマンに傳へ、ポートマンが英語に譯してアダムスに達する其の返答が丁度この逆に來るから相當面倒である。愈々ペルリの威嚇によつて橫濱で會見談判を遂ぐることとなつた其時の打合に香山榮左衞門が連れた通詞の內森山榮之助が加へられた、森山は英語を解すると云ふので見出された、和譯に森山榮之助、堀達之助、名村五八郎署名してゐる、何れも多少は英語に通じて當時の撰拔に與つたものである。然るにペルリの一行中に加つてゐた亞米利加の詩人として又旅行家として有名なるベーヤード・ラーロルが其の紀行文は千八百五十三年に「印度、支那及び日本行」の名にて刊行されたものに次ぎの一節がある。

幸にも此時の日本人は善くイギリス語に達したる通譯を有しぬ、其名を中濱萬次郎と呼べり、彼は一八四一年天保十二年他の四人と共にイギリスの船長ヂニー・エフ・フイトフイールドの爲に海上にて救はれた土佐の漂民でホノルルを經て合衆國に伴はれ其處にて教育を受けたりしなり、而して一八五四年嘉永四年ハワイに渡り夫より同輩二人と共に日本に歸るを決し合衆國領事エリシヤ・アルレンよりアメリカ公民たるの證明書を得て、アドヴエンチユラーと命名せる捕鯨船を建造しサラーボイト號にて琉球に向ひ、一八五一年一月其地に上陸したり、彼等三人は全く日本語を忘却した、其箸を用ひるに巧でありしを以て僅に日本人なりと知られたる位なり。

此の中濱萬次郎に就ては其の實子である中濱東一郎博士に依つて最近「中濱萬次郎傳」なるものが刊行せられた、夫に據ると彼は十五歲の時漁船に乘りて暴風に遇ひ漂流して無人島小笠原群島中の鳥島に着き米國捕鯨船に救助され歸航中ホノルルに上陸したるも萬次郎一人は怜悧の質故船長に伴はれて米國にて學校に入つた、後二十歲の時捕鯨船に乘込みホノルルにて仲間の三人と再會し、二十五歲の時其の二人と携へて歸朝し、琉球に着鹿兒島長崎の取調を經て鄕里高知中の濱に安着したが英語が旨いので藩に用ゐられた。嘉永六年ペルリが渡來して幕府でも英語の必要を痛感し同年十一月五日萬次郎を召聘することとなつた、彼は苗字帶刀を許されてゐたのみならず御切米貳拾俵貳人扶持の幕吏となつた、玆に江川太郎左衛門の信認を受くるに至つた、夫は江川が幕命を受けて蒸汽船の製造に熱中し居たる際とて萬次郎に向ひ航海、測量、造船等に關する質問を爲し大に得る所があつたから江川は幕府に請ふて萬次郎を己の邸に置き研究の便宜を得るに至つた、此間蘭語の通詞名村五八郎は幕府の許可を受けて萬次郎に英語を學んだ。

中濱萬次郎

翌年正月にはペルリが再び渡來して昨年の返書を迫つた、種々面倒なる交涉の後橫濱で談判することとなつたが當時外交家として令名ある江川太郎左衛門は起用され其の任に當ることとなつたので自ら老中阿部伊勢守の邸に到り「當時通譯を承る者は皆蘭學者にして先づ英語を蘭譯し更に之を邦語に改むる爲不便一方ならざれば幸某の部下に英語に通ずる中濱萬次郎あれば通譯として彼を隨行せしめんことを說きたるに、伊勢守は勿論閣老中には尙ほ萬次郎が米國の恩誼を受けて人となりたる爲懸念を懷き、且水戶烈公も同意見で江川に對し萬次郎を同行するの不可なるのみならず、當方の評議は萬次郎には一切知らしめず、又米人との會見をも許さざるやうにと注意を與へた位であつた。かかる經緯を經て江川坦庵は遂に英語の通譯を伴はずして神奈川に出張することとなりたるが、如何なる事情ありたるにや林大學頭等を全權とした。當時外國掛の幕吏等は江川の手腕を知り其能を妬むの餘り應接の日時を僞り報じ實際の事を知らしめずして縱に應接を進めたれば江川が神奈川に到達したる時には重要なる事項は既に大體終了したる後で江川は大に憤慨して卽刻に江戸に引還したとのことである。

惟ふに此際日米の談判に萬次郎を通譯に使用するは何人が考へても最も機宜を得たる處置にして現に米國の諸新聞が萬次郎の事蹟を記す場合は必ず此の談判に通譯の勞を取りたりと特筆するを例とせる位である、但萬次郎は此際通譯として其席に列せないでも米使の提出したる書類の飜譯を初め江川の顧問として間接に種々の勞を取りたるは勿論である。

最も役に立つべき唯一の英語通萬次郎を疑ふことは當時の有司の狹い考であつたことは已むを得ないが、是に連座して外國通たる江川坦庵が應接委員の實力を發揮し得なかつたこと等も併せ考ふる時は當時の事情がまざまざと髣髴さるる。（其後萬次郎は軍艦教授所の教授となり始めの米書航海書の飜譯を完了し、萬延元年には日本使節に從ひ米國に赴いた、又英語教授には多くの人々に便宜を與へた、彼の榎本武揚や、沼津兵學校長となつた西周も教を受けたと云はれる、後薩摩藩、土佐藩に抱へられ、明治二年には開成學校教授に任ぜられ、同三十一年十一月十五日七十二歳で病歿した）

グリツフイスの「御門帝國史」にも「此の條約協定の時彼のアメリカにて敎育を受けたる中濱萬次郎は常に別室にありて日本人の爲に通譯をなし、又イギリス文と漢文とを以て作りたる所の書類を悉く檢閲せり、此後彼はアメリカ政府の贈物としてペリーの齎したる科學及び機械上の裝置の監督に命ぜられた。…………」とある如く此時は表立つた通譯ではなく別室で黑幕的に働いた。

是で當時の事情が明瞭となつてゐる、畢竟前記森山、堀、名村は署名されてゐる、殊に森山は此時相當に役立つてゐるやうである。森山は初め名を榮之助と云ひ後多吉郎憲直と改めた、文政三年六月生明治四年三月歿五十二歳代々蘭通詞を勤めた家である。千八百四十八年嘉永元年漂流米人マクドーナルド Ranald Macdonald に就て長崎で英語を習つた。此の意味からマクドーナルドは日本最初の英語教師とも謂つてよい嘉永年間露使渡來外交事務に參加し、ペルリ來朝の時通譯を勤めた外、新潟兵庫等の開港問題、樺太國境問題等にも關係した、通辨役頭、外國奉行支配調役、兵庫奉行支配組頭等に歴任して終始幕府外交に盡くし功績尠からざるものがあつた。彼の福地源一郎は其の門下で又福澤諭吉も啓發さるる所あつたと謂はる。後津田仙彌後に仙と改む須藤時一郎。富永市造冬樹沼間愼一郎守一等も森山に就て學んだ。ペルリ當時江戸にて完全に英語の出來得るものは森山と中濱の二人位であつたとも云はれる。森山はハリスが下田に來た時も通譯として大に手腕を振ひ、ハリスと昵懇になつた。此時齊藤丑松後桃太郎宮内官も蘭語が出來下田に居たので通譯を試みた。此前アダムスがペルリの條約批准に下田に來航した時には堀達之助、志筑辰一郎が通譯の任に當つたが露使ブチヤーチンの時は森山が之に當つた。

森山多吉郎

(維新史料編纂局藏)

抑も蘭語時代のみであつた處へ英語の必要を感ずるに至つた動機としては彼の千八百八年（文化五年）英艦フエートン號 Phaeton が敵艦和蘭船を捕獲する目的を以て突如長崎港へ乘入れ種々狼籍の振舞を爲して大に奉行等を狼狽せしめ、後年肥前鍋島侯が海防に熱心したることは此に胚胎すると謂はれたるが如く、此時に於て始めて本邦人も英語の必要を痛感したのであらう。

**註**　フエートン號の船長のロツグ、ブツクは皮表紙、英文で自筆のもので本邦には珍籍とせられ長崎市では先年五六千圓を投じて此の珍書を購入し長崎圖書館に寄托せられたと聞く。

名村五八郎

現に此の事あつて以來翌文化六年十月には長崎の和蘭通詞に英語兼習の命が下つて（一説には英露兩國語兼修の命と云ふ）同十一年には「諳厄利亞語林大成」が出來上つた。長崎和蘭通詞本木仁太夫良永が蘭人から蘭英對譯辭書を借寫したり、其子庄左衛門正榮が文化五年即ち英艦が亂暴した歲江戸に在つて「海軍砲術備要」其他の飜譯を命ぜられた時長崎の和蘭通詞では末永甚左衛門を除いては一人も英語の分る人は無いと云ふことであつた。

文政元年五月（一八一八年六月）浦賀に英海軍將校ゴルドンが來た時應接の二人の我が蘭通詞が貧弱ながら多少の英語を心得てゐたと彼の報告にある、是は足立左内と馬場佐十郎とであつた。

**註一**　露國のゴロウニンの日本幽囚記事中に曰ふ「千八百十二年三月遊學の爲學士足立左內、和蘭陀通辭馬場佐十郎等松前に來り、又余等に就て學べり、和蘭陀通辭は年二十七ばかり、記憶よし、露西亞語を學ぶ、足立左內は自ら算術の書を譯することを努めき、其の原書は、ピッタースボルグの某學士の著せるものにして、幸大夫が露國より齎せし所なり彼は又蘭及露の暦法をも余に問へり。

二　足立左內は文政七年九月十九日「魯西亞學筌」を飜譯編纂して幕府に上つた。

ジヨセフ・ヒコ

（卽ち亞米利加彥藏）

斯くて愈々安政六年開港となつて同年十二月長崎奉行荒尾石見守岡部駿河守は英語通詞を抱入るることを幕府に伺ひ濟の上堀一郎正政を採用した。達之助長男 長崎には通詞が多かつた、和蘭通詞は段々英學に志し和蘭通詞から英語兼學のものが相當多かつたが、一方幕府には天文其他公儀の英學者の必要を感じたので英語は江戶方面に勃興した、幕府の外國奉行には外國方として英語の人を採用し又海軍傳習所も蘭式より英式に移るので英語は盛に必要となつた。殊に横濱は其の尖端に立つて英學者の叢淵とならんとした、彼のハリス渡來と一緒に歸つた我が漂流者亞米利加彥藏ジヨセフ・ヒコの如きは米國領事館の通譯に採用され大に英語を活用した。

此間に在つて異彩を放てるは安政三年長崎に來朝した蘭醫ポンペに就て學んだ松本良順等の多くの醫師の內、司馬凌海は當時語學の天才で蘭學の外獨、英、佛、露、希臘、拉典語及支那語にも通じてゐたと謂はれるのは珍らしい。

安政四年十月十八日ハリスが國書寫を差出したので堀田備中守始め掛役が登城した時、右國書和解には蕃書調所川本幸民、高畠五郎、津田眞一郎三人へ和蘭文字、亞米利加文字の兩樣を渡し、手塚律藏、西周助、森山多吉郎、伊東貫齋の四人へ英吉利文字一通を渡し和解せしめたとある。

安政五年七月十八日江戸に於て結ばれた英吉利國際條約并稅則第二十一條に「此條約は日本、英吉利及和蘭語にて書し、各飜譯は同義同意にして和蘭譯を素と見るべし、向後は都て英國より公文書は英文とすべく尤も今後五ケ年間文久二年迄は日本或は和蘭の譯を添ふべし」と謂ふことになつてゐる。

斯る大勢となつては最早蘭學は棄つて英語の勃興は著しきものがあつた、開港後來つた公人でなく基督教布教の目的を以て渡來したヘボン博士を始め多くの牧師等は未だ宣教の自由が束縛されてゐる時代であるから表面は英語教授や醫師等の職務を以て本職の樣に見せかけてゐた、彼の幕府の蕃書調所員たりし大村益次郎も原田敬策後五一と改め晩年一道と改む岡山藩士今の男爵原田熊雄の祖父と共に騎馬にてヘボンの假寓せる神奈川成行寺へ通學した、幕吏は警戒の爲側に見張をしてゐた中に切りにヘボンから英語を勉强したと云はれる。

英語の外には佛蘭西語が流行した、「是より先き文化五年一八〇八年二月に幕府が長崎の大通詞石橋助左衞門、中山作三郎、同見習本木庄左衞門、小通詞今村金兵衞、同小通詞并楢林彥四郎、同馬田源十郎、等六人に言付けて和蘭商館長ドーフに就て佛蘭西語の稽古を爲さしめたのが佛語研究の始めである。」（史學會編明治維新史研究吳秀三稿「洋學の發展と明治維新」）

其後村上英俊は嘉永年間に佛蘭西語學を修めたと云ふ。彼れは文化八年四月八日下野那須郡佐久山の醫士木仙松園通稱の子として生れ、文政七年父に伴はれ江戸に移り、漢學、醫學を修め、十八歲の時津山藩醫宇田川榕庵に從ひ蘭學に志した、父歿後妹が松代藩主眞田幸貫の嫡子幸良の侍妾となれる爲松代に移住し藩醫となつたが、友人佐久間象山に勸められて嘉永二年から辭書に依り獨學佛書に親しみ、同四年藩主幸貫より學資を給せられ江戸に出て佛學を修め幕府の蕃書調所教授方に任ぜられ飜譯掛となつた。明治元年深川猿江町に家塾を開いて佛語を教へた、英俊は化學にも志し明治十二年再餾ヨードを製出した、已に弘化年間に渡錫法を實驗し、或は樟腦を結晶せしめ、氷砂糖を製する杯其他金屬を以て爆烈藥を製する法二十餘種の創見があつた。明治二十三年齡八十を以て金杉村僑居に逝いた。又新聞記者の先覺者柳川春三も佛語に長じ佛蘭西文典を出版した位である。

佛語傳播の系統に就ては云ふまでもなく維新前には幕府が佛國と懇親の間柄であつたので佛國式陸軍を範とすることとなつて佛公使レオン・ロッシエ当時幕府ではロセスと稱したに圖り其の書記官メルメ・デカションを教師とし横濱に佛語學校を設け川勝近江守が校長となつたるは元治元年末であつた。（第四節第一項參照）

一說に維新前に佛國に在つた邦人は已に八百人にも上つてゐたと云ふ說があるのを見ると佛語の勢力も相當に根張つてゐたものと考へらるるが慶應二年櫻洲山人中井弘が土佐の結城幸安と共に洋行せる時佛國在留の邦人が已に多數であつたことを其の著「航海新說」に掲げてゐる。

又獨逸語に至つては醫學界には最も先進國で舊來の和蘭語の醫學書も獨逸語の飜譯が相當あつたやうで殊に獨佛戰後の獨逸は旭日昇天の勢で科學には尠からず教へらるる所があつた、陸軍の如きも後には佛式を去つて獨式に則つた位である、從つて獨語の勢力も入込むに至つた。

此間露西亞語に於ては北邊との交渉が深かつたが餘り流行を見ないやうであるが、露國使節が持ち來る公文書飜譯の必要上幕府天文方兼書物奉行高橋作左衛門が露語研究を始めた。又彼の村上貞助が露語に通ずるはゴーローウニンの幽囚中之に就て露語を研究したるに由るが此時足立左內及和蘭陀通詞馬場佐十郎も亦ゴローウニンに就て學んだとある、又渡邊華山の師古河藩の家老鷹見十郎左衛門忠常（號泉石）は蘭學に通じ又大黒屋光太夫に就て露語も學んだとある。

光太夫のことは桂川甫周の「北槎聞略」に據つて世に知られた、光太夫は伊勢若松村の產で龜山領白子村の彥兵衛の船頭となり、天明二年一行十七人と難船し露領に漂着して露西亞の毛皮商に助けられ東部西比利の首府イルクーツクにある日本語學校に日本語を教授することとなつて好遇され寛政四年卽ち十一年目で手下の小吉磯吉と三人のみ歸着した、卽ち始めて露國が使節アタム・キリロウイチ・ラツクスマンを遣はし本邦に互市を請ふべく來朝せる時送り屆けたものである、爾來光太夫は三十七年を經て文政十一年七十八歲を以て逝いたので需められて露語を教へて唯一の露國通として珍重された。

又大槻玄澤の「環海異聞」に出たる仙臺伊達領の船頭津太夫は一行十六名と共に難船して露領に漂着イルクーツクに送られて約八年を送り後我國に通商を要求せんとする使節レザノフの乘艦に送られ大西洋より南米を迂回漂流十五年にして文化四年歸國した、一行十六名中の四人のみ歸還したが津太夫は露語に就ては餘り後世に著聞する所が無かつた樣であるが光太夫と共に永く滯在して露國事情には通ぜるものと云つてよい。

露國が日本語學校を設け大に日本の內情を探究せんとするに對し我方に於ける露國事情の探究は極めて慘淡なものであつた、從つて露語は餘り世に行はれ無かつた。

慶應二年米國に行つた福澤諭吉は第三回目の洋行で世界事情に通じ彼地で多くの書籍を購入して歸朝後大に我國の文化開發に資する所があつた。又其頃幕府は幕臣の優秀なる子弟を撰拔し川路太郎、中村正直を取締とし、外山正一等、十二人を英國に留學せしめた。（次の第三項參照）又肥後藩よりは横井左平太小楠の甥等を米國に留學せしめ其他肥前、安藝等の各藩よりも海外に多くの人を送つた。

「文久元年に福澤諭吉が倫敦に於て偶ゝ同地に留學せる支那の書生康某と會し、支那に外國語を解する者幾人ありやと問ひたる時彼は指を屈して十一人に過ぎずと答へたと云ふ、然るに福澤の計算によれば當時我邦には早く已に洋書を讀み之に通じたるもの少くとも五百人を下るまいとのことであつた、現に前記の如き留學者は年々増加し明治四年より五年に至つては海外に遊ぶもの益々多く五年の調査には海外留學生三百八十餘人と注せられた」。（米山梅吉「幕末西洋文化と沼津兵學校」）

幕府は曩に文化八年五月天文方高橋作左衛門の建議に由り天文臺中新に蘭書飜譯の一局を創置し長崎通詞馬場佐十郎と蘭學者大槻玄澤磐水の二人を蕃書和解御用掛とした。其後安政三年正月從來の天文方の飜譯掛を改名し洋學所と爲し、二月十三日之を擴張し新に九段坂に蕃書調所を建てた。目付大久保忠寛を同用掛に任じ、同四月四日津山藩士箕作阮甫、小濱藩士杉田成卿を教授に、徳島藩士高畠五郎道純、鹿兒島藩士松木陶藏弘安、後寺島宗則、萩藩士東條英庵、岡山藩士原田敬策、三田藩士川本幸民、佐倉藩士手塚律藏、安中藩士田島順輔を教授手傳に擢用した。其後村田藏六後大村益二郎、木村軍太郎、市川齋宮等を又教授手傳に任命した。又それまで蕃書和解の御用を勤めた天文方、山路彌左衛門の囑を解いて其以後飜譯書の出版は蕃書調所で取扱ふ事に決し、又當時幕府の所藏にかかる新舊の蘭書は皆之に移した。而して翌四年一月十八日より開所し、麾下士及其の子弟を就學せしめた。續いて翌五年五月二十三日よりは陪臣の就學をも許した。同六年四月杉田玄端は蕃書調所の教授方に村上英俊、小野寺丹元、西周助、津田眞一郎等を教授手傳に任命せられた。萬延元年には小川町に移り英佛の二學を加へ、化學の一科を置き、又獨魯の兩語學をも加へられた。同年十二月又筆記方を置き外國新聞を口譯手記せしめた。文久元年に物産局を置き、同二年五月十八日一橋門外護持院原に移轉し、洋書調所と唱替へ、同三年二月學問所の所管となり八月數學局を置き九月二日開成所と改名した。慶應元年陸軍奉行の所管として理學化學を置き、同二年更に外國奉行の所管として始めて蘭人を招聘して教師とした。此所に頭取を勤めたのは古賀謹一郎茶溪と號し侗庵の子也即ち精里の孫である。然るに維新の政變に依つて自然廢滅の姿に歸した。

當時鍋島藩では長崎に語學所を設けフエルベツキを米國より傭入れ佐賀の有志者を長崎に送つて洋學を修めしめた、然るに明治の新政府では洋學校などは建ててゐない、そこで鍋島藩主は洋學の必要を考へ開成所を再設しフエルベツキを招聘して相當の學校にすることを政府に建議した、これに依つて新政府はフエルベツキを採用し明治二年十二月七日昌平校を改めて大學校とし開成所を大學南校と稱し又大學東校を建てた、大學東校は醫科で南校は醫科以外であつた、大學東校のあつた場所は下谷和泉町の舊藤堂の邸を以てこれに當てた南校は神田一ツ橋邊にあつた、東校南校と稱したのは當時の文部の役所の東と南にあつたからである、文部の役所はお茶の水の聖堂附近にあつた。明治四年に文部省が出來て大中小學校の管理が同省に移された時大學の二字を廢して單に南校と呼ばれ同六年には開成學校と名づけられ、同十年東校の醫學校と合して東京大學となつた。大學教師の如き政府の手で雇入れられた外人の示教を受けて我國の外國語教育は多大の發達を遂げたること勿論であるが、一面に又基督教の傳播は日本人をして西洋文學殊に英文學へ近付ける方便となつた。ミッションスクールは各地に設立され英語教育は布教と共に擴充された、外人にして我が英語教育に貢献した人々は前記フルベッキを始め後掲第三節第一二項に列擧したる多くの外人等によりて摟指するに遑ない程の多人數を見るのである。

邦人の内でも福澤諭吉の如き夙に萬延元年歐米に行き「西洋事情」などの著書により大に外國の學問に傾聽せしめた我が文化の開發に莫大なる貢献を齎らしたものであるが、或は早くより海外に渡つてゐた新島襄の如き或は福地源一郎の如き其他多くの海外視察留學者によつて益々泰西の學術普及は唱へられ遂には前島密の如き早くも慶應二年の頃から漢字廢止を高唱したのは異數である。或は明治二年南部義範は國字を廢してローマ字採用の極端なる建白書を呈出するに至つた、西周も亦其の主唱者であつたと云はれるが西周は前掲ぐるが如く我國最初の留學者で歸朝後沼津兵學校の長となつた、同校は徳川慶喜太政奉還後退隱し十六代家達が後繼者となつて新に駿河、遠江、三河七十萬石に封ぜられ靜岡に下つた時沼津に最初設けられた、卽ち明治元年十二月設立され、同四年十一月新政府の兵部省の直轄に歸し翌五年三月解散された。

又彼の中村正直の如き同人社を創立し多く泰西の有益書籍の飜譯を出して泰西學術の紹介に努力したものは寡くなかつた。

福井藩の御抱であつて後開成校に教鞭を執つた米人グリッフヰスは其の著書「日本近世變革論」中に「余日本に客たる殆ど四年間、交を國中の英雄豪傑に結び、許多の實驗を經て後に熟思するに日本人をして其心思を改めしめ今日開明の域に進入せしむる者は、日本語を以て印行せる著書譯書の功甚だ多きに居れり」と謂つてゐる。洵に當時の我が教育の方針は外國語に重きを置いてゐたことは爭はれない事實であつた。

明治二年開成所に英佛二語學科を設け尋いで獨逸語を加へ同六年五月に至り嘗て外務省に設けられた獨露淸語學所を文部省に併せ、之を外國語學校と稱した。卽ち七年十二月英語科を割きて東京英語學校と稱し、十年四月大學豫備門と改稱せられた。

斯くて官學のみでなく私學にも外國語の流行は著しきものがあつた、試みに明治五年三月の「新聞雜誌」第五號に掲げられた當時の外國語私塾竝生徒一覽表を見ると次ぎの通りである。

| 語學別 | 塾主教師 | 生徒數 | 語學別 | 塾主教師 | 生徒數 |
|---|---|---|---|---|---|
| 英佛學 | 箕作秋坪 | 一〇六 | 洋漢學 | 山東一郎 | 三四 |
| 佛學 | 福地源一郎 | 七八 | 洋漢學 | 尺振八 | 一一 |
| 英學 | 田中錄之助 | 二三 | 英佛學 | 司馬少博士 | 一九 |
| 洋學 | 伊東昌之助 | 一四 | 佛蘭學 | 中神保 | 一四 |
| 洋學 | 西周助 | 一三 | 英學 | 上野鎮太郎 | 九 |
| 英學 | 山尾工部權大丞 | 八 | 洋學 | 高橋琢也 | 四 |
| 佛學 | 村上英俊 | 一三 | 英學 | 吉田健三 | 六 |
| 英學 | 福澤諭吉 | 三二三 | 英學 | 鳴門二郎吉 | 一四一 |

福澤諭吉の生徒は慶應義塾であるから嶄然として頭角を顯はして居る、尤も慶應義塾創設よりも以前から生徒を集めて教育してゐたので英語の普及には先覺者たりしことは周知の事實である。

明治六年に起つた明六社は森有禮、福澤諭吉、加藤弘之、箕作秋坪、同麟祥、西村茂樹、津田眞道、西周、中村正直、杉亨二の十名で森有禮を社長に擧げ明六雜誌を發行し歐洲文明の輸入を爲し日本思想界の開拓者であつた。

我が國の英語發達に最も必要であつたのは辭書である、今其の沿革の大體を探つて見れば前記英艦が文化五年突如として長崎に入込んだ衝動を受けて同七、八年に「諳厄利亞常用語例」三卷の寫本が出來た、吉雄權之助、猪俣傳次右衛門、岩瀨彌十郎共編である、草稿樣のものらしかつたとの說である。同八年に「諳厄利亞興學小筌」一名「諳厄利亞國語和解」十卷は本木庄左衛門正榮等の編である、是が本邦に於ける和譯英辭書の始とも謂はれる。續いて文化十一年本木庄左衛門、馬場爲八郎、楢林榮左衛門、吉雄權之助共編の「諳厄利亞語林大成」十五卷が出來た、嘉永三年より七年までに西吉十郎、西吉兵衛、森山榮之助、楢林榮七郎、名村五八郎、志筑辰一郎、中山兵馬、川原又兵衛共編の「エゲレス語辭書和解」七卷寫本A及びBの一部まで成つたがある、文久二年江戸開版「英和對譯袖珍辭書」は開成所舊蕃書調所英學教授の手傳堀達之助を中心として同所の英學教授西周助、千村五郎、竹原勇四郎、箕作貞一郎等の協力を得て完成した我國最初の英和辭書らしい。

尤も萬延元年新見豐前守等の遣米使節に隨行した中濱萬次郎と福澤諭吉とがウエブスターの大辭書を一冊づつ買つて來た是が日本にウエブスターの字書の輸入の始めであると稱せらるゝが是に依つて大に我が英辭典發行の

便宜となつた。

開港後最初來朝した米人ヘボン博士の「和英語林集成」は慶應三年二月上海にて印刷を爲し、美國平文先生編輯として千八百六十七年日本横濱梓行とし當時英學者に非常の便を與へ好評嘖々たるものがあつて、價格は金十五ドルで其後市價騰貴し一時は六十二弗も唱へられたことがあつたさうである、政府でもこれを奬勵し二千部丈買上げたと云はれる。（第三節第一項、第四節第一項參照）

是より先き安政四年に長崎で刊行されたフアンデルピール「英蘭對譯會話書」なるものがある、是は日本に於ける最初の鉛活字本であると謂はれる、銅版其他の印刷で蘭語の辭書は前に在つたが英語の書籍として活字版は最も古きものであらう。

明治二年正月「和譯英辭書」が出版された、俗に薩摩辭書と稱せられたのは薩摩學生に依つて編纂された爲である。其の明治四年版には編者は前田正穀（正名の兄）、高橋良昭（後の新吉）とある、正名は初版薩摩辭書印刷の爲に上海に渡航したと謂はれる。

薩摩は早くから英國の文物を輸入した、彼の慶應元年藩家老新納久修を英國に派遣しマンチエスターより綿絲紡績機械を購入し英人六名の技術者を傭聘し鹿兒島在の磯に紡績工場を起し男女二百名の職工を使用したと云ふ位の進展振に見ても夙に英語が輸入されてゐた、殊に同年薩藩より英國留學生を送つたが監督職員の通辨役として堀一郎が同行したとある、一郎は此の薩摩辭書の序文を書いた堀孝之の兄で達之助の長男である。尙辭書に就て一笑話がある。

前島密が英學者として薩摩藩に教師として迎へられた、藩では大學者として尊敬を拂つた、或時藩では大切な寶物を見せるから禮服で出頭せよと云ふから其通りにして出頭に及ぶと「濫りに見せるものではないが學頭であるから特別に見せると云ふて二重三重の箱に入れてあるものを持ち出して來た、丁寧に開いて見ると立派な帛紗に包まれたウエブスターの大辭書であつた、其頃にはもうウエブスターの辭書は珍しいものでもなかつたので前島は一笑を禁じ得なかつたといふ。然し薩摩では餘程前に外人から贈られたので大切にしたものである。(市島謙吉談)

其後明治六年に松田爲常、瀨之口隆敬、村松經春共著の「獨和辭書」なるものが出版された。

慶應三年來朝したブリンクリーは海軍砲術學校の教師であつたが明治六年には「語學獨案內」を出版し後ジヤパンメールを讓受けた、是は明治三年創刊の英字新聞にして大に我邦の英語界に貢獻した。後年和英辭典を著し爲にヘボンの辭典も段々世に廢れた。

此の「語學獨案內」は彼が在日中學ぶ所の國語國文を應用して英語獨修に便宜を得せしむべく嶄新なる着想で邦人濱田宜弘を助手として苦心を以て著述し大に世に重寶視された。後明治四十二年に至りては此書は大改竄を以て「增訂新語學獨案內」とし卷頭伊藤公の序文を載せてゐる。其略に曰

余ガ曾識ノ外國人ニシテ或ハ官務ヲ以テシ或ハ教職ヲ以テシ來テ我國ニ在リテ國語及文章ヲ研鑽講究スルノ士一ニシテ足ラズ中ニ就キ本書ノ著者ハ尤練達ノ一人トシテ每ニ敬服スル所ナリ往年語學獨案內ヲ著シ初學ノ青衿ヲ裨補セシコト少カラズ今又心力ヲ五年ノ星霜ニ費シ精益々精ヲ加ヘテ本書ヲ完備シ余ニ屬スルニ一言ヲ題センコトヲ以テス今ヲ距ル四十七年前余ノ英國ニ遊歷ヲ試ミタル當時ヲ回顧シ諸ヲ當世ノ俊髦ニ視レバ其學ニ就キ津ヲ問フノ難易啻ニ天淵ノ懸隔ノミニ非ザルヲ覺ヘ轉タ今昔ノ感ニ勝ヘザルモノアリ

是に觀ても本書の價値を窺ふに足り且英語界今昔の感を深ふするものがある。（第三節第一項參照）

明治六年一月日就社より出版された附音挿圖英和字彙は柴田昌吉、子安峻同譯であつて大部な裝釘である、柴田昌吉は通稱大介と云ひ天保十二年十二月二十七日長崎地役人馬田永成の六男として生れ、町醫柴田方庵（水戸藩醫で長崎に下りシーボルトに學んだ）の養子となり和蘭語を福地源一郎等と共に大通詞名村八右衛門に學んだか、安政五年長崎に英語傳習所が出來楢村榮左衛門、西吉十郎（成度）頭取となり蘭人英人等が教師であつた、文久三年十二月洋學所と改め米人フルベツキ教師となつた、慶應元年正月假語學所と改め魯佛英蘭の各國語を教授した。是が本邦最初の英語學校であらう、又江戸に於ては幕府は安政三年二月蕃書調所を擴張した、森鷗外著「西周傳」に安政四年教授職箕作阮甫和蘭の書を攻め、瀬脇壽人（舊稱手塚律藏　西周の義兄）英吉利の書を攻む、周も亦共事に與るとあり、萬延元年には堀達之助が教授手傳を命ぜられ専ら英語を教へたとある。

柴田昌吉は前記英語傳習所が出來ると是に入學し翌安政六年には同所の世話役助となり慶應元年には進んで語學所教授方となり、又英語小通詞と濟美館教授方となつた、濟美館とは英語傳習所の後身である、又長崎で柴田塾を以て英語の教授をしてゐたが、慶應三年柳谷謙太郎と共に江戸出府を命ぜられ、築地の海軍傳習所へ招聘され英國海軍士官等の通詞に當つた。明治新政府となつて神奈川裁判所通辨并飜譯御用仰付けられ明治三年に柴田文書大祐、子安文書權正共譯英國海軍律令全書二冊が世に出てゐる、子安峻も同勤であつた。（岩崎克巳著「柴田昌吉傳」」（子安峻傳は下卷第十三章第一節に掲載あり參照）

**註**　英和字彙は柴田、子安共譯と銘打つてあるが林道三郎、柳谷謙太郎も助力し、又出版費は天下の糸平即ち田中平八より好意的に借受けた、此字書名の揮毫は池原香穉日南と號し長崎の儒者後侍講となつた人である。柴田は後長崎に退隱し專ら英語教授を爲し明治三十四年十月八日歿す享年六十一歲。

英人チヤンバレン Basil Hall Chamberlain は明治六年來朝し、同十九年四月帝國大學文科大學日本語及博言學教師として招聘され、同二十三年三月病の爲一年間歸國靜養した、其間歐洲に於ける極東（主として日本）の語學の現況及將來に關しての研究を囑託されたるも同年九月願により解傭され、爾來永く日本に滯在した、其の日本語と國文學に精通し著書多く日本を世界に紹介したもの尠くない。明治の初年古事記を研究して其の英譯を試みた、其他「アイヌ研究より觀た日本の國語、神話、地名」や、和歌の英譯、ローマ字の邦語讀本、日本語文典、英文典、日本語新文典、口語體綱要等幾多の著書は何れも内外人を裨益する所多大であつた、又英人メーソンと共著の英文日本旅行案内がある。（第三節第二項參照）

BASIL HALL CHAMBERLAIN

英人メーソン W. B. Mason も前記著述の外、英語に關する多くの著書ありて遞信省傭や第一高等學校に英語の教鞭を執り我が英語界に裨益を與へたが大正十二年九月一日の震災で逝いた。（第三節第二項參照）

米人イーストレーキ F. W. Eestlake は博言學士で英語の雜誌を發行し、又神田に國民英語會を設立し磯部彌一郎を幹事として盛なる英語學校となつた。又彼の棚橋一郎共譯のウエヴスター氏新刊大辭書和譯字彙は大に我が英學生に重用された。明治三十八年に逝いた。彼の父は萬延元年に香港から本國へ歸る途中始めて日本に來て横濱を視察し横濱で開業する考へを以て一旦本國へ歸り、明治初年に再び横濱に來り本町六十四番地に齒科醫を開業したが共内福澤諭吉の手づるで東京へ住むこととなつた。又彼の子アール・ビー・イーストレーキは慶大教授である父祖三代共日本に在つた。

英人アーサー・ロイド Arthur Lloyd は千八百五十二年印度に生れ後宣教師として日本に來り一旦歸國後再び來り帝國大學初め諸學校に講師となつて多くの著書によつて英語教育の爲に盡したること鮮少でなかつた。

共後英辭書は素より各種英學書の出版は著しく年を追ふて隆盛となり所謂汗牛充棟も啻ならざる有樣となつたことは普く世に知らるる通りである。

W. B. MASON

惟ふに我國の外國語は葡萄牙語、西班牙語などは最初の輸入であるが夫れは短かき期間であるのと未だ外國語必要の區域が一局部に限られた小天地であつたから傳來せるもの亦極めて稀なると共に多く世に殘らなかつた、德川中期に至つて蘭人が貿易を特許さるるに當り醫學其他の歐洲の物質文明を齎らしてより幕府が其の必要を感じて玆に蘭學は傳播の基礎を見るに至つて幕末まで盛に行はれた。然るにペルリの來航に及んで英語の必要は痛感せられ爾來日を追ふて隆盛に赴き遂に蘭學の衰替となつた、從來の蘭語通詞は漸次英語に轉向し明治となつては又蘭學を語るもの無きに至つた。其間の變遷は概要上來述ぶる通りである。

斯くて開港と共に競ふて入來つた歐洲各國の語學中英語は著しき勢力を以て擴張し遂に英語萬能時代を出顯するに至つた。併しながら開港後横濱は內外人接續の楔子と爲つて外國語は大に流行し從て下層社會の目に文字なきものまで外國語の模倣と轉訛したもので通用する場合があつて爲に一種變體的な言葉が殘つてゐる、是等の資料として元治元年七月刊の「横濱みやげ」や、明治初年刊「外國商通、異國ことば附横濱語類」抔種々の小册子折本などが出版されたが之を見れば當時の沌渾時代も思ひ遣られ横濱は世界各國人種の展覽會共進會であつたかの如く想像するだに興味淺からぬものがある。

### 第三項　歐化主義

前掲げたる英語を始め外國語の流行は同時に其の國の風俗習慣を併せて輸入すべきは當然の成行である。殊に始めて海外に旅行し彼國の物質文明は素より種々異りたる文物に接しては永く鎖國の一孤島に立籠つて武陵桃源の夢を貪つてゐた日本人の目には未見の新世界を發見したるが如き一大驚異であつた。見るもの聞くものが一として物珍らしからぬものは無い、殊に新しきを好み短を捨て長を採るに敏感なる日本國民性は早くも泰西の新文明に着眼した。ペルリの訪問を序幕として我が國民の頭腦には我に勝れたる文明が泰西にあることに心付いた、素より鎖國中に於ても和蘭人を介し泰西文化の別乾坤には氣付かないでもなかつたが嘉永以來の武裝訪問の外客には又格別の刺戟を受けた、心ある識者の內には早くも歐米の地を踏んで我が開國百年の長計を定めんと志すものを生じたることは自然の經路であらねばならない。

文久三年五月十二日長藩の志道聞多(後に井上馨)、伊藤俊輔(一に春輔、後博文)、山尾庸三、遠藤謹助、野村彌吉(井上勝)の五人が秘密に外國へ渡航した、其の動機は文久二年十二月長藩の密使として山縣半藏(後宍戸璣)、久阪玄瑞が信州松代に佐久間象山を尋ね長藩に聘用せんとして其の內意を探つた處、象山は藩主に對する一身上の事情の爲め應じ難いと謝し且我國に武器少く堅牢なる軍艦なきを以て攘夷の不可能を說いて海軍を興すことを力說した、志道は其の說を二人より聞て平素抱懷する海軍隆興論と符合するので遂に意を決し海外に渡り海軍修業の事に思ひ付き同志を語らひ君公の內諾を得て周布政之助、林主稅、毛利登人、桂小五郎等の斡旋を得て御手元金六百兩を賜はり横濱英國領事ガワルに便宜を依賴したが洋行費は一人分千兩宛位を要すと聞て玆に挫折せんとしたが江戶麻布藩邸詰村田藏六(大村益次郎)の後援を得て銃砲購入準備金一萬兩を引當として江戶伊豆倉店主大黑屋榎本六兵衞より五千兩の融通を受けて、英一番ヂヤーデン、マゼソン商會の手引で出發した。

佐久間象山

程なく長州では英、蘭、米、佛の諸艦と馬關戰爭を惹起したので英國に在る彼等は憂慮に堪えず協議の末三人を留めて井上、伊藤は引返して元治元年六月十日横濱に着し英公使アール・コックと懇談し四國軍艦大擧して又々進發せんとするを喰ひ止め二人は急遽歸國し藩公に說き和議を行ひ攘夷を廢めて開國を勸めたが藩の大勢は攘夷は勅命で幕府も攘夷の命を受けて居るのであるから已むを得ないと云ふので用ゐられなかつた。斯くて長藩士

の一部は蛤御門の戰禍を演じ征長の師來らんとし腹背敵を受け遂に二人を始め同志の意見を纒め藩公の決裁で外國と講和するに至つた。（第一章第五節參照）

斯くて渡英五人の内後の三人は海外に殘つてゐたがそれぞれ専門の研究を積んで明治三年頃歸朝した。

野村彌吉の井上勝は工學を修めて明治元年十一月歸朝し同四年鐵道頭に任ぜられ我邦鐵道の大先達であつて斯界に殘した貢献は尠からぬものがある、今日東京驛頭の銅像は之を物語つてゐる。

山尾庸三は工學及造船學を修めて歸朝した、當時全く衰へてゐた我邦の鑛業の振興を建議するに至つた、これが政府に容れられ新に工部省を起すこととなり明治四年より始り其の中に工學寮を置き其の要職工學頭に就いて遂に工部卿となつた。後釜石鑛山や長崎造船に對して非常な力を注ぎ工學界に於ける權威者となつて盡くしたこと夥しく子爵を授けられた。又四年盲唖學校創建の建白を爲し後實現した。

遠藤謹助は經濟學を修めて歸國するや政府は明治元年八月初めて大阪に造幣局を建て明治四年二月開業式を行ひ造幣寮と稱して洋式新貨幣を鑄造した、今の造幣局の始めである。素より外人の技師長も雇入れたが遠藤は此れが重要の役に當つた。

是等の國禁を破つて卒先した人々に由つて始めて歐米の眞相が看取せられ文化吸收の急務は悟られたのである。

惟ふに是は水戸烈公を始め有力者が開國鎖國の是非を論ずる場合、先づ海外諸國の事情を知らなければならぬと唱道したが彼の佐久間象山に由つて痛切に考慮され、吉田松陰に由つて卒先斷行を企てられて不幸蹉躓を見て

吉田松陰書簡

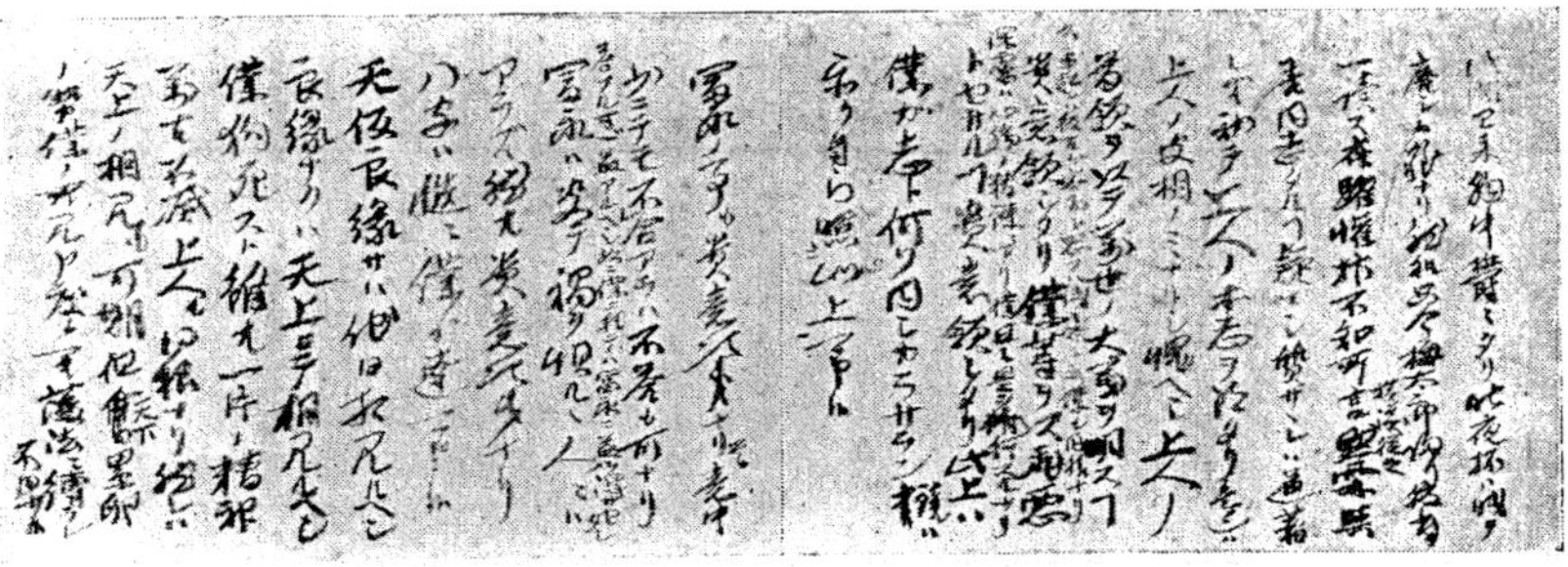

僧默霖和尚に與へたるもの（著者舊藏）

其の國禁に觸れたるの故を以て刑獄の露と消えた、此の日本開國の大業を意義付けるべき最大最重要事項を是等の人々が繼紹實現した第一步であつた。斯くて後慶應元年五月始めて幕府は日本人民の外國渡航を許したが、其の國禁を破つて成功し而も伊藤井上等の海外視察は明らかに萬國交通の草創となつたことは如何にも意味深い奇緣と謂はなければならぬ。

尤も此前年卽文久二年六月十八日幕府は軍艦製造を和蘭に依賴する爲其の出張員中に榎本釜次郎等八人を和蘭に遣し航海醫學等を學ばしめたことがある。（第一章第六節參照）

薩藩では文久三年英艦と戰つて軍艦砲銃や戰術等に於て彼の長所を認め之を學ばんとするの意見あり、藩主齊彬は開成所を設け洋書を講究せしめ遂に寺島陶藏宗則、五代才助友厚等の建議に基き多少洋書に通ぜる秀才を選擇し英國に留學せしむることとなつた、卽ち森有禮、吉田淸成、鮫島尙信、市來勘十郎、畠山義成、中村博愛、田中正修、淸水賢次郎、村橋某、三笠某等十名で家老新納刑部、學長町田久成、差引人寺島五代等之を監督とし一行は慶應元年三月二十一日英船に搭じ渡英した、幕府の嫌忌に觸れんことを憚れ名を脫藩に託して皆假名を用ゐた、而して英國に入つて勉學中藩内の事情で留學資金の供給絶え米佛孛各地を經て歸朝した。

上州安中藩主板倉伊豫守勝明の臣新島襄は十四歳の小姓時代から藩主の命により蘭學を研究し安政四年から七年迄海軍傳習所（現時の築地海軍大學校の處）にて航海術を學ぶ内、偶然友人より漢譯の聖書拔萃を見せられ心神上に變化を生じ函館に走り英語聖書研究中、海外遊學の志を立て元治元年六月十四日密に脱出して上海に便乘しここより米國行の汽船に乘込み國禁を犯して渡米した、幸に船長の好意により船主ハーディーの後援を受くることとなつて英語及聖書の研究を爲し、明治四年岩倉大使一行渡米の時通辯の勞を執り且米國に於ける教育の現狀に就て詳述し大に我が教育上の參考に供せられた、斯くて明治七年十二月歸朝し翌年京都に同志社を創立した。（新島襄傳）

下田平滑の獄中に於ける吉田松陰

安政元年四月一日より十日まで吉田松陰と金子重輔との二人此の獄中に在り米人日に來つて樣子を見て歸る

（伊豆下田開港紀念館武山閣藏）（著者舊藏）

野村樞字は文夫は天保七年四月五日廣島の眼科醫の家に生れ村田家を繼ぐ、安政二年緒方洪庵の門に入り始めて蘭書を學び、後長崎にて英語を學んだ、元治元年英國豪商ガラフルの周旋で佐賀藩士石丸虎五郎、馬渡八郎と共に提携し英國に脱走遊學したが明治元年歸朝する

福澤諭吉



や藩侯命じて洋學教授とした、同二年「西洋聞見錄」八冊を著はした、後朝廷に召され、四年工部省七等出仕に補せられ順次昇任されたが世人の徒に腰を五斗米に屈して甘ずるの風あるを慨し挂冠して同十年團々社を創立し團々珍聞を發行して大に聲名を擧げた、後國粹主義を唱へたが同廿年五十六歲を以て逝いた。（團々珍聞一千號を引「增用せる石井研堂訂明治事物起原」）

慶應二年八月八日幕府は福澤諭吉の提議に基き英國に留學生を送ることとなり開成學校の試驗を受けしめ希望者八十名の內十四名を撰拔して同十月二十五日出發渡英せしめた。川路太郎寬堂、中村敬輔正直、取締として生徒は成瀨錠五郎、外山捨八正一、箕作圭吾、林桃三郎董、伊東貫之助、億川一郎、福澤英之助、箕作大六菊地大麓、市川森三郎、杉德三郎、岩佐源二、安井新八郎等である、林董談に此中矢野次郎も含めるが姓名の改稱に由るか。（明治事物起源）

是より先慶應元年徳川民部少輔の佛國大博覽會に行くや從ひて彼地學術を研究した淸水卯三郎は同三年米國を經て歸朝し西洋文化の輸入に努めた、淺草に西洋書籍店を開き、又中村正直等の明六社に入つた。

慶應三年勝海舟は其子小鹿一に小六を米國に留學せしめ海軍を修行せしめんとしたが當時小鹿は未だ十三歲の少年であつたから塾生富田鐵之助、高木三郎を隨行せしめ共に留學せしむることとなつた、當時鎖國の禁漸く解かれたのみで殆ど最初の西洋留學生たることとなるので兩人は大に雀躍して喜んだ、海舟は仙臺藩富田、庄內藩高木より暫時兩人を借り受くることとして藩主に交涉し學費として一ケ年一千兩を支給すべく談ぜしが遂に藩主より許可を得た、七月二十四日橫濱を解纜し八月十七日海上パナマを經て四十八日間にして紐育に赴き更にボストンに至りノウソルツプに就き英語を學ぶ內、明治元年戊辰の政變あり東北騷がしきを聞き、富田、高木の兩人は小鹿を伊勢佐太郎橫井小楠の息橫井時雄に託し急遽歸朝し海舟に見えて故國兵亂藩主の存亡海舟始め彼等の父兄の安危を氣遣つた、時に海舟嚴然襟を正して曰く「今日の事豫め期する所余の汝等を渡米せしめたは亂後の用に應ぜしめんが爲である、今更何を狼狽する………汝等の父兄若し魯鈍にして事理に通ぜずんば或は兵馬の間に斃るるなき保し難い。然かも藩主の安危に至りては一點の介意を須ゐざることは余の保證する所である、汝等書を讀むこと玆に多年未だ這般の理を辨ぜざるか、宜しく今より直ちに米國に歸りて刻苦勉勵せよ然らずんば余復た汝等を見ず」と大に激勵したので兩人涙を飮んで再び渡米の途に上つたと云ふ劇的シーンもあつたが兩人が日米國交及通商に貢献せしことは尠からぬものがある、流石は海舟が卓見であつた。

當時外務省留學生として連名にて學費を給せられしは勝小鹿、高木三郎、富田鐵之助、井上六三郎筑前、本間英一郎筑前の五名であつたと云はれるが、此外には米國ブリンスウエッキに留學せる邦人に手賀儀三郎越前歸朝、日下伊太郎越前病死、永井五百介薩人吉田清成變名、杉浦弘藏薩人畠山義成變名、大原金之助、白峰駿富、長澤鼎薩人磯永充輔變名等が居た。（下卷第十三章第二節參照）

明治新政府となつては國內戰雲收ると共に海外の新知識を吸收すべく海外留學は旺盛となつた。二年六月西鄕眞吾從道、山縣狂介有朋の英國留學を始めとして民間側からも佐藤進等あり、同三年七月華頂宮博經王は米國に、十月東伏見宮は英國に、十一月伏見宮能久親王、寺田平之進、井上省三、田坂虎之助、岡田鎰助、山崎橘馬等を隨へ孛國に留學遊ばされた。十月に川島新之丞英國、津田仙彌英國中止して南貞藏之に代り、閏十月池田正七位普國に留學、十一月西園寺公望佛國、十二月には山尾常太郎山口、種子田淸一、最上五郎鹿兒島は農學を二木彥七鹿兒島、來原彥五郎山口は鑛學を、田尻稻次郎鹿兒島は國法民法を、兒玉淳一郎山口は刑法を、大塚綏次郎佐賀は萬國公法を、村地才一郎は訴訟を皆米國に學び松本從七位は孛國に留學した。（明治政史）

前記薩藩留學生は藩より學資金の供給が絕たれたので米佛孛等へ轉々して、或は留學し、或は歸朝した。其內で森有禮は成功して明治新政府に拔擢せられ明治三年十二月米國駐在辨務使となり、鮫島尙信は英佛孛駐劄辨務使となり、名和道一、外山正一、矢田部良吉等の吏員及從者を率ゐて赴任した、此時海外留學者として同船者は伏見滿宮、其隨行官東久世正五位、井上庄藏、田坂虎之助、岡田某、山崎橘馬、熊澤善庵、丹羽某、松野礀の八人幷に池田謙齊、相良元貞、山脇玄、大石良二、荒川邦藏、尾崎平八郎、北尾次郎、今井巖、大澤謙二（以上孛國留學）、西園寺公望（佛國留學）、萬里小路正四位、石野正五位、黑岡帶刀、南貞介（以上英國留學）、畠山長平、五十川中、木村熊二、神田乃武、馬込爲介、大儀見元郎、中原邦之助、林莊藏(以上米國留學)にて總て三十六人であつた。(紐育日本人發展史)

明治四年十一月十二日條約改正の爲岩倉公を全權とし木戸、大久保、伊藤、山口の各大輔が副使として歐米出張のこととなつた。後伊藤公の談に據れば「其の眞の目的は條約改正でなく是は亞米利加へ行つてから起つた問題で初めからの目的ではなかつた、明年期限が滿了するから向うの意見を聽いて見よう位の程度であつたらしい、將來政府各省を背負ふて立つ若い俊秀を百人程選拔して親しく外國の狀況を見せなければ如何に政府に名策を建言するとも効はない、彼等に歐米の進歩の狀況、其の盛になる有樣を見せたならば後に至つて建策しても必ず自ら解るであらうと考へ、これを岩倉、木戸、大久保の諸公に話し當時の金で百萬圓近きものを使つて出かけたのである………」此時司法省からは佐々木高行、判事六名、外務、內務、大藏、文部、陸軍、海軍、工部等の諸省からも、宮內省からは東久世侍從長、侍從武官村田新八等所謂各省の俊秀を撰拔して百名近く行つたのである。當時私は(金子堅太郎伯)十八歲であつた、舊知事黑田侯の勸めによつて留學させられ同行した。(金子伯談)

此時の洋行留學者は頗る多く其の氏名逸略さるるもの多いが尙黑田侯の拔擢で前記金子伯と共に洋行したものは栗野愼一郎、本間英一郎、團琢磨等がある。

是より先き米國に在つた森有禮は敎育學に就て大に考究し日本の女子敎育の必要を感じ黑田北海道開拓史の渡米せる時其の必要を力說したので開拓使は始めて女子留學生を海外に送ることとなつた、卽ち岩倉大使一行の海外出張に際し五名の少女が選拔派遣せられた。夫は東京府出使吉益正雄娘亮子十六歲、津田仙彌(後仙)娘梅子九歲後津田英學塾長となり一生婚嫁せず、外務省中錄上田畯娘悌子十五歳後文學博士、上田敏母堂靜岡縣士族永井久太郎妹しげ子十一歳幕臣永井玄榮養女、男爵益田孝妹、後瓜生海軍大將夫人、山川與十郎娘、健次郎妹捨松十二歳後大山元帥夫人である。蓋し本邦女子の海外留學は是を以て嚆矢とするのみならず、何れも其當時として破天荒の奮發であつて今日から考へて見れば只驚異の外は無い。出發に望んで是等女學生は宮內省へ召され皇后陛下より茶菓并に紅縮緬一匹宛御下賜ありて優渥なる御諭示を賜はつたことは無限の名譽であつた。(明治五年二月南校中の一部に初めて女子の爲め學校が出來た)

明治四年の留學生には村田保律學質問英國、佐藤百太郎商學米國、古澤迂郎後滋英國、囚獄權正小原重哉、刑部大錄天野御民、刑部少錄小菅榮修支那香港、原保太郎、川瀨安次郎米國、二本彥七、服部敬次郎、山川健次郎米國、坊城俊章魯國、岩下長十郎、中江篤介、河內宗一佛國、正四位淸水谷公考魯國、武者小路實世獨逸、前田利嗣英國、日下義雄米國等であつた。又華族にして洋行のもの益々殖え、明治五年には著しく增加した、明治六年五月の「新聞雜誌」九拾五號には米・英・佛・獨・魯・蘭・淸七國に留學のもの次の如し。

| 所轄 | 人員 | 經費(弗) |
|---|---|---|
| 文部省 | 三二一人 | 二九六、九六〇 |
| 大藏省 | 二三 | 二〇、〇〇〇 |
| 工部省 | 一二 | 一三、九〇〇 |
| 宮內省 | 二 | 二、〇〇〇 |
| 開拓使 | 二三 | 二二、四〇〇 |

軍　醫　寮　　　　一　　　　一、〇〇〇
　　計　　　　三八五(内女子五　名)　　三五五、六〇〇

斯くて海外派遣の使節及び其の隨員や(第一章第六節參照)或は冒險的海外視察留學を敢てせし人々等に由つて泰西文物は滔々として進入して帝都は素より全國各地に汎濫した、蓋し福澤諭吉、福地源一郎の如き文豪が屢々海外に出でて新學說を輸入紹介し切りに東洋古來の舊き學問を捨てて西洋新學問に傾倒せしめた、玆に一奇とすべきは生來未だ嘗て足一歩も海外に出でなかつた大隈侯爵の如き幼時長崎に於て旣に海外事情に接し終身海外文明の吸收消化に努力したる抔殆ど日本人は大部分擧つて外來新知識に陶醉した。

以上列擧略述せるは只其の梗概に止まつて此他多くの歐米出張留學者等によつて科學を始め進步せる有用なる泰西學術を見聞修習して大に我が文明開化に資せるものは夥しかつたが其の余りに急進的なる西洋文明の吸收は遂に驅つて洋風汎濫の新時代を顯出するに至つた。

元來我國の敎育は東洋の精神主義であつて智育よりも寧しろ德育に主力を注がれたものであつたが一朝泰西文化思潮の闖入するに及びて歐羅巴の主知主義を採つて特に西洋の學術にのみ傾倒しあらゆる學問は悉く西洋を以て模範とした、一つには德川時代の精神主義に對する反動もあらうが全く學海の指針が一變したやうであつた、恰も飢ゑたるものが食を擇ばざるが如く見るもの聞くもの珍らしきものは手當り次第に摑まうとしたのである。素より知識慾は人生の慾望中多大なるものであるが維新の變革は余りにも大きな渦卷であつた、夫は武家斷壓政治の桎梏から六百年目の解放であると共に唐天竺と共に三國のみが世界の總てであると思つた唯我獨尊の日本人

は欧米多數の文明國と一朝握手して交歡することとなつたから一時に眩惑の目を掠まれたかの如く遮二無二舊習を一抛せんと焦慮した、所謂古い傳統的のものは用捨なくかなぐり捨て佳いものも惡いものも見境なく玉石混淆に之を受け入れた、一も西洋二も西洋で持切りとなつた。

「改正増補東京新繁昌記」服部誠一著 明治十九年版 第一編に洋學生の語を假りて洋學崇拜を評して居る。

「僕熟ら方今の形勢を視るに、洋學に非ざれば寧ろ學無からん、其の廣大なるや五大洲を併呑し、全世界を一目し、天下の經濟、全國の富源、政事となく、軍事となく、皆洋學に關せざるものなし、輓近建築の方法、衣服の制度は漸く洋風に遷り、茶店の少婦と雖も洋語を用ひ、絃妓の歌も亦洋語を挾む、また愉快ならずや、凡そ宇宙の間何物か洋に歸せざらん、家を齊ふも洋に歸し、身を修むるも洋に歸す、又其力の大なるや、積年の封建を廢して萬世の郡縣に歸す洋學洽く民間に浸潤せば則ち惰夫も志を立つるあり、薄夫も厚うする所あり」

原文は漢文であつて言辭の誇張に失する嫌はあるが如何にも當時の西洋崇拜熱が滔天の水の如く氾濫したか想像も付く。

併ながら明治初年の西洋風習の驅足的輸入に際し所謂新舊交代時代の一奇觀として注目を惹きしは服裝の錯雜であつた、明治四年五月「雜誌」二號に當時の服裝の種類を列擧して。「裝束、狩衣直垂、鎧直垂、白丁、上下、軍服、非常服、西洋服、羽織袴、平服、被布、雨羽織、醫者の十德、袈裟衣、腹がけ、股引、トンビ、フランケツトを着るもの、十八樣がある。」さるにても洋服は急角度に增加したものと思はれる。同年十月「雜誌」十九號に洋服店柳屋の廣告文に曰く「奇なり妙なり世間の洋服、頭に普魯士《フロシヤ》の帽子を被り、足に佛蘭西の沓をはき、筒袖は英吉利海軍の裝、股引《ダンブクロ》は亞米利加陸軍の禮服、婦人の襦袢は肌に纏て窄く、大漢の合羽は脛を過て長し、恰も日本の臺に西洋諸國はぎわけの鍍金せるが如し」云々とあるは洵に抱腹絶倒の極である。同五年十一月には太政官令で大禮服通常禮服を定めて洋服を採用することとし直垂狩衣上下等は凡て廢止された。

尙「東京新繁昌記」服部誠一著 明治七年版 五編の中「番物店」の一節に。

請看當今之大才子、室積煉石席敷氍毹《ジウタン》凭有榻子《イス》臥有寢床身着羅紗足穿革靴頭蒙凸帽《シャッポ》指貫金環口啣卷烟草喉則潑大麥酒《ビール》臆底亦印横文腸中既貯洋風渾身無一部不番物非舶來品者唯皮肉與毛髮焉爾、若有以紅草染黑髮之方眞爲開化完璧人番物店之繁昌可知也

とあるは聊か大袈裟に失するが如き感あるも敢て文章の跨張のみではないのである。

當時明治新政府は驚くべき大英斷を以て歐米文化の採擇に邁進した、寧ろ或場合に至つては是々非々の檢覈さへ顧慮するに遑なく總てに向つて歡迎に吝かならず物質的には素より思想的精神的にまで時としては盲目的となつて心醉するものもあつた、茲に於て擧世滔々歐化主義は燎原の火の如く彌漫した。

洋館洋服洋食は云ふまでもなく頭髪を燒鏝に當てて縮ませるものもあつた、明治十七年頃には西洋婦人の髪形に倣つて起つた束髪は忽ち婦人間の大流行を告げ同十八年には「東京束髪會」なるものさへ現はれた、尤も明治五年には女子は男子の斷髪を摸倣して散髪するものが續出した爲女子斷髪禁止令が出た抔を考へると今日の婦人斷髪を見て珍らしげに私語くも迂闊である。

自由民權論、人間平等論、基督教化論、羅馬字論、男女同權論、自由結婚論等夫から夫へと新説が出て來て或

は又改良々々の叫び聲が喧しくなつて小説改良、書方改良、演劇改良、歌舞改良、音樂改良、美術改良、風俗改良、衣食改良で何でも彼でも悉く西洋風に改良すると云ふ趣意であつた。

明治八年二月にはアメリカニズムを抱いて新歸朝者森有禮は福澤諭吉の媒介で洋式結婚式を擧げ時の東京府知事大久保一翁の面前に於て婚姻契約書を發表したなどは振つてゐるが是は明治六年五月妻の離婚告訴を許された る女權伸張の端緒からで既に七年にも米國領事富田鐵之助が結婚契約證を交附したと傳へられる。

舊文明を破壞し西洋心醉熱で物質文明の謳歌に充たされた、一も舶來二も外來悉く摸倣心理の働きで遂に驅つて西洋崇拜熱の凝塊となつた。

一世の雄辯家にして且政黨の領袖犬養木堂は地方に演說に出駈ると能くブランデー氏曰くベルモット氏曰くと聽衆を眥めた機轉で博學振りを衒つたのも有名な挿話である。畢竟西洋人は偉いものと相場を定めて仕舞つたからの事である、現に鎖國二百數十年其間物質文明に立後れたことは爭はれぬ事實であるから、かかる變革も無理からぬ事であらうが今日から考へると往々正氣の沙汰を通り越した事象でもあつた。

版籍奉還、廢藩置縣の根本的改革や、進んで因襲的階級打破が行はれ破壞運動は極端に移つて、苟しくも舊物であれば善惡美醜に係らず悉く打毀さねば氣が濟まない位の勢であつた。德川幕府は基督敎禁制の爲に極力佛敎を保護し來つたが明治政府となつてからは王政復古祭政一致を以て政敎の根本義としたので是迄の神佛混合神道を禁じて神社を僧侶の手から解放した、卽ち神佛混合は禁ぜられた、神祇神道と各宗敎との峻別を斷行すべく神佛判然の政令が出た、卽ち明治元年三月神祇局の達しにて中古以來權現或は牛頭天王抔と稱し、其外佛語を以て神號に稱し、或は佛像を以て神體と爲すを禁じ、或は神前の鰐口梵鐘、佛具の類を取除かしむ、又諸國大小の神社に於て僧形にて別當或は社僧抔と稱する輩に復飾を命じた、其の結果は甚しきは廢佛毀釋の潮勢に導いた、凡そ明治十年迄位は有名なる寺院で破壞されたものも數知れぬほど多かつた。是等に奉置された歴史的美術的國寶も放棄せらるるの不遇は隨所見受けらるる所であつた。芝の增上寺や奈良の興福寺の五重の塔さへ無用視されて、まさに燒き拂はれようとした、上野の寬永寺の庭を茶畑にしろと云ふ說さへあつたと聞く。不忍池も旣に危く埋立てられんとした。貴重な和漢の古書籍が一貫目何程の紙屑代で取引され、古書古畫の類でも今日では數百萬圓にも及ぶものが二束三文に扱はれ、甚しきに至つては厠の用にさへ供されたと云ふ風であつた。

奈良の古刹で天平時代の古寫經を荒繩に括つて屑屋に拂下げたら屑屋は其の水晶の軸を捥ぎ取り、經は燃燒して金粉丈を殘し採つたと謂ふことである。

鎌倉寺院の仁王像が桐の木彫であつた爲下駄屋へ賣拂はれずたく〳〵に切割つて足駄に爲つたと云ふのも有名な話である。物質主義實利一點張の眼中には將來のことは見えないで極めて近視的であつた、明治四年橫濱小田原間の松並木を伐り拂つたが是は電線を架設するに妨げとなると云ふのであるが流石に外人も之を見兼ねて其の殺風景のみならず將來の損失なるを警告したと云ふ。或は奈良の春日神社の神鹿狩をした縣令屬官連があり、入間縣（現今埼玉縣）では道路の橋を架するに寺院の門前に建つてある禁入葷酒山門の大碑を運んで用ゐたり、各府縣では石佛、石塔等は浚つて敷石靴ぬぎ等に用ゆべしと縣令の達があつた。

石黑忠悳子爵の談に「明治二年の頃獨逸醫學を輸入せんとし醫學校と病院建設の事を企畫し上野全山を其の敷

地とする設計であつた。丁度蘭醫ボードインが歸國の途次上京した時に、我輩は得意で此の上野へ同伴し、大醫學校大病院の配置圖を出して示した所が何とも云はずに居られたが直に時の大政大臣三條公に手紙を送り、此の大都に公園とすべき土地は此外にない、此れを學校病院にするは大間違だ、學校や病院の地は他に幾らもある、大公園地は外にないと縷々申述られた、其代りに渡されたるのが今の本郷の大學の地である云々」

歐米崇拜熱の高潮で一世を風靡したるは前述の通りであるが最初一見して物珍らしげに取入れたるものは素より正邪を辨別する餘裕も考慮も無かつたが漸次進んで長を採り短を棄つるの鑑識が備つた。其の思想の上から見ても一概に歐化主義と謂つても佛國流の人權思想、ルーソーの自由民權說的思想に育まれたものあり、或は英國のミルや、ベンザム等の流れを汲んだ功利的な自由主義者もあつた、更に後になつては獨逸のスタインやビスマークに私淑した國家主義的のものもあつたのである。

ミル、ベンザム、スペンサー、ルーソー等の思想は滔々として輸入された、而して物質文明の鼓吹は福澤諭吉の如き偉學者によつて、功利主義の學說が普及し其の著書は非常の速力を以て廣まつたが、又中村正直の如き理想主義傾向を帶びたるものも生じた、スマイルスの著を譯述した西國立志篇や、西洋品行論を發行し、又ミルの書を譯して自由の理を出して大に世に歡迎されたるが如き普く世に知られたことである。又英國のスペンサーの進化論に關する書が最も盛に讀まれたものである。著者のスペンサー自身でも日本のやうな國に大得意が出來たといふことは不思議であつたと云はれた位で、スペンサーでなければ夜が明けない時代もあつた。

その後歐化主義が盛に行はれ、當時の外務省の附屬であつた鹿鳴館（卽ち今の華族會館）に、外人と邦人とが

携へて踊つたりはねたりして懇親の關係を結ぶことに馳せた頃、或る夜會に假裝舞踏會が催された、時の大臣伊

目今形勢興廢競

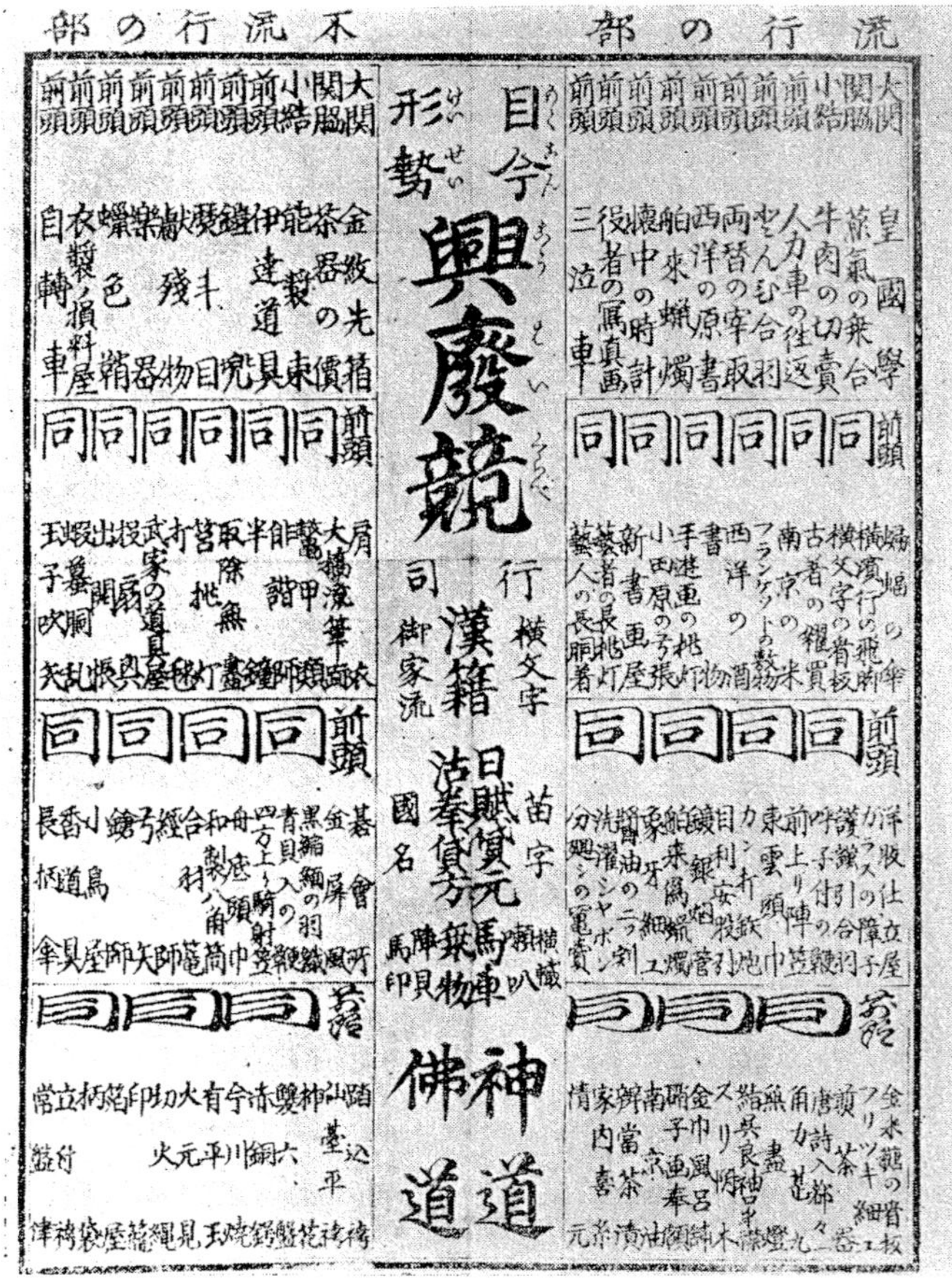


目今形勢興廢競　明治四年頃出版

藤、井上、西郷（從道）なんどいふ人たちが皆種々な思ひもよらぬ人物に假裝したりして、外人と交り盛に西洋の眞似をやつた。其頃からだん〳〵外人の内地雜居といふやうなことも考へねばならぬ樣になつてきたのであつたが、しかし一方に於ては一體外人を日本へ連れて來て雜居し、且つ雜婚をするといふ樣になるならば其の結果は果して如何なるものであらうかと云ふことが議論され

た、而してこれを斷定するものは、進化論者のスペンサーに訊ねたのが最上の方法であるといふことになつて、時の當局者が內々スペンサーに尋ねたことがあるスペンサーは徹頭徹尾進化論から斷定を下す人であるので、雜居はよくあるまいと答へたのであつた、進化の原理から云ふと優等の國民と文化の後れた生活程度の低い國民との混合は、優等の國民の血が勝つて、その血の壓倒を受けるといふ卒直な答を受けたのである、歐洲の文化に心醉した當局者が少しくこれには驚き、歐化主義には二の足を踏むやうになつて來た、これに見ても如何にスペンサーが我が國に尊敬を受け、其の學說が朝野を風靡してゐたかがわかる。（市嶋謙吉氏談）

併し後には「日本人種改良論」なども出て歐米人と雜婚するのが日本人種の改良であると云ふことを眞劍に唱へるものもあつた。

概して歐化主義の著しき時代には我國では殆ど眞の學術もなく、思想も無きかの如く只西洋是尊の觀があつた、爲に明治十年代の出版物には洋書の飜譯、飜案が多く西洋臭の無きものは世人に讀まれない有樣であつた、文學書も其通りで日本文學と云ふものは廢れたかの如き觀があり只僅に低級なる文士が戲作抔で際物的に場當り藝を演ずる位である。滑稽なるは假名垣魯文の戲著「萬國航海西洋道中膝栗毛」である、是は有名な一九の東海道中膝栗毛に摸倣したもので、而も彼は海外旅行をした譯でなく只西洋と云ふ二字で讀者を引付けたものである、此書は明治三年に出版され各編上下十編通じて全部二十卷で冒頭に次の序文がある。

稗官者流《サクシヤノウヘ》を蒸汽船に比較して謂ば、各脚色の原稿は檣火筒《ホバシラヒツツ》に彷彿、綸組の器械に油を指で走らす、筆の車の兩輪、彼石炭の烟に等しき妄語と正說を換骨奪體《トリマゼ》て、バッテーラの手段を盡し、看官の腹《ケンブツノハラ》を測量《ハカリ》、喝采《ヲチ》を千里の外に採、評を萬里に得まく欲せり。爰に著作す膝栗毛、例の稗史《サウシ》と小同大異、新奇新聞西洋道中、先横濱を發端に、筆採初し假名垣大人が、滑稽自在の航海術、一度卷を披く徒は、お臍の火筒で湯を沸し、腮の器械も破損つべし。嗚呼奇なるかな、魯先生、妙なる哉文才子、實に此道の船將《カピテン》とも稱へて可なりと、感ずる餘り、僕水夫のマドロスにて旗の印も見分ねど、亞蘭比亞馬の驥尾に附、此大艦に乗組て惣鐵張の鐵面黑皮、厚かましくも序すると爾云。

明治三庚午歳九月重陽早旦　東京淺草諏訪街の氷狐堂に碇泊の閑

南港隱揆人　鐵舟河丈紀戯題

とある。又魯文自筆の凡例には

元祖十返舍一九が作なる道中膝栗毛の初編刊行なりて世に流布せしは享和二壬戌歳の春にして當年を去ること既に六十九年に及べり、滑稽の妙逆旅の奇至れり盡せりと雖所謂流行遲れの類ひに落目今の形勢に比すれば人情齟齬することのみ多かり是に次で二世三世の一九等が膝栗毛あれども時は文政と隔たり弘化嘉永と遠退たれば今はむかしとなりにけり、僕年來戯作の筆に口を糊せど滑稽の道に疎く笑語頗る不可にして斯る稗史を綴らんこと世の嘲りを招くに似たれど活計を如何せん趣向新奇を競ひ標目未發なるを可なりとするが故に彌次北八の三世の孫等外國廻りの滑稽をもて此稗史の大意とすさるからに題號も西洋道中の目あり遮莫僕が文盲なる書は草册子の外を讀む何とて學ばん異邦の事情、然れども文物盛典の德たる近世福澤先生を始め諸々の洋學先生が著述されし飜譯の書とぼしからねばその階梯にとりつきて大略お茶を濁すものなり、杜撰麁漏は稗官者流の性來なれば必ずしも論じて意中をそこね玉ふな耻書ことを平常とすれば耻と思ふ事はあらじ嗚呼自己ながら達者なる哉

作者　魯文自記

彼は本名野崎文藏と云ひ又一に神奈垣の姓も用ゐた、東條琴臺の兄魯介の門に遊び明治二十七年十二月八日六

十五歳を以て逝いた、當時有名の文士であるが此の凡例にある通り戯作者として世に立てど開港以來の慌しい我が文物の變化を眺め活計の策として此の著を思ひ立つた、素より洋學に精通せず洋行もせなかつたが大膽にも英國倫敦に旅行して歸つたことを綴つたもので友人砂燕子なるもの先年佛蘭西博覽會に行つた時の談話を耳底に止たるものを柱礎とした云々とある。滑稽百出の綺語奇談を並べてゐる處確に當時の流行界を風靡した珍籍である。面白いのは西洋各國を讀込んだ俗謠である。

雪の普魯西も扨アメリカも馬車で通ふてインギリス、僕はこれほどホルトガル、君はいつでも佛蘭西か、浮世のギリシヤとただ印度、床をトルコの一ツ夜着、エジプトこちらへよらしやんせ、チヤイナ〳〵ととりすがり、おロシヤに見えるが戀の路、フツトチリトン…………

此唄は永く流行したものであるが世界國盡もどきで喝采を博したなども彼一流の腕の冴えを見せてゐるが確に時代の流れに投じたものである。

鹿鳴館の夜會假裝ダンスは何時までも語草となつたが、鹿鳴館は明治十六年十一月當時の金で十八萬圓の巨費を投じた建築で輪煥の美を極め外人との社交に利用された。明治十八年官制改革の結果始めて伊藤内閣が出來井上外務大臣は條約改正を有利に導かんが爲め盛に歐化政略を行つたと云はれ前記内外人の舞踏も其の一策とされたが、單にかかる簡單なる政略的のみでなく概して擧國歐化主義に傾いたこと前來述ぶる通りである。

然るに遂には反動として國粹保存の主張が擡頭した、鳥尾小彌太、三浦梧樓等の武官連は閣内農相谷干城等と相應じ、大々的氣勢を揭げた。是は保守黨と銘打つ丈其の論鋒も鋭かつた、或は勝安房等も極端なる歐化主義に反對した、是より先既に明治九年十月熊本神風連を始め極端の歐米偏重の政策に反對するものを生じたのも一種の反動であつた。何れの國でも國際的傾向と國家主義の色彩とは遠心求心の關係となり互に交錯する、明治の日

開化舊弊馬鹿の見立

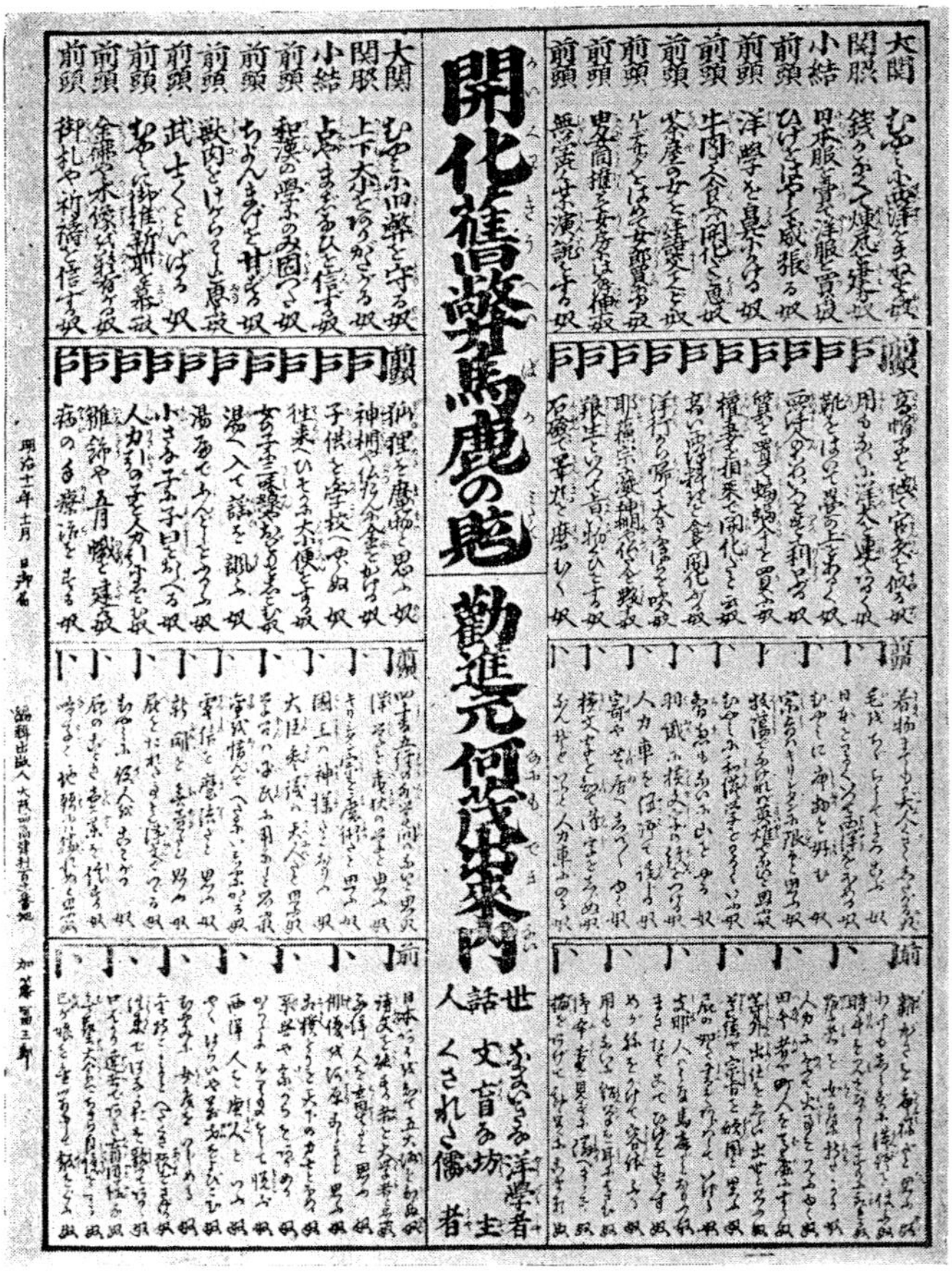


本に夫れが現はれて歐化政策と國粹保存の主張となつた。

國粹論は是より先き已に明治十年前後から起つた、夫は十年頃に至つて民權論の高潮に達した頃から一部に我が國體の歐米に異れることから或は西洋の物質文明を斥けて精神文明を尊重すべきを説いたりして盛に氣焰を掲げて居た、彼のランプ亡國論を以て有名な佐田介石は是は又極端なる排斥熱心家でランプ

のみでない舶來物亡國主義の宣傳に大童となつて世直しいろは歌を作つて外來風俗や舶來物品を呪咀し馬鹿の番付を作つて西洋カブレを罵倒したが明治十五年十二月九日六十五歲を以て逝つたが今に一つ話となつて殘つて居る。

前記鹿鳴館時代から國粹保存の叫びを爲すものは擡頭して二十一二年には雜誌「日本人」や新聞「日本」は發刊された、是れは其名の示すが如く日本主義の皷吹である、三宅雄次郎、陸實、井上円了、杉浦重剛、志賀重昂辰巳小次郎、福本日南、菊地熊太郎、松下丈吉、今外三郎、杉江輔人、野村文夫等の政敎社を組織し氣焔を擧げたるは花々敷かつた。

畢竟原動あれば反動あり、かかる沌渾時代に低迷することも又文化進展の過渡期として免れ得なかつた現象であらう。

顧みれば日本人は概して健啖である、大食である、非常に强き齒を以てゐるが如何なるものでも皆咀嚼し去つた、サレド其の胃腸は如何、爲に往々消化吸收されないで下痢し終つたものは無かつたか。

### 第四項　武器輸入

開港當時の貿易品の內で武器の輸入は目覺しいものがあつた。武器と云ふは殆ど銃砲を指してゐた、刀劍に至りては輸入どころではなく輸出さるる程で昔時から我國の刀劍は精鋭であつたことは隱れない事實で隨分歐洲へ輸出された。「日本西教史」中にも「日本の武器は劍、短劍、小銃あり、弓箭あり、其劍は精練を極め、鋭利なること、之を以て歐羅巴の劍を兩斷すとも刀口なほ疵痕を殘さずと云ふ程なり」と外人が證明してゐる。彼の藤田東湖の正氣歌中にも凝爲㆓百練鐵㆒。鋭利可㆑斷㆑鍪。と謂つたり、其他或は腰間秋水。鐵可㆑斷。なんどと謂つた詩句が澤山あるが決して只の形容ではない。併しながら鐵砲の發達普及となつてからは刀劍の武器としての價値は大に減殺されなければならなかつた。

元來鐵砲は天文十二年八月二十五日西紀一五四三年九月二十三日葡萄牙人が種子が島に漂着の時初めて輸入された、當時一挺の代價は千金に上ると傳へられてゐるが、天正十四年に蒲生氏郷が小銃三十挺を羅馬から直輸入した。彼の長篠の役には織田信長が銃兵一萬、小銃三千を備へて大勝したので近江の鐵砲鍜冶に五百挺の小銃製作を命じた、豊臣秀吉は征韓役に之を利用し、德川家康は大阪冬の陣に之を用ゐたと謂はれるが就中秀吉が根來征伐に當つて小西行長之に從ひて大和川に舟師を浮べ、大友義鎭の信長に贈つたる大砲を用ゐて敵を撃破したのが本邦海戰に大砲を用ゐた嚆矢であると謂はれる、其の大砲は天正四年の夏葡萄牙人が豊後に來て大友義鎭に寄贈したのが本邦に傳つた始めで當時大砲を石火矢と稱してゐた、宗麟は大に喜び之を豊前臼杵の莊丹生の島に運搬し「國崩《クニクズレ》」と名づけ珍重したと云はれる。

其後鎖國時代となつて且德川氏三百年の泰平時代に於て武器の發達は認められなかつたが、開港前後から外船の出入より尊王攘夷說擡頭し各藩に於ては一朝有事の日には其の必要を痛感し內密に銃器を備ふることに忙しかつた。

又西洋砲術の傳來は御光明天皇の御宇德川家光が蘭人が來朝した時北條正房に命じ和蘭の戰略や大砲、火箭の用法を問はしめた、後文化の初め英艦が長崎に突入した時、長崎奉行が防備改良の意見を筑肥に徵した其際古賀穀堂精里の子は肥前侯の信任を受け海門に砲臺を築いて敵艦を撃沈する威力ある巨砲を備ふる計畫を提議したるに幕府は採用するに至らなかつた、然れども穀堂は其弟侗庵と共に藩主鍋島侯に説いた。

後長崎の町年寄高島四郎太夫秋帆が和蘭甲比丹が元軍人で砲術に明いので之に就て研究し遂に高島流の砲術家となつたので肥前侯は人を遣つて秋帆より傳授を受けしめた、後秋帆は幕府に召され、伊豆韮山の代官江川太郎左衛門之に就て其術を學び韮山に大反射爐を築き大砲の鑄造に當つたのは嘉永年間のことである、始め彼は蘭書に鐵を溶解するに白燒の耐火煉瓦にて竈及煙突を築くとあるを知り、天城山麓梨本の土を用ひて之を製し、同村鳴瀧に反射爐四個を建てて大砲を鑄た、これ本邦の反射爐の始めで又耐火煉瓦の始めである。

其後嘉永六年ペルリ來航の年幕府は江戸本郷湯島に鑄造所を設け更に文久二年には江戸小石川關口水道町に大筒錐入場と稱する鑄造所が出來た、これは後年の「大砲鑄造所」と改稱された。

又安政元年水戸藩では砲銃鑄造を企て、大島高任を招聘した、大島は陸中盛岡の人で總右衞門と稱し泰西砲術鑄彈の技に通じてゐた、同二年同藩の爲に反射爐及び旋盤の工事を常陸國那賀郡東臺に起し、同三年竣工した。

而して外國銃器購入に就ては安政四年の和蘭との追加條約以下の諸國との條約に於て、幕府のみが輸入し得ることとなつて一般には禁止されてゐたが、同六年には外國武器の見本を開港場に陳列し萬石以下諸家陪臣に至るまで自由に購ふことが許された。殊に幕府では各藩より一層銃彈火藥の必要を感じた、場合によつては元治元年の征長の如く西國大藩を征伐せねばならぬ機運が熟しつつあつたので千代田城の金庫も空しくしても銃砲を輸入せなければならぬ狀勢となつた。

薩藩では藩主齊彬は弘化三年六月國老に命じ海防の事を措置せしめ大砲鑄造所を創設し、同十月新式に仍り兵員を率ひ吉野原に於て大小砲の練兵を行ひ始めて五十斤舊砲を發射した、是れは藩主の命に仍り鑄造したもので本邦に於て珍らしきものである、嘉永四年六月には天保山、大門口、新波戸等六ヶ所に砲臺を築き、同五年には綿火藥を製造し齊彬親らケーベル改製雷管銃にて試撃し、其効力火藥に讓らざるを認め、後製藥一函三百目を水戸烈公に贈つた。又藩士成田某をして長崎に遊學し洋式の操銃を研究せしめ業成つて歸り子弟を率ゐ內庭に銃砲を演ぜしめた、爾後侍臣に命じて就て學ばしめ、尋て劍銃及び大砲の調練を內庭及び磯の別館に行つた、又洋式騎馬の制を布かんと欲して騎して、銃技を試ましめた、同六年三月城下鶴見崎の鑄砲場を磯別墅內に移し集成館と稱し軍器其他百般の技工に及んだ、又專ら製鐵の業を興し其の重なるものを揚ぐれば鎔鐵及反射爐、大小砲、鑽開器、鋼鐵製造其他各種農工技術の改良實驗を起した。

嘉永六年八月海防の爲め大砲船及び蒸汽船を造るの必要を主唱し藩中志ある者に命じ古今の船制を考査し蘭書を飜譯し、西洋形船を精稽し幕府の允許を請ふた。安政元年には船渠を建て西洋形軍艦及び蒸汽船を創製した、是れは日本に於ける最初のものと謂はれてゐる。八月昌平丸一名大元丸又琉球大砲船と號すを幕府に献納した、此船は幕府で長崎海軍傳習所に差遣を命ぜられたる勝麟太郎、矢田堀景藏等が乘込であつた、是れは日本海軍練習の權輿であつた。（贈正一位島津齊彬公記）

薩摩は本邦の西南端に位する地理的關係から外國船が早くから入津したので外來の新空氣を吸收することも比較的繁く航海の必要を痛感し海防軍艦等の知識や進歩した武器の供給を受けることが早かつたのであるが、開港前後頃の武器購入は横濱よりも長崎が地の利を得てゐる所から茲で供給を受けてゐたものが多かつた。

開港の年父シーボルトに連れられて來たアレキサンダー・シーボルトは日本の事情に精通してゐたが彼れが書き記したものに次の一節がある。

常に薩摩の砲術家は西洋の砲擊戰に通曉して居た、それ故此の國の大砲や爆彈も最新の方法で製せられたものであつた、政治上からは排外的だとも見做されて居たが其の實は進歩的政治家であつたといはれる薩摩の老侯は自國の領土内の寺鐘を悉く鑄潰して大砲を造つたといふ事であるが宗教上の目的に用ひられる多くの鐘の響は大砲よりも遙かに價値なきものと思つたであらう。換言すれば此の大砲が祖國の防禦の爲めに聞える時には鐘の音と同樣、神慮に適ふたものに違ひないと考へたであらう。（シーボルトの最終日本紀行）

佛人モンブランを始め英公使サトウや此のシーボルト二世等を通じて薩摩の當路者が他日有事の際豫め備へ置きたる戰艦銃砲等の武器充實は蓋し想像に難くないのである、現に文久三年の英艦來襲に際し砲臺より發射した巨彈は英人を驚かしたものがあつた。

長藩の武備整頓に就いては古くから知られてゐるが天保の初英船が萩近海へ來たと頻りに警報が飛んだので防長二州上下の驚きは一方でなかつた、時に藩の重臣村田淸風は「灞水流通龍動天、休レ言外警久蕭然、恩威并建折衝遠、不レ賴砲聲驚二四邊一」と詠んだ、灞は萩のことで卽ち萩城下の水は英京倫敦の水に通じてゐるので決して油斷はならぬと告げた、彼の林子平が「海國兵談」に「西洋諸國は槪して地を奪ひ彊域を拓くを以て務とす威力日に強く又航海の術に長ず、然るに我日本國たる周圍皆海にして凡そ江戸日本橋よりして歐羅巴洲に至る其間一水路にして阻隔あることなし、彼來らんと欲すれば則ち來る備無くんばあるべからず」と喝破したる警句と同様である。淸風は武備を完全にし海防の必要を高唱し神器陣を組織し更に文化九年十二年の兩度三島流《サントウリウ》の戰法を萩海上に演習せしめ、其後蘭法による洋式銃陣の法は高島秋帆等に研究せられたので藩士粟屋翁助、井上與四郎等を長崎に送り秋帆に學ばしめた、天保十四年には萩郊外羽賀臺で藩主敬親自ら陣頭に立つて大軍を率ゐて國防大調練を行つた。（村田淸風）

かういふ風であるから新式武器たる銃砲の買入は相當手配が施されてあつた、ペルリが浦賀に來た時も邊海防禦に狼狽したが幕府は長藩に命じて大森を戍らしめた時長藩は直に倉庫を開き武具を備へ隊伍を整へ砲三門を曳いて任地に進んだ、後元治元年の征長で四境敵を受けて戰捷し、伏見鳥羽の戰爭、東北轉戰に際し功を奏したもの武備充實に盡くしたことは與つて大なるものがあつた。

古來山口藩に於ては鑄砲の事をお抱への鑄物師に委ねてゐたが、安政以來專ら藩の事業として之を行ふこととなつた、これ嘉永六年幕府が諸藩に令して洋式砲術を奬勵せしに基く所であらう、當時恰も鑄物師郡司覺之進の建議に基き藩は加農砲を以て在來の臼砲、忽砲に代へんとしつつありし際であつたから藩の事業として鑄造せられし大砲は主として洋式の加農砲であつたことと考へられる、而して大砲鑄造場は當初武藏國葛飾郡砂村別邸と、萩の城下とに設けられた、前者は藩が幕府より相模警備の命を受け、その必要上砂村の別邸に設けしもので後者は藩業に移せし當初、鑄物師郡司家にありしを、文久三年に至つて萩の沖原六本松に新設移轉せられたもでのあつて盛に大砲及び小銃を製した、此時は銅製で鞴爐を以て銅を溶融し模型に注入して之を作るのであるが嘉永年間佐賀藩は既に反射爐を築き銑鐵製加農砲を鑄造したので山口藩は安政二年藩士を佐賀に派し見修せしめんとしたが佐賀藩では未だ研究中で他藩に傳授するに足らずとして謝絕したのだ、併し山口藩にて發明せる砲架旋風臺を齎らして同じ頃佐賀藩に使せる小澤忠右衞門は反射爐工場を巡覽し、所見を圖に製して萩に歸つたので山口藩は之に基いて直ちに反射爐築起に着手した、併しながら鑄砲作業にまで至らないで安政三年十一月拋棄せられた其の斷片は現在萩の小畑に殘存してゐる、元治元年には藩は大村益次郎の建議に基き萩川上龜ヶ瀨に製鉄所を設置すべきを命じ中島治平、北條源藏、村田藏六（大村益次郎）等は領內を巡視した、又安政五年火藥製練所を設けた。

（堀江保藏「山口藩に於ける洋式工業」）

開港以來は長藩始め九州方面の藩では長崎から外人と武器購入をしたものがあつた是は幕府へ秘密にやるには橫濱よりも遠方で都合がよかつた。

馬關でも橫濱でも外人から武器を購入するに海上で船から船へと受授する抔秘密を要する苦心談は能く聞く處である。

嘉永六年九月十三日（一八五三年十月十五日）德川幕府が歐風の海軍を建設せんと考へ、長崎奉行を通じて和蘭商館長ドンケル・クルチウスの意見を徵し、それより話は軍艦の注文、教師の招聘と進んだが當時歐洲の政況に照らして軍艦讓渡しが出來ないのと和蘭は列國に遠慮して寧ろ武裝を施してない汽船を派遣し操縱術を教へた方が安全といふ意見で造船、航海、機關術を日本人に傳習せしむることゝした、安政元年七月二十八日（一八五四年八月廿一日）和蘭船スンピン號は長崎に入港し日本政府に獻上された、是れは小軍艦で日本海軍の搖籃である、長崎で傳習生を募り和蘭海軍士官から傳習を受けた、生徒は幕府から派遣せられたもののみでなく、鹿兒島、熊本、福岡、萩、佐賀、津、福山等の諸藩から派遣せられた生徒もあつた。

幕府は安政二年から人を長崎に送つて蘭人に就て海軍のことや、陸軍の方も銃陣調練を正式に直傳習を受けんとし、勝麟太郎や矢田堀景藏や其外選拔されたが、防長では是より先き既に弘化嘉永年間からも長崎は近いので多くの人を送り蘭學や洋式武藝の事も心懸けてゐた、殊にペルリが來てから幕府の命を受け大森警備に當り續て相州半島の警備を全部託せられて武器の研究は進められた、安政三年に幕府で講武所を設けられた時は大に西洋の兵學を講究する方針であつた、當時蘭學の有力者を多く用聘した長州の村田藏六（大村益次郎）も其一人であつた、安政五六年頃には長崎直傳の人々が萩に歸つて小野爲八がガルハニ電氣を使つて地雷火を起すことを、又藤井勝之進は西洋形の造船に成功し、服部他人は火藥製造の傳習を爲し、或は其他の人と倶に雷管を製したり、鐵砲など大砲小銃は前からあつたが幾多の技術熟達の人が顯はれて來た。其後文久元年二月頃には長藩では三田尻に海軍局を設け松島剛藏を局長とし造船術やら航海術やら艦砲術などを教授した。（村田峯次郎「防長近世史談」）

註　萩より下の關まで二十里である、下の關から密に外人より武器購入した時に小銃代六萬圓の金を送つたが途中の現金輸送は大袈裟なものであつた、何しろ馬一頭に千兩箱五個を負擔するので六萬兩となると十二頭の荷馬を要する夫に前後二頭に警衞の士が乘るから一行十四頭がかりである。（村田峯次郎翁談）

信州松代藩主眞田幸貫は白河樂翁の次子で眞田家を繼いで遂翁と號し乃父の衣鉢を傳へ夙に經世の志ありて閣老に進んだ、豫て江川坦庵の見識時流に卓拔せるを敬愛し屢々書信を往復し議論を鬪はし交情甚だ厚かつた、天保十二年九月坦庵を私邸に招き其の砲術を觀た、坦庵は伎倆秀拔の門下十五人を率ひ砲隊の實地演習を行ひ洋式の秩序整然として進退度に應じ巨礮を運用する事臂の指を使ふが如く砲卒の働作一身一體に異ならず、不規則不統一なる一騎打の戰鬪に慣れ亂雜喧騒で百姓一揆の如き演習を見馴れし目に初めて洋式の號令動作を見て幸貫は大に悦び斯の如き砲隊今日我國にあらば今後數年の後引て全國に及ぼし外夷百萬我に迫るも何の恐るゝ處があらんと坦庵を激賞し厚く饗應して共に胸襟を開きて語つたと云ふ。坦庵が芝新錢座に設けた砲術教場に入門せるもの二十六藩に及んだ先登第一の入門者は佐久間修理象山であつたと謂はれる。

幸貫夙に尊王の志を抱き、佐久間象山に洋書を研究せしめ其の進言に基き幕府に海防の献策を爲したれども、閣老中反對する者ありて其志の行はれざるを知り老中の職を辭し遂に忠憤して世を去つたが其の遺訓に基き同藩では武器を完備し一朝有事の日に處せんとした、嘉永元年正月には佐久間修理は藩主の命を以て洋式野砲三門を鑄造し、同四年五月には佐久間修理は江戸木挽町に住し、砲術を教授し入門するもの百二十人に達すとある、其後嘉永六年六月三日ペルリが遣つて來てから幕府は沿海警備の任を有力なる十藩に下した、松代藩は其の翌年ペルリ再度來訪の節は神奈川警備の大任に當り和蘭新式野砲二門、牛角大砲二門、本込銃卒百名、鎗刀兵五十名、別に長卷二十振の備へを立て威風堂々と横濱に出陣した時は皆新式の銃砲で世の人目を驚かした。後慶應四年藩論勤王に一致し甲府出兵越後出兵等にて軍旅に繁忙を極めた。會津若松討伐の時には米利堅ライフル砲二門并に四斤半旋條砲一門を率ゐて偉功を奏した、此時「薩長眞田に大砲が無くば官軍破るも何のその」と敵をして謳はしめたのである。斯くの如く藩の武器は充實して居たが藩の財政も尠からず疲弊に陷つた、素より是より先き藩は幕府に事へた時代から種々財政上の不如意にあつたが維新の際には益々窮乏を告げたので藩物産會所の大谷幸藏を擧げ横濱に生絲蠶種販賣所を設け松代藩內產出の全部を引受け販賣し其の金を一時藩で借り上げ戰爭平定の曉消却する案を立てた、卽ち大谷は豫て取引先の横濱外國商館八十一番館のハーブルに生絲を賣り込み彼れより彼が經營する銃砲彈藥等の輸入武器を買入れ盛に藩の軍備の充實を計つた。(中卷第五章第二節參照)(幕末の偉人　江川坦庵、象山全集、象山先生實錄、松代町史)

福井藩では嘉永六年ペルリが來航したので同七月藩士佐々木長淳を江戶表へ出張し大砲小銃の製造射擊法其他造船術を調査し、又島津邸に赴き和蘭コロニヤル野砲、蒸汽機關等を見聞調査し、當時の老中阿部伊勢守方にてボード砲(米國より德川幕府に献呈)を調査し、或は各方面に奔走し和蘭スクーネル型帆船を圖し、或は和蘭步兵操練の圖書類を蒐集譯出した、歸つて福井藩の軍事勃興に貢献し後慶應三年三月には米國に於ける大砲小銃其他軍用品購求の御用仰付られ渡米し三インチ野戰砲八門其の附屬品其他後裝の小銃類百挺を購求し彼地陸海軍學校、大砲小銃火藥軍艦等の各製造所、要塞砲臺其他海岸防波堤等を見學して歸朝後福井藩製造局司事仰付けられた。(佐々木長淳略歷)

慶應二年福井藩は横濱太田陣屋內で佛式練兵所を設け步騎砲の三兵練習所を行つた、練習生は旗下の士及士分相當の子弟より選拔した佛學修業生中の青年八百名もゐたと云はれる。

又越前藩では兵制改革を行ひ鐵砲火藥製造所を起し三岡八郞後の由利公正其の頭取に任ぜられ千二百人以上の職工を使役し銃砲六七千挺を製造した、當時一挺二十五兩の高價格を有せしも皆競ふて其の新奇なる西洋銃を買はんと欲し諸士亦先を争ふて其の下渡を請求し爲に出願の順番により下附するが如きの有様となつた、初め一挺二十五兩外註文十七兩の價格を有せし銃砲は、その技術の練達に伴ひ益勞力と費用とを節するを得て實費一挺五兩より二兩二分迄に廉價に製造し得るに至つた。（由利公正）

佐賀藩では寛永正徳の頃より鑄砲を初め寛政年間には石火矢二十八挺を新製して長崎臺場に備付け更に文化六—八年の交に於て數門の大砲を鑄造したことがある、之等は何れも舊式砲で、一貫目乃至二貫目のものに過ぎない、すべて御武具方より鑄物師又は鐵砲鍜冶に命じて製造せしめたものであつた、然るに天保の初め頃よりカノン、モルチール、ホウヰツスル等の新式巨砲渡來し之等砲術の研究を始むると共に其の鑄造方法をも考究せしめてゐた、天保十三年十月に至り十五御茶屋に藩營の蘭傳石火矢製造所を設け、新式法の鑄造を開始した、弘化元年より新式砲を鑄造せられた、然れども是等は何れも銅製砲であつて未だ鐵製砲を見るに至らなかつた、これ鐵の熔解は銅の如く容易でなかつた、然るに幕末に入り諸藩で鑄砲事業の盛んに行はるるに至るや、忽ちにして其の材料たる銅の缺乏を來し從つて銅貨騰貴して各藩兵に經濟上非常な困難を感じた、しかのみならず渡來の黑船の搭載する大砲は殆ど鐵製で、而も銅砲よりも薄き筒身にて强裝藥に耐えて威力を示せるより彼同樣の鐵製砲を製せんとの希望が起つたが特種の科學的技術と巨額費用とを必要とするので實行に移し得なかつた、時に佐賀藩に於ては長崎臺場增築の議が起り終に意を決し我國未曾有の洋式反射爐を築造し鐵製砲鑄造事業を創始することとなつた。嘉永三年六月大銃製造方なる役局を設け爾來盛に砲の鑄造を行ひ嘉永六年には幕府の注文を受くるに至つた。（幕末經濟史研究「佐賀藩に於ける洋式工業、江頭恒治」）

**註**　嘉永七年七月佐賀藩主鍋嶋齋正は藩士本嶋藤太夫等をして長崎渡來の蘭艦に就て反射爐及航海術等を研究せしむとある。（佐賀藩海軍史）

高知藩では十三代の藩主山内豊熙の襲封卽ち天保十四年以來西洋砲術の研究奬勵に努力する所があつた、卽ち天保十四年には家臣田所左右次を長崎に遣して高島秋帆に學ばしめ德弘孝藏を江戸に派遣して、秋帆の門人小曾根金三郎に就て西洋砲術を研究せしめたが嘉永元年十二月襲封の豊信（容堂）は大に洋式砲術の振興に努力したのみならず進んで海陸軍の兵制を改革し、更に軍備以外の方面にさへ其手を伸し新時代の要求に順應すべき新政策を實施するに至つた。

田所左右次は秋帆失脚の後はその高弟周防岩國の有坂氏に就て西洋砲術を學び歸國後自邸に鑄立場を設けて大砲鑄造に從事した、一方藩で藩直營の鑄造場を建設した、夫れは嘉永六年の頃である。安政年間益々鑄砲事業が盛であつた、一方には又造船事業に手を附け安政元年には初めて蒸汽船の雛型を造つた、又文久三年以來蒸汽船を購入し、海軍の充實に努めた、彼の坂本龍馬の海援隊の創設の如きも彼が文久二年に脫藩して勝海舟の門に入り爾來航海術を修練し還つて高知藩附屬となり大に蘭商より砲銃を買入れ國產品貿易で外國商法に活動したのも有名な事蹟であつた。（江頭恒治「高知藩に於ける幕末の新政策」）

尙後日瑞西人より武器購入した際の記錄の斷片として次ぎの書類がある。

以二手紙一得二御意一候然は貴國商人フハーブルランドより舊土州藩へ約定の小銃渡方期限旣に相過候得共渡方無レ之依て約定書に基き兼て相渡有レ之候手附金二口合壹萬五千兩外に約定の利金とも相添差戾候樣大藏省八等出仕北村泰一より再三

及ニ掛合一候得共彼是申張不ニ差戻一不都合の事に付早々差戻樣右フハーブルランド氏へ御下命被レ下早速埒明樣御取計有レ之度右井上大藏大輔より拙者迄下命有レ之候に付此段及ニ御掛合一候以上

明治五年壬申三月五日

神奈川縣令陸奥宗光

瑞西聯邦總領事　シ・ブレンワルド貴下

右は神奈川縣廳の記錄であるが土佐藩が武器の購入に際し外人と紛々を釀したことが新政府の手で解決すべく着手したものである。

水戸藩では藩主齊昭大に富國强兵を眞向にかざして進み、軍政の改革、農兵の編成、砲臺建築、大砲鑄造及び彈藥武器の製作其他金穀を蓄へ、學制を修め、蘭學生を養成する等凡て前來經營せし諸事業は大伍安政元年齊昭が海防參與を辭退して後の藩政に專念せる時代に起つた。

齊昭は亦密かに幕臣箕作阮甫に囑して和蘭人の造船、造機に關する書籍「水蒸船說略」を譯せしめし事あり、或は土佐の漂民中濱萬次郎を召し、親しく造船の事を下問し、安政元年二月には横濱碇泊中の米艦に大場大次郎伊藤八藏、鱸半兵衞、荻信之介を派遣して、構造裝置を視察せしめ、七月には長崎に荻信之介、菊地富太郎等を差遣し、軍艦傳習の術を蘭人に就き學ばしめ、信之介はボンベンカソンの雛形を模造したと云ふのみならず水戸藩にては早くより先手同志組を銃隊に改め、高島秋帆の術を取捨折衷して、夙に大極陣を案出せりと云ひ、後更に洋式に近い神發流を採用したから砲術や洋式兵制に於ても西洋知識が相當普及してゐたと見られる。又反射爐の建設に就いては熊田嘉門、大島總左衞門、竹下淸右衞門の三士が貢獻する所大であつたが、彼等も亦蘭學者出身であつた。

水戸藩の銃砲製造事業に就ては齊昭は天保三年從來の大砲車架を改良製作せんとて之を砲術師範山國共昌に命じ、更に海外の砲書を蘭學者をして閲せしめた、七年より大砲を製造せしめ嘉永六年米艦の浦賀に來航するや齊昭は阿部正弘に內議し海防焦眉の急に應ぜんが爲、車架大砲七十四門を献上したのは有名であつた、又五丁矢場と稱する大砲射的場を作り安政元年には神勢館を起し大砲彈藥の倉庫并に修學所、製藥所、敎師の館舍も設備した、爾來銃砲の射的、銃陣の演習其他製砲の設計、海陸砲の車架、機動器、測量術、火藥製法に至るまで總て火器に屬する諸技は皆此の館中に學ばしめた。

又嘉永六年より安政元年に至りては齊昭は郡奉行金子敎孝等に命じて地を那珂港附近にトせしめ反射爐を建築せしめ同二年竣工し鐵製砲を製出した、同三年初めてモルチール砲の鑄造に着手し十二月には第二基の反射爐が竣成し安政五年には三百五十貫モルチール砲の鑄込を爲した、爾來盛に製砲したが元治元年天狗書生の血戰で反射爐も兵火のため壞滅した。(宮本又次「水戸藩に於ける幕末の新事業」)

羽前庄內藩は明治戊辰の東北戰に王師に抗したが其の前から新潟にあつた外商エドワード・スネルに依托し酒田の豪農本間友三郞の名義で軍器の注文をした書類が庄內藩家老石原金右衛門の懷中から洩れた、本間家は當時藩に巨萬の軍資金を献じたので其金で軍器を購入したものか其際のスネルとの條約書が今存してゐると云ふことである。卽ち左の如し。

覺

左の通註文致度候爲金子前方に四分一遣し候事

サンフランシスコへ取りに遣し候間事により百日ほどもかゝり候はん餘は卅日も過候はゞ参可レ申候

シヤーピス　四十ドルにて

銅ハトロン二百宛添　六百挺　三十兩三分に相成候

一挺先達て四十一枚此度四十枚といたし被下度候

同ハトロン　百に付四ドル　六十萬

惣鐵二帯ミニゲール　十七枚十二兩二分　七十挺

アメリカ、ミニゲール　八枚六兩　三百挺

ビスボル　一挺に付ハトロン二百ヅッ三十八枚廿八兩二分　十挺

ラッパ　七ツ

日本航海圖　九枚六兩三分　五枚

火　藥　但小銃百斤に付二十二枚　五樽

右之通極上之處御差向可被成候以上

庄内藩

辰　七　月　本　間　友　三　郎

エドワルド・スネル君

此外に友三郎よりも庄内に寄せた一通の書狀がある「亦西洋紙に書きたる横文の書付あり、スネルの約定書なるべし、よくわからねばこゝに載せず」その條約書に洋銀五萬二千一百三十一枚などあるは總計の勘定ならん」以上は明治改元少し前の發行で越後の風聞書「乘合ばなし」に載つてゐるとて文明協會發行「明治戊辰」中に寄稿ある市島謙吉稿「明治戊辰の回顧」中に掲載されてある。當時武器購入の規模及び狀況が多少推測さるるのであるから其儘茲に轉載して置く。

又横濱甲九十番の總支配人として活動した英人ウオーターは明治戊辰の役に奥州に入込み、盛に銃器を賣込んだ、ウオーターは日本語に通じ名も楠正兵衛と變名し奥州各藩に武器を賣込んだ現に震災前まで甲九十番の倉庫には古物の銃器が殘つてゐた、甲九十番の門には妙な大砲が門側に据付けられてゐたのは賣殘り物を利用したものか。

慶應元年九月和蘭へーグ留學生深太郎左衛門が日本使節柴田日向守より火藥製造器械の買入を托せられ一萬二千弗を預り米國の火藥製造所に職工となつて入込み器械師に懇意となり同三年五月器械を購入歸朝したが維新の變革で成立しなかつた。

安政六年の横濱開港となつて魁けて乘込んだ上州草津在三原村出身中居重兵衛は其の前から火藥製造に着手し又高島秋帆より砲術を學び舊幕の諸侯に出入し火藥等を納めたが、開港と共に貿易商となつて外國貿易に從事した、生絲の賣込には一頭地を抽いた豪商であつたが諸品を賣買して殊に武器輸入に就ても外人と聯絡を取り大に活躍したものであつた。（中巻第四章第一節第二項參照）

下總佐倉の藩士西村勝三は天保七年に生れ有名なる學者西村茂樹の弟である、率先して新事業を開く始め砲術を研究して佐倉藩の砲術助教となる、開港後横濱に出て商業を營み銃砲砲彈等を諸藩に賣込むことに從事した。幕府を始め各藩でも攘夷論が起つて外敵對抗は勿論、對內的にも幕府と諸藩就中關西雄藩との關係は頗るデリケートなものがあつて暗中飛躍で盛に横濱で武器の取引は行はれた。

當時銃砲はゲーベル、ミニー、スナイドル等の種類があつて、高價の時十八弗―二十弗の價であり、後十三弗餘となつた、明治二年二月發行「もしほ草」第三十四編に「去年の戰爭に諸大名つまらなく數萬兩の金を出し銃砲を買ひ入れ、用ひ方も知らず、其金は皆役人が君侯を欺き、自分の懷中にちやくぼくなし、其金高の品物は買はず、兵隊の勝つもまけるも死ぬも生るも搆はず、只安き品のみ買ひ入れ、君侯をだませしこそ、苦々しき事どもなり、薩摩長州の如きは彼の戰爭の後は忽ち外國人につきて「ライフル」砲を用ひざればかなはぬ事を學び、アメリカ內亂中發明せし尤も結構なる武器を買ひ入れ「ケーベル」といふやくざものを買入たる奥羽の大名を散々と追散せり」と揭げてゐる。又慶應三年發行「萬國新聞紙」にライフル、線入銃、施條銃、焰硝等持合せの賣物有る旨の廣告したるもの多きを見れば當時本邦諸大名が爭つて銃器買入に競奔したる態が窺はれる。

殊に幕府の武器輸入に至りては甚だ巨額に達するものがあつたが其の詳細の統計は極めて漠然たるものであるが今「横濱開港五十季史」に據れば慶應二年中に幕府が佛國へ註文したものは

| 名稱 | 數量 | 名稱 | 數量 | 名稱 | 數量 |
|---|---|---|---|---|---|
| 元込銃 | 一〇、〇〇〇挺 | 山戰砲 | 二バッテリー | 元込銃(二十四入) | 二三櫃 |

| | | | | | |
|---|---|---|---|---|---|
| 加列印 | 五、〇〇〇挺 | 騎兵の劍 | 六五四挺 | 加列印 | 二三櫃 |
| 騎兵隊ムスケツトン銃 | 四〇〇挺 | 大砲火藥器 | 二組 | 同騎兵の分 | 六櫃 |
| エニヒイルト形小銃 | 五、〇〇〇挺 | 紺羅紗 | 一二〇反 | 同騎兵の分(二〇挺入) | 九〇櫃 |
| 短銃 | 一、〇〇〇挺 | 木綿の襦袢 | 三、〇〇〇 | 騎兵の装具 | 五〇〇人分 |
| ムスケツトン大砲 | 不明 | 股引羅紗 | 九筒 | 馬上大砲隊装具 | 二五〇人分 |
| 歩兵隊装具 | 二五、〇〇〇人分 | 小銃 | 三五櫃 | 野戰砲 | 一バッテリー |
| 大砲隊装具 | 一、二五〇人分 | 羅紗 | 四櫃 | 砲銃修復の器具 | 二組 |
| 黒羅紗 | 二〇八反 | 衣服 | 九櫃 | 小銃 | 三九種 |
| 兵卒着用の羅紗 | 一、三二四枚 | 小銃 | 四一櫃 | ムスケツトン(二〇挺入)(同) | 一七櫃 |
| 下股引 | 一、五〇〇 | ムスケツトン | 四櫃 | 兵装具 | 二七三種 |
| 加列印(二〇挺入) | 三二種 | 元込銃(二四挺入) | 九四櫃 | 加列印 | 五五櫃 |
| ムスケツトン | 一櫃 | 同(同) | 四七種 | 同騎兵の分 | 四櫃 |

以上の代金は如何程であつたか不明なるもこの支拂殘りを明治の新政府が拂つた分だけでも三百三十三萬八千七百五十法であつたと云はるるから總額は多數に上つたであらう。

又諸藩に於ける外人より武器の購入額は複雜で更に見當は付かないが其の片鱗を窺ふものに明治四年十二月二十一日神奈川縣令陸奥宗光は各國領事に通牒を發し元諸藩及其の官員が藩用の爲在留各國人より金錢を借入れ、又買取品代價不拂に屬するものあれば、其旨本月二十八日迄神奈川縣廳へ申出づべしと達したので諸外國人は夫れ〴〵支拂請求書を呈出した。（内二本松に關するものを除きては皆武器購入の代金なり。）

| | | |
|---|---|---|
| 一金二萬兩 | 秋田藩に對し貸物代 | 獨逸商 テキストル |
| 一金一萬八千四十八兩 | 借主不明 | 同 上 |
| 一金十六萬〇百九十七元 | 紀州藩に對する貸物代金 | キニフル社 |
| 一金二十五萬千五百七十一元 | 同 上 | 同 上 |
| 一金一萬元 | 弘前縣に對する貸金 | アルビーベークル |
| 一金五千元 | 鳥山藩に對する貸金 | バウイル |
| 一金一萬五千元 | 二本松縣へ絲代前渡金 | スキユルトライス |
| 一金六千弗 | 水戸藩に對する貨物代金 | グロツスル |
| 一金六千弗 | 阿波國に對する貨物代金 | 同 上 |
| 一金洋銀三千八百弗 | 水戸藩に對する同上 | 同 上 |
| 一金六萬八千七百八十弗 | 加賀、眞田、藤堂、長州、仙臺、富山の諸藩に對する同上 | 瑞西商人 シエンドテー・フアブルブランド |
| 一金六百四十五弗五十五仙 | 紀州藩へ立替金 | ケツホン |
| 一金一萬〇四百四十二弗 | 同 上 | キニクル |
| 一金千百二十九弗七十四仙 | 借主不明 | ボードウイン |

計 三萬八千〇四十八兩
四十四萬七千七百六十八元
九萬六千七百五十六弗二十九仙

又慶應三年に佛國へ派遣された德川昭武一行に付いて行つた英國公使館のアレキサンダー・シーボルトが英國外務次官に報告した手紙の內に「旣に約三百萬フランに相當する銃器、長靴、毛布、佛式軍裝、約一萬人の軍隊編成に必要なる軍需品が佛國士官の指揮により撰擇日本に送られた云々」とある。

薩長等の大藩は米國製新式鐵砲スナイドルを購入したが幕府は、役人が腐敗してゐた爲か、和蘭製舊式ケーベル砲を買ふて御金藏を空にした云々と風聞されたものである。戊辰前後には橫濱で輸入せる銃器は二十萬八千挺此の價格二百九十三萬圓に達してゐる「六合新聞」明治二年三月二十日の二百五十三號紙上には「辰年卽明治元年春以來橫濱にて賣れたる鐵砲の數を聞しが夥敷事なり、小銃凡十二萬挺、ピストル一萬足らず、橫濱ばかりにての賣高の如くなれば長崎兵庫箱館其他にて賣たるを集なば小銃凡十六萬挺、ピストル一萬五千と見積、小銃一丁の價平均十五弗替として十六萬丁の高二百四十萬弗、ピストル一丁の價是も平均十五弗として一萬五千の高二十二萬五千弗、此二口合せて二百六十二萬五千弗、一弗金三分の相場として總金高百九十五萬二千兩程なり」とある、而して是が輸入は佛人アボネ（第六項參照）の周旋に基くものが多かつたと謂れる。

**註**　其後我國でも製造が發達し明治十三年には獨力創案の優秀な鐵砲が砲兵少佐村田經芳（後男爵を授かる）に由つて發明され世に云ふ村田銃で世界に誇るべきものであつた。

此頃諸藩では軍艦用汽船を購入するものがあつた、文久二年長藩で英國ヂヤーデン、マゼソン商會の所有ランスフォード號（汽力三百馬力　長サ二百三〇呎）を同商會の橫濱支店長ケセウイッキ及英國領事ガワルの斡旋で價格拾貳萬弗餘で購入した、其時船價支拂に要する洋銀買入の事を橫濱本町二丁目伊豆倉商店の番頭佐藤貞次郎に委託した、彼は一時に多額の洋銀を買入れらるゝ時は弗相場遽騰の爲め同店買入商品の價格に影響し損害を蒙ること尠からぬを慮り一手引受の契約を得ば漸次に買入れらるるを得て相場騰貴の憂なく同店の損害を免るることを述べ無手數料にて引受けた、今貞次郎の筆記を見ると當時の事情が明瞭で頗る興味深いものがある。

頃は文久二年壬戌の秋毛利大膳大夫公軍艦の御入用有レ之により横濱在留の英商一番館より三百馬力の蒸汽船一艘御買入に付ては、洋銀拂渡の日限約定あれども、其頃は横濱市中洋銀甚僅少にして、今時の如く英國より銀行の出店はあれども札と云ふは未だ通用せざる時なれば、商賣上何れも正金銀なり、故に洋銀一萬以上の取引あるときは一個の洋銀にて銀三分五厘の高下あり、其頃予は江戸新和泉町大黑屋榎本六兵衞方に在て、横濱出店本町二丁目伊豆倉に在留し、西洋物品買取を支配す、依て日日五千或は一萬の洋銀を買入ると雖も、五人七人の手先を以て買取る故に、厘毛も相場に響く事なし時に文久二年の秋予河崎の大師參詣の歸り、神奈川臺町下田屋文吉方に泊す、元より文吉と懇意なる故なり、其時文吉曰く、此度長州公には英一番館より軍艦一艘御買入に付多分の洋銀御入用の趣なれば、洋銀買入御用御引受相成ては如何やと懇談あり、予曰く、長州公に於て洋銀買入の事他に御依頼有レ之しや、文吉曰く、未だ他に御賴之樣子は無レ之、唯元長州の人にて赤根（忠右衞門と稱す老臣浦靭負の家臣なり）と云ふ人あり、此人横濱にて石炭商なれば此者方に長州の方は往來さるるのみ、外に中島屋半兵衞あれども、是は洋銀の事には手は出す間敷、依て此事を君に勸むるなり、然らば洋銀買入の御用は願度ことなり若し他に御依頼あるか、亦御咄しにてある時は、實に商法上困却することなり、如何となれば洋銀の高下は買品の損德に關する故なり、文吉曰く、然らば長州御役人に可二申上一と其翌朝右役人予に對面致し度趣申來る、予文吉同道にて其席に至り見るに奥座敷の上段には山田亦介君正面にて竹内庄兵衞君、波多野金吾君（後參議廣澤）、志道聞多君（後井上侯）其外夫々列席なり山田君曰く、其方は横濱伊豆倉の番頭なるや、此度横濱に於て軍艦御買入に付多分の洋銀入用なり、其方洋銀買方出來すべきや、予曰く、洋銀御入用の數は何程に在らせらるるや、答、凡そ十五萬弗、予曰く、三十日の内ならば必ず出來申すべし、竹内君曰く、洋銀買入の手數料は何程なるや、予曰く、壹萬貳萬の洋銀なれば一枚に付銀二厘五毛の手數料なれども、十五萬の多額なる故無錢にても宜敷譯なり、其時役人は不審なる顔色にて云ふ、總じて町人は口錢手數料を取て生活を爲す、然るに多額の買入故無錢にても宜敷き譯は何故ぞ、予曰く其御不審は御尤にて疑あるも道理なり、予洋銀商にあらず、去れ共弊店一手にて多額の洋銀を買入る時は十分の口錢に相當せり、如何となれば長州公は大藩なり、英一より軍艦御買入に付ては、多分の洋銀御入用の事横濱市中に風評ある時は洋銀の騰貴三日を出でずして忽ち銀壹匁以上の相違はあるべし、弊店一手には買入る時は相場の高下壹厘も有るべからず、殊に長州公は軍艦御買入丈の御用にして一旦の事なり、弊店は三百六十日の事なれば洋銀の騰貴は買品の損毛に係る故に今日の相場三拾壹貳匁の間にてあるも、長州にて洋銀御入用とあらば明日は必ず三拾三匁の上に昇るべし予は只洋銀の沸騰を恐るるのみ、故に無口錢にして十分の口錢に當る所以なり、山田君云、然らば協議の上買方を賴むべし、右に付予は歸濱し、依て右の件を六兵衞に語りて云く、實は長州公の洋銀買入度には非ざれ共、相場の沸騰を恐るる故に右の如く申上げたり、左すれば長州公より御賴あらば無ニ掛引一買入可ニ差上一、六兵衞云、元より洋銀買の商法には無レ之も只市中に響き洋銀相場沸騰する時は當方の買品に於て多分之損失を來すべし、尤も夫を恐るる也、扨亦長州公には當方の本心を會得し給はず半信半疑の事なれば、若しや他に御依賴の程も難レ計、左すれば成丈洋銀を買置くべしと、夫夫手配洋銀買入たり、其翌日志道聞多君御出にて町人の姿無刀は勿論紺地に白の花形有る紺更紗の風呂敷に紙入樣の物を包み、頸に卷掛け、伊豆倉見世先に立ち、予が名を呼て云く、今日洋銀五百枚程入用なり、赤根方迄持參を賴む、と因て見世の者忠兵衞に洋銀の相場を記し持せ遣したり、相場は三拾壹匁七八分なり、忠兵衞直ちに立歸りて云く、長州樣は洋銀之相場高しと、如何可レ致や、予云く、さらば予も同道すべし、依て忠兵衞を同道、赤根宅に行き、長州御役人に向ひ云ふ、此洋銀は昨日夕刻の相場にて、今朝は五毛七毛は氣配宜しく、依て昨夕刻の相場にても差上るなり、予は洋銀商に非ず、高價と思召ば他に御求あるべし、予は御免を蒙るなり、忠兵衞持歸るべし、其時波多野金吾君は氣の毒なる顏色にて體能く御申なされ、右五百枚の金を御渡なさる、全く是は赤根氏の懸引なり、右五百枚の洋銀にて予が懸引なく他より安價なる故、言行不違を御承知ありしか、夫より洋銀買入は悉皆予に御任せなり、追々御役人も不レ殘御引移にて、伊豆倉の二階は長州御役人の住居となれり、尙又右金の眞文草文引換も御委任にて、二三ヶ月の間伊豆倉店は長州人計なり（中略）扨長州公には其褒美として六兵衞へは金百兩御米百俵、予へは金五拾兩御米五拾俵尙亦予は別に長州家御用達を申付らる。（井上伯傳）

右の洋銀買入に支出したる金は江戸麻布邸に貯藏したる所謂穴藏金なるものを用ゐられた。毛利家には麻布龍土町に中屋敷があつた即ち今日第一聯隊のある處である、上屋敷は今日の日比谷櫻田門外であつた、而して中屋敷は一に檜屋敷とも稱した、四萬何千坪もある廣い地所であるから其内へ色々の物を設け山あり、谷あり、池あり、森もある、其處へ非常な堅固なる穴藏を設けられてあつた、地下に深く穴を堀り、石で疊み、其内に穴藏を造り、大切なる物を貯藏した、之に貯へた積立金を穴藏金と稱した藩邸を守つてゐたのは村田藏六後大村益次郎であつた村田は蘭學に通じ砲術軍學に精しく、武器の購入に盡瘁した。

斯くて山田亦介船長に任ぜられ志道聞多、長嶺内藏太、大和彌八郎、繩田常之助、遠藤謹助、森重健藏等乘組士官となつた試運轉の爲め總州海岸を回航した時は指揮者運轉手等皆外國人を傭使したが攘夷を實行するに外人を傭使するは不可なりとの反對出でて遂に藩士土屋平四郎幕府の海軍奉行勝安房守の塾に在つて機關學を修め居れるを以て之を招きて壬戌丸乘組を命じ運轉の任に當らしめたが土屋未だ其の術に熟せないので其の師庄內藩士高木三郎を薦めた、高木三郎は當時安房の塾に在つて機關學を教授したが其の助力により横濱より西川沖に回航したが高木以下未だ技術に熟練せないので隨分失態を演じ笑柄が多かつたと傳へらるる。

**註** 露艦が伊豆沖で難船をして戸田浦で船を造る時に長州から見に行つた、それで向ふの技師を雇つて歸り安政三年に萩の小畑の戎ケ島で丙辰丸といふ船を造つたが、後に露西亞の船では満足出來ぬといふので長崎に行き更に蘭人の上手なものに就て圖を引いて萬延元年に庚申丸を作つた、何れも馬關の攘夷戰に參加して功名を顯はした。

尙武器のことに就て曾て高島嘉右衞門が語りたる面白き逸話がある、本項の終に附記するは興味深い珍聞であらうと思ふ。

佐賀藩士力武《リキブ》彌右衞門氏は夙に蘭學を學び事理に精通して、亦能く先見の明あり、今より五十餘年前自己の工夫を以て蒸汽船の模型を造りしことあり、其の模型は今尙ほ佐賀縣博物館に保存せらるるといふ、斯の如く其識見の非凡なりしにも拘らず、身分は至つて輕く、鍋島家に仕へて漸く下目付に過ぎざりき、同氏江戸に出で、一日余の宅に來り余の讀書するを見て、汝は何等の書を讀みしぞと問はれしかば、四書五經等を素讀し、太平記を始め幾多の軍書をも見たりと答へぬ。當時余は十四歳に達し軍書の噺などに至りては多く人に讓らざるべしと、心竊に自負する所ありき。同氏笑つて「然らば折を見て我が屋敷に來れ軍事の話を聞かしめむ」と言はれしより、初めて力武氏に接近するの機會を得、爾後屢々同氏を訪問する間に、氏の曰く「從來和漢の戰爭は石を積み城を築き、之を根據として攻守するの狀宛も猿蟹合戰の如く、將に小兒の遊戲にも譬ふべし、之に反し西洋諸國の軍器は軍艦、大砲、小銃を初め百般の精銳なる利器を應用し、軍法も亦巧妙を極むること到底東洋各國の比にあらず」とて其實況を詳述せられフト傍なる小瓶の栓を拔かれしに、余は俄に眩暈を催し卒倒せんばかりなりしを、氏は直に起つて傍の障子を開きて其氣を放散せしめ更に語つて曰く、是は蘭語にて「スラレヲカ」と名づくる毒藥にして、西洋にては此種の藥品を彈丸に裝入するを以て、發射したる彈丸が敵に命中せざる場合と雖も、其爆發の際發散せる毒瓦斯の爲に、敵の卒倒する威力を具ふること往々斯の如して、此の一場の說明は余の腦中に蓄積せる軍談の知識を疑惑するに至らしめ、爾來屢々力武氏に接見する間に西洋の窮理、化學、機械等に亘り一層詳細なる新知識を得て、餘りの不思議に感じ茫然自失し、余が思想界に一大動搖を來したり、之れ米國水師提督彼理の浦賀に來航する九年前の事に屬しき。（高島嘉右衞門自叙傳）

**註** ダイナマイトの輸入は何年であつたか分らぬが其の發明は千八百六十六年慶應二年にスェーデンの科學者アルフレッド・ノーベル博士に據つて行はれ文明向上の資として歡迎されたものであつたが其の猛烈な爆破力に依つて往々悲慘なる事件を惹起したので博士も深く自省して死期に臨み遺言して自己の遺產百九十六萬一千五百九十磅を基金としてこれから生ずる利子を世界優秀な學者間に賞金として提供することとなつた。所謂ノーベル賞が是である。

### 第五項　外人の見た最初の橫濱

牢固なる鐵壁は捏ね破られて顯はれ出でたる鎖國日本の橫顏は太平洋の玄關たる橫濱の一角に晒された、久しく憧憬した西洋各國民は後れを取らじと我も我もと競ふて此處に馳せ付けた、扨て開放されたる秘密仙境の尖端に攀上つた外人の感想や如何。

千八百六十一年四月十九日文久元年三月十日二世シーボルトが父と共に長崎から上京し始めて橫濱へ上陸し大部分溝や泥濘に充されて居た此の港町の生ひ立ちを體驗することが出來たと云つて次ぎの樣に述べてゐる。

橫濱には數多の住宅が日本政府から外國人の爲めに設けられてあつたが、是等のものは條約によつて外國人の交通に開かれた町の、神奈川の恰度向ひ側にあつて深く港を被ふ利益があるが神奈川は砂地になつて居た。幕府にとつて此の神奈川は、外人の居留地としては京都から江戶へ通ずる驛道、否寧ろ軍道にあるといふ不利益な點があつた、此の國の大名は悉く、此の道を武裝した護衞兵や全部隊を率へて往來し、其の武士の排外的氣分の爲めに衝突は免ぬがれぬらしく思はれた、此の懸念は其の後も英人リチアートスン殺や生麥に於ける書記や將官の負傷が證明してゐる樣に事實となつて現はれた、不思議なことには領事連も外交上の代表者も此の日本政府の杞憂には殆んど通じては居なかつた、商人連は是れが爲に橫濱へ移住しようと思つたから、領事連は殆んど僅かのものを除いては神奈川に留まつて居るものもなかつた、外交上の代表者側からは日本政府は此の橫濱を內地との交通を遮斷した第二の出島とする積であると思はれて居たが是れは或る程度までに過ぎなかつた、なぜかといふと、橫濱は堀や門で全く遮斷されて、外人町はユダヤ町の樣に全然孤立されて居たからである。それでも是れ等の外國人を出島の和蘭人の樣に幽閉することは出來ず、一年に數日だけは外出することが出來た、外國人が市中へ出入する場合には少しも抗束されることはなかつたが日本人が番所を通過する場合には嚴重な檢査が行はれ特種の武器を所持するものは、特別の通行證がある場合に限つて許されて居た、然し再三橫濱では外人殺害の企てが行はれたことは否めない。此の場合の凶器は大抵刀であつたらしいが着物の下に隱くされて居るか、若くは其の共犯者の手で丸太や材木の中に隱匿されて居たものであらう。是等の襲擊の理由は政治的關係の場合に見る樣な政治的のものであつた。

橫濱の建物は非常に地味で陰氣臭く、大抵は低い張出し屋根のある一階建で、宅地ごとに皆黑塀が圍らされ又同樣に黑い歌舞伎門で閉されて居た。

とある、更に其の姉に宛てた書翰に。

此の橫濱の町は近頃になつて始めて、泥土の上に造られたもので、家屋は悉く塀を圍ぐらされて且つ黑塗になつて居りますから、外觀はまるで牢屋の様です、毎晩戸外では人殺がありますので町を出歩く勇氣のある少數の西洋人でさへ、すつかり武裝して居ります、そして此の人達が部屋に歸れば私共ならば帽子とか外套を脱ぎ捨てる様に短銃や軍刀を取り出します。

と書いてある、當時の物騷極まる光景を到着速座に報告してゐる。（シーボルトの最終日本紀行）

開港後今日迄數十年横濱に永住する外人は益々減退し今日京濱間に居住するは十人內外と稱せらるるに過ぎないが其の內英國人ジョン・ゼームス・マールマン John James Marhlmann は千八百七十一年明治四年汽船エムペロ號の一等運轉手として上海より横濱に到着し此處を第二の故鄕とするに至つた、彼れは海上生活より退隱後種々の著述をなしたるが其の內「老海員の追懷」と題する書は彼れ永年の航海中の出來事や其他日本に最初到來せし頃の感想を記せるが故此の最後の點に付摘記せんに。

何れの外人も日本の瀨戸內海を航海する時又神戸より横濱に達する間に彼の靈峰富士を嘆賞せざるものはあるまい、日本沿海を航行する吾人の印象は殆ど皆一様であらうと思ふ、當時日本政府は外國船の定期傭船契約及外人高等船員の雇入れに全力を注き居る際で丁度吾々が横濱に到着せし頃日本政府は前名「プロミセ」なる外國汽船を傭船とし横濱丸と改名し予と共に下船したる「プレブル」船長を招聘することとなつた、是れ予が日本に永住する因緣とはなつたのである。

偖て上陸後第一に驚愕せしは道路にて外人居留地と稱するも道幅甚だ狭く外國の市街は直線に道路は並行し兩端は直角なるを常とするが、此處は變轉萬化の狭小且つ彎曲せる道のみで、勿論人道車道の別も無い否な或る部分は全然通行し得ない程で、人家は今日の山下町及南京町に外人の店舗が此處彼處に散在するも大部分は沼地又は空地にて夜間は步行困難なる位外人としては殆んど豫想し得ざる處である。

横濱開港と聞いて駈け付けた外人が上陸第一步の印象は此の如く失望に終つた。更に彼は知友を介して謂ふ、「千八百六十年萬延元年山手町は存在せず、人家無く野道のある位であつたが、横濱の外人にて開港直後到來し今日生存せる予の親友なる「アレキサンダ・クラック」Alexander Clark 氏の回想談は此の點に付一層興味あれば略述せん」とて知人の說を紹介する。

A. CLARK

千八百五十九年安政六年頃の横濱は貿易港とは單に名のみで外人居留地は勿論日本町と雖も僅計りで其の主要なるは海岸通、北仲通、本町通、本村町、御貸長屋町、南仲通、太田町、吉原町及馬車道通等に過ぎない、道幅の如きは現在の三分の一にも達せなかつた、其後兩三年の內に多少道路の改善をなし外人居留地に達するには吉田橋、西の橋、前田橋及谷戶橋の入口に設けられたる關門を通過せなければならぬこととなつた、且つ是等關門には武裝したる警固の衞士が居て殊に吉田橋は日沒後には通行者は一々吟味せらるるのである、是れは當時浪人が居留地內に侵入することを當局が非常に警戒した爲である。

以上の外本町通りの入口にも大門を構へ、大小二刀と鎗に身を固めた武士が門番をなし通行人を吟味し朝夕門の開閉を司どること上述の四大橋關門と同一である、而し此の大門は千八百六十六年（慶應二年）の大火に其の方面に於ける多數の民家と共に燒失したるが、其後本町通りと居留地の一部は地上げを行ひ、道幅も擴張し改善を加へられたが其の頃今の英國領事館の筋向ひにて關東大地震前迄稅關のありし處は獄屋があつて近邊は可成り陰氣で夜間には通行人は無かつた程である、尤も當獄屋は戶部の縣廳官舍の近所にあつて監獄の出張所の如きもので重罪人を置くこと稀れであつた、殊に斬刑等は戶部で執行された、又四大橋の內にて吉田橋は最も要處とせられ何れよりも警固を一層嚴にしたるが殊に淸水某が英人バード中尉の鎌倉より橫濱に歸る途中を要擊せし時、其れより佛人カムス中尉が乘馬通行中程ケ谷にて虐殺せられたる後當局は非常に神經を尖らし一層警戒を嚴にし外人居留地への關門は日沒後は閉鎖するに至つた、上述の外人殺害者は打首の處刑後彼等は何れも吉田橋入口に曝首とせられたのである。

當時開港場裡の狀景手に取るが如く、外人より見たる異樣の觀察、隔世の感あらしめる。尙彼は特筆して謂ふ。而し吾人の光榮とするは千八百六十八年（明治元年）十月十二日京都にて卽位式を行はせられたる　明治天皇陛下が同年十月二十九日新たに帝都と定められたる東京に向ひ御出發あらせられ、東海道を御通過あらせられたる際外國の公使や領事の外吾々橫濱在住の外人に程ケ谷――神奈川間の沿路にて御行列を拜するを得たることである、其際陛下は特に外國使臣に御乘物の近くで直接に拜謁を許し給ひたるが使臣外にて拜謁の光榮を得たる者にて今日生存する者は予（クラック）一人であらうと、氏は彼れ一生の內にて最も幸福の一つとして數へて居る。

天顔を咫尺に拝したることを光榮として而も一生の內に於ける最大幸福として牢記する處、流石に永らく我邦に滯在せる外人丈あつて頼母しい。最後に彼は又日本人觀に於て一語を附加してゐる。

日本人に對する吾々外人間に於ける共通的印象は大體好感であるが殊に婦女子は歐米人と異なり穩和なること及快活なることは特長とするに足るのである、但し若し缺點を擧ぐれば無意味の笑ひをなすことである、又教養ある男子は喜怒哀樂を妄りに顏色や擧動に現はさざることにあるが其の反面には他人との應接に際し少なくとも表情の無愛想なるが通常である、是等は大部分封建時代の武士道の遺物と見るを至當と感ぜらるるのである。(Reminiscences of an antient mariner. by John James marhlmann.)

洵に其の批評の通りである、日本人の無表情を以て封建時代武士の習慣と斷定したるは又一方の觀察である、開港當初に來た外人間には極めて物足らぬ感じがしたであらう、而して婦女子を賞賛したることは是又諸外國人の一致したる意見であるが其の無意味の笑とは又不氣味な評言である。

千八百六十三年（文久三年）四月横濱に入港した佛國東洋艦隊セミラミス號に乘込んだ主計アルフレー・ルーサンが記錄に見えたる當時の横濱を描寫したるものに。

横濱は埋立地にして東方に面したる二の市街より成る、北街は日本人の住する所にして、神奈川に接し、木造の家屋櫛比せり、南街は歐羅巴人の住する所にして家屋の周圍は繞らすに廣大なる庭園を以てせり、外人の家屋は通常の殖民地の建築風に日本の繪畫的の建築を巧みに配合して之を造り、石を削りて土臺となし、彫刻を施せる木材にて造れる廊下は建築物を繞り、屋根には黑瓦を載せ石灰を以て之を接せしめ、其狀頗る美觀を呈せり、市の海岸に繞らすに大堤を以てし、處々に屹立せる旗竿は問はずして各國領事の國旗を揭ぐるものたるを知る。道路は狹くして區劃なく、通行者は稀にして街頭靜かなりと雖も、時に世界各國の人民の群集するを見る。日本街は之に反して喧囂甚だしく南北兩街の境に海に沿うて稅關の設あり、貨物の出入は皆是に於てす、少しく步を進むれば日本商人の商店は舖を設けて花客を招くあり、蒔繪、陶器、絹織物、象牙細工、其他珍奇巧妙の工藝品は購客をして遂に其嚢を傾けしむ。

日本街の喧騷、外人街の靜肅と世界各國人の入り交つたる光景左もあらんと想像せらる、而も日本商舖の店頭にある商品の羅列と云ひ財布を傾けしむる賑ひ正しく其通りであつたらう。又日本人住居の有樣を語りて、日本家屋の特性は非常に淸潔なることなり、床下一二尺もある板の間の上には、厚さ二三寸の蓆を布き、其淸潔なることは日本人が履物を拔き棄てて上るを習慣とするを見て知るべく、若し然らざるときは大無體なることとなり。障子には小車を付けて運轉を自在にし、長方形の格子は紙を以て之を張る、家具としては書き物の用に供する机と火鉢の外は他に一物なく、火鉢の上には常に茶を入れたる湯沸しを掛け、其周圍に團欒して會食す、夜に入れば障子を閉ぢ戶を以て其外部を蔽ひ布團にくるまりて蓆上に橫臥し、寒き時は大なる夜具布團を用ゆ。

是は當時出稼地の感ある新開地橫濱に住める邦人の居宅の一班を窺ふに足るのである。

普魯西の東方亞細亞遠征隊に經濟事情の視察員として旗艦アルコナ號に便乘し我國に渡來したグスターフ・シユピース Gustav Spiess の書いた「千八百五十九年（安政六年）より千八百六十二年（文久二年）に亘るプロシアの東アジア遠征

記」中の日本に關する記述の內より横濱生活と題する一記事を見るに頗る興味あるものであるが茲に其の一部を抄約せんに。

（略）約二年前から建設された横濱市は目下繁榮してゐる、そして數十年足らずして重要なる商業地として榮えないまでも都市の發生を觀察するには特種の興味を與へて居る、此の市街は沼地に建設せられ現在市街の脊後に在つて然かも何等特種の用にも供されぬ一つの運河によつて居留地を悉く一つの島に成さんとされて居た、此の市街の位置は兎に角僅かに隔りて、森林に被はれた丘の所から初まつて居る、ぢめぢめした低地にあるにも拘らず、氣候は極めて良好であつた、そして今日では既に英國人が彼方此方に見受けられた、是れは支那で惡しくした健康を日本の淸淨なる奇麗な空氣で再び健康にせんが爲めであつた、世間のものから言はれて居る如く此の市街には何一つ、是れと言つて目を引く程のものはなかつた、此處に滯在する和蘭人、英國人、佛蘭西人、獨逸人の數は後者は入國を許されて居る列國の各領事の保護を受けて居る百六十名乃至百八十名以上には上らないだらう。此處に居住する日本人は四千乃至五千名には上らないだらう。

外人が目して居留地を一の島の如く思ひ長崎の出島の如く感じたのも無理は無い、而して英人が多く來つて夫は支那で已に足場を造つてゐるものが渡來したものが相當にあることが窺はれる。

家屋の大部分は木造建であるがまだ部分的なものもある、勿論土藏支那に於けると同様ゴーダウンス Godwns と言はれて居るは確實な耐火性の厚い粘土で造られて居る、總ての住宅は多少我國の比較的上流の農家によく似て居て平屋である、そして青黑い瓦で被ふはれた屋根は必ず設けられてあつて道路から美くしい景色を見えない様にされた黑板塀の外に立てば大抵の場合認め得られる唯一のものであつた。日本人との交際は此處では專ら商人との通商、卽ち機會のある度ごとに商人の要求を益々高めて行く、是等の人々の不斷の取引に極限されて居た、そして是等の場合には相當の條件のもとに最後に賣買契約を結ぶ爲めには大いなる忍耐の必要がある、日本人と此の限りない掛値取引は（然かも殘念ながら此の方法によつて彼等と妥協することは不可能である）此處に居住する外國人に日本と共の住民に對し總ゆる興味を嫌惡ならしめるが勿論是に關して私は婦人を除外しなければならない、それ故誰でも日本人に、平常必要以上に接觸しない時には常に喜んだものである、此處に西洋婦人は約十二名しか居なかつた、未だ社交的關係もなかつた、殆んど僅かしか居ない同國民の僅かな交際のみが恐らく寂寞と退屈とを遠ざけることが出來るやうな場合が常に現はれて居たと同時に共同精神もなく、また誰れでも社交上の興味もなく常に淋しく暮して居た。

外人の目に映じた日本の家屋それも開港後間もなき出稼地で假普請の如き日本の家屋は獨逸の農家の上等な位に見えた、又取引に於ける懸値の多き東洋傳來の習慣には彼等も不快の念を高めたことゝ思はれる、殊に日本人との社交はなく不氣味の殺風景には憂欝たらざるを得なかつたものである。

外國人は大抵自ら家政をとり、數名の支那人の召使と支那人の料理人とを一名宛抱へて居て自分の住宅の中だけで食事をとつたり、或は同國人の誰れかと一緒に食事をとることもあつた、馬鹿に安い乘馬を飼つて居て獵に出掛けたり、時にはホテルを訪づれて此處で唯一の娯樂機關たる撞球を樂むこともあつた、横濱中には未だこれまでピアノが一臺もない、從つて樂器の音も歌の聲も私の耳には入らなかつた、そして杜を打ち込む時に耳を聾しくやうな叫び聲を發する日本の人夫や大工の騷然たる聲は此の缺陷を補ふことが出來ない、其の上此處に滯在する外國人の多數のものは特種の仕事しかもつて居なかつたので若し船が入つて出てしまへば屢々數週間も活動しないことがあつた、それ故精神的並に社交的の刺戟が全然ない時には政治も、大祭祝日も演劇も、社交もない此土地に永く滯在することは我慢することも出來ないし、單調となり、且つ退屈ならざるを得なくなることが了解出來るだらう。

横濱に居る外人生活の單調を語つて長年こゝに滯在することは大なる犧牲であると歎じ數年の內には相當の利益を得たならば誰もが此國を後にするであらうと想像した、而して一轉して商埠地の狀況を語つて曰ふ。

然し交通は最早既に盛んであつた、朝早くから商品の入つた袋や箱が港から積出されたり、海岸へ陸揚げされたりして居る、船は荷揚や積下しに忙しい、茶や生絲は道路を通つて倉庫へ運ばれる、然かも荷を積む牛馬も確かりした道具もなかつたので人手によつて運搬される、人夫は驚異に値する程の體力を持つて居てヨーロッパ人が三人かゝつても耐へ切れない程の荷物を足速に運び去る、斯る場合には大抵上海から來てそして再び其處へ歸航することになつて居る船が約十五艘碇泊して居た、數艘の船は直接ロンドンへもサンフランシスコへも行く、生絲、茶、銅等の輸出は當時の値段が高かつたが爲めに是等の荷物を船に滿載する程充分ではなかつた、それ故積み出される商品は大部分支那か若くはサンフランシスコへ行けば立派な儲け仕事となる、各種の食料品例へば豆類、豌豆、馬鈴薯、魚類等であつた、更に數多のものは木炭、建築材若くは薪木、屑物、ロンドンへ行く樽詰めや鑵詰の菜種油等の積荷をして居る、それ故稅關當時我國で運上所と云ふに於ける仕事は朝から晩まで繁忙を極め、商品や生産品の交易を觀察するのは實に愉快な光景であつた。

横濱港内に於ける商業の殷盛振りも可なり詳しく描寫してある、筆者は前に記せる如く獨逸の經濟視察員たる丈あつて此外綿密なる日本開港前後の事情や和蘭貿易の長崎出島の狀況に論及してゐる。

此の使節はプロシヤのオイレンブルグのフリードリッヒ伯爵 Graf Friedrich Zu Eulenburg を隊長とし千八百六十年（萬延元年）一月八日獨逸を發し途中埃及シンガポール支那を經て九月四日に臺灣に入り上陸して幕府から指定された赤羽根接遇所に滯在（今の麻布飯倉五丁目三四丁目に相當し獨逸公使館と稱して居る普漏西人旅宿とも稱へらる）し九月二十九日公式に幕府に對し條約締結を請ふたが故障が入つて遂に翌文久元年一月二十四日條約調印となつた。斯くて彼等一行は日本滯在五ヶ月にして歸國した。

尙其後に於ける横濱在外人社交會の推移を物語れる横濱在住古參者として知られたるモリソン James P. Mollison の談話を掲げん。

予より先輩の話に依れば在留外人の大部分は男子にて自然社交も甚だ單調にて最初は未だ人家稀薄にて道路も田舍の小道にて何れを見ても野草や小藪又は叢林にて取圍まれ本牧や元町近邊には狐狸の巢穴を見ること少からず、小鳥は籔から籔に山鳩や雉子は枝より枝に飛び移ると云ふ誠に自然と親しむのであつたが予が横濱に到着せし千八百六十七年（慶應三年）より數年後は驚くべき程内外人の住宅激增し自然美を樂しむには不便となつたが居留民の增加と共に倶樂部其他が組織せられ種々の娛樂を求め得らるゝに至りしが何分在留婦人は多くは公使其他公務に從事する人々の妻女にて、例へば英公使パークス夫人、又同公使館員ヘボン博士夫人や、駐在英國海軍々人の妻女其他居留地貿易商數人の妻女合計十二三人に過ぎなかつたが商人として成功者たる「ウイリアム・マーシヤル」William Marshall 夫人は在留外人青年の爲カルタ會其他種々の娯樂會を開催し慰安を與ふることに盡力し青年の母として敬愛された、逐年在留婦女子の數增加するに隨ひ舞踏會其他の社交も催され各種倶樂部も組織せられ、其內競馬及ヨツト等は年々會員增加し盛大となつた云々。

以上列擧せる各外人等によつて覘かれたる開港當時の横濱の面貌は今日より見れば記錄的にも貴重の寫生畫である、殊に言語風俗を異にする外人が始めて接した開港場裡の風景は又一種の興趣を唆るものである。

### 第六項　內外人の相互侮蔑

千七百七十九年安永八年來朝した長崎出島の和蘭商館付醫官イサーク・チチングの記事中に。

日本の高位高官は多く日本を以て世界第一の國なりとするも、斯る輩は井底の蛙に比すべし、是れ日本の有名なる諺の如し。

と喝破してゐる。最初日本に入來つたものは葡萄牙人、西班牙人で、天文天正の頃倶に是を南蠻と呼んだ、次ぎに來航したのが英吉利人、和蘭人である、慶長中で之を紅毛と謂つた、南蠻紅毛の稱は永い間是等外國人に冠せられた難有からぬ通名であつた。

兎角日本人は外人を侮蔑し夷狄と呼び犬羊と罵る、彼の有名なる勤王僧月性の詩にも「七里江山附二犬羊一震餘春色定荒涼、櫻花不ㇾ帶二腥膻氣一、獨映二朝陽一薰二國光一。」と絶叫したるが如き下田條約の彼我當事者の押問答に七里以內外人の自由徒行を許したるを憤りたるものであるが以て如何に當時の日本人の目に眩じたる外人は野蠻視せられたるかは想像が付く。

殊に其の武勇絶倫を自負せることは昔から變りは無い、一朝米艦の突入せる際にも地方各藩には平素から相當武備を誇つて居るものもあつて大言壯語を爲すものは多かつた、面白きは嘉永六年發行錦繪に春芳、勇齊松壽二人の筆に成る泰平武威勇士鏡と稱するものがある、是はペルリが渡來した時、諸藩に於て傑出した勇士の銘々がアメリカ、ヲロシヤの奴原何者ぞと、海邊に躍り出た姿を描いたもので其の記事に。

此度御武備御習轉萬民安堵の爲、公より仰蒙られ御諸侯樣浦賀御發向の御家來方の內勇力殊に勝れし御方々傳聞によりてこれを記す、あながちに是に限らず文武兩道を兼備し御方には星の如く雲の如く集り玉ふ故一々あぐるに遑あらず、昔唐土の關羽は八十二斤の靑龍刀を持し事、けう〳〵敷申待れども今日本の斤量にすれば僅々十三貫百二十匁の目方なり、夫すら古今に無レ之樣におぢ恐る、毛唐人まだそれに劣りしアメリカ、ヲロシヤの奴原、たとへにいふ蟷螂が斧、何の恐る事やあらん、又此度の一大事大日本の御威光を仰ぎ何か願の筋有て來りし事にて別に譯のある事にあらず、されど大君の御仁德深く下萬民の愁ひなからしめんが爲に厚き御心を配らせ玉ふ事なれば人々安堵の思ひをなし四民夫々家業をいとなみ、豐に住が御國恩を難有も恐れ尊ぶべし〳〵。

三十五萬石　近江彥根　井伊掃部頭樣御家中
　大身鎗　目方十八貫目　野口權太夫樣　二十八歲
十七萬石　武州川越　松平誠丸樣御家中
　長刀　目方十貫目　山口宗悅樣　三十八歲
三十五萬石　常州水戶　御館樣御內

鐵　　棒　　目方十八貫目　　今　井　勇　治　様　二十一歳
十　五　萬　石　播　州　姫　路　酒井雅樂頭様御家中
一寸六分　角强弓　矢目方　四十五文目　秋　本　周　助　様　四　十　歳
五　十　四　萬　石　肥　後　熊　本　細川越中守様御家中
鐵　魔　棒　　目方三十二貫目　　溝　口　兵　馬　様　十　八　歳

こんな錦繪が流行せるに徴しても當時日本人の天賦優秀を誇つて顧眄してゐたのが察せらる、劈頭攘夷論が勃發したのも當然の事であつた、而して一概に外夷と呼び洋鬼と嘲つた此の攘夷論者の急先鋒が討幕の素志を遂げ王政維新となつたる時は開國を宣言した。

卽ち慶應四年九月八日明治と改元二月七日議定職島津忠義、細川護久、淺野茂勳、松平慶永、山内豐信、毛利廣封の六人連署の上「井蛙管見の僻論を去り…………上下同心して交際の道、二念なく開かせられ、彼れが長を採り、我が短を補ひ、萬世の大基礎相据えられ候樣專禱奉り候、仰ぎ願くは皇上の御英斷、能く天下の大勢を御觀察遊ばされ、是れまで、犬羊戎狄と相唱へ候愚論を去り、漢土と齊しく視させられ候朝典を一定せられ、萬國普通の公論を以て參朝も命ぜられ候樣」と建言書を提出したのも頗る目に着いた文書である。

ペルリが最初浦賀に來航した時浦賀與力中島三郎助が應對の爲訪問した處、ペルリは官名を名乘らなければ上船せしめないと拒絕したので中島は浦賀副奉行と答へたら、船からは何故奉行自身に來ないかと詰つた、奉行は來られないから是非逢つてくれと云ふので上船させた。ペルリもサルモノ大尉コンチーをして問答せしめた、通譯堀達之助が之に當つた、歸りに明日は上役の者が伺ふと告げた、明日は與力香山榮左衞門がやつて來て浦賀の奉行が來たと云ふので昨日來られないと云つたのに拘らず來たので向ふも本當の奉行と思つた。ペルリはまだまだ安心して逢へない、官位高いものでなければ自身には逢はないと決めて少佐ブカナン、大尉コンチーに應接させた。愈々久里濱で國書受授と決つてペルリは上陸した、日本側から浦賀奉行戸田伊豆守同添役井戸鐵太郎は石見守となつて二人で應待國書の受授が濟んだ、日本側で成るべく下役から段々上役に進んで遂に御大ペルリと會見した、中々の威張り方であつた。國書を受附けて日本政府から亞米利加使節へ與へた書附は實に次ぎのやうなものであつた。

御諭書

國王之書翰及ビ政府之副書共請取又國朝ニ捧ベキトノ儀此所ハ外國ト應接ノ地ニ非ズ長崎ニ赴ベキ由數度諭ト雖使命ヲ耻シメ一分難レ立ト存計リ申立候趣使節ニ於テハ止ヲ得ザル事ナレドモ我國法モ又破リ難ク此度ハ使命ノ苦勞ヲ察シ曲テ書翰ヲ請受候ヘ共應接ノ地ニ非ザレバ應答ノ事ニ及バズ候趣會得致シ使命ヲ全フシ速ニ歸帆可レ有モノ也

とあつた、和蘭譯文には其の語氣を其儘に存して居たがペルリは日本人の待遇が宜しかつたが爲に、是は多分飜譯の惡いのであらう。其實は斯ういふ文章であらうと謂つて餘程穩かに英譯し直したと謂ふことである。

面白いのはペルリが二度目に來て横濱で神奈川條約が締結せられたる時、彼我全權の席に着きて米國側は椅子に倚り日本側は座席であるから之に對等でなくてはと云ふので椅子の高さと均しくするので疊を幾枚も積重ねて其上に座つたのは左もあることであらうが外人から見たなら餘程滑稽に思はれはしなかつたであらうか。

ペルリが用件を果して將に歸國せんとするや、船員に使つた邦人倉藏を日本に殘して置きたいと申込んだ、此の倉藏は廣島のもので十六人の乘組船が難船し内一人病死、十五人漂着して米船に助けられた時、彼は志願して軍艦乘込員となつたものである、今は亞米利加の一民として總ての保護を與へられて居るのであるからペルリも彼に日本に殘つて居れと强ゆることは出來ず彼の自由に任すこととした、其時日本の役人は倉藏が殘つて居たならば殘酷な目に逢ふだらうなどと取越苦勞をするのは寧ろ滑稽で日本の委員は喜んで彼に何等の刑罰をも加へぬといふ保證を與へ直ちに彼を親族知人の許へ歸してやる迄であると言つた、其處で倉藏は日本人の前に召び出された、日本人は言葉上手に熱心に倉藏を說いたが軍艦を離れやうと云ふ心を彼に起させる事が出來なかつた、畢竟是は彼が滯在中に今自分が日本に殘つて居た所で我身の獨立安全は覺束ないと感付いた爲である、然し長い間の習慣は恐しいもので彼は日本の役人の前に引出されると兢々と身を震はして自國の習慣通りに土下座をした、此の卑屈な有樣を見たベント副官は假初にも亞米利加軍艦の甲板上で合衆國の國旗の下で人間の形を具へた者がこんな賤しむべき追從をしてなるものかとて彼に直ちに起上れと命じたのである。そこは米人のデモクラシーと平等觀に對する日本人の階級的意識の極端に濃厚なる相違であつて、兩々對比して頗る興味多い劇的シーンであつた。

ハリス下田から上京して將軍に謁見せんとする時、下田奉行等と打合の節、奉行等は將軍に謁見の際叩頭の禮を行はんことを求めしも、彼は斯る卑屈なる儀式を守ること能はず、歐洲の宮廷にて行はるる如き、三拜の禮式に従はんことを主張した。斯くて愈々江戸へ上り大統領の信任狀を捧呈し將軍と謁見、大統領の信任狀捧呈も濟んで午餐の饗應があるといふので、賜宴の席に通譯のヒユースケンと共に臨むと、主人側の席は甚だ寂寞たるものであつた、ソコデハリスは德川御三家の一人か又閣老自身が陪食に與らんことを乞ふた、然るに幕府では古來の儀式には例が無いと云つて謝絶した、ハリスは世界の例を引いて賜宴の席には主人若しくは主人代理が陪席して親しむべきであると不平を述べたが到當互に儀禮論の一致を見ないで其場の饗應は取止となり、膳部は其の旅館に送り屆けることとなつて漸く皀が付いた。（ハリス日記）

林董「後は昔の記」に次ぎのやうなことがある。

舊幕府の外國奉行が英公使パークスと應接する時、オマヘ、オマヘと云ふ、英國の通譯官アレキサンダー・シーボルト此時漸く十八九歲であつたが、奉行に向ひ公使は國帝を代表する者なるに之を呼ぶにオマヘを以てさるるは敬禮を缺くものであらう、奉行云ふやうオマヘは御前なりゴゼンとは貴人に對する敬語なりと、シーボルト對へて然らば向後はゴゼンと申されたしと云ふ、奉行答ふる所を知らず………

此のシーボルトは親のシーボルトに連れられて安政六年十四歲の時に日本へやつて來たもので頗る日本の事情に通じた怜悧な質であるから奉行も痛い所を一本遣られ閒誤ついた恰好で、ちよつと噴飯に値する。

又橋本左内の手簡の終末に次ぎの一節がある。

ヒユスケン此度進官し後も矢張此迄の扱にて書牘抔姓名書放しとなし被レ遣候處墨吏大ニ立服シ前後ニ尊敬ノ語を加へたるは萬國の通法日本にも可レ有レ之筈夫れをも不レ辨ハ無禮ノ極トヤ怒來リ候由其後ハヒユスケン子ト一ノ子ノ字ヲ被レ加候

由右子ノ字ニハ此方にて飜譯致レ候者大迷惑ト申事因テ云國事ヲ談ジシ手紙ニ子ト申唱ハ此モ萬國ニ可レ無ト笑居候

此の手紙は松平康昌侯所藏で安政四年ハリス江戸幕府の全權と條約談判の時幕府の態度不徹底なる有様を書きたるもので宛名は無い。始の方には「日本より外國へ被レ遣候書簡辭體傲漫の事甚し日本にては禮儀と申事無レ之哉」と嗜め忠言を放つてゐる。又當時米人のことを墨夷と稱し夷の字を附する位であるからハリス通譯官蘭人ヒユスケンに對しても姓名書き捨であつたのを流石に左内は開國論者であつて時に或は日魯同盟論（子爵松平慶民所藏左内より村田巖堂に與へたる長文の書牘）を唱へたる左内から見れば餘りに日本官憲が世間知らずで唯我獨尊的であることを警告したものと思はれる。

海外の新知識を吸收せんとするには洋學を修めなければならない、幕府は安政三年洋學所を改めて蕃書調所と稱した、蕃書とはちと侮蔑的では無からうか、尤も蘭人等もこめて南蠻人と呼び紅毛、碧奴と謂つてゐる位であるから蕃書も已むを得ないか、この蕃書調所に教授をしてゐた古賀謹一郎は茶溪と號し有名な大儒精里の孫に當つてゐる、家學と共に洋學を修めたので親戚知友から批難を浴びた、然るに茶溪は敢然として國際的道義を高唱した、嘉永六年ペルリ浦賀に來り續て露艦長崎に入り人心恟々たる時茶溪以爲く「外人に接するの初めに當り示すに不仁を以てし其侮慢を招く可らず、處置の方宜しきを得ば彼れ無名の衅《キン》血《ヌ》を啓く能はず、且國使は大臣にして國命を承り來れり、之を召し見る何ぞ不可あらんと因て國使を江戸に召し見て可ならん」と上書して用ゐられなかつた、彼も亦當路の人々が餘りに外人を侮蔑することを警告したものである。

內外人が意志の疏通を缺ぎ双方ともに誤解に陷ることは尠からぬもので畢竟彼我の國情相違より來れることは

無理からぬことであるが夫れも現今から追懐すれば我が鎖國政策の結果として海外進歩に遲れたる缺陷も認められ靦然たらざるを得ないものも相當ある。第一開港し通商貿易を爲す根本に於て彼は貿易を富國の要件と爲し、我は之を衰亡の媒介と觀ずるの大杆格があつた。彼は入港すると祝砲を恭敬の式と爲して我は之を恫愒の威嚇と感ずる。英艦が北海に來つた時にも祝砲を遠慮したことがあつた位である。又長崎で露艦が入津した時も祝砲は否忌した。

ハリスが始めて下田に來ても外船が日本沿海の測量をすることを非常に忌んで此前ペルリが來た時測量されたことを憂惧したが之に對してハリスは其の目的は航海地圖を調製して公刊し各艦船は悉く之を購買して航海の指針とするので今や世界各國に於て沿海測量事業の未成なる者獨り日本のみであると語つたので、奉行等は最初外國船の日本沿岸測量を斷行する場合には職務上の大失態として切腹せざるべからずと極論せしもハリスの說明を聞いて大に曉る所があつた。

一般に我が當路者は内外人の接近を非常に嫌らつたものである、彼のペルリが最初の久里濱上陸や二度目の横濱上陸の際にも日本人は近づけぬやうにした。夫れは浪人者流の暴擧でもあつてはとの警戒のみでなく町人百姓の群衆婦人小兒までも出で見せないやうに努めた、外人では可ㇾ成日本人に接して國情風物を視察研究したい好奇心もあつたが一には國民間の意志の疏通を計りたいのである。

ペルリが神奈川條約を結んで下田港の視察に行つた時にも又數日前神奈川で結んだ條約の規定によつて、士官は隨意上陸して自由に市內や近邊を步き廻る事が出來た、而して到る處人民を見掛けたが、彼等は寧外國人を歡迎する方で馴々しく話を交す者もあつた、そして如何にも珍らし相に我々の周圍に蝟集して、洋服を見廻したり又子供の樣に喜んで無中に士官の洋服の釦や劍などを弄つたりして、手眞似口眞似で種々の物の名を聞いたりした、所が日本官憲は人民が此樣にアメリカ人と自由に接近するを許さぬ方針と見えて、武裝した樣々の人達が出て來て人民共を追拂つてしまつた。（ペルリ日本遠征記）

又ハリス日記にも次ぎの樣な記事がある。

艦隊軍醫長ウッド氏は奇怪なる報告を余に致したり曰く「日本官憲は萬止むを得ざる場合を除くの外は日本人民の米人に接觸するを嚴禁したり」と斯くて氏は此の命令を證明すべき一例を語りて曰く「一日日本市場を散歩しつつありし際、日本人突然本官に接近し通譯によりて本官の軍醫なるを知るや、其の皮膚病を診察せんことを求めたり、本官卽ち仔細に之を診察して、直ちに處方を認め、之を本艦に持參して投藥を求むべき旨教示したるに彼れは叩頭數回荐りに謝意を表して馳せ去りしか、一時間許りの後倉皇歸來して其の處方箋を本官に返附したり、本官は彼が前述の意味を充分了解せざりしならんと思ひ更に說明せんとしたるに彼れは遽だしく其頷を振り、手を以て其の頭部を撫して曰く「此處方箋を貴殿に持參すれば我皮膚病を全治するの前余の頭を失ふべし。

殆ど滑稽じみて居るが雙方の考が宵壤の違ひである。

九月八日作業中の大工は悉く日本官吏に依つて監視せらる是れ彼等の盜心を豫防するよりも寧ろ彼等が余と談話を交ふるを防止せんが爲めなり、日米人疎隔の用意至れりと云ふべし。

文久三年竹內下野守、松平石見守、京極能登守等一行の遣歐使節に隨行した福澤諭吉の見聞談中に英京倫敦滯在の時英國某社中の人が國會議院に建言して當時日本公使アールコックが新開國たる日本に居て亂暴無狀恰も武力を以て征服した國民に臨むが如し云々とて種々様々の證據を擧げ公使の罪を責める其證據の一つに公使アールコックが日本國民の靈場として尊拜する芝の山内に騎馬にて乘込たるが如き言語に絕えたる無禮なりと痛論したる節もある、私は之を見て大に胸が下つた、成る程世界は鬼ばかりでない、是まで外國政府の仕振を見れば日本の弱身に付込み日本人の不文殺伐なるに乘じて無理難題を仕掛けて眞實困て居たが其本國に來て見れば公明正大優しき人もあるものだと思ふてます〳〵平生の主義たる開國一偏の說を堅固にしたことがある。

又和蘭滯留中日本使節がアムステルダムに行て地方の紳士紳商に面會四方八方の話の序に使節の問に、此アムステルダム府の土地は賣買勝手なるかと云ふに彼の人答へて、固より自由自在、外國人へも賣るが、直段次第誰にでも又何程にても、左れば爰に外國人が大資本を投じて廣く土地を買占め之に城廓砲臺でも築くことがあつたら夫れでも勝手次第かと云ふに、彼の人も妙な顏をして、ソンナ事は是迄考へた事はない、如何に英佛其他の國々に金滿家が多いとて他國の地面を買て城を築くやうな馬鹿氣た商人はありますまいと答へて双方共に要領を得ぬ樣子で私共は之を見て實に可笑しかつたが當時日本の外交政略は凡そ此邊から割出したものであるから堪らない譯けさ。(福翁自傳)

王政維新となつてからの事である、英國の王子が來遊東京城に參內することになり、表面は外國の貴賓を接待することであるから固より故障はなけれども何分にも穢れた外國人を皇城に入れると云ふのはドウも不本意だと云ふやうな說が政府部內に行はれたものと見えて王子入城の時に二重橋の上で潔身《ミソギ》の祓《ハラヒ》をして內に入れたことがあると云ふのは夷狄の奴は不淨の者であるからお祓をして體を淸めて入れると云ふ意味でせう、所がソレが宜い物笑ひの種サ、其時に亞米利加の代理公使にポルトメンと云ふ人が居まして毎度ワシントン政府に自分の任所の模樣を報知して遣るけれども余り必要でない事は大統領が其報告書を見ない、此方では又ソレを見て貰ふのが公使の名譽としてある、ソコデ公使が今度英の王子入城に付潔身の祓云々の事を探り出して大に悅び是れは締めた、此大奇談を報告すれば大統領が見て呉れるに違ひないと云ふので其表書に卽ちエツヂンボルフ王子の淸めと云ふ可笑しな不思議な文字を書て中の文句はドウかと云ふに此日本は眞實自尊自大の一小鎖國にして外國人をば畜生同樣に取扱ふの常なり、既に此程英吉利の王子入城謁見のとき城内外に於て潔身の祓を王子の身邊に施したり、抑も潔身の祓とは上古穢れたる者を淸める灌水法を行ひしが中世紙の發明以來紙を以て御幣なるものを作り其御幣を以て人の身體を撫で水の代用として一切の不淨不潔を拂ふの故實あり、故に今度英の王子に施したるは其例に由ることにして日本人の眼を以て見れば王子も亦唯不淨の畜生たるに過ぎず云々とて筆を巧に事細かに書て遣つたことがある、實に苦々しい事で私は之を聞て笑ひ所ではない泣きたく思ひました。（福翁自傳）

又彼我の言葉が通ぜないので却つて仕合であつた面白き場面があつた。

或日長崎奉行の前を騎馬にて外人が通つた處奉行怒つて引戻せと通事に命じた、通事は外人に追及して「奉行は貴君の馬を見て賞賛し希くは今一度徐かに馬を引て通過せられたいとの希望である」と告げたるに外人は承諾し得意氣に自ら馬を引て過ぎたので奉行は「彼無禮を謝す愛すべき碧眼奴だ」と破顏一笑したと謂ふ滑稽な逸話もあつた。（幕末開國新觀）

言葉が通ぜないで間違つたり苦勞した珍談逸話は數限りないが文久三年五月秘密に英船に乘込んだ井上、伊藤、山尾、遠藤、野村《井上勝》の五人が上海まで行つて英商館ジヤーデン、マゼソンの支店長ケセキツキに面會し英國に行くの目的を聽かれたが皆々英語が解せないで暫らく顏見合せて居たが、一行中の野村は嘗て函館に遊び少しく英語を學んでゐたので彼外人の云ふ所は英國に渡航する目的を聽かれたのと解して只一語ネビゲーションNavigation と答へた、蓋し野村は出發前蕃書調所にて編纂された英和字書に據りネビゲーションは海軍を意味するものと誤解し、此の一語のみは暗記し居つたので渡英の目的は海軍を研究するのであるとの意を表明したものであるが、ネビゲーションは航海術を意味するものであつたのでケセウキツキはこの旨を船長に依托したので、五人は實地練習の目的で渡航中水夫の取扱を受け非常の辛苦を嘗めたと云はれる。

夫から是は餘程後の事であるが言語が通ぜないのが却つて僥倖であつた滑稽は昔の話ばかりではない、先年法學博士岡田朝太郎と同福田德三が佛國郵船に乘つた時に、福田が誤つて佛國婦人の裾を踏んだ、スルと意地の惡い婦人で謝罪らなけりや聽かぬと力味で居る、福田は謝罪らないと云つて居る、岡田は福田に向つて君「馬鹿野郎と言つて一寸下を向き賜へ」と言つた、依て其の通りに下を向て馬鹿野郎と言つたら佛國婦人は日本語で謝罪つたものと思つて喜んで立去つたと云ふ逸話もある。

之に反して是は又言語が通じて日本人の爲めに大に氣を吐くに足る一挿話がある、明治初年に米國に入込んだ馬場辰猪は汽車の中で數人の米國大學生から嘲笑的語句を以て

ジヤパニー、チヤイニー、ホイツチニー

と惡罵を浴びせられたので卽座に

ヤンキー、モンキー、ホイツチキー

と遣り返した處米學生は鳩が豆鐵砲を喰らつた様な眼付をしてお互に顏見合せて啞然たるものがあつたと云ふ溜飲の下るやうな奇談がある。

露國水師提督プチヤチンに同行同文豪ゴンチヤローフ日本旅行記の中に次ぎの様なことが記されてある。

つい近頃まで總ての極東國民殊に日本人は我々歐羅巴人を犬にも劣るものとして交際を拒ばみ、忌避し排斥したではないか、奉行はさういふ態度を以て我々に臨みさういふ馬鹿らしい、卒直に云はば傲慢な態度をもつて我々を扱つたではないか、然るに今や四人の嚴めしい日本の高官が自ら我々の客人となつて訪問するのである、日本人と外國人との交際に於ても未曾有のことと思はれる。

是はプチヤチンが長崎に來航して上陸を迫り國書捧呈を急いで居るのに對し長崎奉行は江戸幕府の指令を仰ぎ而も幕府の評議が延引したのに痺《シビレ》を切らして居る際筒井川路等の使節が乘込んで來た時の記事である、此時長崎に荏苒三ケ月の滯港を餘儀なくされて上陸は勝手に出來ず無聊極まるもので彼が手記の所々に全く囚人の様であると愚痴を溢してゐるが折角使節が來ても要領を得ない遂に上海に去つて再擧を計つた。彼が長崎灣の風景を賞して曰つた中に「若しこの入江が歐羅巴人の手にあつたらどんな素晴らしい場所となつてゐるであらう………それは未だ未來のことだが、恐らく遠くはあるまい…………」とは露國の野心を明白に裏書した詞であらう、彼等は上陸が出來通商が出來た上はドンナ甘い汁も吸へるものと多寡を括つて居たものの様だ。現に同書中次ぎの記事がある。

私は上海へ行つた時、南京條約によつて制限された以上にヨーロッパ人は一歩も踏み出すことは出來ないだらうと思つてゐたが、私達は町の隅々まで歩いて、殆んど自國のやうに知ることが出來た、支那に五ツの港が開かれてから僅か十年しか經たないが、ヨーロツパ人は殆んど完全にそれを占有してゐる、絶えず徐々に少しづつ行はれてゐる、例へば支那では外國人の國內通行は馬で一日の內に歸れるだけの範圍に限られてゐる、然るに上海のアメリカ領事は海岸から八十哩も離れた山の中へ別荘を建てた、その地方の知事が抗議を申込むと領事は「カトリツク傳道師は各地に於て更に遠い所へ修道院を建ててゐる、若し傳道師を追拂ふならば私も別荘を捨てよう」と答へた。所が傳道師は深く根を下してゐるので追放することは不可能である、香港のカトリツク宣教師の語るところによると支那人の信徒は五十萬人近くあるそうだ、彼等は皆密かに宣教師を後援して政府の眼をかすめながら自分達の間に住まはせてあらゆる便宜を與へる、監督官は買收され宣教師は盛んに活動を續けてゐる、知事はそれをよく心得てゐる、だから領事の言葉を默つて迎へて仕舞つた。

是は支那のことであるが彼等が最初日本を侮蔑して懸つたことは隨所露骨に顯はれてゐる。

又日本人が外人を侮蔑する以上に外人も亦日本人を侮蔑した形蹟は著しい。是は役人及び上長の人には遠慮してゐたが商人及就中召使などに向つては往々甚しいのがある。其の一例には

文久二年十月十四日、仙臺人金藏なる者北海道函館に流寓し、月給一兩二分にて佛國の宣教師メルメツト・カツシユン（後佛國公使館書記官）なる者の馬丁に雇はれたり、同月十八日主人カツシユン出て來り廐掃除の不行屆を怒り、鞭にて金藏を打擲せり、金藏痛に堪へず、一時其場を逃れ廐に行きたるに、彼僧廐に追ひ來り、再び打擲したる上に拳銃を向け靴にて蹴りたり、金藏之に手向ひしたるに、拳を固めて金藏の口部を打ち、其前齒一個を失はしめたり、此の爭鬪たる双方幾分の傷を受けたるも、最初に手を下したるは佛僧カツシユンたる事は、彼自身の口供にて分明なり、然るに彼は之を以て佛國公使ベンクルに訴へ公使は我が政府に對し四萬弗の賠償を要求したり、文久三年五月十八日ベンクルが幕府に出したる要求書

に「函館の役人にせよ、政府にせよ、メルメット君の爲に四萬弗を與ふべきことを要求す」とあり。要求者は僧侶の身分にして、最初の下手人は此僧なり、此僧も幾分か負傷したりとは云へ、對手にも幾分か負傷せしめたるは、双方の口供書にて明なるに喧嘩の相手たる日本人金藏は是れがため入牢を申付けられ、其對手たる僧カッシュンは、幾分の打撲傷を受けたりとて、四萬弗〔八萬圓〕の償金を要求す、國籍の差こそあれ、均しく一國の住民なり、而して一は對手を打ちたるが爲め入獄申し付けられ、一は對手を打ちて其の打撲の代價四萬弗を要求す、今より見れば殆んど想像の及ばざる不當の要求なり、若し幕府にして此の不當の要求を容れしならんには幕府の外交吏に又復汚點の一を加ふべかりしに、時の閣老水野和泉守、板倉周防守は、文久三年九月十三日を以て之を拒絶した。（横濱開港五十年史）（次の第三節第一項の終參照）

是れは余りにも理不盡の暴戻であるが外人は弱者と見れば天窓から威赫する僻もあつた、又黄金萬能主義で金さへ出せば人の命も安値なもの位に心得てゐたものもあつた、開港時代に遣つて來た外人中には日本を未開の低級人種と侮る優越觀もあつて殊に婦女子に揶揄することは勝手のものであつた、開港の年横濱小町と囃された茗荷屋畑右衛門の娘御花、同石川屋又兵衛の娘お清、高須屋清兵衛の娘お菊の三人娘が茗荷屋店の前で泥醉した三人の露國士官に襲はれ侮辱を受けんとしたので、通りかかつた三人の浪士が腰間の秋水抜く手も見せず彼等の素首ころりと切落し悠々と立去つた、露人は最初邦人を咎めてかかり群衆の遮るを睨め付け短銃らしいものをポケットから取り出し打向けたので暫し躊躇ふ内に武士の來援を得て此の結果となつたのである。此の事は曲彼に在つた爲め露艦長も存外穩和の態度で結局當局の謝罪見舞金で落著が出來た。

彼の清水清次が鎌倉鶴ヶ岡で佛人士官を殺したり、多くの浪士等が外人を覘つてゐたのも畢竟神國男子の外恭と種族を異にしてゐると云ふ自負心もあつたが彼外人側から見れば未開の倭小人種位に見縊つたものもあつた、双方の侮蔑が往々飛んだ悲劇の種を蒔いたことは寡からぬものであつた。

開港の後日本政府は横濱及神奈川をも含む江戸から或る地點までの範圍に於て狩獵を禁じてゐたが外人は中々之を守らない、英人ミカエル・モース Michael Moss は萬延元年十月十五日（一八六〇年十一月二十七日）神奈川近郊で狩獵を爲したので幕吏は之を咎め其の獵銃を奪ひ取らんとしたるに双銃身で役人の中の一人が腕を射られた、傷の爲に其の腕は永い間垂れ下づて居た、其時直に英人は捕縛されて打たれつつ奉行の屋敷に引ずり込まれた。然るに英國領事の强硬なる行動で漸く引き戻されたが英國領事館の英國審判委員に依つて國外追放並に罰金ドルの刑に處せられた、（日本人の見解に從へば斯る侮辱を金錢で償ふことは出來ないのであるが此の上日本人の言ふことを認めることを拒絶してしまつた）數多の日本の役人達は此の英國の裁判に列席して居た、英公使オールコックは罰金に關する判決を承認したが日本より追放する外に尙一ヶ月間の禁錮を追加し、香港でモースは投獄せられた、誰でも勝手に審判委員から下された判決を更に重くする權利はなかつたので此の處置は當然大憤激を惹起せしむる處となつた。モースは無効確認の訴訟を起し香港の控訴院で最初下された判決は破毀されてオールコックはモースに對し二千弗の損害賠償を與へた。此の事件は英國の議會に於て喧しく論議されたのである。斯の如き一小些事が原因となつて炎焰が英本國に蔓延したのも外人が日本の法律規定を蔑視したもので、之に對する日本の官憲も亦刑の適用が寛に過ぎると抗爭して玆に事件の解決は益々困難に導かれた、畢竟相互に侮蔑し合つた結果に外ならぬものである。

開港當座の横濱は無秩序であつたことも已むを得ないが始から横濱目ざして乘込む外國商人は又上流のものが

少く各國から種々な下等人物が押し掛けて居留地の風儀も隨て陋劣を免かれなかつた、一部の外人間には横濱を目して「歐羅巴の掃溜」(The Scum Europe)とまで酷評せられたと云ふ有樣であるから往々邦人に對して傍若無人の擧動を憚らなかつた外人も多かつた。

明治五年神奈川縣開版「和英對譯書牘類例」第一集(Official Correspondence Part 1.)に次ぎの一節がある。

以二書翰一致二啓達一候然は元町一丁目時田鎌吉妻なゝより貴國人ダブリユー・メヅネル氏へ對し別紙の通訴訟申出候間詳細右にて御承知同氏御吟味の上無レ故打擲の始末幷馬飼料拂方差滯候次第とも迅速御處置有レ之候樣致度依レ之證書寫相添此段及二御掛合一候以上

明治五年壬申四月九日　神奈川縣參事　大江　卓

獨逸國代辦總領事イ・ザツペー　E. Zappe　貴下

(別　紙)

元町壹丁目秣渡世なか奉二申上一候兼て居留地百十九番獨逸人馬車屋へ麥穀賣渡右代金拾五兩貸高に相成當五日催促に罷越候處代金不二相渡一理不盡に鞭にて私を打擲をよび右鞭折候に付代金は不二相拂一旨不當申掛面部幷左膝强く被レ打心外至極奉レ存候間何卒以二御慈悲一相手外國人被二召出一嚴重の御吟味成レ下候樣此段奉二願上一候以上

明治五壬申四月五日　時田鎌吉妻なゝ

神奈川縣御廳

是等も只其の一例である、こんなことは尋常飯茶事であつたか。

又外國人と見れば何でも高價に賣付けると云ふ習慣は開港當時から能く常例のやうになつてゐたと思はるゝ、

最初ペルリが來た時、彼の注文によつて賣付けたものの内に次ぎの記載がある。

日本委員との談判も今は全然濟んだので提督は歸國の準備に取掛り人を陸に遣りて艦隊で買入れた品物の勘定などをさせた、試みに其の内の二三と代價とを擧げて見ると、

| | | |
|---|---|---|
| 鷄卵 | 十個 | 十四錢（譯註現今ノ價ニ換算セシモノ以下同ジ） |
| 鷄 | 一羽 | 七十四錢 |
| 魚 | 一足 | 三十五錢より一圓七十八錢 |
| 大根 | 二斗 | 二十五錢 |
| いも | 二斗 | 七十錢 |
| 長六間徑八寸の材木二本 | | 五十一圓 |
| 長十二間徑一尺二寸八分の材木 | 二本 | 三百五十二圓餘 |
| 長十三間徑一尺三寸六分の材木 | 一本 | 二百十七圓餘 |

のごとくであつた。（ペルリ日本遠征記）

夫れからハリスが最初下田に着任した時の日記の内に。

本日（八月二十六日）日本の商店より買入れし物資二千弗を下らず物價の高きは法外なり、日本商人は外國船の來る毎に其物價を故意に騰貴せしむるが如し。本日余の旗竿數本を注文す一は五十呎一は三十呎の長さを有し他の四本は短小なるも可なる條件なり。

八月三十日兼て注文したる余の領事旗を樹つべき旗竿出來したるが其代價一本に付七十八弗を要求せられたり、豈に驚くべき高價に非ずや。

とある、流石のハリスも不滿の語氣を見せてゐる。又其以前長崎に碇泊した英船でも日本品を請ひ受けて高價を餘儀なくしたやうの記事が見えた。

又御互侮蔑し合ふのでなく只國情の異つたる爲め双方著しき思想の隔りを見ることが尠くなかつた。何れの國民でも其の祖先を敬し其の傳統を重んずることは異りは無いが米人の婦人を大切にすることに反し日本人の男尊女卑の習慣は著しく目立つてゐた、是はペルリが再渡來の時横濱談判中のことであるが、

ペルリは屢々選抜せる將校等と共に艦と海岸との間を往復したりしが、玆に海軍主計ヂエー・ジー・ハリスに因りて語られたる一話あり、或日の事なりき、當時風荒き候なりしを以て、海水によりて服裝を汚さんことを恐れ、ペルリは端艇用の外套を着けて他の將校等と共に上陸し、日本委員に對して曩日に爲したる開港の事は如何に決したるかを問ひたり、時に日本委員は下田、函館の二港を開放し、唯亞米利加人にして一日の中に歸るを得ざる程、深く內地に入る事、及び亞米利加婦人を日本に伴ひ來るを禁ずる旨を答へたれば、ペルリは通譯より此答を聞くや、俄然外套を脫して、神よ、余若し此の如き約を爲して歸國せば、婦女子は皆來りて我頭髮を悉く拔き去らんと叫びたり。ペルリが斯く激動したる樣を見て委員等はペルリを怒らせたりと思ひ、大に恐れたりしが、通譯は之を說明したるを以て皆笑ひ興じぬ。

是は寧ろ猾稽な程双方の考へ方が違つてゐた一例である。

それから是れは又彼我の言語の不通から商通引に於て起つた間違は隨分多かつた、就中次ぎの一節は頗る珍談と謂ふべきであらう。

大阪にて或る外國人市中遊步の節、ある古道具見世に立て一つの藥罐を求めんとて其價を問しに、八百なりと答ふ、よつて外國人後刻使を送らんと其まま立去りしが、果して後刻一人の使來りて約束の藥罐を請取らんと金札八百兩を渡して去れ

り、亭主大に驚き、如何に外國人なりとて錢八百一文錢八百文卽ち八拾錢と金八百兩との相違もある間敷と切りに思案せしが、住所をも聞かざれば如何とも詮方なし、其內外國人より沙汰あらんと一日二日を經ても何の沙汰もなし、然れども余りの大金故後難も計り難しとて、其筋へ訴へんと思へる折、其筋より當人罷出べくとの沙汰故、愈々驚き直樣罷出でたるに、一兩日前一つの藥罐を賣渡したる始末を訊ねられければ、有りのままを申立しに、右に付唯今外國人より、其方見世にて求めたる藥罐能く改め見しに、八百兩にては案外下直ゆへ、今二百兩增與へんことを賴み越たり、由つて證書を差出し受取るべき旨申付られ、驚きながら金受取立歸りて能々聞くに、件の藥罐は金無垢にて幾許の目方あるよしなり、大阪の如き商賣盛んの地と雖も此の如き渡世に迂遠なる者あり、若し不眠者の人手に渡らば藥罐の行末如何あらん、商人は能く其業に注意すべきことなり。

右は大阪より來りし人の話を記載す云々として明治五年二月廿六日の東京日日新聞に出てゐる、同新聞は同年二月廿一日第一號創刊された當時では有力なる新聞であつて間違の記事ではあるまい、當時內外人の商取引には隨分面白い間違も多かつた樣であるが是等は罪が無い逸話である。

### 第七項　横濱遊廓

條約面にある神奈川の開港を變じ横濱に代ふべき幕府の苦心は前第二章第一節に述ぶる通りである、外國使臣等が强硬なる反對を裏切り飽くまで横濱を開港場とせんと目論見で幕府では出來る丈急いで寒村殺風景の横濱を開拓し市街を造つて事實上繁華ならしめ外人をして自ら進んで横濱に集まらしむるの術策を弄し、百方邦人を奬勵して横濱移住の便宜を計つた。安政六年三月には夫々地所割り渡しを行つて希望者が非常の多數に達した。種々の施設の內幕府は外人招致の祕策として遊廓を起さしめんとして內々勸說する所があつた。蓋し此の事は外人は素より希望する所であつたので、幕府當路と某外國領事との間に非公式折衝に成つたものと傳へらるる。

安政五年十一月遊廓設置の希望者を募つた所神奈川驛の飯盛宿屋等が鈴木屋善二郎を名義人として出願したので後に至り横濱遊廓は出現した。「横濱沿革誌」には次ぎの様に記してゐる。

萬延元年に至り前年四月神奈川驛鈴木屋某の出願せる横濱遊廓の設立を許可し、太田屋新田沼地の内凡八千坪（現今横濱公園に當る）を貸與す、敷地外の沼地を掘り其泥土を以て直に之を埋む、當初の見込より多費を要し、品川驛岩槻樓佐吉に助力を乞ひ始めて之を竣功す、次で家屋建築の工を起し漸次成功して町名を港崎町と稱す。（訓讀「ミヨザキ」なれども俚言「コウザキ」と云ふ）大樓四軒小樓二軒局樓三棟（千年、寶來、萬長屋と云ふ）附屬茶屋藝妓屋等數棟新築す、廓內各自美を競ふ、就中岩槻は岩龜樓、鈴木屋は五十鈴《イシツ》樓と號し、宏壯なる建築を爲し遊客にあらざるものと雖も晝間來りて其結構を縱覽せしと云ふ。當町は佐藤佐吉を名主とす、代理人（玄關守りと云ふ）に要助なるものあり、能書を以て當時其名高かりし、遊廓は大門を構へ會所を設置する等（大門外に高札場を設置し高札を揭ぐ、其文曰「宿村端々に至る迄遊女の類隱し置べからず若し違犯の輩あらば其所の役人竝地主五人組迄曲事たるべきもの也」）總て江戶吉原に倣ふ、又外國人に對しては長崎港丸山に倣ふと云ふ。（外國人の風俗を視察し上中下の敵娼を出す揚代金參兩以下貳分迄とす）娼妓の外國館行月雇は貳拾兩、拾五兩、拾兩の三等に分ち內金壹兩貳分づゝ上中下の別なく會所へ步合を徵せりと云ふ。

廓內の整頓せし通路は太田町五六丁目の間より衣紋坂、是より幅二間大門手前に至りて五間、此左右沼地へ杭を建水面へ貸長屋を建設するに忽ち移住者ありて繁榮す。（慶應二年寅年十月廿日隣町末廣町より出火時に南風烈しく一瞬時間に灰燼に歸す爲めに死する者多し）火災後同地家屋を建築することを許されず。

とある、此の萬延元年は安政六年の間違である、次ぎの註參照是が遊廓の始めであつたが其後市街の擴張變遷によつて種々の移動があつた。

尙安政六年七月「御免貿易明細書」に據れば左の設計書が附記されてある。

太田屋新田の內　遊女屋町願人

一　壹萬五千坪　品川宿惣代　岩附屋佐兵衛
　　　　　　　　神奈川宿惣代　鈴木屋松次郎

一　間口四十間奥行二十間　異國人揚屋
　　但し樓閣造り

一　間口五間奥行二十間　日本人遊女屋
　　但し二階造り

一　間口三間奥行十間　遊女を差出す
　　但し長屋造り　子供屋

一　間口三間半奥行二十間　遊女屋へ
　　但し長屋造り　立さはりの者

一　本　揚　屋　壹ケ所
　　但し樓閣造り　貳ケ所

二階屋其外別座敷

一　間口七間奥行二十間

但し遊女屋七軒皆二階屋

一　間口五間奥行二十間

但し料理茶屋十軒皆二階屋

右者外國御奉行樣へ御受書差出し申候

但し地所受見込　　金拾五萬兩

異國人揚代金

一　一ヶ月揚切代金四拾五兩　　十日金拾五兩

右の外は吉原町平日揚代金の通也

横濱遊廓

萬延元年五月許可。

總て十五軒であつた、此次ぎに萬長屋局見せ十六軒　賓來長屋十三軒　千歳長屋十三軒　末廣長屋九軒あり。

岩龜樓にて娼妓許り五十何人。

是に由つて當時の遊廓設置の梗概が明瞭である、而して引續き工事の大勢を見るに。

太田屋新田の沼地の内約八千坪（現今彼我公園の場所）を遊廓地と定め之を貸與したるに埋立困難にして容易に竣成の見込

なかりし故、奉行所は當時品川驛にて俠名を售り盛んに遊女業を營める岩槻樓主佐吉に命じ幾分の官費を給して建築せしめ、漸く大樓四軒小樓二軒局樓三軒（千年長屋、蓬萊長屋、萬長屋と稱す）附屬茶屋藝妓屋等數棟建築落成したれば港崎（コーザキ又ミヨザキ町）と命名し大門を構へ會所を設置佐吉を名主となし慶應元年迄に漸次埋立に依り地域を擴張し二萬四千六百坪となつた。

文久二年存在の妓樓は。

出世樓、泉橋樓、保橋樓、伊勢樓、玉川樓、甲子樓、新五十鈴樓、岩里樓、岩龜樓、岩井樓、金浦樓、開勢樓、金石樓、新龜樓、富士見樓。

而して前記萬長屋十六軒、蓬萊長屋七軒、外に壽長屋十三軒、末廣長屋九軒、男女藝者屋十九軒あり、其他酒屋三軒、臺の物屋三軒就中岩龜樓最も輪奐の美を盡したのであつた。

**註** 安政六年六月十日駒形町假宅のまゝ開業し十一月十一日港崎町本建築終つたが慶應二年十月二十日隣町末廣町より出火全燒し數多死傷者を出し、其後家屋を建築することを許されず、不得已一時太田町に假宅を營み同三年五月二十九日吉田新田の埋地に移り吉原遊廓と呼んだ。後伊勢佐木町二丁目 其後明治四年十一月火災で半數を燒き、多數の死傷者を出し、翌五年高島嘉右衞門の埋立地高島町に移轉したが、此地は橫濱神奈川間の鐵道線路に沿ふてゐるので明治十五年四月までを期限とし、他に移轉することゝなつて、長者町に假宅六年間を逡り、同二十一年七月眞金町永樂町に移轉した。

橫濱遊廓設置は外人の意を迎へたものが相當多分であつて外國人の遊興する者が多く、外人に關係する者は異人女郎又はラシヤメン女郎と云つた。外客の登樓のみに接する計りではなく、商館行として中には半月仕切一月仕切として抱へられたものがある、ラシヤメンは實に横濱名物となつた。文久二年板「横濱ばなし」に異國重役人の部に和蘭コンシユル、ボスボクスとして小使頭佐吉、別當豐吉、ラシヤメンてう云々とある、てうは本町通二丁目商家の娘で萬延元年十月から月極の十五圓で外人に雇入られた横濱最初のラシヤメンである。

横濱遊廓にも長崎遊廓の如くチヨンキナ踊が流行し三味線や太鼓で節面白く手拍子揃へて踊りながら拳を打ち、負けた方は一枚宛着物を脫いで最後は裸體となつて終ふので名物となり、商人は外人との商業上の融合に利用し、役人等も又外國領事等を招きて一種の外交政略を行つたものである。

併しながら、此のラシヤメンは收入が多いので贅澤三昧を盡くしてゐるが、其の外人に媚を賣る職業上衆人から爪彈きせられた、當時橫濱は開港場として各國人が入來り、通商貿易上の利益が著しく、幕府の役人も多數あつて、加之諸藩の士も入込んで繁華の極を盡くした。其中で又開港前より幕府の政策に不滿であつた尊王攘夷黨の人々が入込んだりして外人に媚媮することを憤慨し、ラシヤメン女郎を利用して幕府外交の缺陷を探つたり、或は外人と事故を醸して幕府當路者を苦しめたりしたものであつた、兎に角ラシヤメンは横濱開港に當つて外人間に重寶とされた名物であつた。

**註**　ラシヤメンの由來は種々ある「横濱沿革誌」に「萬延元年七月阿蘭陀コンシユル神奈川驛在留の際、横濱本町二丁目商人文吉娘てうを妾に抱入んとするに當時公娼にあらざれば外人の妾とすることを許さゞるの制規あり、故に不レ得レ已岩龜樓佐吉抱娼妓となり證書契約を爲し、其名を長山と改め同樓の鑑札を受けしめ同館に遣りしと云ふ、鑑札料月々金一兩二分を樓主に拂ふ、是を外國人妾の濫觴とす、爾來皆此例による髮形衣裳は娼妓に帶の結風當時の藝妓に類似す一見して外妾なることを知る人皆之を憎むこと讐敵の如く罵詈して羅紗綿と呼ぶ、然れども其言の由て起る所以を知らず、蓋し下等水夫等の綿羊を擁臥して暖を取れるに擬して之を鄙しむものか」と云つてゐる。「守貞漫稿」には「哆囉」俗に「羅紗」云。織レ之に綿羊毛を用ふ。綿羊俗にらしやめんと云、洋人犬を堂に上し、又己が閨房中にも臥せしむ、國人誤て洋夷は、其犬及綿羊を犯すと思ひ、犬羊と同じく處女の夷妾となるを卑め、雜夫假名を附て羅紗めんと云初しが、遂に通稱の如くなる」。又近頃中里機庵著「幕末開港綿羊娘情史」には安政六年二月英國捕鯨船ゼンクス號が横濱碇泊の際、食糧薪水等の供給を引受けた神奈川驛の寶屋七兵衞が船内で三人の日本婦人を發見した、彼等は綿羊混織の羅紗綿と稱し今で云へば毛布のやうなものを身に纏ふてゐた、是は下級乘組員水夫が暖を取る爲抱いて寢るものとされてゐるのである、異船に稼ぐ沖人足船仲仕などは、最初彼女等を呼ぶに異船女郎だの、夜たかだのと云ふてゐたが、彼の羅紗綿を纏ふてゐるところから後にはラシヤメン々と呼ぶやうになつた、寶屋七兵衞は本町の旅館福井屋の壁に「道ばたで袖引く夜たかは風を引く異船夜たかは布《フ》とん羅紗綿」と落首を貼りて評判となつた。

横濱遊廓の大立物は岩龜樓で、其の豪華振は今日幾多の錦繪に殘てゐる、當時支那人で浙江省生れの技士榮紀が横濱に來遊してゐたので之に依賴し彼國の長安の阿房宮に擬した設計を立てしめ丹碧彫鏤輪奐の美を盡くしたる龍宮城とも見違ふ二層樓の大建築であつた、萬延元年十月支那の詩人季白楊が岩龜に遊んで「東海黃鶴樓」と扁額をものした位、樓中を和洋兩式に分ち洋館が異人和館が邦人の遊び場となつてゐた。之に次ぐのが鈴木久作の經營である五十鈴樓で、此の兩樓が最初異人專門の積であつたが全く異人のみでは邦人の憤懣を招くであらうと云つて和館も作つたのであつたが、此の樓には幕府の補助金を仰ぎ燦爛目も覺める計りの豪華を極め之に數十人の娉婷阿娜の佳人を并べて人をして陶然たらしめた。

此の武陵桃源の別乾坤たる歡樂境に出入するものは當時の成金は素より幕府の役人等が外人と密會する場所となつた、加之尊王攘夷を唱ふる薩長始め諸藩の重立つ人々等も來つて異人と密會する、幕府役人の密會は外交上の利用もあるが軍器主として銃砲彈藥等の輸入である。素より外商と祕密取引であるが各藩も同じく秘密取引をやる。當時金を輸出するのは國禁であつたので、銀を以て交換せんと謀つたが、外人は鐵砲火藥の取引に限り銀を忌で金を望むから不得已祕密で取引をする、かゝる場所としては岩龜が便宜であると云ふので思ひは同じ各藩でも亦此處を利用した、隨て其の繁昌は著しかつた。

岩龜樓は前述べたる如く品川宿場の岩槻屋の主人佐藤佐吉の經營で岩槻の音を取つて横濱は岩龜樓と云つた、佐吉は横濱遊廓の創立に盡力し、廓の總代役となり、明治十六年一月死去した。喜遊は此樓の首席花魁であつた、彼の有名な「露をだに厭ふやまとの女郎花降る亞米利加に袖はぬらさじ」と一首の和歌を遺し開港場裡の佳話に名殘りを留めて散り行つた傑出したる名花一輪であつて今に人口に膾炙せる所である。然るに是に關して種々の異說もある樣であるが、喜遊に就て大正十三年發行大東義人補輯「幕末血史岩龜樓烈女喜遊」なる書籍がある、是は萬延元年神奈川奉行所調役刑部鐵太郎の手帳が發見され、又神奈川奉行駒井相模守大學、幕府奥祐筆神奈川奉行早川能登守、江戸町奉行根岸肥前守記錄の原寫本が手に入り珍らしくも此の著書が出來たものである。それに據ると喜遊は文久三年十月十日自刄した時二十歲位であつた、最初の源氏名は龜勇であつたが當時外國軍艦には日本が漢文の國であるから支那の學者を顧問として連れてゐたが、この支那人が岩龜で遊宴した時、日本が龜を萬年の壽として祝福するに反し、支那では龜を不祥のものとし醜惡とするから名を改めて禧遊とするがよい、又樓名も元禧樓とすべしと勸めたが岩龜は旗本某の命名であるから其まゝとし、龜勇は本名がお喜佐であると云ふ處から喜遊と改めたと謂はるゝ。

喜遊は神田の町醫であつた箕作周庵の一人娘で、周庵は蘭學を修め勤王攘夷黨に傾倒したので其筋から睨まれ、町醫開業を停止されたので貧困に陷り、其上不治の難病に惱まされ、遂に二百兩の身代金にて浮川竹に身を沈むるに至つた。然るに岩龜で登樓する遊客で米人ホールの亞米利加一番館の鐵砲火藥輸入主任米人アボット（實は佛國巴里の銃砲火藥會社アポニエーの長男アルフレ・エイチ・アポニエー）が憧憬れ、意の如くならざるを歎いて遂に神奈川奉行外國方取扱土井兵庫に迫り事情を打明けたので、奉行所から樓主佐吉に諭して是非喜遊の應諾を謀つた。

斯くて喜遊は義理に迫つて進退谷まり遂に自刄して眞純の操を守つた。喜遊は最初岩龜樓に出づるにも外人に目見せぬ約束で賣られて來た、加レ之彼には父も知合の長州の浪士久原釆女之正なるものと相思の間であつた、喜遊を繞ぐれる周圍には勤王黨の浪士もあり、彼が全盛時代には三井三郎右衞門、中居重兵衞等の豪商が最負筋となつて豪華を極めた逸話も含まれてある。

今本書に餘り關係深からぬので茲には彼に關する記載を可レ成省略するが岩龜樓及喜遊自刄の談に至りては横濱開港史上の挿話として世人の興味を唆ること尠からぬものであるから一言茲に記載して置く所以である。

**註** 喜遊自刄は相手が幕府と關係あるアボネであるから絶對祕密とし幕府は戸部の獄卒に死骸を渡し牢屋敷で燒棄てたと謂はるゝが喜遊自刄が漏洩しアボネは外人からも排斥され、殊に文久三年一月十三日上海發行英字新聞に掲載され益々居たまらず、アボネは遂に横濱を去つた、是れに因れば喜遊の死は文久二年の事である過去帳には同二年八月二十六日とある。

## 第三節　外來人と日本文化

### 第一項　印象深き外人の貢獻

開港の序幕がパツと開かるるや、待ち構へた外人は競ふて潮の寄するが如く横濱へ横濱へと殺倒した、上陸第一歩の印象は如何。彼等の内には蘭人の如く已に鎖國當時から長崎に於て貿易を許されたるものもあり、又其の以前足利時代及織田時代から名高き和冦の勇猛に膾炙したり、冒險的貿易に狎れて日本國土の豐饒と金銀豐富なる事情にも通じたものもあつたが、大體に於て日本國民の勇悍で未だ曾て外來の侮辱を受けないで戰勝の名譽を擔つてる獨立國たることは承知してゐた。

幵は豐臣時代に於ける歐洲の列强國が如何に太閤秀吉の名聲を聞知してゐたかに就て察することが出來る、金銀の豐饒なりと云ふ噂は夙に有名なマルコポーロの指摘する所である。彼のコロンブスがポーロの紀行によつて東陲日本の探險に志し、會々北米大陸の發見となつたことは有名なる史話として傳へらるるのみならず、十七八世紀の頃には西班牙人、和蘭人は探險隊を組織し日本東海岸に金銀島を發見せんとして來航した幾多の事蹟がある。又「西敎史」中に於ける日本國民の生活程度の優秀金銀衣裝の美麗等歐人に限りなく誇大に紹介されてゐる事實に鑑みて如何に歐米人をして日本との交通に關心を有せしめたかゞ明瞭である。

而して山紫水明風景絶勝の國土は裕に彼等の視感を滿足せしむるに充分であつた。國民の儀禮を重んじ正義を持して人情の醇朴なることには彼等が多くの殖民地や野蠻國を通過して東洋に達して初めて驚くべき別天地を發見するのである。殊に婉麗にして純情に富み怜悧にして懇切なる日本婦人は彼等の最も心魂を惹くに足るべきであつたやうである。

憧憬の日本……夫は外人が異口同音に叫んだ言葉である、先づ握手して親善の交を修め未智の新天地に突進して彼等が知識慾を擴充したり、經濟意慾を滿喫せんと焦燥するは寧ろ當然過ぎる程當然である。諺に謂ふ一人娘に婿八人固き未開の莟をして先づ綻びしめんと血氣に早る無數の青春の熱血を沸かした。渺たる一島帝國目指して其の鎖せる神秘の鐵扉を開かしめんとしたことは何等の不思議もなく一點の批難すべき理由も無い。寧ろ讃仰に値すべき天來の福音であつた。

我等が目して夷狄と唱へ犬羊とまで罵つた外人も交際つて見れば案外學術技藝に長じて發明進歩の大先輩であつたことに氣付き、俄に彼が長を採つて我が短を補ふことに心眼を開いた。

次項に列擧せる外來人の我が文物制度の建設改廢に努力せる幾多の事例に徴するも明瞭なるが如く夥しく貢獻を齎したことは感謝に値する重要なる事蹟である。勿論是に對し我が政府は勳章を授け年金や一時金を與へて著名なるものは勳一等の榮譽を授けたもの等尠くないが此の多數の外人中我國人の馴染となつて或は日本國土の明渟を喜隨し好んで永く滯在したり、或は我が國史の美點を感嘆したり、國民の意氣に共鳴したり、永年埋沒したる我が古文古書を研究し、國粹を賞揚したり、進んで我等自らが氣付かなかつた優秀なる我が文物を認識したるもの等も相當に多かつた、甚しきは外人の著書に因て却つて我國の特殊事情を示唆さるる等の滑稽も尠くなかつた。左に開港を契機として來朝せる多くの外人中特に知名で日本政府や國民と關係深く、其の貢獻の多大なる人々に就て之を一瞥することは開國史上最も意義深きことであらう。

### シーボルト父子

獨逸人アレキサンデル・ゲオルク・グスターフ・シーボルト（Alexander Georg Gustav Siebold）は高輪東禪寺にある英國公使館第二代目公使ニール大佐の日本語の通譯官であつた、彼はフヰリップ・フランツ・フヲン・シーボルト（Philipp Franz von Siebold）の嫡男にして父に伴はれて、渡來した。

父のシーボルトは頗る有名な篤學者で一七九六年二月十七日（寛政八年）獨逸ウユルツブルグ市に生れ醫學士となつて和蘭陀政府に聘せられ蘭領印度の參謀本部附陸軍大佐として一八二三年（文政六年）長崎出島の居留地の醫官に任ぜられた時に年廿八歳であつた。彼は本職の傍ら動植物學を始め日本事物を研究し多くの日本人の門人を集め日本の文化開發に尠からず資する所があつた。會々門人御書物奉行天文方兼高橋作左衛門と國禁の日本及蝦夷地圖交換の事露顯し、高橋は死罪となりシーボルトは日本退去を命ぜられ一八三〇年一月二日（文政十二年）バダヴイヤに着き蘭國に歸つた。歸國後も和蘭ライデン府にて新に開かれたる動植物園の側に自ら別莊を營み之を「日本」と名づけた、「日本」は久しからずして學者の淵叢となつた、其他彼が著書は大に世界に貢獻した。同時に日本の國、日本の民族日本の美術に關する研究の發表は日本竝に日本の藝術を歐洲に紹介する絶大なる効果があつた。

安政二年十二月、日蘭修交條約の成立に際し、和蘭政府は幕府と談判してシーボルトに對する追放の判決を取消さしめた、次いで安政五年七月日蘭通商條約も成つてシーボルトは再び日本に渡來を企てた、和蘭政府は初め新に締結せる此の日蘭通商條約の批准書を我邦に齎らさしめ、其の交換を終了したる後ち、使節たらしめんとしたのであるが前年彼が放逐されたことがあるので、日本政府が或は是れを歡迎せぬのではあるまいかと氣遣ひ、又一方には彼自身も國際的關係の使節を帶びての渡航は不利益なりと考へ、和蘭貿易會社が新設せんとする貿易代理店の評議員として我邦に向ふこととなり、安政六年三月當時六十三歳の彼は長男アレキサンドル(十四歳)を作ひ獨逸のボンを出發し七月六日長崎に到着した。翌々文久元年春幕府シーボルトを江戸に召して表面は學術を敎へしめ實は外交顧問と爲し赤羽根に住んだ、七月七日浪士英國公使館を襲ひ死傷多かつた、翌朝シーボルトは醫士として傷者救護の爲め現場を見舞ひたることが緣故となつて幕府より英國を緩和すべき外交上の任務に使用せられたが和蘭陀公使は外交に有害なりとしてシーボルトに退去を命じた。

シーボルトは十月江戸を退去し和蘭に歸つたが和蘭官界より隱退し遂に故鄕の獨逸に歸つて著述に從事し時々日本との外交事務に就きては各國政府を補助した。

王政復古の事は一般外人に其の意味が解し難かつた、故に佛國は幕府を助け、米國は幕府に兵器及船舶を給し、英國は各國を誘ひて勤王の卒先者なる長州を砲撃するを見てシーボルトは憤慨に堪へず、屢々論說を公にして輿論の妄を辨じ三たび日本に來りて斡旋する所あらんとして其の準備中千八百六十六年十月十八日(慶應二年)ミユンヘンにて死去した。享年七十一歳。

長子シーボルトは一八四六年(弘化三年)に生れ父に伴はれて來朝し十五歳で英國公使館の通譯官となり後ち日本政府に雇はれて伯林及羅馬に在る日本公使館の參事官となつた、我が外務省にありて國交の事務に携はりしこと四十年に及んだ。

彼は英、佛、獨、蘭の數ヶ國の語に通じ安政六年から日本へ來てゐたので日本語も巧に操つて英國公使館は素より日本政府に對しても極めて重寶がられたもので、彼の慶應三年徳川昭武の一行佛國へ使節として出發の時奉行へ運動して其の通譯となつて隨行し巴里で密かに幕府と佛國との提携外交にスパイ役を努めて英本國に通信し幕末外交に重要なる役目を働いた。彼の弟卽ち大シーボルトの次子ハインリヒ・フオン・シーボルトも明治の初年來朝してより墺匈國の公使館員として在留三十年に及んだと謂はるゝ、父子とも斯くまで日本には深い因緣を結んでゐたので今日に至るもシーボルトの名は永く日本國民に記憶されて決して忘るゝことの出來ぬものである。大隈伯「開國五十年史」、「シーボルトの最終日本紀行」。吳秀三「シーボルト先生、其生涯及功業」、「シーボルト先生百年記念論文集）

## ハリス

タウンセンド、ハリス Townsend Harris は千八百四年十月三日文化元年米國紐育州ワシントン郡に生れ初め陶器商であつたが千八百四十九年嘉永二年以來支那印度間を往來して、東洋貿易を營み、後ち寧波駐劄の臨時米國代理領事となり、千八百五十五年八月四日安政二年特に擢でられ日本駐劄米國總領事の重任を負ひ、通譯官蘭人ヒュースケンを伴ひ千八百五十六年八月二十一日安政三年七月二十一日下田に到着した。幕府は國論の沸騰を恐れ辭を下田の海嘯、江戸及諸國の大地震に託して上陸を拒まんとしたがハリスの抗論によつて遂に之を許可した。彼は八月五日西暦九月三日柿崎の玉泉寺に入り領事館となし六日始めて米國の國旗を揭げた。

彼が最初到着と共に提出したる書狀は㈠總領事として下田に駐劄する事㈡官職相當の待遇と保護とを得度き事

(三)將軍に謁して國書を捧呈する事(四)前條約を修訂して通商條約となす事等である。而して彼は九月二十七日書を老中に呈し江戸へ出で大統領の書翰を直接將軍に捧げ且重大事件を告げんと請ふたが幕府は容易に之を肯んじなかつた、其間にハリスは下田奉行と會見し長崎の開港、米國商人の居住、金銀貨の量目交換、領事裁判、總領事の特權等に關する議事を開き、安政四年五月二十六日下田條約を締結した。

斯くてハリスは出府を迫りて已まないので幕府も遂に之を許し同年十月七日ハリスは下田を發した、奉行代官の一行と共に三百五十名の大行列は米國旗を先頭に堂々と出府し同十四日江戸に着し蕃書調所に館し、廿一日登城將軍家定に拜謁し國書捧呈の禮を畢り、二十六日老中堀田備中守邸に於て長時間に渉り世界の大勢より說き通商交易の必要を述べた。

幕府は既に通商開始の已むべからざることに氣付いてゐたがハリスの說に益々啓發する所あつて下田奉行井上信濃守淸直、目付岩瀨肥後守忠震を全權委員に任命し、ハリスの提出せる條約草案に基き逐條審議十三回に及び、翌安政五年正月十二日に至り通商條約十四ヶ條貿易章程七則を議定し、同六月十九日に至りて調印を了へた。卽ち公使の在府、領事の開港場駐在、及び國內旅行の權を認め、神奈川、長崎、函館、兵庫、新潟の五港と江戸、大阪の兩市とを開き兩國商人の直取引を許し貨幣同種類の量目交換を定め治外法權を承認せる等其の主なるものであつた。

安政六年ハリスは陞格して公使となり六月出府し麻布善福寺に入つた、此間通譯官ヒユースケンの遭難を始め幾多の國際的重要問題に逢着して每に後進日本の爲に誘導啓發の勞を吝まず、悉く善處して以てペルリが魁して日米親交條約を締結したる點睛の大役を全ふして我が開國史上の第一頁を飾るに足るべき光輝ある偉勳を残した。其後彼は健康意の如くならず千八百六十一年文久元年七月十日附を以て時の大統領リンコルンに辭表を提出し、當時の國務卿にして嘗てペルリ提督と共に彼を推薦したセワードの懇切なる留任勸告も效なく彼が一生の履歴を飾つた思出多き日本を去ることゝなつた、幕府は深く彼の我國を去るを惜み米國に移牒して其の留任を望むの意を通じたれども未だ彼の地に達せざるに翌二年三月後任の公使來着せるを以て二十八日登城して暇を告げ四月十三日米國に歸つた、日本に駐劄する五年九ケ月に及んだ、千八百七十八年二月二十五日明治十一年七十五歳を以て逝つた。

ハリスは前章第五節の末に於ても述べた如く外國公使中の異彩を放つた親日家であつた、當時の日本は鎖國の夢未だ醒めやらず公使領事の地位權限抔眼中に措かない駄々子當局者を相手に威嚇《オド》したり、賺《ス》かしたり、誘導啓蒙一方ならぬ艱難を嘗めた。ウヰリアム・グリツフイスは彼れの功業を評して曰く。

ハリス五十三歳にして東洋に派遣せられ、日本の偉人源頼朝と同じく巖石稜々たる伊豆の流謫者となりぬ、而して一たび風雲に際會するや、兩者共に政權の中心を京都より江戸灣の畔に移動せしめたり、只だ頼朝は統治の實權を其掌裡に收めて帝位を虛器となし、封建制度、武門政治の俑を作れりと雖も、ハリスの事業は幕府の瓦解を促進して主權の實體を再び皇室に歸せしめ他日代議政體を布くの機運を助成したり、彼れは此の點に於て大日本帝國に新道途を敎へたる案内者と云ふべし。

と稱たへてゐるのは明快な見解と謂ふべきである。今ハリスが日記の內から彼が單騎異域に飛込んだ最初の心境を語つたものを抽記して見ると。

彼は八月廿一日下田に着くや否や廿三日には宿舍に宛てられたる柿崎玉泉寺を訪ふた其時「其の位置人家を去ること遠く之に達せんとするには貧弱なる小漁村を貫ける細路の曲折迂回せるものに依らざるべからず、下僕を下田に使せしめんとするも風雨にして船便を取る事能はざる場合には五哩の悪路を徒歩せしめざるべからず、余は果して斯の如き僻遠の地に孤獨の生活を續け人にも世にも忘れらるゝを忍ぶべきか、思ふて茲に至れば轉た寂寥の感なき能はず」と嘆息し、茲に引越した際には「九月五日愈々玉泉寺に移りて荷造を解き日用雜品を購入する等終日を費した、偶々精妙なる鐘樓形の古鳩舍を購ひ直ちに愛養の鳩四番ひを之に放つ孤島に鸚鵡を友とせしロビンソンを傚へるなり」と諦めの一聲を放つた。又十二月廿五日の日記には「樂しきクリスマスの日なり、思へば本國にありて此幸福なる日の賀詞を交換しつゝある人々は、如何に欣喜の情に充たさるべきか、獨り余は東洋の孤村に閑居して音づる者は颯々たる松籟あるのみ、身は病み心は疲れ、日本人は猜疑の眼を以て余を監視し、閑雅なる玉泉寺も余にとりては牢獄の感なき能はず、然り物質的に於ては何人も余の自由を束縛する者なしと雖も無形の桎梏余の首に懸らる、余は純然たる囚徒の境涯にあるなり」。と感慨堪へざる歎聲を放つてゐる。

斯くて下田に於ける幕府使節と談判折衝して着々成績を擧げて後愈々江戸に押出して天下の耳目を側たしめた。此の成功の內には人知れぬ苦慮辛慘を甞め身心共に多大の憔悴を重ねたことも尠くなかつた。安政五年（一八五八年）二月十八日ハリスの日記に

余は昨年十二月十七日以來、公用の外は一切外出せざる樣注意したり、卽ち同月十六日堀田閣老を訪問した

る外一回だも寓居以外に遊歩を試みたることあらず、余が斯くの如く謹愼するに就ては、二箇の理由あり、蓋し日本の國風として高貴の人々は絶對に四民と隔離するを以て、其尊嚴を保持するの道となせり、而して日本政府は余の任務に鑑み、余を遇するに最高の貴人を以てし、下田より江戸に至る行列等に就ても、凡て貴顯の待遇をなしたり、而して余は此待遇を空しくせざらんが爲めに、輕々しく外出して、下民と談話を交換する如きは謹まざるべからず、是れ余が籠居理由の一なり、余は日本の諸大名の多數は余の任務に就て嫌忌の念を抱きつゝあるを知れり、否彼等の內には決して以て余の事業を擱沮せんとする者あるを知れり、然るに余にして屢々市中を散歩するときは、途上是等の大名に遭遇する場合、彼等との間に葛藤を生ずるの惧なしとせず、或は彼等にして余に對する敬禮を拂へる場合、余が彼等の階級を熟知せざるが爲めに、適當の敬禮を返さゞることあらば、大に彼等の不快を招き、或は彼等の同僚中に「某大守は米國使臣の爲めに途上に侮辱を受けたり」との流言行はるゝ如きことあらば、玆に益々彼等の反對同盟を鞏固ならしめ、日本政府の地位を、一層困難ならしむるに至るなきを保せず、是れ余の籠居の第二の理由なり。斯くて余は寓居の庭園にて每日三哩乃至八哩の遊歩を試みつゝあるも、尙ほ健康狀態不良にして身體著しく疲せしを覺ゆ、勿論余の日本料理人不熟練なる爲め、充分の食慾を昂進する能はざるにも依れり。

とあるに見ても個中の消息が窺はれる。彼の水戸人襲擊未遂事件と云ひ、殆ど白刄を踏むが如き危險に曝らされ江戸の廣居に對峙した。殊に下田滯在中の談判は一通りの苦心ではなかつた。下岡蓮杖の談に。

談判次第に進捗し最早餘す所二三ヶ條のみとなりし折なりと思ふ、下田奉行井上信濃守は談判委員十數名と列席して貨幣價格に及び相場は先年來既に一定し居るに付今更協約するに及ぶまじと云ふをハリス曰く否其は是迄間に合せの據なき方法なり新に條約するからには新に相場を決定せざるべからず、重量交換に致すべしと主張し、信濃守は曰く某一人の計ひには任せ難し江戸表へ伺ひの使者を立つる故其れ迄御待ちあれと言未だ畢らざるにハリス面色倏ち變り憤然前なる火鉢を取るより早く奉行等目蒐けて擲げ附けた、信濃守等は遉がに怒氣を現はし刀の柄へ手を懸けたが、イヤ待て暫しこゝが我慢のしどころなり、抜いたが最後大事に至るは必然なりと一つは事情の判らぬまゝ通辯を介して其の由を押して尋ねた、ハリス曰く最早重ねて申すの要なし早速本國に引き上げて兵火の間に更に相見えんと口を噤んで言はないから、私は如何なり行くかと少し程經てハリス及びヒユースケンに穩やかに尋ねた處本音を吐きました、何だ井上信濃守は日本を代表してゐる談判委員ぢやと云ふ觸れ込みでありながら一々江戸表へ伺ひを立てゝからでなくば返事が出來ぬとは是までは數ヶ月丸で子供に教ゆる如くに忍耐に忍耐して荏苒久しきに亙るも終局の條約を取結ばんものをと我慢して來たが先程の一言でつく／＼愛想が盡きた、江戸と下田は僅か百哩餘り日本の道程五十里位だと聞く一週間で充分往來することが出來るから可いやうなもの、我が米國として考へて見給へ、早くて十二三週間はかゝると二十週間要る、然るに談判の確答を一々米國へ伺ひを立てゝからする曉には向後二ヶ年で結了するか三年五年に永引くやら分るものぢやない、余は苟も全權を受けて參つたからには事細大となく卽時に黑白の回答致す、其れに何ぞや信濃守は全權を委せられたるべき筈なるに、一々江戸表へ伺ふとは資格に對して如何と考へられる、卽座に返事の出來兼る談判委員ならば殆ど無用なり、故に斯る者を對手としては果しがつかぬと見限りたる次第であると事由詳細に判明せし故偶々入り來りし英國軍艦の使節を公然の調停役として裏面には私が專ら取なして扨こそ漸く決りし有樣である。

是で見ると蓮杖は立派な役割に欲つてゐるが一說には其時の事想を次ぎの樣に語つてゐるのもある。

或時ハリスはヒユースケンを伴ひ談判所に出掛けた、向ふには奉行、組頭、目付等が十人計控へて居る、談判開始されて容易に折衝が纒らない、堪忍袋の緒を切らしたハリスはモウ談判も是れ限りだと言つた時大喝一聲馬鹿と叫んだ……刹那前にあつた青銅の火入を取上ぐるや早く日本側に抛付けた、飛んで奉行の背後の襖へ當つてそこら一面灰神樂となつた、ハリスは傲然と其まゝ大の字形に仰反つた、一同は烈火の樣に怒り起ち組頭以下の者が今にも刀の鞘を拂はんとする意氣込みである、奉行中村出羽守はこは一大事と袖の陰で「拔くな、拔くな」と手眞似で部下を制止し遂に事無きに濟んだが、ハリスはツイと起ちて席を出で柿崎の宿館に立ち去つた、軈て奉行は休憩室へ下つた、下岡蓮杖が茶を汲んで行くと「嘸かし弱い武士だと思つたらうな」と奉行が言ひつゝ「嗚呼忍ぶべし忍ぶべし」と獨語で歎聲を洩らしてゐた。其時の通辯は堀達之助、森山多吉郎等であつたがハリスの宿館玉泉寺に行つて之を宥めて漸く怒を解いて又談判を開いたと云はれる。

枝葉の徑路は多少異つてゐるが大體の本筋は同じである。此の一幕の劇を見てもハリスが中々の骨折が察せられる。要するに外國側は一定の目途を定めて突進し來るが、日本側は最初から鎖國を以て出發し漸次開國に進んで行くので、其間國權の毀損を恐れ、利害得失の如何をも考慮し、而も背後國論の歸趨を慮つて常に煮え切らぬ態度が多かつたことは當時の事情としては已むを得ないこともあらう。是には各國使臣の角逐も加はりハリスたるもの滿腹の智囊を絞り錬り鍛へたる膽力を傾倒して不退轉の猛氣を皷舞し勇往能くも斯くまでの成功を修め從來日米國交ほど世界に美くしかつたものは寡かつたのも蓋し先登第一のハリスの效績は永久に消え失せぬであらう。彼が念願であつた將軍に謁見し直接國書を捧呈し開國通商の大目的を達せんとして永らく拒絕せられた江戸入府問題が漸く解決して下田より東上江戸に出づる時卽ち安政四年十一月廿八日正午神奈川に着した時の感想を記した日記に。

神奈川は江戸に近き良港なるに拘らず、久しく日本官民に閑却せられしが、ペルリの條約締結せられしより頓に世人の注目を惹き、今や繁華なる市街と化しつつあり、之を百五十年以前に著したるカエムプフエル氏の日本風土記の記事に比するに、其の進歩驚くべきものあり、思ふに余の通商條約談判成功を告げ、江戸にして外國貿易の爲に開放せらるるの時來らんか神奈川の繁榮は更に今日に百倍すべし。

と揚言したことは千鈞の重きを爲してゐる、彼が萬腔の熱血を注ぎ世界の大勢を說いて老中始め日本當路の大官をして攝取せしめんと獅子吼した中天の意氣は獨り日米握手の先鞭を付けたるのみならず、世界平和の曉鐘を打ち鳴らしたものと云ふも敢て溢言ではあるまいと思ふ。（第一章第二節參照）

ハリスの頌德法として子爵澁澤榮一は米國全權大使、市俄古市長等に依託を受け共に協力して伊豆下田玉泉寺境内に記念碑を建立し昭和二年十月一日除幕式を擧行された。同時に玉泉寺の荒廢を憂ひ日米協會々長公爵德川家達に請ひ同會員の賛同を得て出資修理を爲し舊觀に復し記念保存することになつた。

碑面英文意譯　其一

西曆千八百五十六年九月四日（安政三年八月六日）始めて日本帝國の此一角に領事旗を揭げ翌年十一月二十三日まで此地に居住し、千八百五十八年七月二十九日江戶條約によりて日本の門戶を世界に開きたる、米國總領事タウンセンド・ハリス記念の爲め、此碑を建つ

千九百二十七年九月四日

建立者　子爵　澁　澤　榮　一

故駐日米國大使エドガー・エー・バンクロフト

市俄古市長ヘンリー・エムウルフ

同　其　二

ハリス總領事日記の一節

西曆千八百五十六年九月四日、木曜日、昨夜は興奮と蚊群とに妨げられ、殆ど眠を爲さず、蚊は體軀極めて大なり。朝來余と共に上陸せし人々、余の旗竿を立てんとせしも、竿重くして捗らず、旗竿倒れ、横桁折れしも、幸に負傷せし者なし、終に軍艦よりの增援を得て、旗竿は立てられたり。此日午後二時半、一同其周圍に圓をなし、余は此帝國に於ける「最初の領事旗」を掲揚したり。感慨殊に深し、蓋し日本の國情變化の兆にして、更新の端なるべし。借問す、余が思惟する如く、日本の爲めに眞に有益なりや如何にと

碑　陰　の　文

安政三年七月タウンセンド・ハリス君の米國總領事として始めて豆州下田に渡來するや、我邦の上下未だ宇內の形勢に通ぜず、多くは外邦を以て貪婪饜くなきものとせり、君乃ち諄々として貿易の利害を說き、國交の情僞を語り、懇切に幕府有司の啓導に努めて、遂に日米條約を締結す。爾後幕府は相次いで列國と條約を締結せるが皆之を以て標準としたり。當時邦人尙或は此條約を以て、君が權謀術數を弄したるの結果なりとし、憤濾措かざる者ありしなり。尋で君が全權公使となりて江戶に移居するに及びても、幕府は內政益々多端にして、外交の事甚だ險艱なり。之に加ふるに列國の使臣概ね、我國情を解せず、往々擅恣倨傲の行爲あり、爲に物議を滋くするの憾なきを得ず。然るに君常に公平の見を持し、絕えず同情を我に寄せたり。殊に

萬延元年十二月、君の譯官ヒユースケン氏が麻布古川端に於て暴徒の兇刃に斃るるや、列國公使は幕府の力を外人保護に用ゐざるを責め、各其國旗を撤して神奈川に退去せり、然るに當面の米國公使たる君は、却て列國使臣の行動を不當なりとし其身邊の危險を顧みずして、麻布善福寺の公使館に留まり、平然として日常の事を見たり。是に於て邦人始めて君の誠意を解し。深く米國に依賴するに至れり。爾來茲に七十年兩國親交の渝らざるもの、蓋し君に負ふ所大なりと謂ふべし。是を以て余は嚮に本邦駐剳の米國大使バンクロフト氏及米人ウルフ氏と謀り、君が同國最初の本邦駐剳總領事として、我領土內に始めて其國旗を揭揚したる下田柿崎の玉泉寺境內に記念碑を建て、以て君の功績を永く後世に傳へんと企てたり、偶大使病を以て逝き、ウルフ氏亦歸國したるを以て、余は獨り事に當りて、終に工を完うすることを得たり。抑余は弱冠にして國事に奔走し、夙に君の事蹟を聞知して、其高風を欽慕すること久し。是を以て明治四十二年渡米實業團に長として彼地に渡航するや、紐育市ブルツクリンの古刹に君の墳塋を訪ねて、恭しく香花を供へたりしが、時恰も晚秋にして、墓畔の楓葉錦繡の如く、故人の丹心と相通ずるの想あり、低徊顧望去る能はず、坐ろに詩歌各一篇を賦して墓前に手向けたり。今此碑を建つるに當り、君の日記の一節を刻して君の當年の苦衷に同情し、碑陰に事の顚末を記し、併せて余の詩歌を錄し、以て銘に代ふと云ふ。

古寺蒼苔秋色深。孤墳來弔淚沾襟。霜楓薄暮燃如火。留得當年錦繡心。

今もなほ、君が心をおくつきの、夕日ににほふ、紅葉にぞ見る。

昭和二年九月　　　　正三位勳一等　子爵　澁澤榮一撰幷書

嗚呼是れ下田玉泉寺境內に屹立せるハリス公使の不窮招魂記念碑である、予は下田に遊び玉泉寺に至る每ハリスが起居と事務を執つたる窮屈なる本堂の一部を見て當時彼が天涯無疆の絕東に挺身突入し非常の忍耐と限りなき同情を以て新興日本の開達に努力した偉大の功績を追懷し覺えず嘆美の聲を發せざるを得ないのである。

**註**一　東京麻布善福寺にも亦ハリスの記念碑が建立された、男爵益田孝が十四歲の時幕府外國方出仕となり善福寺詰となり、ハリスに近侍した關係で此の企が發起されたものである。藤原銀次郞の贊同及朝倉文夫作ブロンズのハリス像の浮彫で高さ臺石とも十一尺、英文の碑文と共に本邦駐劄初代米國公使館趾益田孝書とある。昭和十一年十二月十九日除幕式が擧行された。

二　「ハリス日記」はウイリヤム・エリオット・グリフイスの編纂に係るものなり、ハリスの遺言に「此の日記は余の死後二十五年を經ざれば公にする勿れ」とあつた。想ふに這は少くとも彼の思想が自國の人よりも二十五年進步し居るを自覺したるが爲めならむ。(新渡戸博士談)

## ポンペ

幕府が和蘭に海軍教師の派遣方を求めた時、航海、測量、砲術、衞生の專門士官の內、衞生の敎師として醫官ポンペ pompe van meerdervolt が安政三年八月(一八五六年)長崎へ來朝した、幕府は幕醫松本良順(後順と稱し蘭疇と號した)を長崎に送り學ばしめた、出島の傳習館で理學、化學、解剖、治療と云ふ工合に組織的に敎へた洋式學校の最初である、こゝで學んだ人々は松本の外佐藤尙中、佐々木東洋、長與專齊、入澤恭平(達吉先考)、岩佐純、司馬凌海、關寬齊等である、安政六年に英國軍艦が長崎にコレラを持つて來て流行したので彼は幕命により其の治療に當つた、又奉行が許さなかつた人體解剖を熱心に要求して斬罪人を貰ひ受け解剖を行ひて實地敎習の目的を達した、日本滯在五ケ年の後和蘭に歸つたが終生親日派で日本の進歩を認め和蘭人より優れてゐる美質を彼の手記中で賞讃してゐる。明治二十年九月バーデンの國都カースルーエに赤十字國際會議が開かれ日本の代表委員として石黑忠悳が出席すると和蘭から代表としてポンペが來てゐた。此の會議に西洋と亞細亞を差別待遇する議題が上程された時石黑は森鷗外を通譯として抗議するとポンペが日本の文明を說いて同じく差別待遇に反對したので議題は撤回された。

ポンペは又政治に留意し頗る外國事情に通じ我が駐剳魯國全權公使榎本武揚に聘せられ賛補する所あつた、功に依つて勳四等に叙せられ旭日小綬章を賜つた。

### フルベツキ

神學博士フルベツキ Rev. Guido Fridalin Verbeck, D. D. は千八百三十年天保元年和蘭のゼリストに生れ、長じてウイレッチ衆藝院を了へ、土木技師としての教育を受け二十二歳の頃米國に渡りアーブルン神學校に入り學業成りて千八百五十九年安政六年二十九歳の時長崎へ渡來した。我國が公然開國して以來の最初の來朝者で傳道の傍暫く英語を教へて居たが、其の教授法が上手だと言ふので幕府の命により其頃長崎に設立されし長崎府洋學局の英語教師に任ぜられた。副島伯や大隈侯は青年の頃こゝで英語を學んだものである、明治二年大學南校に入り語學及び學術教師となり、後教頭を勤め同六年まで在職した、同年正院左院に聘せられ飜譯顧問となり八年迄は元老院に職を奉じた。後ち職を辭して專ら邦語を以て傳道に從事し、又神學校に教鞭を執り聖書の邦語譯にもブラウン等と共に從事するなど老いて益々盛んであつた。千八百七十四年明治七年北米ヌージセセーラットゲルス學校より神學博士の稱を得た。

斯く彼は開國擾亂の際に於て我國教育及社會組織改造に盡す所極めて多大であつた、尙彼はナポレオン法典を反譯紹介し、又我國二百年の蘭醫に代つて獨逸醫の採用すべきことを進言し政府はボードウイン、マツセ、シモン等を聘用した。

彼は非常に日本に親しみ我が國民の敎化に盡すこと多大であつた、彼は夙に故國の和蘭を去りて米國へ渡り、それより本邦へ渡來し一定の國籍なきを見て日本政府は彼及其の家族を日本臣民同樣に取扱ひ內地何れの地をも自由に旅行し又は住居するの特權を與へた、明治十年勳三等に叙せられ旭日章を賜つた、明治三十一年三月十日東京にて永眠した、其時我が皇室より祭祀料として金五百圓の恩賜があつた。

## ヘボン

神學博士醫學博士ヘボン James curtis Hepburn, D. D. は千八百十五年三月十三日文化十二年米國ペンシルヴエニア州ミルトン市に生れ、千八百三十二年プリンストン大學を卒業し、千八百三十六年ペンシルヴエニア大學の醫科を卒業し、千八百四十年クララ・エム・リート孃と結婚した。數年間醫術を開業し千八百四十一年には醫術兼務の宣教師として新嘉坡に赴き二年の後澳門《マカホ》を經て厦門《アモイ》に轉居したが病の爲職を去り、千八百四十六年米國へ歸りて紐育市に醫業を開き少からざる收入があつた、日本の開國となつて米國のプレスビテリアン派外國傳道局の請を諾し千八百五十九年十月十八日安政六年夫人と共に來朝した、時に四十四歲であつた、神奈川成行寺に假寓し傳道と醫療とに從事したが文久二年十一月横濱居留地三十九番に治療所を構へ醫藥施療を爲し、又私設ヘボン

塾を開いた。（第四節第一項學校參照）

而して傳道及び英語の教授を爲すと共に聖書の飜譯にも從事した、元治元年「眞理易知」と稱する傳道用の小冊子を著はした。而して本邦人の英語學習上甚大の裨益を與へたのは有名な和英辭典の編纂である。是は彼が渡來の初よりの素志であつて彼の岸田吟香は早くよりヘボンに從ひ英語を修めたが此の辭典には尠からぬ輔佐を爲したものである。

ヘボン辭書は卷尾に英和辭典を添へて慶應二年七月に原稿完成し同九月ヘボンと岸田は共に上海に渡り同地の美華書院亞米利加長老教會派印刷所で三年二月に印刷を終へ美國平文《ヘボン》先生編譯と肩書し、和英語林集成と稱し日本横濱梓行と表題され官許の朱印を押捺して賣出された。

斯くて此書は非常な好評で賣行好く忽ち絶本の有樣であつた。明治五年七月に至りては奧野昌綱國學者で洋學に通ぜなかつたが夙に基督教徒となり聖書の飜譯や讃美歌の編譯に功勞があつたが補助して改正補修の第二版が刊行された。而してヘボンは直ちに米國公使の手を經てバイブル一冊と共に明治天皇に献上をした處御親筆を以て御嘉納の御答へを蒙つた。

ヘボンは又醫術の大家であるが其の技能は單に營業收入上の方便に用ゐるよりも社會的博愛主義に發揮され施療を屢々やつたやうである、卽ち渡來するや直ちに神奈川で施療院を開きたるに患者の來るもの頗る多く遂に政府は之を禁止したとある。又文久二年末横濱に移るや再び施療院を設けたと云ふ。「横濱沿革誌」に、

明治二年横濱居留地三十九番館に於て米國ドクトル、ヘボン氏、毎月土曜日曜兩日を以て、內外科眼科患者を施療す診療の日門前市を爲す。殊に眼病患者多く、中には頗る難症あるも全治せざるはなし、故に人皆之を眼醫士と云。患者に接す

る頗る丁寧にして、且懇切周到なる慈母の小兒に於けるが如し。故に人々其厚意に感涙を流せり。十數年間氏の治療を受けたるもの幾萬人なるを知らず、實に得易からざる慈善家と云ふべし。

誠に醫は仁術也と云ふは此のことである、彼は傳道上の一大利器に役立てた所もあらうが又開港以來兎角邦人の外人排斥に對し敵愾心の緩和にも與つて力あつたものである、夫れは兎も角畢竟彼が精神上の美德の顯れであることは云ふまでもない。

彼が日本最初のプロテスタント宣教師であつて日本の開港以來眞先に來住して布敎に努め當時攘夷熱の旺盛で外人の危險多く物騷極まる時代に處して博愛仁慈の洪德は能く邦人を懐けしめた、初め彼が神奈川にあつた時浪士等が切りに外人に危害を加へたが其內の一人がヘボン夫妻を暗殺するの目的で奴僕に扮して成佛寺に住込んだが、ヘボン夫妻の高德に悅服して遂に暗殺を思ひ止まり其の事實を白狀して辭し去つたことがある。

又明治學院は彼が總理となつて盡瘁し明治十九年に巨財を寄附して構內に寄宿舍を建築した、卽ちヘボン館であつた。

明治二十五年十月歸國した、彼が在邦三十三年間我邦の爲に盡したる効勞は多大なもので實に我が國民の感謝すべき一大恩人であつた。後明治三十八年彼が第九十回の誕辰を迎ふるや、優渥なる待遇を受け勳三等旭日章を恩賜せられた。是より先きヘボンは千八百七十二年（明治五年）ラフェテ大學より、又千八百九十四年（明治卅七年）アーマダ大學よりはドクトル、オブ、ローズ（法學博士）の學位を賜はつた。

ヘボンは學殖深く且非常なる精力家にして往く所佳ならざるなく其の業績を殘したものが頗る多い偉人であつ

た。明治二年中河屋嘉兵衞岸田銀治吟香の二人が油田調査を出願したることがあるが邦人にて其頃斯る新進的考究するものは珍らしいが是はヘボンの申言によるものと言はれてゐる、又横濱に於ける牛乳搾取業及函館に於ける製氷事業に對する助言も實に忘るべからざるものである。殊に後世まで名高く且彼の珍重されたる岸田吟香の眼藥精錡水は實にヘボン直傳の醫方である、岸田が明治七年臺灣征伐に從軍し病を得て歸來しヘボンの傳授を得て之を創製し、國內は素より支那地方まで多大の好評を博し永く其の惠澤に浴したものである。尙ヘボンは歸國に際し多年忠實に勤めたる神奈川縣都筑郡田村池之邊の牧野粂七に對し、褒賞として獨逸の眼病治療劑の調劑方法を授けたのでヘボンの眼藥として世に好評を受け永く用ゐられた。

彼の當時有名なる俳優澤村田之助が右足指を傷け遂に脫疽となりヘボンの治療を受け右脚を切斷して義足を施したる大手術は非常の評番となつて錦繪其他の繪畫にも能く見受くる處である。

### ブラウン

神學博士ブラウン Rev. Samuel Bobbins Brown, D. D. は千八百十一年六月十六日文化七年北米コンネチカツト州のイースト、ウインゾーに生れ、父は英國系の人で機械職であつた、又祖父は米國獨立戰爭の際にワシントンの麾下にあつて戰つた老兵である。母はニューイングランの淸敎徒《ピウリタン》の貧家に生れ、若い時は生活に惱まされてゐたが、我が兒を敎育するに、母として偉大なる感化を及ぼさしめた賢夫人であつた。讃美歌の二百四十番「夕暮靜かに」の聖歌は實に彼女の自作である。博士は生母に似て天資聰明にして、寬容溫厚の性格を具へ千八百三十二年にイエール大學を卒へた。續いてユニオン神學校を出で、アメリカン、フオームド、ミツションの外學傳道局派の宣教師として支那に赴任したが當時會社の資金乏しい爲めに之を辭し、千八百三十八年在支モリソン記念教育協會の招聘に應じ、新婚の夫人を伴ひ、千八百三十八年十月十七日紐育を出帆し、喜望峯を迂回し蘭領印度を經て、翌年二月十八日航海日數百二十五日を費して澳門《マカヲ》に到着した。滯留三年支那學生教育の爲に盡瘁したが軈て夫人が風土病に冒されたので止むを得ず故國に歸つた。歸米後オワスコに於て私塾を設けて青年を教育し同市のリフオームド教會の牧師をも勸めた。

越えて千八百五十九年安政六年同教育外國傳道局が日本に宣教師を派遣すべく決定した時に、ブラウン博士の外醫學博士デイー・ゼー・シモンスと和蘭生れのジー・エフ・フルベツキの二人を同行せしめた。

博士が再び東洋の宣教師として新に日本へ赴任した時は齡滿四十九歳であつた、夫人と一男一女を連れ前記二人と共に喜望峯を迂回し、印度洋に出て航海日數百有餘日を經て香港に到着したが、時恰も英佛米聯合軍が支那と戰端を開き白河の砲臺を陷れたと云ふ情報が新聞紙に見え人心競々の狀態とて一行の妻子は此地より本國へ歸還せしめんとの議論もあつたがブラウン博士は之を斥け遂に上海に到り此處で評議の結果家族だけを暫時此地に留めシモンズと共に安政六年十一月三日神奈川に着いた。フルベツキは長崎に行つた約二週以前に先着のヘボン博士夫妻に迎へられ其の寓成佛寺本堂に同宿した、後に本寺は米國宣教師の合宿所に充てられた、ヘボンとブラウンとは既に十六年前新嘉坡で傳道を共にした交友であつた。

日本に於ける最初の仕事は日本語の研究であつたが彼は天才的の教育家であり、且つ稀なる語學者で、希臘語に精通してゐた上に嘗て支那に滯在中、數年間支那語及漢字を修業した爲に日本語を習得するには尠からざる助となつた。現に日本に向ふ航海中でも一行の人々は博士指導の下に毎日日本語研究會を開き、極めて貧弱な日本語の字引と或る植物學の書物とを手引として航海中に二百有餘の日本語を學び得たと云ふことである。又博士は少しく日本語を解するやうに成ると直ちに新譯聖書の飜譯に着手した。又文久三年に「口語日本語」なる一書を著はした是は始めて日本語を研究するものにも亦始めて英語を學ぶものの爲にも指南車であつた。

文久二年十月横濱運上所に附設せられた英學所で英語を教授した。明治維新となつて日本宣教も大に自由となつて彼が數年前神奈川から横濱に轉居する時豫て其教を受けた横濱在住の英米蘭の公使館文武官及び實業家連二十四名の外人などが謝恩の意を表する爲に千五百弗を醵金し土地と家屋を山手二百十一番に新築贈呈したが、召使の不注意から火災を起し多年苦心して聚めた和漢の珍籍も心血を注いだ新約全書の飜譯原稿も悉く烏有に歸した、是は慶應三年五月のことで此の打擊と共に彼は一旦家族を連れて歸國することとなつた。

彼は一度歸國したが日本人への傳道を斷念した譯ではなく日本宣教を天與の使命と心得再び渡日の機會を待つてゐたが幸に新政府が新開の新潟に英語學校を開設することとなり其の招聘に應じて復た來朝することとなつた、丁度年齡六十に垂んとしてゐた、當時漸く開通した米大陸横斷鐵道にて桑港に出て千八百六十九年(明治二年)八月四日同港を出發し同月二十四日横濱に到着した、其の夫人と外國傳道に一身を捧げたいと願つて居た一人の若い女教師マリー・イー・キダー孃を同伴して新潟に赴任した、新潟で米國領事代理をも勤め傍ら英語教授を始めたが當時此地には英語を學ぶもの未だ多からず大に失望し翌三年の秋再び横濱に歸り、是より先慶應二年正月創立された伊勢山下の神奈川奉行所役宅に開設されたる修文館の英語教師となり、明治六年夏滿期解雇となつて同十二月五日より山手町の自宅に私設ブラウン塾を創立した。ミス・ウイン・アメルマン及び娘のハディー・ブラウン等を助手として英語を主として教授し、又神學及理學、數學等をも教授し、數十名の學生を擁し明治九年頃まで繼續した。會々明治七年基督教界にては新約全書を邦語に飜譯するに決し其の委員として內外人若干名を撰定したるに、ブラウンは其の委員長に擧げられ專ら其事に當らん爲め家塾の監理にアメルマンと云へる米人に委托した。其後明治十三年に歸國し間もなく翌十四年七十歲を以て永眠した。ブラウン博士は社會改良事業、女子敎育及盲啞教育機關を始めて我國に起せし人にして、又個人の子弟教育に力を盡し献身的に布教をもなした。崇高なる隱君子にして其の名を顯はす事を好まなかつた。

彼れ曾て身邊の人々に明言した言葉に「予若し幸に百歲の壽命あらば予は歡んで悉く之を日本國の爲に捧ぐるであらう」と言つたと云はれるが其の日本に在る前後十八年彼のグリフイス博士の著に東洋の建設者として推奬された位であつて其の功績は永久記念さるべきものである。（横濱市史稿、教會篇、風俗篇、磯部彌一郎「明治初年の英語教育」）

## グリーン

神學博士グリーン Dr. Daniel Crasby Greene L.L.D. は千八百四十三年米國マサチユセッツ州ロックス、ビレージに生れ、父はボールドの幹事ダニエル・デー・グリーンと云ふ、グリーンはアントヴー神學校を卒業してアメリカンボールド傳道會社最初の宣教師で、明治二年十一月三十日二十六歲で來朝した。初め京濱に居てヘボン、フルベツキの二博士と交つたが傳道地の選定に就て熟慮を凝らし遂に明治三年三月を以て居を一人の宣教師のない神戶に移し此處を傳道の根據地と定めた。これ實に日本に於ける會集主義教會の發端にして初め邦語を學ぶことと、該地在住の外人間に傳道することに努めた。明治四年日本語教師市川榮之助は日本譯の馬可傳をグリーンより借りて讀みしが爲に夫妻は投獄せられ獄中に死去した、後五年頃三名の青年は極めて秘密にグリーンの宅にて聖書を研究し、同七年に至りグリーンが主となり初めて教會を設立するに至り、杉山高吉外十名を洗禮せしめた、これを攝津第一キリスト公會（現今の神戸教會）と稱した、明治七年七月グリーンは聖書飜譯の任を帶びて横濱に移つた、ヘボン、ブラウン兩博士と共力して同十三年四月聖書飜譯を完成した。同年一度歸米し、翌十四年再び來朝後推されて京都同志社の教師に任ぜられ兼ねて其の附屬神學校に教鞭を執つた。同二十年再び歸米同二十三年來朝の後は東京に駐まつて專ら傳道に從事する外久しく亞細亞協會々頭として盡力し、又米人平和協會長として日米外交問題の解決に盡瘁した。大正二年病を得て相州葉山に療養したが九月十五日東京麻布仙臺坂の自邸に逝き青山墓地に葬られた、是に先ち我が國家に偉大な功勞あつた爲に勳三等旭日章を授與された。彼は多くの子女を有し皆優秀の成績を收めて社會樞要の位置を占めた。

グリーン嘗て聖書飜譯委員會に於て自己の懷抱せる意見を主張して曰く「古來亡び行く國は先づその滅亡に先だちて國語が亡び行くものである、近くは印度、古くはユダヤ、皆然らざるはなし、日本は新興の國なり、大和言葉は大和民族と共に永へに存續すべし。文詞の雅俗は別として日本語を以て日本文に譯さざるべからず、されば漢文體も不可なれば英譯體も亦宜しからず」とは卓越せる見識と言ふべきである。（横濱市史稿教會篇）

### タ　ム　ソ　ン

米國神學博士デビッド・タムソン Dr. David Thompson は千八百三十五年北米オハイオ洲のカディズに生れ

千八百五十九年フランクリン大學を卒へ續いて千八百六十二年ピッツバーグのウエスターン神學校を卒業し、布教に從事し長老派外國傳道局の招聘を受け千八百六十二年十一月三十日本國を出帆し喜望峰を迂回して横濱に着したのは翌年（文久三年）五月十七日であつた、彼が乘込んだ船は千二百噸の帆船で航海の數實に五箇月以上を費した。

彼は日本に到着すると共に國語を學び漢學を修め之を應用して傳道に教育に、又聖書の飜譯に社會的事業に努力すること十年一日の如く變らなかつた、明治二年には小川義綏、鈴木鉀次郎（後名古屋區裁判所判事）等に受洗せしめた、是れが横濱に於ける最初の信者であつた。又同年横濱より東京に轉居して小川義綏を助手とし自宅にて聖書を講じ專ら布教に努め最初は築地外國人の教會に集會を行ひ來つたが遂に明治八年六月十九日日本基督教公會の分教會として築地新榮橋の際に新會堂を建築し献堂式を擧げた、是より先き明治三年九月彼は紀州藩の招聘に應じ和歌山藩の大參事梁田又太郎（後の津田出）其他に歐米の政治宗教などに就いて教ゆる所があつた。又明治四年の夏高知彥根等の諸藩より委囑を受け海外へ派遣された青年留學生林有造、片岡健吉、大東義徹等の一行十一名の東道を爲し歐米を視察した。其の最も偉とすべきは彼が日本基督教會の獨立自治無教派主義に同情して斡旋是れ努め、多大の犧牲を惜まなかつたことである。彼は米國に生れ長じて彼地に於て教養を受け人となつたが其の活動舞臺は米國でなく我が日本であつた。彼は德川幕府の末期より明治大正の初期に至る五十有三年間基督教の布教西洋文明の普及に盡瘁して大正四年十月二十九日八十一歲の高齡を以て逝いた、染井墓地內に墳墓がある。明治七年日本に於てエス・メリー・パーク孃と結婚し三女を擧げた。彼の忘るべからざる功績は石坂周三を薦めて長野石炭油會社の設立を促したことである。タムソンは偶々長野市外採取の露出原油の見本を石坂の居室に見出し、石油事

業の收益甚だ多く國家の富强に關する由を說き逡巡する石坂に再三勸告して漸く其の事業を企圖せしめた。（同）

## バ　ラ

神學博士ジエームス・ハミルトン・バラ Rev. James Hamilton Ballaugh. D. D. は千八百三十二年九月七日（天保三年）米國ニユーヨーク洲ホーバートに生れライトガース大學を卒へ、千八百六十一年五月マガレット・セーラ・キネア孃を娶りアメリカン、リフオームド、ミツシヨンの派遣宣敎師として夫妻相携へて神奈川に上陸したのは千八百六十一年十一月七日（文久元年十月）で年齡二十九歲であつた。最初へボン博士等の成佛寺に假寓し、後ち文久三年六月ブラウン博士などと共に橫濱山手に移り內外人に對し熱心布敎の結果殊に一敎會（日本基督敎會）を組織するに至つた、是れ日本に於ける最初のプロテスタント派の敎會であつて、卽ち後の海岸敎會の前身である。彼は軈て此の敎會の假牧師に推され、明治五年より同十一年まで在職七年に及んだ。是より先き明治初年に數年間夫人と共に日本靑年學生の爲め英語敎授をなし最初は二十四名の生徒を收容した、家塾を開き懇切なる特殊の授業を行つたので生徒も增加した、明治四年の頃高島嘉右衞門の創立せる藍謝堂（世に高島學校と云ふ）の聘に應じ一時英語を敎へてゐたこともあつたが本國より實弟ジヨン・バラを呼び寄せて自分は百六十七番の米國敎會で十數名の靑年學生に英語を敎授する傍ら聖書を敎へ且つ授業を始むる前には必ず祈禱をする習慣を固守したがそれが神の祝詞によつて遂に日本最初の基督敎會設立の近因となつた。明治三十九年神學博士の學位を贈與されたが、其の夫人は逝いて橫濱山手外人墓地に葬られた、彼も亦此處に其骨を埋むるの宿志であつたが米國へ歸省中突然病に罹り大正九年一月二十九日ヴアージニア洲リッチモンド市に八十八歳の高齢を以て逝いた。

彼は日本に來り五十餘年間日本國民教化の爲に奉仕した。極めて熱誠の人で說教にも祈禱にも座談にも傳道の精神が溢れていたく人を感動せしめ、又慰藉する力があつた。ブラウン博士は彼を信用して本國にも稀に見る傑出した青年傳道者で、此人が來朝したことは大なる强みであると賞讃したと謂はれる。本多庸一談として傳へらるる所によれば、

明治五年頃我々は却々危險な目に逢つた。彈正臺からバラ師の弟子を召捕りに來たが時の神奈川縣令陸奥宗光に說破せられて歸つたやうな事もある、其時バラ師は「君等には危險がある。併し捕はれても、之が爲め國家に對し、不滿な心を懷いてはいかぬ、米國に遁るることは出來ぬこともないが、其れは基督の精神でない。國法に從つて何國へでも流罪に處せられる覺悟をせよ」と云つた。之を聞いて全くバラ博士は眞に此國の爲に來たことを知つて、攘夷の念などもなくなつてしまつた。寧ろ居てもらはねばならぬやうに感じた云々。

以て彼が如何に熱誠篤實を罩めて日本國民教化の爲に身命を捧げたかが窺はれる。（同）

## ブ ラ ウ ン

神學博士ネーサン・ブラウン Dr. Nathan Brown. D. D. は千八百七年七月二十二日（文化四年）北米マッサチユセッツ州ヴアーモントの農家に生れ長じてウイリアムス大學に學び二十歳の時に學業を卒へ、其後更にベンニントン神學校に入り暫く同校に教鞭を執つてゐた時に同校教師エリザベス・バラド孃と結婚した。千八百三十三年六月十六日緬旬に傳道の爲上陸した、滯在二年で同國語を修得し布教に從事した。當時支那の諸港は皆外國人に對

して閉鎖されてゐた、又緬甸戰爭の結果アサム地方は英領に併合されてゐた、ブラウンは三年間働いて居た緬甸を去つてアサムに往く事となつた。此地は風土病の熱病に惱まされ子女を失ひつゝも苦鬪したが千八百四十七年までには新約聖書をも全部譯了し尙讃美歌をも作つた、此地で過勞の結果身體の衰弱を來し、千八百五十四年四月十六月ここを辭しロンドンを經てボストンに歸つた、千八百五十七年安政四年ブラウンは「アメリカン、バプテスト」の編輯人となつた、其頃米國では奴隷解放の大問題で騷いでゐる最中であつたから彼は此の論爭の渦中に入つて筆を振つた。又彼は考古學考究にも興味を有ち、語學に造詣深く世界共通の文字を作らうと工夫してゐた。千八百六十七年夫人を喪ひ淋しい孤獨生活に入つたが故國に歸つてから十六年の間に健康も囘復し、千八百七十二年明治五年米國バプテスト傳道會より推薦され六十六歳の老軀を提げ布教の爲日本に來ることとなつた。チヤーロツト・エー・マーリツト女史と再婚し相携へて橫濱に住居し、熱心に聖書の飜譯を爲し布教に從事した。彼は足一步も戶外に出でず毎日八時間づつ書齋にあつて多くの著述に精勵した、明治十九年一月一日八十歳の高齡を以て永眠した、橫濱に滯在すること十有三年に及び聖書飜譯の大業を遂げた篤學者であつた。(同)

### アーネスト・サトウ

アーネスト・サトウ Earnest Satow は千八百四十三年英國に生れ十八歳の時卽ち千八百六十一年十一月文久元年本國を發し渡來し英國公使館付通譯學生と爲つた、途中支那に寄り支那語と滿洲語の幾分を學び橫濱に上陸したのは文久二年八月であつた。

其頃江戶は浪士等の狼籍が多かつたので英國公使館員は一時橫濱に避難した、サトウは一日神奈川に赴きて米國宣敎師ブラウン及びヘボンに逢つた、此時ブラウンは會話書を發行し、ヘボンは和英辭書の編纂に從事して居た、サトウは其友ロバアトソン R. Robertson と共に約一年間ブラウンに就て日本語初歩を學び、又曾て醫師たりしと云へる紀州和歌山高岡要を語學の敎師とし、別に習字の師を雇ひて「御家流」を習ひ後に「唐樣」に變じた。

斯くて早くも日本語に通ずるを得て來朝後僅に數年にして日本外史の一部分や、江戶の人中根淑山著近世史略を英文に飜譯したのは驚くべき才能である。爾來サトウは其の才能に由り次第に昇進して日本語通譯書記官見習となつた、公使パークス來任して其の命を受けて英國船に乘りて長崎、鹿兒島、兵庫等を巡視し薩藩の重臣と親交を結び、伊豫宇和島に伊達宗城を訪ひ、其後東歸しパークスに隨ひ箱館、新潟、佐渡、能登等を巡歷し長州土州藩の名士と會見し日本の事情に精通するに至つた。

慶應三年大政奉還の時、從來外國は德川に七分朝廷に三分の實權を認めてゐたが、卒先して新政府を承認した英公使パークスの先見と英斷とは書記官として側に居たサトウが日本の國體、歷史に通曉してゐるので之を補佐翼導したことは事實である、パークスが朝廷が主で德川幕府が從であることを夙に悟つたのも此の爲であると謂はれる。

サトウは在任中餘暇を以て日本の事物を硏究して怠らなかつた、明治十一年には大島を探險した、英公使パークスが去つた後二年明治十八年サトウは總領事に昇進して暹羅に轉任したが其後十年を經て同廿八年に至り日本駐劄全權公使に陞任した、此時に際し多年外交に從事したる功勞に由り「ナイト」の爵に叙せられ、爾來名の上に「サア」の稱號を加ふるやうになつた。再び東京に來りて居ること五年、同三十三年更に北京に轉任し、其後又モロツコに轉任し、明治三十八年赴任の際東京に來つて知友と會合した、モロツコに在任すること數年罷めて歸國した。

サトウ初め日本に在るとき食住總て日本式に從ひ會津藩士の子野口富藏少年を學僕とし英語を教へて居たが之を信用し家事を支配せしめ外に日本人男女數人を雇用して日本の言語、風俗、思想等を熟知するに努めた、明治二年賜暇を得て鳥渡歸省せる時野口富藏を同伴し英國で學校に入れて其の資を給してやつた、サトウが歸任の際、獨り留つて數年の後歸りて政府に奉職し、幾ばくならずして病歿した、サトウは其の人物を稱讃して深く之を惜んだと云はれる。

サトウ日本に在ること前後殆ど三十年に垂んとした、サレバ日本の風俗習慣は固より、百事に精通して其の氏名に於ても明治初年の頃日本風に「佐藤愛之助」と稱したことがある。當時自ら好んで外人未到の地に入り、或は駕籠に乘りて窮屈を忍び、務めて習俗に從ふ、此際全國知名の士は殆ど識らざる者なきに至つた。

彼は日本語に熟達するに及んで小說をも讀み、國字を書き、草體を解し、日本に關する著述も頗る多く、語學、歷史、地理、神道其他印刷等の事に關する研究一として精確ならざるはなく、皆有益の說のみであつた、其の論文各編は「日本亞細亞會記事」(The Transactions of the Asiatic Society of Japan)に載す。此の會誌は千八百七十四年の創刊に係り、其會はサトウを始め此國に趣味を有する人々の設立する所であつて、就中彼は日本舊時の外交に關して前人未發の史實と逸事を探究し、博く在外史料を採訪して古史に光明を與へ、後進に益すること多大であつた。殊に千八百八十八年私版「耶蘇會刊行書類 The Jesuit Misson Press in Japan, 1591—1610」は容易に得難き貴重資料である、同年歐洲を巡遊し、羅馬に赴きて千五六百年代日本に行きたるキリシタン版を探究せんと欲し、ムゼオ、ボルジアノ Museo Borgiano と稱する博物館に屬する文庫に至りて古記録を檢したるに、偶々天正年間大友等の使節の自筆文書、千五百八十五年七月二日附天地萬物之御作者云々とあるものを發見し、又千六百年代の編撰に係る日本語の辭書三種の寫本を一見したと云はれる。彼の日本書英譯には「元治夢物語」Japan 1853—1864 と「近世史談」A History of Japan がある。彼は又日本に關する內外の書籍を蒐集し最も珍書稀本に富んだ。又彼が日本在留中其の經歷を自錄せるものがある、其中千八百六十二年の末より千八百六十九年の初に至るまで凡そ六年間に係る記事を編輯し、千百九二十一年「日本在留一外交官」A Diplomat in Japan といふ題號を附して刊行した、其の政事及び社會等に關する叙述頗る詳細精確を極め甚だ趣味に富み本邦記録の缺を補ふに足るものがある。

昭和四年八月二十六日八十六歳の高齢を以て逝いた。其の日本を理解し日本の爲め盡くした功績は永久に忘るべからざる恩人であつた。（渡邊修二郎「明治前後日本の事情に精通し國交及び學界に功勞ありし」アーネスト・サトウ氏」、押川方義「近代文化の效過」）

## アストン

アストン博士は William George Aston 千八百四十一年（天保十二年）愛蘭ロンドンデリー市の附近に生れ、千九百十一年（明治四十四年）七十一歳で英克蘭クーストデヴオンで歿した。千八百六十四年（元治元年）初めて日本通譯生となつて來朝し千八百七十年（明治三年）江戸公使館の通辯兼飜譯官となり、千八百七十五年から同千八百八十二年迄江戸公使館書記官補を勤め、千八百八十年から同八十三年まで兵庫領事代理となり、千八百八十四年に朝鮮國總領事に轉じ、千八百八十六年更に東京公使館一等書記官となつて東京に歸り千八百八十九年(明治二十二年)恩給を受けて退職し、英克蘭に歸りイーストデヴォンのビーアに住んで晩年を文學界に樂んだ。彼は實に日本思想及び文學研究者としての大家であつた。日本駐在中公使アーネストサトウと倶に日本語及日本文學を研究して其の論說著述は大に內外の學界に貢献した。彼の日本に關する論著は三十餘種の多數に及び「日本口語文典」「日本文語文典」「日本文學史」「日本神話」(俗說)「日本神道論」「日本紀英譯」「日本の古宗教」等は其の主なるものである。(アストン著芝野六助譯日本文學史)

## ボアソナード

ボアソナード G. Boisonade Fontarabie は千八百二十五年(文政八年)佛國ヴンサンヌ府に生れ巴里で法學を學び千八百五十二年法律博士となり千八百六十四年グルノーブル大學法科教授となり、後巴里大學に轉じ經濟學を擔當した。千八百七十二年(明治五年)秋司法卿江藤新平明法寮內に法律校を起しジユ・ブスケを教師としたが翌六年ボアソナードを聘して教師二名となつた、以來ボアソナードは刑法、治罪法の草案を作成し明治十五年實施された、次いで民法の草案に從事し其の一部は改正後實施を見た、尙彼は其の法律の顧問となり、又內閣、外務にも盡す所あり明治及和佛法律學校へも教鞭を執つた、明治七年臺灣事件に際し我が全權大使大久保利通に隨行を命ぜられ勳二等を賜つた、彼の功績中特筆すべきは我國の栲問を廢し證據裁判の必要を司法省に進言し實行を見たことである。又明治十七八年の頃條約改正案中治外法權の撤廢、關稅權の收得の交換として內地雜居、外人を日本判事に採用することの二つがあつたが外人判事の採用の不可を彼は當局に忠告した。外人にしてかゝる忠言を爲したることは感謝すべき誠意を認めねばならぬ。明治二十八年歸國に際し勳一等並に終身年金二千圓を下賜され、三十五年には帝國大學教師の功によりて名譽教師の稱號を得た。

## ニ　コ　ラ　イ

開港と共に函館の露西亞領事館には領事コスケウイチの下にマアホフと云ふ司寮を置いた。露國では交際國の公使館又は領事館に館員に教會の聖規を信奉せしむる規定で司寮と云ふ職を置いた、この司寮マアホフが在邦一年程で病の爲め歸國したので領事は後任を露都神學大學校より人材を求めた、この選拔に當つたのがニコライである。

ニコライ Pere Nicholai は露國スモレンスク縣ベリヨーザ村の輔祭デイミトリー・カサツトキンの子でイヲアンと云つた。イヲアンは資性豪健敏快で宗敎の爲に一身を捧げ樣との考を抱いてゐた、甞て我邦に幽囚された露士官ゴロウニンの「日本幽囚日誌」を見て日本の人情風俗の美に憧憬がれて居たのでこの好機を捉らへ募集に應じ選に入つた、卽日彼は修道士となりニコライと改稱して鄕里に止まる事僅に二日で聖彼得堡府を出發したのであつた、丁度それは千八百六十年（萬延元年）七月彼れが二十四歳の時であつた。

彼れは當時の人々の想像だも許さなかつた西比利亞を横斷して日本に來るべく發足した。八月末イルクツクに著しそれからアムール江を小船で下つたと云ふのだが、其時の如き將に死地を彷徨した程の怖ろしさに逢着された相である、ニコライエフスクに着いたのが九月末で、日本への航路は初冬ながらも閉ぢられた、そこで翌春四月を待つて彼地を發足し函館に着いたのが文久元年六月二日で此の間約一年を要した。

理想に燃えてゐた彼れは領事館の司寮としては滿足し得ず、日本全土に神の福音を傳へようと決意した。最初の約六年許りは日本の國情民意を察知する必要ある事を感じて、日本語の研究を始めた、これは啻言語を研究するのみでなく、學者や僧侶に就いて和漢の書籍を讀破し、經書、史傳は勿論、古事記、日本書記、大日本史の類より神道佛書までも廣く研究した程である。當時は開國鎖國の世論が盛んな時代であつたので、教書や奉神體書等のあるものの日本譯に着手して先づその形勢を見てゐた、兎角する内種々の迫害はあつたが函館を中心とする布教は其緒に就いたので、アナトリイを其地の分教に當て、自分は一人の從者と東京に出立した、是は明治五年一月のことで先づ横濱へと着いた、其の當時はキリスト教に對して種々の風說があり、政府は該教を嚴禁するとか岩倉木戸の使節が泰西より歸れば信教の自由を得るとか騷いだ時代であつた。中村正直、福澤諭吉などは盛に信教の自由を說いた。ニコライが初めて東京に出て來た時は知人であつた米人ダンと云ふ者の家に同居した、是が餘り豐かでなく、從つて夜泊るのみで食事は市中に出てする有樣であつて外國人が然も異邦で斯る苦しみを意ともせず、自ら滿足しつつ布教に獻身した事は決して容易ならぬことであつたと思ふ。其後築地に寓し間もなく火災類焼の厄に遭ひ、駿河臺に移つたは五年九月の事であつた、彼處はもとより火消屋敷で、後戸田邸と成つたものが廢邸とたつたのを政府の許可を受けて永久に居を相し得たのである。其頃復活聖堂は東京に唯だ一で誠に偉觀であつた。斯くの如くで仙臺方面より教理研究の爲め上京する者、又は語學研究者中よりもニコライに就て研究しようとする學生も出て、次第に信仰の徒も增加した。東京で始めて洗禮機密を執行したのが同年九月二十四日で十名であつた。ニコライは一面外交方面にも亦相當の見識を持ち、當時日本の外交はまだ極めて幼稚な時代であつたので、我が政府は常にニコライを信じて一々彼に諮詢したものである。三條公の如きも時々彼の處に來られては相談された相である。或る時は種々の風說さへ傳はり、ニコライは露國の皇族であるなぞと云ふ說も立つた事がある。明治八年千島樺太交換の時の如きも、副島伯が露西亞に行かるる筈であつたのを、彼れは現時の狀勢で伯が彼地に行かるるの危險多くして利なき所以を說きその行を止めたと云ふが、如何にも卓見であつた。

ニコライの平素は全く神に對する奉仕に一貫されて居た、決して自分の德を口にする事も無く、苦しみ惱みに對しても一度だも他に哀訴したる事が無い、親の喪に接しつつも悲しみを他に洩らした事を聞かなかつた。ニコライは常に云ふた、「自分も他人を平等に愛する事の至難なるを感ずる、或人を愛し、或人を多く愛せざるが如きは先づ免かれ得たが、さりながら人間中自己ほど憎むべく卑しきものはないと思ふ。」と彼れが如何に克己、謙讓であつたかはこの言葉によつても察せられる。

仕事に對する恪勤精勵さも亦驚くべきで、正に常人の五六倍の仕事を一人で引受けてゐた。夏の酷熱にもめげず居室に納まつて專ら會務の執掌に忙殺された。五十餘年の間暑寒に拘らず溫泉や海浴水に行きし事は一度も無かつた。彼れの布敎上の方針は、日本への傳道は日本人自らを以てすべきで民意を知らぬ他國人が信仰を强ゆるが如きではならぬと云ふ主義であつた。そこで二三の露人も居たが、主として宗敎上の事務を掌理するに止まつて布敎の實は日本人が衝に當つた。書物の飜譯には儒者中井不蒐磨を相手として殆ど三十年其の業に從事し、敎會重要のものは大抵譯し畢へられた、愈々病を得て聖路加病院に入院せる時も決して自分の病の爲に神への奉仕を懈怠してはならぬと一切見舞を辭した程である。病革るや醫師に向つて餘命幾許なるかを質問し、こゝ二旬は命はありませうとの返事に、然らばなすべく殘された仕事は多々ある、これに取り掛らねばならぬとて、醫師の拒むも聞かず駿河臺へ歸り、筆を執り、敢て最後に倒れる際までも筆を擱かれなかつた程である。

斯くて明治四十四年二月十六日七十八歲を以て逝いた、谷中墓地に埋葬された。彼れが死するの日、明治天皇より最美なる花輪を恩賜され、戸田式部官が勅使として駿河臺へ携へられた、外人にして斯る殊寵を荷ひしは蓋し多くはあるまい。(「ニコライ師のことども」「日本正教會總務局長柴山準行」)

**註** ニコライ會館は明治七年十二月の「雜誌」第三四八號に「宏莊美麗都下に無比なり、工は佛國より雇入れたる由、將に工を竣らんとす」とあるは東京神田駿河臺上に聳ゆるニコライ堂のことであるが其の實際完成したのは明治二十四年三月八日でこの日盛大なる開堂式が行はれた、大正十二年の大震災に全燒したので昭和年代に舊觀を復して改築せられた。

## モ ー ル ス

米人モールス Edward Sylncster Morse 千八百三十八年(天保九年)ポートランドに生れた知名の動物學者にして、初めハーヴアードのローレンス、サイアンテフイツク、スクールに學び、千八百六十六年頃にはアメリカ博物學會を創設し、後ボードウイン大學に於て比較解剖學及動物學教授となつた。明治十年東京大學理學部動物學、生理學教師となり在職僅か二年であつたが熱心に近世派の動物學を唱導し殊にダーヴインの進化論を初めて我が學界に紹介した。故松浦佐代彥、理學博士石川千代松、同佐々木忠次郎は當時其の指導の下に研究した、彼は學生と共に東大博物標本室の基礎を造つた。又理科大學人類學科を創始した、一度歸國せしが再度來邦して我國の治制、家庭的風習、陶磁器等を研究しこれを書になし（例へば Japanese Homes の如き）母國に紹介し以て日米親善を計つた。在任中勳三等旭日中綬章を、尙大正十一年勳二等瑞寶章を賜つた。

モールスは日本に親しみを保ち門下に多くの人物を出した、後世まで彼を追懷せる逸話が多い、今其の二三を左に掲げると

（一）　動物學などは受けのよくない學科であつたが、このモールス先生は非常な人氣を博した、といふのはその人が如何にも面白い人で、日本に理解があり、親しみやすい性格の人で、講義が面白く、それが半ば言葉で半ば繪であつた、先生の黑板に描く繪は實に妙を得たもので、五色のチョークで黑板に說明がてらに書く禽蟲は瞬く間に出來るが、先生はいつも左右の兩手を同時に使つて蜻蛉の羽翅を描いたりして如何にもそれが達者で黑板の圖を消すのが惜しいと思はれるやうであつた。動物學のやうなものに興味をもたせたのは全くこの人のお蔭である。（略）（市島謙吉氏談）

（二）　モールス先生は東京大學に於ける動物學教師であつた、先生が我邦學界の各方面に貢獻されしことは勿論であるが、就中考古學的に寄與されしことは極めて重大なる意味を爲してゐる。當時と云ふても東京と橫濱間の汽車がまだ珍らしい頃、大森ステーション近くの涯にはよく貝殼が見えた、今は人家で見るべくも無いがモールス先生は汽車で當時往復の途中ふとこれを見られて興味をもち、發掘に取りかかられた。するとこれが所謂貝塚であつて其內からは古代の土器の破片、人骨、動物の骨等が多數發見された、此の悉しい報告は

大學から出版されてゐるが兎に角日本に於て貝塚なるものを知つたのはこれが最初であつた。其後常陸邊の貝塚を研究する人も出來、日本の太平洋面には一帶貝塚の存在することも解り、今日貝塚なるものをさまで人は不可思議とはせぬがこれが爲に日本古代の歷史を知る上の主要なる資料を得たことは見逃し得ない事實である、此の方面に於ける先生の德は永久に忘るべからざることと思ふ。先生もたゞに貝塚のみに止らず、古墳に關する研究にも極めて造詣深く、大和河內邊に於ける其の研究は日本の考古學界に尠からざる貢獻であつた。尙以上の外日本の陶器、家屋、住宅等に關しても凡ならざる見識を持たれ、それ等に關する著書のあることも周知のことであらう。（文學博士三宅米吉氏談）

（三）

進化論を日本に持つて來られたのはモールス先生であつた、當時の耶蘇坊主達は大層驚いたもので豫備門にマカーラーと云ふ好い老先生が居られたが、此方も宣教師であつて、我々は先生から人身生理を習つて居た、此の學課が終つた時に先生は我々に向つて、人間は猿から來たものであると云ふ樣な事を書いたものが出たそうであるが君達も之れから或はそんな本を見るかも知れないが、その樣な本は甚だ惡い本だから讀んではイケナイ、其樣な說を信じてはイケナイと云はれたのを今でも覺えて居る。

斯樣ではあつたが故大隈さんは何と云ふても偉い方で明治十五年早稻田專門學校の開校式にモールス先生に進化論の演說をして貰ひたいと云はれた、處が其通譯に困つたのである、無論當時高田早苗氏其他英語に達者な方々は澤山居られたが、先生の演說が幾らか專門的なので遂に私が其の通譯を勤める事になつた、今から考へると實に盲者蛇であつたが大膽にも其の重役を勤めたのである。式が濟んだ後大隈さんの立派な御座敷で宴會が開かれたが、其席上大隈さんは直ぐ傍に居られた田尻子爵に、此のモールス先生は實に偉い人だ、斯んな人が外交官にでもなつて遣つて來られては夫れは中々困るだらう。先日もアナタ(私に向はれて)が通譯で宅へ來られた時先生に見せた陶器は決して手放したくはなかつたが、話をして居る内に何だか遣らなくてはならぬやうになつたのだと申された、此の陶器と云ふはモールス先生が二回目に來朝されて、加賀屋敷の天文臺の裏の小さな官舍に居られた時、或日私が一寸上つたら好い時に來て呉れた、大隈さんの御宅へ陶器を見せて貰ひに行く處だ、一緒に行つて呉れないかと云はれ、先生の御供をして牛ケ淵の御宅へ伺つた事がある、其時大隈さんは澤山な立派な肥前焼杯を見せられて、色々說明をされたが話の內に今も云ふ様に夫れ程先生が良い物と思はれるならば、皆上げやう、後から送つて上げると申されたのである。(理學博士石川千代松氏談)

## フ エ ノ ロ サ

アーネスト・フエノロサ Ernest F. Fenollosa は米國マサチユーセツト州に生れ、ハーバート大學出身の秀才で潑剌たる人物である、明治十一年八月來朝し東京大學にモールスと共に講演した。當時二十六歲であつた。スペンサーの社會學に依て宗教を論じた、同十三年頃獨逸哲學が紹介され、我が哲學界は漸く英を去つて獨に向はんとした、彼はこの過渡期に於て一方ミル、スペンサーを講ずると共に、他方カント、フイヒラ、シエリング、ヘーゲルを說き、英獨哲學を綜合せんとの抱負を懷いた。明治十一年より十五年迄帝國大學文學部、政治學、同十五年より十九年に至る迄理財學、論理學、及哲學教師として在職した。辭職後は文部省に轉じ遂に美術學校教授となり同二十三年新に設置されたボストン美術館東洋部の管理者として赴任した。歸國後も二回日本に來り後明治四十一年九月二十一日一九〇八年歐洲に赴き倫敦の客舍に於て五十六歳を以て長逝した。

彼は非常に頭腦の明晰なる學者であつた、日本に滯在する內漸次日本美術に興味を抱き熱心に研究した、哲學文學方面の門下には井上哲次郎、有賀長雄を始め多くの人材が輩出したが美術の趣味を吹き込まれたのは岡倉覺三であつて明治十九年政府はフエノロサ及岡倉覺三を歐洲美術研究の爲め派遣した。斯くて東京美術學校の創設明治二十二年には二人の力に依るもの尠くなかつた。

フエノロサは日本美術に對し大なる憧憬を有し其の研究は著しく進步して有力な日本美術の海外紹介者となつた、東亞美術史綱を始め種々の美術に關する著述も顯はれた。元來我國の古代藝術には見るべきものが頗る多かつたが外人にして是に逸早くも着眼したるはフエノロサであつた。嘗て本朝畫人傳の著者狩野永悳に就き復古說を唱導し「日本は斯の如く源遠く進步せる美術を有してゐる、之を捨てて徒らに外國を學ぶは己を危くするものである、一國の文化は過去の歷史を基として建てねばならぬ」とは彼が主張であつた。此の言は日本美術研究をして系統的たらしめし端緒とも見られるのである。

彼が感化を享けた畫家では柴田是眞、狩野芳崖、橋本雅邦、川端玉章等がある。就中狩野芳崖の如きは若年の頃生計に窮し知人を賴み自筆の繪畫を二束三文に鬻きて米鹽に代へて苦學したものであるのをフエノロサがこの繪を買つて其の神妙を世に紹介したものである。故に芳崖の傑作は多くフエノロサの蒐集する所となつて米國ボストンの博物館に秘藏されてゐる、島津公の犬追物の大作を書いた關係上島津家の惠みにより揮毫したるものが同家の所藏品として傳はつて貴重のものとされてある、又東京美術學校所藏の彼が傑作慈母觀音は夙に國寶となつてゐるのも有名である。彼が日本畫界に新味を帶びた特色を發揮したのもフエノロサの推輓である、雅邦も素より其通りで明治の我が畫壇に芳崖、雅邦の如き傑出した大家を出したのもフエノロサの影響がある。

又我が美術界の大先達として美術院派を造り上げた岡倉覺三の如きも實にフエノロサの誘掖である等其他數へ上ぐれば彼が本邦美術界の大恩人であることは餘りにも有名なる事實である、明治二年勳三等瑞寶章を授與された。

彼は深く日本を好愛し日本佛敎に歸依した、元々クリスト敎の人でありながら日本に於て日本佛敎の受戒を得た位であるから死後其の遺骨を日本に持ち來つて圓城寺法明院に葬つた、そこに墓石があり碑文は井上哲次郎博士に成つた、又美術學校にも碑が建つてゐる。彼は大著「支那日本美術時代史」は門人たりし有賀長雄及友人であつた狩野友信等の助力もあつて死後四年目に世に出でた。

### ブリンクリー

フランク・ブリンクリー Captain Frank Brinkley は千八百四十一年十一月（天保十二年）愛蘭土に生れ始めて日本に渡來せしは千八百六十七年（慶應三年）であつて當時英國步兵第九聯隊及び砲兵一中隊が本邦に駐屯してゐたので陸軍中尉たる彼は此の一行に加はつたのである。然るに彼は日本に魅せられ引續き本邦に滯り終身故國へ歸らなかつた、尤も夫人は水戸藩士の息女であつた、爲に日本語や日本文學を學ぶに好都合であつたと思はれる。

彼は明治四年に海軍砲術學校の教頭に任ぜられ、同九年まで在職したが、其年工部大學校の數學教授に轉任した、有名なる語學獨案内は明治六年に出版せられ、後三十餘年を經て修正增補第二版を三省堂より出版したが大に世に賞用されたものである（第二節第二項參照）

明治十四年彼はジャパンメールを讓り受けて自ら其の持主兼主筆となつた、此の英字新聞は明治三年に創刊されたものである、彼は其の持主と爲らぬ前より時々同紙に論文を寄稿し中にも「平氏時代」と「太閤時代」と題せる文章は續物として當時好評を博したものであつた、彼はジャパンメールの主筆として三十餘年間椽大の筆を執つて我國の爲に絶えず通譯辯護の任に當り、治外法權の撤去、條約改正、日英同盟の如きは暗々裡に彼に負ふ所大なるものであつた。

彼は又日本の美術殊に陶磁器に深甚なる趣味を有し其道の鑑定にかけては一個のオウソリテイとして知られた。日本に關する彼の著述は少からずある、大英百科辭典に在る日本の記事は其の筆に成り曾て倫敦タイムスが「日本號」を發行せし時其の大分は彼の手になつた。又先年三省堂より發行せし和英大辭典も彼の著述にして一時大に世に珍重された、有名なるヘボンの和英辭典もこれが爲に段々廢たれた。然れども彼が晩年の著述として最も心血を濺いだものは表面上菊池大麓男と共著の英文日本歴史である。これは大英百科辭典の別冊として倫敦タイムス社より出版された。

彼は死去する七年前より中風症に罹りたるが不撓不屈の精神は敢て病魔に屈せず瞑目する數週間までジャパンメールに筆を執つて居た、其内乃木大將夫妻の殉死あり、大將の此の殉死が外國人間に其の眞意を誤解せられんことを憂ひ、病苦を忍んで辯護の論文を書いてジヤパンメールに掲載せしがこれは一個の名文として内外の喝采を博した。彼は之を絶筆として間もなく白玉樓中の人と爲つた。（國民英學會々長磯部彌一郎「明治初年の英語教育」）

## グリフイス

グリフイスは William Elliot Griffis 千八百四十三年九月（天保十四年）米國フイラデルフイヤに生れた教育家であり宣教師であつた、千八百七十年（明治三年）に日本に來り翌年聘せられて福井藩の教育監督となりしが、明治五年大學南校教師となり在職二年其間力を東京開成校化學科の設置に盡し且教授として功績甚大であつた。尙彼は我が學界に化學を專門として初めて敎へたる人で五十年間廣く我國の發達に貢献したる功沒すべからざるものがある。彼は曾て米國に在る時勝海舟の長子小鹿（一に小六）を教授したことがある。頗る日本贔負であつた、彼が名著「帝の國」は明治七年米國で出版され、同八年「維新外論」「日本近世變革論」同九年には「皇國」を又大正四年には「日本天皇論」がある。其他「フルベツキ傳」「ヘボン傳」「ブラオン傳」の三著がある。

彼は明治十年に本國に歸つて後永年日本に關する著述を怠らず、同十九年には勳四等を贈授された。後大正十五年十二月九日五十年振りで八十三歳の高齡を以て又日本を訪問し、澁澤榮一、藤山雷太、井上準之助等多くの舊友に歡待せられ三ヶ月間滯在して歸國した。間もなく千九百二十八年（昭和三年）長逝した。

## チヤンバレン

チヤンバレン Basil Hall Chamberlainは 千八百五十一年（嘉永元年）英國本土の南海ポーツマスの海軍の家に生れた、外祖父バシル・ホールはチヤンバレンが生前古く琉球に來航したこともあつた、チヤンバレンは博言學者にして千八百七十三年明治六年二十四歳の時始めて來朝し、明治十五年まで築地の海軍兵學寮の英語教師を勤めた、其間日本語を研究し既に日本古代の詩歌を譯出した、兵學寮を辭職した翌年の明治十六年には古事記譯解を刊行した時に年三十四、明治十九年の春帝國大學令が發布され其の文科大學に和文學科、博言學科などの四學科が設置されたのでチャンバレンは入って教師となつた在任五ケ年病を以て職を辭し名譽教授となり爾來日本に踏み止まり諸種の研究著述に從事した、其間六回歐洲に歸へつたが二十三歳より六十一歳まで人生の大半三十九年間を日本に住み日本を愛し、遂に明治四十四年三月四日愈々日本を辭し瑞西ゼネバの湖畔に病後の晩年を送ることゝなつたが、我國を去るに臨み多年日本文化に貢献せる爲勳三等瑞寶章を授けられた、千九百三十五年昭和十年二月十五日八十五歳の高齡を以て長逝した。彼は王堂と號し日本の文學に精通し、又北海道に渉りバチェラー博士を訪ひアイヌの研究にも盡くし明治二十三年米國から渡來したラフカヂオ・ハーン小泉八雲を好遇し初めは松江熊本の學校に紹介し後には帝國大學に斡旋した美談もある、又日露戰爭に出征した兵士の家族の貧しきものに人知れず金を惠み其他慈善行爲にも富んだ、其の博學にして十餘ケ國語に通じ著書頗る多く外人にして彼ほど日本語と國文學に精通し、最も多く日本を世界に紹介したものは珍らしいと云はれる。其の著書の主なるものは、枕詞及「いひかけ」考明治十年 大和物語抄譯明治十一年 英語變格一覽（和文）明治十二年 日本上代の詩歌明治十三年 英譯古事記明治十三年 本居宣長の日本支那美術論明治十七年 日本近世文語文典明治十九年 日本お伽噺浦島明治十九年 日本小文典（和文）明治二十年 日本上古史明治二十一年 日本事物誌明治二十三年 日本俗語文典明治二十一年 英文典教科書明治二十五年 琉球語考明治廿七年 アイヌ熊狩考明治二十年 等枚擧に遑ない程である。而も非常の藏書家であつたが歸朝に際しこの日本の書物を利用し又讀む人少なき海外に持ち去ることは學者としてなすべきことでないからとて其の門人なる上田萬年博士に一萬一千餘冊を譲つたと云はれてゐる。

（國語と國文學特別號日本文學研究史「チェンバレン氏特輯」）

### バ チ ラ ー

神學博士ジョン・バチラー John Bathelor は千八百五十四年三月二十日安政元年英國サセックス郡オクフイルド村に生れ千八百七十六年明治九年ロンドン、イゾリングトン神學校を卒業、香港聖ポーロ、カレヂに入學、同年來朝し北海道函館に渡りアイヌ語日本語の研究を爲し後歸國してケンブリッヂ大學にて神學の研究を爲し英國CMS傳道會社員となり、千八百九十年明治廿三年又北海道に來り膽振國幌別村にアイヌ族子弟の爲に愛憐學校を創設した、明治二十六年同校を函館に移轉し又札幌にアイヌ族の爲病室を設置し、後同三十年札幌にアイヌ族の學校を創設し後大正九年アイヌ教化團を組織してアイヌ族の自覺を促すに至つた、同十二年には日高平取村にアイヌ及和人の幼稚園を設置し、翌年札幌市にアイヌ子弟にして中學以上の教育を受くる者の教育指導援助の目的を以てアイヌ保護學園を組織經營した、又北海道土人社會教育事務囑託として北海道廳に勤務したこともある、其間通じて五十有餘年の久しきに渉りて一意專心アイヌ研究及其の保護事業に沒頭しアイヌ語英話辭典を始めアイヌ語に關するもの其他有益なる著書三十有五種に達し言語學上からも又民族學史上からも頗る重要なもので學界に裨益する所尠くない、其の社會事業に盡瘁せる功勞を以て明治四十二年五月勳四等を昭和七年十二月勳三等瑞寶章を賜はり其他宮內省、北海道廳、恩賜財團慶福會、有栖川宮家奬學資金、古川家同潤會等より表彰及研究資金等を受くるもの頗る多い。現に今尚八十四歳の高齢を以て矍鑠として其の業に專念する所珍らしき存在と云はねばならぬ。彼が献身的奉仕は畏れ多くも天朝に達し明治天皇を初め奉り大正今上両天皇陛下にも拜謁の榮を賜はつた、殊に明治天皇の時のことを彼は次ぎの様に語つてゐる。

私は明治四十四年の春觀櫻會の御招きに預りました、そして　明治天皇陛下から畏くも握手を賜りました、其の御手に觸れますと、御手から出ます所の感じは全く何と申し上げてよろしいか、威壓とでも申上ぐる熱き〳〵火の如き强き御力が出まして、私の全身足の裏まで、廻つて火の如く、燒ける様な感じが致しました、此の様な感じは私の一生涯に初めてゞ私は陛下と握手いたしました後、少時ぼんやりとして私の體全體が震へました、そして私が直ぐ友人の家に戻りますと一人の支那夫人が危篤になりました、そこで私が其の婦人の額へ一寸手を乘せますと、不思議にも其の病人の熱がさめすつかり全快いたしました、皆も驚きました、然し之は全く明治天皇陛下から握手を賜つた時私に此の不思議な神様の力を託せられた事を確に自覺致します。（野人の叫）

外國人にして此の感激あるは久しく日本に在住して其の精神が日本人と同一體となつたものであらう、昭和十一年秋天皇陛下北海道行幸の御砌りには畏くも拜謁並に御陪食の破格の光榮に浴した、尙彼は同年冬三十六年振りで故郷英國に展墓に歸り直ちに引返した、英國皇帝より最高名譽の文化勳章O、B、E、を授與されたるも畢竟日本在住六十一年其の間社會文化に貢獻しアイヌの父と呼ばれ珍らしき世界的學者として認められた所以である。昨春九十三歳のイザル夫人を喪ひ養女ヤエ アイヌ人 と二人のみの家庭となつた。

### リ・センドル

リ・センドル Le Gendre は佛國ランスに生れ、米國に歸化し、南北戰爭に從軍して功あり、累進して少將となつた。戰爭で負傷し、保養旁々厦門領事となつて東洋に來つた。其の翌年米國の一商船臺灣の南端に於て遭難し船長以下端舟で上陸すると忽ち土人の爲に殺された、彼はこの報を聞き憤然と起ちて直ちに支那官憲に談じ土人刑罰の約を誓はしめ、且自ら遭難場所の檢分に出掛け(一)土人を懲戒し其の殘虐を禁止せしむるには外國だけの威力では十分其の目的を達することは出來ない(二)それには支那官憲と西海岸土人との二方面よりの協力を得ることが必要である。との献策を爲したが米國水師提督はこの献策を容れず獨自の力を以つて土人の討伐を敢行したが失敗し副艦長以下多數の將卒を喪つた。そこで米國政府は改めて彼れに討伐の事を命じた、是に於て彼れは(一)先づ第一に北京政府に土人の懲戒を迫つたが滿足すべき回答に接しないので(二)轉じて福州に赴き其地官憲に談じて砲艦一隻を提供せしめた(三)次に彼れは米國士官を帶同して臺灣に到り其地の長官に說いて土人征討軍一隊を出さしめた(四)それから海陸併び進んで牡丹社の本據に進擊した。斯くて彼れは結局土民を屛息せしむるに成功し酋長を招いて將來決して遭難民に殘虐を加へざることを誓はしめ且先きに殺害せる人達の遺物を退却せしめ支那軍艦に乘つて厦門に歸つた。

之より彼の名は臺灣土人の間に高くなつた。其後彼れも亦進んで各方面の酋長と往復し自然その畏服する所となつた。慶應四年、明治二年と引續き臺灣に旅行し、殊に二年四ケ月の長きに亙り各地に轉々して具さに地理人情風俗を探つた、今日の樣に完備した地圖の出來たのも彼れの此時の旅行の貢献が端緒となつたと云ふ人もある。而して何よりも彼れに感謝すべきは彼れのお蔭で多くの遭難者が之より永く土人の殘虐から免れ得たことである。

それから千八百七十一年卽ち明治四年秋我が琉球漁民の一隊は臺灣東海岸で難船し牡丹社土人の殺す所となつ

た、之れが卽ち例の臺灣事件の原因とはなるのだが、リ・センドルはこの報を聞きて直ちに米國汽船に乘つて現場にかけつけ嚴しく土人を詰責したるに、土人は琉球人を殺したとて淸國に背くことにならぬとか、白人を殺さぬ約束はしたが琉球人のことで文句を云はれる筋は無いとか、言を左右に托して肯かなかつた、遂に彼れは土人の懲罰と生殘の琉球人の救護とに關する方策を按じて之を米國公使並に支那の官憲に愬へたが何等の手答がなかつたので憤慨して米國政府にまで之を申達した。米國としては日本臣民が支那人に殺されたと云ふので米國が乘り出す譯に行かない。畢竟彼れは北京駐劄の米國公使と衝突したので明治五年決心して歸國の途に就いた。途中橫濱に立寄つた所を米國公使の紹介で日本外務省の顧問となつた。當時琉球の漁民殺害事件で日淸間に葛藤が起つて居る際で臺灣通であると云ふので時の外務卿副島種臣の智慧袋となつて大に畫策する所があつた。又彼は大隈伯とも親しかつた、日本政府の顧問として彼の献策が日本帝國の外交的地位を高めたものは著しいので宮中の御覺へも目出度かつたと謂はれる。其後表面上政府と緣を斷つてからは小石川に假寓し、專ら著述に從事した。論ずる所は主として日本の富國强兵策であつた。小松原英太郞譯「日本開進論」五冊は彼の著書の飜譯である。

日本人を妻として男女二兒を擧げ、其の一人は今日聲樂家として名高き關屋敏子の母である。

リ・センドルは日本では李仙得として知られ、時に李聖得又は李全得とも書き將軍と呼ばれ尊敬された、明治三十二年九月朝鮮で急死した。(新舊時代。吉野作造稿「日本外交の恩人將軍李仙得」經世評論東海散士稿「リセンドル略傳」)

ハーン(小泉八雲)

ラフカヂオ・ハーン Lafcadio Hoarn は千八百五十年嘉永三年英國アイオニア群島內のルカーヂヤに生れ千八百

六十九年明治二年二十歳の時中部アメリカに渡り新聞記者として文名を揚げた、當時佛國に博覽會があつたので彼は通信員として渡佛した、會々日本から代表として來つた服部一三と知合となつて後明治二十三年六月日本へ來り服部一三を尋ね彼が希望の田舍に奉職を得んとした、丁度其折出雲松江中學校へ聘せられ後明治二十八年同地の藩士小泉家の相續人セツ子の女婿となつて名も小泉八雲と改めた、是より先き二十四年十一月熊本高等學校の教師に轉じ後神戸に移りジヤパンクロニクル新聞記者となつたが彼が文名は大に世に認められ明治二十八年聘せられて東京帝國大學の教授となつて三十六年まで七ケ年間奉職し罷めて專ら著述に從事した、翌三十七年早稻田大學の教授となつたが同年九月二十六日逝いた享年五十五歳であつた。彼が生前中著述したるものは頗る多く日本に就ての研究も徹底して從つて日本文化に貢獻したることも著しく同時に日本文化を海外に紹介して日本國民性の眞骨頭を外人に知らしめたるの功績は尠からぬものであつた。(内ケ崎作三郎「日本文化の紹介者としての小泉八雲先生」)

更に終りに開港當時及其の直後に渡來した外人の中に我國に採つて果して利益であつたか否かは明言出來ぬが其餘りに活躍振りの著しかつたので多くの記憶に殘つてゐる怪人物を添付せん。

## モンブラン

佛人モンブラン Le Comte Charles de Monblanc は千八百六十一年十月文久元年來朝したが佛僧正フルモッチと親交あり幕府の大官に出入し巧に其の信用を得てナポレオン三世の親任を受け居ると自ら吹聽し幕府に建策して封建廢止を說き、陸海軍の改良擴張やら兵力軍器の輸入等を斡旋せんとした。文久三年九月横濱外れ井土ケ谷で佛國士官二名が殺害された時、幕府に建言して謝罪使を派遣し佛國政府と同盟を結ぶべきことを勸告して遂に同年池田筑後守等の表面鎖港談判使節として佛國に赴いた時、モンブランは後から追かけて佛國に還り種々策動した。巴里で「大日本德川幕府特許御用商」などと看板を掲げ日本へ軍器其他の賣込を名として歐洲商人から不正のコンミッションを取つたり、可なり惡辣な行動をやつたことが暴露し、且彼は事實伯爵でもなきのみならず佛國政府の注意人物であることが知れて池田筑後守は之を排斥して取合はなかつたので彼は遂に失望し、其後慶應元年柴田日向守が佛國使節として出かけた時不相變モンブランは運動したが日向守は一向之を取合はないで横須賀製鐵所創設の爲には佛人ウエルニーを任用し一切設備は之に任せたので、モンブランは愈々日本政府の斥くる所となつたので彼は薩藩と握手し其手先を勤むることに裏切つた、卽ち幕府が佛國と結んで其の後援を得て軍器を輸入する事情等を密告した。

慶應三年二月德川民部大輔昭武等が佛國に派遣せられた際巴里の萬國博覽會に臨んだ時薩藩では既に幕府の手を經ず同博覽會に出品し、當時巴里滯在中の同藩士新納刑部、岩下佐次右衛門方平等は幕府の許可を受けずに渡歐して居たのでモンブランは巧に取入りて萬事の顧問となつて、博覽會總裁に書を送つた抔頗る薩藩の爲に盡くした。第一章第六節參照　モンブランは始め薩摩に來り種々活躍し我が邦人には一に白山と呼ばれた、彼の思想は諸藩士に傳はり土佐藩士佐々木高行が其の談話を筆記し「聞書」と名づけられたものがある。法學博士尾佐竹猛秘藏寫本「佛人モンブラン新說書」と題するものに末尾の一節に

此書は佛蘭西の貴族モンブラン氏、日本當今の時態を憂ふるより著はす所にして自ら崎陽に持來り□□□□して我が徒に示せり、由て急に之を譯せしめんと欲し、之を譯官及び留崎の學生に諮りしかども、或は事役に支へられ、或は學淺ふし

て譯する能はず、遂に之を亞國の教師フルベツキに請ふ、彼亦精細に飜譯するの暇なく、ロハコフヰに其の大意を話す、基。側らに在つて之を書す、其話或は和語を用ゐ、時として英語を交へ、句意連綴せず、揮毫頗る惱めり、故に只其意を失はんことを憂ふるに急にして素より、九重雲上の事忌避に暇あらず、其文の精麁に至つては他日佛學先生の彼書を正しく飜譯する日に至つて自ら判然たらん

慶應丁卯冬十月　崎陽勿爾穫基氏の客館に書す

とある、「日本國體及物産及外國の交際」と題して日本事情を觀察して記述せるものである、其の一節中に。

日本一般の人員は凡四千萬人も有るべし日本の土脈は殊に大山より出でたり、而かも水質溫和にして甚だ清く、且つ乏しからず、金銀銅錫凡ての金屬は極めて多けれども山中に存し、國人未だ穿出且分析に心を用ひず、金は砂中又は白石中に多く存し、銀亦多く、殊に鉛質と混同して山中に有り、往時和蘭の通商は專ら銅に於てせり、銅は純粹なるものあり、他質を挾めるもあり。

各國の主は力行、節儉を事とし、其洪益ある鑛山をも穿出を好まず、日本如し西人と交る猶ほ數年ならば、鑛物の利益悉く其途を得べし、水銀亦多く、殊に丹粉中に存せり、其他鐵及び石炭亦た饒なり。

溫泉又は他の病者の爲に能き泉水等處々少からず、石品又多く殊に室を造る爲に最も善き石品夥しけれども、地震を恐れて敢て之を用ゐず。

陶器に用ふる石器甚だ多く、之を用うる亦巧なり、水晶石及び他の寶石等貴品少からざれども國人未だ之れを知らず、空しく山中に存せり。

海中に至ては、鯨を始め大小魚鱗及び蠣球も亦多く、凡て國人の食半ばは魚なるに依りて魚鱗は則ち日本の爲めに價すべき者なり。

鑛產品、水產等の豐富なることを說き、更に進んで農產品を語つて曰く。

田園の利は米穀最も善し、村園に逍遙するに遠く坂田を望めば極めて美觀なり。繭に至つて品を二つに分てり。桑に生ずるもの、楮に生ずるものなり、楮に生ずる蠶にて製せしものは皺紗なり、桑に生ずる蠶にて製せしは尋常絹帛なり、歐羅巴の能く絹帛を品裁するものの說に、日本の帛を以て亞細亞第一とす、佛の蠶種は病を生ずる多くして損失少からず、日本の蠶種を佛に送るに風土大に異なれども決して死せず。

其他茶、綿花、煙草、臘、棓倍子を多く產し、砂糖は最も南國に在り、茶は直ちに上海に送り支那に於て西人の味に應ずるが如く再製し、而して西域に送る。

農業はよく其力を用ゐたり、田村に散步するに山巓に至る迄尺寸の隙もなし。

と謂つてゐる、想ふに此の楮に生ずるもの、楮に生ずる蠶にて製せしものは皺紗なり云々は天蠶を指したるものならん、當時佛國で蠶病に災せられたので日本から蠶種を送つた事情を語つたものである。次ぎに

・他の製造場に至つても著しき者夥しく、枚擧し難し。

螺鈿器漆器及び布帛は漢土に超へ、陶器磁器白瓷の美麗は凡て金屬の鑄冶及彫工は甚巧なり。劍鋒殊に妙なり刀は少しく重きを覺ゆれども磨研甚見るべし、刀柄の粧具尤美なり、琺瑯器又少からず。凡て日本に於て愛すべく又見るべき飾りの多けれども敢て室又は身の美觀に供せず。

陶磁器、織物、蒔繪、彫刻等我が工藝美術の優秀を賞讚し、或は日本刀の銳利を說き鍔や目貫の細工にまで精緻なる觀察眼を閃かしてゐる。（「西洋人名辭典」尾佐竹猛「國際法より觀たる幕末外交物語」）

惟ふに彼は開港を好機として慧星の如く日本に顯はれ薩藩は素より長藩其他各地に知己を有し日本通として盛

に活躍したが元來一僻ある山師であるから遂に幕佛握手の大芝居を目論んで失敗し其の仕事は佛公使や其の帷幄の策士カションに浚はれて仕舞つた、後慶應三年上海に現はれたが本國での不正事件が發覺し召捕られて終りを全ふすことが出來なかつた。幕末來朝外人中の怪異人物として噂に殘された。

### メルメ・デ・カション

佛人カション Abbe Mermet de Cachon はゼスエット派の宣教師で弘化或は嘉永年間頃佛國海外布教協會（ミッション、エトランゼール）から派遣されて支那に來た、支那から日本へ渡る計畫であつたが當時はそんなことが出來ないから、その中間工作として千八百五十五年二月（安政二年）一先ジラール、フエレーの二人と共に琉球那覇に渡つた。布教の傍ら日本語を學んだが之を聞き傳へた薩摩から伊知良親雲上なるものが乘り込み貿易も試み武器軍艦の買入の周旋を依賴した。彼は島津齊彬の秘命を帶びたもので市木正右衛門で後に島津家の史官をやつた市木四郎のことである。それは安政四、五年の頃である。軍艦買入等の事は齊彬の急死によつて挫折した。其後カションは一旦香港へ引上げて後安政五年條約締結の爲に派遣されたグロー男爵の通譯として神奈川に入り込み間もなく香港へ歸つたが安政六年九月駐日總領事ベレクール（後公使に昇任）に隨ひ再び日本へ來りその年十一月函館へ移つた、千八百六十二年（文久二年）の秋頃まで彼地に在つて布教の傍ら英佛語の教授を爲し、英佛日對譯の辭典を編輯したり、アイヌ語彙を蒐集したり、盛に勉强してゐた。又當時函館に在つた栗本瀬兵衛（鋤雲）から日本語を學び、交換的に栗本に英佛語を教へた。文久三年遣歐使節池田筑後守の一行が香港に入つた時カションに逢つてゐるので、彼は已に函館を引上げ上海に歸らんとした時佛公使ロセスに見出され其の譯官となつた。慶應元年幕府が三兵傳習の準備として横濱に佛語學校を設くるに及び其の校長に擧げられ、爾來ロセスの觸手となつて活動し横須賀造船所や對佛借欵等に飛躍しロセスの影を離れないで顧問格となつた、彼は日本語に通ずるのみか文章も書き詩や俳句まで心得てゐた日本通であつたが、慶應二年佛國へ歸つて翌三年徳川昭武の佛國へ派遣された時其の世話役を豫期してゐたがシーボルトの爲めに乘ぜられ排斥された。

佛公使ロセスが幕府當局に入智慧して佛國と同盟して薩長其他諸雄藩を斥けて統一を圖らんとしたがカションは實に其の手先となつて諸般の計畫に策動した、幕府でも心あるものは之を指彈した、勝海舟の日記にも「近く五六年、我官吏拂郎察之教化師カションと云ふ妖僧に心醉し、偏信して我社稷を盛大ならしめんとす是何の所爲ぞ、英吉利人其偏執あるを悟りて、西諸候と結び王政復古、諸侯を剗小して郡縣の說を主張す我官吏是を聞で、益佛郎察に倚頼し、倚角之勢を保持せんとす嗚呼今日の事何人の手に出づるや、我是を辨せず」と云つてゐる。

（幕末經濟秘史第一巻 佛蘭西公使ロセスと小栗上野介）（前第二節第六項參照）

### ヴエンリード

ヴエンリード Engene M. Van Reed は米國ペンシルヴエニヤ州リーデイングの人でジヨセフ・ヒコがボールツモーアでサンダースといふ人の世話になつてゐた頃の友人で千八百五十九年安政六年米國領事館の事務官として日本に赴任の際、布哇ホノルルで船を乘替へた時其の船中に、ヴエンリードが同じく米國領事館員として渡航中に在つたので一緒に横濱へ來り領事館に勤めた、ヴエンリードは社交に長じ抜目が無く、而も山氣の多い喰へない男である。文久年版松伯著の「珍事五ケ國、横濱ばなし」にも「中にも亞米利加人ウインリウトと申は商人なり、日本の身振聲色にて交り至つて通人なり……」とあるが如く彼は才氣の突走つた金儲に如才のない代物であつた。文久二年發行「横濱開港見聞誌」によると多くの外人は支那風の傘をさしてゐるのにヴェンリードは日本風薄鼠の細い蛇の目傘をさして夏は殿中笠を被り大兵肥滿のよく馬に跨つて居留地を乗廻したことが書いてある。大に日本通を氣取つてゐたやうである。

慶應三年三月發行の「萬國新聞紙」第三集には渡米希望者の爲周旋の勞をとる旨の廣告がある、六月中旬發行の同紙第五集には日本とサンドウイッチ（布哇）との間に條約が締結されヴェンリードは其の總領事となり多くの動植物を日本から同島へ送つた旨記載されてゐる。外國發行の公文書中にも其頃は三乙岡士《コンシル》ゼネラル、ヴェンリード」となつてゐる、併しながら幕府がサンドウイッチ島と通商條約を締結したことはないのであるから萬國新聞紙が何によつて條約の締結を報道し且つ彼が何故に總領事と稱したかは不明である。明治元年「横濱新報もしほ草」と稱する新聞紙を發行し之を利用して布哇移民三百名を募集した、一人一ケ月五弗の給料で三ケ年季を約しサンドウイッチ島に渡り甘蔗植付に從事せしめんと計つたが、此の秘密計畫は漏洩して同年閏四月三日横濱の外字新聞が書き立てて萬國の法律に悖り正に奴隷賣買で人道に背くものであると攻撃したので時の神奈川府知事東久世通禧は出航を差止めたが彼は之を肯ぜないで出帆して仕舞つた。其後曲折を經て明治二年四月二十九日外國官副知事寺島宗則は米國公使と論議の上二年九月三日上野景範を使節として派遣し布哇政府と交渉したるに我が請を容れて勞働者中歸國望みの者は歸國せしむることとなつた。（第一章第六節參照）

尚ウエンリードはグアム島へも日本移民を渡航せしめたが給金の支拂も滿足ならず、又三年契約の期滿ちても契約に依る歸國旅費をも給せないので我が政府は船舶を送りて之を引取つた。

其後の事であつたが、カリホヤルニにも手を出した、神奈川縣の記錄に

以二書翰一致二啓達一候然ハヴエンリート氏へ我國人善平儀「カリホルニヤ」ニ於テ茶樹植付方トシテ被レ雇右給料其外拂方滯ノ儀ニ付取立方訴訟申出テ貴下御地ニテ證人ヲ立テ我伊藤工部大輔小松等立會ノ上御取調相成候處相違無レ之趣ニ付右證人ヨリ證書其外證據ニ可二相成一書類等乍二御手數一御取束急速御指越有レ之度此段及二御賴談一候以上

明治五年壬申四年十八日

神奈川縣令陸奥宗光

桑港扶蘭在留大日本領事チヤルレス・ウヰルコット・ブルークス貴下

と云ふのがある、此處でも不始末が曝露されてゐる。

又彼は米價が昂騰すれば直に外米を輸入したり、明治四年には自ら米會所をも經營して金儲を爲し、或は日本輸出の茶箱レッテルを一手引受けたり、甚しいのは本牧チヤブ屋の祖先たるボーレン(海員泊所)の發案者である。

尙ヴエンリードに就て林董伯の談話に生麥事件の中に次ぎの一節がある。

予が知れるヴエンリードと云ふ米人は日本語を解し頗る日本通を以て自任したるが、リチヤルドソン等よりも前に島津の行列に逢ひ、直に下馬して馬の口を執り道の傍に佇み、駕の通る時脫帽して敬禮し、何事なく江戸に到着したる後リチヤルドソンの生麥事件を聞き、日本の風を知らずして倨傲無禮の爲めに殃を被りたるは、是れ自業自得なりと予に語れり云々……

又同伯の談に「榎本武揚の函館脫走の際にも布哇へ來れと勸めたことがある云々」、以て彼が性行の一班が窺は

れる。

（横濱開港五十年史、林董「後は昔の記」、ジョセフ・ヒコ自叙傳、神奈川縣版和英對譯書牘類例、土壤平野威馬雄「開港前後の一怪壘夷蠻理度の謎」）

附記　此他英公使オールコック、同パークス、佛公使ロセス等の有名なる外人は他の章に隨時顏を出してゐるのと、公使として當然活躍したので本章には之を避くることゝした

## 第二項　外人の布敎と學界寄與

開港後來船して横濱及其他に於て在住したる外國人は頗る多數であるが主に商工業に從事する者で其他彼國の文武官、宣敎師、敎育者、技術者等短日子のもの長月日のもの等其國籍氏名は到底算ふべき限りでなく調査不能であるが、是等多くの外人中相當に我が國人間に其の名を知られてゐて且我が文化の建設に貢献し、國際愛の下に國民に好感を以て迎へられ、我が國家に寄與せる外人は尠くなかつた。而も職掌其物が新知識を授與する敎育者、技術者の大部分で彼等は自己當然の義務を果したものとは謂ひながら、我が科學知識の幼稚なる時代に於て進新なる學理技術を注入し吳れたることは限りなき恩惠と感謝せざるを得ないのである。

何と謂つても我邦の科學は開港を契機として急速度の發達を遂げたもので如何に我邦が二千五百年以來連綿たる皇統の下に金甌無缺の國體を保持し來つたりとは謂へ歐米先進國から物質的新學術を享受しなかつたら斯如長足の進步は得られなかつた。彼の佐久間象山の詩にも東洋道德西洋文明と冒頭に謳つて居るが如く如何に東洋君子國を誇つてはゐるものの開港當時の西洋の物質文明には叶はなかつた、畢竟多年の鎖國政策の崇りで東洋の一

孤島に偏在して潑溂たる進歩的頭腦を壓束されてゐたる結果である。其の一旦開港と爲つては鬱勃たる擡頭振りはすさまじいものがあつた、歐米文化の吸收に最大馬力を懸けて開港後半世紀の後には早くも旣に歐米先進國に壘を摩せんとし四分の三世紀を過ぎたる現今に於て殆ど對等の域に進まんとしてゐる、畢竟三百年間の停滯期間を四分の一にて成し遂げたかの感がある。其の玆に至らしめた最初の誘導啓發には如何に開港後來船したる各方面の學術技藝の權威者たる歐米人に負ふ所深甚なものがあつたかは毎に追懷して敬意を表することを禁じ得ないのである。殊に宗教家、教育家等の內には殆ど社會的に公共心の發露して献身的に我が國民の敎化運動に精進したる奇特者もあつた、是等多くの來船外人に對しては我が國民は永久に其の氏名を牢記し好感を以て之を感謝せねばならぬ、實に開港と共に永久不滅の歷史的存在であつて此の機會に於て是等外人の詳傳を調査記錄すべき事柄と思ふが廸も其の事業の完璧は容易でないと思ふ、尙私の微力は到底是等に指を染むることの不可能を省察してゐるから只玆に其の意志を表示する位の程度に止め、本著に於てこの一項を添附して其の主なるものの一部分を摘錄して置きたいと思ふ、仔細に考へたら數百人もあるであらうが其內初め一番多かつたのは英米人で、佛獨人之に次ぎ、それから下つて蘭人伊人等である。

因に本節には主として開港後及明治初年に入來つたものに止め凡そ明治十年前後までのものとし名高きものを採つた、又此外調査詳細ならざる爲相當功勞あつた人々が省略されてあるかも知れない。尙前項最後のハーンの小泉八雲の如きは年代が非常に後れてゐるが有名なる爲め加へて置いた。

ボ ー ド ウ イ ン Boduin

醫學博士ボードウインは幕末長崎に來り同地に教授たりし和蘭人である。明治元年大阪病院開設に際しハラタマと共に聘せられ功績著しきものがあつた。彼は卓越せる學者にして五十年前已に日本人に黴毒に基因する花柳病者の甚だ多きことを看取した尙明治十一年頃癩病患者に水銀局部手術を施せるは全く博士等の說に俟つところ多く實に我國醫界の恩人であつた。

ブラキストン Capt Blackiston

甲比丹ブラキストンは英吉利ライミントンに生れた動物學者である少壯にして砲兵士官となりロッキー山を橫斷すること二回、英領北亞米利加の鳥類に就て一論文を發表し、カナダ鳥類學の基礎をなし次いで楊子江の上流を測量し傍ら苗族の硏究をなし、英國地學協會より皇立賞牌を受けた。文久元年函館に來り爾來三十三年北海道の鳥類を硏究し、津輕海峽が北亞細亞（西比利亞系）と中部亞細亞との動物分界線たることを發表す。世界の學界もこれを認めブラキストン、ラインと命名した。彼が實に鳥類の硏究に熱心であつたのは千三百三十八羽の鳥類を取扱つたのでも分る。彼は亞細亞と濠太利との動物分界線ウオレス、ラインの發見者たるウオレスと并稱せらるべき人で二十三年間在留せるは日本の誇りである。更に本邦最初の測候所を設置したのは明治二十年で全く彼の力に負ふたものである。彼は亦慶應年間製氷事業、明治初年には製材業を企畫した、この方面でも我國に盡す所少くない。明治二十四年サンチゴーで肺炎に罹つて死去した。

ウヰリアムス C. M. Willams,

米國にて我國へ最初に宣敎師を派遣したのは北米合衆國監督敎會外國傳道會社で其の第一の宣敎師はウヰリア

ムス及ジーシ・リツキンスの二名であつた、この二人は元支那傳道の爲に派遣せられた宣敎師で、三年間同國に傳道したが遂に我國に來り日本最初の新宣敎師たるの光榮を史上に殘したのである。彼の來訪は安政六年六月の末で未だ定住の權利を有しない時代である。後彼は慶應二年支那日本の監督となる禮を擧げんが爲歸國せしが明治二年再度來朝し爾後大阪に定住して傳道に從事した、慶應二年春肥後の下村某は彼より受洗した。明治六年東京に移り翌二月立敎大學の前身たる英學校を設立した、彼は生涯獨身で淸貧に安んじ布敎に專念した、明治四十一年米國に歸り同四十三年十二月二日八十二歲の高齡を以て昇天した。

デビス J. D. Davis

デビスは米國ペロイト大學を出でてシカゴ神學校に神學を學び、後二年半西部の一小邑にて敎會に從事した、明治四年十二月夫妻共に神戶に着し、翌年十二月神戶宇治野村に一英語學校の設立さるるや、デビスは聘せられて主任敎師となり、毎日授業前に聖書を敎へ或は敎科書として舊約書を用ゐた、其の結果學校關係者中にも受洗者を出すに至つた、彼は又京都同志社の創立者として新島襄と同功一體の人物で明治八年其の敎師となり敎育の爲に、又傳道の爲に盡す所尠くなかつた。

ギユリツク John Thomas Gulick

ギユリツクは千八百三十二年(天保三年)三月布哇の一宣敎師の子として生れ、千八百五十八年にはカリフオルニアの礦山事業に關係し千八百五十九年ウヰリアム、カレツヂを卒業した、彼は宣敎師として亦生物學者として嘖々たる名聲を博し特に進化論に對する其の貢献は極めて重要せられ、又ランドセル(陸上具)の研究者として知られてゐる、千八百六十四年より千八百九十九年に亘つては日支兩國の布敎に奉仕し日本に於ては同志社に在つて敎育上、宗敎上盡したる所極めて多かつた。

チエーンス Cep. L. L. Janes

チエーンスは米國オハヨー州の產にして同州ウエストポイント陸軍兵學校を出、砲兵大尉として加州サンフランシスコ要塞に勤務中明治四年熊本洋學校の招聘に依り來邦した、熱烈なる基督敎徒にして英語を敎ふると同時に日本に於ける精神的方面の改革を志し銳意青年の薰陶に努め、在任五年後大阪英學校の敎師となり在任一年にして歸來した。明治九年藩校廢止に際し彼に敎を受けし青年は熊本郊外花園山に會し日本に於ける精神界の革新を約し、熊本バンドなる一團を組織した、其の感化の如何に大なりしかは之に依つても窺ふことが出來る、後年第三高等學校の敎師として來り居ること三年にして歸國し、明治四十二年三月二十七日加州サンダーゼに於て七十三歲にて死去した。

農學者としてのチエーンスは我國に養蠶技術を傳へ、荒廢地開拓法を敎へ且農業用器具を輸入せしむると共に米國種茜種及芹等の繁殖を計つた、彼の農學上の門下には農學博士橫井時敬、同紫藤章あり、其他の方面に於ては海老名彈正、小崎弘道、法學博士浮田和民、德富蘇峯、金森通倫、橫井時雄等の諸名士を出した。

ゴーブル Rev Jonathan Goble

ジヨナサン・ゴーブルは千八百二十七年三月四日米國紐育州スチウーベン郡ウウカ村に呱々の聲を擧げ共の祖父はパプテスト敎會の牧師であつた、長じて日本に福音を傳へんとの志を起し、先づ共の國情を探らんが爲にペルリ艦隊の乗組員となつて嘉永六年浦賀に來た、其時同艦隊乗組員の中に日本漂流漁民倉藏が居てゴーブルは船中で彼に基督教の教義を說き、又英語をも教へた。其後一旦歸國して神學を修め千八百六十年四月一日（萬延元年三月）更めて米國パプテスト、フリー、ミッションの宣教師として夫妻偕に來朝し神奈川に上陸し一時成佛寺にヘボン博士やブラウン博士などと共に假寓して日本語の自習を爲し基督教の布教に努めてゐた。其後横濱に移り慶應二年長崎に住み後暫く土佐藩主山內氏に仕へたこともある。其後再び横濱に來り明治四年には山手七十五番館に在つて聖書の飜譯に着手し五年目にして其の一部を出版した、是れ恐らくは日本に於て邦文で書き綴られた最初の聖書であらう。

明治四年十一月十二日岩倉特命全權大使一行と同船で歸米の途に上つたが明治六年二月七日又夫妻相携へて來朝し同年十一月には天道案內を和譯刊行した。此年二月から禁教も解れたので本國の傳道局と分れて後は米國聖書協會に雇はれ聖書販賣人として日本內地を行商して聖書及其の類書を賣り弘めた、明治十五年夫人に逝かれ數年の後歸國し明治三十一年セント、ルイス市にて他界したと傳へらる。

彼は我國の道路が悪く馬車の不可なるを見て遂に人力車を考案しこれを秋葉庄助なる者に教へた、秋葉は明治三年初めてこれを造つた。（人力車は邦人の發明として傳へらる次の第四節の終參照）

ウエルニー　Verneuil

佛人フランソアー・レオンス・ウエルニーは製鐵造船術に關する學術最優なる上等機械官で當時佛國海軍技士の職を以て上海に在つた。佛國公使ロセスの紹介で小栗上野介の發起せる横須賀製鐵所創建の見積設計を爲したのは元治元年十一月十日である。斯くて横須賀製鐵所は愈々創立さるることとなつてウエルニーは慶應元年七月主船寮横須賀造船所の首長となつた、千八百六十七年歳首慶應二年十一月廿六日を期して造船所の建築工事に從事し、千八百六十九年一月一日明治元年十一月十九日船渠築造の工を竣つた。當時ウエルニーは漸く年齒二十九歳の青年で年俸洋貨一萬弗と云ふ高給であつた。其下に多くの佛人三十二名を傭聘し横濱製鐵所も首長ルッサン（月給三百弗）以下十一名の佛人を傭聘した。

明治の新政府となつて横須賀製鐵所が引繼がれてからもウエルニーは雇はれて明治九年三月に辭職した、慶應元年七月六日柴田日向守が佛國に着いた時幕府との雇傭契約が成立してゐたから滿十一年間日本政府の爲に盡した譯である。今横須賀公園に小栗上野介と並んで其の銅像が建つてゐる。

## ギリヨン Villiion

ギリヨンは千八百四十三年天保十四年佛國里昂の判事の家に生れ巴里大學を卒へて布教の爲香港に來り二ケ年を過ごし千八百六十六年慶應二年五月二十六日二十三歳の時始めて長崎に入つた、當時は切支丹の禁制が頗る嚴しく長崎ですら日本人と接觸するは容易でなかつた、夫れでも一部には西洋の風物に渇仰する青年もあつて追々密に訪ぬる者も殖へて來る、或日四五人の役人が來た時、從者らしい一青年が內々で「西洋の文物を調べたいから書籍を讓つて下さい」と切りに賴んだ、ギリヨンはかういふ若者がやがて新日本を建設するのであらうと感じ數冊の書籍を與へた、この青年こそ後の侯爵大隈重信であつた。明治十年神戸に上り又京都に移り布教十年其間東京に出て佛國公使館側に開かれた和佛學校に教鞭を執つたこともある、其時の生徒で西園寺公望、原敬、松岡康毅等の知名の士がある。

明治二十二年山口に赴き滯在七年フランシスコ・サベリヨ神父の事蹟を調べ其の紀念碑建設を企て三十餘年來盡瘁した、明治二十九年來萩に移り住んだ、是は信徒の國法に殉じた者の最も多い地として玆に何等か後世に遺るべき紀念を作りたいとの心願からである、信者が責められた牢屋の前の庭石を集めて基礎を築き海中から引上げた野面石を以て幾つかの碑を建てた、彼は此地を信者の墓地となすと共に叶ふことならば自分昇天の曉には清い尊い殉教者の靈の眠る傍に其の身をも埋めたいといふ願を持つた、そして二十餘年の昔から代々の知事に嘆願してゐるが種々の理由で許されなかつた。彼は亦殉教地石州津和野にも教會を設け、萩に半月津和野に半月と云ふ風に往復して布教に努め後昭和七年四月一日九十歳の高齢を以て奈良に於て永眠した。彼は京都、伊勢、若狹、丹後、周防等に轉々して澤山の會堂を建てた、有名な「聖フランシスコ・サヴエリヨ書翰記」「鮮血遺書」筆は加古義一の手と云はれる「山口公教史」「長崎公教史」等の著述がある、頗る奇行に富んだ人で毎に粗衣粗食に甘んじ布教に精進した。萩地方では今尚其風丰と奇談とが語り草として傳へられる。

### シヤノアン Captaine Chanoine

幕府は小栗上野介、淺野美作守等の發意を容れ栗本鋤雲の媒介で佛國公使ロセスの斡旋を以て陸軍の洋式操練を行ふので佛國より傳習教師を招聘することとなつた、聘に應じて二十餘人の教師が佛國より來た、其の中の長はシヤノアンで歩兵少佐であつた。彼は實に年俸三萬六千フランと云ふ高給であつた。横濱太田の陣屋に兵營を置き三兵傳習洋式陸軍の始を爲した。夫は慶應三年二月であつたが六月傳習所は江戸に移された。シヤノアンは幕府の軍事顧問とも言ふべき恰好で種々機密の相談にも參與して大に信用を受けてゐた。維新政變の際他の佛士官等は榎本軍に投じて函館戰爭に從軍したがシヤノアンは脱走組に加はらないで樺太邊を周遊して佛國へ歸つたが明治五年成島柳北が佛國へ行つた時彼と邂逅した、當時彼は岩倉具視一行の迎接委員を命ぜられて巴里に居たと云ふ。其後彼は累進して遂に陸軍大臣にまでなつたが、間もなくドレーフス事件が起つて彼も退職を餘儀なくされた。

## ブリューネー Brunet

佛人ブリューネーは佛國砲兵大尉で幕府の三兵傳習陸軍洋式教練の教師としてシヤノアン等と共に一行二十餘人慶應三年二月に來朝した。ブリューネーは度學築學等の技術に勝れてゐたので大砲の鑄造術を教へた。當時關口大砲製造所 東京市水道町の先 長官武田斐三郎 名高い學者で五陵廓を建造した人後年成章と改め陸軍砲兵大佐となる はブリューネーに賴み援助を受けた。ナポレオン三世から進物に貰つた大砲に倣つて製造してゐた、後維新の變に榎本軍が北海道に脱走せる時ブリューネー始め十人計り之に投軍して奮戰した。其時彼は重く用ゐられ軍師格に取扱はれ函館や五陵廓に居て兵隊の教練をしたり砲臺を築いたりして働いた。戰亂平定後は直ちに歸國し間もなく普佛戰爭にて參謀部士官として從軍し、後に國會議員となり明治三十四年林董が佛國に行つた時巴里で再會したと云ふ。

## アナトリー Anatolius

露人アナトリーはニコライと同勞者にして明治四年十二月七日函館に來た、篤實溫厚の宣教師にして特に神學及哲學に精通せる學者であつた。ニコライの上京後は函館方面の傳道と教育に力を盡した。

ペ　チ　エ　ー Rev. Albred pether. M. A.

アルフレッド・ペチエーは千八百四十三年佛國レーヌ市に生れ、長じて巴里のミッション、エトランジエール神學校を卒業後千八百六十八年（明治元年）六月六日布教の目的を以て日本に派遣せられ同年九月八日横濱に到着した。初め函館に赴任し明治五年横濱に轉任した。明治七年教會の火災に逢ひ翌八年資金を得る目的で渡米し歸途歐洲に立寄り一年後歸朝し、函館及横濱に在任し横濱に莊嚴な天主公教會聖堂を再建し、何等の報酬も受けず單に教會の爲め又は教徒の爲に献身的に働いて、在職五十年に達し大正八年故國に歸り、昭和五年八月十八日八十七歳を以て逝いた。

ハ　ラ　タ　マ Gratama

ハラタマは和蘭の生れで我國に於ける西洋化學の基礎を作りし人である、慶應元年開成所に招聘せられ化學教師となり實驗的に化學を教授せる最初の外人であつた。乍併未だその効果の擧らざるに明治維新となり同實驗所は廢止の形となつた。後に明治元年十月大阪病院（我國の第二番目の病院）の創設に際しボードウイン博士と共に聘せられ當時の我が醫學界に大に盡す所あつた。尙同二年大阪舍密局の開かるゝや入つて其の教師となり數十名の子弟を教育した。こは現在の第三高等學校及び東京帝國大學理學部の基礎である。前者大阪病院は官立醫學校となり、一部は現在の府立大阪醫科大學となり、一部は東京帝國大學醫學部となつた。

マンスフエールト Mansfeld

マンスフエールトは和蘭アントワープの人で海軍二等軍醫であつたが慶應元年幕府に聘せられて來邦しボード

ウインの後を繼いで長崎精得館の教師となつた。彼は教則を革めて醫學本科課目を立て又上申して醫學豫科を設け更に蘭人ハラタマを聘して之に任じた。在任六年にして彼は之を辭し熊本藩に聘せられ、肥後に病院及醫學校を創立し、後京都及大阪病院教師に轉じた。マンスフエールトは性質剛毅方正にして勤務其の日課を懈ることなく、而して解剖、組織及眼科に長じた。明治九年明治天皇陛下九州を巡幸の折熊本醫學校に臨幸ありしが彼は拜謁を許され勅語及慰勞金を賜つた。風雅を愛し、我國の文物を喜び、歸國後は和蘭公使館に聘せられた。

### シモンズ Duane B. Simmons

醫學博士シモンズは千八百五十九年安政六年ブラウン、フルベツキと共に相携へて來朝したる米國の宣教師であるが間もなく傳道事業を廢め萬延元年より明治十五年まで神奈川縣立十全醫院後に市營の御傭醫師となつた、其の功績に依り勳五等雙光旭日章を賜られた。彼は日本の子供の爲に蟲下し藥を拵へこれに自分の名を附しセメンエンと稱した。所謂「セメン先生」とは彼のことでセメン丸は後世永く其の惠澤を蒙りたるものである。

### テリー Henry T. Terry

テリーは千八百四十六年弘化三年米國コンネクチカツト州ハルトホルド府に生れた、エール大學に在ること四年バチエラー、オブ・アーツの學位を得、後再びエール大學神學部に學び、了へて同校の教職に就き傍ら法律を學びハルトホルド府代言人の免許を得其業に從つた、明治九年東京開成校法律學教師として招聘され、十七年一月歸國しエール大學法律學教授となり、更に明治二十七年帝國大學に聘せられて來邦し、解任に至る迄二十五年間我が教育界に大なる貢獻を爲した。彼が我が學生の爲に書ける著書の如きは法律の研究上又教授上益する所極めて大なるものがあつた。歸國に臨み勳二等瑞寶章を賜ひ、又終身年金二千圓を給與され大學名譽教師の稱をも得た。

### デ　ニ　ソ　ン　Henry Willard Denison

デニソンは千八百四十六年弘化三年バーモント州ギルドホールに生れた米國法學者である、千八百八十年明治十三年我國に來り以來大正三年に至る三十四年間我が外交顧問として盡した。彼が如何に我國に厚意を有せしかは時の米大統領ルーズヴェルトに「君は果して米人なりや日本人なりや」と叱責されたと云ふ話柄を以ても分る、彼は實に日本にとつて忘るべからざる人である。大正十一年日本の爲に殪れた、功によつて勳一等を授與された。

### ラ　ウ　ダ　Lawder

英人ラウダは明治初年英領事として神戸に在りノルマントン號事件に關係し功績多かつた人である。後辯護士として横濱に在住した。

### ス　ミ　ス　Erasmus Peshine Smith

スミスは千八百十四年文化十一年米國紐育に生れ千八百三十二年コロンビア、千八百三十三年にはハーバート法律學校を卒業し暫らく州の官吏となつた、彼は法律及經濟學者であつて千八百五十三年に"Manual of Political Economy"を著した。千八百七十一年明治四年に來朝し國際法に關し我國政府の顧問として五ケ年在職し千八百八十二年ロチエスターにて死去した。

### ラ　ー　ネ　ッ　ト　Dwight W. Learned

米人ラーネッドはエール大學を卒業し、來朝後卽ち明治八年頃より大正末年まで京都同志社に於ける經濟學、神學教師として學生の信望厚く好影響を與へ、又聖書註解をもなした、その著經濟學は明治二十四五年頃各校の教科書として使用せられしものにして浮田和民の譯がある。

ウイリアムス　Gen. G. Williams

米人ウイリアムスはインヂアナ州の產にして我が政府の財政顧問であつた、千八百七十一年（明治四年）初めて外國公債を契約せしめたのは彼の力である。

ベ　リ　ー　Dr. John C. Berry

米人ベリーはマサチユーセツト州に生れた、明治五年五月二十五歲の時傳道師として來朝したが當時我國の監獄は設備惡く在監者の多數が脚氣に惱まされてゐた爲時の兵庫縣令は醫術の心得あるベリーに其の診斷を乞ひたるにベリーは何よりも監獄の設備改良を唱へ米國公使ビンガムの紹介で大久保內務卿に會見し獄舍改良の意見書を提出したので當局も見る所あつて夫より之が改良が行はれた。又ベリーは兵庫岡山に病院を創立し明治十八年には同志社の爲に同志社病院を興し我國最初の京都看護婦學校をも作り上げた。斯くて明治二十六年米國に歸り出生の地に私立病院を開いたが後大正七年日本傳道視察委員長として一行數名と共に再び來朝し、前後通じて長年月間傳導及教育は勿論救療事業、實費診療所、水道敷設等の社會事業に盡瘁した功により勳三等を賜はつたが晚年又米國に歸り千九百三十六年（昭和十一年）二月八日九十歲の高齢を以て逝いた、遺言に依り其の遺產の一部百弗を我が東京世田ケ谷にある家庭學校に寄附した。

## ホレース・ケープロン Horac Capron

米人ホレース・ケープロンは千八百四年文化元年マサチユセツト州アツトルボロの豪農の家に生れ軍人となつて南北戰爭に功あり少將に進み、米國農會頭を經てグランド大統領の下に農務卿となつた、會々千八百七十年明治三年我が開拓使長官黑田淸隆が渡米し大統領に謁見の際北海道開拓の指導者を求めたるにケープロンは現職を棄てて開拓使廳の顧問を引受け翌明治四年八月秘書農務省圖書館官長エルドツチ、化學技師トーマン・アンチセル、土木技師オアフイールド等を帶同して來朝し明治天皇に拜謁仰付けられた、來朝早々ケープロン將軍の建言で芝山內威德院に日本最初の女學校が創められ將軍自ら講師となつてゐる、翌五年一月將軍の建言に依り芝公園に農學校が開かれた、是は札幌なる北海道帝大の前身である。同年暮には又女子師範が開校され、靑山第一、第二兩官園約十萬坪には野菜、穀物果樹等が植ゑられ、麻布笄町には約八萬坪の牧場が作られ、第三官園と呼ばれた。更に北海道に移つては函館、札幌間の道路を開き石狩、札幌間十二哩の運河を通じ、室蘭湊の改築を行ひ、幌內鐵道豐平河水力電氣等を興した外製材、製粉業の先鞭を付けてゐる、其他北海道地圖を作り氣象臺の創設、屯田兵制度の獨立等にも與つて力あつた、又米國から珍らしき果樹蔬菜類の多種類を持ち來つた、今北海道の生命の源泉ともなつてゐるものも尠くない、林檎も其の一つである。明治八年三月歸國に際しては再び參內拜謁仰付けられ同十七年には勳二等旭日章を贈られた。ケープロン歸國の後其の斡旋でクラークが來朝し札幌農學校に盡くした。

## シヤンド Alexandr Allen Shand

横濱東洋銀行の書記として早くより本邦に渡來した英人で明治七年我が政府は國立銀行の設立に際し紙幣頭外國書記官兼顧問長としてシャンドを傭入れた時に年齢僅に三十歳であつた。同年四月銀行課中に銀行學局の開設を見るやシャンドを教授として傳習を行つた。同十年一月に紙幣寮の紙幣局と改稱さるるや一時新に設置された銀行局に入つた、在任中銀行檢査、報告、帳簿其他銀行事務の改良に盡力したのみならず銀行大意及銀行簿記精法等銀行必須の書を著した。後本國に歸りバース銀行倫敦ロムバート町支店長となつた。

### アーウヰン Irwin

米國パシフイツク、メールの代表者で我が外務省に對する功績は極めて大なるものがあつた、井上馨が明治六年退職し益田孝と謀り先收社を起し海外貿易を計畫せし時もアーウヰンに教へらるる所が多かつた、これが現在の三井物産の元祖であり引いては日本海外貿易の祖をなしてゐる。又布哇移民を日本に許可したるはアーウヰンの力によるものである、其の功績を賞せられ勳三等に叙せられた。

### クラーク Col. Wm. S. Clark. Ph. D. LL. D.

ウヰリアム・エス・クラーク博士は千八百二十六年文政六年七月三十一日米國マサチユーセッツ州アッシユフイルドに生れ、千八百四十八年嘉永元年アマスト大學を卒業し、次で獨逸ゲッチンゲン大學に學び專ら鑛物學及び化學を修め、千八百五十二年嘉永五年に「隕石の化學的成分」と云ふ論文を提出して同大學よりドクトル・デル・フイロソフイーの學位を得た、歸米後アマスト大學に化學の教授として十五ヶ年も教鞭をとつてゐたが、其間南北戰爭に志願士官として從軍し大佐となつた。千八百六十三年文久三年マサチユーセッツ州立農學校創設に努力し初代校長となつた、其後千八百七十六年明治九年日本政府の招聘に應じ來朝し札幌農學校敎頭（副校長）となつた。

クラークが横濱を發し北海道に赴任の時黑田開拓使長官は東京よりの入學生一同を率ゐて同船中でクラークに向ひ、生徒の道德は何を標準として敎養するかと尋ねたら、クラークは聖書を以て標準とすると答へたので黑田は日本で耶蘇敎反對が多いから、困ると云つたらソレデは斷然辭して歸國すると云ふので已むを得ず其まゝとした。

クラークは精神的敎養に熱心で品性を養ふことに全力を注ぎ禁酒、禁煙、賭博の三者を禁止する誓を學生にさせた、是は在學中だけで卒業後の飲酒喫煙に干渉することはなかつたが相當効力があつた。

クラークは一年間の賜暇を乞ひて日本に來たので自分の愛弟子自然科學專門のダビット・ビーベンハロー敎授と數學專門のウヰリアム・ホヰラー敎授とを引連れ來つたが、札幌滯在僅に八ケ月で明治十年四月任期滿ちて歸國したが、彼は敎育行政家として非凡な材能を有してゐた、此間に於て遺した宗敎的感化は偉大なるものがあつた。

歸國後一年にして州立農學校長の職を辭し其後汽船內で大學の授業を爲しつゝ世界を巡航して以て學生に活きた知識を注入する浮游大學《フローチング、カレッヂ》を設立することを目論だが半ばにして成らず、千八百八十六年明治十九年アマストの邸で永眠した。

### マ イ ヨ Maillot

佛人マイヨは明治三年大學南校に佛蘭西語學窮理學敎師として傭聘され、同六年より二ケ年の約を以て諸藝學校、物理學及化學教師として傭用されしが同七年八月に病死した。

レーマン Rudolf, Lehmann

明治初年西歐文化は共の國語を以て知るが早しとの見地より明治四年に至り京都に外國語學校の創設を見しが

獨人レーマンは獨逸學校の主任として聘せられた人で初期語學教育界の功勞者である。

尙同時に佛人チユリー Leon Derys(?) は佛語學校の主任に米人ボールドウイン Cherles Baldwin は英語學校の主任に聘せられ共に當時に於ける語學上の貢献者である。

サンマー James Snmmers

サンマースは明治六年より開成學校に於て論理學を講じた、教科書としてはウアウラーの演繹法及びミルの論理學を使用し、尙英文學をも講じ同九年八月まで在職した、我國に於て論理學を教授せる最初の英人である。

サイル Dr. Edward Syle

サイルは英人で明治七年十一月より同十二年四月迄東京開成校に修身、歷史學教師として傭はれた、然してサンマースが初めて論理學を講ぜし如く、サイルは哲學當時理學とも稱せられたの名を以て初めて心理學の講義を試みた、教科書としてはポプキンスの「人論」及びヘーヴンの心理學を使用した。

ハウス Edwsrd H. House

ハウスは米人で明治四年東京大學文學部英文學講師として聘せられしが六年病の爲に辭職した、後十五年再びその職に就きしが亦病の爲め十六年退職の止むなきに至つた、彼はニユーヨーク、ヘラルドの編輯者にして我國に古典樂を紹介せし人として注意すべきである。

ラグウザ Vincenzo Ragusa

ラグウザは伊太利人にして明治九年來朝、工部大學美術學校に招聘せられた、彼はフオンタネエージと共に日本に珍らしくも西歐美術を將來した、彫刻の旁ら裝飾圖案や用器畫を教へ建築方面にも理解あつた。小倉惣太郎、大能代廣、藤田文藏、菊地壽太郎、佐野昭等は何れも彼に師事した人である。明治十六年邦人妻淸原玉を携へ歸國し、シシリー島に餘生を送つた。妻玉はラグウザの死後昭和八年歸朝し堪能なる繪畫を樂しみ老後を送つて居る。

ワアグマン Wirgman

維新前來朝した英人で日本へはロンドン、ニユース特派員として來たもので退職陸軍大尉であつた、常に國中を旅行して居たので英探ではないかとの疑もかけられてゐた。明治二十四年五十七歳で橫濱に客死した、彼は初めて邦人に洋畫を教へ、五姓田芳柳、川上冬崖、高橋由一、小林淸親等は其の門下である。

イング John Ing

米人イングはメソヂスト宣教師で明治初年ヂエームスと同じ頃に弘前に來つた我が東北地方に於ける英語教育の先驅者としての功は沒すべからざるものである、尙彼は東奧義熟を立て多くの人材を養成した。伯爵珍田捨巳佐藤愛麿、本多庸一等の諸名士はその出身である。

マーレー David Mnrrly Ph. LL.D

米人マーレーはデラウエアに生れ千八百七十三年(明治六年)來邦し同十二年まで滯在した、彼は東京師範學校の設立さるるや聘せられて其の學監となり、又文部省の督學として教育行政にも參與し現在の小、中、大學の教育制度の制定に關しても力を盡した。又彼は日本人の數學的方面の幼稚なるを憂ひ一千弗を提供してその奬勵に資した。それは卽ち帝國大學のマーレー氏寄贈數學奬勵基金の基礎をなせるものである。又御茶の水の東京教育博物館（今上野公園に移り科學博物館となる）を建設せるも彼の力であつた。

スコット　M. M. Scott.

米人スコットは明治四年大學南校英語及び普通學教師として聘せられたが明治五年八月東京師範學校の創設さるるや轉傭され教育指導の任に當つた、日本の師範教育制度の制定されしは彼の力に依ると云ふも過言ではない。在邦十二年共の間教育界に盡せし功はマーレーと共に忘るべからざるものである。明治十八年勳四等に叙せられ旭日章を賜り、大正十一年ホノルルに於て高齡を以て死去した。

デフオレスト　J. H. Deforest

米人デフオレストは明治七年渡來し最初十三年間大阪に居た、新島襄等仙臺に東華學校を起すに當つて同地に移轉し、死に至るまで同地方は勿論日本全國に傳道した。彼は日本語に長じ演說を巧にして日露戰爭の際は青年會を代表し北滿の地に活躍した。屢々歸國せしが日本に厚意を有し日米親善に盡せし所尠くなかつた。享年六十五歳で明治四十三年五月東京聖路加病院にて永眠し、仙臺に葬つた、生前卽ち明治四十一年に功績を認められ勳四等に叙せられた。

ブラック　Black

明治四年頃來朝した英人で東京銀座に住み日新眞誌なる邦文新聞を發行した、東京に於ける最初の邦文新聞である。

ホフマン Hoffmann

明治四年大學東校を改めて單に東校と稱せしが特に獨逸よりホフマンをミユルレルと共に招聘した、ホフマンは東校教頭となり、石黑忠悳、長谷川泰の二人を舍長として學生を監督せしめ、相良、岩佐の二人を補佐して學則を改正せしめた、これによつて我國の醫學教育は其の緒に就いたのである。

チーゲル Dr. Tieger

チーゲルは明治十年より同十六年に至る迄東京醫學校生理學教師として招聘された。明治初年當時生理學教師としてはボードウイン、ミユルレル、ベルツの人々なりしが斯學專門の學者たりし人はチーゲルであつた。彼は衞生學をも教授し其の講本「衞生汎論」は大井玄洞の譯に依り明治十三年に出版され當時大に世に行はれた、在職僅か六年なりしが、我が醫學教育上初めて生理專門の學科を開講せる功績は沒すべからざるものである。尙「國政醫論」も彼の手に成れるものにして三瀦、谷口の譯がある。明治十五年特に謁見を賜はり同十八年勳四等に叙せられた。

デーニッツ Dr. Wilhelm Doenitz

デーニッツは千八百三十九年天保十年獨逸に生る、明治六年より同九年までの期限を以て東京醫學校解剖學及組織學教師の職に就いた人である。斯學專門の彼の來朝により從來極めて幼稚なりし我國に於ける解剖學は稍々形を整へるに至つた。又組織學及び胎生學を我國に初めて紹介せしはデーニッツであると云つても不可はない、尙ほ彼は明治八年警視廳醫學校に兼傭せられて「斷訟醫學」を講じ其の講本斷訟醫學の飜譯が明治十五年出版せられた。

マ　ツ　セ　Masse(?)

マッセは佛人で明治三年大學東校に教師として招聘されボードウインと共に當時の我が醫學界に貢献する所頗る多大なるものがあつた。

ミ　ユ　ル　レ　ル　Muller

大學東校を改めて單に東校と稱せしは明治四年八月のことであつた。同年ミユルレルはホッフマンと共に聘せられ同校の教頭となりその學科課程の制定に盡す所があつた、ミユルレルは又病院にあつては外科病者の診察に從事し、初めてエスマルと驅血法氣管切開術、義布斯繃帶を使用せる等我醫學界に革命を起した。彼は元獨逸陸軍一等軍醫正なりしが、來朝後は解剖生理學の外に外科を講述した。後侍醫局に兼務し大いに宮中の醫務に盡す所があつた。滿期歸國後は伯林廢兵病院長となり明治二十六年病歿した。

シ　ユ　ル　ツ　エ　Dr. Schultze

シユルツエは千八百四十四年三月（弘化元年）伯林に生れ、伯林大學に醫學を專修し千八百六十三年ドクトルの稱號を得王立病院の醫院介補となり、後ウヰルヘルム醫學校に醫師正を勤め千八百七十四年陸軍々醫正となつた。同年卽ち明治七年ミユルレルの後を承けて東京醫學校に聘せられ外科學諸科、外科臨床講義等を擔當した。同十一年一度歸國せしが翌年再度來朝前職を襲ぎ同十四年四月に至る迄その職を勤めた。彼は教職に在ること約六年我國一般醫學の進歩に資する功極めて多大であつた。我國に於て明治八年始めてリステルの防腐療法を試みたのは彼であつた。宇野朗は親しく教を受けた人である。初任解職の際明治天皇陛下の謁見を賜はり勳四等に叙せられ嘉尙の勅語までも賜はつた。

### ウイリス　W. Willis

ウイリスは千八百六十一年文久元年英國公使館の醫員として來朝した英人で慶應四年伏見鳥羽の戰爭起り創傷者多かつた故、當時日本醫家の外科に不熟なるを知つた英國公使パークスはウイリスを推薦して薩藩の傷兵を治療させた。次いで奧羽戰爭起り彼は自ら請願して官軍に從ひ治療に從事した。戰爭平定後彼は東京大學病院長に擧げられ戰後の兵士及一般病者の治療に從ふと共に講莚を開いて生徒を教育し、哥囉仿謨痲醉法、支肢切斷術等を初めて施した。石黒忠悳、池田謙齊、佐々木東洋等は其の門下より出た。明治三年大學病院を大學に屬せしめ廟議一變して醫學教師を獨逸より聘せんとせしに當り、彼は病院を去り鹿兒島藩大參事西鄕隆盛の推薦により鹿兒島に聘され醫學校兼病院を起し醫生の教育に盡力した。高木兼寛、河村豐洲、三田村肇、加賀美光賢等は其の門下である。彼は鹿兒島に居ること十餘年明治十四年英國に歸り同二十七年病歿した。

### スクリバ　Dr. T. Scriba

スクリバは千八百四十八年嘉永元年獨逸ラインハイムに生れ長じてハイデルベルヒ大學に醫學を學び後伯林に轉じ外科學を研究し千八百七十四年フライベルグ外科部の助手となり千八百七十八年に教員試驗に合格して其の講師

となつた。千八百八十一年明治十四年東京大學醫學部に招聘せられ、次いで帝國大學の置かるるや醫科大學に入り主として外科學及び皮膚病梅毒學の講座を擔任した。爾來二十餘年精勤しベルツ博士の內科に於けると等しく我が近世醫學界の大功勞者である、同三十四年大學名譽教師の稱を受け同三十五年恩給を支給され尙同三十八年には勳一等に叙せられた。

### ベ　ル　ツ　Dr.Erwin Baelz

ベルツは千八百四十九年嘉永二年獨逸ウルデンブルヒに生れ、長じてライプチヒ大學に學び後ウヰンナに遊學し千八百七十二年ライプチヒ大學に招かれ教師となつた。明治九年東京醫學校に招聘せられ十七年一度歸國せしが十八年再度來朝十九年帝國大學設置と共に入つて醫科大學內科學教師となつた。彼は內科學の外に生理學、產婦人科、精神病學をも擔當し、明治十年に人血線狀蟲を、十一年肺ヂストマに依り起る寄生蟲喀血を、十四年恙蟲病を調查し洪水病となし、又十八年狐憑病を公にせる等我醫學界に大なる光明を與へた。彼は在職二十有四年明治三十五年歸國し、大正二年病を得て六十四歲にて永眠した。二十五年名譽教授となり三十三年勳一等瑞寶章を贈られた。尙彼は日本に關せる著書が甚だ多い。

### ロ　ー　レ　ツ　Albert Von Roretz

ローレツは獨逸エストライセに生れ明治七八年に來朝し名古屋病院に雇はれた、知名なる精神病醫で十三年四月精神病院創設に際し英獨佛各國の建築法を參酌し日本に適する如き設計を以てした。日本に於ける精神病者隔離室の設立は之を嚆矢とする、子爵後藤新平の師である。

### ウ エ ル ニ ヒ　Dr. Wernich

獨逸人ウエルニヒはホフマン及ミュルレルに代つて千八百七十四年明治七年來朝し、同九年に至るまで東京醫學校に在職、內科諸科並に內科外科及外來內科臨床講義を擔當した。彼は初めての婦人科專門醫として我國に來朝せるもので在職中「脚氣說」を著した。明治十年歸國し伯林大學婦人科產科講師となつた。

### エ リ オ ッ ト　Elliott（？）

明治初年橫濱に在留せる米人齒科醫であつた、我國に西洋齒科の輸入されしは彼の力によるものと云ふことが出來る、其頃小幡英之助はエリオットに就きて學び齒科專門を以て東京に開業した人である。

### ヤ ン ソ ン　J. L. Janson

千八百四十九年嘉永二年伯林に生れ、初め伯林獸醫學校に學び陸軍獸醫適任證を得後伯林醫科大學に入り病理解剖學を硏究し、同大學助教授となつた。明治十三年駒場農學校に聘せられ、同三十五年迄教鞭を執り、其間に獸疫撲滅法を唱導し、獸醫畜產に關する著述を爲し、又乳肉檢查法、馬匹改良法等を制定し、家畜傳染病を調查せる等我が產業界に裨益せる所極めて多かつた。同年任滿ちて解傭に際し、大學名譽教授と爲り終身年金千二百圓を給せられ翌三十六年に勳三等瑞寶章を賜つた。其後五年間盛岡高等農林學校講師となり、後一旦歸國し、明治四十三年再び來朝し邦人を妻とし鹿兒島に家庭を營み大正三年十月廿八日歿した。

### エ ル メ レ ン ス　Elmerens

エルメレンスは和蘭醫學者の子にして博覽洽聞嘗て希臘の古代典籍を譯し其名夙に世に稱せられた。天資溫厚英敏にして長く獨逸國諸大學に遊び歸つてアントワープに開業し黴毒及皮膚病を以て專門とした。大阪醫學校教師ボードウインの後を繼けて明治三年夏二十八歳にて大阪に來り教師となりしが間もなく廢校となつた。彼は一時陸軍省に聘せられ大阪鎭臺病院に勤務したが、同六年東京に病院を開設するに際し入つて教師となり、名聲益熾にして乞治者受教者院內に輻湊したが、翌年事ありて辭し歸國したが八年再來大阪にあつて治療に盡せし旁ら子弟を誘掖した。後明治十一年滿期歸國後佛國に遊び病を得て千八百八十年（明治十三年）齡僅に三十八歳にて逝いた。明治十四年教を受けた邦人等は報恩の爲、東京學士會員坂谷素撰文に成れる和蘭國醫學士設乙越爾蔑嗹斯先生紀念碑を大阪浪華橋畔に建てた。

## ゲールツ Dr. Anton Johannes Cornelis Geerts

明治初年當時は勿論醫學は幼稚なものであつたが、追々に發達し明治八年には京都に官立司藥場が設立さるるに至つた。時に政府が醫藥の檢査鑑識を爲さんが爲に特派したのは前に長崎精得館の豫科教師たりしことのある蘭人理化學博士ゲールツ其人であつた、彼れは模範藥局を新設しアポテーキと名附け器械藥品を一切和蘭より購入し所謂藥學分業の理想が實現された譯である。又同十一年には博士及明石博高等は氣象觀測の要を當局に建言し、同十三年御苑內に日本最初の觀測所が設置され諸器械を歐洲より購入し其名を觀象臺と稱した。

ゲールツはアントン・ヨハンネス・コルネリス・ヘールツが實際で邦人間にゲールツと呼ばれた。千八百四十三年（天保十四年）三月二十日和蘭に生れ、ユトレヒトの陸軍化學學校の教授にして明治二年長崎に來り、後內務省衞生局顧問を命ぜられ衞生試驗所の設立に功勞あり、永く橫濱衞生試驗所に在つて輸入藥品の試驗を擔任したが、明治十六年八月二十日四十三歳で逝き勳四等旭日小綬章を授與された。新撰本草綱目等著書多く、日本藥局法蘭文草案五冊に渉り未發表のものもある。又彼が日、蘭、英、獨各國語を以て日本に關する記事を公にせるものは尠くなかつた、日本製藥法に關する梗概及入浴心得をも日本語を以て出版してゐる、彼は稀に見る日本愛好者で死後遺稿中に日蘭親交に關するものも種々發見された。邦人山口キワを娶り六女を擧げ、遺族は東京其他に現存す。

## ランガルト Dr. Langard

ランガルトは獨逸人で明治八年東京醫學校に製藥化學及其の實地演習教師として招聘され尙其他普通化學をも講じ同十四年迄在職した、アイクマンと共に斯界に於ける功績大なるものがあつた。明治十四年特に謁見の榮を得同十八年勳四等を賜つた。

## アイクマン E. F. Eykman

アイクマンは千八百五十一年（嘉永四年）和蘭ゲルデンランド州に生れ、千八百八十七年ライデン府大學に學び測量試驗に及第した。明治十年我が內務省衞生局の招聘により來朝し、直に長崎出張の命を受け同地化學場にて化學を教示し初めて藥品試驗を爲し、後同化學場長に擧げられ、同十一年內務省衞生局司藥場長となり、次いで東京大學醫學部に招かれ化學製藥學藥劑學を講じた。彼は在邦約八年前記以外に或は日本藥局法編纂委員となり、又中央衞生會委員に擧げられ、或は藥物の製法試驗定量分析に從事せる等我藥學界に於ける功績は忘るべからざるものがある。明治十八年歸國に先ち勳四等に叙せられた。

## ダイバース　Edward Divers

ダイバースは千八百三十七年天保八年英國に生る、初め化學を學び千八百五十四年クェーンス、カレッヂ化學助敎授となり傍ら醫學を修め、六十年クェーンス大學より醫學博士の稱號を得た。後ロンドン市ミッドルセックス病院附屬醫學校に法醫學を講じ七十三年同市化學會委員となつた。明治六年工學寮の招聘によつて來朝化學を擔當し後同校敎頭となり、旁ら造幣司東京出張所分析技師を兼ね又內務省石油取調委員囑託となつた。十九年帝國大學の設置を見るや入つて理科大學化學敎師となり、二十六年間の理學の爲の理學研究を說き、實に本邦無機化學研究の礎を造りたる恩人である。彼は熱心なる學者で帝國大學紀要其他外國雜誌掲載の研究のみでも五十餘に達してゐる。歸國に先ち拜謁を賜り勳二等瑞寶章を授與され、尙養老の資として終身年金千八百圓を支給され三十二年には名譽敎師の稱を得た、四十五年四月病を得て倫敦に逝いた、享年七十五。

## アトキンソン　R. W. Atkinson

明治七年より同十四年に至る間東京開成校に在職し、大に化學研究を奬勵し其の發達を促した一つの專門學科として化學科を設け泰西化學を組織的に研究するに至りしは全く英人アトキンソンの力に依るものである。彼の擔當課目は分析化學、有機化學、理論化學、工藝科學及冶金術であつた。尙彼は日本酒釀篇を著し我が學界に裨益した、明治十四年滿期歸國に際し在職中の功により金員を贈られ、特に謁見の榮を賜ひ、勳四等旭日章を贈與された。

## メンデンホール　Thomas Corwin Mendenhall

メンデンホールは千八百四十一年天保十二年米國オハヨー州ハノバルトンに生れ、千八百七十三年オハヨー大學の物理學及重學の教授となつた。哲學博士、科學博士、及法學博士の學位を有つてゐる。明治十一年十月東京大學に招聘されて來朝し理學部物理學教師となつた。在職僅かに二年九ケ月なりしもよく學生を教導し旁ら其の研究に意を注ぎ、東京及び富士山頂の重力實測に從ひ、地球密度の測定をなし、或は大學氣象臺を監督し、又は光線研究を爲す等其の功績頗る大なるものがあつた。明治十四年七月歸國後はローズ諸藝大學、ウオスター諸藝大學の總長に歷任し、次いで米國學術界の最高位たる海岸及陸地測量東部總裁に擧げられた。彼は一面常に日本に厚意を示し日本に初めて電話を紹介したのも彼である、植物學者佐藤博士、山口鋭之進はその門下の主なるものである、四十四年本邦囘航に際し在任中の功により勳二等瑞寶章を追賞された。

### エイヤトン　W. E. Ayrton

エイヤトンは千八百四十七年弘化四年英國に生れユニヴアーシチー、カレツヂを卒業し、明治六年我國に招聘され工部大學に於ける、ベリー・グレーと共に有數の學者であつた。工部大學は元來物理學を專門とせず專ら工學專門家の養成を目的としたが彼はこの弊を見て物理學の忽諸に附すべからざるを說き斯學の爲に盡くした、以來我が物理學は急速の進步を見たのである。志田林三郎は彼の門下である。亦彼が我國に初めて電燈を點ぜし功も忘るべからざるものである、即ち明治十一年三月二十五日木挽町に新設せる中央電信局の開業式祝宴を工部大學に開くに當り、同夜晩餐會場の燈火用として彼が指導の下に工部大學生藤岡市助及び中野初子がグローブ電池を使用して孤光燈を點火した。又日本の電信は明治二年英國の技師を招き創設されしものであつたが、是等の技師は何れも電氣學術の教養に乏しく漸く工夫長たるの資格あるに過ぎざりし故に電信工業は單に電線架設に止つた、エイヤトン來朝以來は學術工業共に頗る進步し其の面目を一新した。明治十二年辭して歸國した。彼は頗る學問に專心であつた、その日本を去らんとする當日も常の如く午前六時登校研究を繼續し、午後三時解纜の船に達する僅かの時間を殘して出發し、船中に於ても研究の結果を調べ、スエズに到着するまでには論文を草し、スエズよりロンドンへ電文を以て其の結果を發表し、ロンドンに着くや否や直ちにローヤル、ソサイテイーに於て演出した、此の一事に依るも學問の爲に如何に寸暇をも苟くもせなかつた風格が躍如として顯はれてゐる。

デイブスキー　Dybouski

佛人デイブスキーは明治十年十一月東京大學理學部物理學及び重學教師として招聘され、同十三年二月期滿ちて歸國した解傭に際し在職中の功勞を賞して金品を贈與され、明治二十一年五月には勳四等に叙せられた。

チヤツプリン　Winfield S. Chaplin

チヤツプリンは米國に生れ明治十年二月より十三年二月開成校土木學教師として奉職した、我國に於ける微積分の紹介者である、明治十八年二月勳四等に叙せられ旭日章を賜つた。

**註**　我國固有の數學は夙に發達して德川時代には世界に優れてゐたと云ふ說である、微積分に相當するものもあつた、故に數學教師としては開港後餘り招聘せられなかつた、只洋算が流行して和算が衰へたのは時勢の成行上已むを得なかつた。

メーソン　W. R. Mason

英人メーソンは第一高等學校に聘せられ英語の教授を爲した、又神戸クロニクル及ジヤパンメールの編輯を助け明治文化に貢献した、チヤンバレンと共著の英文日本旅行案内記は好評を受けたものである。彼は大正十二年九月一日の關東大震災の時横濱で震死した。

グレーフエン Greeven

グレーフエンは明治五年九月より同六年三月迄六ケ月の期限を以て第一大學區第一番數學教師として聘せられた獨逸人である六年一月博覽會事務局へ轉じた。其後七年三月より開成校教學教授となり、八年十月には內務省勸業寮へ轉傭され轉聘に臨んで在職中の功勞をもつて物品を贈與された。

ヒルゲンドルフ Dr. Hilgendorff

獨逸人ヒルゲンドルフは明治六年より九年まで東京醫學校豫科敎師の職に在り、顯微鏡用法、植物學の科目をも擔當してゐた、元來彼は醫學者であつて純粹の生物學者ではなかつたが、鋭意我國に於ける魚類研究に力を盡し、間接ながら日本の水產學の開發者としての功績少からざるものがあつた。明治九年七月職を辭し歸國後は伯林の博物館長の要職に就いた。デユーデルライン Dr. Döederlein （獨人東京大學醫學部植物學及び動物學敎師明治一二—一四日本魚類研究者）と同時に研究を爲した人で前水產講習所長松原新之助は兩者の通譯をなしつつ水產學を講習した。

ラ イ マ ン Benjamin S. Lyman

ベンヂヤミン・スミス・ライマンは北米マサチユーセッツ州ノーサンプトン市に生れ同州大學卒業後諸鑛山の統計作業に關係し南部諸州の鑛山を巡回した。後獨逸某鑛山學校を了へ歸國フヰラデルフヰアに止り同地地質調査長レスリ博士に付研究を進め、地質圖中にコントルラインを描き俄に學界に重きを爲すに至つた。明治五年日本政府は新に開拓使を設け北海道の拓殖に着手し、米非役陸軍少將ホーレス・ケプロンを顧問とし各國より知名の地質學者、化學者（醫師）、土木技師、牧畜敎師、園藝家、鑛物學者を招聘した。彼は其の一人で北海道地質調査主任として聘せられた。彼が地質調査に着手したのは同六年四月で二年餘りで一應の調査を完了した。主として石炭鑛に關する事項で石油、硫黃、鉛、其他の鑛物の所在をもこの時に調査した。同九年二月政府の命により本邦石油調査に着手し數年ならずしてこれを了へ歸國し、フヰラデルフヰヤに居を卜し諸學會の會員として東洋の文明を鼓吹するに努めた。彼は大の日本贔負で日本婦人を妻とすべく開拓使女學校後に札幌に移さる出身藤岡ツネ子を迎へんと希望し通譯佐藤秀顯に斡旋の勞を囑したが競爭者森有禮と結婚したので大に失望し、爾來家庭を作ることを斷念し終身獨身生活で終つた。

嘗て本邦滯在中愛憐を加へて使役したる車夫夫婦が相次で病歿したので其の遺子中島德次郞なるものを引取り米國に連歸り實子の如く撫育して大學まで卒業せしめたが是亦不幸にして間もなく病歿したのでいたく落膽した。

彼は每年十一月三日にはフヰラデルフイヤ在留の日本人を招待し盛大なる祝宴を開き羽織袴にて列席し、明治天皇陛下の萬歲を三唱したものであつたと云はれる。

## マンロー　Henry S. Manroe

米人マンローは初め開拓使の傭であつたが、滿期解傭の後、明治八年二月開成校地質學、金石學敎師として傭はれ、同九年二月滿期解傭歸國した。

### ナ ウ マ ン Dr. Edmund Naumann

獨逸人ナウマンは我が獨國駐在全權公使青木周藏に囑し結約招聘され、明治八年來朝せるも、恰も諸藝學及鑛山學の廢止に際會し當時教授の空位なき爲め一時文部省に傭はれ專ら內國金石の調査に從事した。然るに同九年金石及地質學教師マンロー滿期解職せるを以て設計を擔當し十二年歸國した。在職中の功により明治十九年勳四等に叙せられた。彼は在職中組織的に我國全土の地質調査を行はんが爲に調査部設置を內務卿に建議し其の設計を提出し翌年夫れが實現され、彼は其の監理に當つた。これ今日の帝國地質調査所であつて、本邦地質調査の基が茲に開かれたのである。

### ブ ラ ウ ン ス Dr. D. Brauns

ナウマンの歸國後共の慫慂に依つて獨人ブラウンスは來朝し、ナウマンが組織的地質學を講ぜるに對しブラウンスは應用地質學を大學に講じた、常識極めて深くナウマンと共に我國斯學に對せる功績は特筆すべきものである、彼は嘗てクリミヤ戰爭に參加せしこともあつて我國に來た時は既に頒白の老人であつた、千八百七十八年明治十一年 Jechnische Gealogie の著がある明治十年頃に歸國した。

### パ ン ペ リ ー Raphael Pumpelly

パンペリーは米國紐育に生れ、地質學の泰斗として又著名なる著述家であつた、千八百六十一年文久元年來邦千八百六十三年迄幕府に仕へ、蝦夷北海道鑛山踏査に從事すること三年、鑛山堀開法及爆發法を教へ、同時に熔鑛爐を我國に紹介した。彼は從來世界に聞知されざる地方の探險旅行を試みては地質學的研究資料を供したが、千九百三年一ケ年の中央亞細亞の旅行は彼の最後の探險であつた。尙彼は支那、蒙古、日本に於ける地質學上の研究論文を發表せる外地質學及其他の科學上の諸問題に關し多數の著書を出してゐる。千九百十二年八十六歲の高齡を以て逝いた。

### シ エ ン ク Carl Schenk

獨人シエンクは明治四年大學南校に獨逸語及び普通學教師として傭聘され、後專門學科の設けらるるやその教師に擢用せられ鑛山學の一科を擔當した。學識極めて深く僅に在職三年ではあつたが我國學生に對し初めて專門學科として鑛山學の大意を授けた功は觀過することは出來ない、八年七月解職に際し功を賞し物品を贈與された

### リ ッ テ ル Helman Ritter

リッテルは千八百二十八年文政十一年獨逸ハノーブルに生れ長じて哲學博士の學位を得た、明治三年より五年迄大阪理學部の傭として理化學を擔當し、同六年三月より第四大學區第一番中學に轉傭され次いで東京開成校に鑛山學教師として轉任した、偶々病を得明治七年十二月四十七歲を以て死去した。

### ゴ ー イ ン グ James Alfred Gwing

英人ゴーイングはスコットランドに生れ明治十一年九月東京大學の招聘に依つて來朝、理學部機械學教師として在職五年學生指導の旁ら學術研究に意を用ひ、地震計を創製して從來其の方面の不備なるを補ひ且つ地震計論を著した、更に理科學部構內に觀測所を設けて實測地震學の基礎を開いた人である。彼は又理學的研究の發達幼

稚なる時代に磁氣に關する實驗的研究をなし、盛に理學的精神培養に努めたが、後年磁氣研究の大いに發達したのは彼の功績であると見なくてはならぬ。彼は英國有數の學者であつて永くケンブリッヂ大學教授の要職にあつた、實に彼が日本の學術界及高等教育界に對する貢献は忘るべからざるものである、明治十六年六月特に拜謁を賜はり十四年には勳三等瑞寶章を贈與された。

ミ ル ン John Milne

英人ミルンは千八百四十九年（嘉永二年）リバプールに生れ倫敦キングス、カレッヂ及同王立鑛山學校に學びサクソニーポヘミヤ等の鑛山を視察したこともある、彼が各國鑛山を巡遊し其の報告を爲したことは極めて有意義なことであつた。明治九年三月舊工部省工學寮の招聘に依り來朝元工部大學を經、工科大學鑛山學、地質學採鑛冶金及地震學教師となつた。在任十九年餘數多の學生指導の旁、我國の地震を研究し線路及汽關車の改造、耐震建築研究其他約四十餘の書册の私費出版等其功數ふべからざるものがある。同十三年地震學界を創設し組織的研究を爲したのは彼の力である。歸國に先ち拜謁を賜はり同二十八年勳三等に叙せられ旭日章を贈られた、同年終身年金千圓を給與され、三十五年東京帝國大學名譽教師となり、千九百十三年（大正二年）六十四歳で故國に逝去した。

ス ト ー ン William Henry Stone

明治初年我國初めて電信事業を創設するや英人ストーンは遞信省の前身たる工部省電信局（明治五年）に招聘せられ、其の指揮顧問の任に當り後遞信省に轉じ、四十餘年の久しき一日の如く恪勤精勵常に中央の樞軸に膺り、內國法規の制定、國際規約の協定等より之が技術に至る迄周匝剴切克く斯業の發達を計り其の信用を中外に顯揚せしむるに至つた。尙明治二十七八年及同三十七八年我邦事あるに當りては深く軍國の樞機に參じ本邦の爲め貢献したるは彼の隱れたる功績たるを忘れてはならぬ、彼は千八百三十七年天保八年愛蘭のスライゴーに生れ、重厚の風格を備へ恬淡にして勢利の念極めて薄く隱德を稱せざるものはなかつた、大正六年病を得六月三日芝田町の自邸に逝いた。享年八十一歳、病革るや特に勳一等に叙し旭日大授章を贈與せられたる外異數の優典を以て葬儀を執行せられた。

## キ ン チ quint (?)

本邦に於て初めて農藝化學の教授に從事せるものは實に獨人キンチであつた、駒場農學校明治十年設立に於ける彼の任期は比較的短日月であつたが我國の農藝化學は彼によつて扶殖されたものと言ふも不可ない、ケルネル、ローブ兩博士は彼の後繼者であつた。

## ケ ル ネ ル Er. Oskar Kellner

獨逸人ケルネルは千八百十五年文化十二年シレジア州に生れ、ブレスラウ及ライプチツピ大學に入り化學其他の自然科學を研究し、千八百七十四年ライプチツヒ大學より哲學博士の稱號を得た。後プロスカウ府立生理學實驗所化學技師及同所公立農學校講師たる人であつた。明治十四年我が駒場農學校の招聘により來朝し、後同校の帝國大學に移され農科大學となるや入つて農藝化學の教師となつた。在職十一年學生の教導は勿論本邦各種土壤の分析、稻の培養、肥料の研究等にも力を盡し、又一般農業及蠶業上の研究等實に枚擧に遑なきの觀があるロイーブ博士と共に幾多の人材を作つたが、古在由直、鈴木梅太郎、豐永眞里、麻生慶次郎等の諸博士は共の主なる人々である。任期滿了歸國に先ち特に拜謁を賜はり、勳三等瑞寶章を賜はり大學よりは名譽教師の稱號を贈られた、千九百十一年 明治四十四年 九月バーデン國のカールスルーエに於て六十歳を以て逝いた。

### ヂョンソン Johnson

明治四年レーマンの手に依り搾乳を試みたが、翌年二月農學士ヂョンソンを聘して專ら其の任に當らしめた。卽ち鴨川東涯荒神橋南 京都大學醫學部精神科の地 の舊調練場に牧畜場を設け、種牛數頭を飼養し、獨逸より洋苜蓿の種子を取り播殖せしめた。現今我國到る所にこれを見ることの出來るのは彼の好個の紀念物である。

### コワニー Kowani

佛人コワニーは明治四年工部省鑛山寮に招聘され生野銀山の開鑿に從事した、これ鑛山に外人を聘用した初めである。明治五年大阪住友家の依囑に應じて別子鑛山を視察し有益なる助言を與へたる爲其の結果住友家では總支配人廣瀨宰平の意見により外國技師を聘用し、其の進歩せる技術によりて別子鑛山の根本的改革を斷行せんと決心し、取引先なる横濱蘭八番館主ヘッシエ・リリアンタール商會出資員ガイセメルに會し外國技師聘用の意を告げ其の紹介により佛國技師ラロックを雇入るることとなつた。斯くて同鑛山の發展は目覺しきものがあつた。

### ネットー Curt Netto

獨人ネットーは千八百四十七年八月 弘化四年 サキソン王國に生れ、千八百六十四年フライベルフ鑛山學校に入り後政府の考試を經採鑛冶金學士の稱號を得た。明治六年鑛山及冶金技術師として工部省に招聘され、秋田小坂鑛山に勤務、十年十月轉じて東京大學理學部採鑛冶金教師となつた。在職七年精勵恪勤能く其の任を盡くした。「涅氏冶金學」は本邦の刊行に係る彼の著である。明治十八年歸國に際し特に謁見を賜り勳四等旭日章を贈與された。

## シンクロートン

米人シンクロートンは文久年間長崎にゐた醫師で各方面に渉り廣き知識を有してゐた。會々越後の素封家平野安之丞が治病滯在中、之に石油の説明をした處、鄕里北蒲原に古來草生水なるものあるを聞き夫が石油なることを告げ文久年間黑川村在に所謂「異人井」なる手堀井を掘鑿し本邦石油發達の基礎を開いた。

## ワグネル G. Wagner

獨逸人ゴットフリード・ワグネルは化學者にして千八百六十八年（明治元年）來朝し明治三年より五年迄大學南校に於て英獨語學及普通學教師となり、引續き八年三月迄三ヶ年を東校教師となり、同年九月より一ヶ年東京開成校製作學教師及勸業寮傭となつた。然るに同十年製作學教室廢止せられしを以て解雇されたが更に十四年より二ヶ年は東京大學理學部製造化學教師となり、十七年より二ヶ年間は東京大學理學部及東京職工學校製造化學教師に、十九年より二ヶ年間は東京大學附屬東京職工學校に製造化學教師として在任した。この間彼が日本工業の發達に盡せる功績は頗る見るべきものがあつた。明治六年墺太利萬國博覽會には我が政府御用掛として出張し、同九年米國フイラデルフイア萬國博覽會にも同樣出張した、明治二十年には旭焼陶器を創製した、明治二十五年十月六十一歲を以て東京に歿した。功により勳三等瑞寶章を賜つた。

## ス　ミ　ス Robert Henry Smith

英人スミスは明治七年東京開成校機械學教師として招聘せられ十一年任期充ちて歸國した、在職中の功に依つて物品を贈られた、同十九年勳四等に叙せられ旭日小綬章を贈與された。

キ　ヨ　ソ　ネ　Edoardo Chossone

キヨソネは伊太利アランソンに生れ彫刻を能くしミラン其他にて官立文藝大學に教鞭を執つたが後獨逸フランクフルトのドンドルフ會社に傭はれた。明治八年來朝印刷局に傭はれ主として圖案及版面の彫刻法を一新し諸般の新計畫を爲し大に業務を改善した。同年に作製した地劵狀、煙草鑑札の原版の圖案彫刻は彼の手になり又紙漉簀製造方を教授し、十年九月に交換銀行紙幣一圓原版を作つた。同年陛下の臨御ありし際拜謁の榮を賜ひ、物品を贈られ、十二年に大久保公の肖像を銅版に鐫刻した。これ本邦に於けるメソチンチ式（マニエルノワル式）の嚆矢である。同年陛下に從ひ各地の景色及社寺の古器物を撮影模寫した。又彼は我が古美術品を蒐集しその一部を本國の美術館に送つて日本美術を紹介し、奈良及び近畿の諸地に遊び我が古代美術の眞髓に觸れ歡喜措く能はなかつたと言ふことである。同十三年に勳四等に叙せられ、二十一年に陛下の御正服及御軍服の御尊影を敬寫すべき旨を奉じて御軍服御影を銅版に彫刻すべき命を受けた。退職に際し勳三等瑞寶章を賜ひ年金を下賜された、尚彼は印刷局を辭して後も我國を去らず明治三十一年四月東京にて歿し青山墓地に葬られた。同時に印刷局に傭はれた獨逸人リーベルス Bruno Liebers ブリユツクKarl Anton Brück の二人は製肉の製練法や凸版印刷法を我國に教へた。

チ　ユ　リ　ー　leon Derys（?）

佛人ヂュリーは明治四年京都に外國語學校の創設さるゝに際し佛語學校の主任として招聘された。同五年京都府より佛國に織物傳習生三名を派遣しジヤカード織機を購入せしめた時、彼は斡旋紹介の勞を執つた。

### ダイエル Henry Dyer, C. E., A. M., B. S c.

英人ダイエルは千八百四十八年八月十六日嘉永元年蘇格蘭に生れグラスゴー大學を卒へ明治六年工部大學校都檢兼土木工學及機械工業教師として傭はれ十五年迄勤めた。彼は工部大學創業に際し學科課程は勿論、諸規定の選定校舍の構造、教場の配置等を計畫し我國の工業教育の基礎を定めた人である。彼の教を受けしものは極めて多く今日工學の進歩を見しは全く彼の力によるものである。明治三十五年帝國大學名譽教師の稱號を受けた。明治十五年勳三等に叙せられ旭日中綬章を授けられ歸國後グラスゴー大學より名譽法學博士の學位を授與せられ大正七年九月廿五日歿した。

### コンドル Josiah Conder

明治六年東京に初めて虎の門工學寮が設けられ後工部大學校となり造家學科の設置を見た。これ建築を一科として取扱つた本邦最初の試みであつた。英人コンドルは同科主任教師として明治九年に招聘せられ主として英國流の建築法を教へた。實に彼は我國洋風建築界の鼻祖たる榮譽を擔ふ人で辰野、片山、横川の各博士を初め明治年間の有名なる建築學者技師の多くは何れも其の指導を受けたものである。

### ラートゲン Dr.Karl Rathgen

獨人ラートゲンは千八百五十五年三月安政二年ワイマルに生れた、ドクトル、オブ、ポリチカル、サイエンスの學位を有し、明治十五年四月より同二十三年四月に至る間東京大學文學部に於て行政法及政治學教師として奉職し、旁ら（明治十九年）農商務次官囑託となり各國相場會所に關する法律規則等取調の質疑に應じた同二十三年特に拜謁を賜り勳四等旭日章を贈與せられ、同年五月歸國した。

### マ ツ キ ム John Mckim

マツキムは千八百五十二年嘉永五年七月十七日北米マサチユーセツト州に生れグリスウオート大學、ナシヨタ神學院等を卒業し明治十三年三月一日牧師として來朝し、立教大學、立教神學校、立教中學校、立教高女などを創設した外東洋一を誇る聖路加病院（東京）、聖バルナバ病院（大阪）や數百の教會堂も博士の力で出來た。博士の薫陶を受けた日本人の監督が十一人、牧師も約三百人と云ふ大勢がある。大正十二年の關東大震災の劫火の犧牲で滅却された、彼は猛然と起つて米國に打電した「凡ては失せたり、唯神による信仰のみ殘る」此の天來の名句は全米二千萬の聖公會信徒の心臟を打つて多大の義金を得た、彼は七十一歳の老軀を提げて再興に努め不退轉の精力を傾倒し以て今日の發展を贏ち得たのである、昭和十年十一月七日歸國の途に就いて、發するに望み彼曰く、「歸米の上は排日移民法徹廢の爲に餘生の全能力を傾けん」と、實に彼が精神は親日の權化であつて、其の日本滯在五十六年間の久しきに及んで不撓の忍耐と、不斷の奮闘努力を重ね、其齢八十四歳に達し漸く退隱して故山に歸ると云ふ奇特なる心掛は心中只「神の爲」「日本の爲」あるのみであつた。其の功績上聞に達し大正十三年勳四等瑞寶章を賜はつた。

彼は人となり頭腦明敏且强記である、其の學才卓越なる夙に世に知らるる處、米國ナシヨタ神學院ツリニテイ大學及び米國オックスフオード大學は神學博士の學位を、更にナショタ大學は名譽法學博士の學位を贈つたのを見ても首肯さるるのである。

フオンタネージー Antonio Fontanesi

明治九年工學寮工部大學の創設あり大鳥圭介工學頭にて工部大學長を兼ねた、其中美術學校があつて繪畫彫刻建築の三敎師を伊太利より招聘した、繪畫の敎師はフオンタネージーであつた、彼は千八百十八年（文政元年）伊太利レイヂイヨ、エミリアに生れコローの又弟子で自然派に屬し伊國第一流の洋畫家であつた、唯に畫技の優秀なるのみならず人格高く當時洋畫を志す者悉く其門に集るの盛況を致した。

當時の生徒は各私塾の洋畫家悉く集りたるが其の重なるものは川上冬崖塾より松岡壽、印藤眞楯、中丸精十郎望月俊稜、小山正太郎等彰技堂よりは淺井忠、守住貫魚、西毅等、天繪學舍より高橋源吉、山口彥二郎、彭城貞德等、ワークマン塾より五姓田芳松、山本芳翠等であつた、然るに氣運未だ熟せず、フオンタネージーの燃ゆる如き熱心も其の所思を十分發揮することが出來ないで敎室の新築すら意の如くならず、終に明治十一年に怏々として歸國した、それに代りて來朝したのは同國人フエシツチあり、サン・ジヨバニがあつたが共に永くなかつた、十六年一月に至り美術學校は閉鎖された、明治十七八年の頃フオンタネージーの敎を受けた人々十一人にて十一會を起した、其後同人小山正太郎の不同社となつて佐久間文吾、岡精一、中村不折、下村爲山、小泉成一、水野正英等の俊才を出した。我國洋畫界に於けるフオンタネージーの與へた影響は大なるものであつた。尙本邦にて裸體モデルとして人を雇入れ之を寫すことは彼に始まつた、當時は多く人足等を集め其中より容貌體格等に見込を付け之を撰んだ、其後洋畫は一旦すたれモデルのことも餘り盛でなかつたが明治二十九年九月今の東京美術學校に洋畫科を設置されてよりモデルの使用は漸く盛になつた。

オ　ー　ド　ル　ス　Odles

明治五年に於ける東京大火の燒跡に政府は英人オードルスに命じて銀座尾張町を中心として洋風家屋早く本通りには影を沒したが横町や堀端には往往殘つてゐたを建築せしめたが大震災には悉く焦土となり、一枚の寫眞實測圖をも遺さなかつた。明治の都市建築の發達史研究上惜みても餘りあることである。

アレキサンダー　Thomas Alexander

英人アレキサンダーは舊工部大學土木工學教師として明治十二年三月より同十九年七月迄教職に就き、同二十一年勳四等に敍せられた。

ワツデル　J. A. L. Wadell

英人ワツデルは千八百五十三年嘉永六年に生れ明治十年八月帝國大學理學部土木學教師として招聘せられ、同十九年四月に解雇され特に謁見を賜つた、大正十年十二月勳二等瑞寶章を授與された。

ウ　エ　ス　ト　Charles Dickinson West

英人ウエストは千八百四十八年嘉永元年ダブリンに生れ、ダブリン及トリニテー大學に學び後蒸氣機關其他諸機關の製造事業に從事した。明治十五年機械學校教師として工部大學に聘用せられ、十九年東京大學と併せて帝國大學の設置さるるや工科大學に前職を繼ぎ在職二十五年好く教導の任に當つた。學識精確、經驗の豐富なると共に其の人格高潔にして人の感嘆措かざる所であつた。彼は造船學科の創設に力を用ゆると共に土木工學、電氣工學、造船學、採鑛冶金學、應用化學等を擔當し、殊に機械工學中船舶機關學に精通し彼の指導の下に幾多の專攻者を出した、我が海軍を初め三菱川崎造船所、大坂鐵工場等に對して彼の貢獻も忘るべからざるものがある。明治四十一年一月大學教師室に於て永眠した。同二十八年勅任待遇となり四十一年勳二等瑞寶章を下賜され手當金五千圓を支給された。

ヴアン・ドールン C.T.Van Doorn

蘭人ヴアン・ドールンは內務省に雇はれ明治九年の野蒜築港建設に貢獻した。其の目的は東北地方の產業振興の策として仙臺地方を中心とし河海陸運輸路の連絡を施すことにあつたので、此の地點を野蒜に定めたのも主としてヴアン・ドールンの意見であつた。彼は河川改修工業には相當の學識經驗を持ち氣格も他の蘭人に卓越し長工師と稱せられたが築港工事には寧ろ素養を缺いた。明治五年大阪築港の計畫を立てしも彼は之には成功しなかつた、併し大阪築港の計畫者として記憶さるべき人である、明治四十三年歸國し後死去した。

デ・レーケ Tahane De Reike

蘭人デ・レーケは明治九年來朝、內務省傭土木工師にして淀川改修工事に從事亦明治十三年ヴアン・ドールンの試みた大阪築港の後を受け遂に竣工を見た。三十八年淸國に聘せられ、黃浦口の改修に功ありしことも特筆に値する、四十三年歸國し後死去した。

パーマー Gen. H. S. Palmer

英人パーマーは明治十八年に來邦、横濱の築港及水道工事は彼の計畫である。卽ち明治二十二年に築港に着手し、竣工は明治二十九年である。工費は二百二十五萬圓、工事の監督は內務省がこれに當り、神奈川縣廳內に建築局を置き成功に竭くした。彼は明治二十六年に死去した。

ブラントン R. Henry Branton

英人ブラントンは明治元年以來日本政府の燈明臺機械方頭として燈臺建築一切のことに盡力した。彼の神奈川條約による觀音崎燈臺の如きは明治二年に完成せるもので專ら彼の設計によつたものである。

モレル Edmond Morell

英人モレルは外人にして我國に傭聘せられた最初の鐵道技術者で、明治三年來朝建築師長に任ぜられた。鐵道の創業に際し建築計畫の彼の手に成れるもの多く、新橋、横濱間及び大阪神戶間の工事に關係し、其の功尠くない、工部省の設置の如きも彼の意見に與つて力あるものと云はれる。明治四年肺炎に襲はれ印度に轉地せんとするや、其の功績に依り療養資金五千圓を下賜された。然れども旅程に上らざるに病重つて死去した。

カーギル W. W. Cargill

英人カーギルは初め英國東洋銀行社員にして我が委託に依り鐵道事務に關係せしが、英本社より歸國を命ぜられしを以て明治四年大隈工部卿、工部省御用掛山尾權大丞、井上權大丞より同社に交涉し其の承諾を得明治五年より五ケ年の任期を以て傭聘され鐵道管理役となつた。明治五年東京横濱間開通に際し馬車一輛馬二頭を献上し依つて金二千五百圓を下賜され、開通式に際しては恩賞として物品を賜つた。同十年京都にて拜謁を仰付けられ物品を賜り、同年四月解傭に際し賞金を下賜された。又同十六年在職中の功を賞され勳三等に敍せられ旭日中綬章を贈與された。

イングランド John England

英人イングランドは明治三年四月工部省鐵道局に傭聘せられ建築副役として新橋横濱間を測量し尋いで大阪神戸間を測量し又關西方面に於ける諸般の工事計劃に參與した。八年セツパルドの後を受け新橋横濱間に在勤し十年九月建築師長として在職中病を以て歿した。

オルドリツチ A. S. Aldrich

英人オルドリツチは明治四年十二月工部省鐵道局に傭入れられゴールウエーの後を繼ぎ新橋横濱間の營業事務を兼掌し、カーギル歸國の後は傭外人の中央部として萬般を總理し局長長官を輔けて功少くなかつた。十六年三月勳四等に敍せられ、同年運輸事務兼攝を解かれた。十八年十一月公務を以て英國に出發後二十二年十月勳三等に敍せられ、二十九年十二月勅任取扱となり三十年一月勳二等に陞り在職二十五ケ年餘にして同年三月解傭せられ爾來日本政府より恩給年金を受けた。

マクドナルド John Mcdonald (Gray)

英人マクドナルドは明治六年六月工部省鐵道局に汽車運轉方兼造車方として傭入れられ新橋に在勤し、十三年以來職工長として工場に勤務した。後三十三年十一月勳五等に敍せられ在職二十七年餘にして三十四年に解傭せられ爾來我國政府より恩給年金を受けた。

### ペ　ー　ジ W. F. page

英人ページは明治七年二月工部省鐵道局に傭聘せられ神戸に在勤し、十年二月開業式に際し御召列車運轉の廉に依り賞を賜り二十年三月勳四等に敍せられた。

後二十二年東海道線全通後東京に在勤して全般の運搬事務に盡瘁し功勞少くなかつた。二十七年七月勳三等に陞り三十二年三月解傭せられ、爾來日本政府より恩給年金を受けた。

### トレヴイシツク F. H. Trevithick

英人トレヴイシツクは明治九年九月汽鑵方頭取として工部省鐵道局に傭聘せられ初の神戸に在勤せしが、後新橋に轉勤し汽車監察方助役となり尋いで監察方となつた。明治三十年一月勳三等に敍せられ同年三月解職となつた。在職二十ケ年に亘り日本政府より恩給年金を受けた。

### ボ　イ　ル R. Vicars Boyle

英人ボイルは前に印度の鐵道に從事したる帶勳者にして明治五年七月モレルの後任として工部省鐵道局に招聘せられ九月着任し、爾來神戸に在勤し技術全般を統督した。七年五月自ら中山道を踏査し八年九月再び之を踏査し、又尾張線、信越線等を調査し基礎計畫を定め其功少くなかつた。在職五ケ年明治十二年二月解傭となつた。

### ブ　ラ　ウ　ン Capt. A. R. Brawn

明治四五年頃政府は明治丸を英國に注文せし時英人ブラウンはこれに乘つて來朝した。船舶を外國に注文せるはこれが最初である、後この船は燈臺の使用船となつた。ブラウンは最初運轉手であつたが後船長となり、明治六七年臺灣征伐に際し支那より船を購入せし時高千穂丸其他の運輸掛を命ぜられた。其後管船課雇となり外人に對する試験委員に任ぜられた。晩年歸國後はグラスゴー日本領事として終身勤め我國に對する功績著しく勳三等を賜つた。

ギルベルト A. Gilbert

英人ギルベルトは日本最初の電信架設に貢獻せし人である。明治初年工部省内に電信寮を設け實際電信を應用することとなり英國より然るべき技手を呼ぶこととなつて此の際五六人の者の上司として來たのがギルベルトであつた、學問的方面の人ではなく、建築方面の人であつたが初期の電信に關しては忘るべからざる一人である。

ジユ・ブスケ De. Bousquet

慶應元年幕府は二十名の步騎砲各兵科の敎官を招聘したが佛人ジユ・ブスケは其の一人であり騎兵大尉であつた、此等敎官の來邦は蘭式の兵法を佛式に代らしめたものである。彼は日支兩國語に精通し、日本人を妻として横濱に在住して居たが後新政府に用ひられ元老院の傭となつた。我國に西洋流の大禮服を制定するに際し彼は各國の長短を取捨し現在の大禮服を案出した。彼は頗る日本通で名の如きも「治部輔」と署した位である。

メツケル Meckel (?)

明治八年兵學寮の廢止と共に士官學校の設立となり、同十六年陸軍大學成り我が軍事敎育上大發展を見たのであるが、同十八年にメツケルは政府の招聘に應じて來朝し、陸軍大學に獨逸式戰術を講ぜし人である。彼が我が軍事上に貢獻し又日本に深い同情を寄せしは特筆すべきものがある。死後一部の人々の間に遺骨を獨逸より持來らんとの話さへも擧つた。大學に彼の銅像が建立されてある。

フ　ッ　ク Propelle Fuck (?)

佛人フックは陸軍大尉にして明治三年三十歳前後に來朝し後陸軍大學教官となり砲術數學を教授し在邦約四十年の長きに亘り大正十年頃に死去した。

ベ　ル　ト　ー Berteaux (?)

佛人ベルトーは獨逸式兵法の移入前に來朝し陸軍士官學校教官となつた。騎兵少佐で普佛戰爭の勇者であり又博識なる學者にして各國の語學のみならず文學、科學にも精通した。彼等の來邦により後の獨式の軍制が入るの基礎が先づ築かれたのであつた。

ワ　ッ　ソ　ン James R. Wasson

米人ワッソンは明治八年より同十一年に至る迄開成校土木工學教師として在任し同年歸國した。嘗て我が陸軍傭として勳功ありしを以て勳四等に叙せられ旭日小授章を贈與された。

グ　ク　ロ　ン Goukouron

佛人グクロンは明治四年頃我が陸軍音樂隊に初めて音樂を教授した人にして、海軍に於けるフエントンと共に我が洋樂に於ける功勞者である。

チ　ボ　シ　ー Chibosh

佛人チボシーは工部省工作局横須賀造船場副首長として明治二年二月に聘せられ、明治五年十月海軍省へ轉じた。品川、觀音崎、野島ケ崎の三燈臺は彼の建設したものでこれはブラントンの建てた燈臺よりも早く、日本に於て最初に燈のつけられた燈臺であつた。

プ　ラ　イ　ン　Mrs. Mary Pruyn
ク　ロ　ス　ビ　ー　Miss. J. N. Crasby
ピ　ヤ　ソ　ン　Mrs. L. N. Pierson

此の米國婦人一致外國傳道協會の代表者の三女史は千八百七十一年（明治四年）に來朝し、同年横濱山手四十八番館にてミツシヨン、ホームを開設したが、その最初の目的は悲慘なる雜種兒を教育するにあつた。これが今日の横濱共立女學校である。プライン女史は其の總理格にして經營と塾舍の取締りを爲し、クロスビー女史は敎鞭を採る傍ら會計事務に當り、ピヤソン女史は校長として教授を擔任した。總理プライン女史は明治八年、ピヤソン女史は同三十二年に歸國した。クロスビー女史は大正六年教育に對する功に依り藍綬褒章を賜り、翌年七月八十二歳を以て逝去した。女史は在邦實に四十六年、其の間一回も歸國せず、教育の爲傳道の爲に盡力著しきものがあつた。

此他「工部省沿革誌」を繙けば明治三年閏十月工部省が創置され同十八年十二月廢省になるまで十五ケ年間に於て傭入られたる外人は七百人以上に達してゐる。是は工部省一省のみのことである、其他を計算したならば恐らく非常の多人數に上るであらう。大藏省ではこの多大の俸給支拂に鑑み國庫の財政を緩和すべき必要上漸次邦人を以て其の跡を補襲すべきを唱ふるに至つた位である。又一説に明治五年の統計では全體我國の御雇外人總數二百十四人で其の俸給年額大枚五十三萬四千四百九十三弗と註せられ平均一人當り約二千五百弗其の頃の國情と物價に比すれば隨分好い方で世界最高の相場であつたさうである。

想ふに斯る多數の外人を聘して以て我が文化の建設に資したる處は豪勢のものであつた、而して是等の外人を遇するには極めて鄭重で物質的待遇は素より勳章を與へて以て我が皇室より手厚き優遇を垂れさせられたる事績は實に千古の美談である。

本項は主として大正十三年十二月七日大隈會館に於て大日本文明協會の催せる明治文化發祥記念會の記念誌中より撰抜補訂し、尚此他「横濱開港五十年史」、林董「後は昔の記」、「開國逸史アメリカ彦藏自敍傳」、「横濱市史稿」、立教中學校學友會「老監督ジョン・マキム先生小傳」、「吉野作造著主張と閑散中引用せる小野實談」、週刊朝日大正十三年五月號、廣瀨宰平自傳「半世物語」、「宰平遺績」、「增訂明治事物起原」、「西洋人名辭典」、「ドクトル、ゴットフリード・ワグネル傳」、谷邨一佐「奎普龍《ケプロン》將軍傳」、「日本石油史」、「新舊時代」、「ザベリヨと山口」の附錄ビリオン回顧感想談、「クラーク先生とその弟子達」、「新渡戸稲造傳」、「新撰大人名辭典」卷八、「日本藥局方五十年史」、等を參考引用せり）

## 第四節　横濱開港文化の魁

### 第一項　學　校

幕府は横濱在留役人の子弟を教習する爲文久二年十月運上所前の官舍に英學校一名英學所を開設した、教師には米人ブラウンを以て之に任じ邦人よりも神奈川奉行手附飜譯方石橋助十郎、太田源三郎を教師に宛てた。慶應二年二月神奈川奉行支配定役の官舍に移轉したが同年十月二十日の大火災に類燒し間もなく再興を見たるも、明治元年終に廢校となつた。

是より先き米人ヘボンは開港の年渡來して横濱居留地（今の山下町三十九番の角）に在つて私設ヘボン塾を開き、初めは女子に英語及び縫取、縫物等を敎へたが軈て男子の入學をも許したので幕府は九名の生徒を送つて之が敎育を託した。其中より傑出したる名士には沼間守一、高橋是淸、林董、益田孝、三宅秀、服部綾雄等である。數年の後其の男子部は東京に移し今の明治學院の前身となつた、又女子部はメレー・キダの家塾に讓つた。（第三節第一項參照）メレー・キダは米國改革敎會より派遣された宣敎師で、明治三年九月横濱の小住宅で自ら日本語を學ぶ傍ら毎日三時間づつ英語の敎授をなしつつ英語塾を開いた。最初ヘボン夫人より讓られたる四人の生徒を合せて其年の終りまでに六名を得たと云ふ微々たるものであつたが、翌年には二十二名に增し是等の生徒を率ゐて其年七月伊勢山に移り、越えて明治八年六月山手居留地に校舍を新築し移轉したが大に世人の注目を惹き入學者激增し數年ならずしてフエリス和英女學校となつた。

J. C. HEPBARN D. D.

慶應二年十一月老中稻葉美濃守は横濱海邊通二丁目（今の元濱町四丁目邊）に佛蘭西語學校を設立した。是は小栗上野介、淺野美作守、栗本安藝守等の盡力で横濱に佛國士官を招聘し陸軍敎育を行はんとし先づ初め佛語の敎習にとりか

横濱居留地ヘボン博士邸（向テ左ニ棟半分見ユ）

（田澤嘉一郎氏藏）



かつたのである。即ち佛公使レオン・ロッシユの斡旋に依つて教師は佛國公使館書記官メルメ・デ・カシユンを擧げ校長には川勝近江守が任ぜられた、名義は語學所と謂つた佛語教習の目的は佛國士官が來朝して陸軍教育を受くるの目的であるから實際は後に軍人となる志望のもので小栗上野介の養子又一、栗本安藝守養子貞次郎始め二十一人計り第一期の學生で六ケ月毎に次ぎの學生を入校させた、明治二三年の頃廢校となつた。

村上俊藏著「東郷大將詳傳」には「横濱に赴き居留地守衛の英兵に交際を求め、ヘボンの單語篇などに就き聊か學ぶ所あり、又辨天の語學校に通學し」とあり、又小笠原長生著「東郷元帥詳傳」には此年の秋元帥は僚友と共に復もや故郷を去りて先づ横濱に到り、同地の官吏にして英語を能くする長崎の人柴田大助方に止宿し、其附近にある學校に通學し英語を學び且英人ワグマン并に柴田氏より發音を正し貰ふこと數月に及び稍會得する所あるを以て、乃ち翌三年東京に出られた」とある。又山口愛川著「世界の大東郷」には故石川德右衛門の弟半右衛門方に寄宿した」とある。

ブラウン塾は前記米人ブラウンが英學校の廢校となつて明治六年十二月五日より山手町の自邸で開設したが英語の外神學、數學、理學等をも教授し數十名の學生を教育した、生徒の中には島田三郎、男爵都筑馨六、駒井重格、前田先の侯爵、工學博士白石直治、井深梶之助等の名士が輩出し、明治九年頃まで繼續した。

Rev S.B.BROWN D. D.

明治の初年仙臺藩士横尾東作は横濱野毛山に英語の私塾を開いた、明治七年の頃廢止したが、福島安正等は此の塾の出身であると云はれる。

慶應二年正月横濱伊勢山下の神奈川奉行役宅に開設された修文館は湯島の聖堂より教師を聘し學頭と爲し、早川能登守大に盡力し神奈川奉行所支配役人中より助教を補し役人の子弟に漢學教授を行つた、館名は林大學頭の撰んだもので平日は稽古所と貴賓來港の節は旅館に充てた。明治元年前掲の英學校と共に廢止となつたが、同二年十一月神奈川裁判所今の縣廳の前身役人の盡力で再興し、英佛學科を舊英學校にて漢學科を舊修文館に於て教授し、同時に平民の入學をも許した。同五月今の北仲通六丁目武術稽古所跡地に兩校を移して合併し修文館の建物は旅館に變更皇、漢、洋の三科を設け三年五月更に書法、數學の二科を加へたが時勢の趨向は諸生英學に偏重するに至つたので後これを民營に移して英學校に變更し、再び元の修文館に移し、五年八月星亨等の經營せる私立同文社を合併した。（牧野善兵衞編「德川時代書籍考附關係事項及出版史」には文久元年八月横濱に英佛語學所及び漢學の修文館を設けらるとあるが疑を存して置く）

同年會々高島嘉右衞門より其の設立にかゝる市學校寄附の申出があつたのでそれと合併することとなり、三井八郎右衞門其他の寄附金により翌六年一月相生町六丁目角へ洋館三階建の校舍を建設し横濱市學校と改稱した、然れども市中共立修文學校とも稱したと云ふ。

REV. J. H.BALLAGH D.D

前記市學校に就て記さんに、同校は明治四年十二月十九日開校され高島嘉右衞門の設置に係るので藍謝堂と稱し又高島學校とも云つた、伊勢山下に第一校舍を建て入船町高島家文書には湊町とあるに設けた、次いで隣地へ附屬小學校を設立して登槐舍と名づけた、横濱に小學校の設置を見たのはこれが嚆矢である。

今高島嘉右衞門談に據れば「明治三年秋伊勢山下に校舍を設け其の學科を洋學と漢學とに分ち教師には瑞西人カドリー氏を聘したり、氏は大學南校に七千弗の年俸を以て傭はれたる人にて是に獨佛語を教授せしめ、英學には米人バラ氏兄弟を招聘して擔任せしむ。以上を正則科とし、別に變則科を設け、其の教師には福澤諭吉氏の推薦により、同氏門下の荘田平五郎、小幡甚三郎、三澤泰哉の諸氏を聘して、分擔せしめ、漢學科は今川常五郎、坂戸小八郎兩氏教鞭を執り、殆ど拮据の功空しからず七百餘名の學生を有し、校運隆々の勢ありき。然るに天下の英才を集め教育したる一事は、端なくも政府の忌諱に觸れしが幾程もなくして官僚の誤解を釋くを得たり……

……。尙同校出身の重なる名士には寺内正毅、本野一郎、都築馨六、得能通昌、海軍少將小田亨、農學博士本田幸介、同宮部金吾の諸氏を初め三井物産會社理事渡邊專次郎、横濱正金銀行倫敦支店長西巻豐佐久、長谷川喬、福岡精一郎、内藤久寛、增田增藏、碇山晋、高木可久、中園愼吾の諸氏是れなり、高島學校は明治六年無償を以て横濱市に引繼ぎしが間もなく類焼の厄に遭つた云々」（横濱市史稿教育篇、高島嘉右衞門自叙傳」）

高島嘉右衞門

**註**　高島嘉右衞門は天保三年十一月一日江戸三十間堀町に生れ、幼名を淸三郎と稱した、父は藥師寺平兵衞と云ひ常陸國新治郡牛渡村の農家の出で、中年江戸に移住し材木商兼普請受負業遠州屋德三郎の手代となり、功績に依り主家より別家し遠州屋嘉兵衞と稱し同一の商業を營む後ち父子共に鍋島南部兩藩主の御用達と爲つたが二十二歳父を喪ひ襲名して嘉兵衞と呼び安政六年二十八歳の時横濱開港となつて單身横濱に出て本町四丁目に店舗を開いたが金の密賣に由つて牢獄に繫がること七年出獄して高島嘉右衞門と改名建築業を開店した、明治三年京濱間の鐵道敷設に當り現今の高島町一帶の埋立を爲し、又學校を創設して之を市に寄贈した、（六年一月學校設立の功に對し賞狀と銀盃三組下賜せらる是れ我國維新以後銀盃下賜の濫觴なり）四年獨逸汽船を購入して高島丸と命名し函館横濱間の定期航路を開き、又瓦斯燈事業を起し、同七年三月工事竣るに及んで天皇、皇后兩陛下横濱行幸の砌り臨幸ありて優渥なる勅語を拜した。同二十二年二月從五位に叙せられ、同二十五年北海道炭鑛鐵道會社々長となり、東京市街鐵道會社長をも兼務し、同四十三年十月十六日八十三歳の高齢を以て逝き、勳四等に叙せられた、嘉右衛門中年より易學に志し門弟多く斯界の權威者であつたことは世人周知の處である。

### 第二項　新聞

横濱に外人が居たので早くから外字新聞は入つて來たが日本で始めて日本語を以て發行されたる日本新聞はジヨセフ・ヒコに依つて作られたるものである、ジヨセフ・ヒコ自叙傳に「千八百六十四年元治元年六月余は外國新聞の抜萃を載せたる日語木版新聞を發行し海外新聞と名づく、日本語にて印刷發行したる新聞の開祖なりしが余が長崎に轉住せるまで凡そ二年間繼續せり」と述べてゐる、尚同書中に次ぎの記載がある。

此年余を訪ふて外國新聞を開かんと欲するもの甚だ多く、殊に神奈川官吏多かりければ、余は前にも述べたる如く、海外新聞を發行して郵船の來る毎に外國新聞を飜譯し、且つ輸出入品の相場を掲げて日本人の利益を謀れり、然れども奇怪なるは、日本公衆は新聞を讀むことを好むに反して前金を拂ひ或は購買する者少かりし。蓋し當時政府の法律の爲めならん。依て余は過半無代償にて與へたり、只始終購求せる者は肥後の庄村なる武士と柳川の中村なる役人のみ。

とあるは面白き話柄である。ヒコは天保八年八月二十一日播磨加古郡阿閑村大字本庄字古宮に生れ濱田彦藏と名乘り、父は船乘で彦藏は嘉永三年十四歳の時父と共に船に乘つて江戸へ旅立ち、歸途遠州灘で暴風に遭ひ、太平洋を漂流五十餘日で米船に救助せられ、米國カリホルニアに到着し歸化してワシントン政府の費用で教育を受けて人となり、二十三歳の時卽ち安政六年新駐日米國總領事ハリス一行の船に移乘し神奈川領事館通事となつた。

彼地に在つてジョセフ・ヒコ（Joseph Hico）と稱したが（外人は Heko）と云つた）歸國後世人はアメリカ彦藏と呼んだ、後明治三十年十二月十二日齡六十二歳にして東京に於て逝いた。

ジョセフ・ヒコの海外新聞は岸田吟香と本間潛藏（遠州掛川の人本名を淸雄といひ、江戸に出て漢學を學び海外渡航の便を求め横濱に赴き潛藏と變名してジョセフ・ヒコに就て英語を學んだ）とが共に經營した、蓋しヒコが日本文が出來ないので本間はヒコの口授を日本文に綴り岸田は其補ひをしたものである。

海外新聞が二十四冊まで發行して慶應二年九月廢刊後翌三年一月に横濱に於て英國總領事館附ケンブリッチ大學の博士宣敎師、バックウオース・ベーリーの編輯にかゝる「萬國新聞紙」が生れ明治二年五月廢刊となつた。

是より先き會譯社同人の筆寫新聞なるものがあつた、卽ち柳川春三、箕作貞一郎（後麟祥）等開成所の敎授連が集つて作つたもので、原書は横濱發行のジャパン、コンマーシャル、ニュース中より主として日本內地に關する分を飜譯したものである、最初は「横濱新聞」と稱し、次いで「日本交易新聞」、更に「日本貿易新聞」と題して發行した、其の期間は文久三年から慶應元年（一八六三　一八六五）に至る間である。

慶應三年十月には前記柳川春三の「西洋雜誌」なるものが江戸開物社より發行され日本橋本町四丁目中外堂より賣出した、第二號以下には宇都宮三郎、田中芳男、神田孝平等も執筆した、斯くて彼は我國に於ける雜誌の先鞭を付けたが是は明治二年十月に止められた、又慶應四年（九月八日明治と改元）二月廿四日に本邦新聞紙の嚆矢たる「中外新聞」を發行するに至つた、其の第九號に

横濱にて英人の新聞紙を摺り始めしは去る文久三年以來にして今は其家三軒あり、又西洋文を飜譯せしもの二

三種既に出づと雖も、いづれも外國人の手に出でたるものなれば、日本の新聞紙とは言ひ難し、吾が江戸の開成所にて、七八年前出版せし事あれども、その頃は看る人も少く、且故あつて程なく中絶せり、然るに此度吾等の社中にて、海内海外の事を雜へ記し出板して公行せしに市中は更なり近國にも速かに廣まりて、僅に一ヶ月の間既に購求する人千五百名に及べり、世人新聞を好むの時勢これに依りて察すべく、文運の開けたる亦推して知るべし、近頃京都にては太政官日誌と云ふ書刊行ありて世に行はる、然れども是は朝廷の公告なれば吾等が會社の著述を以て窃に比較せん事恐れあり、されば民間に行はるる日本新聞紙の濫觴はこの中外新聞なりと云はんも過言にあらざるべきかと。

柳川春三

此の新聞は明治三年三月彼の死によつて廢刊された。

**註** 柳川春三は天保三年二月廿五日名古屋大和町に生れ、初め西村辰助と云ひ、後に良三と改めた、彼は神童の稱あり、二歲敎へざるに能く字を書したので試みに書家丹羽盤桓の門に入れしめたところ、數ヶ月の間に筆法の精妙師父を驚かすに至つた、三歳の時尾州侯彼を館中に召して揮毫せしめると、勢ひ龍蛇の如くであつたから觀る人嘆稱頻りに書を需めて數十幅の多きに及んだ、長じて和漢の學を修め、次で蘭學の研鑽に年を重ね、後又英佛の書に通ずるに至つた、尚彼れの蘭學の師は尾州藩の砲術家上田帶刀及び同藩の醫家で本邦本草の泰斗と稱せられた伊藤圭介であつた、安政三年廿五歳の時江戸に出で同時に柳川春三と改稱した、間もなく更に長崎に行き、寫眞術を修め翌安政四年再び江戸に出て紀州藩の老臣水野土佐守忠央の知遇を得、翌五年十一月寄合醫師に命じ知行七十石を以て紀州家の蘭學所出勤となつた、元治元年には幕府に召され開成所の教授職となり慶應四年三月には開成所頭取に任ぜられた、後越前藩主松平春嶽の知遇を得た、明治二年六月大學校が設けらたので彼は大學少博士に任ぜられ十月正七位に叙せられた、後大學少博士を免ぜられ大學を追はれ不遇の身となつて翌三年初春肺患に襲はれ二月廿日絶命した享年三十九歳（十大先覺記者傳）

岸田吟香

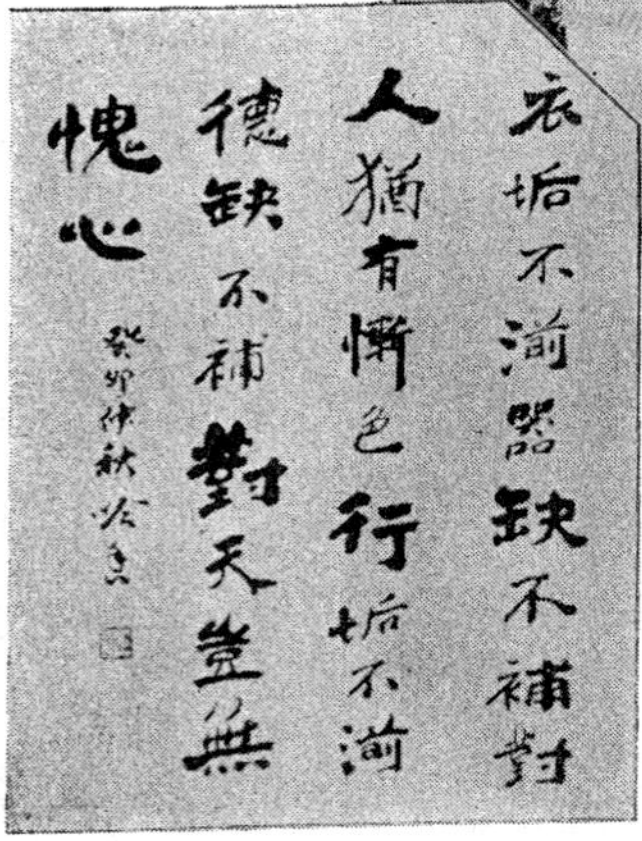


慶應四年閏四月十一日發行「横濱新報もしほ草」は居留地九十三番館員ヴェンリードの主宰で岸田吟香の共營で大部分は吟香の執筆であつて。

註　吟香は天保四年四月八日美作國久米郡垪和《ハグワ》村に生れ諱は國華、名は銀次、初め太郎と稱した、幼にして奇智衆に超え、郷黨目するに神童を以てした、やゝ長じて史書を讀むに及び慨然として大志を懷き先づ業を津山藩儒昌谷精溪に受け、十七歳の時江戸に出で師精溪の紹介により林圖書頭の塾に入り研修大に努めたのでその學著しく進み、早くも師に代つて水戸及び秋田侯の邸に書を講ずるに至り、當時藤田東湖、大橋訥庵等と交りを結んだ、安政二年病を得たので一旦歸國したが病癒えたので後大阪に出で、藤澤東畝に就き翌三年から歸東の南摩羽峰と相携へて再び江戸に下り藤森天山弘庵のに門入り力を漢籍に注いだ。天山時世を慨し幕府に建言し忌諱に觸れて追放されたので彼亦一時難を上州に避け後窃かに江戸に歸り韜海潜伏を續けてゐたが當時彼の落魄疲憊其の極に達し、遂に深川の妓樓に身を隱し、雇夫として纔に口を糊した位で、其の時周圍の人々から「銀公々々」と呼ばれたのを其の音を取り自ら吟香と號するに至つたのである。

横濱開港となつてから横濱に移つたが當時米人ヘボンが和英辭書編纂に當り邦人の助手を求めたので彼は箕作秋坪の斡旋でヘボンの家に寓し、又ジヨセフ・ヒコに就て英語を修めた前揭ヒコの海外新聞にも助力した、後明治六年東京日日新聞社に入る等新聞界の先驅者であつた、明治三十八年六月七日七十三歳で逝いた。（十大先覺記者傳）

ヴエンリードは米國ペンシルヴエニヤ州リーデイングの人で千八百五十九年七月安政六年領事館事務官として日本に來り横濱で新聞紙を發行し後布哇移民を募りて邦人出稼の先驅をなして金儲を匠んだり種々の事業に手を出した異彩を放つた怪異人であつた、明治五六年の頃日本に在留した。（前第三節第一項終參照）

此の慶應の末年卽明治元年は幕府が倒れて新政府が樹たんとする更始一新の際新舊勢力の決戰で天下の輿論は全く東西二派に分れた、東北にあつた佐幕派卽ち東軍と薩長其他西部諸藩に成る西軍は東北の野に轉戰したが當時の新聞紙は横濱に在る外人及び之に關聯するものの設立で未だ新聞紙の發芽時代であつた、報導の正確と機敏とがなく從つて人心を指導する輿論を勃興する能力は乏しかつたが官軍は二月先づ太政官日誌を發行して戰報を掲載するのみならず閏四月には大阪居留地に於けるハルトリー店を援助して「各國新聞紙」を發行せしめ王政復古を宣傳した、同時に大阪知新館より週刊の「內外新聞」京都に「都鄙新聞」神戶に官許の「湊川濯鎵」「復古論」と稱するパンフレツト風の印刷物が發刊されて輿論を導かんとした。然るに江戶横濱に發行さるる新聞は二月會譯社發行の「中外新聞」三月發行の「日日新聞」四月發行の「江湖新聞」、「遠近新聞」「內外新報」「もしほ草」、「內外新報前記」「同別集」「公私雜報」「此花新聞」「海陸新聞」「新聞事略」「謳歌新聞」「中外新聞外偏」五月發行「そよふく風」「江城日誌」「市政日誌」「金川日誌」「外國新聞」「東西新聞」等で雨後の筍の如く簇出し、而して皆舊幕府遺臣の經營で東軍の勝報を掲載し江戶附近の人氣に投じ一は以て自ら快とした。其中で「江湖新聞」は福地源一郎が主宰してゐたので彼は慶應二年幕府の遣外使節に隨行し英國の新聞界の言論が自由な立場に在ることを目擊してゐるから好んで筆に任せて西軍を罵り復古は素より當然なるも薩長土藩が幕府を顚覆して其權力に取つて代らんとするは維新の目的に非ずとの趣旨を論じ東軍の勝報や虛報を作爲して掲載したり種々當時の軍政府の忌諱に觸れ五月十八日逮捕されて軍事糺問所の獄に投ぜられた後無罪放免となつたが版木は沒收され江湖新聞の發行は禁止された、次いで六月八日新聞紙は每號官許を經て發行することとなつたので諸新聞は大抵發行を中止した。（小野秀雄「日本新聞發達史」）

**註**　福地源一郎は幼名を八十吉と云ひ、天保十二年三月廿三日長崎新石灰町に生れ父源輔苟庵と號し醫を業としたが、頗

福地源一郎

る奇才に富み博學能文の士であつた、犬養木堂の談によれば賴山陽が長崎に遊んだ際苟庵なほ若かりしが、一日傍に侍した際、山陽卒然として苟庵に云ふに三十一文字の濫觴は論語に發してゐるが汝これを知れりやとて「司馬牛が憂へて曰く人は皆兄弟あれどわれ獨り亡し」を以てした。翌日に至り苟庵山陽に云ふには、わが俳句も亦左傳に出づ「夏五月鄭伯段に鄢に勝つ」これなりと酬いたので山陽もその才に驚いたと云へば彼の華心繡腸は基づく所があるものと云つてよからう。著者が南條文雄博士より聞いたのは山陽苟庵の問答及和歌俳句が反對であつた彼七歳にして師に就き十三歳試業を受け毎次好成績で十六歳の時源一郎と改名した。其の前年父は彼をして同地の和蘭大通辭名村八右衞門花蹊と號すに就て蘭語を學ばしめた。當時和蘭船の來泊する毎に甲比丹より風說書と名づけた書面を長崎奉行に差出す例で幕府ではこれを和蘭御忠節と稱へ海外の事情を知る唯一の報告書となつてゐたものである。名村大通辭はこの書面を甲比丹より受取り和譯する際常に福地をして筆を執らしめたが福地は甲比丹が如何なる方法にて出島にゐながら、斯る風說書の材料を知るものにやと訝り、これを大通辭に質した所、花蹊は「さればなり、西洋諸國には新聞紙と唱へ、毎日刊行して自國は勿論、外國の時事を知らしむる紙あり、甲比丹はその新聞紙により重立たる事柄を書き記して奉行所へ言上致すなり」と告げ、座右にあつた和蘭新聞紙の反古を彼に與へた。それはアムステルダム刊行のもので、彼は早速字典と首引して讀まんとしたが、文章の讀み易からざると事情の解し難きものがあるので力及ばずこれを斷念した。これが抑も彼が新聞紙に就て知るの初めであつた。十八歳の時彼は江戸に來り、其翌安政六年横濱開港の時より職を外國方に奉じ、その通辨飜譯に從事することとなつた。文久二年幕府遣歐使節に隨行し慶應二年再び幕使に隨行して英佛二國に於て見學博く亦新聞紙のことに就ても非常の智

識を得た。慶應三年下谷に私塾を開き英佛語の教授を爲し後四年四月「江湖新聞」を起し新政府を攻擊して筆禍に罹り投獄せられたが彼が才を認められて出獄し、後明治新政府の下に屢々海外使節の隨員となり、遂に東京日日新聞の社長となつた、其後の履歷は玆に贅言するまでもなく櫻痴居士として文名一世に耀きたるは普く世に周知さるる所である、明治三十九年一月四日六十六歲を以て逝いた。（十大先覺記者傳）

明治三年神奈川縣令井關盛艮は對外關係や內地事情の報道機關として西洋式新聞の必要を感じた際、偶々長崎在住の和蘭通譯本木昌造の活字製造を聞いて新聞紙發行を計畫し其の援助を求めた、本木は二名の門人を送つて活字及印字機を携へ來らしめた、舊幕時代に横濱輸入外國書の檢閱官であつた子安峻を編輯として「横濱新聞」と題して横濱活版所名義の下に其年十二月から新聞を發行した、是が我國に於ける日刊新聞の創めで活字と洋紙を用ゐた珍らしきものであつた。原善三郞、茂木惣兵衞、吉田幸兵衞、增田嘉兵衞、高瀨英祐等の贊助を得て業務を擴張し、島田豐寬三郎の養父を社長に推し明治四年四月から「横濱每日新聞」と改題した、同六年には島田三郎も記者として入社した。

翌四年五月に至り時の參謀木戸孝允は藩人山縣篤藏に金十兩を交附し「新聞雜誌」と稱する新聞を東京で發行せしめた、長三州、島地默雷編輯に從事し每月數回半紙數枚綴にて最初は整版後には活版を用ゐた、當時東京には時事を揭載せる新聞跡を斷ち「新聞雜誌」は其虛に乘じて出版されたから直ちに多數の讀者を得た、木戸が是を發行させたのは勿論輿論を支配せんとしたからである、木戸は福地源一郞の書いて居る如く、明治元年の新聞禁止を實行せしめた慧眼の士である、傳る所によれば福地紀問の答辨を讀んで深く其說と文才に感心したと云ふことである、彼が其年の夏毛利敬親に謁して語つた所を見ると「幕府斃れて雄藩之に代るとの念慮を抱かしむれば復古の業成り難し」云々と藩籍奉還の意見を述べてゐる、これ福地の「强弱論」と一致する所である、彼は遂に之を薩土肥三藩にも說き二年正月には四藩連署して奉還を申出で次いで各藩之に倣うた、此次ぎに行ふべきは廢藩である、薩摩は廢藩に反對にて一時行惱みとなつた、長三洲は木戸の意を汲み封建論を草して新聞雜誌第六號の附錄として發行し、數萬部印刷して之を諸藩に送つた、木戸は當時の參議中最も新聞の利益を知悉した人で福地の事件と是とを比較すれば彼が新聞を發行した主旨は十分に判る。（福地源一郎「懷往事談附新聞紙閲歷」。小野秀雄「日本新聞發達史」）

斯くて新聞の威力は認められ根底强き有力の新聞が續出するに至つた。明治五年二月には條野傳平採菊落合芳幾浮世畫家西田傳助吉田健三等によりて東京日日新聞が創刊され續いて六月には「報知新聞」の前身たる「郵便新聞」が前島密の計畫で創刊され、八月には朝野新聞の前身たる「公文通談」が出た、而して此間にブラックの創刊せる「日新眞事誌」も出た、ブラックは元横濱でジャパンヘラルド、ジャパンガゼットの主筆であつた。

外字新聞には文久元年十一月二十三日創刊のジャパンヘラルド（Japan Herald)がある。大正三年歐洲戰爭の際廢刊された、是より先き文久元年六月二十二日長崎で發行されたものでゼ、ナガサキシツピングリスト、エンド、アドバータイザー（The Nagasaki Shipping-list and Adovertisar）と云ふのが發行されてゐたが是が日本に於ける外字新聞紙の起原とされてゐるが、同年末横濱へ移つてジャパンヘラルドと改題したと云ふ說もある。

同三年七月十三日創刊のジヤパン、コンマーシヤル、ニユース (Japan Commercial News) は慶應元年九月ジヤパンタイムスと合併された。

ジヤパンタイムス (Japan Times) は慶應元年九月發行前記ジヤパンコンマーシヤル、ニユースを繼承し、後大正十三年東京へ移轉ジヤパンメールと合併した。

ジヤパンガゼツト (Japan Gazette) は慶應三年十月十二日創刊、大正十二年震災に依り廢刊した、是は日刊新聞としては日本に於ける最初の外字新聞であつた。

其後明治十年となつてジヤパンメール (Japan Mail) 其他の新聞も出でたが震災後東京に移り他新聞と合併した。

又雜誌に屬すべきものでジヤパンポンチ (The Japan Punch) と題せられたる美濃版大全紙型の和紙木版摺で表紙本文共十一枚綴りの不定期月刊誌があつた、文久二年七月の創刊で横濱在留英人ワグマン Charles Wirgman が得意の洋畫で奇智諧謔を弄して社會事相を縱横に描破したポンチ繪を滿載したもので、殆ど三十年間も引續き發行してゐた。ワグマンは一八三四年倫敦に生れ一八六一年文久元年に英國公使オールコツクに隨行して來つた新聞記者で、日本を愛し小澤某女を妻とし明治二十四年二月八日五十歳で逝いた、明治初年には我國に未だ正則なる洋畫の教育が創められて居ないので洋畫の技巧を我國人に傳へ其のポンチ繪は日本のポンチ繪起原と爲つたもので其の結果は明治七年に横濱で神奈垣魯文の繪新聞「日本地」の發行となり、越えて十年の團々珍聞の創刊ともなつた。

明治十年二月に創刊されたトバヱは佛人ビゴー（Eeorges Bigot）に依つて刊行された諷刺小雜誌で不定期で二十六號限り廢刊した。

### 第三項　鐵道

我邦に始めて鐵道の起つたのは東京横濱間であるが最初慶應二年五月十八日附を以て佛國總領事ペ・フロリ・ヘラルドは勘定奉行小栗上野介、外國奉行星野備中守に宛て公文を以て鐵道敷設の勸誘を爲し、次で翌三年三月四日附を以て外人シー・エル・ウエストウードが外國奉行に請願書を提出したるに幕府は我が國情の未だ外國に比し開化に至らないので當分治定の挨拶に及び兼ぬる旨を回答せんとして其の儘となつてゐた內に、同年十二月二十三日には幕府は閣老小笠原壹岐守の署名に成れる米國使臣館書記官アルセ・ポルトメン・エスクワイルヱに與へたる江戸横濱間鐵道免許となつたが其內德川將軍の政權奉還となり新政府となつて明治二年ポルトメンは該契約書面を以て新政府の免許狀に引換へんことを要求したるも我が政府は同年二月二十九日附を以て鐵道を外人の手に委するは民心の向背に係るを以て許さず、一に邦人の手で之を經營せしめんとして之に應ぜなかつたので米國公使デロングは同年十二月二十日附抗議書を差出した。之に對して政府は翌三年正月六日該契約は幕府政權奉還の後小笠原壹岐守が獨斷で結んだものであるから新政府に於て關係が無いと回答したので米公使は更に反駁して千八百七十年（明治三年）二月九日を以て新政府は慶應四年正月十日附公文にて幕府時代の義務を凡て引受くべき旨を外國公使等に告知したればポルトメンに與へたる免許亦新政府之を認むべきものなりと主張した。其間寺島外務大輔、大隈民部兼大藏大輔、伊藤大藏少輔と米國公使との會見があつたが決着する所無く、米國公使は更に千八百七十年四月十二日を以て我が政府に書を寄せて、日本政府は英人レーと約束し東京横濱間鐵道建設の爲資金を英國に求めたる由なるが、是れ米國人が得たる免許に抵觸するものである、日本政府が米國人の正當なる權利を拒否するは不當なるべし、從つて權利を侵されたる米國人は償金を求むるを得べしと通告したが我が政府は慶應三年米國公使は大阪に德川慶喜は京都に在りたるを以て重要の事は必ず彼地に於て交渉するを當然とすべきに、本件鐵道免許は江戸に於て交渉し朝廷又は慶喜より當局者に訓令したる形跡なく、且小笠原壹岐守の外之に關係したる者なきを以て事態疑なき能はずと辯駁して之を斥けた。

然るに我が新政府は明治二年三月横濱在留英人アレキサンドル・カンフルの請願（千八百六十九年四月二十一日附）ありしも、政府の方針は前述ぶる通り外人に其の事業を許さゞる方針であつたから是れを拒否した。次いで政府御雇人ブラントンも書面を以て京濱間鐵道敷設を勸告したので政府は心動き其の意見書を徴した。一方英國公使「パークス」の勸告に由つて同年十一月五日日英兩當局者の會見にて愈々實行に決し、英人ホレシオ・ネルソン・レーより資金の供給を受けることとなつたがレーは英國にて公債募集を爲し、三百萬磅の内一百萬磅は年一割二分の利息を以て起債する契約とし英國にて九分にて募つた、其事暴露し紛糾を極め我が政府より人を英國に派し、之を責め解約し新に年九分利にて起債し一百萬磅（我が金貨四百八十八萬圓）を得た、是が抑も京濱間の鐵道資金である。

遡つて我が國の陸上に幽かながら汽笛の音が鳴り響いたのは實に安政元年二月二十三日であつて孝明天皇の御治世德川十三代將軍家定の時で其の前年即ち嘉永六年六月三日ペルリが來つて大統領の國書を幕府に提出し翌年正月十五日約により再び來つて浦賀より江戸灣に入り横濱沖に碇泊し幕府の答書を促したが二月十日幕府の應接

掛林大學頭以下は横濱村海岸で會見した時十五日ペルリが携帶した幕府への献納品三十三種の內に蒸汽車一揃と雷電傳信機（エレキテル、テレグラフ）とがあつた、蒸汽車一揃は卽ち車輛及軌鐵其他の鐵道用具である。翌日應接場裏に軌道を敷設し蒸汽車を組立同月二十三日試運轉を爲し、韮山代官江川太郎左衞門をして部下技巧の者若干を率ゐ見學せしめた。

米國使節退去の後江戶に送り吹上苑內にて閣老の檢閱に供し後將軍の上覽に供し三家以下諸侯陪觀した、爾來之が保管を愼重にし、文久年間開成所置かるるに及び研究の資料として同所の保管に附し、次で海軍所の保管に移つた。然るに其後之が所在殆ど不明に歸したが明治五年に至り京都府博覽會に山尾工部少輔は該蒸汽車を陳列して民衆の觀覽に供せんとし正院に上申して之れが貸與を求めたるに正院は調査の結果維新以前海軍所にて保管中火災の爲亡失したことが明となつた。

併しながら、是に先ち一年前卽ち嘉永六年六月二十四日佐賀藩士等が長崎で露艦パルラーダーの士官室で汽關車の模型を見たのが最も古いやうであるが、是は艦室の內に置かれてあるから極めて小さいものであつたらう。

**註一**　日本人が始めて汽車に乘つた記錄は米國漂流の中濱萬次郎が千八百五十年嘉永三年嘉永三年五月桑港より汽船に乘込み始めて汽船の珍らしき記述を爲しサクラメント市に到着しこゝから汽車に乘換へた時の記載がある。「此處よりは路上に鐵の軌道を敷設し、約三間ばかりの鐵車二十三、四輛を連結し、其先端に機關車を附けて之を曳かしむ、此異樣の車は英語にてレール、ロードといひ或は和蘭語にてストム、ワーゲンと呼びたるが此鐵車の內部は上部に荷物を置き其下を乘客の場席とし、各車共に左右兩側に三個の窓を設け、悉く硝子を張りて外面を眺むるに便にしたり、されど車の進むこと迅速なるが爲めに、外間の風物さながら疾走するが如く、永く一處を睇視し難し、米國にては陸上には到る所汽車の敷設あるが故に、旅行者に取りては甚だ便利なり、されど日本には當時未だかゝる設備なき時なれば日本人にして汽船及び汽車に乘りたるは恐らく萬次郎を以て嚆矢とするならん。(中濱萬次郎傳)

夫れから同じく漂流者で米國に人となつたジョセフ・ヒコ卽ちアメリカ彥藏が其の自叙傳に千八百五十三年嘉永六年八月六日紐育を發しデボーよりボルチモーア間を汽車に乘つた事が書いてある。同行のサンダース氏は一時間に二十五里四十里乃至六十里を走り得べき蒸汽車に乘りて行くべし云々と語つてゐる。「日本鐵道史」には萬延元年米國に派遣せられた使節新見豐前守の一行が閏三月六日パナマ地峽に於て蒸汽車に搭乘したることが副使村垣淡路守の「航海日記」によつて分り之を嚆矢とし、次で文久二年佛國派遣の使節竹內下野守の一行が二月二十一日「スエズ」「アレキサンドリア」間を鐵道に由り旅行したるを第二回目としてゐる、是も隨行福地源一郞著「懷往事談」に由りて分つてゐるが既に其前米國漂流者の邦人に由つて試みられてゐる。又著書を以て鐵道の眞相を公にしたるは慶應二年福澤諭吉著の西洋事情であるが、長崎高等商業學校敎授武藤長藏述「鐵道に關する知識の我國に傳はりし門戶としての長崎」には「和蘭風說書」及「別段風說書」長崎甲比丹が海外事情を幕府へ報告せるもの中に嘉永四年の部にパナマ地峽に轍路を設けたことが書いてあるので鐵路のことであらうと考證されてゐるが其頃より邦人には既に米國に鐵道があつたことは分つてゐる。

**註二**　蒸汽機關發明の始祖の一人なるサバリーが蒸汽車の建造に從事せし以來此の問題は一日も世人より忽にせられざりき、然れども第十八世紀に於てクーグノット、エバンス、アルレン等は未だ十分の成功を示すこと能はざりき、然るに一七八四年にジエームス・ワットが軌道の上を廻轉する蒸汽車を製造し、一八〇四年にトリーブシックが其の改良を試みるに及んで改良者相踵ぎて現はれしが遂に一八一四年に至りてキルリングウオルスの鑛山機關長スチブンソン一個の機關車を建造せり。彼は一八二五年十二月二十七日に開通せし世界最初の汽車鐵道なるストクトン、ダーリングトン間の鐵道をも建設せり、彼は又マンチエスター、リバープール間の軌道建設をも委托され千八百三十年天保元年に至り完成した、是に於て英米兩國に於て鐵道熱俄然として昂進せり（リチャード・マイル著松崎藏之助校、高尾常磐譯世界商業史）

京濱鐵道の發端に就ては高島嘉右衛門は自ら其の最初の主唱者であつたと語つてゐる、今其の懐古談によると或日米國建築技師ビジン氏の許を訪ふ、會々二名の米國婦人と一名の佛國婦人とが卓を圍みて一葉の日本地圖を前にし荐りに喋々笑語せる故、怪しみて折から來合せた通辨横山孫一郎を以て試に問はしめた處「日本は蛇の如く細長き國であるから若し外國と一旦事あるの時は、越前敦賀より尾張の內海に至る三十里の間を中斷せば、兩斷される蛇の如く、又奈何とも爲し能はざるべし」とて笑ひ興じ居る所であつた、由て私は思ふやう「これ彼國の男子等が日本の噂を爲せるを聞き傳へ、彼等婦人に至るまで斯くは口ずさむものなるべし」と覺えず戰慄した。當時の狀態によれば鹿兒島より宗谷までは汽船にて三日半にて達し得れども、陸路八百里は九十餘日を要せざれば交通し得ない……若し鐵道を貫通せば鹿兒島宗谷間は三日半を以て交通運輸の目的を達することが出來るから八百里の行程は正しく三十五里に短縮されたと同一の結果に歸着するのである、是れ國防の根本を確立する所以にして國家の禍を未然に防止する一大急務である。明治三年の春大隈、伊藤、兩卿横濱に來り嘉右衛門の旅館に泊せる時之を献言した。斯くて高島は二十番ホテルに寄寓せる英人リードより資金百萬弗借入の約を爲し大隈大藏大輔に面會し京濱間鐵道敷設の出願を爲したるが、政府は自ら之を行はんと大隈、伊藤兩卿は横濱に出馬しリードに就て交渉し資金二百萬弗の借入約定を締結し後政府は外務少輔上野景範を遣はし高島を說いて政府と合併すべしと勸告せるも高島は資金借入の手筈齟齬したれば能力なしとて固辭し横濱、神奈川間の海面埋立を出願し鐵道敷地及國道を政府に獻納し、鐵道に沿へる附屬地を自己の所有とし、地租及一切の出銀なかるべしとすることを申出でた、政府は最初より一個人に特許せば後日萬一非難出でんことを慮り表面一般公衆に告布した。卽ち前掲の如く橫濱神奈川間に一直線の埋立者を募つたが高島の外誰一人申出も無かつた。

高島は橫濱から神奈川まで海面を一直線に埋め立て鐵道及國道敷地を献納し其餘の埋立地は埋立主の所有となり、其の所有地は地租其他一切の出銀なかるべしとの最初の政府の條件であつたので高島は親の代から御用達をしてゐた鍋島家や南部藩等に願ひ種々苦心金策の上愈々工事に著手した、工事請負は晴天百四十日間の約束であつて若し此の期限を誤ると一日に付長サ六十間幅五間價格にして凡そ四千圓の埋立地を償金として取上げられる條件付であるので非常な緊張を以て工事を監督し、毎日神奈川大綱山現今高島邸の在る所、高島山と稱すから望遠鏡で見守つてゐたのである、幸ひ好結果に埋立を了つて今日の高島町は其の名殘りである。

鐵道敷設の問題が一たび起ると我邦では素より初めての試みであるから可否の論議が囂しかつたが多額の國帑を消費し蒼生を塗炭に苦しむるとか、時期尚早論等があつて殊に外國より資金を借りて敷設する賣國的所爲である、一旦外國と開戰せば外敵の侵入を便にするものなりと唱へ之が中止を廟堂に建白し、其議容れられざるを見るや慷慨して切腹せし者もあつた。當時の政府には彈正臺と云ふものがあつた、幕府で言へば大目付、支那で云へば監察同樣である。其の彈正臺からも「方今の形勢、內には生民の困苦を救ふに術なく、外には外蕃跋扈を制する力なし、然るを不急の鐵道御起し被レ遊候儀、眞に所三以生二疑惑一御座候、是或は姦民黠吏を欺き朝廷を奉レ欺には有レ之間敷候哉、仰願くば右等不急の冗費を除き、速に軍艦製造の用へ御移し被レ遊、兵威興張、宇內統一の御基本立證致度候事」と云ふ嚴しい反對の建白書が出た、開拓使長官黑田淸隆の如き有力者も大反對であつたが間もなく歐米視察の結果前說を飜し大の贊成者となつた。(大隈伯昔日譚)

斯くて朝野に涉りて相當反對論が喧しかつた其中に谷暘鄕なる者が明治三年正月贊成論者として建白したる其の文中に曰

(前略) 横濱開港爾來本邦の物產年々に增加す就中生絲、茶、蠶卵紙の如きは之を以て十年前に比すれば其殖すこと凡そ十倍を以てす可し、然かして之を運輸するもの或は牛馬とし或は負擔し以て二三百里の遠きよりす贅費果して幾多ぞや(中略)本邦物產の多き信上岩陸羽を以て最と爲す信の上田上の廐橋(前橋)奥の福島羽の米澤等是皆其國產の輳まる所なり、臣曾て惟みるに東京より奥の福島に信の上田に以て二路の鐵道を通じ以て國家の便に供せば富强の術坐して待つべしと、東京より兵庫まで鐵道を通ずること……

其の識見の高邁を窺ふべく鐵道の利益は國富の增殖を期すべきこと當時の識者已に認むる所となつた、同年十一月鐵道起業の廟議決し東西兩京を連絡するを幹線とし東京橫濱間其他を枝線とし先づ新橋橫濱間の工事を起すこととした。

**註** 谷暘鄕は文化十二年十月五日丹波國船井郡鹽田欠谷村に生れ京都に出て醫術を研究した、明治年代となつて小笠原島開拓やら無人島開墾社などを創立し失敗に終り不遇に歲月を送つて明治十八年七月十五日六十八歲で逝いた。

明治三年三月政府は民部大藏兩省中に鐵道掛を置き上野景範を其の總理とし英人エドモンド・モーレルを建築首長とし、四年八月鐵道寮を設置し、工部大烝井上勝をして鐵道頭たらしめ、着々工事を進めた、橫濱は野毛浦海岸は神奈川縣にて埋立石崎並より神奈川青木町海邊迄は高島嘉右衛門に受負埋立しめ、工事竣成して翌五年五月七日開通した。其の回數は上下共一日四回乘車賃は下等五十錢中等は其の二倍上等を三倍とした、九月十二日開業式を擧行し内外百官參列して　明治天皇陛下の御臨幸あつて勅語を賜はり市民祝福歡喜の聲に滿ちた。此日横濱各戸に通じて日章旗と日章の球燈を掲げた、是が本邦祭日等に日章旗や日章の球燈を掲ぐるに至つた嚆矢である。尙此日市民直接に陛下に祝辭を述ぶることを許さしめんと時の縣令大江卓は之を宮內省に交涉したるに前例無きこととて許されなかつたので更に大藏大輔井上馨、外務大輔副島種臣に相談し種々運動の結果漸く許可を得原善三郎と居留民亞米利加一番のオールスとが陛下の御面前にて祝辭を朗讀し陛下より之に答ふる勅語が下つた、是が市民が直接祝辭言上の始めての例であつた。

同年十月二十五日に至り參議大隈重信、工部大輔伊藤博文は鐵道創設に就ての功勞を賞せられ各々劍一口の恩賜あり、外債募集に當つたる東洋銀行へは簞笥外數品を、又雇入の外人鐵道差配役ガーキル、建築省長シツハルト、建築副長テウイング、運輸長コールウエー、運輸副長クリスチー、職人頭ハート、蒸汽頭アナント、醫師ハーリル、同ウエール等に夫々恩賞があつた。

尙此外英人エドモンド・モーレルは鐵道建設に於ける最初の技師長であつたが寢食を忘れ工事に熱中し爲に病を釀し、明治四年九月遂に倒れた。初め印度地方へ轉地加療せんとしたので　天皇陛下より加療の資として五千圓を下賜された。（前第三節第二項參照）

斯くて敷設前は勿論敷設後も各方面に相當反對もあつたが之を押し切つたる英斷で我邦鐵道最初の經營は果し

て國民に一大便宜を與へ、政府も亦此の鐵道收益は初年卽ち明治五年は六萬二千餘圓同六年二百萬圓弱、同七年二百三萬餘圓、同九年には三百二十六萬餘圓を贏ち得て良好なる成績を擧げた。(工部省沿革誌」、「横濱沿革誌」、鐵道省「日本鐵道史」、)

斯くて高島は我邦鐵道に於ける先覺者で卒先して其の必要を說き、進んで實行計畫に突進した、前揭ぐる京濱線に就て飛躍せし事蹟は顯著であるが、尙彼は日本鐵道の創設に於ても亦大なる抱負を以て計畫した。卽ち明治四年二回に涉り東北鐵道敷設の件を政府に建白し、翌五年亦之を爲し敷地檢分の爲に靑森地方へ屢々往來した。茲に於て政府でも工部省測量方小野友五郞を東北に派遣して敷地の踏査測量に着手せしめ、且其の敷設に關する經費等の調査に從事したるが、高島は當時之に就て一の成案あり、卽ち其案に據れば政府は一定の年限間每年五百萬圓づつ兌換劵を發行して、華族の所有する祿劵を鐵道公債に振替ふることとし、其の株式には十ヶ年間政府より年八朱の補給利子を附するに在る。是れは華族をして祿劵に徒食するの譏を免かれしむるが上に、其の收益を計り更に亦之に因て無職の人民に就職の道を得せしめ、或は不毛の地を開き、或は有用の物產を出さしめ政府人民共に大に利する方法である。

政府當路では之に贊成し頻に華族間に勸誘する所あつたが當時未だ企業の時期に達せず、空しく兩三年を經過し明治七年に至つた。高島は時に岩倉右大臣に謁して更に又此事を說き、華族中是等文明的事業に志ある人の指名を請ふた處、右大臣は卽ち伊達宗城、松平春嶽の兩卿を指名したので高島は兩卿に面謁して懇に說く所あつた、卽ち兩卿の斡旋で淺草瓦町尾州德川邸に諸華族の集會を催し、席上高島は三時間に涉り演說を試み、其の贊同を得て翌日資金七十萬圓を集め得たので直ちに第一銀行に預入し、次で役員を選定し華族總代として前島密、會計には澁澤榮一、作業方には高島が其任に當ることとなつた。然るに當時にあつては前代未聞の大工事で或は危惧を懷くものあり、反對變節者を生じ中止の已むなきに至つたが後遂に明治十四年に至つて機運熟して成立した、卽ち今の日本鐵道である。（「呑象高島嘉右衞門翁傳」、「商略奇才高島嘉右衞門」、「高島嘉右衞門自叙傳」）

**註**　尙各國鐵道創始年代を示せば左の如し。（鐵道省調）

| 國名 | 西暦年 | 本邦暦 | 國名 | 西暦年 | 本邦暦 |
|---|---|---|---|---|---|
| 英國 | 一八二五 | 文政　八 | 米國 | 一八二七 | 文政　一〇 |
| 佛國 | 一八二八 | 文政　一一 | 白耳義 | 一八三五 | 天保　六 |
| 獨逸 | 一八三五 | 天保　六 | 露國 | 一八三七 | 天保　八 |
| 伊太利 | 一八三九 | 天保　一〇 | 諸威 | 一八五四 | 安政　元 |
| 日本 | 一八七二 | 明治　五 | 支那 | 一八七六 | 明治　九 |

### 第四項　水道

水道を設けて我が横濱に上水を疏通するの事業は明治四年三月に起る。是より先明治元年時の縣知事井關盛艮此の事業の必須なるを知り、民部省土木司に請ふて、多摩川の流を引くべき見込にて、測量に著手したが、中途で事故ありて著手するに及ばなかつた。延て明治三年に至り高島嘉右衞門は私費を投出して、此業に從事せんと請ひ、引續て多摩川の水流を分通するの水路に關する橘樹郡市場村の名主添田知通より水路に係りて建白し、併せて請願する所あつた。其他當時本港の住民であつた大倉喜八郎、原正三郎等及爲替會社商社は二社聯合して之に從事せんと乞ひ、又元町若くは市外近郷に於ては石川德右衛門、石川半右衛門、石川又四郎、吉田勘兵衛、高梨林右衛門等續々踵を接して出願し、皆孰れも其の願意は本港の爲め私費を捨て、此の大事業を各其の一手に引受けて經營すべしとの意に外ないので、廳議も亦如ㇾ斯事業は宜しく一私人の力に放委すべからざるものなれば、更に其の趣旨のある所を出願者一統に諭示したので、高梨林右衛門、石川德右衛門、同半右衛門、同又四郎、吉田勘兵衛、澁谷市右衛門、中山沖右衛門、原木政藏、茂木惣兵衛、大倉喜八郎、原正三郎、中村宗兵衛、原善三郎、高島嘉右衛門、岡本傳右衛門、鈴木保兵衛、金子平兵衛、田中平八の十八名、各資金を合せて會社を設立し此の事業を擧行せんことを出願し、縣廳は更に政府に伺ひて其請を容るし、實際に其の工事に著手すべきを指令された。此に於て基礎始めて定まり、曩に添田が建言したる水路、卽ち橘樹郡内六十ケ村の田地涵養の爲に設けたる溝渠の中の島村、宿河原村の地内より、多摩川の本流を堰入るる所の素堀に依りて別段に水路を設けず、鹿島田村迄引き來り、夫より木樋を埋め込みて、分水するの便に賴らんと、該六十ケ村民に協議して其の承諾を得、添田與つて力あり而し右水路に係る費用は渾て三分し、二分を會社に負擔すべき事を約し、將來の規約を定る等にて、又一ケ年を經、明治四年三月に至り、土木の業を起挪し、鹿島田村の分派堰より神奈川驛を横斷して、高島町に入らんとする地迄、三里許の所は其の水路線に當る田畑、山川の別なく、其の民有に係るものは皆其の土地を買入れ、山を裂き川底を鑿通し、又家屋樹木等の苟も線路に障るものは之を引拂ふて水路に充て、方二尺の木樋を埋込み、適宜の場所に揚桝を設けて、裏高島町、櫻木町の官有道路に沿ふて埋め込みたる縱二尺四寸、横一尺三寸の木樋に接續し櫻木川の川底を通じて、市中一般に大小の木樋を布列し、工事略々畢りて、上水の港內各井に充溢したるは事業著手より二ヶ年の後、卽ち明治六年のことであつた。

如レ斯既に土工を畢へたるが故に、更に會社を水道會社と稱呼し、其願に依り假に市內一般に戶間割等に依り水料を賦課するの方法を設け、且つ各發企人等が出す所の資本金は株劵を發行すべき事等を租稅頭の許可を得て、縣廳之を認可し、右等の箇條を一括して、水道會社條例を假定して着々會社の組織を成し遂ぐるに莅んだ。併しながら此に至る迄の事業に費す所の資額は、最初豫算と大差違を生じたると、時勢の變遷、土地の衰微等、其因となり、最初に慣起せし者と雖も、或は中途に其志を挫折したる等の爲に、資金を出して株主となる者殆どなく、鈴木保兵衞、原善三郎、茂木惣兵衞、金子平兵衞、田中平八、大倉喜八郎、三浦金吉郎、石川德右衞門、中山沖右衞門、堀江新兵衞、原木政藏、萩原平藏、苅谷三右衞門、上野七右衞門、田中屋和吉、大河內從五位、木村靜幽、鈴木忠兵衞、中屋佐七、高橋重兵衞、石川半右衞門、高島嘉右衞門、高梨林右衞門、岡本傳右衞門、澁谷市右衞門、吉田勘兵衞、中村宗兵衞、柏村數馬、福島長兵衞二十九名が出す所の資金合額拾壹萬四千六百貳拾五圓の外、既に又拾八萬圓許の不足を生じ維持の力に耐へざるより、不レ得レ已該事業を町會所に引渡して以て永續を計らんことを創立發起人等より出願したので、縣廳は更に此旨を大藏省へ上稟し、且爲めに要する所の金拾八萬圓を貸與せられんことを請願して皆免許を得て、水道會社と町會所とに該事務の授受を爲すべき旨を令せられたるは明治七年の六月にして翌七月よりは此の水道の事務は全く町會所の所轄することとはなつた。

斯くて縣廳の所管とつてな明治十年一部に鐵管を用ゐて修繕し、明治十八年英人パーマーを聘し相模川水流を導く鐵管水道の工事を擔當せしめ翌年九月から給水することとなつた。後明治二十三年二月法律第九號を以て水道條例が發布され、水道は市町村に於て布設すべきものと規定された結果、其の趣旨に基き同年四月一日市營となつた。

### 第五項　瓦斯燈

瓦斯事業の創設に就ては明治二年の頃より横濱市太田町の醫師某及米人某、英人スミス等の出願したことがあつたが官廳で未だ之れを聞き屆けなかつた、然るに、同四年七月となつて神奈川縣令井關盛艮は高島嘉右衞門に向つて。

近頃獨逸領事シユルツ氏の社長たるシユルツ・ライス會社 Schulze. Reiss & Co より横濱市內に瓦斯燈築造の件を出願し、獨逸公使ホンブランも共に力を盡すとの事であるから必ず成功するであらうが貴下の如く晝夜を分たず、奔走勉勵する者の爲には一大福音ではないか。

と說いたので高島は卽座に其の事業を賛したが

已に先願あらば夫等に許可されたく、若し其者資力なき時は更に當地の有力者に斯業開設を委任せしめられたならば內外人共に正當の要望を充すことゝなるであらう、拙者に於ても微力ながら同志者さへあらば協力して其の成立を謀るを辭せない。

と答へたので、縣令は其の翌日當時横濱に於て比較的歐米の事情に通じ且資產を有する者卽ち高島初め鈴木保兵衞、西村七右衞門、田中平八、石川德右衞門、西村勝三、伊藤幸之助、畝田孝、中山讓二の九名を招き大參事內海忠勝より改めて瓦斯事業經營の出願あつたことを發表したる上、諸氏は當市に對する義務と心得、シユルツ・ライス會社と協商を遂げ、瓦斯發動所を一にし居留地はシユルツ・ライス會社の供給範圍とし、內地人住居地は內地人の受持範圍とする目的を以て充分の折衝を試みられたい。

との內意を諭達せられた。一同其旨を領し九名は合資して此の事業に當り、其の利益を十分し、首腦の經營者は其の二分を得るの特定を決し、以て外人と合併經營する事に衆議一決した。そこで直に擔當人一名を互選したるに高島が其選に當ることとなり、此旨縣廳に上申したので、直に縣廳より通譯を附し九名打揃ひてシユルツ・ライスに面會打合を爲した、然るに歸途鈴木保兵衞曰く。

彼のシユルツ・ライスは生絲の取引を爲すに、常に土曜日に持込ませ置き、直に本國の景氣を電報で打合せ、好況なる時は翌週之を買取れども、不況なる時は破談するを憚らず、頗る卑劣なる順慶主義の人物なれば、協同經營に就ては充分の警戒を要する、左なくては後日如何なる煩累を生ずるやも料り難い。

と難ずる處があつた。西村も亦曾て彼が銃器の取引に關し苦情あつたことを語るのである。そこで又昵近の外人に就き其人と爲りを質す所に依るも、等しく渠に信を措き難きことを告げられたので、高島は後日を慮りて是等の事を參考として縣令に報告した。既にして縣令は各國公使に對し、瓦斯經營者に關する意嚮を確むる所あつたので、公使等は。

瓦斯經營者は內外人孰れに在るも敢て關與する所で無い、唯だ需要者の隨意に任ずべきである、宜しく橫濱居留外國人中の需要者をして、高島一派の供給するものと、シユツ・ライスの供給するものと孰れを使用するかを投票せしめて經營者を一決すべきである。

との意見を提出した。是に於て兩者の競爭となつた、時に瑞西領事ブラノールド（甲九十番館主ブレンウオードならん）は高島に向つて。

此度の競爭に關し貴下の勝利に歸したる上は、瓦斯機械一切を我が一手に引受輸入せしめられなば、貴下をして必ず此の競爭に勝たしむるであらう。

と巧妙に說き付けた。高島は器械は何れにしても輸入を要することなればブラノールドに契約するも敢て差支なしと、直に口約を結びた。夫れにしても瑞西領事は如何なる胸算を以て必勝を受合ひたるかと高島は不思議に感じ居つたが後に至り聞く所に依れば、ブラノールドは横濱在留の瑞西人八軒の館主を招き、各戶點火の數を各百燈乃至百五十燈として書き出さしめ、全部高島派に投票すべしと命じたのである。各國投票者は斯くとは知らず、當日神奈川縣廳に至り、縣官立會の上、各領事の持參せる投票を開票するに、獨逸、墺太利、瑞典等を通じライス會社の得票凡そ八百燈に達し、高島等の一派は和蘭、伊太利の兩國にて四百燈、瑞西一ヶ國戶數八軒で、千五百燈に上つたので、一同大に驚き、英米佛等の各領事は其の計略を看破したものの如く、何れも棄權し、吾等は何れにても早く供給する方を取りたい別に投票に及ばないと云つて歸つた、シキウツライスは之を見て大に怒り、顏色を變へて憤然席を起つて退場し、遂に邦人側の勝利に歸した。

斯くて瑞西領事の紹介で在上海の瓦斯技師佛人ベルゲレンを雇入れ、機械購入の爲英國に出張せしめた、尙同人の設計で花咲町五丁目に地を相し工事に取掛つたが、豫期以上の大事業であつて共同出資者の他の八名は前途を危ぶみ辭し去つたので、高島一人の事業となつたが步合金の借入と大藏省の貸下金と自己の出資で十六萬圓を調べ苦辛經營の上遂に二十萬圓の設立費を要し、明治五年九月廿九日始めて大江橋より馬車道本町に通じて點火し、次で横濱市中の暗黑を照明した。明治七年三月十八日　天皇、皇后兩陛下横濱に行幸瓦斯會社叡覽の上高島嘉右衞門の邸に聖駕を曲げさせられ御下問があつて嘉右衞門は面目を施した。當時の狀況を詳記すれば左の如し。

明治七年三月十九日畏くも　明治天皇陛下横濱の瓦斯局に臨幸あらせ給ひ瓦斯燈の點火を天覽あらせ給ふた。當時の瓦斯局と云ふは必ずしも輪奐の美ありしにあらず、唯瓦斯事業の事務所の少しく大なるものにて、卽ち高島嘉右衞門の一邸宅に過ぎず、同日は横濱辨天燈臺寮に行幸あり、其折に此瓦斯局へも臨幸ありし次第なり、此時高島は本邦瓦斯事業の嚆矢者となつて畏くも拜謁を仰せ付かれたり、惟みるに我朝創りて以來　天皇陛下の臣下の邸に行幸あらせられし事は甚だ類例に乏しき事にて曾て染殿御堂の兩邸に龍駕を枉げさせ給へることあり、室町聚樂の二邸へも亦車駕を向けさせ給へる事ありたりと雖も、是等は一は貴紳の邸にして他は亦當時武勳赫々たる武將の邸なり、一布衣一平民の邸に臨幸あらせられしは實に是れ二千五百年の歷史中唯我が高島邸卽ち瓦斯局ありしのみ、殊に況んや一平民にして拜謁を許されたるは明治當年に於ては亦實に翁あるのみ。翁は此殊榮に浴するの際恐懼謹愼御前に出でんとせる刹那當時の侍從長東久世伯は急遽翁を呼び止めたり、スワ何事ぞ起りしかと怪しみて顧みれば、伯は翁の背を指しそは何を入れたるにやと問ふ、怪められたるも道理にこそ、其時翁の背は奇異の形に膨れ居たりし也、他の人々も玆に漸く心付きて御前に出づるに此は何事ぞと怪しみたるに翁は左な怪しみ給ふこと勿れ、今日の光榮身に餘りて辱けなく、之を已れ一人にて受くるに忍びず。逝ける父母にも其光榮を分たまく思ひて是れ此の如くなりと云ひつゝ、取り出すを見れば是れなん翁が父母の木主にてありけり伯も他の人々も之を見て扨ては去せる至孝の心にてありけるかと感嘆之を久しうしたりとぞ。（植村澄三郎「呑象高島嘉右衞門翁傳」)

然れども此の文化的事業も當時の市民の經濟狀態では一家一燈月に四圓四十錢と云ふ高價であるので使用者が少く經營困難に陷つたので、高島個人としては維持覺束ないので不得已町會所に讓渡した、即ち瓦斯會社全體を二十二萬五千圓と評價し其の買收金は町會所から高島に貸與した步合金の六萬圓を差引き、大藏省から貸下金の返濟殘額六萬五千圓の返濟義務を負擔し、新に大藏省より十萬圓を借入れ、此の十萬圓を高島に支拂ひ、更に附屬品一切を七萬五千圓にて買收することに協定し、八年七月一日町會所は瓦斯會社授受の手續を了へ、瓦斯局と改稱した。

**註**　瓦斯會社は花咲町五丁目石炭庫の跡に出來た伊勢山下現今の宮崎町の下でタンクがあつたが平沼に引越した、震災後は本町小學校が玆に移り新築した。高島は大綱山に居を移したので誰云ふともなく高島山と呼ぶようになつた。こゝに陛下行幸の御座所を記念保存する爲め其の邸宅をそのまゝ移した。又鐵道敷地埋立の時高島山から望遠鏡で工事を展望した所に碑石を建て望欣臺と稱へる樣になつた。

尙營業的に普及されたのでは無いが我邦で卒先して瓦斯燈を試みたのは薩藩主島津齊彬である。齊彬公傳に瓦斯燈は一二年後れて安政四年に始めて用ゐらる、これも蘭書の飜譯により、數十回の試驗を經て能く成績を得たりしかは此年をもつて磯の別邸にある所の石燈籠に點火して、全く實用の疑ふべからざるを認め給ひ、尙藩吏をして城下の市街に於ける燈油の費額を調査せしめられ、やがて之を全市街に用ゐられんとて、設計も略ぼ成りけるに公適々俄かに病みて身まかり給ひ終に行はるゝに及ばず。

とあるを見れば邦人で瓦斯燈の率先者は齊彬公である、福澤諭吉「西洋事情」には又外國の瓦斯燈を紹介し尚其の初めて之を工夫したのは千七百九十八年寛政十年英國に於て行はれたとある。又下岡蓮杖談には文久三年英人シメーツが其の邸内に瓦斯燈を五ケ所も點じてゐるので賴んで自分の店（寫眞店）へつけて貰つたとある。

是は餘り簡單であるので眞の瓦斯燈とは思はれない、ドンナ構造の點火であつたか詳にすることが出來ない。

其後慶應三年十一月横濱居留の米國商人より横濱に瓦斯事業創設の出願があつて米國領事の申立にて神奈川奉行の許可を得たが維新政變に依つて消滅した樣だ。

### 第六項　電信機附外國郵便

「横濱沿革誌」に「六月明治二年辨天燈臺局より神奈川裁判所樓上へ、假に電線を架設し電信技師英國人ギルベルトを傭聘し神奈川縣裁判所譯官林道三郎等を掛員とす電報を試驗す當時の機械は掛時計の如くにして平假名文字を記し、機針運轉して文字を指示せり是れ本邦電信の起元なり」蓋し是より先安政元年ペルリ再來の時將軍に贈つた品の內電信機二臺あつたが是が我國に傳つた嚆矢である。エレクトル、テレガラーフとある。「亞墨理駕船渡來日記」に

二十四日嘉永七年二月天連關理符《テレガラーフ》、千里鏡試みに興行仕候、仕掛は應接場の北方へ五丁計の處に、杉の柱を二十間も經て何本も立て場所都合によりて少々西の方へ折り曲り、四丁斗も有レ之通に杉柱を立て、其柱の上にギヤマンの壺を置き、針金を以て柱毎に彼壺を一つ一つに卷き柱の立留には洲干辨天前へ、吉左衞門と申す者の庭に別に少し太き柱を立て、其柱の上にて留め下の方え引下げ其の針金の餘り土中に埋み土中より座敷の椽の下え埋み來、椽の下より引上げ、座敷には別に仕掛之有、其譯下に三尺計の明箱を臺にして、其上に仕

出茶屋の百足臺に似たる物を置く、其臺の上に中央に機運車ぜんまいの附たる時計の如き物有レ之、左右に同じ機運車の付きたる物有レ之、百足臺の下にギヤマンの壺七ツあり、中に酒の色の水八分程宛入れ、壺により細き糸金一ツ一ツ引、其の糸金の惣統の處、土中より出る針金と合して、百足臺の上の中央の時計の如き物に及び申候、應接場座敷、辨天前吉左衞門座敷兩所カラクリ機關仕掛同斷、扨應接場にて、何になりとも申通返事有レ之候得ば、其言語を申遣するには細き紙に記す、其紙を臺の上の左の機關車へ仕掛ぬ、中のぜんまいの處に、鐘のイボを見る如き物あり、指にて推すふんどん下る仕掛にて、ぜんまい廻り、紙を右へ引込、針金氣を消息す、辨天前吉左衞門宅にて臺の上中央のふんどん下るとぜんまい廻る。

右の仕掛ぜんまいより右のぜんまいえ細き紙を引出す

YOKOPAMA原文のまゝ誤記かように紙に筋附出る也。

と詳しく其場の現狀が手に取る樣に記してある。此の電信機は今遞信博物館に保存陳列されてある。當時は我が邦人には只魔訶不思議の感に堪えざるのみで更に何故にかゝる珍現象が起るか一向に理解せるものは無かつた、其後慶應二年福澤諭吉の「西洋事情」に據つて詳しく説明がしてあるので大に電信機の理法が首肯さるるに至つた。

註一　越列機篤兒の力を傳信に用ふるは千七百七十四年安永三年佛人レ・サジの工夫なり此人初て其仕掛を製し、爾後越列機篤兒の學次第に開け、隨て傳信機をも改正したれ共、之を大仕掛にして實用に施すことを知らず、千八百三十七年天保八年米人モールス五年の試驗に由て大に發明し之を實地に試みんとすれ共貧にして資なし、乃ち合衆國の政府に願ひ三万ドルラルを得て千八百四十四年（弘化元年）華盛頓府よりバルチモール府まで十七八里の間線を通じ、兩府の消息を報じたり、之を世界中傳信機の初とす水底の傳信線は千八百五十一年（嘉永四年）英國のドーウル（英國南岸の地）より佛蘭西の海岸に通ずるものを初とす。（西洋事情）

二　米人モールスと前後して其の發明に着手せる者六十餘名の多きを算したと稱せらるゝが、モールス電信機が最も廣く採用せられ、その後英佛人等の發明に係る指字電信機も併用さるゝに至つた。（遞信省五十年略史）

慶應三年三月和蘭から歸朝した榎本武揚は二基の電信機を携へたが維新政變で行衞不明となつたが明治十八年榎本が最初の遞信大臣となつた時發見され遞信省に寄贈され現今遞信省博物館に陳列されてある。

而して始めて實地架設したのは前述ぶるが如く明治二年である。九月に至り横濱本町一丁目三番地に電信局を設けこゝから東京築地明石町運上所へ電信線を架設し十二月竣工し京濱間の通信を行つた、同時に築地外務省より築地電信局に又一線を架設した。

印字式電信機の發明は其の我國へ渡來より十八年前のことで我國で極めて珍らしく寧ろ其の理論を解せないで極めて不可思議のものとなし中には切支丹伴天連の魔法であらうと危み、電線を切つたり、電柱を引倒す抔の亂暴もあつた。

**註**　高島嘉右衞門談に「維新の變革起り明治元年三月東久世通禧卿横濱長官に任じ、鍋島直大侯が副を命ぜられ、佐賀の兵二大隊を率ゐて横濱に入込み、神奈川奉行に代つて政治を執れり、當時佐賀藩士代る〴〵余の許に尋ね來りて頗る多忙なりしが、間もなく其後横濱政廳の知事として寺島宗則氏就任し、參事には井關盛艮氏、權參事に梅田、上野、中野坂田等の諸氏夫々任に就き、其他は在來の役人依然其職に在りて諸般の政事を司れり。或る朝寺島知事に面會せしに、當時京濱間に初めて電信開通したる際にて、世人は頻りに不思議に感じ、大に怪しむべきことなりとて毎夜電線を切斷することと絶えず、寺島氏と對話中下役人は知事の前に來り昨夜も何箇所切斷せられたり云々と報告し、其の處分を仰げば寺島氏は冷かに「それは據《ヨンドコロ》ない、政府は繫ぎ役、人民は切り役として、何時迄も繫ぐべきである」と謂はるゝを聽き、成程諸藩士中には斯の如き宏量の人物もありてけり、此人ならば政治を執るの器用ありと大に感じたることあり。

政府は之に屈せず電信事業を發達せしむるの法を講じ益々事業を進行し、翌三年八月には長崎陸路の工事、五年四月は京阪間の工事を竣成し、京都に電信局を開き、又馬關海峽に海底線を沈設したるも五年の頃までは、主として官用通信と傳習用にのみ供せられ、私信の便利を見るに至らなかつたが、六年初めて電信條例及電信取扱規則が制定されて稍々組織的に通信の實を擧ぐるに至つた。

**註** 我國で始めて外國と海底電信の開通したるは明治四年で長崎と上海間である、英國ではドーバー海峽を越えて佛國カレーとの間に、西紀千八百四十七年（弘化四年）開通したのが始めである、其後十一年目千八百五十八年（安政五年）に大西洋橫斷の海底線が完成した。

明治の初年には英、米、佛の三國は橫濱に各自の郵便局を開設してゐたと云ふが、其の場所は恐らくは各領事館であつて、特に英佛は自國兵の駐屯と關係あつたものらしい、明治四年三月には橫濱辨天通三丁目鹿島屋龜吉の家屋に橫濱郵便役所を設け一般に新式の郵便が實施された。明治六年八月皇米郵便條約の締結成り、同年八月一日から之が實施を見るに至り、始めて海外との直接交換の途を開くを得たのである。之と同時に米國郵便局は撤退し、同時に米國郵便書記官ラム及び米人ウアッを橫濱郵便局に傭聘したが橫濱郵便局初代の外國郵便課長としては驛遞寮御雇米人ブライアン Samuel Biryan が就任した、此時驛遞寮出張所は廢止せられ郵便局は驛遞寮出張横濱郵便局と改稱した。

因に外國郵便遞送線路を擧げて見れば、明治元年英國ピーオー汽船會社は上海横濱間此時神戸は無く、瀬戸内海は外國船の航行を許さなかつたの定期航海をしてゐた、米國ピー・エム會社も亦同年一月一日から汽船コロラード號を以て桑港、横濱、香港間の航路を開始した、明治二年には米國大陸横斷の鐵道が開通し、並に蘇土運河が竣工し、其の翌年から英國ピー・オー會社の汽船デルヒ號が始めて蘇土運河を通過した。

內地郵便は明治三年六月前島密が米國へ渡つた時米國郵便の狀況を政府に報告したので、夫が日本朝野の耳目を惹き、翌四年三月一日日本紙に木版刷で四十八文、百文、三百文、五百文と云ふ郵便切手が作製され不完全ながらも郵便の配達が開始された。卽ち七月三日東京横濱間に郵便事務を創め翌五年に至り廣く全國一般に開かれた。斯くて明治七年二月郵便切手は西洋風に改められ、木版刷を廢し、西洋式印刷法が採用され漸次面目を新にした、其後明治十年萬國郵便聯合會に加入した。

鐵橋

尙我邦に電話が渡來したのは明治十年十一月京濱間に試設されたのを以て嚆矢とするがこれが一般の爲に交換局の開始されたのはずつと後で卽ち明治二十三年以來のことである。

### 第七項　鐵橋と乘合馬車

横濱開港直後吉田新田の堤から河を挾んで太田屋新田の堤へ應急施設の木橋を架設したのが吉田橋の始まりである。當時は其間幅廣く殆ど內海の形を爲してゐたので隨て橋の長さも延長六十間或書には百間餘ともなつて新大橋と記されてある、これはまだ吉田橋と命名される前の事である。越えて文久二年に至り其の南方に兩方の築堤から數間を土盛り增堤し、其中に木造の橋を新に架設し舊橋を撤した、太田新田以前に埋築して吉田新田からの架橋であるので埋立者初代吉田勘兵衞の姓から吉田橋と命名せられたものである。

斯くて太田屋新田の埋築後人家稠密となり慶應三年三月馬車道の開通に依つて交通頻繁となり、殊に此の年に開業した遊廓への通路にも當り一層人通りが多くなつて從つて橋梁の破損著しく遂に架替への必要を生じ北方へ十數間を隔てて假橋を架け修繕工事を終へたが此際横

鐵橋

濱町住民の熱望と在留外國公使領事等の慫慂とに依つて幕府の諒解の下に永代保存の鐵橋に改造の議が起つた、當時來朝中の燈臺寮御雇英國技師アール・ヘンリー・ブラントンに設計を委任し、明治二年初より工事に着手し幅五間長十三間の無橋脚鐵橋が同年十一月に竣成した、工費僅に七千圓餘で本邦最初の鐵橋が出來た、時人は是をかねの橋と呼んだ。其後年を經て甚しく腐朽したので明治四十三年五月から鐵筋コンクリートに改築し、工學博士石橋絢彦の設計で幅十三間長二十間とし四十四年十月三十一日竣工した、工費は十六萬一千八百餘圓であつた、此の鐵筋コンクリートの橋梁も亦我國の橋梁工事に始めてのものであつた。

開港後吉田橋架設以來其の東北詰舊太田屋新田入舟町現時港町五丁目東角橋袂に關門を設け外國人の保護と貿易場出入の警備との爲に諸人を監視したが、文久元年二月には吉田町側に移した。現今吉田町一丁目而して橋番所では橋錢を徴收した、二頭立馬車天保錢五枚、一頭立同三枚、人力車荷車同二枚、明治二年鐵橋改造後馬車一錢人力車荷車五厘明治四年十一月に關門は撤廢されたが橋錢は明治七年七月迄徴收した。

尚明治二年に長崎で濱野橋が鐵橋に架替られ、くろかねのはしと記名されてあるが同市ではてつのはしと呼んでゐると云ふ。

**註**　横濱では今に關內關外の名が殘つて居るのも此の關門に起因したものである。

開港の兩三年後外人が國から持つて來た馬車を驅つて居留地を乘廻したが其後横濱領事館と江戸公使館との交通便益の爲め本町から吉田橋方面に至る道路擴張の要求もあり、旁地區整理の必要も起り埋築取擴げの工事を起し、慶應三年三月本町から吉田橋に通ずる馬車通行道路が竣成した。今日此地を馬車道と云ひ殘されてある。當時の馬車は外人所持のものではあつたが、又日本人に便乘を許す程度のものであつたので、同年の秋から居留地三十七番館ゴウブ馬車會社に營業を許し爾來京濱間を往復し文明の利器として賞讃を博した、茲に於て寫眞術に成功した下岡蓮杖は明治二年二月江戸横濱間の乘合馬車開業を出願した、折柄江戸でも紀州の人由良宗正が後藤象二郎の後援を得て同樣江戸横濱間に馬車營業の計畫あるを耳にし直ちに後藤を訪ねて議を纏めたのであつたが、恰も之れと前後し海邊通り二丁目中山讓治等の出願に次いで猶三四の競爭者が出て來たので當局では出願者の統一と營業場とを統合せしむべく示達した、そこで下岡を始め各出願者連合して神奈川縣裁判所へ出願して許可を得た。下岡は後藤象二郎からの借用金と各自の出資金とで吉田橋脇現今中區眞砂町四丁目角地官有地に間口八間奥行二十間の馬車發著所を建設し、東京方は新橋際の三井組持松坂屋の閉店の後を借入れて溜所とし日本橋際に立場を置き横濱營業所を成駒屋と稱して明治二年五月から營業を開始した、之れが本邦に於ける邦人計畫の乘合馬車營業の嚆矢である。馬車は二頭立乘合客六名を定員とし賃銀三分卽ち七十五錢で京濱の間を四時間で到達した。後ち車臺馬匹も增加し大に成功したが明治五年京濱鐵道開通の後廢業した。

### 第八項　横濱製鐵所、横須賀製鐵造船所、及船渠

佐賀藩主鍋島閑叟は泰西文化の輸入に熱心であつて文久年間に十二萬兩を投じて和蘭より造船機械を一組買入れたが之を据付くるに意外にも四五萬兩を要するので躊躇し遂に幕府に献納した、鍋島家年譜には右代金は幕府より借入れのもので從つて之が代納殘洋銀十二枚返納は七十ヶ年賦で不レ苦旨幕府より沙汰あり同時に時服三十拜領とある。而して長崎飽の浦に据付くることとなつたが勝安房が二度目の海軍傳習に來り、之を見て神戸に据

付くるが宜からうとて神戸に運んだが、ここも不適當と云ふので後遂に横須賀に運んだ。

元治元年幕府勘定奉行小栗上野介忠順の發案で巨萬の外資を佛國から借入れ愈々大規模の製鐵、造船、船渠等が出來上つた。

栗本鋤雲

初め小栗は栗本瀬兵衛鋤雲が佛公使ロセスの譯官カションと懇意である所から其の肝入でロセスに依賴して横濱滯留の佛艦隊司令官に計り運輸船翔鶴丸の修繕を托した、元治元年十二月中旬修繕が完了したので栗本は見分を濟まし歸らんとする時會々横濱の外國銀行に所用あつてやつて來た小栗と邂逅した、小栗も來濱の序に此の修繕の有樣を見て其の當座小栗は先年佐賀藩主鍋島閑叟より和蘭購入の蒸汽修船機械一式が取建費の夥多なると之に當る技術者がない爲め空しく埋れてあることを懷ひ出し之が利用法に對し援助を請はんことを栗本と謀りてロセスに持込んだ。ロセスは早速佛人技師を紹介し先づ經費四五萬兩を投じて工事に着手し佛海軍士官ドロートルを首長とし横濱太田川緣沼池を埋立て（吉田新田）横濱製鐵所を創設

した、（現今の吉濱町で日本海員掖濟會のある所）慶應元年八月二十四日竣成したが是は工事費五萬弗位の小規模であるから鐵具小補理を辨ずるに足る迄の用にて、迚もドックを造り大仕事は爲すべき設備でないと云ふので段々佛人と研究の結果遂に横須賀に造船、製鐵、船渠の大事業を起工することとなつた、其の經費は二百四十萬弗（四ケ年割支出）と計上された。佛人ヴエルニーを所長とし以下三十二名の佛人技術家等を雇傭し慶應二年十一月二十六日から起工し明治元年十一月十九日竣成した斯くて總經費約百萬圓を投じた後政變によつて明治新政府に引繼がれた、當時幕府ではこれを横須賀製鐵所と呼んでゐたが明治四年四月以後造船所となつた、今日の海軍工廠である。

註一　鍋島家で最初和蘭より買入の際の約束は金貨三萬兩と云ふことで注文し翌々年到着した時は銀貨は金貨より四倍も下落し居たれば金貨ならば三萬兩なれど銀貨ならば十二萬五千兩と云ふ相手方の申分は至當であるから不レ得レ已引取つたが、据付費も意外の多額で三四萬兩も要するので其まゝ總てを幕府に獻納した。（「佐賀藩海軍史」佐野常民伯談）幕府が始めて製鐵所を置いたのは安政四年五月長崎に設けたとあるが詳しいことは分らない。安政二年幕府は長崎に海軍傳習所を起して諸藩の傳習生を募つて蘭人に師事して其の技を修めしめた、是が海軍に於ける洋式採用の初である、横濱製鐵所は明治十二年に廢止せられ石川島造船所に買收し同十七年家屋機械一切を石川島に移した。

二　小栗上野介は佛公使ロセスの獻策で此の横須賀造船所建設費は日本生絲專賣案で支出する積りであつたが蹉躓したので窮餘の策として佛國ソシエーテ、ゼネラル（共同會社）幷佛國郵船會社から借款となつて横須賀横濱兩製鐵所が擔保に差入てあつたので新政府となつて慶應四年四月一日其の引渡を受けんとした時借款で自由にならないので、百方苦策の上大隈大藏卿は英公使パークスの盡力で英國東洋銀行から五十萬兩を借入れ受出した、其實三十兩の借款で

あつた。（大隈伯昔日譚）

是より先東京石川島造船所は漸次進歩の域に進みやがて帆船製造の如き次第に衰へて汽船のこれに代らんとするの傾向さへ呈するに至りしが、此時會々幕府は江戸灣防備の必要に迫られ、初め灣内數箇所に小砲臺を築造するの計畫なりし處、その後寧ろ砲艦を建造するの優れるに想到してこゝに二十隻の砲艦建造案を樹て、文久二年（一八六二年）五月先づ試にその一隻を石川島に於て起工することとなつた、それは千代田形と稱する木造艦で我國で初めて建造せる蒸汽軍艦であるが共の工事中機關部主任肥川濱五郎が造艦用器及び機械類購入の命を受けて和蘭に出張した。（石川島造船所は嘉永六年幕府が水戸藩に軍艦の建造を命じたるを以て齊昭は同年十二月五日此地に造船所を建設したるものである）（東京石川島造船所五十年史）

## 第九項　三兵傳習洋式陸軍

文久二年幕府は舊來の軍制を廢し、洋式に倣ひ始めて騎、歩、砲の三兵を編み立てたが固より一時の假定的名ばかりで實質的に規律立つたものでない、徒に四五年を經過して見るべきものが無いに反し、海軍では和蘭に留學生を送つて研究して居るから陸軍でも元治元年九月陸軍奉行並溝口伊勢守勝如から六人の留學生を和蘭に送らんことを出願したが聽かれ無いで、當時横濱に英國陸軍兵が護衛として本牧山手に滯在して居るから之に就て傳習することとなつた、當時砲術を以て名高き頭取林百郎は定番役中から二十人、下番中から四十人を選み、英式訓練を受けたが素より不充分なものであるから小栗上野介、淺野美作守の兩人は栗本瀬兵衛鋤雲に圖り彼が懇意である佛國公使ロセス及其の譯官メルメ・デ・カション等と協約し佛國より陸軍士官を數多招聘して三兵傳習のことを内約し時の陸軍總裁老中松平伊豆守の裁可を得た。扨愈々實行に移らんとするに先づ佛語に通ぜなければ折角佛蘭西から将校を招聘しても講義が分らぬと云ふので急に佛語學校を創立することとなつた。（第一項學校の項及第十五項參照）佛國陸軍を師範とするに至つたる事情は當時佛國公使ロセス、英國公使パークスが外交官中の双壁であつたがロセスは何角と幕府の感情を得べく取入つたので當局もロセスに依賴したが豫て海軍は英國に依賴してあつたがロセスは陸海軍とも佛國で引受けたかつたが來航中の佛國水師提督に相談して見たが彼は英國に讓つた方がよいと云ふ意見であつた。尙ロセスは前記製鐵所を佛國にて引受けた上は是と關係深いことであるから海軍も併せて佛國で引受けたかつたが「去迚英國へ御賴に相成候儀を今更本國（佛）にて御引受申候ては某公使（英）の性質にては必不快を生じ可ㇾ申當今の御時勢强硬の英國と御確執相成候樣にては大事出來可ㇾ申……」（匏庵遺稿）とある如く不本意ながら英國に讓つて居る、事實海軍は佛國より英國の方が發達してゐたのである。

斯くて横濱太田村陣屋と稱へた處に兵營を造つて佛國より歩兵少佐シヤノアン Captaine Chanoine 始め歩、騎、砲兵總て二十餘名を招聘した。夫れは慶應三年二月であつた。少佐シヤノアンは年俸三百六十フラン（月千五百一分）其他の大尉の連中は二百四十フラン（月千一歩）の高給を拂つた。

當時の兵は皆幕府の御家人と稱へた、卽ち先手同心などと云ふのが小筒組とか大砲組とか云ふ名を付けて兵になつた、皆士分である。今日のやうに徵兵でなく服裝も大小を差してタツ付袴や、只の袴を膝の邊で括つたものや、銘々勝手な服裝であつた、歩兵隊の隊長は大鳥圭介で傳習に參加した。其内六月となつて江戸小川町（今の神田三崎町の原）に幕府の講武所があつた所へ引越した。（講武所は安政三年三月廿四日に設けられ大村益次郎等教授であつた）横濱傳習隊が江戸に引上てから佛國教師の砲兵士官ブリユーネ Brunet は多藝な器用な人であつたので、彼が唱道で一定の服裝の必要を說き、諸兵

横濱太田陣屋英式調練之圖

の區別を付けて服裝圖を造つて殆ど今日の將校の正裝と同じ様なものが出來上つた尙ブリユーネ始め佛國士官は合計十人計りは維新の際幕軍に投じ函館に至り奮戰して四人は戰死し六人は負傷其他捕虜となつて投獄された。

**註** 太田陣屋は現今の日の出町である、安政六年五月福井藩がこゝに陣屋を建てた、此地名太田村を其のまゝに太田陣屋と呼ばれた、文久元年二月松代藩が代つてこゝに入つたが後此處に三兵傳習所を設けられた、是れが江戶に移されて後陸上警備として關門及見張番所等の警衞に當る縣兵隊も玆に本營を置いたが明治四年關門見張番所の廢止と共に本營も取り壞はされ廣漠たる草原となつて仕舞つたが明治十四年頃一時神奈川縣裁判所を今の聖アンドレー教會附近に置かれたこともあつた。

古老の話に、この陣屋は廣漠たる野原で其の一隅に兵舍があり、周圍には低き土手を築き其の上に木柵を廻らしてあり、今の長者橋畔の所に黒き門柱があつた外邊には人喰ひ森と稱へられた薄氣味惡い子之神社の森があるばかり、人家などは一軒も無かつたと云ふ。（横濱の史蹟と名勝）

### 第十項　蒸汽船

慶應三年夏辨天通三丁目旅籠屋鹿島屋龜吉と江戸小網町回漕問屋松坂屋彌兵衛とは乘合客及び貨物を運搬し、且つ築地明石町役所の公用を請負ふ爲め、通航蒸汽船の營業を企畫して岸田銀治（吟香）の紹介で居留地九十三番館の米人ヴエンリードから其の所有の小蒸汽船（十五馬力暗車船）を一萬五千弗で年賦拂ひで買受け稻川丸と命名し、同年十月から横濱海岸通（現今中區海岸通二丁目）と江戸永代橋との間に一日一回往復を開業したが、到底皆濟の上の船體引取りの見込が立たず翌年の春には一時休航の止むなきに至つたので、岸田の計ひで神奈川府裁判所が月賦金を代償し所有權を府に移したが、本船代償金は立替金の性質であつたので差配人二名を置いて横濱の方は岸田、東京の分は松坂屋と双方に命じ、其の事務を取扱はせる事とし、明治元年八月二十九日から改めて通航を開始したもので、横濱は海岸通五丁目（現今中區海岸通一丁目）地先の海岸に、東京は永代橋の藤棚河岸に、各其の發着所を設け毎日一往復の營業を開始した、後三年六月岸田吟香に金一萬兩で拂下げた。

慶應元年八月横濱製鐵所の竣工に次いで横須賀造船所も落成し、諸般の工作に勉める他に先づ蒸汽船二艘の建造に着手し、其の一艘の三十馬力の機械は之を佛國から購入して横須賀製鐵所で製造を開始すべく受持ち、十馬力船の方は機械ともに横濱製鐵所の受持として三十馬力船は洋銀二萬四千五百二十四弗六十仙、十馬力船は洋銀八千弗の各經費を計上し、慶應末年に共に竣工した、そが本邦に於ける蒸汽船建造の嚆矢である。

此三十馬船力船は官邊の專用に十馬力船は曳船用にして橫濱橫須賀間を往復してゐたが製鐵所御雇工師佛人ウエルニーの同意を得て、三十馬力船使用の定則を改正し、公用の傍ら普く四民の航通に便益を與へて、本船に要する歲費一千二百餘圓の其の幾分を緩和節減する事として橫須賀丸と命名し、明治元年八月より航路を開始した。明治元年の初頭から橫須賀製鐵所で製造中であつた四十馬力蒸汽船の外國製車軸二本が是年の八月二十三日に佛國郵船で橫濱に到著したので橫濱製鐵所首長ルッサンが檢査の上、之を橫須賀に回送し、翌二年九月二十一日に其の大半を竣成し橫濱丸と命名し、同年十月十一日に進水式を擧げ、三年六月近海を回航した、此船は三萬九千弗で橫濱の商人山城屋和助、鈴木保兵衞等に賣渡された。

此の橫濱丸は明治元年八月山城屋和助、鈴木保兵衞等の創設に係る海邊通五丁目（現今海岸通一丁目）弘明商會の所屬とし弘明丸と改稱し東京築地海岸間を往復し旅客貨物の運輸に就き三年七月一日其の營業を開始した。斯くて明治五年七月以降京濱間鐵道の開通で營業不振となつて廢航の止むなきに至つた。（橫濱市史稿風俗篇）

## 第十一項　燈臺局

幕府は英國公使の勸告に依り海上の安全を計るが爲に全國の岬或は港口に燈明臺を建設するの計畫を立てた、是は慶應二年定められた江戶條約に基くものである。卽ち

改稅約定之內

第十一條　日本政府ハ外國貿易ノ爲メ開キタル各港最寄船ノ出入安全ノタメ燈明臺浮木瀨印木等ヲ備フベシ

第十二條　此約書取行フ以前雙方政府許允ノ沙汰ヲ待ニ及バザル故日本慶應二年丙寅五月十九日（西洋千八百六十六年第

七月一日）ヨリ取行フベシ
右約書ヲ政府許允ノ上ハ雙方ノ全權其段互ニ通達スベシ右通達ノ書簡ハ雙方君主保證ノ代リトス、此證據トシテ前文全權此約書ニ名ヲ記シ調印セリ日本慶應丙寅五月十三日（西洋千八百六十六年第六月廿五日）江戸ニ於テ雙方全權各其國語ヲ以テ之ヲ記セリ

水野和泉守　花押
英國特派全權公使　パークス　印
佛國全權公使　ロセス　印
合衆國代理公使　ポルトマン　印
蘭國目代兼コンシユルゼネラル　ポルスブルツ　印

との條文に據り、燈臺八ケ所、燈明船二箇を建設せられんことを請ふたので幕府之を容れ松平周防守、外國奉行、神奈川奉行等に建設事務を命じ同年十一月及同三年四月英公使パークスに技師の傭入及燈明器械購求等の事を依賴し二十萬七千弗を前渡した、而して慶應三年中別に燈明機械三箇を佛國に注文し、又橫須賀製鐵所に令し同所に雇聘したる土木技術家佛人ウエルニーをして燈臺建設の事業に着手せしめ其の助手フロランを觀音崎、城ケ島、品川第二砲臺に遣し、工事を監督せしめ、別に助手チボヂーを野島崎に遣はし工事を起さしめた、高島嘉右衞門は公使の推薦で工事の下受負を爲すこととなつた。

明治新政府となつて元年四月燈臺の事務は橫濱裁判所の管轄となつた、英政府は同國の土木家テー及デー・ステブンソンの兄弟を顧問技師に擧げた、明治十年迄我政府の顧問技師となつた、テーは築造主任としてヘンリー・

ブラントンを助手としてマグビン及びブランドルを推薦し是等三技師は元年六月燈臺用の器械を携へ來朝した。

初め慶應二年江戸條約に因る西洋形燈臺を設くべき個所は劍崎、觀音崎、野島崎、神子元島、樫野崎、潮崎、佐多岬、伊王島の八島燈臺及函館、本牧の二燈明船であつた、而して相州觀音崎は東京灣咽喉の地であるから舊幕時代卽ち享保七年には燈明臺の設けあつて浦賀奉行が之を管理してゐた、今回新に洋式燈臺の建設に當つて第一着に之に着手し横須賀造船所傭佛國技師ウエルニーの設計に基き起工愈々明治二年正月元日點燈した之が本邦に於ける洋式燈臺の濫觴である。

明治六年九月横濱元辨天の燈臺寮內に木造の試驗燈臺が設けられ、同七年三月煉瓦造の回轉燈臺に改造された、同月十八日には　明治天皇皇后兩陛下臨御遊ばされて親しく燈光旋轉の光景を叡覽あらせられた。

觀音崎燈臺が第一着に點燈されてより次いで同二年十二月二十一日には伊豆野島崎燈臺が點火し、翌三年八月十三日より相州城ケ島燈臺、翌四年五月は箱館港燈明船、大阪天保山、和田岬、淡路北岬の燈明臺成り點火した。而して品川燈臺も亦明治三年に竣成し、千葉縣銚子の犬吠岬の燈臺が出來た時は大隈參議が外人を連れて巡視した。犬吠岬燈臺は明治五年英人ウイリアム・ヴイアンスに依つて起工され明治七年十一月十五日出來上り始めて點燈した、卽ち横濱元辨天にて試驗燈臺に裝置して　明治天皇陛下の行幸の際天覽に供し奉つたもので重量四百五十貫の「レンズ」で燈臺燭光六萬七千五百燭であつた、明治四十三年三月一日以後は燭光二十萬燭となり大正十二年以降は電燈に變更せられ六十三萬燭に增大され更に昭和五年三月二十五日より九十萬燭光と云ふ强力なる光芒が發射され一等燈臺の名に羞しからぬ現在となつて遠く十九浬半の海面を照明して居る。

終りに在横濱臺局の沿革を述べんに前掲明治元年二月ヘンリー・ブラントンが助手マクビン・ブランドルの二名を率ゐて來朝すると同時に諸器械が到着したので同十月横濱村元辨天に木工場を建て本牧燈明船戎礁丸用端艇から建造に着手せられ其の十二月燈明船の建造を開始した、明治二年正月英本國技術顧問ステブンソンの詮衡せる冶工トーマス・ワルレス石工エミッチエル及び木工長カッセルの三名が來朝し、別に淸國人繪圖引サンクワを傭入れ元辨天木工場のある所に傭外國人の事務所及居館を設けた。其の七月工場用器械を購入し各工場を擴張した。此月傭外國人事務所内を區劃し燈明臺事務所に宛て燈明臺役所又は燈臺局と稱した、これ置局の始めで局内に製作所を設け、燈臺用燈器木工具の製作を始めた。之が今の燈臺局工場の前身としての創業である。

明治三年十月工部省の所轄となり四年八月燈臺寮が設置され明治十年燈臺寮を廢し燈臺局を置かれた。後同十八年十二月燈臺事務は工部省の所轄より遞信省に移つた、始めて內閣官制で遞信省が創立せられた爲である。二十四年八月燈臺局廢せられて其の事務を管船局に合併し、更に航路標識管理所となつた。後又大正十四年燈臺局の舊稱に復した。(燈臺局發行第八回燈臺局年報、燈臺寮御臨幸六十周年紀念號燈光)

第十二項　下水設備

高島嘉右衛門談に曰ふ、明治四年春、參議木戸孝允卿來濱し、余の旅館に一泊せらる、此夜陸奥縣令を招き諭示して曰く。

横濱は帝都の關門にして外交上最も樞要の地たり、故に市區諸般の設備に至りても一層の留意を要すべきに、到る處下水不完全を極め、汚水瀦溜して溝より發散する臭氣紛々として鼻を衝きて醜態看るに堪えず、衞生上の有害忍ぶべからず。

貴下此地の縣令としてかゝる衞生設備の缺點と市區の不體裁とを等閑に附するは甚だ不都合の至りならずや

と陸奥氏之に答へて。

現狀眞に然り、然れども横濱の面積は長さ十二町幅二町に過ぎざる狹隘の土地なりと雖も、之が下水を改造するには、三十萬圓の鉅費を要すれば、到底不可能の事に屬す。

と抗辨し、兩氏の間將に激論の起らむとする際、會々余其座に至りたれば、木戸卿は余を顧み「今云々の議論あり、貴下は如何思ふか」と問ひ掛けらる、余は言下に「是れ極めて容易の事業なり、啻に其の事業の容易なるのみならず、由つて以て横濱市民知識開發の原料を得べきなり」と對へ進んで具體案を述べた。即ち

横濱の面積十萬坪を越えず、今大下水の面積約三千五百坪あり、之を九尺幅に縮めて五百八十餘坪に減じ、之に木造の蓋を設けて臭氣の發散を防ぎ、平時は空堀となし置き、大雨若くは滿潮の際汚水浸入する時は、蒸氣唧筒を備へ置きて速に酌み出すべし。

と其の設計の概略を述べ、尙

下水設備改造の結果新に二千九百餘坪の土地より取立て得べき地代は優に一ヶ月三百圓に達す、此の金額は外國教師二名を聘用するに足るべし、卽ち之を教育費に充てゝ教育の振興を圖らば、下水改善の實擧ると共に、市民開發の基金を得べきである。………………

と細かに腹案を披陳したので此の事業は愈々實施することとなり、高島は其の工事を引受け其後百日間に成功したるは後の港町青物市場と常磐町横濱電氣株式會社所在地とである、其後六十九番のダーソンに一臺の唧筒を注

文したるもの到着し下水の疏通を圖り、汚水の瀦留を防ぐことが出來たので市街地設備の一進歩となつた。現在横濱市役所の位置の如きも實にこの附近で其の沮洳たる濕地で惡臭紛々たりし下水溝であつたのだ。

## 第十三項　寫眞と洋畫ポンチ繪

「横濱沿革誌」に。

明治元年九月、辨天通二丁目横町ニ於テ下岡久之助 後チ改名蓮杖當時久之助、寫眞術ヲ得ント欲シ、外國人小使ニ隨身シ辛苦多年耐忍シテ其術ヲ極ムト云フ 寫眞營業ヲ開ク、本邦ニ於テ撮影營業ハ之レヲ嚆矢トス。

と云ふ記事がある。然るに文久三年刊の「横濱奇談」には

寫眞鏡と云ふ一種の奇物あり、これは人は勿論、地景遠景などまで其鏡に移せば其ものゝ形色合まで少しも違はず、微細にギヤマン鏡へ留りて、更に消える事なき奇妙の工夫なり。されば人を寫す時は、その容體もの云はぬばかりなり、我國の人も存生の内に、繪師に命じて我畫像を寫し、懸物などにして子孫に傳へなどする輩もあれば、それらには此寫眞鏡を用ひなば、いさゝかも違ひなくして可なるべし。價はギヤマンの大小によりて、貳分位なるも壹兩貳分なるもあり、今にては當地辨天通五丁目に居住する櫻田蓮杖といふもの其傳を覺え業ひにいたしぬるが、異人の仕方と少しも違はず、價は却て異人の方よりよほど下直に出來るなれば、若右の畫像などの望みある人らは、彼のものへ命ぜられば便利ならん歟。

とある、此によれば已に文久三年に寫眞開業をしてゐたのは確かである、下岡蓮杖は實に我國寫眞の鼻祖である様に多くの人々に知られてゐる、夫は彼が門人にて今日まで其の衣鉢を傳へられ寫眞術に優れたる幾多の人々によつて已に善く世に知れ渡つて居るが、彼が出身地下田に往つて見ると多くの言傳や彼が傳記が殘されてある、現に昭和三年五月六日除幕式を擧行された下田公園入口に建立されてゐる彼が記念碑を見ても首肯さるる。

下岡蓮杖は文政六年二月十二日伊豆下田中原町浦賀船改御番所判問屋櫻田與惣右衛門の三男で久之助と稱した。十三歳の時畫家たらんことを志し家を脫出で江戸に入つたが其望を達するに至らないで足袋商の丁稚となつたが屑しとせないで又下田に歸つてゐた內砲臺附の足輕となつて勤番中、砲臺附の同心畑繁八郎の弟が董玉と號し江戸の畫匠狩野董川の門弟である事を知り、兄の紹介を得て復た江戸に出て董川の門に入り董園と號し、後董右と改め、晩年は全樂堂又は傳神樓を別號とした。

弘化二年二十三歳の折下田に歸り夫より浦賀に行き平根山砲臺の勤番となつた、嘉永二年渡來の英國船を寫生し好評を博した、後近國遊歷に上り五尺もある唐桑の杖を持つてゐるので蓮の根を杖とする云々の彫刻から誰云ふとなく蓮杖と呼ぶので遂に彼の本名の如く知らるるに至つた。

彼が或時島津侯の邸で銀板寫眞を觀て大に驚き其の技術を學ばんと潛心したが、會々安政三年七月ハリスが下田に着任するに當つて其の給仕役となつたを好時機に譯官ヒユースケンに就て其の傳習を受け、未だ其技術の神髓を會得する迄に至らなかつたが、愈々安政六年開港となつたので江戸に出て、翌年橫濱に入つて米國寫眞師ウンシンに就て寫眞技術を學ばんとしたが秘して敎へないので、ブラウンの娘ラウダ女史がウンシンの助手であつた處から彼女に就て漸く其の秘法を授かつた。斯くてウンシンが歸國の後其の機械藥品一切を購取つて玆に愈々寫眞師の看板を揚げることとなつた。彼は戸部に假寓し後野毛に移つたが當時世人は其の原理を知らないで、キリシタンバテレンの魔法と謂つて之を寫せば壽命が縮まるなどと迷信して營業にならなかつた、窮境に喘ぎつつ漸く多少の資金を工面し辨天通に出てから外人の撮影を爲して始めて營業の見込が立ち、爾來漸次內外人の寫眞の注文が殖え繁榮に赴き多大の富を造つて、各種文化事業に貢献し、後晩年江戶に閑居の身となつて子弟を導き繪畫寫眞の嗜好に耽つてゐたが大正三年三月三日九十二歳の高齢を以て物故した。

一說に文久慶應の頃內田九一なるものが長崎で外人から此の法を傳習されたとある、尙嘉永年間に水戶烈公の寵臣菊地忠が命を受けて長崎に下り洋學研究の傍ら寫眞器を得て歸國し、烈公に献じた所、烈公は自身之を手にして撮影のことに當つたと云ふ話が殘つてゐる。

然るに最近中濱東一郎博士の著「中濱萬次郎傳」に據れば萬延元年遣米使節に隨行した萬次郎は米國で寫眞術を研究し寫眞器及藥品を購入携帶して歸り盛に撮影した大鳥圭助其他萬次郎妻の寫眞が現在殘つてゐ、ガラス版是を以て見れば撮影術の實際は萬次郎が魁であつたやうだと說かれてゐる。又「寫眞發明百年祭紀念講演集」には

是より先き天保十二年に上野俊之丞といふ薩摩の御用商人が長崎にて和蘭人より「タクリオタイプ」機を手に入れ、之れを島津家二十七代の藩主齊興公に献上し、且つ自ら撮影をも試みしが二十八代齊彬公も亦之を試みたり、其後俊之丞の息彥馬も萬延元年長崎の蘭人より寫眞術を修得し、文久二年に至り長崎にて寫眞店を開き佐久間象山氏、大鳥圭介氏等も此術を研究したりと云ふ。

とあり、現に今日鹿兒島神社の御神體として島津齊彬公の寫眞が納められてある。前記下岡蓮杖が談にも安政三年ハリス下田に着任の時給仕役として入込み寫眞術を研究したる動機が其の前に島津侯邸で銀板寫眞を觀た云々とあるに思ひ較ぶれば本邦寫眞の元祖は薩州に在つて上野俊之丞を推さねばなるまいと思はれる。又寫眞店の開業に就ても國史大年表には文久二年十一月中上野彥馬始めて寫眞業を開くとある。

尚齊彬公の寫眞に就ては薩藩の蘭學者川本幸民の著に寫眞術蒸汽船等の詳説があり其書は嘉永五年和蘭人ファン・デン・ベルク所撰「理學原始」より出で直寫影鏡は數年前我が師之を實驗し蒸汽船は本藩既に之を模製すとあり、幸民は裕軒と稱し青地宗林、廣瀬元恭等と同じく物理學研究の率先者であつた。島津藩主と共に實驗したものと思はるる。併しながら下岡蓮杖は開港後に於ける寫眞術普及の大恩人であると共に高齢を保ちて開港以來の文化變遷史料に寄與したことも寡からぬものがあつた。

**註**　寫眞術の發明者に就ては諸説あるが佛人ダゲール Lovis Jaegues Mande Daguerre 一七八七年生 一八五一年逝 が今より百年前即ち千八百三十七年 天保八年 發明し佛國政府から年金六千フランを交付せられた。（東市朝日新聞、寫眞術の發明者ダゲールの一生。鎌田彌壽治稿）

英人ワグマン Charles Wirgman は千八百三十四年 天保五年 倫敦に生れ壯年の頃陸軍士官となつたが大尉となつて退職し新聞記者となり、千八百六十一年 文久元年 駐日英公使オールコックに隨行して横濱に渡來し洋畫を邦人に教へ、又彼は奇智諧謔に富み滑稽味を充たした漫畫が得意であつた、文久二年七月からジヤパン、ポンチと題する不定期の月刊雜誌を出版し大に世の喝采を博した、ワグマンの筆蹟として日本に殘つてゐる有名の作では文久元年五月二十八日、高輪東漸寺の英國公使館に於ける浪士打入の際、寺の椽の下に隱れて格闘の實況を目擊し、後に其の狀況を描いた、卽ち浪士亂入と負傷者との二圖をものした、原圖は本國に持ち歸へられたと傳へて居るが其の模本は東京帝室博物館に保存されてある。

明治初年には我國に未だ正則なる洋畫の教育が創められて居なかつたので彼が畫風を慕つて學ぶものが相當多く、彼の五姓田芳柳、同義松、川上冬崖、山本芳翠、高橋由一、小林淸親抔の如き知名の人々があつた。彼は日

本婦人を妻とし横濱に住んでゐたが明治二十四年二月八日五十八歳を以て逝いた。（第二項新聞參照）

ワグマンの後佛人ビゴー Georges Bigot に依つてトバエなる諷刺雜誌が明治十年二月發行された、ビゴーは日本通であつて此の漫畫に鳥羽繪の名を以てせるが如きも穿つてゐる。是に先ち明治七年六月に假名垣魯文の「繪新聞日本地《ニツポンチ》」が横濱で發行せられた。

## 第十四項　洋書輸入

洋書輸入の禁が解かれたのは享保五年將軍吉宗の時代であるが爾來は多く蘭學の書で是とても來船人が齎したものや特に僅少なる輸入であるが開港後は主に英語となり、次ぎは佛語、獨逸語の書籍であるが、之を營業として洋書輸入業を開始したのは丸善書店である、丸善創立の初代早矢仕有的《ハヤシイウテキ》は開港より明治初年にかけて本邦文化事業に貢獻したる偉才であつた。

當時彼は直接外國に向け書籍、藥品、機械類の直輸入を開始し大に我が文化の開展に努力した。彼は天保八年八月三日岐阜縣武儀郡武藝村舊笹賀村に生れ安政六年二十三歳の時笈を負ふて江戸に出で醫學蘭學を學び、日本橋藥研堀に醫を開業した、又傍ら福澤諭吉に就て英語を學んだが西洋經濟學の說に感じ明治元年横濱に來り相生町三丁目に居をトし外國書籍の直輸を開業し他に藥品及び醫用機械を輸入した、明治二年には業務を擴張して東京日本橋三丁目に店舖を出した、而して彼は本職の醫業に熱心の結果明治四年の春自ら發起して假病院を横濱北仲通り六丁目に建築した、是が横濱に於ける邦人計畫の病院の元祖であつたが開業間もなく類焼の厄に遇つた、同年夏横濱市中病院十全病院の前身の建設さるるや、聘せられて院長となり、翌五年秋野毛山へ新築の横濱共立病院明治七年二月十全醫院と改稱を開業する迄は内外の醫務を鞅掌した。

明治七年辨天通り二丁目へ引移り外國書籍輸入と共に醫療器及洋器の直輸入を爲した、此頃死亡請合規則卽ち現代の生命保險の方法を已に立案して店則に加へ細流會社積金社中現代の貯蓄銀行を組織した、又明治十年には復選議員として横濱に於ける自治體の改善に參加した。同十一年には東京爲替會社を創設し、同十三年二月創設された横濱正金銀行も實に彼が斡旋尠からざるものがあつた、同十五年丸善爲替店を開業し又横濱貿易會社の創立にも與つて力あり、其他石鹼製造所、荷物配達所等幾多の新事業を計畫し文化の魁となる事蹟を殘したが、明治三十四年一月十八日六十四歳を以て東京に於て逝いた。

早矢仕有的

彼は資性恬淡にして豪毅頭腦明徹であつて創業的才能に富んだ、而も居常邊幅を修めず疏服破帽に安んじ、一見奇人の觀があつた。嘗て醫術の研究中に人體解剖の必要に迫られたことがあつたので、遂に我子の病死體を犧牲に供したと云はれる。明治三年天然痘流行に際しては種痘を先づ自身及び家族全部に試み其の効果を世に唱道した事もあり、又虎列刺の病死者を解剖して其の豫防法を公表し、或はモルヒネの分量を親ら體驗して其の極量を定むるなど醫界に貢献した功績でも纖少でなかつた。

因に丸善の名稱に就ては一說に福澤諭吉の命名で商號を地球の球より借りて球屋《マルヤ》と稱したが球屋をマリヤと讀

む人が多くなつたので更に俗字の丸屋に改めたと云はれる、又一説に善の字は早矢仕有的が郷里で醫師開業中近村の名主に高折善六と云ふ苗字帶刀を許された豪家があつた、早矢仕は其の主人に種々世話になつたが丸善商社を開店するに善六の善の字を採り横濱店名義人を善八とし東京名義人を善七とした、是は高折善六の家族中に善五郎善九郎等があつたので其の間の七と八とを採つたものであらうと云ふ。（横濱市史稿「風俗篇」「産業篇」「丸善記錄未定稿」）

### 第十五項　以下横濱事物起源一覽

其他横濱開港に伴ひ海外事物の輸入に基き我國で始めての出來事が頗る豐富である。有形無形細大事象の起原由來を摘擧するも是又開港の賜として互人の記憶してよいことであらう。左に一覽表を作つて見ると、

| | |
|---|---|
| 國旗 | 薩摩の藩主島津齊彬の創案で船に日の丸の旗を掲げ安政二年二月廿五日品川に同藩の船が回航した。明治三年正月十七日大政官布告で國旗の定寸を規定し、同五年四月開港場縣廳へ國旗を揭くべしと布令した。民間各方面に揭用したのは同年九月十二日京濱間鐵道開通式當日横濱で始めて之を見るに至つた。 |
| 君が代奉唱 | 歌は古今集に在り古より目出度き歌であつたが國歌としての曲譜を配したのは明治に入つてからである。明治二年九月薩、長、土三藩兵士が徴兵を命ぜられ上京した時當時英國樂隊が横濱に駐屯したので三十餘名の年少者を選んで横濱に送り軍樂の傳習を受けた時、教師フエントンが君が代の歌の意味は分らなかつたが三十一文字を基本として曲に當てたが全く西洋調で邦人に適せない其儘の姿であつたのを、明治九年に海軍軍樂隊の中村祐庸が外國調にあらざる、天皇陛下奉祝の樂譜を新に制定するの建議を提出し、其後同十三年七月陸海軍及宮内の三省から委員を任命し雅樂寮の伶人林廣守に作曲させ、更に獨逸人エツケルトが補正を加へ現在のもの |

が出來上つた斯くて同年十一月三日の天長節に奉奏したのを始めとする。

## ホテル

開港後渡來した英國商人某は横濱海岸五番の屋敷地に居住したが文久三年に同國人シメッツに之を讓渡した、シメッツは自分の住居を同國人の社交室に充て倶樂部組織となし渡來同國人の旅館に提供した。慶應二年十月廿日の大火で幸にも此の五番倶樂部は延燒を免れたので居留地外人多數が燒出された爲に國柄に關係なく開放的の旅館とした。是が我國に於ける所謂ホテルと稱するもの丶最も古きものである。斯くて明治二年に至つて純然たるホテル組織に改め館主英人ヴアン・ビューレン經營の下にクラブ・ホテルと命名した。明治六年九月海岸二十番グランド・ホテルが顯はれた。東京では慶應二年に築地にホテルが出來た。

## クラブ

明治六年頃神奈川縣權令大江卓、參事山東直砥を始め高島嘉右衞門、三井組の社員等積金を爲し勝讀社（場所不明）なるものを設立し、休日に參集し談話會や演說會等を催した。これが横濱で邦人間のクラブと名付くる組織の初であつた。明治十年四月廿一日發行かなよみ新聞に「今度港内の大商人がクラブを住吉町邊に建て商業の手筈、外國との交易を盛にするといふ」とある。

一說に明治二年の同氣倶樂部を以て嚆矢とするとある。

倶樂部は英語の Club を日本字に其のまゝ音譯したもので、英國では十六世紀に組織された「アーメード・ダヴアーン・クラブでシエーキスピアを初め當時文壇の諸星が輝くばかり集つた」と云はれる。

## 夜會

文久三年春神奈川長延寺の假館から、横濱へ引移つて來た和蘭領事ホルスブルグが移轉披露の爲に其の新館内に内外貴紳を招待し盛大なる夜會を開催した、これが我國に於ける夜會の嚆矢である。

慶應三年三月横濱市本町神奈川縣廳所在地に横濱運上所（安政六年開所、慶應二年燒失）再建築は西洋形二階石造は河井松右衞門が請負ひ、同年九月竣工した、之れ我國に於ける洋風建築の嚆矢であつた。

## 西洋風建築と洋風瓦

ジェラール瓦（表）

同（裏）

又日本に於ける西洋瓦の製造は明治の初年渡來した佛人アルフレッド・ジェラールが横濱元町西谷戸異人墓地附近で洋風瓦の製造を開始し明治五六年頃から同二十年頃まで續けてゐた、ジェラール屋敷は大正十二年震災に倒壞して跡方もなく先年市では元町にプールを建設する時地中に埋沒したジェラール瓦は掘り出された、其他山下町や居留地の外人邸宅は皆震災で潰れたが此の瓦の絶滅を惜みて蒐集珍重するものが多くなつた、五六年前書肆天保堂主人は各所散逸せるものを蒐集して同好者に頒つたことがある。

慶應三年五月英國領事から神奈川奉行へ書翰を以て外國人と日本人との婚姻を禁ずる法ありや

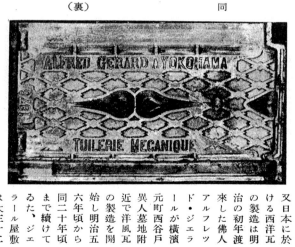

## 外國人との結婚許可

否やとの談判があつた、奉行水野若狭守は未だ前例無き故を以て、之を幕府へ稟議した、結果爾後條約國は其儀無二差支一、尊昇の別なく雙方の出願に依り許可の上は婚儀を整ふべき旨を返答した。爾來不文の儘經過したが明治六年三月十四日太政官布告で差許旨明文が降つた。

## 斷髮と散髮店

開港當初福井藩が横濱太田陣屋（現今中區日ノ出町一、二丁目）に駐屯し、後佛國式三兵傳習所を開設し、佛國士官を教官とし歩、騎、砲兵の調練を開始したのは慶應二年であつた、此頃から傳習所學生中に散髮を爲すものが出來た。是は帽子を冠むるに便利からの事であつた、此の先鞭を付けたのは後の高商校長矢野次郎及び後の男爵益田孝であつた二人は此の爲め七日間の謹愼を命ぜられたと云ふ、其後兵士中に斬髮するものが多くなつた。幕府の親兵が横濱から江戸に移つて御雇の外國士官から傳習を受くることを日課とした、先づ洋式調練習得者は總髮式の斷髮を決行した。散髮店の始めは明治二年小倉虎吉なるものが横濱百四十八番地（現今の南京町）アコン宅の階下を借受け開業した。

## 氷店

「明治事物起源」には「横濱開港後間もなく米人がボストンより氷を輸入し大利を占めた、それを見て氷に着眼したるは中川嘉兵衞と云ふ者で種々苦心の結果、或は富士の裾野の雪を取りて清水港より運び、或は信州諏訪湖、奥州南部、函館より天然氷を伐り出し、外國船にて船載し横濱馬車道に開店し、初めて發賣したるは文久二年の夏である」とある。又「横濱沿革誌」には「明治二年六月馬車道通常盤町五丁目に於て房造なるもの氷水店を開業す」とある。又明治三年中川嘉兵衞は北海道函館五稜廓へ製氷場を設け、大氷塊を製出して、之を横濱に送り、自ら發起人となつて氷會社を設立したが此の計畫が時宜に叶ひ、忽ちにして巨利を博したと云ふ事が當時の新聞雜誌にあり、又明治四年頃岸田吟香は横濱で氷室商會を起し、大に活躍して巨利を博したとも傳へらる。

天然氷を貯藏し氷室と稱したのは往昔のことである、仁德天皇の六十二年額田の皇子が闘鷄野（ツゲノ）に獵した時、屋廬の如きものがあつたので稲置（イナギ）に問はれた所、之は氷室と申すと答へので、丈餘ばかりの土を掘つて見ると底に氷が藏めてあり、草を以て覆ふてあつた、稲置等は夏期之を採出して用ひてゐたと云ふ、皇子之を天皇に獻ずとある。

人造氷に就ては明治三十一年八月二十日の時事新報に「明治三年五月福澤諭吉熱病にかゝり頻に氷を求めたるも其願叶はず、偶々松平春岳侯が外國より製氷機を買入れたるも用方を知らずして寶の持ぐさりなることを聞き暫時拜借したき由願ひたるに、早速許されたれば、之を當時大學東校の教授宇都宮三郎の許に持參し試驗を求めたり、器械は普通の化學書に見える簡單のものにて、アンモニアを蒸發せしめて結氷せしむるものなりしかば、宇都宮は早速之を試驗せしに苦もなく結氷して其の目的を達したり、これ實に人造氷の元祖といふべきなり、宇都宮はかく好結果を得たれば急ぎ當時新錢座にありし慶應義塾に人を走らせ誰にても器械の用方を傳習すれば塾中にて製氷容易なるべしと告げしかば當時塾生たりし阿部泰藏外二三人急ぎ東校に赴きて其の傳習を受け、器械を義塾に持來りて日々製氷し病める福澤は勿論塾中の人々始めて夏日氷をかむことを得しと云ふ。

明治十六年京橋新榮町に東京製氷會社が出來翌年一月より製氷に着手したるは本邦製氷會社の嚆矢と謂はれる。

## 牛乳

文久初年頃和蘭人スネルなるもの横濱に渡來し前田橋際の居留地側に牛乳搾取場を設立し、外人間に牛乳を販賣して居たと言はれて居る、折柄千葉縣長生郡關村の農前田留吉なるもの横濱に來り、港崎遊廓の遊女屋で水汲職をして居たが、此のスネルに雇はれ、乳牛の飼育方を擔當し、搾取の事を預つて居たが、主人の諒解と後援とで、慶應二年八月中太田町八丁目（現今中區山下町加賀町警察署附近）に牧場を起し、日本牛六頭を飼つて、牛乳搾取業を開始した、是が横濱での牛乳搾取營業の嚆矢であつた。外人が日本の牛乳を飲んだのは安政四年ハリスが下田に居た時病氣の際お吉が蓮臺寺農家の乳牛を進めた事が彼地の談として殘つて居る。

乍併我國でも往昔は牛乳を飲んだ孝德天皇の御宇、朝廷に牛乳を獻上した者があつた、天皇は是を御嘉納あらせられ京都郊外に乳牛院を置き乳使の役を設けられ奉納せし者に和藥使王の姓名を賜はつたとある。

競馬は我國に古くからあつたが昔は馬術の競技で人を主としたものである今日の馬を主とした

## 洋式競馬

ものではない、且今日流行の組織的の形體を爲し大金を賭ける洋式競馬は横濱が始めであつて、文久元年中、洲干辨天社裏西海岸（現今中區相生町五、六丁目附近）を埋立て馬場及び馬見所を新設し、幕府の役人達が此所で馬術を練習し、折々競馬を開催した、外國人も亦此馬場を利用して馬術を練習し、競馬を行つたが忽ち移住民家の爲め地域が狹くなつたので大岡川の後方横濱新田の堤塘に沿ひ沼地を埋立非公式の馬場として居たが、文久二年の夏頃周圍數町に亙る楕圓形の馬場を設け、同十月番組を定めて各國人聯合の競馬會を開催した、慶應元年秋幕府の出資金にて根岸丘に新設し本邦最初の洋式競馬場が施設せられた。而して横濱競馬の生みの母とも稱せられしは英人トム・トーマスである彼は千八百六十一年倫敦より横濱に來り手形仲買を營業として數十年間日本に在住した。

## 海外出稼

開港の始米國領事の事務官として來朝した米人ヴェンリードは明治元年「横濱新報もしほ草」と稱する新聞紙を發行し、之を利用して布哇出稼日本移民三百名を募集した、一人一ケ月五弗三ケ年季の約束で、サンドウイツチ島の甘蔗植付の爲め秘密に布哇に送る手筈を定めた。此事漏洩し横濱外字新聞は奴隷賣買で書き立てた、時の神奈川府知事東久世通禧は出船を差止めたがヴェンリードは肯ぜないで出帆した。

## 基督教會

永く國禁であつた基督教は明治五年禁制の札が撤廢された、五年二月二日には横濱で日本基督公會（單に横濱公會とも呼んだ）が創立された、卽ち日本に於ける最初の新教基督教會であつた、今の海岸教會の前身である。

教會設立式當日出席者ブラウン博士夫妻、バラ博士夫妻、ブライン夫人、ビヤソン夫人、ギダー孃（後のマリー・イー・ミラー夫人卽ちフエリス和英女學校創立者）クロスビー孃と邦人十一名であつた。

## 佛語學校

幕府は佛式陸軍を模範とする考へで元治元年秋横濱に佛語學校を建設し、佛公使ロセスの斡旋で佛公使館書記官カシヨンに託し佛語を敎へた、是は兵式訓練の目的が主なるものであつたが正則に日本に佛語學校を設立したのは始めである。

### 西洋料理

長崎では前から紅毛料理として洋食の風は行はれて居たが、西洋料理と名乘つて開業するに至つたのは横濱が始めであらう。「横濱沿革誌」に「明治二年八月、姿見町三丁目谷藏なるもの西洋割烹を開業す、當時外國人の供養を目的とし、本邦人は之を嗜むものあらず、明治四年、駒形町代地に洋食割烹を開業するものあり、開陽亭と云ふ、爾來各所に開業するもの多し。」「明治事物起源」に「横濱西洋料理の祖、長崎縣人大野谷藏は初め姿見町三丁目に開業し、後今の相生町五丁目に移る」とあり、東京では三河屋や精養軒は明治三、四年頃創業す。

### 潜水業

安政四年幕府は長崎に船渠を築造した時泳汽鑵を以て潜水作業をした、これが本邦で潜水機を使用した嚆矢であつたが、慶應二年横濱碇泊の英國彈藥倉庫船の船底を修理する時英船附屬の潜水器を使用した、此の時横濱の増田萬吉は日本人夫數十名の世話方となり、自らゴム潜水衣を製着し海底作業した之れが邦人のゴム衣潜水者の鼻祖である。

### 端艇の國際競爭

明治二年四月十日發行もしほ草第三十七篇に「過る十日はイギリス女王「ヴヰクトリア」の誕生日なりければ、各國の人々これを祝ひ、東京よりも政府の高貴士官數人來たり「イギリス」兵隊の調練を見物せり。屁打ライフにて發火の神速なるを大きに歎美せり。晝後よりは小舟にてセリ勝負のかけありて、この日を過したり。」とあつて專ら外人間には其前後に港内の海上で屢々競漕が行はれたものと察せらる。本邦に於ける端艇競漕の歷史は明治元年の頃東京帝國大學に其源を發した。

### 外國式消防

消防組は我國に古くからあつたが外國式消防は萬延元年在留外人はポンプを輸入し、且つ外國人を雇つて出火防備の施設をした。當時八番館蘭人ヒフトに雇はれた増田萬吉は職務忠實で發明心に富み、且つ外國語を解して勤勉の爲に外人間の信用篤く、抜擢されて遂には其消防隊の預り人となつた。明治元年横濱に於ける消防區畫の制定に當つて外人居留地は單獨に消防施設を爲すことゝなり萬吉をして改めて居留地消防組頭取としたのであつたが、喞筒機關士は無論外人を使用して萬吉は只鳶人足の頭取として出火の際指揮を爲した、明治六年萬吉は辭職し專ら潜水業を經營した。

種痘は佐賀藩などは古くから傳はつて居たが明治三年十一月中横濱に天然痘流行し小兒の命を

損するものが續出した、當時種痘の術が我國の醫師間に周く普及されなかつたので神奈川縣廳御雇醫師ニユートン監督の下に醫師早矢仕有的、松山棟庵の二名に命じ横濱吉原會所（關外吉原遊廓內）と神奈川元本陣石井源左衞門宅に出張して生後七十五日以後の小兒に種痘を施行した、是れ實に我國に於て官設に係る種痘所開設の嚆矢である。

## 官設種痘所

## 石版術

嘉永年間佛國から活版印刷機械と石版印刷機械とが附屬品と共に時の幕府に寄贈されたが幕府では其の使用法を知らず、其儘倉庫に保管したまゝであつたと云ふ後文久二年下岡蓮杖は寫眞屋開業の後在留米人ショーヤーの妻の妹婿、製圖師ビジョンより石版彫刻并に印刷術を傳授され、其技に成功したので門弟の横山松三郎に技術を授け、江戸に出でゝ門戸を開いて傳授した。夫は明治四五年の頃であつた、而して他面明治五年頃洋畫家川上冬崖が陸軍兵學寮で石版術の研究を始め忽にして其技が進み、門下の高橋由一も優秀なる技術者となつた。

## 共同便所

明治四年十一月横濱町會所は外人等の勸告もあり町會所の費用を以て町の辻々に八十三ヶ所の便所を設けた、僅に四斗樽大の桶を埋め板圍の簡單なものであつた、而も甚だ不潔極るものであつた。淺野總一郎は之を慨し明治十二年の初夏時の町會所衞生局長今西相一に進言し縣令野村靖の許可を得て金二千圓の貸下げを請ひ市中路傍便所の改造に着手した、公開便所と稱られた、後明治二十八年頃から共同便所と呼ぶやうになつた。

## 外人の日本名譽領事

慶應元年柴田日向守が佛國へ派遣せられた時佛人フロリユリーヘラル Fleury Herard 其頃の人はフロリヘラルトと呼びならはしてゐた人を日本の名譽領事として任名した。是は佛國で横須賀製鐵所機械其他諸種の注文品を日本に輸送する等諸種の事務を囑託する便利である。夫は慶應二年正月十九日日本領事官心得を命ずとの辭令であつた。以前シーボルトを日本の政治顧問のやうにした例もあるが外人を日本名譽領事としたのは是が嚆矢である。

明治二年大村益次郎は西村勝三に向ひ、是からは兵に草鞋を穿かせるのはいけない、靴を穿かせなければならぬ、就ては歐羅巴の兵に穿かせる靴の賣物があるかと云ふことであつた、丁度幕府では佛國へ態々誂へた兵の靴が横濱に在つたので見本を持つて行くと夫を集めて呉れとの事で二萬足集めて買上げて貰つた、そこで是から兵制の改革になると兵士に靴を穿かせなければならぬ、それで西村は靴の製造を始めた、それは明治三年のことであつた（大村益次郎先生事蹟）

## 革靴の製造
### 附メリヤス靴足袋

尙此年和歌山の人伊達藤十郎（陸奥宗光の伯父）も亦獨人ケンベルを雇ひて和歌山商會所にて製靴を始めたと云はれる。

尤も九百餘年前圓融天皇の時代鹿皮で半靴を作つたと記錄に見えてゐるが西洋風の革靴の製造は明治三年からである。尙西村は櫻組を創立し製靴と共に靴足袋製造に着手し、メリヤス和製の元祖ともされてゐる。

彼は明治三年陸軍省被服掛の內諭に依り兵士の靴下製造を謀り器械を亞米利加より購入し試驗したが成績充分ならず、翌四年五月築地一丁目に女工場を設け始めて製品を得たが頗る粗造のもので之に安ずることが出來ない、其後弟を英國及瑞西に遣はし研究せしめ器械を購入して歸へり遂に成功するに至つた。

## 西洋樂隊

明治二年英吉利の軍樂隊長フェントンを橫濱に招いて練習したのが西洋樂隊の始めである、其後佛蘭西式を採用して、英國式樂隊は廢れていつた、この樂隊の部員中、獨立して始めたものが、後年海軍々樂隊の母胎を成したのである。（事物起源辭典）

## 曲馬

明治五年橫濱で開かれた外人曲馬は頗る時好に投じて好評を博した、これが我國に於ける曲馬の嚆矢である。尤も德川三代將軍家光の時、間垣平九郎と云ふもの芝の愛宕山の石段を馬で驅け上つたり、驅け下りたり、その間、鞍隱れだとか、鞍外しだとか稱して馬術の秘技を將軍の面前で公開して見せ、天晴馬術の名人として賞歎せられたと云ふ事蹟が殘つてゐる、これをしも曲馬と稱するならば曲馬の始祖は馬術そのものゝ起源に溯らねばなるまい、歐洲では古代羅馬のサーカスは有名なものでこれは二千年も以前の話である、見世物的曲馬の出來たのは十八世紀末英國に起つたのが最初である。（同）

人力車は日本獨特の發明で明治二年東京で和泉要助、高山幸助、鈴木德次郎の三名が西洋渡來

### 人力車

の馬車に暗示を得之を考察せるものである、和泉は此の發明の代表者の如きもので福岡人で嘉永年間に江戸に出で町方上水掛となつた、斯くて人力車は翌三年官許を得た。（事物起源辭典）一説に明治三年米人ゴーブルが我國の道路が惡く馬車の不可なるを見て人力車を考察しこれを秋葉庄助なるものに敎へたので秋葉は初めてこれを造つたと云ふことである。（第三節第二項ゴーブル傳）

### 巡羅卒、羅卒、巡査

横濱開港の翌年卽ち萬延元年頃より神奈川奉行瀧川播磨守の取計ひにて居留地警衛の巡羅卒とし、夜間外人居留地内を巡視せしめた、二名の人足各提灯を携へて先列となり、其次に一名の人足太鼓を打鳴らし、最後に二名の巡羅太鼓の音に足並揃へて巡行せり、巡羅の服裝は木綿梓色に丸の旭の字を染め抜きたる三所紋の割羽織、萠黄に水玉を染めたる裁付袴をはき、兩刀を帶し、鐵製陣笠を載き、其樣奇異なれば、外人常に失笑し、市民は之をドンドコ廻りとも、旭字廻りとも唱へ日暮に至れば、市中の童兒「それドンドゴが來た」と罵り合ひしものと云ふ（明治事物起源）。この巡羅卒が明治政府によつて羅卒と改められ、明治五年の末に巡査と改稱せられたのである、巡査が帶劍する樣になつたのは明治十五年十二月以降で、それ以前は三尺ほどの樫の棒を持つてゐた、俗に之を三尺棒と呼んだ。

### 自轉車

明治三年夏以來鐵輪の三輪車が輸入された、續いて二輪車も行はるやうになつた。

### 病院

慶應四年閏四月二十二日「内外新報」十八號に横濱病院の廣告がある、横濱病院、但し諸病院及び疱瘡病院とも、此程出來せしことを披露す、右病院にて病者一人に付一日の入費左の如し。第一等四ドルラル第二等三ドルラル第三等一ドルラル日本人支那人マレース人一ドルラル。右病院に入らんと思ふ者は病院掛り……兩人の内へ談判可被遊事……、金銀竝に舊き衣裝書籍將棊碁盤等——の施物は病院の掛りにて受納可致事。横濱に於て千八百六十八年四月七日エ・ゼー・ウヰルキンとある、然れども邦人の設けたる洋風病院は明治四年に貿易商組合出資し野毛山の内戸部町字久保に、始めて病院を建て横濱共立病院と稱せしを始めてとすべし、後之を市に引渡した、今の十全病院である。

| | |
|---|---|
| 梅毒病院及檢梅 | 慶應三年九月横濱に梅毒病院を建設せらる、次ぎに長崎、神戸の兩港に設立す、蓋し英醫ドクトル、ニユートルの建議に依る、倘娼妓檢梅を行ふ。（警視廳史稿） |
| 小銃的射會と放鳥射擊會 | 明治五年十月十五六兩日横濱本牧にて小銃的射會があつた、各國人凡二百餘名集會し各技倆を磨き命中を競ふた、鹿兒島縣貫屬近衞大尉村田某第一等の命中にて發射場にて我國旗を一等に建て射式を行ひ、祝聲地を動かせりと云ふ、雜誌六十八號に見ゆ、又明治六七年頃横濱の人々鶴見二見臺に放鳥射擊場を設け、同十年頃東京の人々大森に亦同様の會場を設けた。（明治事物起源） |
| 時の鐘とドン | 横濱野毛山の時の鐘は明治元年十二月三十日午後六時を撞始めとなす、同地伊豆屋宗藏が入札請負ひ、諸費は横濱各町小間に賦課したりしが六年二月町會所附屬となして鐘錢の徵收を止む。鐘は宮崎町三十番地約百坪の鐘樓と共に震災の時倒れ落ち破損して現今震災記念館に其の殘骸を止めて居る。（横濱の史蹟と名稱）明治四年中初めて東京に午砲執行を兵部省より太政官に伺ひ出て、同年九月二日太政官の達しにて同月九日よりドンを打つことゝなつた。（年表） |
| ドンタク日曜休暇の始 | ドンタクは日曜日又は休日を云ひ、和蘭語 Zun Dag より出でし語と聞けば休日をドンタクと云ふは開港地の用語漸く廣まりしにやならん、現今土曜日を半ドンと云ふは半日休の爲である、「横濱見聞誌」に「此日ドンタクと云ひて休日なれば、異人男女つどひ集りて……今日どんたくにて踊るとのみ答ゆ……元來このどんたくは月初め八日大どんたくとす、今は四日めに大どんたくあり、是により大どんたくとては無しと云ふ。明六三十三號（明治八年三月刊）に日曜日の說あり、「維新の後一異樣の日を出現し來れり、其名稱未だ一定せず曇濁といひ損德と云ひ、又呑泥と云ふ、皆西音の轉化にして日曜日の義なり、此日縉紳先生より青年書生に至るまで、訪柳尋花の期となせり云々」と。文久三年版「横濱奇談」に「ゾンダフ」と云ふことありゾンは洋語の天也、ダフは日と云ふ事也、我國の七曜のうち、日曜日なり、我國の節句祝日の如し」と。「安愚樂鍋」の二卷の下に「書生さんは一六のドンタクに五人一座」にとあるは只休日の意なり、又ソンデイと氣取りし者もあり。 |

一六日休日のことは慶應四年六月鎭臺府判事より市政裁判所判事への通達に「自今毎月」一六の日可レ爲二休日一の旨被二仰出一候」とあり、又日曜休日は慶應四年六月版「遠近新聞」第十二號に横濱運上所休日の表を掲げし末に「其餘西洋の日曜日竝にクリスマスデーには運上所休日のことなり」と掲げた、明治五年五月より兵學軍醫の二寮日曜を休暇と定めしは雇外國教師などの便宜に出でしなるべし、六年三月二十日文部省令に小學校教則中日曜日を以て休業の儀記載候處、今般改正一六の日を以て休暇と相定め候とあり、七年三月には「諸學校休業從來一六の日を以てするあり、或は日曜日を以てするあり、自今官立學校は都て一週一日乃ち日曜日に改定の旨文部省より通達せらる、同九年三月十二日「從前一六日休暇の處來る四月より日曜日を以て休暇と定め、土曜は正午十二時より休暇たるべき旨」を達し、是より日曜日は一般の休日となつた。（明治事物起源）

## 牛肉食

外人が横濱に居留後第一に不便を感ぜしは牛肉である、之を內地に求め難く遠く米國又は支那より輸入し横濱と横須賀とで之を屠り其の需要を充した、當時亞米利加八十五番は大牛肉店として有名であつた、元治元年七月横濱山手屠牛場の成れるはこの頃であつた、其後一々外國牛を輸入しては間に合はないので慶應初年に外國商艦が神戶にて三丹州牛を三四十頭買ひ横濱に輸入したるに其肉味非常に好かつた爲今尙神戶牛肉の聲價を有するに至つた、是より先き既に文久二年には横濱で邦人の牛肉店があつたと云はれる、中川嘉兵衞なるもの東京にも出店を開き高輪英公使館に用辨を爲す中川屋と稱した、今日の如く牛鍋の流行を來せる源を尋ねる時は、其頃のハイカラのチヤキ〳〵福澤諭吉と光妙寺三郞の勸誘も與つて力ありしもの丶如し、中川屋は此の兩人より「牛肉は世の開けるに從ひ、誰でも食用するやうになる」由を聞かされ其頃天領であつた白金村（今の芝白金町）の名主堀越藤吉は祖父に當れば之に相談して其の邸內を借受け屠牛し後牛鍋屋を開いたが始めは省みるもの無かつたが後に至り漸次繁昌した。（同）

慶應三年十月版「萬國新聞紙」七集廣告にパン、ビスケツト、ボツトル此品私店に御座候、御求奉願候横濱元町一丁目中川屋嘉兵衞とあり。風月堂乾蒸餅《ビスケツト》製造の要趣と云ふ摺物に「明治元年六月薩藩兵糧方より兵糧麵麭の製造を命ぜられし時に弊堂は黒胡麻入の麵麭を携帯に便なる様に製し五千人分を納めたりき、然るに此の薩藩の兵は常州平潟に上陸の時を初めとし、平、三春、二本松の戰爭より遂に若松城の背後に出で全勝を制するに至るまで兵糧を炊ぐの暇なき時に當り大に便利を實驗せられたり、其後弊堂は率先して西洋菓子を製造し、兼ては又ビスケットを製造して世上の需に應じたるに内國勸業博覽會に於て乾蒸餅の名を附せられ云々」とある。

## アイスクリーム

明治三年横濱にて來客にアイスクリームを出したるにこれは結構なりとて御代りを望まれしが、その節一人前の價金二分なりしかば、このお代りに閉口したることありと、父の話なりとて内田魯庵いへり當時横濱にて多少行はれ居りしなるべし。(明治事物起源)

## 金庫

本邦で始めて金庫を製出したるは神奈川縣人竹内彌兵衞にして、元面兜鐵砲の鍛冶職なり、慶應二年に横濱の大火に際し一佛國製弗函も亦火災に罹り之を修するものなく外人窮たりしが彌兵衞之を修め大に外人に賞讃を得た、是れ弗函製造を志した濫觴で爾後日夜苦心措かず外國の圖面等を取寄せ、明治二年に治めて成功販賣するに至り、同六年大に其業を擴張し東京に出店を置き萩原彌吉と共同し大倉製と稱し益々販路を廣くした。(同)

## 西洋洗濯

獨逸派遣使節オイレンブルグ伯に同行したグスターフ・シユピースの「プロシア日本遠征記」には文久元年外人に召使して居たが解雇された二人の支那人が獨力で洗濯業を開業したのを嚆矢とすると云ひ。又文久二年版の「珍事五ケ國横濱噺」に「太田町八丁目に……爰に蓮光寺と云ふ寺あり是則源左衞門建立の一向宗なり、角に異人せんたく屋あり」と出て居る、又「明治六年表」に明治元年四月神田鍛冶町裏通下駄新道へ與兵衞といふ者横濱より來り、始めて西洋洗濯を開業す」とあり、これ東京、横濱に於ける西洋洗濯の始めなるべしとあるも既に横濱に於て始まつて居る、然れども長崎圖書館藏の出島蘭館の圖面に文政年中及其の前の版に洗濯場が設けられてゐるのを見れば横濱より前已に長崎出島にて保存せるものと考へらるがシユピースの書いたものは詳細の記載があるので玆に掲げて置く。

## 洋服裁縫

洋服裁縫の始めに就て「開港側面吏」に淺間町澤野辰五郎翁談として掲げたるものを見るに「女の洋服裁縫の始めからお話をしますが私がブラオン夫人のお引立を蒙る樣になりましたは安政六年夏の初めでした、神奈川本陣鈴木の會所より宿內の仕立や足袋屋仲間に對し職人一名を成佛寺に差出せとの達しがありました其頃は異人を嫌ひ誰一人行つて見やうと云ふものがない何程貰つたつて詞は通ぜず鈍間をすれば靴で蹴り飛ばさるゝと云ふから堪らねエと尻込みする者許りでどうしても行くものがありません、所が會所からは矢の催促此上愚圖々々すれば仲間一同がお叱りどんなお咎めを受けるか測られないと云ふので抽籤にて定めやうとまるで人身御供と云ふ譯でした、其時私は或る足袋屋の職人で齡は弱し何ぞ變つた事をとの野心もありましたので夫れでは私が行つて見ませうと行くことになりました。賃錢は天保錢七枚ソコで時間は八時から六時まで賃錢は天保錢七枚卽ち七百文と切り出しました爾うです今日より考ふれば馬鹿に安い樣ですが當時では高いもので先づ人足が一日一百五十文大工が三百文白米が一兩に五斗五升位の相場ですから足袋屋の職人が一日七百文とは自分ながら法外と思つて居ます內心はビク〳〵もので乘込みますとブラオン氏でもバラ氏でも又ヘボン先生でも誠に鬼と思つた佛樣です併し針一本でミシン同樣の仕事をするので捗どらない事夥しい、こんな事で七百文とは勿體ないと思はれますので度々夫人に其事を申しますと何時も同情ある優しい顏附きで何慣れさへすれば段々早くなると云つて下さる樣な譯で漸く團布など遣りあげますと夫人は自分は目が惡くてミシンにも掛かれないで引續き勤めて吳れとの詞なので其の後も通つて居ります內夫人より女洋服の裁縫方に付き親切な傳授を受け足袋屋職人から洋服屋に變じましたブラオン方には其後十八年間引續き出入致しました。

熱海の人で私の叔父菊林林藏と云ふもの横濱に出て色々のことで失敗の揚句、豫て金を貸して置いた外人舍密家《セイミカ》ブラオールと云ふのが金を返せないので其代り何か日本に無い商業を敎へるからと云ふので燐寸と石鹼の題が出たので其處で戶部へ製造所を拵へてブラオールはブレンドと云ふ外人とそれから加州の萩野由次郎と云ふ人が付いて製造する、林藏は羽衣町へ店を出して之を一手に賣つてゐる內詐欺に罹つて五十箱金にして百五十圓計りの品を騙れたので其詳細

## マッチ

をブラオールに話したが彼は一文も負けないと云ふので兩人の間が手切れとなつて林藏は單獨に三芳町（眞金町の後今の三吉町）へ製造所を建てたが製法を知らないので竊と萩野由次郎に賴んで藥品を分けて貰ふ事にしたが其の藥の名も知らず賣る所も知らないので私が苦心して一週間ばかり諸所の商館を駈け廻つて藥を買つて夫れから名を聞くと云ふ始末でそれから其藥を種々に調合して漸く火の出る燐寸にするのに三十日ばかり懸つた、當時其の藥の調合傳授料が五十圓と云ふので私はつまり發明者と云ふ樣な譯でした。夫れから戸部監獄署の囚人を三百人程使つて製造に從事したのでこれが眞當の日本でマッチ製造の元祖です、それからペーパーですが製紙會社へ刷らせたので黄色の紙へ墨で鐵道の發車する所を畫いたのです、夫れから打包の紙も淺黄の洋紙でした、燐寸製造の年は明治七八年頃です。（横濱開港側面史小澤勝太郎談）

## 石鹼

横濱在磯子の人堤磯右衞門（天保十年生明治二十四年一月二十八日逝）は幕末横須賀に造船所が出來た時建築方藏田清右衞門の下で監督を勤めてゐる時、手に油の付いたのを米糠で洗ふのを見て外人が石鹼を吳れたので使つて見ると重寶であるから、製法を思ひ立ち其の石鹼を持歸りて色々工夫した、然るに肝腎の材料たる苛性曹達がないので煙草の莖の筋に其の性分が含まれてゐることを知り之を集めて燒いて灰とし四斗樽に入れて水を注ぎアクを取り又ムクロジの實の皮を揉んで同じ樣な泡が立つのでこれを入れたりして晝夜苦心研究したが最後にやつと物になつて先づ洗濯石鹼を作り、次いで化粧石鹼に成功した、それは明治六年から七年にかけてのことであつた、同十年博覽會に出品して賞を得た、横濱三吉町四丁目に石鹼製造所を造り盛に製造した。

開港と生絲貿易　上巻　終

# 開港と生絲貿易

上卷

版權所有

昭和十四年七月廿　日印刷
昭和十四年七月廿五日發行

（上中下全三卷揃
定價金貳拾五圓）

著作兼發行者　横濱市中區霞ヶ丘四六　藤本實也

横濱市中區本町三ノ三一横濱取引所ビル内
横濱生絲問屋業組合内
發行所　開港と生絲貿易刊行會

東京市下谷區二長町一番地
印刷者　井上源之丞

東京市下谷區二長町一番地
印刷所　凸版印刷株式會社

東京市神田區駿河臺三ノ六（ニコライ堂下）
發賣元　刀江書院
振替東京七三一一八番

**新装版　開港と生絲貿易　上巻**　〈全 3 巻〉

昭和 14 年 7 月　初版発行

2018 年（平成 30 年）7 月 20 日　新装版　第 1 刷

著　者　藤本　實也

発行所　株式会社　名著出版

〒571-0002　大阪府門真市岸和田 2-21-8　電話 072-887-4551

発行者　平井　誠司

印刷・製本　株式会社　デジタル・パブリッシング・サービス

ISBN978-4-626-01824-3　C3039